Travel Classics Library

探險與旅行經典文庫

14

馬可孛羅

我的
探險生涯

西域探險家
斯文·赫定回憶錄

My Life
As an Explorer

The Great Adventurer's Classic Memoir

Sven Hedin **斯文・赫定** 李宛蓉——譯

導讀

中亞腹地的踏勘者：斯文・赫定

斯文．赫定（Sven Hedin, 1865-1952）的《我的探險生涯》（*My Life as an Explorer*）成書於一九二五年，當時他已經是花甲高齡，做為一個越嶺馮河、歷寒曝暑的探險家或許已經太老，赫定自己也以為這將是他探險生涯的終結，他應該寫一本書「總結」自己一生的探險活動，也給後來的「吾黨小子」一些激勵與教訓；也因為這個心情，他在《我的探險生涯》書中最後結語說：「在此我便結束這本《我的探險生涯》，至於未來餘生將如何發展，且看全能的上帝擺布了。」

「全能的上帝」（the Almighty）卻決定要創造一個不朽的探險家形象，事實上，赫定的探險生涯在老年還有高潮再起。一九二六年，斯文．赫定再度取得中國南京政府的同意，率領了一個由中國科學家和瑞典、德國、丹麥等科學家共同組成的「中瑞中國西北科學考察團」又踏上往新疆的路途。（赫定上一次進入中國是一九〇七年，再來時中國已經換了國號，也經過五四運動的洗禮，民族意識與現代化的學術界逐漸成形，中國已不容許一個獨行俠式的探險家在他家的「後院」來來去去。）

這一次的考察又歷時八年（1927-1935），除了產生多達五十五卷的〈中瑞科學考察報告〉的大工程外，斯文．赫定自己也寫下了做為〈考察報告〉前三卷的全景式描述五十萬字的《亞洲腹地探險八年，1927-1935》（*History of the Expedition in Asia, 1927-1935*），又另外寫了幾本膾炙人口的通俗作品《長征記》、《漂泊的湖》、《絲綢之路》，以及記錄當時新疆「盛（世才）馬（仲英）之戰」的《大馬的逃亡》（*Big Horse,s Flight: the Trail of War in Central Asia*, 1936）。

斯文．赫定完成第三次新疆探險時，這位「廉頗探險家」年紀已經七十；寫完《亞洲腹地探險八年》（1942）一書，他更是高齡七十七；但他還一直要活到八十七歲（1952），才真正回到「全能的上帝」的懷抱。如果我們以為《我的探險生涯》真的是斯文．赫定的「生涯」，那可就大錯特錯，它不過是探險家生涯的「上半卷」而已。

但如果探險家斯文・赫定死於一次大戰之前，壽命減半計算，他的探險家聲譽卻不會有絲毫遜色，只怕他的聲望還會更高（除了在中國）。為什麼？

因為在一次大戰以前，赫定的主要探險成就已經完成了；他入戈壁（並活著出來），發現樓蘭，尋找羅布泊，越喜馬拉雅，繪製外喜馬拉雅（Trans-Himalaya）山區地圖，種種成績早已化成浪漫傳奇；他又結交公卿富賈，相識滿天下，集榮譽於一身，成為當時社會的超人氣巨星（羅斯福總統第一次被別人介紹到他時激動的說：「你該不是說，這就是那個赫定吧？」）；而他寫的書不僅題材驚險刺激，異地知識更是前所未聞，加上他妙筆生花，敘事娓娓動人，又兼能隨筆素描，使他的著作每有出版總是世界性的暢銷書。尤其是《我的探險生涯》出版時，他的傳奇簡直成了新一代青少年的偶像，每個少年「志在四方」的夢中，都藏著一個帶眼鏡、斯文堅毅的探險家形象。

如果斯文・赫定死於此時，他的榮光名望也許將來也會褪色，但不會有別的雜音。不幸的是，斯文・赫定度過了兩次世界大戰，他年輕時曾經在柏林求學，受業於地理學大師李希霍芬（Ferdinand Richthofen, 1833-1905），對德國有著強烈的孺慕之情，使他在兩次大戰都站到德國這一邊，弄得道德名譽大壞，二次大戰後西方戰勝國家特別有意冷落他，讓他寂寞以終。但在中國，因為斯文・赫定在最後一次新疆考察時，尊重中國學術界的立場，把一個本屬於西方強權的科學考察隊伍，經過談判後接納了中國學者的參與和協助；當時西方中亞探險家大多反對赫定與中國科學界的合作，他們擔心從此不能自由活動於中亞的舞台。斯文・赫定也許一開始也是同樣的看法，但很快地他就意識到中國的變化，遂全心把這個由德國航空公司贊助的探險活動轉為多國家與多學科的科學考察，這也是中國現代學術史上第一個「平等條約」，後來證明是影響深遠的。相形之下，斯文．赫定在中國的聲望比較沒有受到支持納粹汙點的影響。

近年來，研究探險史的學者卻也有為斯文．赫定「翻案」的傾向；他們認為，斯文．赫定是一位專業的探險家與地理學家，他的成就也要從這個角度來衡量；他的政治見解與取向並不是他的專長，也未必有影響當時世界的力量。而作為一個探險家，他很多的時間在爭取「經濟贊助」，結交權貴在所難免，「誤交匪類」也是交遊滿天下的典型「副作用」，看他的「探險家生涯」也許毋庸斤斤於他的其他平凡見解與生活。

事實上，以我的想法，探險家常常是思想簡單、意志堅強的人（也許「阿拉伯的勞倫斯」是個例外）；在他們的「行動」之外，要追求其「思想」的深度，有時不免失望。探險家在探險之外做出其他驚人之舉的，史上並不罕見；像一九〇四年帶兵入西藏的楊赫斯本（Francis Younghusband, 1863-1942），雖然進拉薩迫達賴喇嘛十三世訂立城下之盟，自己卻在回程成了密宗的信徒，後半生致力於神秘經驗的追求，甚至幾位喇嘛帶回英國與羅素（Bertrand Russell, 1872-1970）辯論。我們要認識哪一個楊赫斯本？如果指的是探險家楊赫斯本，後半生的思想也許不一定是清楚的路徑，反有可能是知識的迷宮了。

對斯文．赫定的了解，恐怕也可以這樣想；雖然《我的探險生涯》之後，探險家仍有「生涯」，但對「清明時期」的斯文．赫定的了解，仍然可以這本書所敘述的生涯為準。這本書，道道地地是一位探險家的自述；從他童年時如何被北極探險家們所吸引（赫定是瑞典人，他的家鄉盛產極地探險家），如何立志成為探險家，如何命運把他帶往東方，越帶越遠，先是在俄屬中亞的活動，然後就入新疆與西藏，成為這個地區的探險代表人物。他的生命，他的知識，他的力量，全部貢獻在這個廣大的地區；世人對這個地區的認識，乃至於「絲路」這個稱謂，都來自於這位終身致力於探險的英雄。斯文．赫定終身未婚，有人問他何故，他答說：「我已與中國結了婚。」他的終身志業，在這句話裡可以求得而知。

重溫一個逝去的時代，尋求一個逝去的典型，閱讀一本好看的探險作品，斯文．赫定的作品，實在是再具代表性不過了。此書雖然出版在七、八十年前，但那輕快的敘述節奏，那奇異的風光地景，那迷人的無限勇氣，仍然讓我們可以著迷於卷中。

目次

第一章　緣起

能在童稚時期發現自己一生摯愛的事業，是件多麼快樂的事！沒錯，就這點我的確十分幸運；早在十二歲那年，我的人生目標就已經非常明確。因此，我童年最親密的友伴包括：庫博（Fenimore Cooper）[1]、凡爾納（Jules Verne）[2]、李文斯頓（David Livingstone）[3]、史坦利（Henry Stanley）[4]、富蘭克林（John Franklin）[5]、裴耶（Julius von Payer）[6]、諾登舍爾（Adolf Nordenskiuöld）[7]，尤其是那些北極探險隊裡前仆後繼的英雄和殉難者，特別讓我著迷。那時候，諾登舍爾正首次前往史匹茲卑爾根（Spitsbergen）[8]、新地島（Nova Zembla）[9]和葉尼塞河（Yenisei River）[10]河口，這一項大膽的冒險行動，令人咋舌。我十五歲那年，諾登舍爾回到故鄉，也就是我的出生地斯德哥爾摩，完成了他的東北航道之旅。

探險的啟蒙

一八七八年六月，諾登舍爾登上帕蘭德船長（Captain Palander）所指揮的維加號（Vega），從瑞典出發探險。他們沿著歐洲與亞洲北方的海岸線航行，一直到西伯利亞北方北極海岸線的最東端，然而冰雪將維加號給困住了，整整十個月動彈不得。瑞典的鄉民焦急憂慮，大家都為諾登舍爾與整個科學探險隊的命運感到憂心忡忡。第一支出發前去營救的是美國籍隊伍，當年因為指派史坦利前往非洲「找尋李文斯頓」而聲名大噪的紐約《前鋒報》編輯班耐特（James Gordon Bennett）再度發號施令，派遣狄隆船長（Captain De Long）前往北極，一來尋找北極點以打通東北航道，二來設法解救受困的瑞典探險隊。於是，狄隆的珍妮特號（Jeannette）在一八七九年七月出發，展開探險兼營救的行動。

然而，等在美國籍探險隊前方的卻是悲慘的命運！珍妮特號撞上冰山，大部分船員不幸罹難；不過值得安慰的是，被冰雪封凍的維加號終於在融冰後脫困，並在蒸氣動力引擎的輔助下，順利穿越白令海峽，駛入太平洋，在未折損任何一位隊員的情況下，諾登舍爾的東北航道探險克竟全功。諾登舍爾探險告捷的新聞最先從日本橫濱傳來，我永遠忘不了當時斯德哥爾摩市民歡欣鼓舞的熱鬧景象。

諾登舍爾探險隊沿著亞洲和歐洲南方的海岸線返回，這趟航程是一次睥睨群倫的壯舉。一八八〇年四月二十四日，維加號的汽笛聲響徹斯德哥爾摩港，整個城市瀰漫歡騰的氣氛。沿岸的樓房點綴著無數的燈籠和火炬，皇宮前用煤氣燈點亮裝飾成的「維加」二字如同一顆閃亮的星星，就在一片令人炫目的燈海中，這艘名聞遐邇的探險船輕緩地滑入港灣。

當時，我和父母親、兄弟姊妹們一起站在斯德哥爾摩南方的高地上，飽覽這場盛大的歡迎儀式。霎時，我被那股劇烈的狂喜和興奮俘虜了——終此一生，我未曾遺忘那一天的盛況，因為它決定了我未來的志業。聽著碼頭上、大街上、窗戶旁、屋頂上響起的熱情以及如雷的歡呼聲，我暗自立定志向：「有朝一日，我也要像這樣衣錦榮歸。」

從此，我開始鑽研任何和北極探險有關的事物，只要是關於北極探險的書籍，不論新舊我都會去研讀，而且動手繪製每一次探險的路線圖。在北地的隆冬裡，我在雪地上躑躅而行，在敞開的窗前入眠，為的是鍛鍊自己忍受酷寒的能力。我幻想自己長大成人之後，立刻會有個慷慨的贊助人出現，他會擲一袋金幣在我的腳下，對我說：「去吧！去尋找北極！」我決心要有一艘自己的船，滿載著探險隊員、雪橇和拉橇狗，穿越夜色和冰原，勇往直前邁向終年只吹南風的北極極心。

命運之神的安排

可是命運之神卻另有安排！一八八五年，就在我快要離開學校的時候，校長問我願不願意前往裏海沿岸的巴庫（Baku）去擔任半年的家庭教師，教一個資質較低的男孩。這位男孩的父親是諾貝爾兄弟（Ludwig and Robert Nobel）雇用的總工程師。我未經考慮就答應了，畢竟我還需要很長一段時間，才可能等到一位多金的贊助人；更何況只要接受這份工作，我就能立刻展開長途旅行，前往亞洲的重要關口。就這樣，命運之神引導我

莫斯科

走向亞洲大道。隨著歲月的流逝，我年少時到北極探險的夢想已逐漸淡去，從那一刻起，亞洲這片地球上幅員最遼闊的陸地所散發出令人著迷的力量，顯然主宰了我往後的生命。

一八八五年春夏之際，我不耐煩地等候出發時刻的到來。馳騁的想像力已經把我帶到裏海邊上，我隱約可以聽見滾滾洶湧的波濤聲，也能聽見沙漠商旅行進時叮噹作響的駱駝鈴聲，整個東方的魅力在我眼前迅速開展，我覺得自己已然掌握了那把開啟傳奇與冒險之境的鑰匙。這時候，斯德哥爾摩來了一支小型馬戲團，表演的動物之中包括一匹來自中亞土耳其斯坦（Turkistan）的駱駝，對我來說，牠彷彿是來自遠方的同胞，吸引我一再前去探望牠；不久之後，我就要去這匹駱駝的故鄉，向牠在亞洲的親戚們捎上一聲問候。

這趟長途旅程，我父母和兄弟姊妹們都很擔心。不過，我並不是單獨一人前往，跟我同行的有我的學生，還有他的母親和弟弟。在依依不捨與家人道別之後，我們登上即將載著我們橫越波羅的海與芬蘭灣的汽船；在俄羅斯的克琅斯塔特（Kronstadt）可以眺望到聖以撒教堂（St. Isaac）貼滿金箔的拱頂，閃爍生輝猶如耀眼的太陽；幾個小時之後，我們一行人從聖彼得堡的尼瓦河碼頭（Neva Quay）上岸。

可惜我們沒有時間逗留，在沙皇的首都稍作停留幾個小時之後就上了火車，這是一列中途經過莫斯科，從歐俄前往高加索的快車，全程需要四天的時間。沿途無邊無際的平原快速向後飛去，火車像子彈一樣呼嘯著穿越稀疏的松林和肥沃的田園，田裡即將成熟的秋穀隨風搖曳；從莫斯科以南，發亮的鐵軌蜿蜒直下南俄，絲毫不見起伏的大草原。我的雙眼貪婪地欣賞著這一切景物，因為這是我第一次到國外旅行。白色的小教堂頂著綠色洋蔥型尖頂，突起於農村的上空；穿著紅上衣與沉重靴子的農人在田裡工作，四輪馬車載運乾草和蔬菜根莖往來鄉野之間。崎嶇而泥濘的馬路上行駛的不是夢想中的美國動力汽車，而是由三、四匹馬合力拖曳的馬車，伴隨著叮噹作響的鈴聲，奔馳起來速度煞是驚人。

離開羅斯托夫（Rostov）之後，我們渡過壯闊的頓河；羅斯托夫是頓河注入亞速夫海（Sea of Azov）的出口，而亞速夫海正是黑海的門戶。火車繼續朝南飛快地行駛，車站上，幾乎都是哥薩克騎兵、士兵、衛兵，還有英俊、魁梧的高加索人，他們穿戴著褐色外套和毛皮氈帽，胸前橫掛著銀色的彈藥匣，腰間的皮帶上則懸著手槍或匕首。

我們乘坐的火車開始緩緩地往上爬坡，駛向高加索山北邊的山腳；來到提瑞克河（Terek River）畔，一座美麗的小城弗拉迪卡夫卡茲（Vladikavkaz）傍河而建，這就是「高加索之君」，就像海參崴是「東方之君」一樣。我學生的父親，就是那位總工程師乘了一部馬車來接我們，我們於是又搭乘這部馬車繼續旅行了兩天，沿著格魯西亞（Grusian）軍用道穿過高加索山，走了一百二十哩路。這條路分成十一個站，每到一個休息站都需要換新馬匹，由於馬車很笨重，當我們在攀登海拔七千八百七十呎高的高道爾站（Godaur Station）時，必須動用七匹馬才能將馬車拉上去，不過，下坡的行程只需要兩、三匹馬。山坡路崎嶇難行，有時才爬上陡峭的山脊，馬上又碰到四、五個曲折的大彎道，道路迅速下降到另一個山谷，然後馬上又得攀上另一座高聳的山頭。

穿越高加索軍用道路

這真是一趟偉大的旅行。在此之前，我從未做過任何可以跟它媲美的事。我們四周盡是高加索山壯麗的景色，遠處山峰白雪覆蓋，陡峭的山壁裡層層峰巒相疊，其中以海拔一萬六千五百四十呎的卡茲別克峰（Kazbek）最為高聳，它的峰頂沉靜地沐浴在日光中。

這條山路的路況相當良好，是沙皇尼古拉一世（Nicholas I, 1796-1855）在位期間修築完成。由於修建經費極為昂貴，沙皇在啟用儀式上說：「我原以為會看到一條用黃金鋪成的道路，結果發現這條路竟是灰石子兒鋪設而成。」道路瀕臨懸崖深淵，因此外圍有一道低矮的石牆環繞著。崩解的冬雪在斜坡上堆積著厚厚的一層，並且蔓延到整條道路和村莊，我們的馬車駛進村落時，必須穿過牆高十呎、堅固的遮雪棚。

一整天，馬車都維持全速前進，這樣的旅行速度實在瘋狂！我因為坐在馬車夫旁邊的位置，每次遇到急轉彎時就覺得頭暈目眩，好像前方的道路突然消失在空中一般，隨時都有被拋進深谷的危險。

幸虧我擔心的事並沒有發生，我們安然抵達了高加索區的主要城市提弗利司（Tiflis），那兒熱鬧非凡，景致優美！從庫拉河（Kura）兩岸到陡峭貧瘠的山坡上，屋舍如同圓形的露天劇場一階又一階地向上伸展；大街小巷擠滿了駱駝、騾子和車輛，以及熙來攘往各色各樣的種族，包括：俄羅斯人、亞美尼亞人、韃靼人、喬治亞人、塞爾卡西亞人（Circassians）[11]、波斯人、吉普賽人和猶太人等。

高加索山最高峰：卡茲別克峰

到了提弗利司，我們改搭火車繼續未完的旅程。此時已進入盛夏，天氣炎熱，我們選擇三等車廂的座位，原因是這裡最通風。同車廂的還有波斯、韃靼和亞美尼亞的商人，他們大都攜家帶眷。另外，還有一些迷人的東方民族，不論在舉止或服飾上都是那麼地優雅似畫；儘管天氣酷熱難耐，這些外地民族仍然戴著厚重的羊皮帽。火車上還有些從麥加朝聖回來的信徒，他們將薄薄的祈禱毯子攤開鋪在車廂的地上，在夕陽落入地平線的那一刻，所有的信徒全都面朝聖城麥加的方向，跪下來喃喃吟誦禱詞；此時，火車仍舊轟隆轟隆地向前行駛。當時湧現心裡的那股驚奇感受，至今猶是鮮明清晰。

火車沿著庫拉河蜿蜒前進，有時在河的北岸，有時又行駛到河的南岸。庫拉河沿岸已有墾殖，清新鮮綠的河岸經常在遠處閃爍著光輝。然而，除了這些開墾的田地外，其餘可說是一片荒蕪；大部分都是平坦的大草原，只見到照顧牲口的牧羊人蹤跡，還有少數地方幾乎是寸草不生的沙漠。朝北望去，整個高加索山恰似燈火通明的舞台景幕，深淺交織的藍色調夾雜著峰巒積雪的白色線條，這就是亞洲啊！這片誘人的景致令我捨不得移開視線。在那一刻，我已經感覺到自己將會愛上這塊一望無垠的荒原曠野，在未來的歲月中，我將被吸引到東方，而且越來越深入。

到了尤吉瑞（Ujiri）車站，按照往常的習慣，我拿著素描簿下了火車準備畫一些東西，還沒走多遠，就覺得肩膀被沉重的手掌給按住，三個看起來不懷好意的警察抓住我，面色狐疑地板著臉問我問題。由於我還沒學會俄語，幸好在場有一位懂法語的亞美尼亞女孩幫我翻譯。警察一把搶過我的素描簿，對於我的解釋響起一陣輕蔑的笑聲，顯然他們把我當成了間諜，意圖顛覆沙皇的國家。我們的周遭聚集了大批人群，當火車啟動的第一聲鳴笛響起，這些警察有意想把我抓去關起來。就在這當口，火車站的站長穿過人群過來查看究竟，他拉著我的手臂護送我回到火車上，此時第二聲鳴笛再度響起，我爬上月台，那幾個警察緊隨在後。火車匡啷匡啷地起動了，我像一尾滑溜溜的鰻魚，快速穿過兩、三節車廂，然後躲在一個角落裡，等到我回到同伴身邊時，那幾個警察已經跳下火車不見蹤影了。

「風城」巴庫

我們慢慢地接近裏海。風很強，從地上捲起雲霧般的灰塵，一開始是遠山不見了，緊接著，連鄉間也被濃密的煙塵給整個遮蔽。風越颳越強勁，後來竟轉成一股颶風，火車吃力地頂著強風前進；當火車順著海岸行駛時，我們呼吸困難，只能模糊地注視著白浪滔天、驚濤拍岸的壯觀景色。火車終於抵

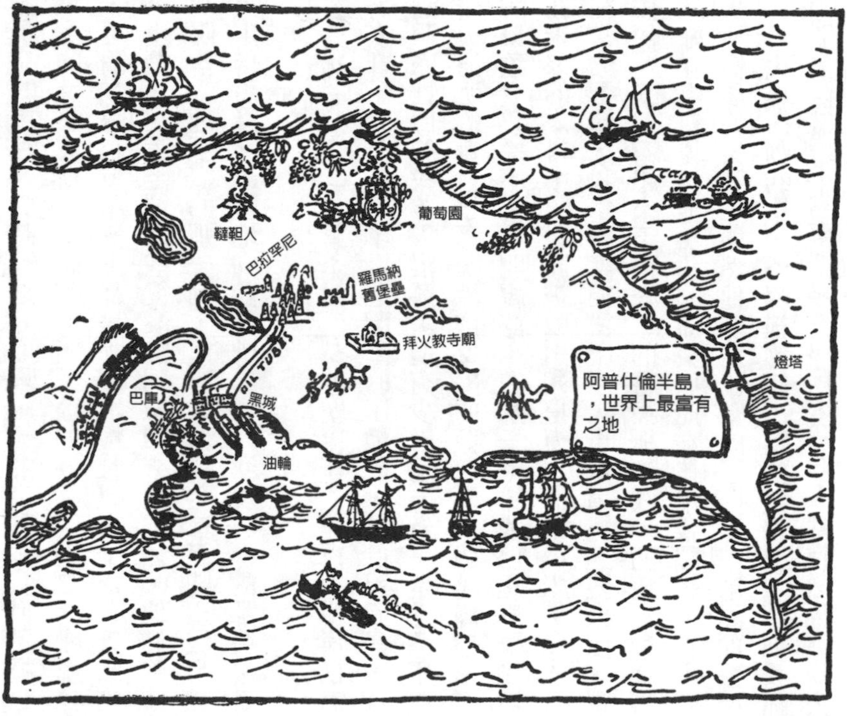

阿普什倫半島

達巴庫，這個被譽為「風城」的地方果然名不虛傳。

巴庫位於阿普什倫半島（Apsheron）的南岸，此半島向東延展伸入裏海約五十哩，諾貝爾兄弟與其他石油大王的龐大煉油廠所在地「黑城」（Black Town），就在巴庫的東方。提煉好的石油從這裡經由油管輸送到黑海，途經遼闊遙遠的高加索南部地區；至於海路運輸則藉由油輪橫渡裏海，目的地是阿斯特拉罕（Astrakhan）和窩瓦河（Volga River）河畔的察力欽（Tsaritsyn）。多數油井所在的油田大都集中在巴拉罕尼（Balakhany），這是個韃靼村落，位於巴庫東北方十三俄里[12]外，長久以來以蘊含豐富石油而聞名，但直到一八七四年諾貝爾兄弟引進美國式鑽井法，才真正進行原油的開採。接下來的幾年，此地的石油開採工業欣欣向榮，當我一八八五年首次拜訪巴拉罕尼時，當地已經擁有三百七十座油井，每年的石油產量高達好幾億俄磅[13]。有時地底壓力會使原油像噴泉一樣湧出來，據估計，一座油井在二十四小時內就可以噴出五十萬俄磅的原油。

巴拉罕尼的油井

我在聳立如森林般的鑽油塔之間度過了七個月，為學生補習歷史、地理、語文和其他實用性的學科，可是，我最快樂的時刻卻是陪伴陸維熙．諾貝爾（Ludwig Nobel）去巡視油田。我也喜歡騎著馬穿梭在各個村莊間，為韃靼族的男人、婦女、小孩和馬匹畫素描；或者是騎一匹活潑的馬兒往巴庫奔馳，到「黑色市集」（Black Bazaar）逛逛。市集裡都是韃靼人、波斯人和亞美尼亞人經營的小鋪子，商人們坐在陰暗的店鋪裡，叫賣來自庫德斯坦（Kurdistan）[14]和克爾曼（Kerman）的地毯、壁飾、織錦、拖鞋、大氈帽等。我觀賞金匠錘煉飾品和兵器，把生鐵鑄造成刀刃和匕首。這裡的每一件事物，無不令我深深地著迷，不論是衣衫襤褸的托缽僧或身著深藍色長外套的皇室親王，我同樣興致勃勃。

有個目標督促我作一趟短程的旅行，那就是造訪拜火教的神廟。以前，神廟裡日夜都點著聖火，信徒在圓形拱頂下長年以天然氣供奉著這把火，不過，現在這把火已經永遠熄滅了。夜幕低垂時，古老的神廟靜靜地躺在荒禿的大草原上，圍繞它的只是黑暗與孤寂。

在冬天的一個夜晚，我們圍坐在燈火前面，突然從窗外遠方的路上傳來不祥的呼號：「失火了！失火了！」村裡的韃靼人四處奔走，扯開嗓門警告大家，並挨家挨戶叫醒屋裡的人。我們趕忙跑出屋外，發現整座油田都燃燒了起來，熊熊火焰把附近照得通亮如白晝；火場中心距離村莊只有幾百碼遠，積聚成湖的原油猛烈地燒著，連阻擋原油外洩的擋土牆之間都冒出火舌，甚至一座鐵塔也延燒了起來！強風翻攪著火燄，好像碎裂、迎風飄揚的旗幟，陣陣黑褐色的濃煙越滾越高；所有的東西都在沸騰、劈啪作響，韃靼人企圖用泥土滅火，但是徒勞無功。由於油井的鐵塔緊密相鄰，強風把星火從這一個鐵塔颳到另一個鐵塔，致使所有突出地面的東西都被摧毀殆盡。在刺眼的強光下，最靠近我們的鑽油塔看起來像一具具白色幽靈，韃靼人快速將這些鐵塔砍倒，靠著超人般的毅力，他們終於成功地堵住這場大火。幾個小時之後，油湖燒盡了，大地再度被黑暗所籠罩。

流積成湖的原油火焰濃烈

【注釋】

1 一七八九—一八五一，美國小說家，以撰寫冒險小說聞名。
2 一八二八—一九〇五，法國小說家，為《地心歷險記》、《環遊世界八十天》等著名探險故事的作者。
3 一八一三—一八七三，英國傳教士，深入當時有「黑色大陸」之稱的非洲從事探險。
4 一八四一—一九〇四，於擔任紐約《前鋒報》特約記者時，受命前往非洲找尋失蹤的李文斯頓，他所撰寫的報導成為當時西方社會極為轟動的探險文章。
5 一七八六—一八四七，英國著名的北極探險家。
6 一八四二—一九一五，為澳洲探險家兼畫家，曾率領奧匈帝國北極探險隊發現位於俄羅斯西北的法蘭士約瑟夫群島。
7 一八三二—一九〇一，瑞典的北極航海家，駕船由大西洋向亞洲北太平洋前進，成功穿越東北航道。
8 北極海島群中的一個島。
9 俄羅斯西北北極海中之島群。
10 位於西伯利亞中部，向北流入北極圈內的喀拉海。
11 高加索民族的一支。
12 每一俄里約三分之二哩。
13 每一俄磅約為三十六英鎊。
14 今之伊朗與伊拉克北方接壤之處。

第二章　穿越厄爾布士山抵達德黑蘭

我利用在巴拉罕尼整個冬天的晚上，學會了流利的韃靼語和波斯語。我的老師名字叫巴奇（Baki Khanoff），是個年輕的韃靼貴族。隔年的四月初，我的教書工作告一個段落，我決定把掙來的三百盧布用來作一趟騎馬的旅行，往南穿越波斯[1]，最後抵達海邊；一路上有巴奇陪伴我同行。

策馬奔向旅程

一天深夜，我向同鄉的友人告別，登上一艘俄國明輪船，然而強烈的北風橫掃巴庫上空，船長不敢冒險駛離港口。第二天早上，風力終於逐漸減弱，我們的船開始和海浪搏鬥，繼續朝南方前進，經過長達三十個小時的航行，我們在裏海南岸的安采麗（Enzeli）登陸，隨即換乘一艘汽艇橫渡一個很大的淡水礁湖莫達布（Murdab），或稱作「死水」；抵達一處被湖環繞、青蔥碧綠的村莊。我們從這裡換乘馬匹前往商業城市雷什特（Resht）。

我已經把身上所有的錢兌換成波斯克郎（kran），當時，一波斯克郎相當於一法郎。我和巴

雷什特的清真寺

奇各帶一半的銀幣，我們將它們縫進腰間的皮帶裡。除了沉重的皮帶，衣物都盡可能輕便，因此，我除了身上穿的一套冬裝外，只帶了一件短外套和一張毛毯。不過，我帶了一把左輪手槍自衛，巴奇則在他穿的韃靼外套上背著一支長槍，皮帶上還插了一把匕首。

雷什特附近茂密的森林裡，皇家孟加拉虎常會悄無聲息地出沒覓食；而沼澤中氤氳升起的瘴氣會使人產生熱病，有時候，甚至引發令人喪膽的大規模流行性疾病。有個小鎮就曾經在一次瘧疾大流行時造成六千個居民死亡的慘劇，僥倖生還的人連埋葬死者的時間都沒有，便將死者屍體都丟進清真寺裡。這兒的清真寺建有低矮的尖塔和紅石板屋頂，景觀優美如畫；商家的店鋪外頭則掛滿了色澤多樣的布簾，主要是用來遮擋強烈的陽光。沿著這條海岸線，絲織品、稻米和棉花是波斯的主要產品。

在雷什特有位俄國領事叫凡拉索夫（Vlassoff），我前去拜訪他，當晚並受邀在他的住處晚餐。我穿著簡單的旅行裝和馬靴赴宴，當我踏進領事的房子，屋內裝潢呈現優雅的波斯風格，室內燈火通明；因此，當主人一身正式的晚宴服出現眼前時，我感覺很不自在。我很後悔沒有和巴奇待在我們那間簡陋的客棧裡。但是我沒有晚禮服可穿，只好盡情享受這頓奢華的兩人晚餐了。

第二天早上，兩匹休息過的馬在客棧門前蹬著腳，兩位負責照顧牠們的男孩等候在一旁，馬鞍後方綁著一對韃靼人用的軟皮袋，裡面裝著我全部的行李。我們躍身上馬，兩個男孩小跑步跟著我們出發。這條路通往一片茂盛的森林，我們在路上遇到許多騎牲口或徒步的旅人，也有大型的騾車載著貨物準備渡海前往俄國。其中有些箱子裡裝的是乾燥水果，箱子上都有皮革覆蓋。森林裡到處聽得見騾頸上叮噹作響的鈴鐺聲，每一輛騾車前的第一匹騾子頸上都繫著一個巨大的銅鈴，隨著步伐搖晃發出沉悶的鈴聲。

第一個晚上，我們在科多姆（Kodom）的一家小旅館過夜，旅館的屋頂密密實實地披覆青苔，好幾百隻燕子在青苔裡築巢棲息，經由敞開的窗戶飛進飛出。

遠方接近山區的地表開始向上拔起，我們沿著「白河」（Sefeed-rud）河谷前進，晚上就留宿在美麗的村莊裡；這些村莊四周都種植橄欖樹、果樹、法國梧桐和柳樹。我們並沒有隨身攜帶糧食，不過，鄉間的家禽、雞蛋、牛奶、麵包、水果已經足夠餵飽我們的胃，而且價錢便宜得不可思議。路越走越峭險，我們進入厄爾布士山（Elburz Mountains）區，沿途地勢逐漸升高，森林越深入越稀疏，最後直達盡頭。

到了曼吉爾（Mendjil），我們騎馬通過一座建有八個拱形洞口的古老石橋。天色變得灰暗，風也颳了起來，整座山像蓋上一層雪白的毯子一般，我們攀爬得越高，地上堆積的白雪就越厚。這時，天上開始飄起片片雪花，一場伸手不見五指的暴風雪將天地整個籠罩住了，我身上穿的衣服並不能禦寒，現在可說是被牢牢凍在馬鞍上，簡直凍到骨髓裡去了。雪下得很大，路徑完全被掩蓋，馬匹像海豚似的陷進皚皚白雪裡；暴風雪打在我們臉上，眼前每一樣東西都是白色的，就在我們以為迷路的時候，有個東西若隱若現地出現在狂飛旋舞的雪花中，原來是一隊由馬車和騾車組成的商旅朝我們的方向走過來。兩個漢子騎馬當前導，他們手持細長的長矛探路，以防車隊陷入危機四伏的山澗或掉落懸崖。在全身被凍僵的情況下，我們終於抵達一個叫馬斯拉（Masra）的小村落。我們找到一個髒亂像是山洞的地方，在地上生起火來，與我們一起圍著火堆席地而坐的，還有四個韃靼人、兩個波斯人和一個瑞典人；大夥兒忙著暖和已被凍硬的關節，同時把濕透的衣服脫下烤乾。

光環不再的「皇家寶座」

山徑盤旋直上厄爾布士山最高的山脊，向南的斜坡積雪很快就融化掉了，平坦的大草原緩緩延伸直至喀茲文市（Kazvin）。先知穆罕默德就這麼說過：「偉哉喀茲文，它乃天堂之門檻。」喀茲文在偉大的哈里發（Caliph）[2]哈隆．賴什德（Haroun al-Raschid）的整治下變得更加美輪美奐，到了波斯王大馬士一世（Shah Thamas I）在位時，更將喀茲文選為首都（西元一五四八年），並稱它為「皇家寶座」（Seat of Royalty）。四十年後，阿拔斯大帝（Abbas the Great）把首都遷往伊斯巴汗（Ispahan）[3]，喀茲文的光彩從此褪色。

暴風雪中攀越厄爾布士山

傳說阿拉伯詩人洛克曼（Lokman）就住在喀茲文，當他自知死神即將降臨時，便把兒子找來對他們說：「我沒有什麼財寶可以留給你們，這裡有三只瓶子，瓶子裡裝滿具有神奇效用的藥水。如果你從第一個瓶子裡取出幾滴來，滴在已死的人身上，他的靈魂就會返回軀體，這時，你再從第二個瓶子裡取幾滴藥水滴在他身上，他就能坐起來，等到第三瓶裡的藥水滴到他身上時，他就可以完全復活了。不過你要記住，務必謹慎使用這些珍貴的藥水。」詩人的兒子已逐漸老邁，他知道自己大限將至，便對僕人說明這些藥水的用法，並指示僕人，等他一死，就立刻用藥水讓他復活。後來當主人死了，僕人立刻將主人的屍體搬到浴室去，把第一瓶和第二瓶的藥水滴在主人身上，這時候，洛克曼的兒子坐了起來，死命地尖聲叫道：「倒啊！倒啊！」僕人一看見死屍會坐起來說話，簡直嚇壞了！情急之下，拿在手上的第三隻瓶子一鬆，竟掉在石子鋪的地板上，自己一溜煙逃得無影無蹤。可憐那洛克曼的兒子只有坐在澡堂裡，最後還是走上了黃泉路！有人說，直到今天，在浴室的地窖裡仍然聽得見陰森森的鬼叫聲：「倒啊！倒啊！」

喀茲文坐落於厄爾布士山南方的平原上，從這裡通往首都德黑蘭有一條長達九十哩的道路，整條道路分成六站，商旅往來多數依賴俄國式的馬車，有的用三匹馬拉車，有的需要四匹馬；每到一站都必須更換馬匹，因此走完整趟路必須換五次的馬匹。現在天氣和煦，晴朗如春，我們坐

在馬斯拉的休息站

在馬車上享受那股奔馳的快感。馬匹全速奔跑，車輪揚起了大片灰塵，恰似雲霧一般。往北眺望，山脊上覆滿白雪的厄爾布士山清晰可見。而南方遼闊的平原一路伸展，直入天際；平原上散布著零星的村落，村裡到處點綴鮮綠青翠的庭園。但是，一離開這些村落，剩下的只有單調的蒼黃景觀。

有一次，我們聽到後方傳來另一輛馬車卡嗒卡嗒快速前進的聲音，才一轉眼工夫，那輛車就像旋風般超越了我們，車上有三名韃靼商人，在超車的那一刻朝我們戲謔地吼道：「旅途愉快！」如此，他們就可以搶先到達下一個驛站挑走最好的馬匹。這時我的好勝心陡地湧現，我對車夫說，只要能趕過前面那輛馬車，我就賞他兩克郎。於是車夫快馬加鞭，果然在接近下一個驛站時，我們的馬車超越了那些韃靼人，這次輪到我使盡吃奶的力氣朝他們笑謔道：「旅途愉快！」

我認識一位來自瑞典的海貝奈特醫生（Dr. Hybennet），他從一八七三年起開始擔任波斯王的牙醫師，還被封為波斯極尊貴的稱號「汗」（Khan），所以一抵達德黑蘭，我就直接到他家登門拜訪。海貝奈特醫生對於有機會看到故鄉人覺得很開心，他張開雙臂熱烈歡迎我，並且邀我在他府上住一段時日。醫生的住宅豪華富麗，室內裝飾為典型的波斯風格。我們日日流連在這迷人的大城市，其間經歷的事情容我稍後再詳述，這裡，我要先描述另一件事，因為它對我日後造成了極大的影響。

有一天，海貝奈特醫生和我走在德黑蘭塵土飛揚的街道上，兩邊的人家都建有黃土牆；這些街道相當寬廣，兩旁開鑿窄窄的明溝，路旁並種植成行的梧桐、白楊樹、柳樹、桑樹等等。突然，我們注意到前方走來一支前導儀隊，隊員身穿紅衣、頭戴銀盔，手執長長的銀棍，他們用這些棍子從人群中開出一條路來，因為「眾王之王」的車子就要過來了。前導儀隊後面緊跟著一支五十人的騎兵隊，再後面才是波斯王的灰色馬車，馬車由六匹配戴著銀色華麗轡飾的黑色駿馬拖曳，每輛馬車靠左的馬上都坐有一位騎士。大王的肩上披著黑色斗篷，頭上的黑帽子鑲嵌一顆碩大翡翠和飾有珠寶的軍徽；大王乘坐的馬車後緊跟著另一支騎兵隊，殿後的是一輛候補用馬車，以備大王的馬車萬一拋錨時可以立刻接替。雖然街道並未鋪石板，但馬蹄卻沒有揚起塵埃，因為在波斯王來臨前，就已經先有騾隊馱著裝水的皮袋在街道上灑過水了。大約一分鐘光景，這支壯觀的隊伍慢慢消失在遠方的行道樹之間。

這是我第一次看到波斯王納瑟艾丁（Nasr-ed-Din）。他長得相貌堂堂，眼睛黑黑亮亮的、鷹鉤鼻，唇上蓄著濃密的黑髭鬚。當我們站在路旁凝視馬車經過時，波斯王指著我對海貝奈特醫生問道：「他是誰？」海貝奈特回答：「陛下，這是來拜訪我的鄉親。」幾年過後，我有個機會熟識這位波斯王朝的末代皇帝，因而對於這位堪稱亞洲真正暴君的狂妄與傲慢，才有了更進一步的認識。

【注釋】

1 編案：「波斯」一辭源於「帕薩」（Persa），為阿契美尼德人的家鄉，在今伊朗西南部的法斯省。幾個世紀以來，多數西方國家均以「波斯」名稱泛指伊朗全境。一九三五年，伊朗政府要求人民使用「伊朗」來代替「波斯」，但於一九四九年，伊朗政府即不再堅持。因此「波斯」被廣泛使用。

2 原意為「繼承人」，後為回教國家元首的稱號。

3 位於伊朗中西部，今名為伊斯法罕（Isfahan）。

第三章　策馬穿越波斯

夏季就快來臨了，天氣越來越暖和，我沒有理由再拖延向南旅行的計畫，偏偏巴奇卻在這時候染上熱病，我只好單獨往南行進。於是巴奇出發返回巴庫，我自己則在沒有僕從的情況下，於四月二十七日隻身踏上旅途。

雖說如此，但騎著租來的馬匹在波斯旅行，從這一個驛站到達另一個驛站，是不可能完全形單影隻的，因為旅人的身邊一定跟著一個馬夫，以便把租來的兩匹馬物歸原主。馬匹值兩克郎，而在驛站住宿一晚也差不多這個價格。每到一站，馬夫和馬匹都得換新。當然，旅人要是覺得體力許可，自然可以日夜趕路，兩個驛站之間的距離約莫十二到十八哩。我的馬鞍後面掛著一對囊袋裝滿所有行李，不過，我還是把六百克郎的銀幣縫在腰間的皮帶裡，一旦有不時之需，可以割破皮帶的暗袋取出銀幣，至於飲食到處都很便宜。

進入陌生之境

當我和第一個馬夫騎出德黑蘭的南城門時，映入眼簾的是個無垠無際的陌生國土。亞洲人率真熱情的招待令我感到自在愉快，不論是騎師、馬車夫或流浪的托缽僧，每個人都是我的朋友。即使對那些馱負裝有紅西瓜、黃甜瓜的籐籃的小騾子，看著牠們被沉重的貨物壓得疲憊不堪，連頭都抬不起來，我也會感到萬分不忍。在我們的左方矗立著「拉傑茲之塔」（Tower of Rages），這個古老的城市曾經出現在天主教聖典別集《多比傳》（*Book of Tobit*）中。在陵墓清真寺（burial-mosque）金黃色的洋蔥型圓頂下，神聖的阿布都艾金大帝（Shah Abdul-Azim）即長眠於此；十年後，納瑟艾丁大帝就是在這裡被一個狂熱的回教神學家刺殺身亡。

空曠原野越來越荒蕪，園林庭院也越來越稀少，接著出現的是廣袤大草原，繼續走下去，看見的就只是沙漠了。我們一會兒輕蹄小跑，一會兒縱馬狂奔。途中，我們遇到一支從麥加朝聖回來的隊伍，我的同伴翻身下馬，為了親吻朝聖者的衣角。

聖女法蒂瑪的陵墓

下一站來到庫姆（Koom）。庫姆是個聖地，因有聖女法蒂瑪（Fatima）長眠在此，前來朝聖參拜的信徒難以數計。法蒂瑪的陵墓上方建造成金黃色的圓頂，在陽光下閃耀生輝；拱頂兩旁分別聳立一座細高的尖塔。

我們一路朝南前進，經過商業重鎮卡善（Kashan），再往下走，道路又開始拔高進入山區。離開卡善時，我沒有注意到馬夫——一個十五歲大的男孩——竟然自己騎一匹精神奕奕的馬，反而把一匹疲倦不堪的馬給了我，我發現之後，到了鄉下就把馬調換過來；他因為趕不上我的快馬，急得都快哭出來了，央求我別丟下他先走。可是，我還是硬著心腸說：「你比我還清楚這裡的路況和地形，一定可以自己找到庫魯得（Kuhrud）站，我會在那裡等你。」

男孩說：「沒錯，可是天快黑了，我害怕一個人騎馬穿過森林！」

我回答：「你胡扯！森林一點都不危險，你只要儘快騎馬通過就對了。」

於是我逕自策馬向南前進，男孩在我身後的遠方消失了，太陽也跟著落入地平線下。暮色低垂，黑夜很快籠罩著整個大地。當路面還看得見時，我可以辨識方向，但天黑以後就必須靠馬兒領路了。我的馬走得很快，將我帶進庫魯得山區。我對這裡的地形毫無概念，不過，偶爾可以感覺到擦身而過的樹幹或枝葉，或許馬兒帶錯路了。我要是聰明的話，當初應該帶著那個識路的男孩，現在一切只有仰賴馬匹了。馬兒只是走著，在墨汁般的黑幕裡看不見任何東西，唯一可見的微光是谷地上空的閃閃星星，偶有片刻，我隱約可以見到遠處天空雷電乍放的光芒。

在暗夜中騎了約四個小時，我注意到林葉間透出一絲幽暗的光影，那應該是游牧民族的帳棚。我將馬繫好，拉起帳幕看看裡面是否有人，一個老人出聲回應，他不高興地指責我，半夜裡打擾他和他的家人實在很不懂得體諒別人。我急忙向他保證，我別無他意，只是想打聽這條路是不是可以通往庫魯得，老人這才走出來，陪我走了一段路直到穿越樹林，指點我正確的方向後，又不發一語消失在夜色中。最後，我終於安然抵達庫魯得站。先前被我無情遺棄在荒地裡的男孩，此時站在門邊瞅著我大笑，原來他比我早到好幾個小時，正在懷疑我是不是被綁架了。我喝了茶，吃了些雞蛋、鹽和麵包之後，把鞍囊放在地上當作枕頭，很快就呼呼大睡，進入夢鄉了。

英國和印度之間的電報線路通過波斯，而庫魯得正是電報線架設的最高點（七千呎）。

繁榮的歷史古城

我們來到一座城市，越深入市區，人們的生活越繁榮、更加多采多姿，村落與園林也越形緊密。一路上，我們和驢子、馬匹、騾子所拉的小型商隊擦身而過，牲口背上均馱著水果與穀物。接著，我們進入一條大街道，這兒正是鼎鼎有名的伊斯巴罕，也就是阿拔斯大帝在位時的首都。

查揚迭河（Zendeh-rud）直接橫越伊斯巴罕市中心，成漩渦狀的泥河在已有三百多年歷史的宏偉橋梁下靜靜流淌著。在這個城市裡有太多的事物，足以讓遊客駐足流連，譬如舉世最大的廣場之一「邁迪恩大帝」（Maidian-i-Shah）廣場即在此；它長達兩千呎、寬七百呎；「梅斯吉大帝」（Mesjid-i-Shah）以貼陶裝飾門面，美輪美奐，令人嘆為觀止；而「四十巨柱皇宮」（Chehel Sutun）雖然實際上只有二十根圓柱，但只要親自走一遭，你就會明白，原來是宮殿前寧靜的水池映射出的倒影效果，所以才有「四十巨柱皇宮」的名稱。

在約伐法（Yulfa）郊區，住民泰半是貧窮的亞美尼亞人。我聞得到水蜜桃、杏子、葡萄的芳香。在那石牆後面是規模龐大的市場，不時傳來震耳欲聾的喧鬧聲，原來是驢馬商隊想要穿過擁擠的人群；還有商人扯開嗓門叫賣的聲音，間或夾雜著銅匠錘打鍋鼎的鏗鏘聲。

佇立城南的高地上往下望，開展於眼前的確是一幅明媚風光。我坐在馬鞍上回首來時路，觸目所及盡是綠意盎然的花園，以及繁密毗連的房舍。清真寺的洋蔥型圓頂和尖塔在一片翠綠中挑高鼎立，在陽光下閃耀著璀璨的光輝。

我再次騎馬進入荒原，不時可見躲在土地裡的紅蜘蛛與或灰或綠的蜥蜴，還有游牧民族趕著羊群吃草。通過這片曠野，我順著漸次攀高的路徑到達帕薩爾加德遺跡（Pasargadae）[1]登上一座很高的階梯，在一間大理石砌建的小屋裡享受短暫的停留。這座波斯古城雖然已歷經兩千五百年歲月的刻蝕，卻依舊屹立不搖。

波斯人稱這座古代遺跡為「所羅門之母」（Mader-i-Suleiman），他們相信在階梯頂端一個十呎長、七呎寬的墓室裡，安息的正是這位偉大的女子。不過，歐洲人則稱它為「居魯士之墓」（Tomb of Cyrus）。傳說這裡躺著古波斯的居魯士大帝，他被葬在鍍金的石棺裡，陵寢的牆上懸掛巴比倫產的昂貴帳幔；此外，陪葬的還有居魯士大帝的長劍、盾牌、弓箭、項鍊、耳環、皇袍——不過，這些傳說的真實性實在令人懷疑。

我記得居魯士曾經十分自豪地說：「我父親統治下的領土南起酷熱不適人居的荒漠，北止冰天凍地的極區，而處於南北之間的全是他的臣民。」

親炙古蹟遺風

越過崇山峻嶺，地勢豁然開展，我們來到了美爾達許（Merdasht）平原。我們馬不停蹄，為的是去造訪歷史悠久、甚至更壯觀的古代遺跡——珀瑟波利斯（Persepolis）廢墟；它曾是亞契美尼德王朝（Achaemenids）[2]歷代首都，也是波斯保存的古蹟裡最瑰麗的遺寶。古城周遭幾乎是寸草不生的窮鄉僻壤，焦黃的泥土因為熱氣而龜裂，極目展望，看不出任何生機。我要馬夫帶

伊斯巴罕的皇家清真寺

著馬匹先回驛站，這一整天，我打算獨自待在古城裡。

有一條雙邊築有欄杆、寬度可容納十個騎士並肩騎上它低矮的大理石階梯，通到一座寬廣的平台。大流士一世[3]所建造的皇宮基牆至今還保留著；而薛西斯國王（Xerxes）[4]於兩千四百年前建立的宮殿，採用三十六根圓柱支撐屋梁，如今仍然有十三根頂著。未能親自造訪這個古都的讀者，可以藉《舊約全書》裡的〈以斯帖記〉（Book of Esther）第一章第六節對埃蘭古國（Elam）[5]首都蘇薩（Susa）的描述，神遊一下這座宮殿。《以斯帖記》對蘇薩城裡阿哈蘇魯斯（Ahasuerus）皇宮的描寫如下：「牆上懸掛白、綠、藍色的帳幔，並以細麻布和紫色布料綁在銀環和大理石柱上；金銀鑲嵌的床座底下鋪砌紅、藍、白、黑各色大理石。」

然而，這富麗堂皇的光景卻在西元前三百三十一年遭受祝融的摧毀。當時，馬其頓的亞歷山大（Alexander）大帝征服了波斯的亞契美尼德王朝，喝得爛醉如泥的亞歷山大大帝下令放火燒了皇宮，珀瑟波利斯城因而化為一堆灰燼。

我們繼續朝南前進。走在一條狹窄的山徑上俯瞰下面的平原，但見夕拉茲（Shiraz）城靜謐地躺在平原上，那景象叫人永難忘懷。當地人稱這條山徑為「唐—易—阿拉．阿克巴」（Tang-i-Allah Akbar），緣起於波斯人首次踏上這條山徑遠眺夕拉茲時，驚喜之餘不禁高呼：「阿拉．阿克巴！」（偉哉阿拉！）

夕拉茲以醇酒、美女、歌謠和妍麗的玫瑰花而聞名，站在山腰上就可以聞到釀好的醇酒醉人的芳香，空氣裡則溢滿濃郁的花香；我們也看到著名詩人墓前種植高聳的柏樹，其中最有名的是波斯最偉大的兩位詩人，一個是《玫瑰花園》（*Gulistan*）作者薩迪（Sadi，生於一一七六年），另一個是《詩集》（*The Divan*）作者哈菲茲（Hafiz，生於一三一八年）。哈菲茲甚至為自己寫了墓誌銘：「噢！愛人，當我死去時，請帶著美酒與歌聲來墓前探望我，聆聽你愉悅的歌聲和甜美的樂曲，將使我從死亡的沉睡中甦醒。」帖木兒（Timerlane）曾經在他所領導的一次戰役中，特地到夕拉茲拜訪哈菲茲，並對他的詩作極為推崇。

回教的托缽僧分為許多層級，每一層級的領導人稱為「裨爾」（pir）。他們各自擁有不同的風俗與規則，有些托缽僧嘴裡不斷嚷著：「阿拉汗！」（噢，阿拉！）有的則呼叫：「阿拉公正無私，祂就是真理！」還有一些律己更加嚴苛的托缽僧不斷拿鐵鍊鞭笞自己的肩膀。儘管如此，他們都有個共通點：他們永遠都是一手拿著手杖，另一手捧著半個椰子殼接受布施。

詩人的城市

一八六三年，有位名叫費格貴蘭（Fagergren）的瑞典醫生選擇夕拉茲住了下來，在這個玫瑰與詩人的城市裡度過三十年的歲月，最後長眠於當地基督教教會的墓園裡。據說在費格貴蘭生前，有一天，有個托缽僧前來叩門，費格貴蘭開門丟了一個銅板給他，孰料托缽僧卻不屑地表示，他的目的並非化緣，而是要點化費格貴蘭這個異教徒，希望他改信伊斯蘭教。費格貴蘭要求他：「那麼你先得向我證明你的神力。」托缽僧回答：「好，你可以指定任何語言，我都能夠通曉。」於是費格貴蘭改用瑞典話說：「既然你這麼說，就講幾句瑞典話讓我聽聽吧！」托缽僧立即揚高音調，順暢如流地詠誦幾段瑞典詩人泰尼爾（Esaias Tegnér）的著名史詩〈弗瑞提歐夫英雄傳〉（Frithiof's Saga）。費格貴蘭醫生聽得目瞪口呆，驚訝不已，他簡直不敢相信自己的耳朵。這時托缽僧認為已經整夠了醫生，才除去偽裝的衣物，原來他是布達佩斯大學（University

蓋在孤岩頂的葉斯狄卡斯特

of Budapest）東方語言學教授凡貝利（Arminius Vambéry），日後名揚全世界。

我倒是沒有任何偽裝來到了夕拉茲，與一位和藹親切的法國人法爾桂（M. Fargues）共處一段時間。一八六六年，年輕的法爾桂原本在法國擔任軍官，他請了六個月長假，前往夕拉茲作一次小旅遊，但是當我於一八八六年抵達該地時，他依舊「樂不思歸」。四年後，我又在德黑蘭與他相遇，他可說是全心全意迷戀著波斯了。

從裏海一路往南的旅程中，以夕拉茲到波斯灣這一段最為艱辛，這條路徑必須穿越法夕斯坦山脈（Farsistan Mountains），山路非常陡峭，而且驚險萬狀。我們騎著馬翻山涉谷，四周盡是被太陽烤燙、斑駁碎裂的奇岩怪石；沿途經過三條山徑，分別稱為：「白馬鞍」（Sin-i-sefeid）、「老婦人」（Pri-i-san）和「女兒山徑」（Kotel-i-dukhter）。有一回，我騎的馬不小心踩了一個空，人連同馬滾落山崖，所幸我及時從馬鞍上脫身，才沒有被甩離路面。

天氣熱得令人感到窒悶煩躁。山勢越來越平緩，慢慢地終於與平坦的海岸沙地連成一氣。有一個晚上，我又甩開跟班的馬夫（這次是個老人）獨自行動，這個地區不太安寧，經常有搶匪和歹徒虎視眈眈地等候獵物，幸好一切平安無事。在黎明曙光出現的瞬間，有一道亮晃晃的白光從我眼前劃過，彷彿一把銳利的劍刃。幾個小時之後，我策馬進入布什爾港（Bushire）；這一趟旅程我花了二十九天，走了九百哩路，正好橫越波斯大帝遼闊的江山。

【注釋】

1 西元前五四六年，為波斯王居魯士大帝所創建的首都，他死後陵墓也建在此地。

2 波斯的第一代王朝，由西元前七世紀初期的統治者亞契美尼斯建立。

3 西元前五四八—五六八，亞契美尼德王朝最偉大的君主。

4 西元前五一九—四六五，大流士一世之子。

5 位於今之伊朗西南部，為西元前十三世紀極為強盛的國家。

第四章　穿過美索不達米亞到巴格達

布什爾可能是我旅遊過的亞洲城市裡最令人厭惡的地方！這對必須住在那裡和在那裡工作的人，簡直是很大的一項懲罰。布什爾是個極度缺乏綠意的城市，充其量只不過有兩、三棵棕櫚樹；房子清一色是兩層樓的白色建築，巷弄的寬度窄得不能再窄了，為的是讓兩旁的房子製造可乘涼的陰影。這裡終年陽光曝曬，到了夏天更是炎熱得難以忍受；有一次，我發現戶外陰影下的溫度竟高達攝氏四十三・三度，聽說最熱時還高到攝氏四十五度。布什爾最後一個令人厭惡的原因是，由於經年強烈陽光照射，導致溫暖、鹹度高的波斯灣，就像一片毫無生機的水沙漠。

我和幾個友善的歐洲人住在一起，這裡的床鋪四周都用蚊帳圍著，而且鋪設在屋頂上，即便如此，每天我還是趁著太陽露臉之前趕回樓下的陰涼處，避免被太陽曬出疼痛難堪的白水泡。

這天來了一艘英國籍汽船「亞述號」（Assyria），船停泊在布什爾寬闊的外港，為了節省急遽縮水的荷包，我訂的船位是在沒有遮蔽的甲板上。這艘汽船載運貨物和乘客往來於孟買和巴斯拉（Basra）[1]之間。乘客蜂擁著上船，大部分是東方人，包括印度人、波斯人和阿拉伯人。這趟橫渡波斯灣的旅途並不長，甚至用肉眼就可以看到欲抵達的陸地；當我們靠近壯闊的阿拉伯河

（Shat-el-Arab）河口時，船的速度漸漸放慢，駕駛員小心翼翼地駛著汽船在危險的泥岸之間行進；這裡的泥岸因遭水沖積形成一塊三角洲。阿拉伯河的上游是由底格里斯河和幼發拉底河兩大河匯流而成，河水夾帶大量的泥沙，在波斯灣淤積成一片三角洲，每年朝海裡伸展出一百七十五呎寬的新生地。

我們搭汽船順河而上。低矮的河岸上棕櫚樹叢生，居民在河岸兩旁搭蓋茅草屋和黑帳棚，豢養牛羊群；長著彎角的灰色水牛在爛泥中打滾。亞述號終於駛抵巴斯拉城外，大約有三十艘小船乘風破浪划近亞述號，因而濺起片片水花；這些小船主要用來運載乘客和貨物。外港河水很深，阿拉伯船夫划著五顏六色的寬槳，到了內港淺水處，他們便跳上船尾，用細長的竹篙撐船前進。歐洲國家的領事館、商會和貨棧都設在河岸邊，我反正無事可做，便雇了一艘小木船，獨自沿著一條蜿蜒曲折的小溪往上划，穿過一片蓊鬱蔥蘢的棗椰林。叢林濃密蔽日，既潮濕又悶熱，透不進一絲絲稍可舒緩的微風，不過，空氣中卻散發出棗椰樹濃郁的芳香。有位波斯詩人曾指出，這裡有七十種不同品種的棗椰樹，用途卻高達三百六十三種。棗椰樹以有「伊斯蘭的福樹」（Islam's blessed tree）之稱而聞名，因為它可口的果實是本地廣大人口的主要營養來源。

阿拉伯人所建的巴斯拉港曾於一六六八年被土耳其人征服，這裡的房子泰半是有陽台的兩層樓建築。婦女們透過格子窗觀望屋外狹窄街道上的景致。設有露天陽台的咖啡館，時常有土耳其人、阿拉伯人、波斯人，以及其他地區的東方人到這裡喝茶、咖啡，或抽抽菸。巴斯拉是個非常髒亂的城市，熱病肆虐，而豺狼和鬣狗是此地主要的「清道夫」，牠們在夜裡溜出沙漠的洞穴，潛入城市覓食，把街道上腐敗的垃圾和屍體清除乾淨。

離開巴斯拉前往巴格達

五月的最後一天，明輪船「美吉迪埃號」（Mejidieh）駛離巴斯拉，前往巴格達。我訂了上層的艙位。船上的高階船員都是英國人，至於工作人員則屬土耳其人；船上乘客除了我是白人之外，其他都是東方人面孔。站在船橋上，可見旅客集聚前甲板盡情享受悠閒的日子：阿拉伯商人正在玩雙陸棋，波斯人抽著菸斗，一邊吹著茶爐下的炭火，而他們的歲月就在縹緲裊繞的煙霧中悄悄流逝。從船橋上往下望，正對著一間女眷的內室，裡面有臨時懸掛起來的藍色帷帳，年輕的婦女們依著靠枕席坐在羽毛床上打發時間；她們邊吃零食，邊抽菸，或是喝茶。船上還有一位托缽僧，此刻正向一群圍著他而坐的男孩高聲講述寓言故事，講完之後，便托著椰子殼向乘客化緣乞食。

被稱為天堂之河的底格里斯河和幼發拉底河在廓爾納（Korna）交會。根據阿拉伯人的說法，天地初始，伊甸園即位居兩大河之間的半島上，他們甚至能為你指出「智慧樹」（Tree of Knowledge of Good and Evil）[2]長在哪裡；另有一些阿拉伯人說，幼發拉底河是名男子，底格里斯河則是位女子，兩人選擇在廓爾納結婚。就地形上來看這兩條河流的形狀，很難不令人聯想到像是一對牛角；事實上，廓爾納這地名聽起來就像是拉丁文裡的「角」（cornu）。

幼發拉底河為西亞最大的河流，約有一千六百六十五哩長，發源自亞美尼亞境內的高地，距離亞拉拉特山（Ararat Mountains）不遠，與較短的底格里斯河會合，形成了美索不達米亞平原，原意是「河間之地」（El-Yezireh），或為阿拉伯人所暱稱的「島」。美索不達米亞平原上的每一寸土地，無不令人遙想起幾千年前，正值強盛的兩大強權帝國亞述和巴比倫在這裡掀起的世界大戰。古巴比倫帝國極為繁榮興盛，狂妄傲慢的百姓便在巴比倫城建造一座巴別塔（Tower of Babel），欲與天齊高，因而激怒了上帝而降臨災禍。至今我們還可以在底格里斯河畔發現古城尼尼微（Nineveh）的廢墟殘跡——它曾是辛納赫里布（Sennacherib）、以撒哈頓（Esarhaddon）、薩丹納帕路斯（Sardanapalus）等亞述帝王時的首邑。

離開了幼發拉底河河口，汽船緩緩沿著彎彎曲曲的底格里斯河上游行駛。亞美尼亞高原和托魯斯山（Taurus Mountains）融化的雪水，匯聚成流順河而下，淹沒了底格里斯河河岸，因此，我們需要四天的時間才能抵達巴格達。河道有些部分水淺，再加上渾濁如豌豆濃湯的河水下沙岸變幻莫測，導致汽船經常擱淺，這時必須設法排出底艙裡的水，讓貨物與人員都先下船，以便使船身再浮起來，結果整段航程足足花了七天才結束。如果是從巴格達乘汽船順流而下，到巴斯拉只需要四十二個小時。

我們在以斯拉之墓（Tomb of Ezra）[3]停泊上岸，河面上映照出棕櫚樹的款款丰姿，活潑的猶太男孩划著小船來接運貨物和乘客。岸上，半開化的游牧民族蒙帖菲克（Montefik）和阿布穆罕默德（Abu Mohammed）族人在此放牧牲口，他們手裡拿著長矛，頭戴馬鬃圈環好固定白面紗，不致被風吹得胡亂翻飛。

沙洲古城

迎著風的帆船以輕快的速度朝上游飛馳前進，白色的船帆被微風吹得鼓了起來。遙望遠方，

底格里斯河畔的以斯拉之墓

庫德斯坦藍色的山巒盡收眼底，一群水牛正在游水渡河，趕牛的牧人用長矛試圖使牛群排列成行。在燃燒過的乾旱草原上，到處搭蓋黑色帳棚，熊熊的營火穿透黑暗的夜色晃著亮光。

太陽還沒有升起，大地已開始熱氣蒸騰，令人感到窒悶。夜裡，大夥兒被蚊子折騰得很慘，到了白天，成群如雲的蝗蟲漫天飛舞。一大批蝗蟲飛掠過河，有的停在船上，或鑽或爬，無所不在；連我們的衣服、手和臉都難逃騷擾，逼得大家只好關緊艙房的門窗，避免晚上有牠們「作伴」。有些蝗蟲撲上熱煙囪，羽翅燒毀紛紛跌落地面，不久，地上竟疊起一堆越來越高的蝗蟲殘骸。

在庫特阿瑪拉（Kut-el-Amara），有一批貨物上船，裡頭裝的都是羊毛。突然，船停了下來，原來是船在沙岸上擱淺了。船員再次把底艙的水排出，加上有流速二．五哩的水流推波助瀾，我們終於得以脫身。更往上游一些，河流劃出一條長長的彎道，我們花了兩個小時又四十分鐘才繞出彎道。如果是用徒步橫越彎道所包圍的沙洲，卻只需半個小時就能走到另一端。在這塊突出於河道的沙洲上，靜靜躺著泰西封城（Ctesiphon），這個城市相繼被帕提亞王朝（Parthian）[4]、羅馬帝國、薩珊王朝（Sassanid）[5]、阿拉伯人所統治過。除了泰西封古城，這裡還有一座美麗的城堡遺跡塔克凱斯拉（Tak-Kesra），或稱為「郭斯魯之弓」（Khosru's Bow），是薩珊王朝的郭斯魯國王（Khosru Nushirvan, 531-578）當年的建樹。

我想上岸走一走，美吉迪埃號的船長不反對，還派遣四個阿拉伯人為我划小船，其中兩位陪我走到沙洲。沙洲上散列的彩陶碎片被我們踩得喀嗤作響，我在「郭斯魯之弓」城堡逗留了一個小時，將眼前的景致畫進我的素描簿。這裡曾經是泰西封城牆聳立之處，如今卻已被沙漠所吞噬。而當年的御花園至今仍是瑰麗繽紛，不過，在綠意盎然的中央地帶，居然有一塊地方只有叢生的雜草與野薊。

有個羅馬教皇特使對此深感迷惑，於是向國王請教緣由。國王的回答是，這塊荒蕪的園地為一位窮寡婦所有，可惜她並不想出售。在這位羅馬教廷使節的心目中，這片野草遍生的土地卻是整座御花園裡最美麗的一個角落。

西元六三七年，葉茲狄格三世（Yezdigerd III）[6]向大舉來犯的阿拉伯軍隊投降，在求和的談判過程中，葉茲狄格三世感慨地說：「我見識過許多民族，還沒有見過像你們這麼貧窮的；你們以蛇鼠為食，以羊駝皮為衣，怎麼可能征服我的國家呢？」阿拉伯使節回答他：「您說的沒錯，我們確實衣食匱乏，可是真神賜予我們先知穆罕默德，他的宗教就是我們的力量。」

巴格達的廬山真面目

我們慢慢接近巴格達了！眼前荒涼的景觀被濃厚的煙塵所遮蔽，我在腦海裡幻想《一千零一夜》的故事，阿拔斯王朝（Abbasid）的哈里發以巴格達為首都，不知道要用多少的財富和氣派，才能堆砌出這個名氣響徹整個東方世界的城市。但是濃霧逐漸消散，我看到的僅僅是普普通通的土造房屋和棕櫚樹，剛才浮現腦海的美麗幻想霎時破滅。一座看似弱不禁風的浮橋橫跨底格里斯河，馬匹拉著水輪車將河水汲取上岸，用來灌溉田地。在河的右岸則有一座陵墓，叫作「柔貝依妲之墓」（Tomb of Zobeide），她是巴格達的拉什葉德哈里發最寵愛的妻子。美吉迪埃號在海關辦公大樓外下了錨，一大群像貝殼般的小船蜂擁而上，圍住美吉迪埃號，然後把所有旅客接泊上岸。根據希臘史學家希羅多德（Herodotus）的描述，這種小船叫「古發」（guffas），既無船頭也無船尾，看起來倒像是一面盾牌。

巴格達為權威蓋世的哈里發曼蘇爾（Abu Jaffar Abdallah al-Mansur）[7]於西元七六二年所創建，當時，他為這個首都取名為「達瑞賽倫」（Dar-es-Selam），有「和平之居」的意思。截至他的孫子拉什葉德在位期間，在這位號稱「公正之君」的治理下，巴格達的繁榮興盛臻至巔峰。一二五八年，蒙古的旭烈兀率軍大肆掠奪巴格達，之後放火燒城；不過到了一三二七年，伊本—拔圖塔（Ibn Batuta）[8]初次到巴格達時，仍然為這個城市的雄偉與壯麗驚嘆不已。然而就在一四〇一年，令人聞風喪膽的帖木兒兵臨巴格達城下，除了清真寺之外，沒有一件東西得以倖免——不是被摧毀，就是遭受劫掠，他甚至下令用七萬顆人頭堆了一座金字塔。

自此之後，巴格達在哈里發全盛期的風華已經漸形褪色，如今，這個擁有二十萬居民的古城，留下的只有一座供商旅客宿的大旅館、一扇城門、柔貝依妲之墓，和一棟高聳於群屋之間的蘇克阿迦爾尖塔（Suk-ei-Gazl）。這裡的街道雖然狹窄，卻優雅如畫；我被人群推擠著前進，四周盡是穿著華麗長袍的阿拉伯人、貝都人（Bedu）[9]、土耳其人、波斯人、印度人、猶太人與亞美尼亞人。在熱鬧喧囂的市集上，各式各樣色彩奪目的地毯、絲綢、壁氈、印花織錦，令人目不暇給；這些東西多半由印度進口。

巴格達的房子都是兩層樓高，設有陽台；並闢建地下室，炎炎夏日時可供人們避暑。室內的天花板垂吊著風扇，不時有童僕去拉動風扇的繩子，作用是搧涼和通風。屋外種植的棕櫚樹高過平坦的屋頂，夏風習習吹拂，在棕櫚樹的枝葉間逗弄著，發出陣陣的低吟聲。

【注釋】

1 位於波斯灣西北角，也是今天伊拉克境內底格里斯河的出海口。

2《舊約聖經》中所記載亞當和夏娃偷食禁果的那棵樹。

3 以斯拉是西元前五至四世紀時，巴比倫希伯來的宗教領袖。

4 西元前三世紀建於幼發拉底河流域的王國，在中國史籍稱之為「安息」。

5 波斯強國，於西元二二四年推翻帕提亞王朝。

6 薩珊王朝的最後一個君主。

7 七一四—七七五，阿拔斯王朝的第二任哈里發。

8 一三〇四—一三六九，阿拉伯地區旅行家暨作家。出身於北非摩洛哥坦吉爾（Tangier），一三二五年開始出發旅行，在二十九年中旅行了十二萬公里，東達中國廣東，西抵安達魯西亞（今西班牙），南至廷巴克圖（Timbuctu，今西非國家馬利），北履今俄國境內的乾草原。

9 住在阿拉伯半島、敘利亞和北非沙漠中的阿拉伯游牧民族。

第五章　波斯冒險之旅

到了巴格達，我前往英國商人奚爾本（Hilpern）的家裡拜訪，他與夫人十分熱情地款待我。我在他們府上叨擾了三天。在巴格達這段時日，我每天城裡城外東逛西晃，划著「古發」小船遊河，回到奚爾本先生的家裡，又享受著如帝王般的美食佳餚。

我想，奚爾本先生大概會認為我是個行事莽撞的年輕人，因為我單槍匹馬來到巴格達，接著竟然又打算不帶任何隨從，騎馬穿越沙漠，以及隨時都有可能發生危險的庫德斯坦、波斯西部，然後回到德黑蘭。我實在很難啟齒向他解釋，這麼做其實是因為我皮帶裡的錢只剩下不到一百五十克郎了。我決定寧可受雇當騾夫，完成這趟荒遠的路程，也絕不洩露自己阮囊羞澀的處境。

奚爾本陪我到市集邊的一間大客棧，院子裡剛好有幾名男子正在打包貨物，準備裝上鞍袋。我們向他們打聽要往何處去，他們回答要去「克曼沙」（Kermanshah）。

「上那兒要花幾天時間？」

「十一天或十二天吧。」

「你們商隊有多少人？」

「有五十隻騾子和貨物。隊上共十個商人，他們騎馬；另外，還有幾個從麥加回來的朝聖客、六個從卡巴拉（Kerbela）[1]返回的朝聖徒，以及一個迦勒底（Chaldean）商人。」

「我能加入你們的商隊嗎？」我問道。

「好啊，只要你肯出個好價錢。」

「雇匹馬到克曼沙要多少錢？」

「五十克郎。」

奚爾本先生建議我接受這個價錢。於是，我待在奚爾本先生家裡等候六月七日晚上商隊來通知我何時出發。到了指定的時間，兩個阿拉伯人出現了，我把波斯馬鞍安置在雇來的馬背上，向好心的奚爾本先生和他夫人告辭後，便躍身上馬，隨著前來的阿拉伯人穿過巴格達市，來到市郊的商隊客棧。

加入商旅隊

此時正值回教的齋戒月，教徒在日落之前一律不能進食、飲水、抽菸，不過等到太陽一下山，回教徒就開始大開「吃」戒，藉以彌補白天禁食的缺憾。之後男人都聚集在市集的露天咖啡座上，依照宗教儀節進用晚餐。我們行走的路徑正好橫越波斯王國的領土，商隊旅人所吸的水菸斗飄盪著縷縷輕煙，縈繞於狹隘的山道中彷彿籠上一層薄霧，因而，油燈所發出的依稀亮光必須奮力不懈才能突破暗夜之幕。

直到凌晨兩點，騾子才再度馱負貨物，拉長的商旅隊伍浩浩蕩蕩繼續展開旅程。沿路果樹、園林越來越稀少，圍繞在我們四周的只有寂靜、黑夜和沙漠，還有帶路的騾子頸上銅鈴的叮噹聲。在黎明來臨前，偶爾可見道路兩旁若隱若現的陰影在探頭探腦，牠們是利用夜間外出獵物的豺狼和鬣狗，忙了一夜正要回到自己的巢穴。

清晨四點半，太陽已經高掛在沙漠上空。我們又走了四個小時的路程，來到班尼薩伊德（Ben-I-Said）客棧打尖休息；貨物從騾子身上卸除下來，趕路的人也利用一天裡最熱的這段時間躺下打個盹。

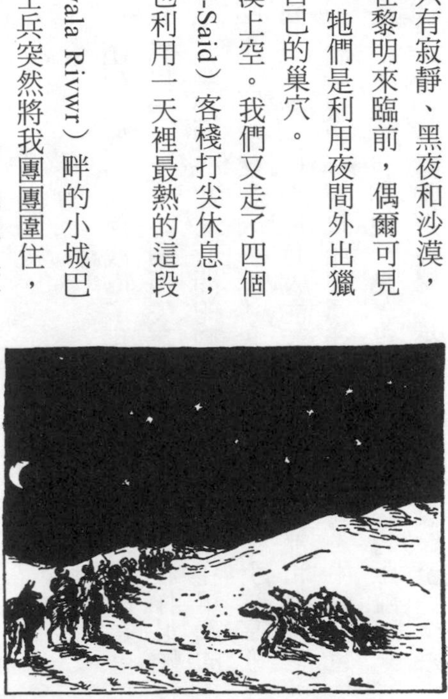
正在啃食駱駝屍體的豺狼

當我們的隊伍走到迪雅拉河（Diyala Rivwr）畔的小城巴庫巴（Bakuba）時，一隊戍守邊界的士兵突然將我團團圍住，他們說我的瑞典護照上並沒有入境簽證，所以不可以越過土耳其和波斯的邊界。眼見士兵試圖強行拿走我單薄的行囊，我像一頭猛獅般奮勇抵抗，接下來便是一場混戰。與我同行的阿拉伯夥伴們都為我撐腰，最後我們一起去見總督，總督批准了我的入境文件，代價是費用六克郎。

隔天夜裡，我騎在馬上拚命想甩掉瞌睡蟲，可是效果不大。騎了很長一段路，坐在馬鞍上的我竟然昏沉沉睡著了。有一次，馬兒看到路旁躺著一隻死去的駱駝，驚嚇之餘往後退縮，硬是不肯前進；我還不清楚到底發生什麼事時，人已經被摔落地上了。飽受驚嚇的馬匹在夜色裡狂奔而去，幸好被兩個阿拉伯人給及時抓住，這會兒，我整個人才真正清醒過來。

六月九日晚上，先前落後的一位阿拉伯老頭趕上了我們的商隊，他騎著一匹純種阿拉伯馬。

剛剛我才決定不再和商隊一起旅行，因為一想到在往克曼沙的一百八十哩路程都得在伸手不見五指的黑夜裡趕路，就覺得意興闌珊。既然自己沒有能耐隻身完成這趟旅程，於是，我小心翼翼地同那位迦勒底商人和新加入的阿拉伯老頭攀談起來。迦勒底商人強烈說服我打消念頭，他說我們要是脫隊落了單，可能會被庫德族強盜攻擊和殺害；至於阿拉伯老頭倒是不害怕，可是卻以他的駿馬為理由，向我開價每天二十五克郎，雖然我已經支付了全程旅費。我心想，跟著老頭走，只要四天就能抵達克曼沙，跟著商隊走則得再花九個晚上，這麼一來，我的錢包就真的是空空如也了！不過，我打定主意走一步算一步，畢竟當下我還不會有餓死的危機。也許到了克曼沙，我可以在商隊覓個趕騾子的活兒，或者也可以學托缽僧沿路乞討啊！

快馬加鞭往克曼沙

不料，我的計畫被另一個阿拉伯人偷聽到，他向同伴洩露了我的秘密，結果商隊隊員堅決反對我們離開。他們反對倒不是因為我們見異思遷，而是不願損失我座下的那匹馬。我佯裝順從商隊的意思，若無其事地繼續晚上的行程。月亮緩緩升起，時間的腳步也跟著移動，在單調的銅鈴聲中，疲憊不堪的商人一個個坐在自己的馬上，酣然進入夢鄉。起先還有幾個商人引吭高歌，希望藉此驅走睡意，但很快地，歌聲倏然靜了下來。似乎沒有人注意到，一路上我都和阿拉伯老頭並肩騎著馬，老頭被我亮閃閃的銀幣所引誘，決定背叛自己的同伴。我們慢慢地、不動聲色地騎到商隊前方，等到月亮落下，天色整個暗了下來，我們便一點一點地拉遠跟商隊的距離；銅鈴聲掩護了我們的馬蹄聲。我們逐漸加快速度，身後商隊的銅鈴聲越來越微弱，最後終至完全聽不到了；我用力夾緊馬的腹脅，與我的同伴飛馳直奔克曼沙。

太陽升起之後，我們停留在一個小村落稍作休息。嘴裡叼著青蛙的白鸛正要回巢，一晃眼的時間，我們又得準備上路了！忽然，天空下起一陣傾盆大雨，我們全身濕透，而腳下的大地也同樣得到雨水的滋潤。最後的棕櫚樹遠遠地被我們拋到身後，眼前我們已經來到危險山區，也就是盜匪橫行的地帶；我把隨身攜帶的左輪手槍先上好膛，不過，沿路只看到親切溫和的騎士、行人和商隊。

我們遇到一群騎騾子的朝聖客，他們正要前往巴格達、大馬士革和麥加朝拜。對這些人而言，他們一生最大的願望就是站在阿拉法特山（Mt. Arafat）頂上，向下俯瞰聖城，再到克爾白（Kaaba）[2]面向神聖的黑石祝禱，之後，他們即可獲得「哈吉」（Hadji）的光榮頭銜，意思就是去過麥加朝聖的信徒。

在一個被認為是特別危險的地區，我們加入一支與我們同方向的商旅隊，其中有一小段路，甚至有一隊波斯軍人隨行；他們身穿藍白相間的斗篷，皮帶上裝飾銀色的刺繡圖案。在表演各種精彩馬術之後，這些軍人向我討賞，說是當作救我一命的報酬；他們宣稱要不是有他們同行，我必然已經落入搶匪的手裡。我沒有錢可以給他們，只得指天發誓從來沒要求他們保護，藉此挽回顏面。

六月十三日，我們終於抵達克曼沙。當我們騎馬穿過熙攘嘈雜的市集時，必須使勁推開擋路的騾子、托缽僧、商隊、馬夫和忙著叫賣的商人。

到了商旅客棧的庭院，陪我來的阿拉伯老頭翻身下馬，我也跟著他下馬。我付給他一百克郎的租馬費，身上還剩下一些銀幣，可是老頭並不滿意，堅持我應該再多給他一些小費，因為這趟旅程十分愉快而且順利（他說的確實有道理），所以我只好又花了點錢。如今，我身上只留下一個小銅板，價值約十五分錢；我用它買了兩粒雞蛋、一塊麵包和兩三杯茶當晚餐，然後向老頭辭別，把行李甩在肩上，獨個兒走進城裡。

絕處逢生

克曼沙城連一個歐洲人都沒有，我身上也沒有任何的介紹信，可拿來向回教徒自我引薦；即使身在沙漠中，我也未曾有過像此刻的孤單無援。我靠著一堵坍塌的土牆坐下來思考，一邊看著來來往往的人群；熙來攘往的行人看我的眼光，好像我是一頭野獸，他們慢慢往我身邊圍攏過來，而且議論紛紛。看來擁擠的人群中沒有一個比我還窮的。我到底該怎麼辦？再過幾個小時就天黑了，今晚要到哪裡落腳才不會被豺狼攻擊？群眾的心腸是冷酷無情的，誰會在乎一個信仰基督的異教狗呢？

「看來我得把馬鞍和毯子給賣了。」我心裡想。

就在靈光乍現的那刻，我記起一個曾在布什爾和巴格達耳聞過的阿拉伯富商哈珊（Aga Mohammed Hassan），他的商隊遍布整個西亞，東起赫拉特（Herat）、西至耶路撒冷，北從撒馬爾罕（Samarkand）、南至麥加。不僅如此，哈珊在波斯西部還有一個綽號是「大英帝國的掮客」（wakilet-dovlet-i-Inglis）；他，正是我要找的人！要是他不肯收留我，我只好去商旅客棧，想辦法在商隊裡謀個差事。

我站起身來，向一位面貌和善的男子打聽他是否知道哈珊的住處，他回答：「噢，我曉得。

你跟我來。」我們很快就在一扇門前停下腳步，我敲敲門上一塊附有鐵環的牌子，門房把門打開；我向他表明來意後，他領我穿過一座花園，來到皇宮一般富麗堂皇的屋子。門房留下我逕自走上階梯，不久，他走了回來，告訴我富商願意接見我。

我被帶領穿過一間間豪華氣派的房間，每個房間都鋪上波斯地毯、喀什米爾的壁飾與紡織品，並且擺置長沙發和青銅器具。走到最裡頭便是哈珊的書房，他坐在一張地毯上，身旁散布一堆堆文件與書信；兩位秘書振筆疾書，記下哈珊口述的指示。另外還有幾個訪客靠牆站著。

上了年紀的哈珊蓄著一撮濃密斑白的鬍子，外表慈祥而尊貴，戴著一副眼鏡，頭上纏繞白色頭巾，身穿一襲鑲金線的白絲綢外衣。而我身上穿著的是僅有的破衣衫，足蹬一雙沾滿灰塵的長統靴。當我一腳踩在哈珊房裡柔軟的地毯上，哈珊起身表示歡迎，並伸出手來邀我坐下，垂詢我的旅程與計畫。對於我所有的回答，他一概點頭表示了解，唯一不明白的是瑞典這個國家及它的地理位置，我詳盡地向他說明，告訴他瑞典位於英國和俄國之間。

他思索了一會兒，似有所解地問我是不是來自「鐵頭」（Temirbash）當國王的那個國家？「鐵頭」是當時瑞典國王查理十二世（Charles XII）享譽東方的稱號。

我回答：「沒錯，我就是從『鐵頭』當國王的那個國家來的。」

哈珊一聽我這麼說，臉上立刻綻放出光芒。只見他低下頭，彷彿在向一段偉大的回憶致敬。然後對我說：「請你務必要留在我家裡作客，至少住上六個月；請把我所有的東西都當作是你自己的，一切但憑閣下吩咐。現在請原諒我必須回到工作上，不過，僕從會帶你去花園裡另一棟房子，我希望你把那裡當作自己的家。」

受到阿拉伯富商哈珊的熱忱款待

受到王子般的禮遇

於是，我隨艾芬笛（Khadik Effendi）與米薩克（Mirza Misak）來到附近一棟波斯風味的優美房子；房間布置精巧，地上鋪著舒適的地毯，還擺設黑色的絲緞長椅墊，天花板上的水晶吊燈閃爍耀眼。我大大鬆了一口氣，幾乎忍不住想要擁抱一下那兩位被哈珊指派來服侍我的僕人！想想半個小時以前，我還風塵僕僕、衣衫襤褸地站在大街上，被另一群比我好不到那兒去的人所圍觀。現在，阿拉丁神燈就在我眼前燃出熠熠光輝，命運的神奇力量把我變成了《一千零一夜》裡的王子。

正當我和隨從閒聊之際，幾個僕役像幽靈似的悄悄走進房裡，在地毯上鋪了一塊薄布，開始擺上晚餐。我一定要好好享用這頓佳餚美食。擺在眼前的晚餐有切成小塊的燒烤羊肉，幾只碗裡裝滿了雞肉、米飯、乳酪、麵包和椰棗汁，最後上來的是土耳其咖啡和波斯水菸斗。

等我好不容易想就寢時，發現床已經鋪好在花園裡了。那是一席靠著大理石牆的長椅墊，旁邊有個大理石噴泉。水池裡金魚悠游自在，噴泉向上噴湧而出的水注清澈如水晶、纖細如髮絲；水花在月光下躍動，亮閃閃勝似白銀。空氣中瀰漫著夏天的氛圍，摻雜著叢密嬌豔的玫瑰和紫丁香所散發的迷人香味，這片優雅美景較之髒亂的商旅客棧簡直是天壤之別！我感覺自己彷彿置身童話故事裡，或者是一場夢。

夜色固然甜美，我還是渴望清晨儘快到來，因為我很想試試哈珊的駿馬。我等到覺得不致於太早打擾到僕役時，便即刻召來一個僕人，不消多久，幾匹已經上好馬鞍的馬兒早等候在門外了。在米薩克和一個馬夫的陪伴下，我們騎馬來到薩珊王朝歷代國王的避暑巖洞——塔吉玻斯丹（Tak-i-Bostan）。在巖洞壁上，我看到多位國王的浮雕肖像，涵蓋從西元三八〇年開始的歷代統治者；例如身穿盔甲、手執長矛、跨騎剽悍戰馬的「勝利者」郭斯魯二世（Khosru II Parvez, 590-628）。壁上雕刻並且呈現出皇家成員狩獵的情景：他們騎乘大象追趕野豬，策馬捕捉羚羊，划船追逐海鳥，一景一物無不表現出當時完美的狩獵活動。

日子就在四處遊蕩與盛宴中度過，而我依舊囊空如洗，身上連一個施捨給乞丐的銅板都沒有，但我還是努力保持像紳士一樣冷靜、自信的態度，至少外表看起來如此。不過，這種情況不可能永遠持續下去。有一天，我終於鼓起勇氣，向艾芬笛透露自己窘迫的處境，我說這趟旅程比我原先的計畫還長，所以現下我是身無分文。艾芬笛感到驚訝，卻帶著一臉深表同情的笑意（莫非他早就對我的境況心存懷疑？），接著，他說了一句令我永生難忘的話：「不管你要多少錢，儘管向哈珊開口。」

我決定於六月十六日午夜過後啟程，同行的是一位信差，他自己帶著由三位武裝騎士組成的護衛隊，為的是防範搶匪的劫掠。這位信差用懷疑的眼光打量我，而且認為我可能會因受不了旅途勞頓而中途脫隊，因為從克曼沙到德黑蘭將近三百哩的路程中，只容許在哈馬丹城（Hamadan）休息一天或一夜，至於停留其他驛站的時間則僅夠替換馬匹，吃點雞蛋、麵包、水果，以及喝喝茶充飢而已。年方二十的我如何服得下這口氣，所以即使冒著被馬兒震得粉碎的危險，我也要向信差阿卡巴（Ali Akbar）證明，我可以忍受任何的艱苦。

當天午夜，我與哈珊最後一次共度晚宴，席間盡聊些歐洲和亞洲的事物。哈珊還是那麼和藹慈祥，然而，我們兩人都沒有觸及令我感到尷尬的財務問題。我站起身來向哈珊致謝，準備離開，哈珊臉上掛著微笑祝我一路順風。後來，哈珊去世後安葬在某位聖人陵墓的附近，距今已經很多年了，可是我到現在還記得他的樣子，每次一想到哈珊先生，我的內心總是充滿敬愛與感激。

當我最後一次回到曾暫居過的「皇宮」時，米薩克交給我一個皮囊，裡面裝滿純銀的克郎；後來，我如數償還了這筆錢。我躍上馬鞍，與阿卡巴及三位武裝隨從在夜色中上路。

行行復行行

這趟路果真窒礙難行！在開始的十六個小時裡，我們騎了一〇二哩路，到了第二天早上，皚皚白雪覆頂的艾凡德峰（Alvand，海拔一萬零七百呎）已然在望。我們在山腳下的哈馬丹城休息了一天。我利用半天的時間好好睡個覺，剩下的半天則用來拜訪古蹟「以斯帖之墓」，以及埃克巴塔納古城（Ecbatana）[3]的舊跡。

我們經過一個村莊又一個村莊，每到一個休息站就累得跟死人一樣，趁著換馬和煮茶的空檔，只顧把沉重疲憊的身軀攤在壁爐旁休息，然後馬上又得出發趕路；翻越一山又一嶺，穿越園林村舍，渡過橋梁溪流。白天，大家必須忍受太陽無情的炙烤，夜裡還要驅走正在分食路旁獸屍

前往卡巴拉的送葬隊伍

的豺狼。每天，我們看到日出日落，也望見晚上月亮升起與沉落；在藍黑色的夜空，月亮宛如一枚銀色的貝殼浮游在眾星之間。有一回，我們甚至碰到一支送葬隊伍，其實，我們在很遠的距離便知道了，因為騾背上裹在毯子裡的屍體惡臭沖天；他們的目的地是卡巴拉，墓地選在臨近伊瑪目扈山（Imam Hussain）的陵墓。

六月二十一日清晨，我們終於抵達德黑蘭。在這長達五十五個鐘頭的路程，我們當中沒有一個人闔過眼，而且每個人都騎癱了九匹馬。

經過一次完全的休養生息之後，我再度騎馬翻越厄爾布士山，來到裏海邊的巴爾福魯斯（Barfrush），然後乘船沿著土庫曼海岸線，先後抵達克拉斯諾佛斯克（Krasnovodsk）和巴庫。我在巴庫換搭火車，經過提弗利司和黑海沿岸的巴統（Batum），接著又換船來到君士坦丁堡（Constantinople，現稱伊斯坦堡）。為了行囊中的素描簿，我還在亞得里亞堡（Adrianople）被逮捕。八月二十四日，我來到索非亞（Sofia），由於太過靠近城堡，差點被警衛開槍射中，原來三天前這裡才發生過革命，日耳曼王室貝騰堡（Bettenberg）家族的亞歷山大親王（Prince Alexander, 1823-1888）痛失王位寶座。最後，我在德國北方的斯特拉桑（Stralsund）登上一艘瑞典籍輪船，回到家鄉，受到父母和兄弟姊妹的熱情歡迎，也為我在亞洲的第一次長途旅行譜下休止符。

【注釋】

1 位於伊拉克中部，為什葉派回教徒的聖地。

2 麥加禁寺內的回教聖蹟。

3 西元前六、七世紀裏海西南古民族米提人（Medes）的首都。

第六章　君士坦丁堡

現在我分別在烏普薩拉大學（University of Upsala）、柏林大學（University of Berlin）和斯德哥爾摩高等學校（Stockholm Högskola）攻讀地理學與地質學；我在柏林的老師便是李希霍芬男爵（Baron Ferdinand von Richthofen）[1]，他以遊歷中國聞名於世，也是當代對亞洲地理最具權威的學者。

在此同時，我也在寫作方面初試啼聲，將先前波斯旅遊的見聞寫成書，並以自己的素描畫作為書的插圖。以前我從來沒有為出版社寫過任何東西，因此當一位慈祥的老出版商出現在我家，主動出價一百二十英鎊買我的旅行記遊出版權時，我簡直不敢相信自己的耳朵；原先我只是期盼不必自己出資，只要有人願意出版這本書就謝天謝地了，沒想到這位親切的老紳士竟然願意花錢買我的手稿，而且與我的經濟狀況比起來，這筆錢可真多得嚇人。慶幸的是，我懂得把握這個千載難逢的機會，立即轉變成外交家的姿態，表示對方所出的這筆錢和我一路上的驚駭險境與艱辛比較，根本就不能相提並論。不過，最後我還是屈服了，接受這位出版商所提的價格，事實上，我的內心可真是雀躍不已！

受到這次成功的經驗鼓舞，我著手翻譯並節錄俄國將軍普哲瓦爾斯基（N.M. Przhevalsky）[2]的亞洲遊記，把這些書籍整理成冊出版。由於不是我原創的作品，因此只得到四十英鎊的報酬。

一八八九年夏天，斯德哥爾摩舉辦東方學者大會，街道上到處擠滿了亞洲與非洲的原住民。前來參加的有四位是傑出的波斯學者，受波斯大帝納瑟艾丁之命，來此向瑞典國王奧斯卡二世（Oscar II）頒贈勳章。能夠與這些波斯子民交談，我彷彿沉浸在故鄉和煦的微風中，比以往更加渴望能再度造訪他們的國家。阿拉丁神燈又重新燃起，綻放出與哈珊花園裡一般明亮的火花。

秋天時節，我與母親、妹妹在斯德哥爾摩海邊南岸的一個農場度假一個月；農場所在地達爾畢育（Dalbyö）屬於維加號英雄諾登舍爾的產業。有一天，我收到父親寄來的信，信上說：「你明天早上十一點鐘務必回城裡一趟，向首相致敬。國王將在春天派遣一支特使團去波斯覲見大君，你被指派陪同前往。太棒了！」

接下來，我們的度假小屋不斷響起歡呼聲，當天夜裡我睡得不多，因為第二天清晨四點鐘就得起床。達爾畢育和斯德哥爾摩之間的路況很差，我必須徒步穿過森林，再划著小船穿梭於群島之間，航程長達七哩，才能夠抵達輪船碼頭。不過這天早上，我拚命跑過森林，像隻野鴨般橫越海水，準時到達斯德哥爾摩。

當時瑞典和挪威還是同屬一個國家，國王任命挪威籍的宮內大臣崔斯裘（F. W. Treschow）率領特使團，另外派蓋吉爾（C. E. von Geijer）擔任秘書，勒文霍普特伯爵（Count Glaes Lewenhaupt）擔任武官，至於我本人則負起通譯的責任。我們於一八九〇年四月初啟程，橫越歐洲大陸，在回教齋戒月裡抵達了君士坦丁堡。

一首由宗教敲響的哀歌

君士坦丁堡是世界上最美麗的城市之一，地理位置剛好扼守著狹窄的博斯普魯斯海峽。這道海峽連接兩個內海，卻分隔兩塊大陸，靠著金角港（Golden Horn）港口，對外通往馬爾馬拉海（Sea of Marmora）。

君士坦丁堡和羅馬、莫斯科一樣，城裡有七座山丘，最主要的一區是斯坦堡區（Stamboul）——那是個土耳其風味濃厚的城鎮，位處三角形地帶的海角上，靠近陸地的一面構築城牆保護，牆上並建有崗哨塔；靠金角港的那一面則被深灣將它和隔鄰的裴拉區（Pera）、迦拉塔區（Galata）分離開來。斯坦堡區的海岸浪花洶湧，市內的房屋盡是白色搭配著明亮鮮艷的色調；而清真寺洋蔥型圓頂與高瘦的尖塔突立於民房之上，益顯壯觀雄偉。齋戒月入了夜之後，清真寺即被萬盞燈火照得通亮；亮晃晃燈火經過精心設計，在尖塔之間拼成先知穆罕默德與神聖伊瑪目的名字。

斯坦堡區最美麗的廟宇是聖索菲亞教堂（Church of St. Sofia），就是一般人所稱的「智慧聖殿」，西元五四八年，由拜占庭皇帝查士丁尼（Justinian）所隆重敬獻。聖殿圓頂和迴廊由一百根巨柱支撐，有些柱子以墨綠色大理石為材質，其他則是暗紅色的斑岩。

當時，聖索菲亞教堂的圓頂上立著基督教的十字架，但是九百年之後，在一四五三年五月二十九日，一個溫暖的夏夜，「征服者」穆罕默德（Mohammed the Conqueror）[3]率領一群粗野剽悍的暴民，高舉回教先知的綠色旗幟來到城堡外面。眼見強敵當前，羅馬帝國的最後一位皇帝君

希臘主教站在聖壇前，高聲為亡者朗讀彌撒

士坦丁大帝乃脫掉身上的紫色皇袍，領軍英勇抗戰，最後終究戰死沙場；屍橫遍野，竟連君士坦丁大帝的遺體都無法辨認。大獲全勝的蘇丹在參觀過美輪美奐的君士坦丁皇宮之後，對於生命的無常陡地興起傷感情懷，不禁慨嘆地吟誦一首波斯詩歌：「蛛網結皇殿，夜鴞鳴暮曲，在阿法拉施亞塔（Tower of Afrasiab）上。」

十萬名受到驚嚇的基督教徒倉皇逃到聖索菲亞教堂避難，他們把門全部上了栓，然而，殘暴的土耳其人彷彿發了瘋似的，硬是將門敲破，蜂擁而入，一場恐怖大屠殺於焉展開。一位希臘主教站在隆起的聖壇前，他穿著祭袍，高聲為亡者朗讀彌撒，最後，整個教堂就只剩下他這個基督徒還活著。在朗讀到某句禱詞時，他突然中斷，拿起聖餐杯登上通往樓上迴廊的階梯，土耳其人見狀竟似餓狼一般緊隨在後；主教走進一扇打開的門扉，隨即門便在他身後闔上。土耳其士兵手持長矛和斧頭，奮力砍擊那堵門牆，卻是無法動它分毫。四百五十幾年來，希臘人盲目地相信著，有朝一日，當聖索菲亞教堂再度回到基督教徒手裡那刻，那一扇門將會自動打開，而主教也會手執聖餐杯走出來，然後繼續主持他被土耳其人打斷的彌撒，並且就從中斷的那句禱詞接續下去。儘管如此，世界大戰末期[4]，協約國軍隊攻占君士坦丁堡時，那位消失的主教並未現身。

皇宮居高臨下

我們造訪聖索菲亞教堂時，新月形的土耳其國徽依舊安然無恙地豎在圓頂與尖塔上，寺院的宣禮員按時在圓形陽台上向信徒宣告祈禱時刻，他的聲音洪亮而清脆，四面八方都可以聽到回音：「偉哉阿拉！唯一真神！穆罕默德是阿拉的先知！快來禱告，來領受永恆的喜悅。偉哉阿拉！」

被改建為清真寺的聖索菲亞教堂裡，迴廊上點著無數盞的油燈，我們在那裡目睹成千上萬虔誠的信徒潛心誠意地禱告。

「征服者」穆罕默德為蘇丹皇宮奠定了基礎，截至蘇丹阿布都梅吉地（Abdul Mejid）[5]在博斯普魯斯建立多爾馬巴格奇（Dolma Bagche），整整四百年過去了，前後已歷任二十五位蘇丹。蘇丹的皇宮盤踞在君士坦丁堡的最高點，黎明時分，皇宮的尖頂是最先被微曦染成紫色的地方，夜幕低垂時，也是最後淡去的景致。站在皇宮的陽台往下眺望，景色之美令人嘆為觀止；馬爾馬拉海、金角港、亞洲海岸線盡收眼底。

蘇丹皇宮由幾落成群聚集的建築物與庭院組合而成，彼此藉由大門區隔開來。「中門」（Orta Kapu）位於禁衛軍宮殿（Court of the Janizaries），前後各一對門，兩對門之間是個闢有地下墓穴的暗室；蘇丹每每召喚官員前來聽令，當官員過了第一對門，身後便會傳來上門聲音，但如果眼前的第二對門文風不動，完全沒有打開的意思，那麼，這名官員就知道自己大限已到，因為被蘇丹賜死的官員都是在此接受極刑。

第三道門稱為「幸福之門」（Bab-i-Seadet），門後就是儲藏金銀珠寶的國庫，包括黃金御座、珍珠、紅寶石、翡翠等等，都是蘇丹謝里姆一世（Selim I）從波斯的伊思邁爾大帝（Shah Ismail）那兒奪掠而來。而在皇宮僻靜的一個角落，珍藏著先知穆罕默德的旗幟、長袍、手杖、彎刀與弓；陌生人不許進入此處，唯有蘇丹可以每年一度前往這個神聖的地方瞻仰聖物。

參加晚宴

有一天，我們受邀參加蘇丹的「伊夫塔」（iftar），也就是齋戒月的晚宴，宴席設在宜爾迪茲露天夏屋（Yildiz Kiosk），擔任主人的是蘇丹的官員葛西（Osman Ghasi），他曾在一八七七年以寡敵眾對抗俄國大軍，成功地守衛普列夫納（Plevna）長達四個多月，英勇名聲不脛而走。夏屋的餐廳相當小，色調很深，不過光線倒是非常充足；屋外的日光逐漸隱沒，屋內所有的人宛如雕像般靜坐不動，個個傾身靠向自己面前的純金餐盤，等候宣告日落的槍響。好不容易，日落槍聲終於響起，僕役開始為賓客奉上晚餐。

阿布都哈米德二世

晚宴過後，阿布都哈米德二世（Abdu Hamid II）[6]接見我們一行人。蘇丹的個兒矮小、輪廓細緻、面色蒼白，一撮鬍子黑中泛藍，眼珠子黑溜溜地、目光犀利，還長著一隻鷹鉤鼻；他戴著一頂紅色的土耳其帶纓氈帽，身穿深藍色的長軍服外套。蘇丹的右手放在腰間半月彎刀的刀柄上，他優雅地點點頭，接過敝國國王命我們轉交的親筆信函。

當然，我們也不會忘了去參觀「死人城」（City of the Dead）——位於斯坦堡之外的一座墓園，確切地點是在斯庫塔里（Scutari）。

墳墓之間種植高大蒼鬱的柏樹，無數碑石底下是疲憊的朝聖徒安息之所。在平躺式的墓碑上經常可以發現一個碗狀的洞，下雨過後雨水聚集在洞裡，引來許多喝水的小鳥；也許小鳥們造訪時啁啾鳴唱的歌聲，多少可以撫慰在墓石下長眠的亡靈吧。

【注釋】

1 一八三三——一九〇五，德國地理與地質學家，對這兩個領域有卓越貢獻，曾經到過東亞與美國加州進行地理探勘，著有關於中國的重要作品。

2 一八三九——一八八八，俄國探險家，曾旅遊至中國中西部，重新發現羅布泊，遊歷之地包括西藏東部、黃河和長江源頭。他所發現的亞洲野馬，後世乃將其命名為「普哲瓦爾斯基馬」。

3 一四三〇——一四八一，即穆罕默德二世，鄂圖曼帝國的蘇丹，消滅拜占庭帝國，吞併大部分塞爾維亞、希臘，以及愛琴海眾多島嶼。

4 指第一次世界大戰。

5 一八二三——一八六一，鄂圖曼帝國蘇丹，曾與英、法締約結盟。

6 一四六七——一五二〇，曾併吞庫德斯坦、土庫曼、敘利亞、埃及，並征服過波斯的部分領土。

第七章　覲見波斯大帝

四月三十日，我們搭乘俄國籍的輪船「羅斯托夫─遨德薩號」（Rostov-Odessa）通過博斯普魯斯海峽，左邊是歐洲海岸線，右邊是亞洲海岸線，映入眼簾的盡是美不勝收的奇妙景致。臨近傍晚時分，最後一座燈塔也消失了，我們輕快地駛入黑海海域。接下來的路程我很熟悉。我們先停靠小亞細亞沿岸的一處小鎮，然後在巴統上岸，之後改搭火車，取道提弗利司抵達巴庫。沿途風光與我上次旅行一模一樣，商旅、騎士、牧人也都沒什麼改變，即便是那幅灰色水牛拉車的如畫景致，仍是不減往昔。

我們也利用這次旅程，造訪了諾貝爾兄弟在巴拉罕尼的油田。這時候（一八九〇年），此地油井已經增加到四百一十座，其中一百一十六座屬於諾貝爾家族所有；當中有四十座開始生產原油，另外二十五座油井還在繼續開鑿。有一座油井估計二十四小時甚至可噴湧出高達十五萬「普特」（pood，蘇聯的重量單位，一普特相當於一六．三八公斤）的原油。這些油井的平均深度在一百二十到一百五十帕碼（pumar）之間，最粗的輸油管直徑達二十四吋。巴拉罕尼每天有二十三萬普特的原油經由兩條輸油管運送到黑城，經過提煉以後，一天可生產六萬普特的石油。

五月十一日深夜，諾貝爾那邊有幾位工程師陪伴我們登上輪船「米蓋爾號」（Mikhajl），我們才剛坐下來聊天，就聽到從四面八方傳來刺耳的輪船汽笛聲。只見蒼白的火焰從黑城上空竄起，火燄上方冒著黑褐色的濃煙；那些瑞典工程師急忙趕上岸去，搭乘出租馬車趕往起火地點。在焰火的亮光中，米蓋爾號慢慢駛離岸邊；這回，我們的目的地是波斯的南方海岸。

禮炮迎嘉賓

船在安采麗上岸，迎賓的小號齊鳴，伴隨著向我們致意的是四十響禮炮。岸上站著兩位朝廷高級官員，他們的制服上披掛著華麗的金色穗帶與飾品，羊皮帽子上綴飾太陽和雄獅的帽結。其中一位是禮賓官艾嘉將軍（General Mohammed Aga），他代表波斯大帝向我們一行人致達歡迎之意，並派遣一支聲勢浩大的護送隊伍，親自陪伴我們前往德黑蘭。

一群衣著寬鬆的縴夫拉著我們乘坐的船，朝雷什特前進；這些縴夫令我想起英國民間故事裡淘氣的小精靈，他們不斷在岸邊的灌木林與蘆葦叢間鑽進鑽出，快速敏捷令人看了眼花撩亂。總督殷勤招待我們，並且擺上一席有五十道豐盛餐餚的晚宴。五月十六日，我們離開雷什特，護送的隊伍可謂浩浩蕩蕩，四十四匹騾子馱著帳棚、地毯、鋪席、各式裝備與糧食；至於護送的波斯士兵清一色穿著黑色制服，配帶步槍、軍刀、手槍。他們還有自己的車隊。

眼前我們即將展開的旅程，唯有在古代的波斯故事裡聽到過：為了迎接強權大國的特使蒞臨，波斯人大方展示他們瑰麗的山河。此時正是仲春時節，森林中散放濃郁的芳香，清澈小溪潺潺而流，鳥兒也競相展喉高歌，清脆悅耳的歌聲，好似迎接我們這支威風的隊伍。我們把每日的行程分成早上與夜晚兩個階段，白天當溫度高達攝氏三十度以上時，我們就躲在通風的帳棚裡納涼，因為帳棚都搭在橄欖樹和桑樹樹蔭下，感覺涼快多了。每次我們路過村落，一定會有蓄著白鬍子的老人出來歡迎，他們穿著及踝的長袍，頭上纏繞高高的白頭巾。

進入喀茲文市是大家前所未有的經驗。離喀茲文市還很遠，市長就已經率領大批扈從前來迎接我們，緊隨而到的是總督和他所帶領的一百名騎兵，我們的隊伍逐漸擴大為規模驚人的騎馬行列，沿路策馬奔馳，時而消失在馬蹄捲起的灰黃塵煙之中。居前引導的是兩名傳令官，一個穿黑衣服，另一個穿紅衣服，兩人都戴著白色羊皮氈帽和銀色穗帶，尾隨在後面的則是吹小號的騎士；騎士兩側為分列徒步奔跑的藍制服士兵。跟著前進的隊伍，他們表演一項又一項驚險萬分的技藝，眼見這會兒還在快馬的馬鞍上「金雞獨立」，下一刻卻是在馬背上表演倒掛栽蔥，拾起地上的東西。有時，他們將步槍擲向空中，手一接到立即開槍；有時，則舞動出了鞘的薄利軍刀，讓刀刃在陽光下閃爍著鋒利刺眼的光芒。我們的龐大隊伍就這樣喧天響地行經葡萄園與園林，通過喀茲文城門的陶瓷塔樓，再穿越城中市集，越過了一個廣場又一個廣場。

有一次，我們和一支由什葉派回教徒組成的送葬隊伍不期而遇，在前面開路的是兩面紅色旗幟和兩條黑色飄帶。走在後面的人手捧大托盤，裡面盛放麵包、米飯和甜食；盤子的角落插上點燃的蠟燭。接著的是一群悲傷哀慟的男子，嘴裡還哭喊著死者名字：「胡森哈珊」；而跟隨其後的是死者生前所騎的一匹灰馬，馬鞍裝飾得十分華麗，馬背披掛一幅刺繡的花毯子，鞍頭上纏著一條綠色頭巾，象徵死者是先知穆罕默德的後裔。擺放屍體的拱型高架上覆蓋一塊棕色毯子，按照習俗，任何一位路人都可以輪流去扛架子；由於死者是個德高望重的教士，因此路人爭先恐後要抬他的遺體。為整個送葬隊伍押後的是一大群頭纏白巾的教士，數量頗為驚人。

聲勢浩大的騎兵隊進入喀茲文市

我們在喀茲文受到空前的禮遇，之後，我們搭上馬車，啟程前往德黑蘭。途中，我們碰到一場冰雹，馬車濺滿了泥濘。還有一回，道路被一隊馱著地毯的騾車堵住了，一聽到後方馬車空隆空隆作響，驚慌的騾子便邁開步子小跑了起來，繫在牠們頸上與貨物之間的繩子頓時鬆開，於是地毯一匹接著一匹滾落滿地。由於背上的重擔減輕，騾子反而跑得更快；牠們邁著輕快的步伐開心地奔馳著，一溜煙似的就從馬車隊前面跑掉了。目睹這一幕，我們一行人笑到東倒西歪，幾乎快喘不過氣來了，不過，可憐的趕騾人卻哭喪著一張臉，沿路撿拾掉在地上沾滿塵土的地毯。

身分非昔日可比

我們到達德黑蘭的那一天，東方世界的奇絕華麗可謂達到巔峰，和我上次的旅行經驗相比，簡直不能相提並論！當時我只是個窮學生，現在則是瑞典國王的特使身分。前來迎接的騎兵連隊穿著筆挺的制服，聲勢壯大；步兵連隊則整齊分列街道歡迎我們到來。騎在馬上的樂隊演奏瑞典國歌，波斯的高級官員們在一座園林裡為我們接風。我們在這裡組成了一支騎馬隊，全是阿拉伯的純種馬，馬鞍上披掛鑲綴金銀絲線的繡花布巾，馬鞍下鋪著豹皮，這些都是我們收到的禮物。連馬兒都感受到音樂的魔力，邁著優雅的舞步穿過城門。似乎德黑蘭所有的人都跑出來觀看我們進城的盛況，遊行隊伍在一座庭苑花園裡停下來；這座庭園的奢華與堂皇是我過去從未見過的。庭園中央為莊嚴的海軍大臣官邸，也是我們暫住的地方。

主人擺設盛宴款待我們，一場接一場，連續十二天未曾間斷；不管我們想上哪裡，總是有波斯官員和騎士如影隨形陪伴我們、服侍我們。用餐時，波斯王的連襟亞希雅汗（Yahiya Khan）都以主人身分作陪，到了晚上，樂隊便在官邸前的大理石噴泉池旁演奏美妙的音樂。

在抵達德黑蘭幾天之後，我們奉召前往皇宮覲見波斯王。在宮內大臣與政府官員的護送下，我們搭乘皇家馬車前往，每一輛馬車由四匹白馬拉著，馬兒的尾巴全被染成了紫色。前導的傳令官與我們的距離很遠，他們身穿紅色制服，手持銀色棍棒與開路儀仗。

我們被引到一間接待室等候。過了幾分鐘，宮內一位侍臣來宣告大君陛下已經準備好要接見我們了。他帶領我們走進一個很寬敞的房間，室內布置著地毯與壁飾，屬於非常典型而精緻的波斯格調。幾面牆壁都有一些侍臣、朝廷大臣、將領靠邊站立，他們穿著老式的刺繡及踝長袍，每個人像雕像似的一動也不動。

波斯大帝納瑟艾丁此刻站在一堵外牆旁邊，牆的兩邊分別是一扇巨大的落地窗，以及著名的孔雀王座（peacock-throne）；這件稀奇的家具看起來像一張龐大的椅子，後面有靠背，座椅部分加長，整張椅子墊高起來，地板上搭建了幾級階梯，以方便波斯大帝登上王座。王座內外貼上一層厚厚的黃金，並以各種寶石鑲嵌成孔雀開屏的樣式。這張寶座是將近兩百多年前，波斯的納迪爾大帝（Nadir Shah, 1688-1747）征討北印度時，從德里的蒙兀兒帝國那兒搶來的戰利品之一。

納瑟艾丁大帝

納瑟艾丁大帝身穿黑色服裝，胸前配戴四十八顆碩大的鑽石；兩肩上的肩章各鑲飾三顆大翡翠，黑氈帽上插著一枝鑽石鈕飾；腰際懸掛一把軍刀，刀鞘上同樣也鑲滿寶石。他目不轉睛地觀察著我們，一副皇族的尊貴身分；他昂然挺立的態勢就像他是個真正的亞洲統治者，擁有至高無上的地位和權力。

我們特使團的團長呈上敝國國王致贈給這位波斯表親的綬帶，皇宮的通譯接過綬帶，並向納瑟艾丁大帝展示，大帝與我們每人都交談了一會兒，詢問一些關於瑞典與挪威的問題。他告訴我們，他曾經到過歐洲三次，下一次他計畫要去瑞典和美國旅遊。

整個接見儀式洋溢著古老的波斯魅力。距今十五年之後，我又有一次機會覲見波斯大帝，不過，那次覲見的是納瑟艾丁大帝的兒子慕沙法艾丁大帝（Shah Mussaffar-ed-Din）。令人惋惜的是，傳統的波斯儀節已經簡化許多，到了今天，更是蕩然無存。

接下來的幾天，主人為了取悅我們，精心安排各項娛樂活動。有一次，皇宮特地擺設一桌豐盛的酒席，文武百官全部在座；波斯大帝本身雖然沒有參加酒宴，卻透過迴廊觀看我們。

歡迎活動應接不暇

我們並且受邀參觀波斯大帝的博物館，這裡平常不對外開放，只有特別貴賓到訪才會開館。館內收藏許多珍奇寶藏，其中有一顆稱為「光之海」（Sea of Light）的鑽石；還有一個直徑兩呎的地球儀，海洋部分用密集的翠綠色玉石鑲綴而成，亞洲地區則以多顆透明如水晶的鑽石來表示，另外用一顆寶石象徵德黑蘭。除了這些，我們還看到裝滿珍寶的玻璃管子，其中珍珠來自巴林群島（Bahrein Islands），翠綠色寶石來自尼夏普爾（Nishapur1），紅寶石則是產自巴達克山（Badakshan）。

波斯大帝的馬廄前面有個跑馬場，負責人向我們展示波斯大帝那九百多匹品種名貴的馬兒，每匹馬背上各坐著一位馬夫。

不過，最令我們嘆為觀止的，是在城外空地上進行的軍事演習。一萬四千名矯健的士兵排成一個四方形縱隊，我們搭乘波斯大帝的專用火車從旁駛過，藉此校閱演習隊伍。緊接著，波斯大帝在一頂紅色的大帳棚裡站定，我們跟著也進入旁邊的玫瑰紅帳棚裡就定位。步兵連隊踢正步通過帳棚前面，向他們的君王行禮致敬，騎兵隊也踢著馬刺向前狂奔。最壯觀美麗的是穿紅袍、紮著紅色髮帶的騎師，色澤炫麗奪目！

有一天，我們騎馬來到《多比傳》上所提到的古城拉傑茲（Rages）舊跡所在。這個古城在薩爾曼莎（Salmanasar）時代相當繁華興盛，亞歷山大大帝每次從裏海西岸的隘道「裏海門」（Caspian Gates）出發，走了一天的路程後，都會選在拉傑茲休息。經過了一千多年，阿拔斯王朝的哈里發曼蘇爾將這個城市修葺得更加美輪美奐，拉什葉德哈里發又在這個城市誕生，因此阿拉伯人歌頌它的榮耀，稱呼它為「大地的門中之門」（Gate of the Gates of the Earth）。到了十三世紀，拉傑茲遭受蒙古人摧殘毀滅，至今唯一被完整保留下來的，僅剩廢墟上的一座塔了。

我發現自己此刻在德黑蘭的心境有點舉棋不定，到底是該心滿意足享受這些笙歌宴飲，除了放煙火外無所事事？還是應該利用這次機會深入亞洲，繼續探索這塊大陸的心臟地帶？如果未來我想更上一層樓，這樣的旅途將會是寶貴的經驗。想要一步步走訪未曾被探訪過的沙漠地區和西藏高原的慾望，實在讓我難以抗拒。

與我同行的特使團成員准許我實踐這項計畫，於是我發電報向奧斯卡國王請求，懇請國王陛下同意我繼續往東行進，沒想到國王不僅同意，還允諾支付我這趟旅行的費用。

六月三日這天，特使團的其他成員離開德黑蘭，依循原路踏上歸鄉之路，我卻留了下來，暫時借住友人海貝奈特醫生家裡。這次，我荷包裡的錢足夠支持我走到中國邊界了。

第八章　盜取死人頭顱

瑣羅亞斯德教（Zoroastrianism）[1]是世界上最古老的宗教之一，為波斯預言家瑣羅亞斯德（Zoroaster，西元前628-551年）所創；該教聖典稱為《阿維斯陀》（*Zend-Avesta*）。信奉這個宗教的是世上最強大的民族，強盛期長達一千年之久，爾後的一千年間勢力逐漸沒落，最後於西元六〇四年被歐馬哈里發（Caliph Omar）所殲滅。手執回教旗幟的歐馬在埃克巴塔納附近一舉擊敗波斯人，當歐馬的凱旋大軍還沒進占波斯之前，許多瑣羅亞斯德教徒早已乘船穿過荷莫茲（Hormuz）海峽逃到印度孟買。目前，印度還有大約十萬名虔誠的瑣羅亞斯德教徒，波斯則僅剩八千人，顯然維繫這個宗教的聖火並沒有熄滅。

崇拜「火」的宗教

在前面的文章裡，我曾提到去巴庫附近的蘇拉罕尼（Surakhani）拜訪一座不久前才遭廢棄的拜火教神廟，而在波斯的葉茲德（Yezd），這樣的神廟只有一、二十座。反觀古代的盛況，簡直是天壤之別；單以珀瑟波利斯城而言，就曾經擁有眾多的拜火教聖壇。根據希臘史學家色諾芬（Xenophon）[2]的描述：

居魯士走出了他的宮殿，在他面前站著即將獻祭給太陽的馬匹和一輛裝飾白色花圈的馬車，後面又跟著一輛馬車，拉車的馬兒被裝扮成醒目的紫色；殿後的是幾名男子扛著一個巨大的火爐，爐火燒得正旺。之後馬匹獻祭給太陽，而根據麻葛（Magi）[3]所流傳下來的習俗，他們也會為大地獻上祭品。

早在瑣羅亞斯德的時代之前，麻葛教（Magianism）就已經傳到了波斯和印度，祭拜天體與火、水兩種自然元素，巫術與魔法極為盛行。

瑣羅亞斯德的教義屬於二元論，崇拜的神祇是「善神」阿修羅瑪茲達（Ahuramazda）——所有光明與良善的創造之神，而與善神對立的則是「惡神」阿里曼（Ahriman），象徵黑暗、邪惡，並操縱其他的邪魔歪道。善神與惡神之間的爭執永不止息，凡是心懷正義感的人都有責任協助善神戰勝惡神。

瑣羅亞斯德教最古老的聖火就是在拉傑茲點燃的，太陽與火是神祇萬能的象徵。宇宙大地上再也找不出比火更神聖完美的東西，因為火帶來了光、熱，並且淨化萬物。人死亡後屍體會汙染大地，因此必須把遺體埋葬在高塔之內，四周藉著高牆和外界隔離；通往高塔的道路當然也會受到路過遺體的汙染，破解之道是找一隻眼圈帶黑斑點的白狗或黃狗，為送葬隊伍開路。瑣羅亞斯德教徒相信狗能驅邪，而聚集在遺體上的蒼蠅則是聽命於惡神的女妖怪。不過，如果死亡的是敵人，遺體並不會汙染大地，因為他們親眼目睹善神戰勝了惡神。

在波斯的拜火教徒被稱作「帕爾西人」（Parsees），一直受到回教徒的歧視和憎恨，因此他們建立自己的村落，與外面的回教世界隔絕，藉以避免外人窺視、干擾他們的宗教儀典。許多帕爾西人從事商業買賣和園藝，幾千年下來，依舊遵循創教者瑣羅亞斯德的教誨，每間房子都點亮一盞燈。抽菸被視為褻瀆火的罪惡，萬一房子失火了，也絕對不能將火撲滅，因為平凡人類不容許去對抗火的力量。

帕爾西人死後，家屬要為他穿上白袍，並且用白布包裹住頭部，然後點上油燈，把死者遺體放在鐵製屍架上，腳邊還要放一塊麵包。若是被放進陳屍間的狗把麵包吃了，表示死者真正與世長辭；要是狗不吃麵包，代表死者的靈魂還留在體內，這時候必須等到遺體開始腐爛才可以進行殮葬。接下來，洗屍人開始清洗屍體。帕爾西人認為洗屍人不潔淨，所以沒有人敢踏進他們的房子一步。

出殯時，由四個抬屍人——身穿經由流動的活水洗滌過的白衣服——負責把屍架扛到葬禮地點，也就是所謂的「死寂之塔」（Tower of Silence）。事實上，它並非一座真正的塔，而是一座由圓周兩百二十三呎長、高度約二十三呎所圍成的圓牆。死者的遺體被放在牆內一個沒有遮蓋的長方形淺洞裡，最後，執事者把死者所穿的衣物解開，除去頭巾，此時參加喪禮的賓客走回牆邊，再各自返家。葬禮進行當中，兀鷹飛來棲息在牆垣上伺機而動，烏鴉也在塔上盤桓旋飛，等到典禮結束，一切恢復寂靜了，隨即輪到兀鷹和烏鴉上場。無需多久，屍體就只剩下骷髏，在烈日的曝曬下成了一堆枯骨。

據說帕爾西人是瑣羅亞斯德門徒的直系後裔，因此是印歐種族中血源最正統的代表。

盜取死人頭顱

在我離開斯德哥爾摩之前，一位著名的醫學教授、也是人類學家請我幫忙，看看能否帶幾顆拜火教徒的頭顱回去，不管用什麼方式。為了不負所託，在六月中的一天，我和海貝奈特醫生出發前往位於德黑蘭東南方的一處死寂之塔，亦即拜火教徒的墓地。這時節正值酷暑，即使是在遮陰處，溫度計所顯示的氣溫也高達攝氏四十一度，我們選擇正午發動奇襲，因為這個時候所有的人都會躲在屋內納涼。

我們帶了一只軟鞍袋，還在鞍袋的兩邊囊帶裡裝上乾草、紙張和兩顆人頭一般大小的西瓜。我們駕著一輛馬車駛出「阿布都艾金大帝之門」（Gate of Shah Abdul Azim）。街道上空盪盪地好似乾涸的河床，駱駝在城外的大草原上遊蕩，吃著荒地上的野薊草，偶爾有一片塵雲飄過被太陽炙烤的大地上，好像是飄蕩游移的幽魂。

為了向一個農夫商借一罐水和一把梯子，我們特地路過哈謝馬巴德村（Hashemabad）。到了死寂之塔，我們把梯子靠在牆邊，不過梯子太短了，差三呎才能搆到牆垣頂端，我設法攀上梯子最上面的一級，在牆頂的遮簷上站穩腳，一躍跳上牆頭，然後回頭拉了海貝奈特醫生一把。

一股嗆鼻、令人作嘔的惡臭迎面撲來，海貝奈特醫生留在遮簷上監視馬車夫，以防他刺探我們的舉動，我自己則順著水泥梯往下走到葬禮處的環型凹地上。這裡一共有六十一個未加遮蓋的淺墓穴，其中有十個墓穴裡躺著腐爛程度不一的骷髏和死屍；沿著牆角邊，因長久經風吹雨打而泛白的人骨堆疊成小山丘。

經過幾番思考，我選了三具成年男子的屍體。腐敗程度最輕的屍體是幾天前才殮葬的，但柔軟的肌肉和內臟已經被鳥兒啄食殆盡，眼睛也已被掏空，臉部的某些部分雖然保留完好，不過已經乾掉，硬得像羊皮紙一樣。我把這具屍體的頭顱取下，倒空顱骨內的東西，第二具也如法炮製，最後一具因為在太陽底下曝曬太久，腦髓都已經乾掉了。

之前，我們帶著鞍袋與水罐假裝是去野餐。我用水洗洗手，然後把鞍袋裡的東西掏出來，拿紙張把頭顱包裹起來，再放進原本裝西瓜的鞍袋裡，如此，鞍袋的形狀看起來便和先前一模一樣，不會引起馬車夫的疑心，問題是死屍的臭味實在太重了，恐怕很難不讓他胡思亂想一番。我們走回馬車邊，發現馬車夫在牆下窄窄的陰影裡睡得很沉；他並沒有背叛我們。回去的路上，我們把水罐和梯子還給農夫，繼續穿越仍舊死氣沉沉的街道，回到海貝奈特醫生的家裡。

我們把頭顱埋進地裡，等過了一個月，再挖出來放進牛奶裡煮沸，直到頭骨乾乾淨淨轉成象牙白為止。

這一切行動都必須保持秘密，理由很簡單，假如迷信的波斯人和帕爾西人知道我們這些異教徒跑到他們的墓地，偷走死人的頭顱，不曉得會做出什麼事來。再說，海貝奈特醫生是波斯大帝的私人醫生兼牙醫，他們也許會以為我們打算敲下死人的牙齒，用來修補波斯大帝那口尊貴的牙齒，這種事情一旦發生，恐怕會引發騷亂，甚至暴動，最糟的情況是，落到把我們交給人民處置的地步。慶幸的是，每件事都進行得很順利。

雖然如此，第二年，我在返鄉途中經過巴庫海岸時，險些在海關惹上大麻煩。因為海關仔細檢查我所有的行李，最後有三顆圓圓的東西滾到地板上，它們用紙張包著，摸起來、看起來都像是足球。

「這是什麼？」海關的檢查人員問我。

「人頭，」我眼睛眨也不眨地回答。

「你說什麼？人頭？」

「沒錯，如果你想看，請便！」

於是其中一個圓球被打開來，一顆齜牙咧嘴的骷髏頭赫然出現在檢查人員面前。手足無措的檢查人員瞪大眼睛你看我我看你，最後督察員終於對其他檢查人員說：「把東西包好，全部放回去！」然後轉頭對我說：「把你的行李收起來，馬上給我滾出去。」他可能懷疑那些頭顱是某樁謀殺案的證據，覺得最好不要牽扯進來才是明哲保身之道。

至於那三顆帕爾西人的頭顱，現在還保存在斯德哥爾摩「人類頭蓋骨博物館」（Craniological Museum of Stockholm）內。

【注釋】

1 即中國人所稱的祆教或拜火教。

2 西元前四三一—三五二，曾加入希臘傭兵團，跟隨波斯的居魯士王子對抗其王兄，戰敗回到希臘後，著有《居魯士遠征記》。

3 瑣羅亞斯德教的祭司。

第九章　攀登達馬文山峰

每年夏天，波斯大帝納瑟艾丁總會到厄爾布士山避暑，暫時逃開德黑蘭及郊外的酷熱。今年，他的避暑之旅訂在七月四日啟程。由於我是海貝奈特醫生的客人，因而我也受邀一同前往；我們預計在那裡停留一個多月。同行的還有另外一位歐洲人，他是法國籍的傅維耶醫生（Dr. Feuvrier），也是納瑟艾丁的私人醫生。事實上，很少歐洲人參與過這類皇家出遊的活動。

出遊隊伍浩浩蕩蕩

皇家排場果真不同凡響，讚嘆之餘，不禁令人留下深刻的印象。在我們出發前一天，納瑟艾丁的宮內大臣來訪，除了告知這趟行程的路線之外，他還捎來一袋波斯金幣。原來這是一項慣例，意味著受波斯大帝邀請的賓客絕對沒有缺錢之虞。

我們的旅程是往東北部的山區走，進入嘉杰河（Jaje-rud）和拉俄河（Lar）流域，嘉杰河向南流入沙漠，拉俄河則往北注入裏海。沿途經過兩條地勢高峻的隘道，第二條甚至達到九千五百呎的高度。

一進入山區，我們順著蜿蜒的山徑穿越斷崖與狹坳，馳過河谷與牧場。驀地，我們發現前路完全被堵住，前進不得，原來是波斯大帝的出遊隊伍太過龐大了，除了人口之外，還有馱運皇族、大臣、僕役等人的行李，以及帳棚、糧食、用品的牲口——所有的駱駝、騾子、馬匹加起來，總共有兩千頭之多。而參加行旅的一千兩百人當中，有兩百名衛兵。等到夜裡紮營，寂靜的山谷無端冒出三百頂帳棚，儼然像個小城。

除了僕役之外，每個人都擁有兩副整套的帳棚，所以早晨拔營之後，不論我們趕路趕得多快，到了下一個紮營地點時，總是發現帳棚早已經架設妥當了。

納瑟艾丁大帝的帳棚由佩戴高高的紅羽毛的駱駝馱著；他用來裝衣物的箱子，上面覆蓋滾黑邊的紅布，由騾子負責馱運。他的馬也全裝飾著紅羽毛，白馬的尾巴亦染成了紫羅蘭的顏色。

帳棚的搭建有一定的秩序，這樣每個人都很清楚自己的帳棚在哪裡，也能熟悉帳棚之間的方位關係。除了居住用的大頂紅帳棚外，納瑟艾丁還有兩頂專用帳棚，一頂用來進餐，另一頂則作為吸菸室；另外，還有幾頂帳棚供後宮妃子居住。納瑟艾丁究竟帶了幾名嬪妃一起旅行，實際數字我們並不清楚，有人說應該有四十人之譜，不過這包括後宮妃子的侍女在內。每天騎馬時，我們幾乎都會經過幾名皇妃的身旁，她們一定戴著厚重的面紗，騎在馬上；雖然根本看不到她們的臉，但基於禮貌和謹慎心理，每當這些嬪妃靠近，我們總是刻意把臉轉開。她們的馬隊前後都有太監和侏儒伴騎。

皇家帳棚的四周都以長竿撐起一面很高的紅色粗布簾，布簾圈圍的區域就是皇室內庭，至於外庭則被另一圈帳棚團團圍住；這些外圍帳棚是衛兵、補給品、廚房所在之處。這種安排帳棚的方式，和色諾芬書上所記載兩千四百年前居魯士的營帳一模一樣。

內政大臣愛密易（Emin-i-Sultan）負責維持隊伍行進與紮營的秩序，負責伙食和配給的是納瑟艾丁的親戚梅吉多夫列（Mej-ed-dovleh）。其他重要職務也都各有專司者，他們分別管理馬匹、馬廄、貼身警衛、服飾，以及大帝的御寢（負責御寢的是個老人，他一定是睡在大帝就寢的帳棚的入口處）、太監、清洗水菸筒的人、廚師、僕役、理髮師、灑水夫（此人得不斷在大帝帳棚周遭灑水，以免灰塵揚起）等等。當然，還有職司衛兵隊的隊長。

海貝奈特和我的帳棚位於整個營區的中央地帶。我們有一頂供居住的帳棚，另一頂當作廚房，還有一頂供僕役使用。每逢夜裡，這座帳棚城必定是一片騷亂景象，那種吵雜實在很難用言語去形容；不論走到哪個角落，耳朵聽到的盡是車夫和衛兵的呼喊聲、鈴鐺聲，以及馬匹、騾子和駱駝的嘶鳴號叫。晚上十點鐘，衛兵吹響小號，從此刻開始，只有知道當天通行口令的人，才准許進入納瑟艾丁大帝帳棚附近的警戒區；偶爾會有人未經許可擅自在營區走動，因而不時可聽到巡守警衛發出的警告聲。營區處處點燃燦亮的營火，洋溢著歡樂的氛圍；每個帳棚也都點著亮晃晃的火炬，任何人若想外出訪友，就會有人拿一盞紙糊燈籠為他在前面開路。

營區裡由十分誠信可靠的人在主持正義，要是大帝的隊伍有牲口踩壞了村莊的農作物，只要地主提出申訴就能獲得賠償；不過，若提出不實的賠償要求，就會遭受鞭打之刑。

納瑟艾丁每天會和朝廷大臣一起商討國家大事，有時候，他也會要求他的首席翻譯官沙特奈（Etemad-e-Saltanet）高聲朗讀法文報紙上的新聞。納瑟艾丁經常帶著大批隨從去打獵，如果獵獲的是可食用動物，他一定大方分發給隨員；當然，他也不會忘記我們。出遊隊伍每經過一個村落，村裡的百姓一定跑出來爭睹「君王之王」（Shahinshah）的廬山真面目，此時，納瑟艾丁就會發放金幣給村民。騎馬時，納瑟艾丁大帝通常穿著一件棕色外套，頭戴黑色氈帽，手裡拿著一把黑陽傘；坐騎的馬鞍和鞍布都鑲繡著金線。

我們在拉俄河畔的垂釣大有斬獲，釣上來的鱒魚鮮美無比。鄰近區域有大批游牧民族在那兒紮營，帳棚顏色有黑色，也有繽紛的各式顏色。我有時會順道去拜訪他們，畫一些素描。有一次，我想為一個漂亮的女孩素描，女孩的父親卻堅決反對，我問他擔心什麼，他答道：「如果君王看見了她的畫像，我擔心他會把她納作後宮妃妾。」

納瑟艾丁自己相當喜歡繪畫，因此，對我的素描頗感興趣，偶爾會要求我把素描簿帶到他的帳棚去。

在這趟旅程中，有個趣味十足的人物很值得一提，那就是亞西蘇易蘇丹（Asis-i-Sultan），意思為「君王之摯愛」（the king,s affection）。其實，他不過是個十二歲大、面貌醜陋、患有肺病的男孩，卻是納瑟艾丁的吉祥象徵；少了這個男孩，大帝哪裡也去不成，什麼也做不了，甚至也活不下去了！納瑟艾丁之所以幾近迷信地寵愛這個不討人喜歡的孩子，據說和預言有關係。預言指出，納瑟艾丁的壽命與男孩的生命息息相關，因此，他下令必須無微不至地照顧這個男孩，還賞賜給男孩專屬的宮殿、侏儒、弄臣、黑人奴僕、按摩女郎和僕役，以滿足他的任何需求。這個飽受寵愛的男孩甚至擔任陸軍元帥，正因為他對大帝具有非比尋常的影響力，因此，每個人都竭盡所能地去取悅他，但是，私底下卻都巴望這男孩快點死。

納瑟艾丁似乎總是需要藉由某種生物來讓他的愛有所寄託，在「君王之摯愛」受寵之前，納瑟艾丁的最愛是五十隻貓咪。同樣地，這些貓咪都擁有自己的豪宅，不論納瑟艾丁到哪裡旅行，這些貓咪也會躺在天鵝絨鋪襯的籃子裡伴隨左右。最得納瑟艾丁寵愛的一隻貓叫作「虎貓」

（Babr Khan），每天早晨在納瑟艾丁桌上陪他用早餐。隨著貓的大量繁殖，皇宮的地毯上處處貓頭攢動，天可憐見！那些朝廷大臣總是得小心翼翼地走在地毯上，以免踩到貓兒！

大體上，我們的夏季假期過得真是快樂。我到處溜達遊蕩，隨機畫畫和寫作，由於整個營區就我懂得英文，所以，有時候內政大臣會要求我翻譯英文快信。有一天，我們在離達馬文（Demavend）山峰不遠的拉俄河谷地紮營，剎那間，一股想攀登這座波斯最高峰達馬文山（高一萬八千七百呎，屬於厄爾布士山脈）的強烈念頭在我內心湧現——派駐德黑蘭的外交官經常攀登此山峰。

精靈之家達馬文山

據說達馬文山峰是座只噴發硫磺氣和蒸氣的火山，如今爆發的動力已經不再那麼旺盛。目前噴出的物質是粗面岩、斑岩和熔岩，硫磺成分的火山口圓周約半公里，外面則覆蓋著白雪。古代波斯詩人以歌謠來吟詠達馬文山峰；它的原始名字是「狄夫班峰」（Divband），意思是「精靈之家」（Home of the Spirits），直到現在，人們還是相信善良的精靈（jinn）和邪惡的精靈（divs）都住在達馬文峰頂上。

納瑟艾丁大帝對於我想攀登達馬文山峰的計畫極感興趣，不過，我事前既未作充分準備，又不攜帶大批隨從，因此對我能否成功登上峰頂抱持懷疑態度。於是他命令內政大臣寫一封信給登山口所在拉納村（Rahna）的長老，指示他竭盡所能幫助我完成壯舉。

七月九日早上，納瑟艾丁的手下賈法（Jafar）為我帶路，我騎馬，他騎騾子，兩人出發前往

達馬文峰頂火山口隱約可見

當天夜裡落腳的拉納村。果不其然，拉納村的長老請我們儘管吩咐，他一定會照辦。我盡可能不去麻煩他，只是請他為我們準備兩位可靠的嚮導和兩天份的食糧。長老立即指派塔吉（Kerbelai Tagi）和阿里（Ali）當我們的嚮導，他們兩人自稱曾經攀到達馬文峰頂三十次，為的是採集硫磺。

第二天清晨四點半，我們踏上攀頂之路，此刻的達馬文山峰籠罩在雲靄之中。嚮導手拿長長的鐵頭登山杖，背上還背著我們的補給用品和工具。

我們順著陡峭的碎石坡緩緩前進，沿路穿越岩石與溪流，就這樣，一天過去了；黃昏降臨，嚮導停在一個山洞前，打算在洞裡過夜。此處離山頂還很遠，所以我督促他們繼續前進。天色已是黑幕一片，地勢變得更加崎嶇峭險，我們只好在岩石之間徒步而行，天空開始飄起了雪花，我下令大夥兒停下來過夜。我們在灌木叢裡生起營火，緩緩揚起的煙霧好像一襲面紗掛在南邊山坡的上空，大夥兒吃完麵包、雞蛋、乳酪之後，便就枕著開闊的穹天酣然入夢鄉。

夜裡十分寒冷，風也很強勁，我們整夜燒著營火，像豪豬一樣蜷縮起身體取暖，並且盡可能靠近溫暖的營火。

隔天清晨四點鐘，阿里把我叫醒，還站在我身旁直喊著：「大人，我們快走吧！」我們喝幾口茶，吃了一些麵包，便開始順著斑岩和凝灰岩構成的山脊前進。達馬文山峰的形狀是非常典型的火山錐。在離水平線一萬一千呎的高度，我們踏上終年不消融的雪地，這片皚皚白雪彷彿帽子般戴在山頭上，而且順著岩脊向下延伸到山坡上。我們就是走在兩條這種下垂的雪舌之間，慢慢往山頂攻堅。

太陽在晴朗的天空中緩緩升揚，萬道金光灑遍這處令人讚嘆的曠野大地。西南方的普里普勒（Pul-i-Pulur）石橋邊，河床上露出斑斑白點，這些白點原來是納瑟艾丁營區的三百多頂帳棚，在前一天晚上才遷移過來。不過，天氣瞬間變得黑雲密布，冰雹劈里啪啦打在我們身上，好像被人鞭打一般，逼得我們不得不暫停下來，蹲伏在兩塊岩石中間，而冰雹還是落在我們的背上。

攻頂成功

待天氣轉晴，我們繼續攀爬陡峭的山坡。嚮導的步伐如同羚羊一樣輕巧敏捷，可是我的步伐卻沉重緩慢；我不擅長登山，事前又缺乏練習，過去也未曾攀登過任何一座高峰，所以每走十步，我就得停下來喘口氣，然後再勉強走個幾步。這時，我的太陽穴猛烈抽動，頭痛欲裂，整個人疲累得快死掉了。

石子路走到了盡頭，我們才真正進入雪地。才一會兒工夫，我便栽倒在雪地上。我開始懷疑自己是否真能爬到山頂？我問自己如此辛苦所為何來？現在就當機立斷折返，不是很好嗎？不行！打死我也不能在納瑟艾丁面前承認失敗。有那麼一會兒，我昏睡在雪地上，阿里立刻搖醒我，嘴裡再度喊著：「大人，我們快走吧！」我只好撐起身子，咬緊牙根繼續往前走。時間點滴流逝，在我的眼裡，達馬文山峰有時是那麼遙不可及，有時又清晰可見雲靄或漩渦似的飛雪緊緊

滑下白雪皚皚的達馬文山山坡

密封著它。最後，阿里解下他的纏腰帶，自己抓牢帶子的一端，另一端讓塔吉抓住，我就夾在他們兩人中間，抓著腰帶跌跌撞撞地走著；如此，他們把我拉過雪地，說實話，這樣走起來的確容易多了。

天空再度清朗起來，山頂看起來近多了。經過十二個小時千辛萬苦的攀登，我們終於在下午四點半登上達馬文山峰，此時氣溫下降到攝氏零下兩度左右，山風強勁，空氣刺骨冰冷。我畫了一張素描，蒐集了幾種硫磺礦石，並在繚繞的雲霧間找尋隙縫，盡情飽覽遠方的景觀；北邊的裏海和南邊德黑蘭四周的平原景致，全都一覽無遺。

休息了四十五分鐘，我令大夥兒出發。兩位嚮導帶我到一處覆蓋積雪的罅隙起點，沿著緩降的山坡，白雪往下淌得遠遠的。嚮導在薄薄的雪地上蹲下來，用手杖的鐵頭尖戳戳雪地表面，然後以令人喘不過氣來的速度溜下山坡。我跟在他們後面如法炮製，往下溜的時候得用腳跟煞車，而腳跟所到之處激起的雪花，看起來就像輪船破浪前進時所濺起的浪花。就這樣，我們高速下滑了七千呎的高度，最後積雪變得越來越薄，我們只得換個方式，徒步穿過岩石下山。太陽下山之際，雲層升高了，我們在暮色低垂時抵達山洞，賈法和一些牧羊人早等候在那兒，連我的坐騎也一併牽了來。幾分鐘不到，我已經進入甜甜的夢鄉。

過了幾天，納瑟艾丁召我前去。他端坐在龐大的紅帳棚裡，四周圍著幾名大臣，他們有些人懷疑我根本就沒有抵達山頂。納瑟艾丁看了我的素描之後，轉頭對大臣們說：「他真的走到了，確實登上了山頂。」大臣們一聽，深深作了個揖行禮，而所有的懷疑，一下子就像環繞達馬文山峰的雲霧，完全從他們的臉上消失無蹤。我們在清新的山裡又盤桓了些時日，才跟隨納瑟艾丁一行人回到首都德黑蘭。

然而，我對德黑蘭最後一段的回憶卻是血腥的。當時，城裡正在舉行慶祝儀式的犧牲禮（Kurban bairam），一匹戴著銀製鞍轡、裝飾高挺羽毛、覆蓋華麗刺繡布巾的駱駝被帶進露天廣場，成千上萬的民眾早已聚集在那裡。在樂隊的伴奏下，騎士靈活地躍上馬鞍，在廣場快速奔馳；前導衛隊手裡拿著長鞭，試圖維持群眾秩序。

負責獻祭的人把駱駝帶到群眾中央，強迫牠跪坐下來，接著，一束青草遞到牠面前，就在駱駝咀嚼青草的同時，牠身上的鞍轡被解下來。這時候，十個身穿圍裙、捲起袖子的屠夫出現在廣場，其中一人塊頭很大，只見他猛力一戳，手中的屠刀已刺進駱駝的胸膛，駱駝痙攣了一陣子，側身翻倒，頭部頹然垂掛到地上。另一個屠夫在此時走上前去，唰唰兩刀，瞬即把駱駝的頭割了下來，接下來開始剝皮、分割獸肉，而群眾竟像餓狼般撲在血淋淋的駱駝屍體上，爭著想要搶一塊肉，如願撕扯到小塊肉的人會立即退出，讓位給後面的人。不過幾分鐘光景，唯一能證明先前有一匹駱駝被犧牲的證據，只剩下地上的一灘血跡了；只是，在人們的心裡，合宜的犧牲禮已經奉上，主宰人類命運的至高神祇理當可以心滿意足才是。

第十章　陽光大地闊拉珊

一八九〇年九月九日，我啟程前往人稱「陽光大地」（Land of the Sun）的闊拉珊省（Khorasan）省會麥什特（Meshhed），沿路必須經過一條很長的馬車道，途中共有二十四處驛站；麥什特也是虔誠的帕爾西朝聖者最主要的朝拜聖地。

早在薛西斯和大流士時期，這條車道沿線就已經建立起郵務系統，到了帖木兒時代，傳遞訊息的信使往來於這條路線。當年的驛站和今天相去不遠。

這片土地溢滿了對前塵往事的回憶。亞歷山大大帝曾經在這裡追擊逃亡的大流士三世科多馬努斯（Codomannus）[1]；哈隆·賴什德率領他的軍隊在這裡發動過突襲；蠻悍勇猛的蒙古部落曾在此地燒殺擄掠；這兒的荒蕪遺跡顯露出納迪爾大帝當年的戰爭。還有，成千上萬疲憊不堪的朝聖者經過這條路到麥什特，向伊瑪目利札（Imam Riza）的陵墓伏地跪拜。

在出發前兩天，我向年邁的納瑟艾丁大帝道別，當時他在御花園的小徑上散步，手裡拄著一支金頭拐杖，他祝福我旅途愉快，說完又繼續在花園裡踽踽獨行。納瑟艾丁大帝的曾孫新近才繼位成為波斯國王。納瑟艾丁統治波斯長達四十八年，而在他逝世後的二十八年內，王位的更迭歷經了四代。

朝聖之旅

這趟旅程預計有三千六百哩長，交通工具除了騎馬之外，還有雪橇、馬車和火車。我盡可能撙節開支，總共只花費了兩百英鎊。

我帶著三匹馬隨行，一匹當作我的坐騎，一匹負責馱運行李，剩下那一匹則讓陪伴我旅行的馬夫騎乘。和上次前往波斯灣旅行一樣，我每到一處驛站就會更換新的馬夫與馬匹。

我們通過闊拉珊城門出德黑蘭，這扇城門築了四座鑲嵌黃、藍、白彩陶的小塔樓；我賞了守門人一枚錢幣，他好心地對我們大喊：「朝聖之旅愉快！」（Siaret mubarek!）

在我們的右手邊是阿布都艾金大帝的陵墓，洋蔥型拱頂宛如金球，光芒四射；陵墓圓丘旁的「死寂之塔」已然在望。左手邊是達馬文山峰，此時峰頂縈繞著輕柔的雲層，不久，達馬文山峰就會披上雪白的冬衣；游牧民族的黑色帳棚散列在大草原上。薄暮時分，我們抵達庫貝甘貝德村（Kubed Gumbed），夜裡和貓狗睡在一處。

郵務員隨時會來到，他一旦抵達，便可享有優先挑選馬匹的權利，因此我們還在半夜上路。首先，我們讓馬慢跑一段路程後，再快速奔馳，最後下馬走路，以免累壞了馬匹。夜風清柔和煦，獵戶星座在天邊閃爍，月亮也緩緩上升，遠處隱隱約約傳來商隊的駝鈴聲，不多時，這些駱駝就像幽影般輕悄悄地越過我們身旁。

第二天大部分的時間我們都在策馬趕路，有時候，便在路旁的咖啡屋歇一會兒，有時則和打尖的商隊一起休息。游牧民族的帳棚也是我們歇腳的地方，帳棚四周總有古銅色皮膚的孩童和小狗、小羊玩耍嬉戲。有一次我睡著了，太陽下山時，我突然被一連串宏亮的「偉哉阿拉！」的呼喊聲給吵醒；下午五點，外面的氣溫仍然高達攝氏三十四度。

我們在戴怡納馬克村（Deh-i-Namak）被第一位郵務員趕上了，他是個典型的正人君子，主動開口邀我們加入他的行程，於是那天晚上我們與他一同出發，變成一支擁有五匹馬的隊伍。這條路線刻印著許多平行的軌跡，幾千年來，幾乎被無數來來往往的駱駝、馬匹和旅人的腳步所踩遍。我們經過一個又一個的村落，途經森南（Semman）到達谷榭（Gusheh）。有一次，我們遇見二十四位纏著白色和綠色頭巾的托缽僧，他們正從麥什特朝聖回來，要返回位於敘詩特（Shuster）的家。還有一次，我們遇到一些鬍子斑白的朝聖者，由於年老力衰，因此被容許坐在駱駝轎子上完成他們的朝聖之旅。

經過荒漠野林

谷榭村裡只有兩棟房子：一棟是商旅客棧，另一棟是驛站。站在驛站的屋頂上往南方和東南方眺望，可以看到卡維爾（Kevir），亦即鹽漠（Salt Desert），恰似一汪冰凍大海。我花了一天時間騎馬到鹽漠邊上，想親眼看看那令人目眩的白色沙海。騎了約三十一哩路，我來到一處鹽層達九公分厚的地點，朝南走，眼前白色鹽層筆直延伸到地平線的盡頭。十六年以後，我經由兩條不同的路線橫越這片可怕的沙漠。

再回到馬路上不久，我們又從一座山丘上望見丹干市（Damghan）和田園。這個城市曾經慘

在闊拉珊燒殺擄掠的蒙古人

遭蒙古人的劫掠，至今還留有一座美麗的清真寺，高聳的尖塔直立雲霄；另有一座老舊清真寺雖然破敗，它的拱門與迴廊建築卻依然如詩如畫。

我臨時起意想轉往北方六十哩外的城市阿斯特拉巴德（Asterabad）[2]，為此我必須橫越厄爾布士山和山坡上的森林，我雇了一個商隊車夫和兩匹馬後，隨即毅然啟程。

在第二天的行程中，我們來到一個貧窮的小村落恰爾第（Chardeh），村子四周環繞著寸草不生的山丘。由於這個村子毒蟲猖獗，人盡皆知，因此車夫沒有帶我進村子裡，而在幾百碼外的一處園林落腳，整座園林被五呎高的土牆所圍繞，連一扇門都沒有，我們只好翻牆進入。車夫把我的地毯鋪在一棵蘋果樹下，再用毛毯、外套、枕頭疊成一張床，旁邊放了兩口皮箱，打理完後，他便牽著兩匹馬進村子買蛋、雞鴨、蘋果和麵包。過了一陣子，車夫偕同兩名男子一起回來，我們開始準備晚餐。晚上吃剩的東西都放在我床邊的皮箱上，至於他們三個人則又連袂回村子裡去了。

囂張的夜襲者

就著殘餘的天光，我坐在床上寫東西，四下完全看不見其他生物，只有偶爾隱約聽到遠處的狗吠聲。黝暗的黑幕籠罩而下，我躺下身慢慢沉入夢鄉。

夜裡不知道什麼時刻，皮箱邊傳來的嘎嘎聲把我吵醒，我坐起身來側耳傾聽，但四周靜悄悄地，於是我只好躺回床上。過沒多久，我又被一陣刮搔皮革的聲音吵醒，這次我嚇得跳起來，湊著星光模模糊糊看出是五、六隻胡狼，牠們警覺地退回牆角的陰影中。這下子我完全清醒過來，開始全神貫注地守望著。我注意到這群胡狼像影子一樣躡手躡腳，而且聽見牠們在我身後發出啪嗒的腳步聲，此時又有一些胡狼從垃圾堆和草原間冒出來，因而數量越來越多。

照理說，胡狼是無害的動物，可是當下我形單影隻，誰也料不定會出什麼事。為了打發時間，我想到乾脆繼續吃剩下的晚餐，這才發現皮箱上的食物已經被一掃而空，除了蘋果之外，胡狼把所有的食物都吃光了。慢慢地，牠們的膽子變得越來越大，正逐步逼近床邊，我拿起一顆蘋果，使上全身的勁力朝胡狼群投擲過去，只聽見從狼群中傳出一聲慘痛的哀叫，顯然其中一隻夜襲者被打中了。可是這群胡狼瞬間又轉回來，牠們更加囂張了，我抄起一根馬鞭用力鞭打皮箱，想藉此嚇退牠們。時間緩緩過去，我當然想再躺下睡覺，可是身邊有一大群徘徊不去的胡狼，說不定什麼時候會踩到我的臉上來，叫我怎麼能睡得安穩？

好不容易天已濛濛亮，恰爾第村的公雞開始啼叫，胡狼紛紛越過土牆走了，這次不見再轉回來，所以我才能睡回籠覺直到車夫前來叫醒我。當我們到達下一個紮營地，我聽到好幾個關於胡狼的傳說：不久前，有個騎騾子的男子要從他的村子到另一個村子去，在路上遇著十隻胡狼緊追在他後面不放，他費了很大的勁兒想趕走這些胡狼，卻奈何不了牠們。另外也有一些描述飢餓的胡狼如何殺害人類的故事。

土庫曼人的肆虐

我們騎馬穿越杜松子林，睡在露天的營火邊；我們沿路還經過濃密的橡木林、松樹林、橄欖園。馬路沿著陡峻的斷崖向前伸展，往北走，經過的山谷籠罩在白色的嵐霧之間。我們穿越一度強盛的土庫曼人（Yomud Turkomans）[3]所居住的區域，最後終於來到阿斯特拉巴德，進入以梅森德蘭省（Masenderan）命名的城門。

我在此地停留好幾天，成了俄國領事的座上賓。大帝生日那天，我們受邀前往省長官邸，我永遠忘不了那場盛宴。夜裡，官邸施放五彩繽紛的煙火以資慶祝，騎士坐在紙紮的馬上進場，手持泡過瀝青的木棍展開比鬥；由銅鈸、橫笛、定音鼓、銅鼓所組成的樂隊齊奏，音樂喧天價響；裝扮成女人的小男孩盡情舞蹈，暫且將《可蘭經》的禁令拋諸腦後，每個人都盡興地喝乾美酒。

我們繼續往前推進，穿過茂密的森林，循著驚險萬狀的峭壁懸崖往東邊走，重新回到主要的商隊路線上，經過玻斯丹（Bostan）和沙路德（Shahrud）兩個城鎮。我們在玻斯丹發現好幾棟鑲飾靛綠色彩陶的古老建築，還有一座取名自巴耶塞特蘇丹（Sultan Bajazet）[4]的清真寺，它有兩座著名的尖塔，世稱「顫慄之塔」（Trembling Towers）。

我們向東走，沿路是起伏不大的荒野與草原，由左方望過去可見綿延的山巒，形成波斯與北方土庫曼斯坦的天然界域。不過是五十年前的事，一提起「土庫曼人」，這一帶的居民仍是餘悸猶存。當時土庫曼人群聚勢力，南下波斯境內大肆掠奪民宅，然後把搶奪來的大批戰利品帶回北方；戰利品包括貨物、牛隻和奴隸。當時奴隸買賣十分盛行，在一八二〇年俄國大使穆拉維夫（Muravieff）派駐基發（Khiva）[5]時，當地就有三萬個奴隸，都是波斯人和俄國人。拒絕改信回教的基督教徒若非慘遭活埋，就是耳朵被釘在牆上，活活餓死。一八八一年，俄國將軍斯科別列夫（Mikhail Dmitriyevich Skobeleff）[6]占領哥特佩（Geok-Tepe）[7]後，便釋放了兩萬五千名奴隸。

隨著我們行進的道路，路旁稱為「布爾茲」（burj）的塔樓越來越多，高度約四十到五十呎。這些塔樓一度有波斯警衛戍守，負責瞭望北方和東方，一旦發現風吹草動，就趕緊警告鄰近村落的百姓逃亡或躲藏。人們把這個地區叫作「恐怖之徑」（Ja-i-kuf），因為土庫曼人會不時前來肆虐。

商旅隊與朝聖者

位在沙漠中央的「棉達什特」（Miandasht），其規模無疑是整個回教世界中數一數二的商旅客棧，往來東

波斯的駱駝

西方的商隊都還在此處歇腳，朝聖者也多半在這個客棧休息一、兩天。婦女、哭喊的娃娃、托缽僧、士兵、商人全都擠成一堆，他們鮮豔的服飾構成了一大片躍動的色彩。有些人為了搶占較好的位置而爭吵，有些則忙著從院子裡的水井打水過來，還有一些人跑到小攤子去買水果。客棧裡隨時有商隊準備出發，也隨時有其他商隊的駱駝正要卸下貨物。我瞧見一位高雅美麗的女士坐在由兩匹騾子抬著的轎椅進入客棧，隨後有一些路人和騎士簇擁著她。

從這裡往東，出現眼前的是一片無垠的沙漠，我們騎馬經過一匹被主人遺棄已經奄奄一息的駱駝，還遇到四個托缽僧，他們把鞋子掛在肩上為了不使鞋子磨壞。一群大烏鴉在我們前面盤飛了很久，就像是我們的前導衛隊。當晚我們找到一處可遮風避雨的地方過夜，揚舞的灰塵打著漩渦捲了進來。

在薩澤伐市集兌換錢幣的商人

下一個城市是薩澤伐（Sabzevar）[8]，又稱為「蔬菜之城」（City of Vegetables），擁有一萬五千名人口、兩座大型清真寺和幾座較小型的清真寺，還有木板搭建屋頂的市集，販售的商品琳瑯滿目。薩澤伐還有一座碉堡，由於土庫曼人的劫掠行徑已不再，現在只剩下頹圮遺跡供人憑弔了。這個地方有多處鴉片菸窟，因為人們引以為恥，所以都掩藏在地窖中。我在一位亞美尼亞人的陪伴下，進入一個鴉片地窖，泥土地上鋪著地毯，只見兩個人四肢交叉躺在地毯上正在吸鴉片

在地窖裡吸食鴉片

菸。鴉片菸管是一條長長的管子，末端有個泥土燒成的球，球上鑽了個小孔，把鴉片捻成豌豆大的丸子塞進小孔中，然後把菸管放在火燄上加熱，吸食者就著管子吸進菸氣；他們塞進一個又一個鴉片丸子，慢慢沉入令人欣喜的夢幻世界。此時，洞窟牆邊的陰暗處已經橫躺著四個迷幻茫然的吸菸客，我吸了幾口鴉片，覺得鴉片菸和牛角燃燒時所散發的菸味差不多。

在前往尼夏普爾（Nishapur）的路上，我們超越了一支由兩百三十七頭駱駝組成的貿易商隊，接著又超越一群朝聖者；這支朝聖隊伍有十名婦女，她們坐在馱籃（kajeveh）裡旅行，男人則可以坐在騾子上睡覺。他們的領導人是一位教士，正要前往伊瑪目利札的陵墓朝拜，並且沿路為他們解說利札神聖的傳奇故事。

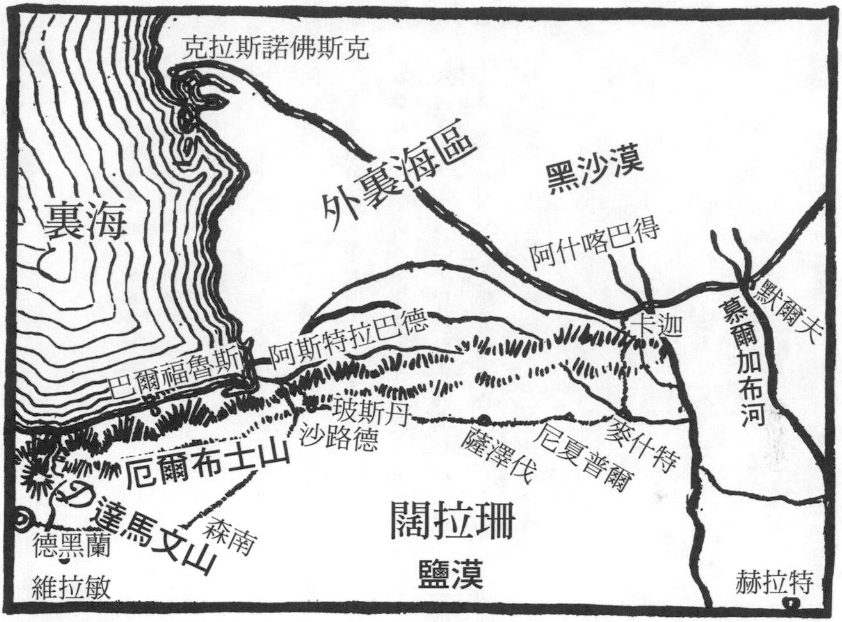

從德黑蘭到卡迦的路線

尼夏普爾在東方世界裡可說赫赫有名，原因是它出產世界上最美麗的土耳其玉（turquoises）。位於尼夏普爾北方的賓納魯特山（Binalud Mountains）蘊藏著銀、金、銅、白鑞（pewter）、鉛、孔雀石（malachite）等礦物。此城市在過去幾個世紀中曾經被數度摧毀，又數度重建，其中一位毀城的主導人物就是馬其頓的亞歷山大大帝。

幾天後，我們終於來到「迎賓之丘」特普易薩拉木（Tepe-i-salam），多年以來，難以計數的朝聖者在此地跪拜祈禱，因為他們站在山丘上即可望見聖城，也就是「殉教之地」（Place of Martyrdom）麥什特。每一個到此的朝聖者都會放一塊石頭在一壟石堆上，成千上萬個圓錐形和金字塔形的石堆都是朝聖者所堆疊而成，透過這項簡單的儀式，他們表達了心中虔誠的意念。

【注釋】

1 西元前三八〇?—三三〇，統治波斯六年，於西元前三三三年和三三一年被馬其頓的亞歷山大大帝打敗，逃亡途中遭到手下一位波斯貴族所殺害。

2 位於伊朗北方，今名古爾干（Gurgan）。

3 土耳其語系的一支民族，分布於西南亞，主要人口聚集在土庫曼斯坦，而現在的伊朗、阿富汗、土耳其東部、敘利亞北部、伊拉克北部仍有散居的土庫曼游牧民族。

4 一三四五—一四〇三，為鄂圖曼帝國國王，征服過保加利亞、塞爾維亞、馬其頓等地，並占領過君士坦丁堡，最後被帖木兒所敗。

5 前蘇聯境內，位於烏茲別克和土庫曼交界的綠洲城鎮。

6 一八四三—一八八二，曾征服土耳其斯坦，並在俄土戰爭時占領多處土地，後來還降服了土庫曼人。

7 前蘇聯境內，為土庫曼斯坦南方的城鎮。

8 位於伊朗東北方，屬闊拉珊省，在麥什特西邊。

第十一章　殉教之城麥什特

有三位歷史上著名的人物埋葬在麥什特。西元八〇九年，因《一千零一夜》一書聞名的哈里發哈隆．賴什德即在前往麥什特的途中逝世，當時他正要前往該地敉平叛亂。九年之後，回教第八任伊瑪目利札也埋葬在麥什特城。波斯的什葉教徒們推奉先知穆罕默德的女婿阿里（Ali）與他的十一個繼承者為伊瑪目；阿里和他的兩個兒子胡珊（Hussein）和哈山（Hassan）為最早期的宗教領袖，利札是第八任，第十二任則是「神秘的瑪迪」（Mystic El-Mahdi）[1]。傳說當審判日（Day of Judgment）降臨時，瑪迪將在人世間重建「上帝的王國」（Kingdom of God）。

第三座陵墓為納迪爾大帝長眠之處。他原來是韃靼族的強盜，在大肆劫掠闊拉珊之後勢力迅速增強，並替波斯王大馬士二世（Thamas II）效力，為他收復所有被土耳其人侵占的省份，波斯領土因而得以向四面八方擴張。後來，納迪爾乾脆推翻大馬士二世，派人暗殺他；一七三九年，大馬士二世在德里被殺，死時渾身是血。納迪爾並且刺瞎了大馬士二世的兒子，用罹難者的人頭在清真寺屋頂上堆成尖塔。他下令鑄造自己的錢幣，在錢幣上鐫刻：「噢，錢幣啊，向世人昭告納迪爾已經統治全世界，是征服世界的君王。」一七四七年春天，納迪爾大帝率領軍隊兵臨麥什特城下，他對麾下波斯官兵的表現相當不滿，於是下令全部格殺勿論，後來這命令並未執行。波斯人無意中發現，軍中土耳其、烏茲別克、土庫曼、韃靼籍的士兵已經開始在磨刀擦劍，如此一來，他們除了謀殺納迪爾之外，別無自保之道。一天夜裡，衛兵隊少校貝可（Sale Bek）偷偷溜進納迪爾大帝的帳棚，把納迪爾的頭砍了下來。他的屍體被埋葬在華麗的陵墓中，然而一七九四年，現代皇宮創始者阿嘉穆罕默德（Aga Mohammed Khan）[2]奪權後，即命令掘開納迪爾大帝的陵墓，讓野狗啃食納迪爾的屍體。傳說納迪爾大帝的遺體如今埋在一個小山丘下，靜靜地在四株桑樹底下安息。

位處麥什特中心的聖地幾乎自成一個小城鎮，不過，整個城市最美的景觀是陵墓上方八十呎高、鑲綴金箔的洋蔥形拱頂、陵墓正面和尖塔貼飾的彩陶，和可容納三千個朝聖者的中庭凹室，以及中庭裡的水池與鴿子。帖木兒最寵愛的妃子在麥什特建造了一座清真寺，洋蔥形的拱頂採用藍色調，旁邊是典型的兩座尖塔。這些神聖的建築保留了價值難以估計的寶藏。當我拜訪麥什特時，聽說每年湧進這座聖城的朝聖者約計有十萬人次，而且每年有一萬具屍體被送到伊瑪目利札的陵墓附近下葬，希望復活日（Resurrection Day）降臨時，利札能帶領他們進入天堂。墓園附近不時可見胡狼徘徊，四處覓食，到了夜晚甚至進到城裡，侵入陵墓裡的花園。據估計麥什特共有八萬人口，每五個人當中就有三個是教士、托缽僧或朝聖者。鄰近陵墓的地方有人施捨食物給窮人，盲人得以重見光明，癱瘓的人也可以重新站起來。

麥什特可謂條條街道通聖地，而聖域四周都以鐵鍊圈圍起來，凡是在鐵鍊內的區域，所有帶罪之人皆可安全無虞，因此許多的殺人犯和強盜都設法躲進這個庇護所。

每天清晨，從鼓樓（Nagara-khaneh）傳出一陣陣奇怪的管絃樂，為了迎接緩緩升起的太陽；傍晚，當太陽從遙遠的西方下沉，告別闊拉珊時，管絃樂隊也會為一天的結束奏出道別的旋律。

【注釋】

1 回教徒相信瑪迪是他們的救世主。

2 於一七九四年創建卡加王朝（Kajars），並統一波斯。

第十二章　布卡拉與撒馬爾罕

我在十月中旬離開麥什特。秋天的腳步正逐漸逼近，我帶著一位商隊車夫和三匹馬穿越赫薩邁斯吉特山脈（Hesar-mestjid Mountains）窄仄的峽道與隘口，通過堅實的天然堡壘「克拉特伊納迪爾」（Kelat-i-Nadir），一路朝北，到達目的地外裏海鐵路（Transcaspian Railway）的卡迦（Kaahka）車站。

在外裏海的首府阿什喀巴得（Askabad），我結識了軍方總督庫羅帕特金將軍（General Aleksey Nikolayevich Kuropatkin）[1]。在俄土戰爭期間，庫羅帕特金將軍曾率軍攻打普列夫納（Plevna），對於征服外裏海地區戰功卓著，而日俄戰爭時，他並且擔任俄國陸軍總司令。之後，我又分別在撒馬爾罕（Samarkand）[2]、塔什干（Tashkent）[3]和聖彼得堡見過他好幾次面。每次一想到他，我內心總是充滿感激，因為他在我的旅程中給予很多的幫助。

我在阿什喀巴得附近閒逛，觀察到土庫曼人已經從游牧生活逐漸發展到農業生活，這從他們在村落外圍屯墾的田地可見一斑。我拜訪了安瑙（Anau）的清真寺，這座美麗寺廟之所以聞名，在於它的正面鑲貼華麗彩陶，並以幾條交叉盤旋的黃色中國龍為設計圖案。在這裡，我生平頭一遭看見「黑沙漠」卡拉庫姆（Kara-kum），它橫亙於裏海和阿姆河（Amu-daria）之間，北起鹹海，南止波斯境內的闊拉珊省；黑沙漠裡常有如野豬、老虎、胡狼之類的野生動物出沒。土耳其斯坦已有部分領土被俄國所征服，像基發和整個裏海東岸現在都已納入沙皇的版圖；不過卡拉庫姆沙漠仍屬於化外之境，在沙漠的各個綠洲只有塔克土庫曼人放牧的蹤影，目前還是在土耳其斯坦的管轄範圍。

慘烈的綠丘戰役

俄國人在對外征戰的初期慘遭挫敗。有一次率軍出擊，麾下原本擁有一萬八千頭駱駝，卻在戰役中損失了一萬七千頭，這使得土庫曼人更加傲慢自大，於是俄軍決定再發動攻勢，給予土庫曼人一次難忘的痛擊。斯科別列夫將軍受命誓師還擊，為亞洲戰爭史寫下極為慘烈的一頁；土庫曼族在此役中慘敗，直到列寧時代仍臣服於俄國的統治之下。

土庫曼男子

斯科別列夫將軍率領兵將七千、配備槍枝七十，於一八八〇年十二月揮軍直搗沙漠，同時，安楠科夫將軍（General

Annenkoff）以迅雷不及掩耳的速度，在異動難測的沙丘之間鋪設鐵軌，作為俄軍行動的補給線。土庫曼人稱安楠科夫將軍為「茶壺大官」（Samovar Pasha）[4]，而將火車喚作「惡魔之車」（carts of the Devil）。為數眾多的土庫曼人——多達四萬五千人——在綠丘堡壘迎戰，其中包括一萬名武裝騎士，連婦孺也加入備戰行列；堡壘四周環繞著泥土砌疊的高牆。土庫曼人以馬丹庫立汗（Makdum Kuli Khan）為首，他率領的士兵皆配帶長槍及腰間刀槍，還有一具發射石彈的大砲。

一八八一年一月，俄軍所挖掘的戰壕越來越逼近綠丘堡壘，他們在堡壘的城牆下埋設地雷，準備炸毀城牆；另一方戍守在堡壘之內的土庫曼人聽到從地底下傳來鑽動的聲響，確信俄軍會在牆上挖洞，然後一一爬進堡壘，因此便拔出軍刀躲在牆角邊守株待兔。結果，他們等待的這天終於來臨了，只是萬萬沒想到等來的卻是毀滅之日；成噸的火藥在牆底下轟然爆炸，造成許多的土庫曼士兵死於非命。

俄軍排成三列縱隊迅速穿過炸破的城牆，其中兩列縱隊分別由庫羅帕特金將軍和斯科別列夫將軍指揮。斯科別列夫將軍騎著一匹白馬、身穿白色制服、頂著一頭鬈髮，渾身散發出香水味，在軍樂隊演奏的進行曲中，簡直像是個新郎官。在這場戰役中，有兩萬名土庫曼人喪命，五千位婦女和小孩被俘虜，不過俄軍釋放了這些婦孺和同時被俘的波斯奴隸；至於俄軍則僅折損四名軍官和五十五個士兵。此後即使事隔多年，每當土庫曼人聽見俄國的軍樂聲就忍不住淚眼婆娑，因為在土庫曼國境內，沒有一個人不在這場綠丘戰役裡失去親人的。

短短幾年時間，俄國即征服了距離赫拉特只有一天行程的所有領土；俄國在中亞地區快速擴展的情勢，不僅對印度已構成威脅，連帶地也引起了英國的恐慌。

綠洲城默爾夫

一八八八年，通往撒馬爾罕長達八百七十哩長的鐵路開始通車；十月底，我搭乘這列火車前往默爾夫綠洲（Merv Oasis）。《波斯古經》（*Avesta*）中記載，當時駐紮在馬爾迦（Marga）省的總督大流士·希斯塔斯普（Darius Hystaspes）[5]把這個地方稱為「默魯」（Moru）。

默爾夫位於土蘭（Turan）和伊朗的交界處，幾千年來的統治者不斷更迭，第五世紀時，有位聶斯托利派（Nestorian）[6]的主教即居住在此。西元六五一年，薩珊王朝的最後一位君主伊嗣埃三世（Yezdigerd III）帶著四千名扈從，一路上高舉著聖火，從拉傑茲逃亡到這兒，窮追不捨的韃靼人猛烈襲擊默爾夫，伊嗣埃三世一個人徒步倉皇逃命。後來有個磨坊主人答應收留他，條件是伊嗣埃三世必須為磨坊主人清償債務，於是國王便解下身上的配劍和珍貴的劍鞘遞給他。就在當天晚上，磨坊主人因對伊嗣埃三世的華麗服飾起了貪婪之心，便將他給謀殺了。後來韃靼人被驅離默爾夫，而這位磨坊主人也落得身首異處。

博學的阿拉伯作家賈庫特（Jakut）曾經在默爾夫的圖書館苦讀，在他的作品裡常出現讚美綠洲泉水清澈、瓜果多汁、棉花柔軟的文句。一二二一年，成吉思汗的兒子托雷殘暴地蹂躪這個地區，直到一三八〇年，帖木兒終於把默爾夫綠洲納入版圖。默爾夫的土庫曼人個個心懷恐懼，所以在基發和布卡拉（Bokhara）[7]的百姓盛傳一句話：「如果同時碰上毒蛇和默爾夫人，先殺了默爾夫人，再來解決毒蛇！」

我在默爾夫旅行期間，當地每週日會在綠洲有一次市集，不管是帆布棚或露天攤位，都有人販售當地土產，特別是美麗的地毯；地毯鮮紅的底色如同公牛的血色，上面編織著成排的白色圖案。市場上人聲鼎沸，構成一幅迷人的景致——頭戴高皮帽的男子、雙峰駱駝、著名的大頭細頸土庫曼種馬、騎士、商隊、貨車等等，在喧鬧的市場裡熙來攘往。此外，默爾夫舊城（拜剌默阿里〔Baïram Ali〕）的遺跡和洋蔥型拱頂也同樣美不勝收。

從默爾夫出發，火車在游移不定的沙丘之間蜿蜒前行。當地人在這些沙丘頂上種植樫柳和其他沙漠植物，以防止沙丘移位而掩沒了鐵軌。火車行經一座橫跨浩瀚的阿姆河、長達兩俄里（verst）[8]的木橋。阿姆河起源於帕米爾高原，最後注入鹹海，總長度為一千四百五十哩。

尊貴的布卡拉

下一站，我們來到了西亞另一個文化與歷史重鎮——「尊貴的布卡拉」（Nobel Bokhara），亦即布卡拉，它是世界上最珍貴的城市之一，有「亞洲的羅馬」之稱。

歷史上，希臘、阿拉伯及蒙古軍隊都曾經像洪流般肆虐過這個地區，希臘人稱它為粟特（Sogdiana），羅馬人則稱作「河間地帶」。十一世紀，布卡拉是伊斯蘭教徒學習古典經文的中心，有句諺語說道：「在世界其他地方，光從上而下普照大地；但是在布卡拉，光則是由下向上騰升。」波斯詩人哈菲茲對布卡拉與其姊妹市撒馬爾罕的印象反映在他的詩句中：

Agger on Turk-i-Shira-zi bedast dared dill i ma ra
Be Kha-l-i-hindu- bakshem Samarkand va Bokhara ta.

毛拉：有智慧的穆斯林老者

如果夕拉茲的美女把她的手放在我心窩上，
因為她臉龐上的黑痣，我要把撒馬爾罕和布卡拉送給她。

布卡拉有一〇五所宗教訓練學校，三百六十五座清真寺，如此，可供虔誠的教徒在一年內每天到一座不同的教堂朝拜。布卡拉也曾經遭受成吉思汗的劫掠與帖木兒的占領。一八四二年，斯托達德上校（Colonel Stoddart）和康諾利上尉（Captain Connolly）造訪此地，當時的首領納塞烏拉（Nasr-ullah）極為殘忍粗暴，他下令逮捕這兩個英國人，並且施以酷刑，將他們丟進令人聞之喪膽的蛇窟，最後還砍掉他們的頭。一八六三年，凡貝利裝扮成托缽僧進入布卡拉，並對該地奇特的情景有所描述。

布卡拉的人口由各種不同種族組成，最重要的是擁有伊朗血統的塔吉克人（Tajiks），他們是受教育的階級，教士都隸屬這個民族；此外，是擁有蒙古血統的烏茲別克人（Uzbegs）和賈克提土耳其人（Jaggatai Turks）；而世居此地的眾多庶民則屬於血統混雜的薩爾特族（Sarts）。其他還有許多東方民族，像是波斯人、阿富汗人、吉爾吉斯人（Kirghiz）、土耳其人、韃靼人、高加索人和猶太人。

塔吉克老人

黎明的曙光總是從市集的拱門後浮現，東方世界的繁忙生活自有它繽紛的風貌，流連市集的遊客對布卡拉編織品藝術的巧奪天工驚嘆不已；骨董店裡擺滿希臘時代與薩珊王朝的銀幣、金幣和其他稀世珍寶。此地盛產的棉花、羊毛、羔羊皮和生絲大量外銷，在和市集毗連的商旅客棧庭院裡，打包好的商品堆積如山。城裡有相當好的餐廳和咖啡店，大老遠就可以聞到洋蔥和香料做成的麵餅香味，至於咖啡香和茶香就更不用說了。這裡一個小酥皮餡餅索價一蒲爾（pool）[9]。

走在這些美麗的狹窄街道上，我永遠都不會覺得厭煩。街道兩旁排列著有點古怪的兩層樓房屋，行經的駱駝商隊得在川流不息的貨車、馬夫和熙攘的行人之間穿梭推擠。我常常停下腳步畫畫素描，有時畫的是清真寺，有時捕捉喧囂街景。每次我身邊總會聚攏吵鬧的群眾，這時跟隨我的俄國公使館僕役慕拉德（Saïd Murad）就會用他結辮的皮鞭替我擋住一些大膽逼近的孩童。有一回，我出門沒有帶慕拉德，這群頑童居然趁機展開報復，從四面八方突擊我，逼得我無法畫畫。他們把我推來擠去，拿爛蘋果、土塊和各種垃圾往我身上丟，我抵擋了一陣子徒勞無功，只好趕緊撤退回公使館，把慕拉德找出來保護我。

一二一九年，成吉思汗攻進大清真寺（Mestjid-i-Kalan），下令格殺勿論，直到兩百年後，帖木兒才真正重建這座寺廟。大清真寺有一座專門關犯人的尖塔，截至三十五年前，高達一百六十五呎的尖塔頂上還不時傳出囚犯破口大罵的聲音，而審判的法官也是從尖塔頂端高聲宣判犯人的罪行。如今高聳的尖塔上只有兩隻鸛鳥在那兒棲息築巢。由於從塔上可以俯瞰鄰近的皇室後宮，現在誰也不准到上面去了。

與大清真寺相對而立的是中亞最富盛名的宗教訓練學校米爾—阿拉伯（Mir-Arab），築有圓柱形的塔樓，兩座洋蔥型拱頂外表貼飾明亮的綠色釉陶；主建築有四扇大門，共一百一十四個房間，可供兩百名教士居住。

使吾不死，世人皆顫慄！

然而，堪稱中亞「城市之珠」的非撒馬爾罕莫屬了，我在十一月一日抵達此地。在亞歷山大大帝征服鄰近各國以後，便在此區建立了粟特省，省會為撒馬爾罕，當時稱為「馬拉坎達」（Maracanda），即便到現在，撒馬爾罕的馬其頓名字「伊斯干德貝克」（Iskander Bek）依然被沿用。雖然撒馬爾罕動員了十一萬名武裝兵力抵抗成吉思汗的入侵，最後仍然不敵而降，整個城市被蒙古軍徹底摧毀。

與撒馬爾罕更緊密連接在一起的是它的第三個統治者，也就是誕生於一三三三年的韃靼人帖木兒。從基發逃難出來的帖木兒在卡拉庫姆沙漠闖蕩天下，寫下一頁英雄冒險的傳說。本名提慕爾（Timur）的他因為在西斯坦（Sistan）[10]受傷而跛了腳，因此被謔稱為「跛子提慕爾」（Timur Lenk），久而久之便被發音成「Tamerlane」，而成了今日大家熟知的「帖木兒」。一三六九年，帖木兒在撒馬爾罕順利即位稱帝，從此展開擴張勢力的雄圖大業；他首先拿下波斯，在夕拉茲接見詩人哈菲茲。他利用兩次對外征討的空檔，在撒馬爾罕大興土木，建造舉世無雙的宏偉建築，為這個城市塑造出獨特的風貌。即使到了今天，帖木兒所興建的建築物依舊屹立不搖，閃耀著綠色光芒的洋蔥型拱頂從花園蒼翠蓊鬱的草木間拔地而起；尖塔及深藍色圓頂彷彿綠松寶石，在淺藍色的天空映襯下，更是美麗壯觀。

布卡拉：一群人正圍著一個說故事的人

帖木兒於一三九八年越過興都庫什山脈（Hindu Kush），擊潰印度北方的馬哈慕德國王（King Mahmud），將德里洗劫一空，當他返回撒馬爾罕時，也是搶來的大象背上載滿掠奪而來的無數財寶。接著，帖木兒陸續攻下阿勒坡（Aleppo）[11]、巴格達和大馬士革。一四〇二年，帖木兒又在安哥拉（Angora）打敗巴耶塞特蘇丹。根據不太可靠的傳說，這位跛足的征服者俘擄了獨眼巴耶塞特蘇丹之後，便將他關在鐵籠裡，以便日後可在亞洲各城市展示他的「戰利品」。在帖木兒從德黑蘭取道麥什特回撒馬爾罕的行程中，由西班牙卡斯提爾里昂（Castile-Leon）[12]亨利三世（King Henry III）所派任的大使柯拉威尤（Ruy Gonzales de Clavijo），一路上都緊隨著帖木兒，以便記錄帖木兒征戰之旅的詳細過程。

華麗的陵寢為帖木兒安息所在

一四〇五年十一月，帖木兒從撒馬爾罕出發，這是他有生之年最後一次出征；這次他攻打的對象是中國明朝最強盛的明成祖永樂皇帝。沒想到出師未捷身先死！才渡過錫爾河（Sir-daria）[13]，帖木兒就死在東岸的歐察爾（Otrar），享年七十二歲。帖木兒的部屬把他的遺體運回撒馬爾罕，並依照他生前自己的設計，為他建造了一座世界上數一數二的華麗陵墓。帖木兒的遺體上塗滿麝香和玫瑰香水，然後用亞麻布包裹起來，安放在象牙棺木裡。陵墓的洋蔥型拱頂下即是埋葬帖木兒的墓穴，外面覆蓋一塊六呎長、一呎半寬、半呎厚的堅硬玉石，是至今世上所知最巨大的玉石。陵寢內有一面用雪花石膏砌成的牆上，浮刻著一行阿拉伯文句子：

「使吾不死，世人皆顫慄！」

永生國王的傳說

在回教創立初期，先知穆罕默德有一位後人阿拔斯（Kasim Ibn Abbas）來到撒馬爾罕宣揚教義，豈料被當地不知感激的人們抓住並砍下頭顱，但見阿拔斯把自己被砍下的頭夾在脅下，然後消失在一個地底洞穴中。後來，帖木兒就是在這個洞穴上方建造他美輪美奐的夏宮，七個藍綠色的洋蔥型拱頂所勾勒成的優美線條，至今依舊輝映著這片黃色的大地。帖木兒常在夏宮舉行酒宴，宴席中最擅長飲酒的人便可得到「伯哈德」（bahadur，即武士）的封號。傳說透過夏宮的一個罅隙，可以看到阿拔斯腋下夾著自己的頭顱在那個地底洞穴中走來走去，因此人們稱他為「薩易信德」（Shah-i-sindeh，意思為「永生國王」），即便到今日，人們還是習慣用這個名字來稱呼這座夏宮。當俄國勢力逐漸蠶食亞洲之際，有人預言在俄軍抵達撒馬爾罕時，即是「永生國王」從洞穴中復活之日，他將高舉被砍下的頭顱收復帖木兒的城市。後來俄國將軍考夫曼（Konstantin Petrovich Kauffmann）[14]占領了撒馬爾罕，可是阿拔斯卻一直沒出現，從此這位永生國王在回教徒心目中的地位跌落不少。

撒馬爾罕有三所宗教學院，分別是米爾扎·烏拉·貝克（Mirza Ullug Bek）、提拉卡（Tillah Karch）和馬德拉沙·易·瑟達（Madrasah-i-Shirdar），創建於帖木兒時代以後；它們環繞著世界上最美麗的曠野雷吉斯坦（Registan）[15]。這些宗教學院擁有最華麗的彩陶設計，俄國畫家魏列夏庚（Vasily Vasilyevich Verestchagin）[16]便曾將這些洋蔥型拱頂與尖塔富麗多彩的身影捕捉入畫。

我拜訪了撒馬爾罕城外一座清真寺，帖木兒最寵愛的妻子，也是中國的公主比比卡哈蘭（Bibi-Khanum）[17]即埋葬在此。此座清真寺於一三八五年建造完成，如今雖已殘破失修，但雄偉的氣勢依然不減當年。

有天晚上，我在一位法國人的陪伴下走到北卡帕克（Pai-Kabak）去參觀格調不是很高的舞孃表演。我們被引進溢滿香水味的房間，地板鋪著地毯，長沙發沿著牆邊擺置；房間裡有美麗的女子彈奏齊特琴（zither）[18]和吉他，只見她們纖柔細指輕巧地撥動琴弦。其他的女子猶是技藝精巧、體態優美，叮叮咚咚拍響鈴鼓。為了讓鼓面保持緊繃，她們得不時把皮鼓舉在一個燒紅的火缽上。

夜裡樂聲悠揚，身著飄逸衣衫的舞孃在燈光下舞動，舉手投足無不優雅柔媚。她們當中有些是波斯人或阿富汗人，有的則具有韃靼人的血統；和著弦樂的節奏，舞孃波浪般搖擺身體盡情舞蹈，彷彿夢境裡的仙子，為人們帶來天堂才有的歡愉。

【注釋】

1 一八四八—一九二一，俄國將軍，因俄土戰爭而聲名大噪，曾任俄國國防部長，日俄戰爭中敗給日本後被解除陸軍指揮權。

2 位於烏茲別克東南方，為中亞最古老的城市，盛產茶葉、葡萄酒、紡織品等產品。

3 烏茲別克東方的城市，出產棉花和水果，曾是蘇聯在中亞地區的主要工業、交通中樞。

4 「samovar」是俄國人自古以來用來煮茶的銅壺。

5 為波斯國大流士一世之父，在居魯士大帝二世和岡比西斯二世時代，擔任波斯總督，曾隨居魯士出征。

6 君士坦丁堡主教聶斯托利所創之教派，流傳於敘利亞、美索不達米亞及波斯一帶。

7 位於烏茲別克的西方，盛產天然氣、棉、絲，為貿易與文化重鎮；曾經被阿拉伯人、波斯人、韃靼人、俄國人統治過。

8 每一俄里為一．〇六七公里。

9 六四蒲爾＝二〇卡培克（copecks）＝一坦吉（tenge）；二〇坦吉＝一提拉（tillah）＝四盧布（rouble，俄幣單位）。

10 橫跨今天伊朗東部與阿富汗東北部的區域，主要地形為沼澤地。

11 今敘利亞西北部省份，為交通與工商業中心，位於大馬士革以北三百五十公里。

12 中世紀時位於西班牙西北部的王國。

13 或作Syr Darya，位於今吉爾吉斯烏茲別克和哈薩克境內。

14 一八一八—一八八二，一八六八年攻克撒馬爾罕，將俄國版圖擴張至阿富汗邊境。

15 位於今之阿富汗南方的廣袤沙漠地帶。

16 一八四二—一九〇四，曾經參與高加索戰爭和俄土戰爭，畫作多數以印度歷史和俄軍在土耳其斯坦、俄土戰爭的戰事為題材。死於日俄戰爭中。

17 土耳其語，原意為後宮第一夫人。

18 扁型古琴，有三十至四十條琴弦。

第十三章　深入亞洲心臟地帶

在拱形洞上鏗鏘作響的鐘聲中，我驅車離開撒馬爾罕；隨著馬車的漸行漸遠，藍色洋蔥型拱頂逐漸隱沒於天際，初升的朝陽為阿法拉施亞（Afrasiab）山丘平添不少盎然的生機與色彩。我駕駛的是一輛三匹馬拉的馬車，沿途盡是浸浴在紅、黃秋色中的園林。我渡過灌溉撒馬爾罕和鄰近綠洲的澤拉夫尚河（Zerafshan），穿越人稱「帖木兒通道」的狹窄石徑以及「飢餓草原」（Hunger Steppe）。飢餓大草原位於克孜庫姆沙漠（Kizil-kum）（又稱紅沙地）的一角，而克孜庫姆沙漠則處於俄屬土耳其斯坦兩條大河——阿姆河與錫爾河之間。

我們搭乘一艘巨大的渡輪越過錫爾河，渡輪上同時運載了十隻駱駝和十二輛安上馬匹的馬車。在換了幾次馬匹之後，我們終於抵達俄屬中亞的首都塔什干。

過去有段時間，塔什干曾經是成吉思汗的兒子察合台統治下的領土；一八六五年，俄國的切爾尼亞耶夫將軍（Mikhail Grigoryevich Cherniaieff）[1]收服塔什干，使這個城市納入俄國的轄治範圍。當時塔什干有十二萬人口，但是切爾尼亞耶夫將軍卻只帶了兩千名士兵，便輕易攻下此城。在接受投降的那天晚上，切爾尼亞耶夫將軍到薩爾特族專用的澡堂洗澡，並在露天市集裡吃晚飯，如此膽識在當地居民心中留下十分深刻的印象。

當我旅行到塔什干，正逢駐紮此地的總督是瑞夫斯基男爵（Baron von Wrewski），因此在停留當地期間，我便暫宿男爵的官邸。瑞夫斯基男爵給了我一些地圖、一本護照和推薦信，他的仁慈與好客的熱忱令我極為感動；男爵曾在一八七三年造訪斯德哥爾摩，是當時參加瑞典國王加冕儀式的俄國外交官之一。

我們接著換搭新車繼續旅程，再次橫渡錫爾河來到闊仁特（Khojent），準備前往位於豐饒的費加那谷地（Ferghana Valley）[2]的浩罕（Khokand），參觀末代可汗廓狄爾汗（Khodier Khan）的皇宮，以及吟唱托缽僧所居住的茅舍。從那兒再轉往一個可以讓人好生吹噓的城市馬爾吉蘭（Margelan）[3]，因為亞歷山大大帝的陵墓就在那裡。

決定遠征極西之城

在皎潔的月光下，叮叮咚咚的鈴鐺聲伴隨著我們直抵歐什（Osh）[4]，這裡的地方官是杜布納上校（Colonel Deubner）。我決定遠征中國最西邊的城市喀什（Kashgar）[5]；銜接天山與帕米爾高原的巍峨山巒峰峰相連，而喀什又遠在群峰的邊陲境地。其中海拔最高的隘口素有「白楊隘道」（Terek-davan）之稱，來往穿梭的商隊可經由這條隘道，從俄屬土耳其斯坦的歐什向東行抵中屬土耳其斯坦[6]的喀什。高度有一萬三千呎。

杜布納上校告訴我，最後一支商旅隊伍已經離開，因為暴風雪的季節即將來到；況且向來只有生性強韌的吉爾吉斯人識得路徑，膽敢冒險通過隘道。但他這番話並不足以阻撓我的決心，於是上校只得動用他所有權勢竭力幫忙我，希望讓我的旅程順利一點。我買了糧食、一件皮裘和幾件毛毯、租了四匹馬，一匹馬每天的租金是六十卡培克；另外我還雇用三個僕人，分別是馬車長堅恩（Kerim Jan），馬夫巴夷（Ata Baï）和伙夫阿蘇兒（Ashur）。

十二月一日，我們穿著厚重的衣物和軟氈靴子啟程。雪下得又密又大，山脈與平野覆滿雪花，潔白有如白堊；放眼眺望，雪白的大地映襯著點點黑影，正是吉爾吉斯人所住的拱型毛氈大帳棚。騎得最久的一天是前往蘇非庫爾根（Sufi-kurgan）的路上，我們破紀錄一共走了四十二哩；在這兒，我們借宿吉爾吉斯人的帳棚。和我們住在別的帳棚時沒兩樣，大夥兒均圍繞著令人雀躍的營火吃喝、休息和睡覺。蘇非庫爾根有個由五十頂帳棚形成的小村子，老族長科特．比很友善地招待我們。阿蘇兒就著他的營火煮了一鍋「五指湯」，因為湯濃稠到可以讓人用手舀來喝；材料包括羊肉、包心菜、紅蘿蔔、馬鈴薯、米飯、洋蔥、胡椒、鹽，把所有材料全放進水裡熬煮就對了。

十二月五日，我們告別蘇非庫爾根，頂著相當寒冷的天氣（攝氏零下十四．五度）前進白楊隘道。我雇用的僕人們個個穿上寬大的皮褲，足以把所有的衣服都往裡頭塞，連皮裘也不成問題，事實上，這種褲子可以往上拉到腋下。

遇到結冰的小溪，必須仰賴脆弱狹窄的木橋渡過；就在我們經過的河谷兩旁斜坡上，遍地是樺樹和杜松。我們來到一條二十呎寬不到的山路，兩側是峻峭的山壁，也就是著名的「達凡賽」（Darvase）大道。陡峭的山道呈之字型在雪地蜿蜒伸展，當我們費盡力氣騎到山路頂端時，一天幾乎就快過完了。而掩埋在這片皚皚白雪下，不知有多少人類和馬的屍骨，無異是對致命的暴風雪一種緘默的印痕。

伊爾喀什坦的吉爾吉斯人

向東方與南方望過去，壯闊的景致綿延開展，荒野的山巒層層疊疊形成了迷宮似的地貌。在溫暖的季節裡，有些溪水向東流入羅布泊，有些則往西注入鹹海。

當我們走下山坡時，不小心驚嚇到一群野山羊，牠們以極為優雅的動作逃開，迅即消失在斜坡後面。我們繼續往前走，經過一個又一個帳棚，順著山谷走下山，途經俄國邊界的堡壘伊爾喀什坦（Irkeshtam）和噴赤河，來到茂密的林區納加拉察地（Nagara-Chaldi）；這裡住了一百位吉爾吉斯人，他們分住在二十頂帳棚裡，族長邀請我們共進晚餐，吃的是酸牛奶、油膩的羊肉、牛肉清湯和熱茶。

我們的下一站是中國邊界要塞烏魯格柴特（Ulugchat），由一支軍隊戍守，共有八十個吉爾吉斯人和二十五個中國軍人，全歸柯安統領指揮。夜裡柯安統領來拜訪我，陪同前來的還有三位長老和十二名男子，並帶來一隻肥尾綿羊作為禮物相贈。

種族多樣的喀什

隨著一天又一天的行程，映入眼簾的山川風光也跟著漸形廣闊，朝東方望去，無止境的曠野直伸入遠方的沙漠裡。十二月十四日，我們騎馬經過喀什綠洲周邊的第一簇村落；此地也設置俄國領事館，就在喀什的城牆外。當我們到達俄國領事館，一位蓄鬍子、戴著金框眼鏡和綠色圓錐帽、身穿長斗篷的高個子老人走了出來，在領事館前庭殷勤地迎接我們；他是俄國的樞密大臣、也是東土耳其斯坦皇家總領事的裴卓夫斯基（Nicolai Feodorovitch Petrovsky），我在他家住了十天。後來我舊地重遊仍以喀什為中心，而且和裴卓夫斯基成為真正的好朋友。

喀什歷經多位征服者的統治，因而居民的血統摻雜了多種不同的種族，如雅利安人（Aryan）和蒙古人；而置身在這個城市中，也會使人回想起成吉思汗與帖木兒的時代。中國人曾在不同的朝代治理這個區域；從一八六五年到一八七七年間，來自俄屬土耳其斯坦的侵略者阿古柏・貝克（Yakub Bek）[7]兼併了西藏到天山之間的廣大領土，實施殘暴的統治，自他去世之後，中國便接著控制這片疆土，直到現在。

喀什是一個非常獨特的城市，因為它與海洋的距離比世上任何城市都來得遠。喀什的道台是一位中國人，然而最有權勢的卻是裴卓夫斯基，當地土生土長的薩爾特人給他取了一個綽號叫「新察合台可汗」。而俄國領事館則誇耀他們駐紮當地的軍隊中，有四十五位哥薩克士兵與兩名軍官。

在喀什朋友當中，對於另外四位我同樣十分懷念，而且心存感激與同情，其中有兩位已經病逝，其他兩位也因為世界大戰失去音訊。後面提到的兩位分別是楊赫斯本上尉（Captain Younghusband）[8]和麥卡尼先生（Mr. Macartney）[9]。楊赫斯本上尉最近剛完成他個人首度橫越亞洲的長途旅行，順利通過慕士塔格隘口（Mustagh），目前住在喀什城牆外；他沒有房子，住的是一頂巨大的拱頂毛氈帳棚，木頭地板上鋪著地毯，牆上懸掛昂貴的喀什米爾披風與毛氈。麥卡尼為楊赫斯本作中文翻譯，隨員中還有阿富汗人、廓爾喀人（Gurkhas）[10]和印度土著。在喀什的那段期間，我和這兩位親切的英國人度過許多值得懷念的夜晚。

喀什的印度商人

有一天，我們在領事館的圖書室裡聊天，一位蓄鬍子、戴眼鏡、穿著褐色長僧袍的教士走了進來，用幾句瑞典話跟我打招呼，原來這位韓瑞克神父（Father Hendricks）是荷蘭人，一八八五年，他從托木斯克（Tomsk）[11]取道伊犁（Kulja）來到喀什，隨行的還有一位波蘭人依格納提耶夫（Adam Ignatieff）。自從來到了喀什，韓瑞克神父從來沒有收過任何信件，他的過去似乎充滿神秘，沒有人知道他的來歷，而他本人更是三緘其口。至於依格納提耶夫，他的個子很高，臉上總是刮得乾乾淨淨的，雪白的頭髮修剪得一絲不苟，脖子上掛著十字架項鍊；這裡的每個人幾乎都知道，他因為在波蘭革命時期曾協助吊死一位俄國教士，所以才被流放到西伯利亞。依格納提耶夫住在靠近領事館一間簡陋的草棚裡，不過每天三餐都是到領事館解決。

韓瑞克神父住在一家印度人開的商旅客棧裡，他的房間一樣簡陋，泥土地板、紙糊的窗子，房間裡只有一張椅子、一張桌子、一張床，還有幾桶葡萄酒——他是個釀酒專家；房裡的一面牆上懸掛著十字架，平常這裡也充當教堂。韓瑞克神父從來不會忘記舉行彌撒，他唯一的會眾就是依格納提耶夫，韓瑞克神父對著依格納提耶夫講道持續了好幾年，後來因為兩個人吵架，神父不准依格納提耶夫再到教堂來，於是神父再也沒有會眾，只好對著光禿禿的牆壁和滿滿的酒桶望彌撒，而可憐的依格納提耶夫只能站在外面，把耳朵僅貼在鑰匙孔上聆聽講道。

「聖人」之墓的趣聞

喀什有幾座城門由中國士兵守衛，不過大部分衛兵都駐紮在七哩外的英吉沙（Yangi Shahr）。喀什以種族雜混的露天市集最具特色、最吸引人，在市集可以看到有些臉上沒有蒙上面紗的婦女。黃灰色的土屋間偶爾會出現一座清真寺，為單調呆板的景色增添點變化。哈茲瑞特・阿帕克（Hazret Apak）清真寺外種植一些桑樹和梧桐，阿古柏・貝克便長眠在這些樹木底下；據說中國人收復喀什時，曾經焚毀阿古柏・貝克的屍體。事實上，喀什附近有許多聖徒的墓地，數量多到連當地人都覺得荒謬。

最近才發生一樁令人莞爾的趣聞：有一位族長向來在喀什外圍一個聖徒的墓園向信徒講授《可蘭經》，有一天一個信徒跑去見族長，他說：「長老，請給我錢和麵包，我要去外面的世界闖蕩一番，試試看我的運氣。」族長回答：「除了一頭驢子以外，我沒有別的東西可以給你，把驢子牽走吧，願真主保佑你一路平安！」年輕人於是騎著驢子夜以繼日地流浪，最後終於越過了大沙漠，但就在此時，驢子卻愈來愈羸弱，終究不支倒斃。年輕人感到悲傷又寂寞，他在沙地上挖了一個墳埋葬好驢子，自己便坐在墳墓旁哭了起來。剛好有一些富商趕著商隊路過此地，他們問年輕人為何哭泣，年輕人說：「我失去了唯一的朋友，我最忠實的旅伴。」商人被他的忠誠所感動，決定在山坡上豎起一塊巨大的紀念碑，接著由大批商隊運來磚塊和彩陶，開始搭建神聖的建築；從此，熠熠閃爍的洋蔥型拱頂和尖塔矗立沙漠中，高聳入雲。很快地，新聖人墓地的故事馬上傳遍各地，聞名前來的朝聖客從四面八方湧至。多年之後，喀什的那位老族長也來到此地，他驚詫地發現，自己以前的信徒如今已經成為聖人墓地備受景仰的族長了。他對眼前的信徒說：「告訴我，我保證絕不洩露出去，在這拱頂底下安息的是哪一位聖人？」信徒壓低嗓門回答：「只是你給我的那頭驢子罷了。現在換你告訴我了，以前你教我們《可蘭經》的那個墓園，又是哪一位聖人的安息地？」老族長回答：「是你那頭驢子的父親！」

【注釋】

1 一八二八—一八九八，曾經參加克里米亞戰爭。

2 中亞西部的谷地，位於天山西麓，塔什干東南方。

3 又作Margilan，位於烏茲別克東部，為中亞重要的絲品交易中心。

4 吉爾吉斯東部的城市，為中亞農業重鎮，盛產棉與絲。

5 喀什，舊名喀什噶爾（Kashgar），為新疆西部的主要商業城市。

6 編按：指今日的新疆地區。

7 一八二〇—一八七七，生於浩罕的軍人，利用回民叛變在喀什自立為王，曾與英俄簽訂商約，一八七七年左宗棠平定新疆，阿古柏·貝克自殺身亡。

8 後來被封為法蘭西斯爵士（Sir Francis）。

9 後來受封為喬治爵士（Sir George）。

10 廓爾喀為一七六八年在尼泊爾建立的一個王朝；廓爾喀民族驍勇善戰，擅長使用彎刀。

11 西伯利亞西部城市，為重要的產品集散中心。

第十四章　結識布卡拉酋長

聖誕節前夕，我展開了一段愉快的旅程，利用馬匹、雪橇、馬車玩遍整個西亞，那是一次狂放不羈而飛快的逍遙遊。三個在領事館服役退伍的哥薩克人，正準備返回鄰近俄國、位處「七河之鄉」塞米爾耶金斯克（Semiryetchensk）的納林斯克（Narinsk）；我要和他們一同出發，開始這趟新鮮的探險旅程。

在冰天雪地中前進

我們乘坐馱馬拉的小型馬車往北走，沿途穿越狹隘的山谷，天寒地凍，溫度降到攝氏零下二十度。我們渡過的河流只有部分結了冰，此時正足以證明哥薩克人的重要性，他們騎馬沿著岸邊的冰塊行走，直到冰塊裂開才策使馬匹跳下水去，像海豚一樣在大冰塊之間浮沉。我總是擔心馬的肚子會被尖銳的冰緣劃開，河水深及馬鞍的一半高，為了使毛氈靴子保持乾燥，我們得蹺起腳坐在馬背上力求平衡。

我們騎馬躍進結冰的河流中

繼續往上游走，河水完全凍結了，馬兒在水晶一樣的冰河上溜來溜去，像是在瘋狂地舞蹈。我們穿越中國邊界，通過圖魯嘎特隘口（Turugart，高度一萬二千七百四十呎）、冰雪封凍的察提爾庫湖（Chatyr-kul），並且走過塔什拉巴特隘口（Tash-rabat，高度一萬二千九百呎）。我們恍若置身於迷宮般的重重山谷，四周全被巍峨的荒山所包圍，顯然我們已經來到天山山脈了。

山路從塔什拉巴特隘口開始急轉直下，在邊緣銳利的石岬和分水嶺之間，隨著難以數計的轉彎，地勢逐漸往下降；在這種季節裡，多半地方都覆蓋著雪或冰。我們有一匹馱馬在這裡滑倒，跌下懸崖摔斷了頸子，最後還是死在掉落的地方。

這裡經常下雪。一八九一年的元旦，綿密的雪花彷彿一張編織細密的白紗，嘩啦啦地從天上罩了下來。我們的隊伍在納林斯克解散，接著我獨自騎馬走了一千哩路回到撒馬爾罕。乘雪橇滑行實在棒透了！通常雪橇用兩匹馬拉曳，若雪積得太深又過於鬆軟時就得用三匹馬來拉。駕駛雪橇的車夫坐在右邊的位子上，兩隻腳懸在雪橇外面，一邊甜言蜜語地哄著馬匹：「好啦，小鴿子，就是這樣，我的好孩子，再試試，多用點勁兒，小大人。」雪橇上的鈴鐺輕快地叮叮噹噹響，雪花密密實實地飄下，把我們全籠罩在白紗中，道路兩旁的積雪也被風堆成好幾呎高。我們行進的速度快得嚇人，雪橇像船一樣在顛簸的馬路上東搖西晃，但是因為橇上裝了兩支持平的安全滑刀，每當雪橇快要翻覆時便充當緩衝器，所以並不容易傾覆。只有一次，我們是腳底朝天整個翻覆過去；那次發生在晚上，整個雪橇翻倒在被雪覆蓋的溝渠裡，不過我們很快就把雪橇扶正，選了一條比較平坦的坡道，繼續摸黑搖搖擺擺地前進。

我們抵達了伊塞克湖（Issik-kul）[1]，它的原意是「溫暖的湖」，由於流入這個湖的河水相當溫暖，再加上深度的關係，冬天不會結冰。我決定前往朝拜偉大的俄國旅行家普哲瓦爾斯基（Przhevalsky）安息之處，就在一百二十六哩外的城鎮上，而這個城鎮現在也改名為普哲瓦爾斯基鎮了；他的墳上立著一個黑色的木頭十字架，上面有耶穌像和月桂花環。普哲瓦爾斯基逝世快兩年了，他辭世的這片蠻荒地帶正是探索亞洲心臟區域，另一段發現之旅的門戶。

我們沿著亞歷山大山脈（Alexander Range）[2]北邊的山麓向西行，來到小鎮歐里艾達（Aulie Ata）[3]。從淺灘橫渡阿薩河（Asa River）時，旅人和易碎的行李都安置在附有兩個高輪的拉車上，才能渡過深達三呎半的河水，至於空的雪橇則讓馬拉著，像船一樣漂浮到對岸。

雪越下越大，溫度下降到將近零下二十三度，只是積雪沒有結冰，因此雪路上還是鬆鬆軟軟的，三匹拉車的馬必須在幾呎高的雪堆間跳躍，雪橇飛濺起的雪花看起來就像泡沫一般。不過越靠近欽姆干（Chimkent）[4]和塔什干，路旁的積雪越來越稀薄，到了塔什干以西，地上甚至連一點積雪都沒有，我只好放棄雪橇，改乘四輪馬車繼續旅程。

我抵達錫爾河畔的齊納斯（Chinas），由於河面上遍布浮冰，渡輪無法行駛，只能仰賴一艘弱不禁風的小船。我和一個來自庫爾蘭（Courland）[5]的年輕上尉上了船，船上有三個結實的漢子手持鐵頭篙為我們划船，在浮冰和冰塊的裂縫間穿梭。

渡河之後，我們各自乘一輛三匹馬拉的馬車離開。我的下個目的地是米爾撒拉巴特（Mirsa-rabat）驛站，可是才走了一半路程，馬車的後車軸竟然斷裂，有一隻車輪應聲鬆脫，使得車身拖墜在地上；受到驚嚇的馬匹往大草原方向瘋狂奔馳而去，馬車蹦跳地在山丘間撞來撞去，我拚命抓緊馬車，生怕小命就此休矣。幸虧馬兒跑到筋疲力竭後終於停了下來，車夫和我趕快把散開的行李搶救回來；我們把所有東西捆綁在其中一匹馬的背上，丟棄已經摔壞的車廂，然後兩人騎著沒有鞍件的馬匹繼續前進，當我們到達米爾撒拉巴特時，那位庫爾蘭的年輕上尉已經等候在那兒了。

屋漏偏逢連夜雨

當天晚上，我們又在吉賽克河（Jisak River）遇上另一樁災難。天空雲層密布，強風狠狠颳著，凜冽的寒意直教人吃不消。午夜來臨前我們抵達河岸邊，水位高漲，到處都是浮冰，我們的兩輛馬車停在淺灘上，眼下不見任何生物跡象。

上尉帶頭涉入浮冰四散的河水裡，他的馬車才前進幾個車身距離，就被破裂的冰塊卡住了，許多冰塊積壓在馬車上，馬匹絲毫動彈不得；上尉掙扎幾次仍是徒勞無功，最後只得把馬匹的轠轡解開，他和車夫取回行李，騎馬安全回到岸邊，至於車廂就不得不捨棄了。看來在春天來臨河水解凍前，這個車廂很可能會繼續卡在那兒，不然，碎裂的冰塊也會把它擠扁。

其中兩位車夫曉得可以渡河的另一處淺灘，也就是吉賽克河分叉成兩條支流的地方。上尉的兩匹馬加入我的馬車隊伍，他的行李也和我的放在一起，他自己坐在馬車夫的位置，背對著馬匹，在車篷的前緣部分努力讓自己坐得平穩。

等一切就緒，我們出發跋涉第一條支流，當沉重的馬車嘎啦嘎啦前進時，河上結凍的冰層發

當晚在吉賽克河又發生意外

揮完美的支撐作用，馬蹄嘀噠嘀噠揚起粉狀的碎冰。有一匹馬突然打滑，所幸及時恢復平衡。一切都進行得很順利，可是到了第二條支流問題就出現了，這條支流的河岸非常陡峭，河邊的坡道急降，然後又驀地向右彎轉。

車夫慌亂粗野地吼叫，馬鞭舞得嘶嘶響，使勁催促馬匹前進。只見馬兒口濺白沫，前腳提起後腿直立地嘶鳴著，牠們身上每一條肌肉都在抽搐，接著奮力往下坡直衝，直到一半身體浸在水中才停下來。我們來到河道轉彎的地方，這時馬車右邊的兩個輪子仍然在結冰的坡道上，而左側的兩輪卻已滑入水裡了。這一切都在瞬間發生，眼看馬車橫衝直撞，我死命把身體緊靠著車篷右側，這當口馬匹全速向右轉，馬車在三呎深的河裡顛簸，由於衝力太猛，車篷頓時摔裂成片；前導的兩匹馬跌倒，韁繩雜亂地纏繞在牠們身上，差點慘遭溺斃。就在千鈞一髮之際，車夫縱身跳進河中幫跌倒的馬解開韁繩，河水深達他的腰部；突然，上尉從座位上被甩了下來，和一塊冰塊撞個正著而血流如注。我的行李箱在水裡載浮載沉，只有箱子角露出水面，箱子裡的毯子、毛皮外套和毛氈差點被河流給沖走。我們有很多行李都被損壞，每樣東西全濕淋淋的，包括我們自己在內；好不容易才從河裡一點一點把行李撈上來，放在馬背上過河，我們自己則跟著馬匹，從這塊浮冰跳到下一塊浮冰，終於安然渡過這條支流。上岸的地方離下個驛站並不遠，我們在那兒晾乾隨身物件；我在河邊竭盡所能搶救行李，可憐的上尉就沒這麼幸運了，他可是差點連命都撿不回來。當我們送他到撒馬爾罕醫院時，他還一直發著高燒。

酋長的盛情隆誼

布卡拉的酋長賽伊達・阿布杜・艾哈德（Emir Saïd Abdul Ahad）邀請我前去拜訪；每年這個時節，艾哈德酋長都會住在撒馬爾罕五十哩外的夏里撒巴（Shar-i-sabs）城堡。夏里撒巴的名氣主要是來自帖木兒，這位偉大的征服者於一三三三年誕生在這座城堡裡，如今我要去覲見的正是帖木兒的後代，只不過他永遠也比不上他的祖先帖木兒——事實上，艾哈德向俄國沙皇稱臣，而且曾到莫斯科參加亞歷山大三世的加冕典禮。有人問他對什麼最感興趣，他回答：「冰鎮檸檬水。」

有一支騎兵隊已在邊界等著迎接我，他們陪我

酋長艾哈德

騎過一個又一個村落，沿途因護衛隊伍的加入聲勢變得越來越龐大。夜裡停下來歇腳時，我們發現房間鋪著地毯，溫暖又舒適，而且每到一處都有人奉上接風餐點（dastarkhan）招待我們，包括成堆的糕餅、葡萄乾、杏仁、水果、甜點，肉類食品就更不用說了。宮裡一位大臣錫果爾（Shadibek Karaol Begi Shigaul）偕同一群身穿紅、藍絲絨長斗篷的紳士前來迎接，他們的坐騎都披著金線刺繡的鞍掛。他們表明是代替酋長前來向我致歡迎之意。我們的馬隊一路上浩浩蕩蕩，所到之處，當地百姓萬頭攢動，夾道圍觀。

到了奇塔布（Kitab），地方官員為我舉辦了一席盛宴，席間人們頻頻問起我的國家，也很想知道瑞典和俄國的關係。稍後我與酋長會面，發現酋長對瑞典知之甚詳，原來都是先前的賓客提供了詳盡的訊息給他。

西班牙大使柯拉威尤於帖木兒時代出使撒馬爾罕時，曾撰文描寫他在途中被招待的細節；根據他的文章，事隔將近五百年後的今天，這項儀式並沒有多大改變。在印度斯坦（Hindustan）[6]蒙兀兒帝國（Mogul Empire）[7]第一位蘇丹巴伯爾（Sultan Babeur）的回憶錄中提到，以前的夏里撒巴和奇塔布被同一道城牆所環繞，每當春天來臨，城牆上爬滿蓊鬱茂密的植物，因而有「翠綠之都」（Verdant City）的稱號。

土耳其斯坦的托缽僧

酋長撥出一棟堂皇富麗的宮殿供我使用，在為我接風的餐宴足足擺上三十一個碩大的盤子，裡面裝滿了豐盛的食物。我的臥床鋪著紅色絲緞，地板上鋪的則是大張美麗的布卡拉地毯。真希望他們能讓我帶一、兩張這樣的地毯回家！

盛裝赴宴

覲見儀式訂在隔天早上九點鐘，我穿上最體面的衣服，騎馬穿過艾克宮（Ak Seraï）大門，這裡曾經也是帖木兒的宮殿。穿著藍色制服的軍官伴隨在我身邊，五十位軍人舉槍致敬，同時有三十名樂師組成的樂團隨隊演奏助興。我們的隊伍由兩列衛隊在前面引導，他們穿著繡金線的長斗篷，手裡擎著金棍棒。

我們穿過舊城堡的三座中庭，才來到新城堡，這時宮裡的官員已經在此等候。我被引進一個寬敞的接見廳，大廳的中央放置兩張扶手椅，只見艾哈德酋長已經端坐在其中的一張椅子上；他站起身來，以波斯話向我表達歡迎之意。酋長個子高大、英俊，留著黑鬍子，從他的容貌特徵不難看出他是很典型的雅利安人。他頭上纏著純白的緞面頭巾，身上披一襲藍色絲絨長袍，而且配戴肩章、皮帶和一把短彎刀，鑲綴在衣服上的鑽石閃閃發亮。

我們花了二十分鐘聊我的旅程、聊瑞典，也聊俄國和布卡拉。隨後市長為我舉辦一場令人咋舌的盛宴，共有四十道精美的佳餚。席間市長轉交酋長送給我的一件金飾紀念禮物，並且當眾發表演說，開場白非常地冠冕堂皇：

「赫定大人此刻從斯德哥爾摩來到土耳其斯坦，目的是要看看這片土地。基於我們與俄國沙皇大帝堅固友好的情誼，赫定大人獲准進入神聖的布卡拉領土，而且對於他能來到我們面前，與

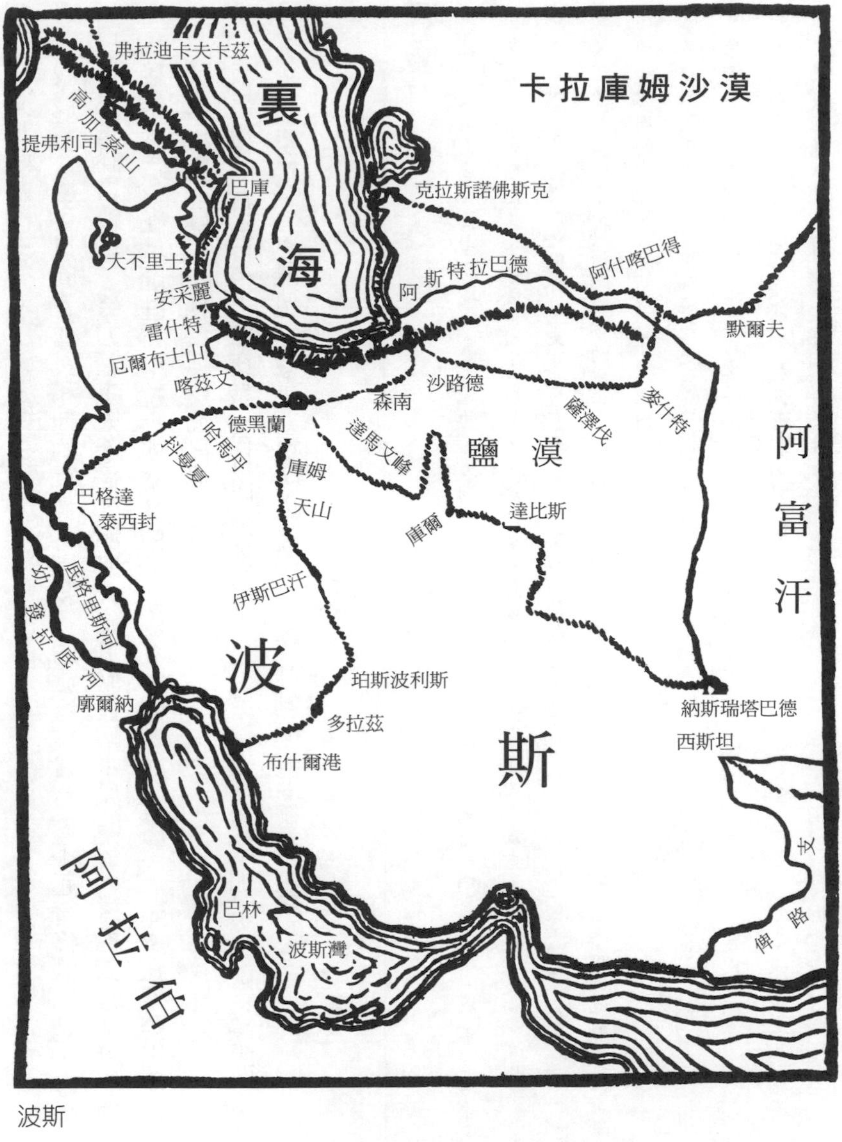
弗拉迪卡夫卡茲
卡拉庫姆沙漠
裏
高加索山
提弗利司
巴庫
克拉斯諾佛斯克
海
大不里士
安采麗
阿斯特拉巴德
阿什喀巴得
雷什特
默爾夫
厄爾布士山
沙路德
喀茲文
森南
薩澤伐
麥什特
德黑蘭
哈馬丹
達馬文峰
鹽
漠
阿
抖曼夏
庫姆
巴格達
天山
達比斯
泰西封
庫爾
富
底格里斯河
伊斯巴汗
汗
幼發拉底河
波
珀斯波利斯
廓爾納
多拉茲
納斯瑞塔巴德
西斯坦
布什爾港
斯
文
阿
巴林
路
拉
波斯灣
俾
伯

波斯

我們結交為好友深感榮幸……。」

我沒有什麼可以回報酋長和他的官員，因為我的旅行經費負擔不起奢侈的開銷，我唯一能做的只是盡量謹言慎行，努力讓主人深信，瑞典人確實欣賞帖木兒的後人這種仁善卻無能的統治。

接下來，我在俄國駐布卡拉大使萊薩爾（Lessar）的官邸叨擾了一週；在俄國出使亞洲地區的官員之中，萊薩爾是極為博學而高尚的代表人物。

我最後的行程是再度穿越卡拉庫姆沙漠、裏海，再經過高加索地區、諾弗洛西斯克（Novorossiysk）[8]、莫斯科、聖彼得堡、芬蘭，然後回到故鄉斯德哥爾摩。

【注釋】

1 位於天山山麓吉爾吉斯境內東北方的內陸湖，面積六千兩百平方公里，深七百〇二公尺，終年不結冰。

2 舊名吉爾吉斯山脈，位於吉爾吉斯北方，延伸至哈薩克南方，最高峰四千八百七十五公尺。

3 又名Zhambyl，位於塔什干東北方，土耳其斯坦到西伯利亞鐵路線上。

4 又作Shymkent，哈薩克南方的城市，因盛產鉛、鋅而興起提煉工業，也是紡織、藥品產地，曾是商隊往來中亞和中國的中樞，一八六四年被俄國所占據。

5 又作Kurland，位於拉脫維亞境內波羅的海沿岸。

6 指印度北方，有時指全印度的意思。

7 一五二六—一八五七，建於印度北部的回教國家。

8 歐俄南方濱臨黑海的港口城市，為俄國海軍基地。

第十五章　兩千哩馬車之旅

一八九一年春天當我回到家鄉時，覺得自己就像個擴張版圖的征服者，因為我走過了高加索地區、美索不達米亞、波斯、俄屬土耳其斯坦、布卡拉，甚至進入中屬土耳其斯坦。因此，我自覺信心滿滿可以再度出擊，從西到東征服整個亞洲。亞洲探險的實習歲月誠然已成為過去，而橫阻在眼前的則是艱難且嚴重的地理問題，然而我的內心再一次燃起濃烈的渴望，迫不及待想出發從事荒野探險。經由更深入世界上最大陸地的核心區域之後，我的野心越來越大，現在能滿足我的只有一個目標，那就是親自踏勘歐洲人從未涉足過的路徑。

終於我的願望實現了。這趟旅程歷時三年六個月又二十五天，我所規畫的路線全長一萬〇五百公里，比北極到南極的距離還長，相當於地球圓周的四分之一。我準備了五百五十二張地圖和表格，全部加起來的長度是三百六十四呎，在規畫的整個旅途中，將近有三分之一（即三千二百五〇公里）的土地完全不為人所知。全程的旅行經費還不到兩千英鎊。

不過，在我的老師李希霍芬男爵將亞洲地理完整傳授給我之前，我不希望貿然行動，因此直到一八九三年十月十六日這一天我才告別家人，往東方的聖彼得堡出發。

告別家人重新出發

從沙皇首都聖彼得堡到奧倫堡（Orenburg）[1]二千二百五十公里的路上，我們快速穿過莫斯科和塔波夫（Tamboff）森林地帶，渡過橫跨窩瓦河長達四千八百六十七呎的橋梁。奧倫堡是奧倫堡哥薩克人的首府，管轄當地的總督也是哥薩克人的首領。此地種族混雜，有巴什基爾人（Bashikirs）[2]、吉爾吉斯人、韃靼人，充分說明了這裡正是亞洲的入口。

我的第一個目的地是塔什干，由於我已熟悉裏海以南的路線，這次想嘗試穿越吉爾吉斯大草原裏海北邊的路線，路程為二千〇八十公里，分成九十六段；為了避免每走一段就上下搬運一次行李，所以我選擇全程搭乘四匹馬所拉的馬車。一般而言，旅行者大都會攜帶自己的車廂和備用零件，也必須攜帶潤滑油和糧食等補給品。所有驛站的站長都是俄羅斯人，至於車夫則多數為韃靼人或吉爾吉斯人，他們一年的薪水是六十五盧布，每個月外加一．五俄磅的麵包和半隻羊。驛站供休息的房間通常有桌椅、躺椅，旅客可以在這裡過夜。我房間有個角落掛著一幅聖像，桌上還擺一本聖經，是普哲瓦爾斯基留下來的禮物。

當年安楠科夫將軍所建造通往撒馬爾罕的鐵路，很快地就延伸到塔什干，這條鐵路一通車對於貫穿吉爾吉斯大草原的馬車道造成重大打擊，不過由於戰略關係，馬車道至今依然在使用，也許有一天將會完全被鐵路所取代。

正因為如此，我在奧倫堡以七十五盧布買了一輛馬車，到達馬其蘭後再以五十盧布的價格將它賣掉。我的行李有三百公斤重，行李箱外縫上草墊綁在車廂後面，也有一些綁在車夫的座位上。其中兩口沉甸甸的箱子裡裝的是彈藥，若非守護天使的眷顧，我一定早就被炸死了，因為馬車激烈的顛簸把彈藥匣裡的火藥震了出來，在這種情況下，彈藥箱居然沒有被引爆，可真是奇蹟。

十一月十四日，我離開奧倫堡時氣溫是攝氏零下十度，冬天的第一道冷鋒正在發威。我坐在一小束鋪著毯子的乾草上，全身裹緊毛皮和毛毯；被風捲起的雪花紛紛飛進撐起的車篷底下，攏聚成雲霧令人窒息。那天晚上，一個鬍子灰白的老信差趕上我，他在這條路上來來回回已經跑了二十年了，每年要在奧倫堡和歐爾思克（Orsk）[3]之間跑上三十五趟，總長度相當於地球到月亮的距離再加上六千哩。老信差身上沾滿細白的雪花，鬍子上也結了白霜，他坐在煮茶的茶壺邊，在短短的休息時間內，一口氣連喝了十一杯滾燙的熱茶。

歐爾思克是烏拉河（Ural River）[4]在亞洲這岸的小城鎮，當馬車駛離鎮上最後一條街時，我心裡想著：「再會吧，歐洲！」我們接下來要穿越廣漠的吉爾吉斯大草原，它的範圍在裏海、鹹海、烏拉河和額爾濟斯河（Irtysh）[5]之間，草原上孕育許多野狼、狐狸、羚羊和野兔。吉爾吉斯的游牧民族趕著牲口在大草原上逐水草而居，他們搭建黑色如蜂巢狀的毛氈帳棚，也在流入鹽湖的眾多小溪畔搭建蘆葦帳棚。一個稱得上富裕的吉爾吉斯人通常擁有三千頭綿羊和五百匹馬，一八四五年俄國人征服這部分大草原時曾興建過一些碉堡，至今仍有少數軍隊戍守。

車輪輾過結了冰的雪地發出軋軋聲，馬兒或狂奔或慢跑，使得馬車經過的道路積雪消融，一路上不曾稍緩的顛簸把我震得七葷八素的。我們走了又走，可是馬車仍然繞著一望無際的平原中心打轉，偶爾車夫會停下來休息一下，讓汗如雨下的馬匹喘口氣，有時候他會用馬鞭指著我們前進的方向說：「過一會兒，我們會碰到南方來的一輛馬車。」

我用望遠鏡仔細觀看地平線那端，除了一個微小的黑點以外，什麼也看不出來，可是車夫竟然連來車的馬匹是什麼顏色都知道，看來吉爾吉斯人長年生活在大草原上，他們的感官功能已被磨得十分敏銳，簡直到了令人嘆為觀止的地步；即使漆黑無光、濃雲蔽天的半夜，他們照樣可以找對路。除了暴風雪，什麼也擾亂不了他們的方向感。當然，馬車路旁的電報杆具有一定程度的指標作用，然而一旦遇到狂烈的暴風雪，旅人可能在找到下一根電報杆前就迷路了，碰到這種情況，唯一的辦法只有在原地等候天亮。況且在這樣的夜晚，旅人更應該特別留意野狼的行蹤。

我們在檀迪（Tamdy）驛站休息了幾個小時，站長把曬乾的草原植物放進火爐裡燃燒，野狼趁機溜進來偷走了三隻鵝。

十一月二十一日，氣溫下降到攝氏零下二十度，這是我前往塔什干的路上所碰到最冷的一個晚上。下個停靠站是康斯坦丁諾夫斯卡亞（Constantinovskaya），這裡比較簡陋，只有兩頂毛氈帳棚。從這兒開始馬路沿著鹹海海岸伸展；鹹海大小和維多利亞湖（Victoria Nyanza）[6]相當，湖中魚類豐沛。我們穿過的大小沙丘整整有七十二哩路，於是我們改由三匹雙峰駱駝拉車，車夫騎在中間那匹駱駝背上，看牠們跑步時駝峰從一邊歪向另一邊的模樣，實在很有趣。

不久，我們開始接近比較溫暖的地區，那兒下著雨，駱駝的厚蹄啪嗒啪嗒敲著濕潤的泥沙，我們就這樣來到錫爾河畔的小鎮卡札林斯克（Kazalinsk），這裡是烏拉山區哥薩克人捕捉鱘魚的地方，特產的魚子醬為他們帶來許多財富。馬路順著錫爾河岸往下走，在這片濃密到幾乎無法穿越的莽林棲息著數量眾多的老虎、野豬和雉雞；有個獵人用行動證明他高超的狩獵技術——他送給我的雉雞足夠我吃到塔什干了。

距離土耳其斯坦（Turkestan）[7]還有一百〇八哩路時，我們馬車的前車軸卻故障了，經過暫時的修復，我們小心而緩慢地駛抵這個古老的城市。此地有一座建有洋蔥型拱頂和尖塔的美麗清真寺，是帖木兒下令興建的，目的為了紀念吉爾吉斯的守護聖者哈茲瑞（Hazret Sultan Khoja）[8]。

旅程漫漫路迢遙

接下來的旅程仍是路迢迢，漫長沒個止境。我們一天比一天更深入大草原；有一次馬車深陷泥淖之中，三匹拉車的馬絲毫動彈不得，那真是個毫無指望的晚上。車夫只好騎上一匹馬，回到前一個驛站搬救兵；我獨自在夜風呼嘯的荒野裡等候，時間一小時又一小時地過去，我等了又等，不知道野狼是否會趁機撲上來。最後，車夫終於帶了另一個人和兩匹馬回來，經過一番努力，我們才得以脫困繼續上路。

我們搭乘渡輪越過愛莉絲河（Aris River）。這裡的地勢略有起伏，我們改搭一輛普通的馬車，由五匹馬拉著，還有一名男子騎在帶頭的馬上。沉重的馬車往山坡下疾駛，速度快得讓人頭暈。全速奔馳的馬兒令我膽戰心驚，萬一領頭的馬兒跌倒，馬夫豈非要命喪車輪下？幸好沒有任何意外發生。我們終於抵達欽姆干，由於是舊地重遊，我像識途老馬般再度遊歷了幾個好地方。十二月四日，隨著叮叮噹噹的鈴聲，我們朝塔什干奔馳而去。

到了第十九天，我已經旅行了經度十一．五度，經過三萬根電報杆，雇用了一百一十一個車夫，用過三百一十七匹馬和二十一隻駱駝，從西伯利亞的寒冬旅遊到日溫攝氏十二度的地方。

到了塔什干，我再次到瑞夫斯基總督府上叨擾，在馬其蘭則暫住在費加那省總督帕伐洛許維科夫斯基將軍（General Pavalo-Shweikowsky）的府邸。我利用這段時間採買比較重的行李，如：

帳棚、毛毯、皮裘、毛氈靴子、馬鞍、糧食、烹煮器具、新彈藥、亞俄地圖等等；另外還買了一些準備送給土著的禮物，像衣服、洋裝、左輪手槍、手工具、小刀、匕首、銀杯、手錶、放大鏡和其他新奇的玩意兒。由於行李多而且重，我又買了外覆皮革的木頭箱子，這種當地人用的木箱可以安放在馬鞍袋上。

我決定取道帕米爾前往喀什。帕米爾高原可說是亞洲內陸最崇峻的山脈之一，全境有許多白雪覆頂的山嶺，以此為中心，向四面八方延展形成地球上最巍峨、雄渾的山脈：天山聳立於東北方，東南方則雄峙著崑崙山、穆斯塔格山、喀喇崑崙山和喜瑪拉雅山，西南方有興都庫什山迤邐綿延；帕米爾高原因而有「世界屋脊」之稱，的確名副其實。

俄屬土耳其斯坦、布卡拉、阿富汗、英屬喀什米爾、中屬土耳其斯坦等地的政治利益都集中在帕米爾，在我動筆撰寫此書之際，該地區正是俄羅斯和英國之間政治關係高度緊張的關鍵。英國和阿富汗在帕米爾的西方和南方各自擁有相當強勢的掌控力，中國的勢力則盤踞在帕米爾東邊。一八九一年，俄國人以展現軍備武力來宣稱他們擁有帕米爾的北部；兩年之後，他們在阿姆河上游的支流慕爾加布（Murgab）河邊興建帕米爾斯基哨站（Pamirsky Post）碉堡，此地緊張的情勢可說一觸即發，任何可能被解讀為挑釁的怠慢舉動都會迅速挑起戰端。

從馬其蘭到帕米爾斯基哨站有二百九十四哩路長，雖然不算遠，可是到了冬天路況很差，由於天氣嚴寒、大雪紛飛，一到晚上，連溫度計裡的水銀都凍結了。每個人都警告我，認為我絕對無法活著走出阿萊河谷（Alai Valley）[9]的深雪，只有往來於馬其蘭和碉堡的吉爾吉斯信差才可能通過，即使是這些識途老馬也經常遭遇到可怕的意外和傷害。

儘管如此，我還是堅持原意；和「世界屋脊」的冬雪一爭勝負，對我而言是個無可抗拒的誘惑。帕伐洛許維科夫斯基將軍派遣一位信差策馬到沿途吉爾吉斯人的帳棚村落先行打點，關照他們必須好好招待我，並且盡可能協助我；碉堡指揮官賽茨夫上尉（Captain Saitseff）也接到了我即將造訪的通知。

我並沒有需要精心料理或沉重累贅的物品，只帶了三個人隨行：貼身僕役雷辛（Rehim Baï）和兩位車夫，其中一位叫伊斯嵐（Islam Baï），在我日後漫長艱辛的旅程歲月中，成了我最忠實的僕人。我雇了一匹供騎乘的馬和七匹馱運貨物的馬，每匹馬每天要價一盧布，省了我照顧馬匹和餵馬的責任。而車夫又多帶來三匹馬，專門用來馱運糧秣和乾草，是車夫自己花錢準備的。

一八九四年二月二十三日，正式啟程。我們穿越伊思法仁河（Isfaïran River）河谷，這條河貫穿阿萊山脈北麓，越往高處爬路況越差。我們離開了最後一處有人居住的聚落，以及最後幾座脆弱的木板橋；河谷越來越窄，到後來只剩下一條走廊似的山峽，依傍著山坡往上爬升，時而在河谷右側，時而轉至左側。當走到一處險峻的坡道上，隊伍裡的一匹馱馬不慎跌倒，牠朝山谷連翻了兩個觔斗，脊椎撞擊突出的山岩，登時在河床上氣絕斃命。

馬兒跌落山谷

有一群土著從上個村莊一直尾隨著我們——而我們確實也需要他們的幫忙！山路惡劣得令人打冷顫，就像是沿著懸崖搭建的飛簷，有些路段埋在積雪下，有些地方甚至披覆著冰雪；一路上，我們是冰鑿和冰斧不離手，最滑溜的地方還得灑上砂子以防滑倒。暮色悄悄籠罩下來，夜晚已經降臨，可是離紮營的地點還有三個小時路程；我們手腳並用，在深不見底的淵谷邊緣攀爬和滑行，每一匹馬都由一個人牽著，再由另一個人抓住馬尾，如此，萬一馬兒滑倒就可立即支援。野獸的咆哮聲在山谷中迴盪著，我們往前行進卻是步步維艱，譬如馬兒在懸崖邊滑倒，我們就得有人緊緊抓住牠，等到援手來到才能解下馬背上馱運的行李。此外，這時候也是雪崩季節，隨時都有被鬆弛的積雪活埋的危險，因此山徑四周躺著許多馬匹的骸骨，事實上，整支商隊連人帶馬被崩雪活埋的例子時有所聞。

好不容易走到河谷開闊些的地方，當大夥兒看到遠方煙霧騰升的營火時，心裡真有說不出的舒坦，個個都鬆了一口氣。經過十二個小時艱困的「行軍」之後，我們抵達藍嘎爾（Langar）已是疲憊不堪。還好吉爾吉斯人為我搭了一頂舒服的毛毯帳棚。

我先調派八名吉爾吉斯人前往阿萊山脈的坦吉斯白隘口（Tengis-bai Pass），讓他們攜帶鏟子、冰鑿和冰斧，為馬匹挖出一條通道。第二天，我們騎馬到拉巴特（Rabat），那是個標高九千五百五十五呎的避風小屋，爬到這個高度，我和幾個手下對頭痛、心悸、耳鳴、反胃這些高山症狀已經很熟悉了，一看到晚餐我就想吐，晚上睡得也很不安穩。後來去西藏，我已經習慣了這種稀薄空氣，即使到達海拔一萬六千呎的高度，也不會覺得有任何不適。

翌日清晨，我們沿著吉爾吉斯人挖掘的小徑前進，眼前阿萊山的山脊凌空拔起，高聳地矗立在我們的上方。我們走入一條陡峭的上坡通道，山岩白得像粉筆；吉爾吉斯人在六呎深的積雪中踏出了一條狹窄步道，路基脆弱得有如沼澤上的浮板，不小心踩個空就會深陷積雪中。我們繞著之字型的步道千迴百轉之後，才來到標高一萬二千五百呎的坦吉斯白隘口，從這裡向下俯瞰，雪白的廣袤山脊盡入眼簾，景觀美極了。南邊的阿萊河谷地夾在阿萊山脈和外阿萊山脈（Trans-Alai）之間，分向東、西兩方綿延伸展開來。

僥倖逃過暴風雪

順著通往阿萊河谷的一彎峽谷繼續行進，我們利用小橋和積成拱型的雪徑來回渡過一條小溪；行進中馬匹經常脫隊跑散，我們必須全體動員才能拉住牠們，重新把行李綁好。就在前天，這裡發生過巨大的雪崩，雪堆滿峽谷，把道路完全遮蔽；吉爾吉斯人連連恭喜我們躲過了這場雪崩。現在大夥兒可以走在崩落的雪面上，踩在腳底下的積雪可能有二、三十碼深。

我們從達勞庫爾根（Daraut-kurgan）進入阿萊河谷，這裡有個搭建二十頂毛毯帳棚形成的小村子。往遠處望去，可以看到一場暴風雪正在坦吉斯白隘口頂上肆虐，吉爾吉斯人再次向大夥兒道賀，因為我們又幸運地逃過了一劫。如果我們早到一天，恐怕現在早已葬身雪崩之中；要是晚來一天，現在也必然被暴風雪困住，準被凍死無疑。

三月一日的前一天晚上，有一場暴風雪席捲達勞庫爾根，差點把全村的帳棚夷為平地，所幸帳棚用繩索和石頭牢牢固定住，才得以安然無恙。當我從睡夢中醒過來時，赫然發現枕頭上堆出一小堵的雪牆，原來整個帳棚已經被埋進一碼深的雪堆裡了。

休息了一天，我們和吉爾吉斯的嚮導繼續往下走。嚮導用長木棍敲擊雪面以探測虛實。眺望遠方，在無盡頭的銀色大地上露出一個小黑點，我心滿意足地望著它，那兒正是我們今晚要過夜的毛毯帳棚；帳棚裡正燃燒著營火，煙霧裊裊從帳頂開口處飄了出來。那天晚上，一位吉爾吉斯人彈奏弦樂器來娛樂大家。夜裡，暴風雪又再度襲擊大地。

我們的路線繼續向東沿著阿萊河谷走，阿姆河上游的支流噴赤河也是順著河谷向東奔流。在這裡我們必須先派出四隻駱駝為馬匹開路，有時遇到駱駝完全陷入雪堆裡，就得重新探出一條積雪較淺的路徑。

距離隔天晚上紮營的地點只不過一百五十步的路程，可是這麼短的路卻走得千辛萬苦；橫阻在我們和帳棚之間的是一條深谷，谷地上積滿九呎深的雪，走在最前面馱負物件的馬一腳陷進去，徹底被雪給淹沒，我們先卸下牠背上的箱子，然後用繩子硬把牠拉了出來。用鏟子在雪地裡剷出一條路來根本行不通，吉爾吉斯人於是想出了一個變通辦法，他們拆下帳棚上的毛毯，一塊塊鋪在雪地上，然後循序領著馬匹一步一步走過去，等到所有的馬匹都走完，那時間感覺好像過了一輩子那麼久。

晚上溫度降到攝氏零下二十度半，毛毯帳棚完全被雪牆所包圍。第二天早上，我望見外阿萊山脈最高峰、海拔二萬三千呎的考夫曼峰（Kauffmann Peak），氣勢雄渾、儀態萬千地矗立在前方。

我從營地派遣一名吉爾吉斯人出去求援，可是他的馬兒一跨出步子就陷進厚厚的雪堆裡，深度到達馬上騎士的膝蓋；這麼深厚的雪太危險了，不久這位吉爾吉斯人只好放棄。看來我們真的被雪困住了，除了等待別無他法。

雪原鬥士——吉爾吉斯人

後來終於來了幾位帶著駱駝和馬匹的吉爾吉斯人，而且幫忙我們好一會兒，還告訴我們碰到更深的積雪也是常有的事，他們用犛牛來開路，在雪地裡鑽出一條隧道，然後人和馬再跟著走。

他們告訴我們，在上次的暴風雪中，他們有一個朋友的四十隻綿羊都被一頭野狼咬死了，另一個人最近也才剛損失一百八十隻綿羊。野狼是吉爾吉斯人最凶狠的敵人，一頭野狼可以在暴風雪中偷襲羊群而把整群羊咬死。野狼的嗜血殘暴是難以克制的天性，不過一旦被吉爾吉斯人活捉，野狼的下場就很悽慘了。吉爾吉斯人會先用繩子把野狼的頸子綁在粗樁上，然後在牠嘴裡塞進一塊木頭，再拿繩子纏繞野狼的嘴巴，接著鬆開綁住野狼脖子的繩子，猛抽牠鞭子、用火燙的煤塊弄瞎牠的眼睛、拿乾鼻煙灰塞牠嘴巴。有一次吉爾吉斯人折磨一隻野狼時，我正好在場，因此有機會早些殺死野狼，以便減少牠的痛苦。

許多野生的綿羊（當地人叫牠們孛羅羊，是取自馬可孛羅的名字）常被野狼撕裂成碎片。野狼熟諳系統化的狩獵，牠們建立前哨站，先把羊趕到陡峻的峽坡；吉爾吉斯人說，被逼上絕路的羊隻看到背後吐著氣、紅了眼的殺手，通常情願冒險縱身越過峽谷，而牠們利用強韌且形狀優美的羊角根部軟墊著地，確實常可讓牠們安然逃過摔死的命運，儘管如此，綿羊並未因此能夠逃過狼吻，因為其他的狼群早已等候在峽坡底下，等綿羊一落地就上前撲殺。

陪我旅行的一位吉爾吉斯人去年冬天也曾穿越阿萊河谷，他被十二隻野狼攻擊，所幸他和同行的夥伴都攜帶槍枝，在開槍射傷兩隻野狼之後，剩下的狼群立刻把受傷的同類啃食精光。

不久前，有位吉爾吉斯人要從一處營帳到另一處營帳，從此他再也沒有回來，人們四處搜索，結果在雪地裡發現他的頭顱和殘骸，旁邊還有他的皮裘，從屍體旁的血跡可以看出他曾經無助且絕望地掙扎過。我的腦海中一直揮不去那位獨行者的影子，整個晚上輾轉反側，不斷想著當這位吉爾吉斯人發現自已被狼群包圍時，那種孤立無援的心情是何等苦澀啊！他一定努力試圖跑到帳棚村落，但無疑的狼群是從四面八方發動攻擊，他可能拔出匕首想刺殺左右兩邊的野狼，孰料卻更加激起攻擊者的憤怒和嗜血天性。截至最後他的力氣必定逐漸消竭，腳步踉蹌，眼前漆黑一片，當最靠近他的野狼把慘森森的白牙扎進他的喉嚨那一刻起，無休無止的黑夜便永遠地籠罩著他。

銀色世界

噴赤河沿岸有一條巨大的冰帶，再往河心走，河流又湍急又深邃，我們選擇從冰帶上過河，馬匹必須從滑溜的冰塊上跳進湍急的河水裡，然後使盡全身力量躍上彼岸的冰塊。

我們在離過河地點不遠的地方紮營，雪還是很深厚，必須剷除一大片積雪才能騰出搭帳棚的空地。夜裡天氣極為清朗、平靜，星光閃爍，白雪映照生輝，夜色美麗宜人；此時帳棚外面溫度只有攝氏零下三十四度，我對馬兒感到十分抱歉，因為牠們得站在外頭受凍。

我們騎馬向東邊前進，我發現我右半邊的身體被太陽照得暖融融的，而落在陰影裡的左半側身體居然凍傷了。臉上的皮膚凍裂脫落，終至變得僵硬，和羊皮紙一樣堅韌。

博多巴（Bordoba）是往來此地的信差所搭蓋的一間小泥屋，我和一位吉爾吉斯人率先趕到那裡。我們在三呎深的積雪開路前行，直到深夜才抵達，還在附近雪地上發現七頭野狼的足跡。

地勢從這兒往上爬升到外阿萊山脈海拔一萬四千呎的喀吉爾隘口（Kizil-art Pass），山頂上豎著一塊石標和一些飄著旗幟的旗杆，同行的吉爾吉斯人都跪下來感謝真主阿拉保佑，使他們能平安穿過這條神聖但令人喪膽的隘口。後來我在西藏也經常見到相同的習俗——同樣的石標，同樣的旗杆旗幟，以及對山神同樣的尊崇。

隘口以南的積雪少多了，在整個行程中，我們遇到的最低溫度是攝氏零下三十八度，那時我們就在闊克賽（Kok-sai）泥屋裡。

第二天早上我們渡過一座門檻似的小橋，佇立橋拱上，整個喀喇湖（Kara-kul）——意為「黑色之湖」——盡收眼底。太陽正緩緩沉落，西邊山脈的影子很快就蓋滿了這片荒涼清冷的土地。三月十一日，我帶領四個人、五匹馬和兩天的糧食，踏上喀喇湖浩渺的冰凍湖面，然後前往湖的東南岸和其他同伴會合。喀喇湖面積有一百三十平方哩，長十三哩，寬九哩半；我想量量它的深度，便在湖的東端用測錘經由冰上的洞口測量水深。那天晚上，我們在一個岩石小島上過夜，冰塊發出奇怪的聲音，聽起來好像有人正在搬動大鼓和低音六弦琴，也像是有人把汽車的門用力甩上，我的隨員則相信那是大魚用頭敲打水面上的冰層所發出來的聲響。

待測量完湖西一大片內灣的深度之後，確定最深的地方是七百五十六呎。我們緊緊跟隨其他夥伴留下的足跡前進，他們已經遠遠走在前頭了。暮色開始與黑暗的夜色融合為一，這裡光禿的地表再也看不出來前面夥伴的足跡，等走到雪地上時，已經完全失去他們的去向；我們騎了四個小時的馬，不斷扯高嗓門吼叫，但是沒有一點回應。後來我們只好在乾燥草原植物生長的地方停下來，生起營火，不只為了取暖，也當作其他人馬辨識的指標。我們坐著聊天直到凌晨一點，期間沒有吃一塊麵包，也沒有喝一滴茶水，只是輪流講著有關野狼的故事嚇嚇彼此；聊完天我們各自裹在皮裘裡，在營火前慢慢沉入夢鄉。

第二天早上我們發現商旅隊伍。我們馬不停蹄朝穆斯可（Mus-kol）山谷邁進，這條山路通往阿卡白妥隘口（Ak-baital Pass），高度為一萬五千三百呎。山谷中有「冰火山」，也就是水上升結成冰，一層一層堆積起來形成火山似的圓錐體，其中最大的有二十六呎高，底部圓周達一百五十呎。

隘道上的雪花被風捲起，像漩渦一樣漫天飛舞，宛如新娘的白紗；我們在這裡被迫捨棄一匹馬。帕米爾斯基哨站的翻譯員馬梅提耶夫（Kul Mametieff）在隘口的另一端和我們會合，他是個活潑、友善的吉爾吉斯人，在俄國接受教育。等我們騎了一段路之後，他手指南方慕爾加布河一處寬闊的河谷說：「你看見那邊飄著的旗子嗎？那裡是帕米爾斯基哨站，全俄國最高的碉堡！」

【注釋】

1 俄國西南方城市，位於烏拉河畔，為工業與交通中樞，煉油工業和機械、皮革工業十分發達。

2 歐俄東方、烏拉山南部的巴什基爾自治共和國人民。

3 歐俄東部的城市，位於奥倫堡以東，為工業重鎮。

4 為歐亞大陸的分界河，起源於烏拉山脈南麓，向南注入裏海，長約二千五百三十五公里。

5 又作Irtysh，起源於中國境內的阿爾泰山，向西北流進哈薩克，在亞俄西部與鄂畢河匯合，總長度五千四百一十公里，是亞洲最長的河系。

6 位於東非烏干達、肯亞、坦尚尼亞境內，面積六萬九千四百八十二平方公里，為世界第二大淡水湖，也是尼羅河的發源地。

7 哈薩克南方的城市，位於錫爾河東方。

8 原意為蘇丹的導師哈茲瑞。

9 阿姆河流域的一處河谷，位於阿萊山脈南方。

第十六章　吉爾吉斯人

帕米爾斯基碉堡是用泥塊和沙包堆砌而成，碉堡四個角落的砲台上均架著槍械，當我們靠近碉堡北邊的正面時，戍守衛隊的所有一百六十名士兵與哥薩克人都站在護牆上歡呼。碉堡指揮官是賽茨夫上尉，他曾經擔任過斯科別列夫將軍的副官，現正與六位軍官幹部在碉堡的大門迎接我們。

戍守衛兵在這兒的生活非常單調，因此對於我的到來相當歡迎。在漫長的冬天裡，我是他們看到的第一個白種人，對他們來說，我彷彿是上帝從外面世界送來的禮物，他們表現出無比熱情的歡迎和招待，而我也樂意做個「囚徒」，在這裡待上二十天。

那真是一段令人心曠神怡的休息！我們聊天，騎馬郊遊，到臨近的吉爾吉斯部落拜訪長老；我也寫生、拍照。星期天大家聚集起來玩遊戲，衛兵和著手風琴的樂音翩然起舞；每到星期二，我們用望遠鏡觀望北方的地平線，希望發現信差的身影。駐紮在這裡的每個人莫不盼望信差帶著信件和報紙前來。

不知不覺當中，這段愉快的悠閒時日已接近尾聲。四月七日，我向大夥兒道過珍重後再度上馬出發。我們一小群人往東北方的朗庫爾湖（Rang-kul ）前進，當晚就在湖畔紮營過夜，帳棚上方沒有排煙口，形狀呈圓錐形。朗湖雖然只有六呎深，湖面上卻覆著三呎厚的冰層，不過泉水注入的地方，湖面並未結冰，經常有大群的野雁和野鴨在此地棲息。

進入中國的領土

再往東，我們從瞿喀台隘道（Chugatai Pass）翻越薩里括山（Sarik-kol Mountains）；在山更遠的那一面，我們借宿在第一個吉爾吉斯人的帳棚村落。這裡已經是中國的領土，從附近布倫庫（Bulun-kul）堡壘來的三位長老前來與我們見面，他們清點完我們的人數，而且仔細盤查之後，便返回布倫庫堡壘。當時俄軍正調派軍隊準備攻打中屬帕米爾的謠言甚囂塵上，甚至有人相信我們是俄軍所喬裝，箱子裡還藏著武器。不過，這些人因親眼看到我只是一個帶著少數幾位土著的歐洲人，終於確定我不是間諜。

到了離布倫庫不遠的地方，中國軍隊的指揮官喬大林親自帶了十名扈從來拜訪我，他對我繼續前往慕士塔格峰（Mustagh-ata）西麓的計畫並未表示反對，不過他要求我留下一個人和半數的行李作為擔保。我只能經由一條路到達喀什，那就是穿過蓋茲河谷（Gez-daria Valley），而這條路的起點正是布倫庫。

這裡的中國人疑心相當重，他們派遣守衛和間諜整晚監視著我們的帳棚，不過倒是不太打擾我們。四月十四日，我帶了四名隨從和四匹馱馬往南走，穿過薩里括河谷，行經屬於喀喇湖、美麗玲瓏的小山湖，然後抵達吉爾吉斯人的帳棚村。村裡的長老塔格達辛（Togdasin Bek）非常好客，而吉爾吉斯人聽說有個歐洲人來了，都紛紛跑到附近來紮營，他們到我的帳棚來要我替他們治病，我只好用奎寧和其他無害的口服藥品盡力為他們醫治，結果證明效果的確非凡。

慕士塔格峰矗立在我們上方，山名的原意是「冰山之父」（Father of the Ice-Mountains），最高峰海拔二萬五千五百呎，峰頂罩著一層閃亮永不消融的白雪，彷彿一頂皇冠；從東方的沙漠中遠眺，慕士塔格峰的峰頂就像一座燦亮的燈塔，巍然聳立在南方知名的喀什山脈（Kashgar Range）之上。喀什山脈位於帕米爾高原的邊緣，一直延伸到東土耳其斯坦山麓。

「冰山之父」

吉爾吉斯人流傳許多關於慕士塔格峰的傳說，他們相信它是巨大的聖人之墓，摩西和阿里都在此安息。好幾百年前，一位老智者攀登這座山，他在山頂上發現一座湖和一條河，並且見到一頭白色的駱駝在河邊吃草。一些身穿白衣、神態莊嚴的老人在李子園裡悠閒地漫步，智者摘了一顆果子吃，這時有個老翁走過來向他道賀，因為智者並沒有漠視這些果子的存在；假如他沒有吃這果子，就必須和其他老人一樣永遠留在果園裡。然後一位騎白馬的人將智者拉上馬鞍，快馬加鞭往山坡下疾馳而去。

吉爾吉斯人甚至相信，「冰山之父」的峰頂其實是一座城市，名叫賈奈達（Janaidar），城裡的居民過著極為快活的日子，既不知寒冷，也不會老死。

不論我走到哪裡，也不論是在哪一個吉爾吉斯人的帳棚村歇腳，都會聽到關於這座聖山的新故事，連帶地激發出我內在無法抗拒的慾望，想要更加親近這座山，親自去踩踩它那陡峻的山坡

——不一定要攀上巔峰，但是至少要走上一程。

於是在山谷中我暫時拋下馬匹和兩個隨從，另外挑選六個矯健的吉爾吉斯人，雇用九頭壯碩的犛牛，把我的帳棚往高處移動兩千呎，這裡沒有積雪，地基為岩石和石礫堆，冰河流動發出低沉的聲音。第一個晚上，我們就在露天的乾柴營火旁度過。

不過我首次想親近這座巨山的企圖，並沒有圓滿收場。我們在犛牛的幫助下，艱辛地涉雪爬上陡峭的山壁邊緣，山壁下就是北方巨大的顏布拉克（Yam-bulak）冰河的深塹；從這裡我們可以飽覽西邊薩里括河谷的壯麗景色，以及源自山頂盆地的宏偉冰河，這條冰河白色中泛著微微的藍光，順著峭峽往下滑動，從我們的腳下淌過，然後像帝王一般驕傲地從石河床上流洩出來。

我曾兩度試圖攀登慕士塔格峰

可惜我們沒時間流連欣賞眼前美景。風吹起，暴風雪開始在較高的山坡上發威，濃密的雪雲在我們頭頂上高速旋轉，而且越來越黑；我們必須趕快回到紮營的地點。

在我們離開營地期間，塔格達辛長老帶了一頂毛毯大帳棚來拜訪我們的營地，他到的時機極為湊巧，因為就在他到達不久，整個山區全被暴風雪所籠罩，伸手不見五指，而他帶來的帳棚剛好可以幫我們抵擋強風。

我知道天氣也許要很久才能好轉，在此之前根本不可能再一次向上攀登，因此我派了幾個吉爾吉斯人下山谷去帶糧食回來。

偏偏倒楣事兒接二連三壞了我所有的計畫，先是我的眼睛急性發炎，迫使我不得不找個溫暖的地方，而且一刻也不能拖延。於是我們的登山之旅半途夭折，我蒙著眼罩和一小支隊伍往回走，經過喀喇湖和布倫庫，走到更遠處順著蓋茲河荒野峽谷走下去；此地可說惡名昭彰，因為有許多強盜和逃逸的小偷都藏匿在這裡。

我們有時得穿過滔滔的蓋茲河，河流湍急、白浪滾滾，在大石頭之間洶湧奔流。吉爾吉斯人下水幫助馬匹過河，否則馬匹可能會溺死。橋梁只在幾個地方看得見，其中有座橋用一塊巨大的石頭當棧橋（pier），當馬匹走上那顫巍巍的橋面時，構成一幅有趣的畫面。

現在溫度開始急遽升高，我們下了山也走進了夏天的氛圍，溫度計顯示攝氏十九度；當我們終於在五月一日抵達喀什時，我的眼睛幾乎已完全復原了。

在此我僅描述幾項對喀什之行的回憶，這段時間，我泰半與老朋友裴卓夫斯基總領事在一起，也和好客的麥卡尼先生、詼諧的韓瑞克神父往來密切。

我的第一項任務是拜訪張道台，他是喀什和這個省份的總督，我第一次來喀什時就認識他，是個十分精彩的人物。這次他仍然很和氣、友善地接待我，慷慨答應我所有的請求，包括護照和自由旅行的許可。

第二天，張道台登門拜訪算是禮尚往來，我就像在戲院裡看戲一樣，看著他五顏六色的出巡隊伍走進領事館前庭：先是一支前導的騎兵隊，每走五步就敲一聲響亮的銅鑼，接著是一群步兵，手裡拿著鞭子和匕首為大人開路；張道台坐在一輛騾子拖的小車上，布簾遮住他的身影。車子兩邊有僕人跟隨，他們打著遮陽傘和黃色官旗，旗杆很長，旗子上繡著黑字。在隊伍後面壓軸的是另一支騎兵隊，他們騎著白馬，身上的制服相當華麗。

有一天，依格納提耶夫領事和我受邀到張道台府上參加一場官方的晚宴，和中國官員的出巡隊伍比起來，我們的俄國隊伍平凡多了；騎在隊伍最前面的是西土耳其斯坦商人的長老（aksakal），其後是手擎俄羅斯帝國旗幟的騎士，隨後就是我們所乘坐的馬車。我們的馬車後面有兩位俄國軍官擔任護衛，另外有十二名穿著白色制服的哥薩克人。我們就這樣穿過整個市區、市集和雷吉斯坦市場，也行經「跳蚤市集」（Flea Bazaar），你可以在這裡買到舊衣服，還會免費奉送跳蚤、蝨子之類的害蟲。

我們到達總督官邸時，主人以兩響禮砲表示歡迎；進到內院，道台和其他官員正在等候我們。用餐的大廳中央擺一張大圓桌，主人搖搖椅子，藉以證明這些椅子足以承受我們的重量，他又把手掌滑過桌面和椅子上，表示每樣東西都撢過灰塵，質地光滑。他接著拿起象牙筷子碰碰額頭，然後又把筷子放回原位。

我們坐下來，慢慢地吃完四十六道菜。吃飯時，不時有人為我們斟上溫熱的烈酒。依格納提耶夫的食量驚人，他那不醉不歸的豪邁態度更令在座賓客大為傾倒，只見他連喝了十七杯烈酒仍然若無其事。牆上貼了一行字：「把酒論事」（Drink and tell piquant tales），我們只好恭敬不如從命，暢快地飲酒作樂。我擔心我們的行徑犯了中國人講究禮數的大忌，若非主人等人自幼就是風乾桃子般的黃皮膚，這會兒大概連臉都翻白了。筵席間一直有支由各種民族組合成的樂隊在一旁伴奏助興，等最後一道菜用完，我們便告辭離去。

喀什的一支樂隊

熱情的吉爾吉斯人

現在已經是盛夏時節，溫度上升到攝氏三十五度。我始終忘不了「冰山之父」山頂上終年披覆的白雪，還有那泛著幽微藍光的冰河，於是我偕同僕人伊斯嵐帶著小型旅行隊，在六月離開喀什。我騎馬到達顏吉息撒（Yangi-hissar）小鎮，當地的辦事大臣警告我狹窄的河流在夏季裡水位暴漲，為了讓我的行程更順利，他派了幾個吉爾吉斯人協助我，負責的人名叫尼亞斯（Nias）。

我們深入山區，受到基普恰克族（Kipchak）吉爾吉斯村落居民的熱烈歡迎，有些聚落是泥土和石頭搭建的小屋，也有些是錐形無排煙口的帳棚村。當我們行走山中，經常可見慕士塔格峰令人目眩的白色峰頂昂然冒出，落在較低的山頭後面。這裡的山谷相當寬闊，風景如詩如畫；河流都很深邃，河面上盡是滾滾泡沫。所幸這趟旅程十分順利，沒有發生任何意外。在寬敞的河谷中，有些村落建在豐美的綠草地上，野生的玫瑰盡情綻放，野山楂和樺樹一樣欣欣向榮。正當大夥兒停留在帕斯拉巴特（Pas-rabat）村時，暴雨突然來襲；大雨過後，河流水位即刻暴漲，洶湧的河水霎時變成了灰褐色，怒吼著穿越河谷。

穿越檀吉塔（Tengi-tar）峽谷一段是這條山路艱難的部分，狹窄的走廊緊挨著陡峻山壁蜿蜒而行，而兩側山壁只隔幾碼的距離，河水溢滿整個谷地，使得想前往帕米爾的旅人只有被迫走水路。高漲的河水在滾動的石頭之間流洩，震耳欲聾的激流回音充塞於局促的峽谷。馬兒不太確定應該在何處落腳，只能靠觸覺小心翼翼地在大圓石之間行進，牠們不時跳上一塊岩石，然後鼓起全身肌肉為跳到下一塊岩石作準備，而且牠們背上的行李箱總能維持平衡。在特別難走的地方，

高聳石壁形成的艱難路途

必須有兩個人在水面上放置一些石塊，然後跳上這些石塊，各自護著馬匹的一邊，引導並協助馬兒過河。

原本從灰色花崗岩山壁頂上才能窺探到一線的藍天，慢慢地，隨著峽谷的漸形開展、山勢變得較平滑，映入眼簾的藍天也越來越寬廣了，這讓我們大大鬆了一口氣。離開高達一萬五千五百四十呎的寇克莫依納克隘口（Kok-moinak Pass）之後，我們發現自己又來到了「世界屋脊」，在塔嘉爾瑪河谷（Tagarma Valley）寬敞的谷地上，一些吉爾吉斯長老很親切地招待我們。

浸淫在清朗、純淨的空氣中，高山的輪廓和生物都展露出最美麗的面貌。慕士塔格峰的冰河像舌頭般，從深窄的裂縫間吐了出來；冰河清澈如水晶，緩緩淌下山坡，流過青翠的牧場。牧場上可見犛牛和綿羊成群結隊在吃草，還有大約八十頂已經搭建好的圓錐形帳棚。

入境隨俗

接下來的目的地是北方的蘇巴喜（Su-bashi）平原，我們還在那兒巧遇老朋友塔格達辛長老，他把自己很好的一頂帳棚借給我們使用。接著將近三個月的時間，我和吉爾吉斯人一起生活，起居作息和他們沒兩樣；我騎他們的馬匹和犛牛，吃他們的食物（羊肉和酸奶），變成了他們真正的朋友。經過這些日子，他們異口同聲說：「現在你變成道地的吉爾吉斯人了。」

塔格達辛長老為了表達他的歡迎之意，在六月十一日於蘇巴喜平原上舉辦了一場比鬥，參加者穿著色彩豔麗、鑲綴金邊的華麗長斗篷，區內所有的長老都齊聚在我們的營地。在四十二位衣著光鮮的騎士扈從伴隨下，我騎馬來到即將有一場狂野騷亂的地點；當我們抵達時早已有大批群眾在那裡等候，一百一十一歲的人瑞廓特（Khoat）和他那五個也已髮鬢斑白的兒子一起混雜在人群中。

騎著馬的英勇好漢在平原上齊聚一堂，他們急切地等待開始的信號。信號一發出，一位騎士全速向我們衝過來，在我們面前兜繞圈子，用膝蓋引導坐騎；他的左手拎著一隻活山羊，右手抓著一柄犀利彎刀，忽然淩空一記精準的劈刺，迅即削斷了山羊的頭，羊身子垂在騎士的腰間，扭曲且滴著鮮血。

這位騎士跑完一圈場地，再度向我們狂奔而來，這回後面跟著八十位騎士；在雜沓的馬蹄噠噠聲中，大地開始震動起來，他們越來越接近，偶爾消失在揚起的塵霧裡，一直到離我們只有一分鐘的距離，速度仍未曾稍減，眼看我們就要被亂馬踐踏而死，好比崩落的雪堆落在我們身上一般。就在幾步之遙他們倏地轉開，此時馬蹄揚起的沙土已經快撲到我們的臉上，領頭的騎士把羊屍體扔在我的腳邊，隨即策馬回隊遁入塵土蔽天的平原上。

才不過幾秒鐘光景他們又轉了回來，騎士們爭奪羊屍體的比鬥正式揭開序幕。我們這些觀眾全都迅速往後退，騎士必須從馬鞍上搶奪羊身並策馬離去，這是我見過最精彩的打鬥，所有參加的八十位騎士全擠成一堆，有的馬匹連同騎士直立起來，有的馬則摔倒在地上，被拋出馬背的騎士得趕快掙脫重圍，以免被馬踩死。這時，其他在旁觀看的吉爾吉斯騎士開始從圈子邊緣往前逼近，騎著馬慢慢鑽進圈子裡，使得已經擁擠不堪的馬群變得更擠了，不知情的人也許會把他們當作燒殺擄掠的匈奴呢。

終於由一個強壯的吉爾吉斯人搶到了羊，他拎著羊在平原上狂野地兜著圈子，其他人則像飢餓的狼群般緊追不放；這樣的景象一再上演。

塔格達辛長老越看越興奮，驀地跳起來加入戰局，可是才跑到一半，他和坐騎就摔了個四腳朝天，人們在他額頭上貼了一張中文紅字符，表示他已被判出局了。

比鬥結束後，我們享用了一頓精緻的招待大餐，有羊肉、米飯、酸奶和熱茶，然後由我頒發獎品給所有獲勝者，給的是一些銀幣。優勝者當中有兩位魁梧的吉爾吉斯人名叫耶興（Yehim Baï）和莫拉（Mollah Islam），都被我招攬來為我做事。

暮色低垂，騎士們回到他們的帳棚，又一個新的夜晚降臨，漆黑的夜色落在慕士塔格峰山腳的平原上。

第十七章　與「冰山之父」搏鬥

我給了自己一項任務，那就是規畫前往「冰山之父」慕士塔格峰附近地區的路線。在僕人和幾位吉爾吉斯朋友的陪同下，我到了喀喇湖畔；在紮營地點，我獨自使用一頂錐形毛毯帳棚，也在此處紮營的鄰居則提供酸奶、鮮奶、發酵馬奶、綿羊給我們。吉爾吉斯人白天忙著下田，晚上就跑到我們的帳棚來，我竭盡所能讓他們講述對自己國家的認識，只要是颳大風、下大雨的日子，我一定留在帳棚裡作筆記，不然就是為吉爾吉斯人畫像。

有一天，我們從費加那帶來的看門狗失蹤了，過了不久，當我們在喀喇湖附近遊玩時，有隻黃中帶白、形貌憔悴的吉爾吉斯狗向我們走來，伊斯嵐和其他人對牠扔石子想把牠趕走，可是沒一會兒又見牠跑回來，所以我讓牠留下來。這隻狗很快就學會撿拾我們扔給牠的肉塊或骨頭，慢慢地竟變成營地裡每個人的寵物。我們管牠叫「尤達西」（Yoldash）——「旅伴」的意思，牠很忠實為我看守帳棚，整整十個月沒有離開過我一步，是這段期間我最親密的朋友；然而尤達西的離去卻很悲劇性，這個故事稍後再說。

吉爾吉斯人在慕士塔格峰附近放牧綿羊、犛牛和馬，每一戶人家都有固定的夏季和冬季草

兩位吉爾吉斯男孩

場。雖然他們篤信回教，婦女卻不用蒙面紗，臉上也無需遮掩，只除了頭上纏繞白色頭巾。吉爾吉斯人的生活幾乎全以照顧牲口的健康為重心，每到日落，他們就把綿羊趕回羊棚，半帶野性的家犬則保護羊群不受野狼傷害；即使婦女所做的粗活都和綿羊、羔羊有關，而牲口的飼料也是由婦女負責照料。至於男人的時間泰半花在馬鞍上，到處拜訪別人，騎馬到喀什趕集，或是監督婦女照料馬匹和犛牛。孩子們在帳棚四周玩耍，他們大多很討人喜歡，長得也漂亮。有一次，我們看到有個八歲大的男孩一絲不掛地走來走去，全身上下只有一頂羊皮帽和他父親的靴子。

走過冰河，翻越雪山

我們穿過迷濛霧氣往慕士塔格峰北邊的山坡行進，坡上有的冰河狀似舌頭往下垂掛，又像是許多的手指，伸向下方的薩里括谷地。這樣的山徑只有犛牛可用來騎乘和馱運東西，學騎犛牛要有相當的耐心，雖然牠們的鼻子軟骨上穿了一個鐵環，上頭又套了韁繩，可犛牛的脾氣頑固得很，使起性子來就只能由牠高興怎麼走了。

看過了北邊的冰河，我們拔營轉往西側山脈，徒步在巨大的冰河間遊走。溪流裡滿是融化後的冰塊，它們漫過藍綠色的冰層，清澈得像是水晶；冰河之中經常可見深邃的罅隙張開大口，有些地方巨大的岩石變成了美麗的冰桌。

八月六日，我隨著太陽升起的腳步，開始攀登顏布拉克冰河北側一處陡峻的懸崖，同行的有五個吉爾吉斯人和七頭犛牛。天氣好極了，才八點鐘我們就已經登上比白朗峰（Mont Blanc）[1]更高的位置——一萬六千呎的地方，我們碰到了雪線，越過雪線，積雪深度迅速增加，表面已經結了一層冰。我們緩緩前進，犛牛不斷停下腳步調整氣息，其中兩頭因為過於疲累，我們只好捨棄牠們，任由牠們自生自滅。

我們又來到一處懸崖的邊緣，一萬二千呎高的顏布拉克冰河就在我們的腳底下。再往上一千呎，莫拉和其他兩位吉爾吉斯人躺臥在雪地上睡著了，我只好先撇下他們，繼續和兩位吉爾吉斯人帶著兩頭犛牛往下走；犛牛顯然相當不滿我們這種在無垠雪地上漫無目標攀爬的愚蠢行為。

已經到了標高二萬〇一百六十呎的地方了，我們必須暫停，休息一段比較長的時間。站著休息的犛牛把舌頭垂掛在嘴巴外面，牠們的呼吸聲聽起來就像鋸木頭的聲音。我和吉爾吉斯人坐在地上吃雪，大家都感到頭痛欲裂。現在我了解，如果我們還要往上攻堅一、兩千呎，務必得補充糧食和帳棚，在標高兩萬呎的地方過一夜再繼續走。我下定決心要捲土重來，此刻唯有暫且先返回營地。

二度攻堅失敗

再度於冰河間走了幾天後，我們終於在八月十一日二度攻堅慕士塔格峰。這次我們改走另一條路，沿著察爾圖馬克（Chal-tumak）冰河南邊騰空突起的峭坡往上爬。我們攜帶一頂小型毛毯

拯救一頭陷入罅隙的犛牛

帳棚，還有食物與燃料；犛牛和吉爾吉斯人奮力攀爬，直到抵達標高一萬七千呎處才歇腳作較長時間的休息。

突然間，一聲震耳欲聾的巨響充塞整座深谷，回音持續好久。巨響源自與冰河走廊北邊相連的飛簷式懸崖，看來應是高處山壁突出的部分凍結成冰，重量越積越重，終至無法支撐而斷落在冰河河面上。巨大的冰塊掉下來擊中突出的岩石，瞬間的衝力把岩石撞擊成粉末，潔白如同起泡沫的河水，而且動盪激烈。

更往上，我們發現四頭野山羊，牠們似乎受到驚嚇而慌張失措，以迅捷的速度橫越積雪，逃逸無蹤；在此之前我們才剛看到兩匹野狼，牠們有很大的淡灰色眼珠子，顯然是在終年不融的雪地上追逐山羊，但因為體力不濟才沒有追上我們所見到的山羊。

地面冰層上的積雪又增厚了兩呎，使得我們的攀登路程比先前更加艱難。莫拉帶著一頭犛牛在前面領路，犛牛背上馱了兩大綑草原植物，吉爾吉斯人稱之為「泰瑞絲坎」（teresken），堅硬可比木頭。忽然，犛牛憑空消失了，就像牠腳底下有個陷阱，機關門突然打開似的；我們趕緊搶上前去，發現犛牛靠右後腳、牛角和背上馱載的泰瑞絲坎卡在一條罅隙上。原來這裡有條寬一碼的裂縫，底下是黝黑的萬丈深淵，由於積雪漸寬覆蓋在上方而形成了危險的雪橋，不知情的犛牛踩了個正著，所幸牠縱然嚇壞了，還能不動停在原地，否則早就摔死了。吉爾吉斯人用一條繩子套在牠的肚子上，然後把繩子拴在其他的犛牛身上，使勁想把陷住的犛牛拉上來。

每個人無不小心翼翼地邁著前進的腳步，另有一頭犛牛卻差點跌入深淵，還有一位吉爾吉斯人也差點遭到相同命運，幸好他及時抓住罅隙邊緣撐住身體，才幸運逃過一劫。我們來到另一處冰河罅隙，寬三、四碼，深約七碼，兩邊是海藍色冰塊凝成的陡峭山壁，這次大夥兒步步為營地挪動腳步；我們發現罅隙的兩端延伸到視線所不能及的遠方，這一來所有前進計畫都必須被迫取消。這時的高度是一萬九千一百呎。

奇絕美景竟在眼前

在折返營地的路上，我決定再試一次，而這次決定從以前攀登過兩次的顏布拉克冰河北坡往上攻頂。

我們花了一天時間爬到標高二萬〇一百六十呎的地方，也就是上次到達的深淵邊緣，現在我們必須決定是否要繼續往上走；由於我們帶來的十頭犛牛已經累得不成樣兒了，所以大家決定先在原地過一夜，第二天早上再繼續攻頂。

我們把犛牛拴在雪地上突起的少數幾塊板石（slate-rocks）上，然後在下傾的山坡紮了一頂小帳棚，並用繩索把帳棚固定在一些石頭上。帳棚裡生起的營火把我們的眼睛都熏痛了，原因是這種帳棚沒有通風口，棚裡的空氣悶得令人窒息。營火四周的雪融化了，在地上積成一灘水，不過晚上營火熄滅後，那灘水馬上結成了一塊扁平的冰塊。有兩位吉爾吉斯人覺得不舒服，我讓他們移到山下空氣較不稀薄的地方，而其他所有的人也都出現高山症的徵狀，包括耳鳴、脈搏加速、體溫低於正常溫度，還會噁心、反胃。

太陽下山了，最後一絲紫色光芒隱沒在慕士塔格山西邊的山坡後。當冰河南面的半圓弧石壁上方升起一輪滿月時，我步出帳棚走進黝黑的夜色裡，陶醉在眼前這片我在亞洲所見過最壯觀的景色之中。

此時，慕士塔格山峰頂終年封凍的雪原、冰河發源的山麓，以及它的最高點全都沐浴在月亮的銀色光輝裡，然而漆黑的冰流卻靜臥在深邃的峽谷中，被濃重的陰影隔絕於月光之外。薄薄的白雲飄過起伏的雪原，彷彿有許多山裡的精靈正翩然起舞，也許他們是去世的吉爾吉斯人羽化的靈魂，在天使的守護下，正要從艱辛的人世飄升到喜樂的天堂，到那吉爾吉斯人所讚頌的化外之境賈奈達之都；這些精靈在雪光映襯下，圍繞著「冰山之父」踢踏輕靈的舞步。

我們的高度已經快接近青坡拉佐山（Chimborazo）[2]的頂峰，比吉力馬札羅山（Kilimanjaro）[3]、白朗峰，或世界上至少四大洲的任何山峰都高了，換言之，高過我們目前所站位置的只有亞洲和南美安地斯山的最高峰；而世界最高峰的聖母峰還比這裡高出八千九百八十呎。雖然如此，我還是相信眼前這片綿延的曠野奇景，絕對超越地球上其他任何地方；我覺得自己站在無垠太空的邊緣，神秘的宇宙就在這裡永恆地運轉，天上的星辰月亮是那麼地接近，似乎伸手就能觸摸得到；我能感受到腳下的地球，這個被不可逆的重力法則所約束的球體在夜晚的宇宙中順著軌道旋轉、旋轉、旋轉……。

帳棚和犛牛的影子清晰地斜映在雪地上。被拴在石頭上的犛牛靜靜地站著，只有當牠們偶爾用下顎的牙齒磨蹭上顎的軟骨時，才會發出軋軋的聲響；有的時候牠們改變姿勢時，蹄子踩破腳下的冰雪，也會傳來喀喀的聲音。牠們的呼吸雖然靜默無聲，但從鼻子呼出的白色煙霧可以看出牠們的氣息沉重。

吉爾吉斯人在兩塊大石頭間生起的營火已經熄滅，這些飽經風霜、堅韌耐勞的山地居民都已經沉入夢鄉；他們的身體蜷縮成一團，臉部朝下，前額碰到地上的雪，嘴裡還偶爾發出喃喃呢語。

我在小帳棚裡試圖睡個覺，但久久無法入眠，這時氣溫雖然不是很低（大約攝氏零下十二度），我的皮裘卻重得像鉛塊一樣，而且因為空氣很稀薄，我不時得起來用力吸氣。

放棄攀登「冰山之父」

天亮之前我們聽到一聲巨響，音量越來越大，到了早晨，一場風暴已經挾著渦旋的濃密雲雪封鎖住營地，我們等了一個小時又一個小時，沒有人想吃東西，更糟的是每個人都頭痛起來。我希望暴風雪趕快減小，這樣我們才能繼續往山頂上攻堅，但是風暴的威力不減反增，快接近中午時，我明白我們的處境已然堪虞；懷著對吉爾吉斯人堅忍耐力的一絲絲希望，我命令他們把東西綁在犛牛背上，持續在風雪中攀爬，他們也都無異議地服從，不過當我說到打算返回位於低處的營地時，他們不禁既喜悅又感激。

我帶了兩個人開始下山。我騎在黑色的大犛牛上，牠壯得像頭大象，我任由牠自己往前行，反正要指揮牠根本是妄想。雪下得十分綿密，在風勢的助長下急速飛轉，我把手伸在臉前，居然伸手不見五指。犛牛舉步維艱，有時陷入雪地裡，有時又跳起身子，像海豚沉浮於波浪般順著地勢往下滑；我必須努力把膝蓋壓下去，否則當犛牛突然痙攣似的橫衝直撞時，會把我從鞍上甩下來。有時候我把身體向後仰，背部緊貼著犛牛的背，不消多久就覺得犛牛的犄角尖頂到了我的胃。終於我們還是把雪雲遠遠拋在後面，安然抵達營地，這裡標高一萬四千九百呎，和內華達山脈的最高峰惠特尼峰（Mt. Whitney）一般高。

就這樣，我們結束了與「冰山之父」的搏鬥；我受夠了這座山，決定到帕米爾斯基哨站作短暫的拜訪，不過我必須避免引起中國人的猜疑，方能跨過俄國邊界，因為中國守軍有可能提高警覺，拒絕讓我再進入中國境內。我把所有的行李寄放在偏遠地帶的一個吉爾吉斯錐形帳棚裡，趁著半夜帶了兩個同伴離開，取道荒僻的秘密小徑前往俄國邊界。遠處吉爾吉斯人的帳棚村在月光下清晰可見，村子裡的狗倒是很安靜，我們靠著一場風雪的掩護安全橫越穆斯庫勞隘口（Mus-kurau Pass）進入俄國領土。

這趟旅程漫長又艱辛，隨行的狗尤達西後腳掌跑得腫疼，我們只好為牠做了一雙襪子給牠穿上。尤達西對這種打扮覺得十分難堪，試圖把後腳舉在半空中蹬著前腳走路，等牠發現自己遙遙落後了，

暴風雪中往山坡下撤退

便選擇用三隻腳跑步，讓穿著襪子的後腳輪流舉在半空中。

在賽苃夫上尉與另外兩位軍官的陪同下，我橫越了大半的帕米爾。大夥兒在宜人的山中湖泊耶希湖（Yeshil-kul）畔搭起帳棚，然後我再悄悄從那裡返回中國境內，而未引起任何注意。據說在我離開的期間，中國人發現我不見了便立刻發動搜索，為我藏行李的那位吉爾吉斯人明白，萬一被發現一定會有麻煩，為了避免他人起疑，他就找了一處石頭堆，將我的行李箱移藏在兩塊岩石中間。因此，當我九月三十日在喀喇湖東岸再度搭起錐形帳棚時，所有的人做夢也想不到我已經在俄國境內待過十二天了。

臨時造船廠

在返回喀什營地之前，我想先完成一件任務，那就是到風景優美的小湖喀喇湖去，實地測量湖水的深度，可是這裡連一艘船也沒有。吉爾吉斯人從來沒有看過船，也不知道船是什麼樣子，所以我用木頭和紙張做了一個小模型，然後開始「造船」工程；我把這個「造船廠」交由伊斯嵐負責。

我們把一張馬皮和一張羊皮縫在一起，然後繃在帳棚支柱所做成的骨架上，船槳和帆柱也是用帳棚支柱做材料，至於船舵則拿一把鏟子充當。這艘船美妙極了！船身凹凹凸凸、線條曲曲折折，好像一個被人丟棄的沙丁魚罐頭；我們再把充了氣的整隻山羊皮分別綁在船的左舷、右舷和船尾上，藉此穩定船身。這項奇怪的作品看起來簡直像是某種史前動物在孵蛋的模樣；一個吉爾吉斯人說他從來沒想到船竟然是這番模樣，至於塔格達辛長老的評語則是：「如果你坐這玩意兒

航行在喀喇湖上

下水鐵定會淹死，不如等湖水結冰吧。」

不過這艘船卻順利將我送上湖面，名叫圖爾度（Turdu）的吉爾吉斯人很快就學會怎樣划船。當小船下水時，這些游牧民族攜老扶幼聚集在湖邊，不發一語地凝神觀看，可能他們以為我瘋了，正等著看我消失在清澈晶瑩的深水中。

我從幾個方位測量水深，有一天，我們注定要從南到北走一趟最長的路線。我們從南岸揚帆出發，才划沒多遠，突然颳起一陣強烈的南風，我們趕緊把帆捲起來，可是掀湧的浪頭越來越高，激起的泡沫在浪尖嘶嘶作響，小船宛若使性子的犛牛，亂蹦亂跳。我坐下來用鏟子掌舵，頃刻間，船尾開始往下沉，一波浪潮漫過我的身子淹進船裡，一下子淹沒了半艘船。船邊綁著的充氣羊皮已經鬆脫了一隻，它恍若一隻野鴨順著波浪漂流遠去，圖爾度為了保命，趕緊把船裡的水舀出去，我則拚命用鏟子抵擋攻擊我們的波浪。然而小船越沉越深，船尾繫著的羊皮在衝擊下開始洩氣，發出嘶嘶、啾啾的聲響，不明深度的湖水在我們腳下齜牙咧嘴，此刻的處境實在驚險萬分。我們能這樣飄到岸邊嗎？塔格達辛長老的預言會成真嗎？在這同時，吉爾吉斯人成群結隊或騎馬，或徒步，全湧聚在岸邊觀看我們溺水的慘狀，所幸最後我們還是飄浮到淺水處，全身濕淋淋地靠岸。還有一次是黃昏時分，我們離喀喇湖北岸只剩下幾百呎遠，突然颳起的猛烈北風把我們吹到湖中心；黑夜逐漸降臨，幸虧那天晚上月光明亮，風勢一會兒就平息了。伊斯嵐在岸邊燃起一堆火為我們引路。測量的結果，湖水最深的地方只有七十九呎。

體悟生命哲理

暴風雪和冰雹經常迫使我留在室內，吉爾吉斯人會利用這種時候來串門子，所以我從來不覺得無聊。他們娓娓道來自己的探險經歷，有時還會對我訴說他們的煩惱。例如有個年輕人愛上了漂亮的娜弗拉（Nevra Khan），卻付不起聘金給對方的父親，他來我的帳棚希望我可以借他這筆錢，可是我自己也一樣阮囊羞澀，負擔不起這樣的金額。

在整個帕米爾地區一直流傳一個傳說，那就是歐洲人已經來到此地，像羚羊一般躍上慕士塔格山，又像野雁一樣飛過湖泊。這個傳說在經過加油添醋之後，至今仍廣泛地在當地口耳相傳著。

我從吉爾吉斯人身上找到了新生命。當我向他們揮手告別時，他們道珍重的聲音裡蘊含濃厚的情感，和他們生活了一段時間後，我已經成為他們的朋友！吉爾吉斯人的生活自由自在，卻不能過享樂的日子，他們必須和酷寒與嚴苛的大自然奮戰搏鬥；當一個人生命的大限即將來臨，親友便把他帶到山谷裡的墓地去，那裡有座簡樸的白色洋蔥頂寺廟，有位聖人即埋葬在此。

我改走一條新路線回到喀什，同時把這趟旅程的所有發現作個整理，也花了一番工夫撰寫筆記。

十一月六日我們圍著一把沸騰的茶壺坐在餐桌邊，就在裴卓夫斯基領事館的餐廳，一個風塵僕僕的哥薩克信差上氣不接下氣地走了進來，他將一封信遞交領事，那只是一封簡短的詔告，原來俄國沙皇亞歷山大三世駕崩了。房裡所有的人都肅然起立，俄國人在胸前畫十字，表現出深深地哀悼。

耶誕節又來了，我和麥卡尼先生、韓瑞克神父以及一位瑞典籍的胡谷倫（Höglund）牧師一起過節，這位牧師不久前才和家人一起來到喀什。韓瑞克神父在午夜時先行離去，因為他要在那個陳放酒桶和十字架的小房間裡主持耶誕彌撒。望著他走進夜色裡，我為他感到難過，他永遠是孤單一人，忍受恆久不變的孤獨。

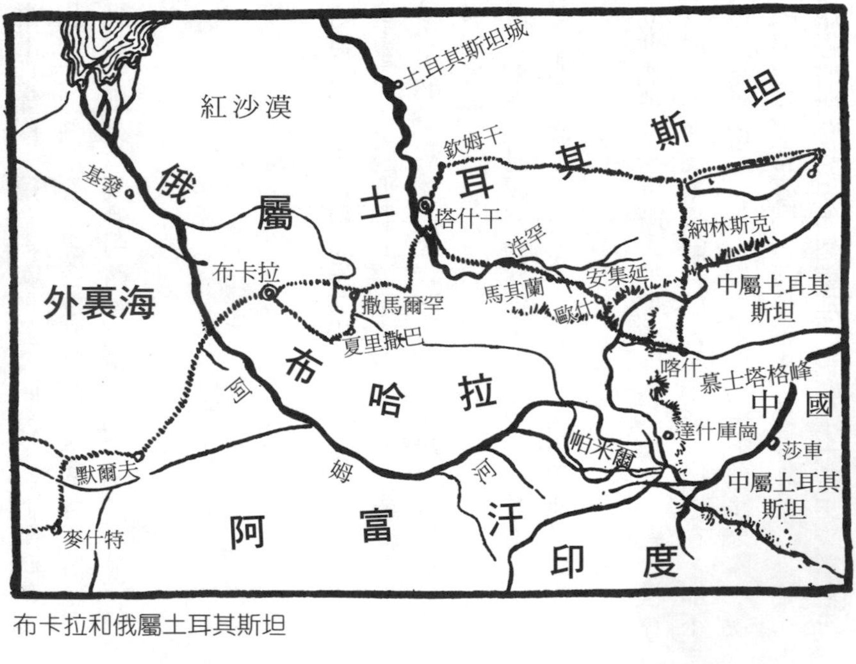

布卡拉和俄屬土耳其斯坦

【注釋】

1 位於法國、義大利、瑞士邊境的阿爾卑斯山脈，最高峰為一萬五千七百七十一呎。

2 厄瓜多中西部山脈，最高峰為二萬〇五百六十一呎。

3 東非坦尚尼亞東北部的山脈，靠近肯亞邊境，最高峰一萬九千三百四十一呎，為非洲第一高山。

第十八章　接近沙漠

我於一八九五年二月十七日離開喀什，並且開始新的旅程；而這趟旅程可說是我所有亞洲行中最艱難的一次。

我們搭乘兩輛由四匹馬拉的高輪馬車（araba），其中一匹馬繫在兩根車軸之間，另外三匹馬跑在前頭，由每輛車的車夫用韁繩操縱；馬車廂呈拱型的篷頂是用燈心草編織成的草墊構成。我坐的是第一輛車，車上還載了部分行李，而伊斯嵐和比較厚重的行李箱則坐另一輛車。隨隊而行的還有兩隻狗，一隻是來自帕米爾的尤達西，還有一隻來自喀什叫哈姆拉（Hamra），牠們都拴在伊斯嵐的馬車上。

馬車跑起來嘎吱作響，車輪捲起一大片黃塵；我們穿過喀什的「沙門」（Kum-darvaseh）直抵中國軍隊駐紮的英吉沙，還在那裡出了一點小狀況。有一位中國士兵將我們攔阻下來，他聲稱哈姆拉是他的狗，等他發現我們無意解開哈姆拉時，竟然躺在車輪前方的地上嚎叫，舉止像個瘋漢，頓時吸引了一群人圍攏過來。最後我對他說：「這樣好了，我們把狗鬆開，要是牠跟著你，就算是你的狗，如果牠跟的是我們，就得算我們的。」

結果馬車車輪才往前轉了幾圈，哈姆拉就像支飛箭直衝向我們，老遠的我還聽得見背後圍觀群眾大聲嘲笑那個士兵。

朝東方走，我們愈來愈靠近喀什河（Kashgar-daria）；沿途到處是結凍的沼澤，我們必須常常駕車穿過這些沼澤區。有一次我坐的馬車壓破沼澤上的冰層，水往上漫升到車軸高度，害得馬車夫跌下車；這時已經是晚上，我們生起一大堆營火，把行李箱從馬車上卸除下來，然後把馬拴在車尾，使勁將車子拖出水面。之後，只好另闢通路渡過這片水澤。

當我們停留在村莊過夜時，車夫通常都睡在馬車裡，藉以保護行李不被偷走。

穿過極地森林和長滿檉柳的草原，我們來到馬拉爾巴喜（Maral-bashi）小鎮。

沙漠古城的傳說

每到一處歇腳地點，我們總能聽到許多關於塔克拉瑪干沙漠[1]的故事，而那裡正是我們此刻要前往的目的地。傳說中，塔克拉瑪干這個遠古城鎮被深埋在沙漠中央的無垠砂礫下，卻有許多的古城遺跡暴露在外，如：塔樓、牆垣、屋舍、金錠、銀塊等，當商隊行經那裡時，假使把金子打包捆在駱駝背上，那麼商隊裡就會有人中邪，不斷在沙漠裡兜圈子，一直走到人獸累死為止。這些人以為自己是直線前進，其實從頭到尾都在繞圈子，唯一能破解迷咒的方法是趕快把金子丟掉，如此才可能得救。

據說有名男子獨自來到塔克拉瑪干古城，他盡其所能地想帶走城裡的金子，突然出現一群難以數計的野貓攻擊他，這名男子於是趕緊扔掉金子，你猜怎麼著？那些野貓霎時憑空消失了，連一點痕跡都沒有留下。

我還聽到一個老人講了另一則故事：有個旅人在沙漠裡迷路了，他隱約聽到有聲音在呼喚他的名字，旅人被聲音所迷眩，不禁跟隨聲音傳來的方向前進，被迷惑的他越走越往沙漠的深處，最後渴死在沙漠裡。

這則故事與六百五十年前馬可孛羅（Marco Polo）[2]沿著羅布沙漠（Desert of Lop）[3]邊緣旅行時所講述的故事雷同。羅布沙漠位於此地以東相當遙遠的地方。馬可孛羅在他著名的遊記裡這麼寫著：

> 有件不可思議的事和這片沙漠有關，那就是當旅隊在夜裡趕路時，總可能有人因為趕不上或睡著了而脫隊落單，等到他發現落後同伴太多試圖趕上隊伍時，就會聽到有人對談的聲音，旅人猜想那可能是他的同伴。有時候這聲音呼喚著旅人的名字，被誤導的旅人因此離自己的隊伍越來越遠，最後再也找不到自己的同伴。許多人因為這樣命喪沙漠。即使白天也會有人聽到這種靈幻之音，有時還會聽到不同樂器的聲音，最常聽到的是鼓聲。

隨著越來越接近塔克拉瑪干沙漠，想要深入這片戈壁的慾望也與日俱增，我完全無力抵抗它的神秘誘惑。每到一個打尖的村落，我一定想盡辦法向當地居民挖掘任何有關塔克拉瑪干沙漠的事蹟，一丁點也不願錯過；我聚精會神地聆聽這些憨厚、迷信的鄉下人講故事，癡迷的程度遠勝過孩童聆聽童話故事。黃色沙丘的稜線酷似海裡的波浪，即使置身樹林也見得到它們的行蹤，這裡一處，那裡一處；我下定決心，不管代價是什麼，我一定要橫越這片沙漠。

在村長家做客

離開喀什河以後，我們轉向西南方，沿著主要河流葉爾羌河（Yarkand-daria）[4]河岸走，這條路時而穿過森林，時而橫過原野與濃密的蘆葦叢，蘆葦叢中並有許多野豬生長其間。三月十九日，我們在葉爾羌河右岸的麥蓋提村（Merket）紮營，有一段時間，這個村莊成為我們的總部。

當我在這個地區進行短程旅行時，伊斯嵐就負責為即將來臨的遠征採買必需品，最困難的是找尋合適的駱駝。我的領隊一直不見回來，日子一星期、一星期過去，我等得心煩氣躁。此時沙漠的邊緣地帶已經開始嗅得到春天的氣息，可是天氣越溫暖，沙漠旅行就越危險。

除了等候的焦慮，別的倒是沒什麼好抱怨的。我住在村長塔格霍嘉長老（Togda Khoja Bek）充滿歡愉的家中。長老主宰村裡的司法權，我每天都可目睹在他家院子裡實施的行政裁決。有一天村民抓來了一個與人通姦的婦人，婦人被長老判決有罪，懲罰方式是把她的臉塗黑，將她雙手反綁在身後，再讓她倒著騎在一頭公驢上遊街示眾。

還有一次，長老盤問一個被毒打的女人，這個女人指控他先生拿刀片攻擊她，做丈夫的卻矢口否認，長老便命人反綁他的雙手，並用繩子纏緊他的腳踝，再把他吊在一棵樹上，男人

逼問罪犯招供

沒辦法只好招供了，結果是他受到一頓鞭打。事後雖然這名男子辯稱他的妻子也打了他，可是這項說法不被採信，因此他又遭到一頓鞭打。

回教顯然在此地備受尊崇。在齋戒月期間，如果有人在日落前破戒吃東西，就會遭受塗黑臉、遊街示眾的懲罰，受罰的人像野獸一樣被繩子拴著穿過市集，圍觀的群眾則報以嘲諷與訕笑。

我的喉嚨痛了兩天，塔格霍嘉長老跑來要為我治療，同時說明需要村裡的法師（peri-bakshi）援助，我回答：「求之不得！」我心想，看看他們怎樣驅除附在我身上的惡魔，應該是一件很有趣的事。於是三個留鬍子的高個兒男子走進我的房間，他們坐在地板上，開始用手指、拳頭、手掌敲打放在他們身前的鼓，這種鼓是用小牛皮緊繃成鼓面，由於繃得很緊，感覺上就像金屬片一樣。他們打鼓的勁道和節奏協調得驚人，因此聽起來只像打在一面鼓上。透過震耳欲聾的撼動和節奏，以及持續增強的音量，這三個法師變得越來越激動，只見他們站起身來手舞足蹈，不約而同地把鼓拋向空中，再一致接回來，在這同時，他們的手指仍然節奏一致地敲擊鼓面。如此進行了一個小時，當驅魔儀式結束後，我真的覺得好多了，可是第二天一整天，我的耳朵一直呈半聾狀態！

為遠征沙漠作準備

四月八日，伊斯嵐終於回來了。他購買了四只鐵槽和六個充氣羊皮用來裝飲用水，另外買了芝麻油以便在沙漠裡為駱駝補充營養。還有麵粉、蜂蜜、菜乾、通心麵等各種糧食，至於鏟子、烹飪工具和其他行旅途中不可或缺的東西也都準備妥當了。最重要的是，伊斯嵐買回來八頭很好的駱駝，每隻代價三十五元，牠們都是公的，除了其中一頭，其餘都是雙峰駱駝，我們以此地通用的傑格塔突厥語（Jaggatai Turki）為牠們命名，依序是「雪白」、「種馬」、「單峰」、「老頭」、「大黑」、「小黑」、「大黃」、「小黃」。

我們在三隻駱駝的頸上懸掛大銅鈴，當牠們被領進塔格霍嘉長老的院子時，銅鈴鏗鏘作響；小狗尤達西從來沒有見過駱駝，眼看牠們浩浩蕩蕩闖進來，氣憤地高聲狂吠，連喉嚨都吠啞了。

除了伊斯嵐之外，我又雇用三個新手隨我前往沙漠內部，留白鬍子的是默哈梅得（Mohammed Shah），他的妻子和小孩住在葉爾羌[5]；留黑鬍子的是卡辛（Kasim），是個剽悍而有責任感的漢子，應付駱駝很有一套；另一個人住在麥蓋提，他也叫作卡辛，不過我們叫他優奇（Yolchi），意思是「嚮導」，因為他向我們保證對沙漠瞭若指掌，不管在哪裡都能找到正確的路。我們在出發前又添購了一些糧食，包括兩袋新鮮麵包、三隻羊、十隻母雞和一隻公雞，希望我們在沙漠裡紮營時，能為沉寂的營地帶來些許活力。鐵槽和羊皮裡一共裝了四百五十五公升的清水，預計能撐上二十五天。

塔克拉瑪干大沙漠呈三角地形，西有葉爾羌河為界，東到葉爾羌河的支流和闐河（Khotan-daria），南邊則有崑崙山為屏。我們的路線大致從西向東走，由於和闐河是由南向北流，所以只要我們沒有在中途渴死，就遲早會碰到這條河流。十年前，也就是一八八五年，英國人凱瑞（Carey）、道格利緒（Dalgleish）和俄國人普哲瓦爾斯基曾穿越過和闐河谷，因此和闐河的位置才為世人所知曉。這些旅行家發現和闐河以西有座小山脈，叫作馬撒爾塔格山（Masar-tagh），又稱為「聖人之墓山」（Mountain of the Saint's Tomb）。另外還有一座小山也喚作馬撒爾塔格山，位於喀什河和葉爾羌河的夾角處，我曾在前往麥蓋提的路上遊歷過；按此情況我的推測是，這兩座山其實同為一條山脈的極左和極右兩翼，從西北向東南貫穿整個沙漠。如果這項假設是事實，那麼我們應該可以在山腳下發現不帶砂子的土壤，也許還能追查到消失數千年的古文明。從麥蓋提到和闐河的距離是一百七十五哩，但是這條河有無數彎道，因此實際走起來遙遠多了。我希望能在一個月內橫越沙漠，然後朝氣候涼爽的藏北高原前進，如此就能躲過酷熱的夏季，所以此行我們同時攜帶皮裘、毛毯和冬季衣物。我們行囊中的武器包括三挺步槍，六枝左輪手槍和兩箱沉甸甸的彈藥。我帶了三台照相機和一千張拍照用的玻璃夾賽璐珞板（celluloid plates），常用的天文與地理測量儀器，除此之外，我還帶了幾本科學性書籍和一本《聖經》。

帶著村民的祝福啟程

四月十日早晨，八頭雄壯的駱駝在馭手的帶領下離開麥蓋提，駱駝背上馱載沉重的物品，加上銅鈴發出莊嚴的響聲，簡直像是一支送葬隊伍。村民此時都聚集在屋頂上和街道上，他們的面容看起來很肅穆，我們聽見一個老人說道：「他們這一去怕是回不來了。」另有一個老人也說：「他們的駱駝負擔太重了。」兩位印度的「換錢人」[6]擲了一把銅板在我頭上，吼叫道：「祝旅途愉快！」大約有一百名村民騎馬陪我們走了一小段路。

我們把駱駝分成兩隊，一隊由卡辛帶領，另一隊由默哈梅得領導。我騎的是第二隊的帶頭駱駝「種馬」；坐在高高的駝背上，平野的壯麗景致盡入眼底。

剛出發的駱駝因脂肪肥厚，又有充分休息，因此顯得精神奕奕。一開始有兩頭年輕的駱駝掙脫韁繩，接著另外一對也脫韁而去，牠們在草原上搖搖晃晃地恣意快跑，使得背上的物品掉落一地；有一只彈藥箱便懸吊在駱駝的腰間。等到馭手們把那些桀驁不馴的分子集攏之後，便將所有駱駝分開帶領，每一頭由一個麥蓋提人控制。

我們選在一座峽谷搭建第一個營地，四周都是沙丘和草原。我們首先鬆開所有牲口，讓牠們自由活動，然後生起營火，著手準備晚餐；這天晚上吃的是羊肉和白米布丁，我和大夥兒吃一樣的食物。我的帳棚裡鋪著一張地毯，架著一頂行軍床，還有兩箱儀器和常用的東西。至於從麥蓋提來的人都已先行打道回府了。

第二天我們攀爬的沙丘非常高，兩頭駱駝不慎打滑後，我們竟須重新打理牠們背上的行李，不過駱駝很快就適應了柔軟、起伏的沙地，穩健而安全地邁著步伐。看來比較明智的作法是盡量避開深軟的沙地，於是我們轉向到東北方的沙漠邊緣。每到一個新營地，我們就掘一口井，通常挖三到五呎深便能找到水，這種水雖然帶有鹹味，駱駝還是喝得下去，因此我們把鐵槽裡大部分的水倒掉，計畫等到真正要進入沙漠前再裝滿。四月十四日，我們的狗失蹤了好一會兒，後來牠們回來了，從腳到肚子都是濕的，就這樣我們找到狗兒喝水的甘美水塘，當晚就在水邊紮營。

意外發現活水湖

沙地上四處可見白楊樹，蘆葦叢在廣闊的沙漠裡蔓生；通常我們每天走十五、六哩路，當駱駝踩過蘆葦前進時，濃密的蘆葦叢傳出像吹哨子或沙沙的聲響。四月十七日，我們瞥見東北方偶爾出現山丘的形狀，它們是北邊的馬撒爾塔格山，之前我們並不知道這座山脈延伸到這麼遠，已經相當深入沙漠了，想來沒有人曾經到過那裡。

第二天，我們相當意外地碰到一個活水湖，我們沿著湖岸向東走，穿過一座真正的原始林，林木繁茂到我們經常被迫退回原路，重新繞路前進，有時候不用斧頭開路根本寸步難行。我躍下駱駝，以免頭上的樹枝把我從「種馬」的背上掃落。

四月十九日，我們在另一座湖邊的茂盛白楊樹下紮營，並且停留了不只一天；幾天之後，我們走在寸草不生的沙漠裡，回想起當天紮營的這處地點，對照之下宛然人間仙境。此時山脈透著紫羅蘭的色澤，深藍色湖水靜謐無波，白楊樹頂著春天初萌的翠綠新葉，襯著黃色的蘆葦和沙地。我們已經宰殺一隻綿羊，現在又犧牲了第二隻，不過最後一隻要好好留著。

四月二十一日，我們的路線落在兩座孤山中間，沿著一座長形湖的西岸往下走；我們繞到湖的南端，在東邊的湖岸紮營，從這裡望去，東南方已經沒有山脈的影子，紮營的地點位在一條山脊的最南端，感覺上好像海岸邊最突出的岬角。四月二十二日是大家盡情休息的一天，我走上這座山頭，往東邊、南邊、西南邊遠眺，除了一望無際貧瘠的黃色沙丘外，別無他物；而汪洋的大漠正在我們眼前招手。

直到這天晚上，整個湖泊就在我們營帳外面，人、獸都可以盡情享用；湖岸上生長許多蘆葦，因此駱駝和碩果僅存的綿羊能夠任意飽餐，不必顧慮配給額度，在往後的夜晚，也許這些動物也像我們一樣，做夢都夢到這處幸福快樂的營地。嚮導優奇和其他人處不來，大部分時間都自己獨處，只有在其他人都入睡後才會爬到營火邊撥弄餘燼，現在他宣布還有四天就會抵達和闐河，到時候我們甚至不用走到河邊就能摸到水。不過我還是要手下灌足十天份的水，因為路程也許比嚮導所說的還遠，如果將鐵槽裝上一半水，那麼在沙漠內部就可以餵駱駝兩次水。鐵槽放在木框裡，並在外面鋪放一束束蘆葦，以避免太陽直接照射；就在手下為鐵槽灌水時，我一邊聽著水花飛濺的聲音，一邊在這座最後的湖畔恬然入睡。

【注釋】

1 新疆塔里木盆地裡的戈壁沙漠，北倚天山，南屏崑崙山，面積三十二萬三千七百五十平方公里。

2 一二五四—一三二四，義大利旅行家兼商人，一二七一年隨同父親、叔父前往中國，曾擔任忽必烈的特使，回國後撰寫《馬可孛羅遊記》，傳世甚廣。

3 即新疆羅布泊湖所在的沙漠。

4 新疆西部河流，源自喀喇崑崙山，分別由北方與西方注入塔里木盆地，與塔里木河交會，全長九百六十五公里。

5 新疆西南的綠洲城，臨葉爾羌河，位於塔克拉瑪干沙漠邊緣，倚臨崑崙山北麓，自古便是貿易中心。

6 指放高利貸的人。

第十九章　沙海

四月二十三日大清早，我們重新把行李捆到駱駝背上，朝東南方出發，我想滿足個人的心願，證明最後碰到的那座山並未延展深入沙漠。

走了兩個小時的路，經過零零星星的蘆葦叢，寸草不生的沙丘地勢越來越高聳。又走一個小時，沙丘高度已經達到六十呎；截至目前，八、九十呎高的沙丘隨處可見。寬廣而乾裂的泥土平原散布在沙丘之間，駱駝走在最靠近的沙丘稜線上，從這片堅硬的土地望過去，牠們的身影顯得非常渺小。為了避開難走的沙丘峰頂，並盡可能保持同一高度，我們的行進呈之字型路線，而且沒有固定方向。

過了一會兒，我們見到最後一些檉柳，經過最後一片平坦的泥土地，過了這兒，大地剩下的僅是細小的黃沙粒了。騁目四望，映入眼簾的盡是高聳沙丘，地表植物非常稀少。奇怪的是，我竟然不覺得這樣的景象有何驚異之處，也沒有因此打退堂鼓。我早該明白在這個季節橫越沙漠太早了，危險性也高，萬一運氣不佳，恐怕連命都保不住。我片刻也沒有遲疑，我已經下定決心要征服這片沙漠，不論到和闐河有多麼艱苦，我的原定路線都不會偏移絲毫。在我內心深處有股難以抗拒的潛在慾望驅策著我，一切障礙都阻擋不了我，更無法教我承認這是不可能實現的目標。

話雖如此，我察覺到我的僕人都已經疲累不堪，他們為了使駱駝走得更順利，不斷用鏟子剷平特別崎嶇的地方。

走了十六哩路之後已是黃昏時分，我們紮營在一處平坦的泥土地上，四周完全被高聳的沙丘所環繞；這裡長著兩棵檉柳，駱駝一口便撕下一塊樹皮。為了防止駱駝趁黑夜逃回先前紮營的湖畔，天色稍暗就得把牠們拴起來。我們在地上掘井，可是這片含沙的泥地已完全乾涸，最後只好放棄。

小狗哈姆拉失蹤了，我們爬到沙丘上吹口哨呼喚牠，可是再也沒見牠回來。不過牠顯然比我們聰明，因為牠已經自行返回商隊往來的路線上，然而忠心耿耿的尤達西卻因此犧牲了生命。

午夜過後，一陣強勁的西風呼嘯吹過沙漠，正當我們於東方現出魚肚白那刻開始裝載行李時，發現每一座沙丘從上而下呈現一圈圈的波紋，驀地一陣黃紅色的颶風掃過地平線。後來我們對由東方吹來的颶風都很熟悉了，只要一颳起這種颶風，撲面而來的細粒塵雲立刻會把白天變成黑夜。

乾旱的沙海

我們繼續朝東南方走，但是在證實馬撒爾塔格山並未向東南延伸之後，我決定改變路線，轉往東方前進，因為東行前往和闐河是最短的距離。整個隊伍由伊斯嵐所帶領，他手裡拿著羅盤，在金字塔似的高聳沙丘上爬來爬去，我們猜測他是想找尋一條適合駱駝走的路徑。有一頭駱駝在沙丘頂跌倒，牠跌倒的姿勢非常怪異，以致無法用四隻腳再站起來，我們只好推牠滾下六十呎高的沙丘，只有到比較堅硬的沙地上，我們才能幫牠站起來。中午我們停下來休息，大夥兒都喝了些水，包括尤達西和最後一隻綿羊在內；水溫高達攝氏三十度。

駱駝把圍在鐵槽外面隔熱的蘆葦吃掉了。由於晚上紮營的地點找不到任何植物或動物痕跡，也沒有被風夾帶吹來的葉子，甚至見不到一隻飛蛾的蹤影，所以每天早晚我們只能拿一些植物油餵食駱駝。

四月二十五日，我們被一陣東北風和飛沙吹醒，身邊所有東西的顏色都隨之變得黯淡，距離和角度也因而扭曲，於是一座近在咫尺的沙丘突然看起來像遠方的高山。

落日時分走下沙丘的駱駝

隊員把水槽裝上駱駝背上時所發出的水花聲聽起來很奇怪，所以我特地檢查飲水的存量，令我感到驚訝的是，這些水只夠兩天飲用。我質問他，先前我已經命令他們要灌滿足夠十天的水量，如何沒有按照指令行事？嚮導優奇回答說，因為兩天之內就可以抵達和闐河了。我不好意思斥責他們，因為我自己也有責任，我應該親自檢查他們灌了多少湖水。當時我們離開那個湖泊只有兩天時間，最明智的辦法是循著來的足跡回到湖邊，如此整支隊伍還可安然無事，也不至於有人犧牲性命。但是我很不願回頭，於是只好姑且信任這位嚮導了。我當下命令伊斯嵐負責管制供水，而且只有人能喝帶來的水，駱駝必須不靠一滴水走下去。

從那時候開始，我和手下改為徒步行進；身旁的山脈、高原、沙地，向四面八方無窮無盡地延伸下去。

叫「老頭」的那隻駱駝已經走得筋疲力竭了，只好卸下牠的裝載，由人領著牠前進，並利用休息時間餵牠一口水和一簇鞍袋裡的乾草。這裡的沙丘依然有六十呎高，隊伍裡瀰漫一股沉重、不祥的氣氛，隊員之間的談話也戛然停止，除了風聲和駱駝的呼吸聲之外，就只聽得見銅鈴那彷彿葬儀隊的肅穆鈴聲。

「烏鴉！」伊斯嵐叫道，這種象徵死亡的大黑鳥在我們頭上盤旋了幾次，然後飛到一座沙丘的稜線上，最後消失在氤氳的霧氣裡。每個人精神陡地振奮起來，心想烏鴉一定是來自東邊的樹林和水源所在。

這時駱駝「大黑」也顯露出一臉的疲憊，我們不得不停下腳步來紮營。「老頭」鞍袋裡的乾草也都分食出去了；我只喝了些茶，吃一點麵包和罐頭食物。隊員們除了茶和麵包以外，還吃了一種炒焙過的大麥（talkan）。由於已經沒有燃料，我們只好犧牲一隻木頭箱子煮茶；四周唯一的一點生命跡象只有兩隻蚊蚋，不過牠們也有可能是跟隨我們一同來的。

四月二十六日黎明時分，我獨自離開營地，手上拿著羅盤計算步伐，每一百步代表一點收穫，每走一千步就增加獲救的希望。天氣變熱了，沙漠比墳墓更寂靜，只缺少墓碑罷了。沙丘稜線的高度現在已經升到一百五十呎，筋疲力竭的駱駝必須攀上所有的沙丘，我們的處境已然絕望至極；中午的太陽像是燃燒的火爐，我快累死了，必須休息一下，不行！再走一千步才能休息！

我在內心鞭策自己。

絕不向乾旱低頭

由於行走在柔軟沙地上的勞頓，加上連日來的疲倦，我終於被擊垮了；我頹然跌臥在一片沙丘頂端，把白色的帽子拉上蓋住朝天的臉龐。休息真好！我打了個盹，夢到自己在一座湖邊露營，風穿過樹林的低吟聲宛然在耳，浪花撲打湖岸的劈啪聲猶似歌唱；然而殘酷的銅鈴聲將我吵醒，把我帶回可怕的現實。我坐了起來，好似送葬的隊伍來了，駱駝的眼裡浮現垂死的表情，牠們的眼神慵懶而認命，呼吸沉重且整齊，吐出的氣息還帶有一股惡臭。

現在駱駝只剩下六隻了，伊斯嵐和卡辛領著牠們；「老頭」與「大黑」被留在後面，默哈梅得必須跟嚮導留下來陪牠們。

我們在一小塊堅硬的泥土地上紮營，那地方比帆船的甲板大不了多少；我放棄搭帳棚，所有的人都睡在露天的星空下，夜裡依舊寒冷。晚上大夥兒安頓下來，精神比白天來得好，因為這時候大家可以休息，分水喝，而且經過白天的酷熱煎熬，晚上的涼意便格外舒服。

當天晚上兩隻落後的駱駝被領進營地，約六點鐘時，我對手下說：「我們來掘水吧。」每個人一聽精神均為之一振，卡辛隨即拿出一把鏟子立刻動手挖掘，只有嚮導優奇只顧譏嘲其他人，他說恐怕要挖三十潯（一潯為一．八三公尺）才能找到水，其他人則不甘示弱，立刻詰問他那條他說四天前就該遇到的河流又在哪裡？當我們挖掘到三呎深處時，沙地開始變得濕潤起來，這下子優奇更糗大了。

大家的緊張情緒頓時升高，每一位都像拚了命似的用力挖掘，井邊翻出的沙牆越堆越高，我們得用水桶裝沙才能運出井口。目前深度已有四呎半，沙子的溫度只有十二．七度，氣溫則將近二十九度，鐵槽裡的水因為受到太陽的照射，更是高達二十九度半。我們把一隻裝滿水的鐵罐放在涼涼的沙裡，然後盡情暢飲，因為我們很快就能再把罐子裝滿水。

越往深處掘，沙子的濕氣就越明顯，現在甚至可以把沙子捏成一個球團不會散開。我們輪流挖掘，一個人累了就換下一個，大家把上衣脫掉，讓汗水浸透身體；偶爾我們會躺在濕涼的沙堆，讓高熱的血液降溫。在井邊的駱駝、尤達西和綿羊顯然已經等得不耐煩，牠們知道終於可以解渴了。

天色一片漆黑，我們把兩塊殘留的蠟燭放在井邊的小洞裡供照明用。

到底要挖多深才找得到水？即使得挖上整個晚上再加上明天一整天，大家仍心意堅定非找到水不可。我們懷著因絕望而產生的決心奮力工作，我坐在井邊看著卡辛專心挖井，在燭光的映照下，站在十呎深井裡的卡辛看起來酷呆了！我等待著看第一道泉水湧出時所迸發出的光彩。

突然間卡辛猛地停下手裡的工作，鏟子從他雙手中滑落，他半哽咽著啜泣出聲，頹然坐在井底。我擔心他是不是中風了，急忙向在井底的他喊道：「怎麼啦？」

「沙子是乾的，」他回答我，聲音聽起來就像從墳墓底傳來似的，為我們不幸的旅隊敲響了喪鐘。

井底的沙乾得像火種，我們花了那麼大的力氣，流了那麼多汗水，結果還是徒勞無功。更糟的是，差點把僅剩的水給用完了。大夥兒不發一語，全部癱臥在地上，希望能靠睡眠遺忘這一天的沮喪失望。我和伊斯嵐商量了一會兒，對當下處境的危險並沒有避而不談，但是和闐河不會離我們很遠啊，我們必須堅持到底。飲水足夠一天的份量，現在必須勉強當作三天份飲用，這表示每個人一天只能喝兩杯水，尤達西和綿羊各喝一碗；駱駝雖然已經三天沒有喝水了，接下來仍然一滴水也不能喝。我們僅存的水量還不夠一頭駱駝喝足一次的十分之一。

一直到我用毯子把自己裹得緊緊地躺在地毯上，駱駝仍然趴伏在井邊，巴望著井水冒出來；牠們還是像平常一樣認命而且耐勞。

我們丟掉一些不必要的行李，像是帳棚地毯、帳棚折疊床、爐子等東西，然後在四月二十七日一大早啟程。我徒步先行，所在的沙丘高度只有三十呎，我的心中因此燃起一線希望，然而隨著沙丘的遽增，我的希望也跟著落空。看來，我們的情況是無助而渺茫了。

天空布滿稀疏的雲朵，因此多少減緩了太陽炎熱的威力。走了四個小時的路程，我停下來等待旅隊迎頭趕上。駱駝仍然堅毅不屈；我們瞧見兩隻野雁往西北飛去，沮喪的心情再度激起了希望，但是話又說回來，飛行一、兩百哩對野雁來說又算得了什麼？

疲倦不堪加上缺少水分，我忍不住攀上「種馬」的背，可是我發現駱駝的腿已虛弱得顫抖，只好又跳下來，繼續邁著蹣跚的步伐前進。

尤達西一路上緊跟著我們僅剩的裝水鐵槽走，途中有多次短暫的歇息。有一次，忠心耿耿的尤達西向我走過來，牠搖搖尾巴，嗚嗚地睜大眼睛看著我，彷彿在詢問是否所有的希望全落空了？我指向東方喊著：「水，水！」尤達西急忙朝我手指的方向衝了過去，跑沒幾步便頹喪著臉轉回來了。

命運未卜

目前沙丘的高度是一百八十呎，我站在最高的丘頂上用望遠鏡搜尋地平線的盡頭，可是除了變幻莫測的高聳沙丘之外，什麼也望不見；眼前是一片如汪洋的黃褐沙海，無邊無際。無數沙浪往東方的地平線捲去，而漫漫黃沙最後也消失在霧氣蒸騰的地平線盡頭。我們必須克服這一切，走過那條地平線！但是不可能啊！我們根本沒有力氣了！隨著一天又一天的消逝，人和牲口都變得越來越虛弱。

那天晚上，「老頭」和「大黑」無法趕上已經抵達營地的我們，所以一直帶領牠們的默哈梅得和優奇逕自徒步到達營地。默哈梅得告訴我們，「老頭」已經倒了下來，張開的四隻腳和頭軟趴趴攤在沙地上；「大黑」則站得直挺挺的，四隻腳不斷顫抖，一步也走不了，當其他六頭駱駝同伴消失在沙丘之間時，「大黑」在牠們身後投下幽長而詭異的一瞥。於是兩位馭手捨棄了兩頭垂死的駱駝，同時也丟掉兩隻空水槽。

晚上我全無睡意，內心滿懷恐懼地直想著那兩頭駱駝：一開始，牠們大概無法享受休息的快樂，然後當涼快的夜晚悄然降臨，牠們會滿心期待馭手回去帶領牠們；而後血管裡流動的血液越來越濃厚，「老頭」可能先斷氣，「大黑」更加形單影隻，跟著「大黑」也在沙漠窒人的死寂中黯然死去；過一陣子，四處移位的沙丘將會掩埋這兩隻殉難的駱駝遺體。

天黑之前，西方的天空出現了鐵藍色的雨雲，我們的希望重新燃起。雨雲向外擴張，向我們移動過來，我們準備好剩下來的兩隻空鐵槽，把所有的碗、罐都放在沙地上，並且把帳棚護套攤

大夥兒撐開帳棚收集雨水

在沙丘的地表。天色已罩上一層黑幕！我們抓起帳棚護套的角落，站穩身子準備收集「生命」，對我們而言，它們無異是從天而降的救兵。誰知當雨雲飄到我們附近時，居然變稀薄了，大家一個接一個放掉手中的布角，垂頭喪氣地走開。就這樣雲朵憑空消失無蹤，彷彿溫暖的沙漠空氣徹底消滅水蒸氣一般，我們連一滴水都沒有接到。

那天晚上我聽見手下的對話，伊斯嵐說：「駱駝會先倒下，一頭接著一頭，然後就會輪到我們。」嚮導優奇則認為我們被下了巫咒，他說：「我們想當然耳地自覺朝直線方向前進，事實上是一直在兜圈子，這樣只是毫無意義地累死自己，還不如隨便找個地方倒下等死。」

我問他：「難道你沒有注意到太陽正常起落嗎？如果我們是在兜圈子，為什麼每天中午太陽都在我們右手邊？」

優奇還是堅持他的看法：「這只是我們的看法罷了，是巫咒，要不然就是太陽自己發瘋了。」

喝完每天配給的兩杯少得可憐的水之後，大家還是在口渴難耐下靜靜地歇息。

第二十章　大難臨頭

四月二十八日清晨，一場前所未見的沙暴襲擊我們的營地，狂風將沙子席捲而起，霎時帳棚、行李、駱駝全被蓋上一層如雨般撒落的沙粒。而當大夥兒起床的那一刻，迎接大家的竟是另一個悲慘的一天，因為我們幾乎被沙堆所深埋；所有的東西都覆滿了沙子，我的靴子、帽子、皮製儀器袋和其他東西都不見了，我們必須用雙手把東西從沙堆裡挖掘出來。

這一天可說是漆黑不見天日，即使到中午，天色都遠較黃昏時黯淡。我們就像在黑夜裡行軍，空氣中浮滿飄沙形成的渾沌塵雲，只勉強看得見離我們最近的駱駝，模糊的身形如同一抹影子。即使頸間懸掛銅鈴的駱駝走得相當近，我們仍然聽不見銅鈴聲，連同伴間彼此的叫喊也一樣聽不到，此時此刻充塞於耳際的唯有沙暴的怒吼聲。

處在如此惡劣的天氣下，最保險的做法是把所有的人統統聚集起來，因為一旦落在隊伍後面，或是稍微離開大夥兒的視線，可能就永無聚首之日了。在沙暴肆虐下，不論是駱駝或人的足跡幾乎是立即消失。

狂風瞬即增強轉為颶風，風速每小時五十五哩，在最暴烈的陣風中，每個人幾乎要窒息了。

有時候駱駝不肯再走，反而趴在沙地上伸展脖子，這時我們也乾脆躺下來，把臉貼在駱駝的腰上。

在這天的路程途中，一頭年輕的駱駝開始搖晃不定，優奇領著牠走在隊伍後面。我一邊走，一邊把手放在行李箱上，以免稍不留神就脫隊迷路。優奇趕上前來在我耳邊吼叫，說那頭駱駝走到一處陡峭的沙峰便不支倒地了，不管優奇如何誘導都拉不起來。我立刻下令隊伍暫停，派遣默哈梅得和卡辛去營救那頭駱駝，幾分鐘後他們折返回來，報告說先前的足跡已經消失，他們無法在濃密的塵雲和漩渦似的飄沙中找到駱駝。由於顧慮到其他人的性命安危，我們不得已只好拋下駱駝和牠所馱運的行李，包括兩箱糧食、彈藥和毛皮。被遺棄在這片令人窒息的殺人沙漠，駱駝必定渴死無疑。

我們在晚上紮營時順便扔掉其他的箱子，至於像糧食、皮毛、毛毯、地毯、枕頭、書籍、烹飪用具、煤油、鍋盆、餐具等，不是絕對需要的東西，全都打包在箱子裡，再藏到兩座沙丘之間。然後在一處比較高的沙丘頂上豎起一枝竿子，並在竿上綁一張報紙作為辨識的指標。我們隨身只帶份量夠用幾天的食物，而所有含水份的食物罐頭都平均分配給每個人。他們先檢查罐子裡有沒有豬肉，確定沒有才放心吃將起來，連沙丁魚罐頭裡殘留的油汁，也一滴都沒浪費地喝光了。我們拆下一個馱鞍裡填充用的乾草給駱駝食用，但是牠們卻吃得無精打采，原因是牠們的喉嚨實在太乾燥了。當晚我喝掉最後一杯茶，如今全隊僅剩下兩個小鐵罐的飲用水了。

往死亡之路逼近

夜裡風勢減弱，到了隔天早上太陽升起時，伊斯嵐報告有一只水罐在夜裡被人偷走了；每個

踩著沉重的步伐在沙暴中跋涉前進

人都懷疑是優奇幹的，尤其他直到第二天早上才又現身。

我們帶著僅剩的五頭駱駝再度上路，首先登上高聳的沙丘觀望，然而極目所望盡是無邊無際的沙海，連針頭大小的有機生物都緲然無蹤。出乎意料的是，我們發現一片灰色且多氣孔的白楊樹皮，枯萎的樹皮也許歷經了數百年的風霜，甚至是數千年。自從它的樹根因吸收不到地底濕氣逐漸枯死以來，到底有多少的沙丘曾經壓在這片樹皮上？

空氣中溢滿飄動的細沙是沙暴遺留下來的痕跡，這對於緩和太陽的威力倒是小有作用。不過駱駝還是走得很緩慢，牠們的步伐既疲倦又沉重，最後的兩口銅鈴發出低緩肅穆的響聲；我們走了十二個半小時，途中停頓過無數次，截至晚上紮營時，依舊沒有任何跡象顯示這片沙海已經到了盡頭。

第二天早上，也就是四月三十日，我們把最後剩下的牛油全拿去餵駱駝，而鐵罐裡還有幾杯水，正當大夥兒為駱駝裝載行李之際，優奇拿起鐵罐喝水終於被逮個正著。伊斯嵐和卡辛怒不可遏，猛地撲向優奇，毆打他的臉、把他扔到地上，更用腳踹他，要不是我出面干涉，他們真會當場殺了優奇。

現在鐵罐裡的水不到一杯，我告訴手下，到中午我會把手帕的一角沾濕，滋潤他們和我的嘴唇，最後剩下的水相信夠每人喝一小口。中午我用手帕潤濕他們的嘴唇，但是到了晚上，鐵罐已經空無一滴水。我不知道這是誰的錯，即使現在要審判也於事無補；沙漠茫茫無邊際，我們每個人都在往死亡之路逼近。

大家走了一陣子，沙丘的高度變矮，平均只有二十五呎，突見有隻鶺鴒鳥停在一座小沙丘頂上蹦蹦跳跳。伊斯嵐看見了大受鼓舞，央求我准許他帶著空鐵罐先趕到東邊去，一找到水就填滿罐子回來找我們，可是我不肯答應，現在我們需要他的程度更勝以往。

優奇又失蹤了，其他的人無不憤怒在胸，咸認為優奇那晚偷走水罐之後故意虛報距離，用意是希望我們都渴死，他就可以偷走我們藏起來的中國銀子，然後藏身在和闐河畔的樹林裡。不過我認為手下的疑慮並無任何根據。

當天夜裡我在日記上寫下自認是絕筆的一段話：「我們停在一座高起的山丘上，駱駝紛紛不支倒地，我們透過望遠鏡遙望東方，然而四方只有連綿不斷的沙山，見不到一株草、一絲絲的生命。我們所有的人、所有的駱駝都已虛弱無比。請上帝幫助我們！」

五月一日，在瑞典老家是歡慶春天的美好日子，充滿喜樂與光輝；相對於橫渡沙漠走上悲傷之路的我們而言，那卻是最沉重的一天。

最後的意志力

沙漠裡的夜晚十分寂靜，天氣清朗卻略帶涼意（攝氏二．二度），但是不用等太陽升上地平線，氣溫已經開始轉暖和了。有一位隊員從一塊山羊皮上擠出最後幾滴腐敗的油脂餵食駱駝。前一天我滴水未進，再往前一天也只喝兩小杯水，現在只覺得口渴難耐。我無意間發現我們為汽油爐所準備的一小瓶中國酒精，我實在抗拒不了誘惑，便仰頭喝了一些；明知這麼做實在愚不可及，我還是喝了半瓶多。尤達西聽到喝水的咕嚕聲，便搖著尾巴跑過來，我讓牠嗅嗅瓶口，牠哼哼鼻子，難過地走開了。我扔掉手中的瓶子，剩下的液體全都流進沙地裡。

那幾口酒精簡直要我的命，我試著站起來，可是雙腳卻不聽使喚。此時隊伍已經拔營出發，伊斯嵐手持羅盤率領隊伍往東行進；我仍然留在原地。太陽的威力越來越強，手下們大概認為我會死在那兒。他們像蝸牛一樣慢慢走著，駱駝頸上的銅鈴聲越來越模糊，最後完全消逝無聲。我望著旅隊，每到一處沙丘頂，他們的身影就像個小黑點再度出現，只是越變越小；而當旅隊過了沙丘頂端往下走向凹低處時，他們的身影就會短暫消失，最後我終於再也看不見旅隊。太陽還沒有升得很高，旅隊所留下的足跡因此拉出很深的影子，提醒我目前的處境有多麼危險。我提不起力氣追趕他們，顯然他們已拋下我不顧；恐怖的沙漠向四面八方無盡延伸，太陽正在燃燒，刺眼的光線令我視茫茫。空氣裡沒有一絲風。

突然一個可怕的念頭浮現腦海：難道這是風暴前的寧靜？假如是這樣，那麼我隨時都可能看見東方的地平線上竄起一條黑線，那是沙暴的前奏，萬一沙暴來臨，旅隊的足印在短短幾分鐘內就會消失無跡，那麼我就永遠找不到我的手下和駱駝了。此刻，他們對我而言就像沙海裡的浮木，是最後的一線生機。

我鼓起最後的一點意志力，搖搖欲墜地站起身來，隨後又倒了下去。我在地上沿著腳印爬行了一陣子，再度撐起身子，拖著自己往前走，不行了再爬。就這樣一個小時過了又一個小時，我從一座沙丘頂上看見旅隊，隊伍站立不動，銅鈴也不再晃動出聲。憑著超乎尋常的毅力，我終於半走半爬地來到隊伍旁。

伊斯嵐站在沙丘稜線上，用手遮住刺眼的陽光搜尋東方的地平線，再次徵求我的同意，讓他帶著水罐先行趕向東方，然而當他看到我的狼狽樣子，馬上就放棄這個念頭。

默哈梅得趴在地上，啜泣著向阿拉禱告；卡辛坐在駱駝投下的影子處雙手蒙著臉，他說默哈梅得一路上不停叨念著水；優奇倒像死人一樣躺在沙地上。

伊斯嵐建議大家繼續走，找尋一塊堅硬的泥土地，也許可以掘到水。每一頭駱駝都臥倒在地，我爬上一頭白色駱駝的背部，牠像其他駱駝一樣拒絕站起來。我們的苦難真教人絕望，也許我們即將命喪此地；一旁的默哈梅得躺在地上喃喃自語，手指玩弄沙粒，喋喋不休地嚷著要喝水。我心知肚明我們的沙漠劇已演到最後一幕，不過，我還是沒準備要徹底放棄。

奇蹟出現了！

太陽酷熱得像火爐，我對伊斯嵐說：「等太陽一下山，我們就拔營出發，連夜趕路。現在紮營吧！」駱駝背上的行李全被卸下來，牠們在灼熱的陽光下趴了一整天，伊斯嵐和卡辛把帳棚搭起來，我爬進帳棚，把衣服全部脫光，躺在一條毯子上，再拿一個包裹當枕頭。伊斯嵐、卡辛、尤達西和綿羊全都躲到陰影處，默哈梅得和優奇還是待在他們躺著的地方，唯獨那些母雞仍然精神抖擻。

在所有經歷過的亞洲冒險之旅中，這處死亡營地是我住過最令人難過的地方。

現在才早上九點半，我們還沒走到三哩路。我全身累壞了，連動動手指頭都使不出力氣。心想我大概快死了，腦海裡想像著自己已經躺在辦喪事的教堂裡，教堂悅耳的鐘聲因喪禮而停止；我的一生像場夢似的飛過眼前，再過短短幾個小時我的生命即將結束。然而最折磨我的是，想到我將會帶給父母、兄姊極大的焦慮和不安定感。我失蹤之後，裴卓夫斯基領事勢必進行調查，他會發現我於四月十日離開麥蓋提，從此我們的音訊全然消失，因為沙漠從那時起已經颳過好幾次沙暴。我的家人將會不斷地等待，年復一年，卻是一直沒有進一步的消息，最後不得不放棄希望。

大約是中午時候，帳棚的襟帶開始鼓脹起來，一陣微弱的南風吹過沙漠，風勢越來越強，兩個小時之後，我從呼嘯的陣風嗅到生機，不禁從毯子上翻身坐起來。

奇蹟真的發生了！身體的虛弱乍然消失，全身的精力又回來了，假如我曾經渴望過日落，那必定是現在這一刻。我不要死！我絕對不要死在這片悲情的沙漠上！我還能跑、能走，能用四肢爬行；我的隊員也許活不了，可是我一定要找到水！

日頭像顆火紅的砲彈落在西方的沙丘上。我現在正處於最佳狀況，穿上衣服後，我命令伊斯嵐和卡辛準備拔營。夕陽把紫色的餘暉灑遍整個山丘頂上，默哈梅得與優奇兩人的姿勢仍然和早上一樣：默哈梅得正面臨死亡的威脅，不幸的是他再也沒有恢復意識；不過優奇倒是在夜晚的涼意中甦醒，終於撿回了一條命。他靠握緊兩隻手爬到我面前，悽慘地叫道：「水！給我水，先生！只要一滴水就好！」他隨即又爬開。

我說：「這裡有沒有流質東西？任何東西都可以。」

「對啊，那隻公雞！」一位手下馬上砍斷公雞的頭，喝了牠的血。但那不過是杯水車薪，大家的目光不約而同落在綿羊身上，可是這隻綿羊從頭到尾都像隻狗一樣忠實地跟著我們，這時所有的人都遲疑了；為了苟活一天而犧牲這頭羊無異於謀殺。但是伊斯嵐最後還是將牠帶開，把羊頭轉向麥加的方向，然後割斷了牠頸部的動脈；紅褐色的羊血腥臭難聞，流動緩慢而且黏稠，很快就凝結成血塊，手下們大口吞下肚去，我也試了一下，但腥味令我作嘔，而且我喉嚨的黏膜太過乾燥，血塊卡在喉嚨裡，我只好趕緊吐了出來。

掙扎著離開死亡營地

口渴使得伊斯嵐和優奇就像發了瘋一般，兩人用容器蒐集駱駝的尿液，再和著糖、醋捏著鼻子喝下去，卡辛和我不敢效法他們的行為。伊斯嵐和優奇喝了這種毒水後全身無法動彈，他們的身體產生劇烈的痙攣和嘔吐，只見兩人躺在沙地上扭曲、呻吟。

後來伊斯嵐慢慢康復了。趁天色未黑前我們開始打包行李，我把絕不能缺少的東西放在一堆，包括筆記本、旅行日誌、地圖、儀器、鉛筆和紙、武器與彈藥、中國銀子（約兩百六十英鎊）、燈籠、蠟燭、一隻桶子、一把鏟子、三天份的糧食、一些菸草和其他幾件東西；書籍只留一本袖珍版《聖經》。被我丟棄的東西有照相機和一千張玻璃板，其中約有一百張已經曝光；還有醫藥箱、鞍件、衣服，以及預備送給土著的禮物等多種物品。我從捨棄的那堆東西裡拿出一套乾淨的衣服，然後換掉身上髒亂的衣物；萬一真的死在這片無垠沙漠的沙暴下，我至少要死得體面，身上穿著的是乾淨壽衣。

我們把決定帶走的東西裝在柔軟的鞍袋中，然後固定在駱駝背上；所有的馱鞍都被丟棄了，因為它們只會增加不必要的重量。

所有的人和駱駝都因口渴而瀕臨死亡

優奇爬進帳棚臥倒在我的毯子上，身上沾滿綿羊肺臟的鮮血，看起來噁心極了。我試圖為他打氣，建議他趁晚上跟隨我們的足跡趕上來，可是他並沒有任何回應；另外默哈梅得正陷入高燒的囈語，他在胡言亂語中喃喃念著阿拉的名字。我想讓他的頭舒服一點，便用手來回輕撫他熱燙的額頭，叮嚀他盡力沿著我們的腳印爬行，並告訴他我們一找到水就回來救他。

這兩個人終究還是一個命喪死亡營地，一個死在接近營地之處。因為後來再也沒有人聽到他們的消息；事隔一年，他們依舊下落不明，我於是送了一筆錢給他們的遺孀和孩子。

我們鞭策五頭駱駝都站起身來，把牠們一頭接連著一頭串起來，由伊斯嵐帶頭領隊，卡辛押後，我們沒有帶走垂死的兩個人，因為駱駝太虛弱了，背不動他們，而且他們就像風中殘燭一樣，根本無法在駝峰之間坐穩。此外，我們仍然不放棄找到水的希望，到時候我們將裝滿兩隻填充羊皮，然後趕緊回去營救不幸的同伴。

母雞吃了羊血後止住了飢渴，開始休息起來。比墳墓更徹底的死寂瀰漫整座帳棚，當黃昏即將融入黑暗的夜色之際，駝鈴最後一次響起，我們和往常一樣往東走，避開沙丘的稜線。走了幾分鐘之後，我回轉身來，對這座死亡營地投以道別的一瞥。帳棚顯眼地佇立於仍盤桓在西邊但逐漸消逝的日光裡，離開這處鬼魅之地實在讓人鬆了口氣，夜色很快就會吞沒它的影子。

天色變得漆黑一片，我在燈籠裡點了根蠟燭，然後走在隊伍前面找尋最好走的路。一頭駱駝在行進間跌倒，立刻就趴倒在地，把脖子和腳伸直，等待死亡的到來；我們把牠馱負的背包放在四頭倖存駱駝中最強壯的「雪白」身上，至於銅鈴就跟著瀕死的駱駝。現在銅鈴聲已變成絕響。

生離死別的一幕

我們的進展慢得令人絕望，駱駝每邁出一步都很吃力，這一刻這個停下腳步，下一刻那個又走不動了，逼得大家只好跟著休息。伊斯嵐又開始嘔吐起來，他躺在沙地上，像隻蟲子般蜷曲著身體；我就著燈籠的晦暗光線把腳步拉大，繼續往前走，如此走了兩個小時，鈴聲逐漸消失在我身後，除了沙粒滑過腳跟的沙沙聲，天地間竟然連一絲聲音都無法聽聞。

晚上十一點鐘，我掙扎爬上一條平坦的沙丘稜線傾聽、偵察，和闐河不可能太遠了；我審視東方，希望看見牧人野營的火光，可是每樣東西都是漆黑一團，只有星斗閃耀著光芒，沒有任何聲音打破這片寂靜。我找了個地方把燈籠放下來，好讓伊斯嵐和卡辛循著光線找來，然後自己躺下來思索和傾聽；儘管走到這個地步，我依舊十分沉著，意志沒有絲毫的動搖。

遠處又開始傳來鈴聲，時響時止，但是聲音越來越接近，我好像等了一輩子才看到四頭駱駝如鬼魂般的身影，牠們爬上沙丘，走到我的身邊，然後立刻趴了下去；牠們也許是錯把燈籠當作營火了。伊斯嵐蹣跚地走上前來，仆跌在沙地上，嘴裡艱難地吐出微弱的聲音說他再也走不動了，當我試圖鼓勵他堅持下去時，他完全沒有出聲。

我知道一切都結束了，決定拋棄生命以外的任何東西，甚至連日記和觀察紀錄都丟棄，只帶走口袋裡原本就有的東西，也就是羅盤、手錶、兩支溫度計、一盒火柴、手帕、折疊刀、鉛筆、一張折起來的紙，還有純粹因為偶然才帶在身上的十枝香菸。

仍然堅持不倒下的卡辛聽到我要他和我一起走，開心地趕快拿起鏟子和水桶，但卻忘記帶他的帽子，後來他用我的手帕遮蔭才沒有中暑。我向伊斯嵐告別，交代他放棄所有的東西，試著跟蹤我們的足跡，救自己一命，他看著我的模樣好像就快不久於人世，一句話也沒有說。

我看了耐心奇佳的駱駝最後一眼，便趕緊離開這一幕令人痛苦的景象：這裡有個人正在與死亡奮戰，而一度自信滿滿的旅隊成員也在這裡永遠結束了他們的沙漠之旅。我撫摸尤達西，起身離去讓牠自行決定去留，結果牠選擇留下來，此後我再也沒有見過這條忠實的好狗。午夜了，我們在汪洋大海中出了船難，現在準備離開沉船了。

燈籠仍然在伊斯嵐身邊燃放光亮，但是很快就在我們背後熄滅了。

第二十一章 生死關頭

我們就這樣走過黑夜與沙漠。走了兩個小時，勞累加上缺乏睡眠使得大夥兒感到十分疲憊，卡辛和我於是一頭栽進沙地上睡了起來；我身上穿的是單薄的白色棉布衣服，很快就被夜裡冷冽的寒氣凍醒。我們繼續往前走，走到體力再也支撐不下去，然後再臥倒在一座沙丘上沉沉入睡。我腳上及膝的長筒靴有一圈硬邊，使得我走起路來倍加困難，好幾次，我幾乎忍不住要把它們脫下來扔掉，所幸最後都打消了念頭。

經過又一次短暫的休息，我們再度跋涉了五個小時，從清晨四點走到九點；這天已經是五月二日了。休息一個小時之後，再慢慢行進一個半小時。熾烈的太陽烤著大地，當我們仆倒在沙地上時，眼前所有的東西頓時都變成了黑色。卡辛在北方的一塊坡地上挖了個凹洞，那兒仍然保持前一晚的沁涼；我脫掉衣服躺在卡辛挖掘的凹洞裡，他繼續把沙子鏟在我身上，涼涼的沙子一直覆蓋到我的頸子。卡辛自己也如法炮製。兩人露在沙地外的頭靠得很近；我們把鏟子插進沙地裡，然後掛起脫掉的衣服遮出蔭涼。

一整天我們就這麼躺著，一句話都沒有說，但也沒有睡著。頭上的天空漾著土耳其玉般的青藍色，四周無垠的黃色沙海延伸到地平線彼端。

火球似的太陽再度落在西方沙丘的稜線上，我們爬起身來抖掉沙粒，穿上衣服，然後拖著沉甸甸的步伐往東方前進，一路上走走停停，直到凌晨一點才歇腳。

在酷熱的白天裡作沙浴固然涼快舒服，卻還是使人虛弱不堪。我們的體力慢慢流失，無法像前一個晚上走那麼遠，不過這天晚上的行軍倒沒有那麼折磨人，因為我們已經口乾舌燥，口渴讓我們變得非常遲鈍，可是身體的虛弱感卻越來越強。所有分泌腺的功能都大為降低，比以前黏稠的血液流過微血管時的速度更形緩慢，這種乾燥的程度將會到達極限，到那時候，也就是我們的生命終結的時刻。

五月三日，我們從凌晨一點走到四點半，走到每個人氣力盡失不支倒地；這天晚上連冷冽的空氣也吵不醒我們，直到晨曦時分，我們才又拖著疲憊的身軀繼續行程。我們走兩步就休息一下，下坡路走起來很順利，但遇到上坡卻走得萬分艱辛。

植物帶來一線生機

日出時，卡辛抓住我的肩膀，凝視著東方，同時手也指著那個方向，卻沉默不發一語。

我低語道：「怎麼了？」

他氣喘吁吁地說：「一叢檉柳。」

感謝老天！終於有植物的蹤影了！正當一切接近幻滅時，我們再一次燃起了希望。我們幾乎是拖曳著步伐在走，舉步維艱地走了三個小時才遇到第一堆樹叢，這些植物意味著廣袤的沙海即將到達盡頭。我們將檉柳苦澀的綠色針葉放進嘴巴裡咀嚼，由衷感謝上天送給我們這麼寶貴的禮物。樹叢宛若蓮花一般孤立在沙浪之上，浸浴在璀璨的陽光裡，可是滋潤它們根部的水究竟在多深的地底呢？

大約十點鐘我們找到另一叢檉柳，更遠的東方還有好幾叢，可是我們的體力已幾近虛脫。我們急忙脫下衣服，把自己埋在沙子裡，再將衣服垂掛在檉柳上以製造些陰影。

整整九個小時，我們靜默地躺在那兒；沙漠的熾熱空氣把我們的臉皮烘乾如同羊皮紙一樣堅硬。晚上七點鐘，我們穿上衣服繼續走，現在的速度比先前更遲緩，就這樣我們在漆黑的夜色中跋涉了三個小時。卡辛猛然停下腳步，低聲耳語：「白楊樹！」

兩座沙丘中間矗立著三株擠在一起的白楊樹，我們頹然坐在樹底下，身體疲累不堪。這些白楊樹的根部必定也是從地底吸取養分，於是我們抓起鏟子希望掘一口井，然而鏟子從手中溜了下去，因為我們連拿鏟子的力量都沒有了。我們趴下來用手指扒地，沒多久就放棄這種徒勞無功的嘗試。

我們轉而摘下白楊樹新鮮的樹葉，然後揉在皮膚上，接著收集乾枯的落枝，在最靠近的一座沙丘頂上生起火堆，雖然我很懷疑伊斯嵐是否能撐得過來，但若是他真的還活著，這堆火光可以指引他前來；況且火堆也許能吸引和闐河畔樹林裡放牧人的注意。不過，說不定牧人看見死寂的沙漠裡發出火光，很有可能會受到驚嚇，以為是沙漠上作祟的鬼魂正在施巫術。這堆火整整燒了兩個小時，我們把它當作同伴，當作朋友，也當作獲救的契機。當海上發生船難時，人們可以在情況極度危急下發出求救訊號，反觀我們只有這一簇火堆，唯一能做的就是將目光牢牢盯著燃燒的火燄。

希望再度幻滅

黑夜即將過去，太陽——最惡毒的敵人——很快又會在東方的地平線上升起，再一次折磨我們。五月四日早晨四點，我們開始接下來的行程，踉踉蹌蹌走了五個小時的路，體力再度透支，我們的希望也跟著往下沉。東邊再也看不見白楊樹或檉柳，看不見那足以激勵我們求生意志的青翠綠葉，騁目四望，依舊只有一片層層疊疊的黃沙。

我們癱倒在一座沙丘的坡道上，卡辛再也沒有力氣為我挖掘涼爽的沙洞了。我們的體力還能夠撐上一個晚上嗎？這難道真是我們最後的一夜？

暮色低垂時，我站起來催促卡辛繼續走，卡辛喘著氣，以虛弱到幾乎聽不見的聲音說：「我走不動了。」

因此我離開旅隊僅剩的最後一名夥伴，獨自往前跋涉。我拖著沉重的身體前進，走一步跌一下，碰到上坡就手腳著地爬上去，再跌跌撞撞走下山坡；許多時候，我靜靜躺上很長一段時間，側耳傾聽，卻是一片闃寂！天上的星斗宛若手電筒，閃閃爍爍，我懷疑自己是不是還在地球上，抑或這裡就是「死蔭之幽谷」（the valley of the shadow of death，《聖經》上所言的臨終時刻）？我點起最後一枝菸，以前卡辛總是討去我抽剩的菸蒂，現在既然只有我一個人，索性就抽到盡頭吧。抽菸讓我稍微放鬆了些，也多少轉移我的心思。

從我獨自一人踏上旅途，已經徒步超過六個小時，我被虛弱徹底打敗，仆倒在一叢檉柳下，我陷入昏沉狀態，心裡害怕死神將在睡夢中降臨。事實上我根本沒有睡著，在如置身墓地般的死寂中，我一直聽見自己的心跳和手錶的滴答滴答聲；大約過了兩個小時，我聽到沙地裡傳來窸窣的腳步聲，接著看見一個幽靈踉蹌地掙扎到我身邊。

「是你嗎，卡辛？」我低聲問道。

「是的，先生。」

「加油！不會很遠了！」

受到重逢的鼓舞，我們奮力向前行。從山丘頂上，我們順著滑落下山；到了山丘腳下，我們則掙扎著往頂上爬；要是跌倒了，就一動也不動地躺著，拚命抗拒危險的瞌睡蟲。前進的速度越來越緩慢，我們的身體也變得越來越蹣跚，現在我們兩個就像在夢遊一樣，不過還是為我們的生命奮戰不懈。

卡辛驀地抓住我的手臂，手指著沙地，沙地上印著明顯的人類足跡！

兩人霎時精神大振，因為那意味著河流「一定」離我們不遠了！也許是有些牧人發現我們的火光而前來查探，也或許是一隻綿羊在沙漠裡走失，牧羊人前來搜尋，所以留下了這些足跡。

卡辛彎下腰檢視腳印，然後喘息著說：

「是我們自己的腳印！」

原來我們在精神渙散、半睡半醒的狀態下，不自覺地兜了個大圈子。那真是情何以堪啊！我們再也受不

我和卡辛掙扎著往上爬行

了，兩人頹然倒臥在腳印上呼呼大睡起來；時間是凌晨兩點半。

又見樹林

五月五日，晨曦為新的一天揭開了序幕。我們艱困地撐起沉重的身軀；卡辛看起來糟透了，他的舌頭變成白色，而且腫脹得很厲害，嘴唇也呈現藍色，雙頰凹陷，眼睛浮現出垂死呆滯的眼神。一種死亡之嗝（death-hiccup）正在折磨他，使他的身體不停地顫抖——當一個人身體極度缺水時，他的關節通常會發出咯吱咯吱的聲音，做任何動作都會辛苦萬分。

天色逐漸明亮，太陽升了起來。站在視線一覽無遺的沙丘頂上向東眺望，我們發現，兩個星期以來一直呈現黃色鋸齒狀的地平線，現在居然變成平坦無垠的墨綠色線條；我們像是被驚嚇到似的呆愣了一會兒，然後同時尖叫：「樹林！」我又加了一句：「和闐河！水！」

我們馬上鼓起僅剩的力量，掙扎著往東走。沿路沙丘的高度越降越低，我們嘗試在沙丘底一塊凹陷的泥地上挖洞，希望能挖到水，但是因為我們太過虛弱了，只好放棄，繼續往下走。隨著墨綠色的線條越形擴大，沙丘逐漸減少，直到完全消失，取而代之的是坦蕩柔軟的地面，顯然我們距離樹林只有幾百碼的路程了。五點三十分，我們遇到第一叢白楊樹，已經筋疲力竭的我們立刻躲進樹蔭底下，享受樹林的芬芳；樹木間綻

遠處樹林激起新希望

放花朵，小鳥在枝枒間歡唱，蒼蠅和牛虻嗡嗡鳴叫著。

直到七點，我們依舊馬不停蹄地趕路，林木變得比較稀疏了。我們來到一條步道，看得出人、羊、馬匹的足跡，心想這條路可能通往某條河流。順著小徑走了兩個小時，我們躺進一叢白楊樹的綠蔭裡休息。

兩人都已虛弱不堪，實在走不動了，卡辛躺在地上，一副快要斷氣的樣子。我想河流「一定」就在附近，可是我們偏偏像被人釘在地上似的，被一股酷熱的暑氣包圍住。難道白天毫無止境？每過去一個小時，便帶領我們更接近死亡一步。在一切變得無法挽救之前，我們必須設法找到河流！可是太陽還不下山，我們呼吸困難而且沉重，連求生的意志都快離我們而去了。

到了晚上七點，我終於可以爬起來，把鐵鏟子的鏟刃掛在樹杈上作路標，木製鏟柄則用作手杖；如果我們找到牧羊人協助，即可循此標記回去拯救三位垂死的隊友，並且找回失落的行李。然而，我們離開那三位夥伴已經整整四天了，他們必然是凶多吉少，即使沒有遭遇不測，我們也得花上好幾天才能找到他們，他們的處境顯然是希望渺茫。

我再次催促卡辛跟我一塊去河邊喝水，他以手勢表示爬不起來，還呢喃著說他不久就會在白楊樹下離開人世。

我只好自己拖著身體穿過樹林。一路上，多刺的荊棘和掉落地的枯樹枝不斷阻擋去路，單薄的衣服被樹枝刺破，雙手更是傷痕累累，不過我還是慢慢往河邊推進。我一方面匍匐著往前爬，途中頻頻停下來休息，一方面焦急地注意到樹林裡變得越來越暗。夜晚終於降臨了——這可能是最後的一夜，因為我已經不可能再撐過另一天了。

置身和闐河河床上！

走到樹林的盡頭戛然而止，彷彿被火燒過，我發現自己置身在一塊六呎高的梯形小丘（terrace）邊緣，它以幾乎垂直的角度陡降到非常寬廣平坦的平原上，上面並沒有植物生長。這裡的土地很堅實，一根沒有葉子的枯枝從土裡突伸出來，我恍然明白這是一塊浮木，而我所處的地方正是和闐河的河床，只不過河床是乾涸的，就像我背後的沙漠一樣乾燥。

經過如此艱辛的搏鬥，好不容易來到和闐河，難道我還是要在河床上渴死？絕不！除非讓我先渡過這條河，確定整個河床沒有一滴水，也就是所有的希望全都幻滅了，否則我絕對不願就此倒下斷氣。

垂死的我爬過樹林找水源

我知道河道幾乎是往正北方延伸，因此到達河的右岸最短的距離一定是往正東方走。雖然月亮已經升起，而我也不斷盯著羅盤看，但是在意識不清的狀態下，我卻朝向東南方前進。想要抵抗這股拉力根本沒有用，好像有隻隱形的手引導我往那個方向走，最後我不再抗拒，順其自然向月亮所在的方向走去。許多時候，我仆倒在地上休息，被強烈的嗜睡慾望征服，我的頭慢慢埋進地裡，這時必須竭盡一切意志的力量才能克制自己不沉入夢鄉；以我的疲憊程度，一旦睡著肯定是再也醒不過來的。

和中亞所有的沙漠河流一樣，和闐河的河床非常寬闊，而且平淺。一團模糊的光暈漂浮在荒蕪的大地上，我已經走了將近一哩路了，河床東岸的樹林在月光下只剩下隱約的輪廓，河床高起的岸上長著濃密的樹叢和蘆葦，河邊有一棵倒下的白楊樹，深色的樹幹往河床方向延伸，看起來像是一隻鱷魚的身體。這裡的河床還是和先前一樣乾枯，距離肯定是我的葬身之地的河對岸已經不遠了。此刻，生命對我宛如一條瞬息即散的絲線。

恩賜的生命之泉

突然間，我凝視著前方，腳步跟著停了下來。因為前面有隻野鴨或野雁之類的水鳥撲打著翅膀飛了起來，同時耳際響起水花飛濺的聲音。緊接著，我走到一個池塘的邊緣，池塘長七十呎、寬十五呎；月光下的池水像墨色一樣黝黑，而白楊樹幹的倒影清晰地映照在深邃的池水中。

在寧謐的夜色裡，我不禁向上帝感謝這份奇蹟似的禮物；如果我先前執意朝東走，現在大概已經迷失方向了。事實上，假如我遇到河流的位置是在這個水池的北邊或南邊一百碼以外，相信無論怎麼走，河床都會是乾枯的。我知道和闐河源頭是西藏北方的雪原和冰河，直到六月初冰雪消融之後才有水注入和闐河床，到夏末秋初，河床又會開始乾涸，因此整個冬季和春季，和闐河的河床絕對是既乾又枯。我也聽說，有些離河床行程一天以上的地方，由於地面凹陷較深，河水一漲便注入靠近丘岸的凹地，水退之後，凹地裡的水就會滯留一整年不消失，而我現在就站在這種極度罕見的水體邊上！

我平靜地坐在池岸邊，伸手按按脈搏，我的脈搏虛弱到幾乎察覺不到，每分鐘只跳四十九下。我盡情暢飲池水，完全沒有節制；池水凜冽，清澈透明宛若水晶，和品質最好的泉水一樣甘甜醇美。在喝過池水之後，我乾涸的身軀彷彿海綿吸收水分一般，所有的關節開始軟化，伸展每

救了我一命的泉水

一個動作也變得輕鬆多了。先前，我的皮膚和羊皮紙一樣粗硬，喝了水之後逐漸柔軟；前額濕潤起來，脈搏的強度也增加了，才幾分鐘時間就上升到每分鐘跳動五十六下。現在我血管裡的血液順暢地流動，一股幸福、通體舒暢的感覺湧了上來。我忍不住埋頭再喝，並且坐在這個恩賜的水池中，任由池水輕撫我的身軀。後來我為這潭水池取了個名字，叫作「天賜之池」（The Pool of God's Gift）。

池岸邊的蘆葦非常茂盛，濃密的樹叢糾結在一起，銀色的月牙高掛在一株白楊樹梢上。樹叢裡傳來沙沙的聲音，可是乾燥易碎的蘆葦被什麼東西攪動了，也許是有東西正穿過這片樹叢，會是躡手躡腳前來喝水的老虎嗎？我臉上掛著征服者的笑容，等著看牠的眼睛在黑暗中閃爍。我心想：「過來啊，你！要不要試試看你能否奪走我的性命？不過五分鐘前，我勉強只算是一息尚存呢！」然而蘆葦叢裡的沙沙聲逐漸遠去，不管那是隻老虎，或是其他來喝水的森林居民，當他發現我這個走失的孤獨旅人闖進水池時，顯然都一致認為走避才是上策。

第二十二章　現代魯賓遜

我終於不再覺得乾渴，不可思議的是，我這種欠缺思考的狂飲行為竟然沒有讓自己受到傷害。我的心思轉而飛到卡辛身上，他此刻還因為口渴，昏迷不醒地倒在河流西岸的樹林邊緣呢。三個星期前浩浩蕩蕩出發的旅隊當中，只有我這個歐洲人支撐到獲救的那一刻，如果我動作夠快速的話，也許還來得及救卡辛一命。可是我要拿什麼東西裝水呢？對了，我的靴子不是防水的嗎？事實上也沒有別的容器可用了，於是我將兩隻靴子灌滿了水，掛在鐵鏟的鏟柄兩頭，小心翼翼挑過河床回到西岸。月亮雖然已經低垂，我先前留下的足跡卻清晰可見；等走到樹林邊緣時，月亮整個沉落，濃稠而黑暗的天色籠罩著樹林。我找不到來時的足跡，迷失在荊棘和樹叢間，只穿著襪子的雙腳被刺得疼痛不堪。

垂死的夥伴

我不時用盡力氣叫喚「卡辛！」然而喊叫聲卻消匿於樹幹之間，唯一聽得見的是一隻被我驚

我點燃一堆火藉以吸引卡辛的注意

嚇到的貓頭鷹所發出的呼嚕聲。

如果我迷路了，可能就找不到先前自己留下的腳印，那麼卡辛便活不了。因此我站在一處枯枝與草叢紛雜糾葛的矮樹堆前，放火點燃整叢樹堆，我高興地看著火舌亂竄，連鄰近的一株白楊樹也被燒焦了。我相信卡辛的位置離我不會很遠，他一定聽到也看到了這場火。然而他仍舊沒有出現。除了靜待黎明的來臨，我別無選擇。

我找了一棵火燒不到的白楊樹，躺在樹底下睡了好幾個小時；火堆可以保護我不受任何野獸的攻擊。

直到天空現出魚肚白，火堆仍然燒得很旺，冒出的黑煙往上直衝竄出樹林；現在我可以輕易找到自己的腳印，還有卡辛的位置了。卡辛躺臥的姿勢和前一晚沒有兩樣，他一見到我就低語說道：「我快死掉了！」

我問他：「你要喝水嗎？」然後晃動靴子讓他聽聽水花落地的聲音。他坐了起來，眼睛呆滯茫然，我遞上一隻靴子，他把靴子舉到唇邊一飲而盡，停了一會兒，連另一隻靴子裡的水也喝得精光。

「來，我們到水池那兒去。」我對他說。

「我走不動。」卡辛回答。

「那麼等你走得動了，就盡可能順著我的腳印過來，我會先到水池那兒，再沿著河床往東走。再見了。」

在那一刻，我無法為卡辛多做些什麼，我想他應該已經脫離險境了。

五月六日早上五點，我又回到水池那兒痛快喝水，還洗了個澡，休息了好一陣子，之後沿著和闐河東岸（也就是右岸）高起的林地往南行；這樣走了三個小時，天色漸漸變暗，荒蕪的大地上颳起黑色的風暴。

我心想：「對於那些陳屍沙漠的夥伴來說，這正是埋葬他們的第一鏟沙土吧。」

樹林的輪廓消失了，整個大地籠罩在一片朦朧的塵沙之中，走了三個小時以後，我又開始飽受口渴的煎熬；突然一個想法浮現心頭：會不會在我找到另一個水源之前天就黑了？很顯然，離開第一個水池「天賜之池」實在是不智之舉。

我對自己說：「我要回到第一個水池那兒，同時尋找卡辛。」

折向北方走了半小時，我發現一個迷你水池，池水很髒。我停下來喝了點水，肚子開始覺得飢餓，畢竟我已經一整個星期沒吃東西了。我吃了些野草、蘆葦嫩芽和樹葉，甚至捉水池裡的蝌蚪果腹；蝌蚪嚐起來味道很苦，而且很噁心。時間已經是下午兩點。

「先不管卡辛，就在這裡等風暴過去再說吧。」我心想。

於是一個人走進樹林，找了一堆濃密的矮樹叢遮蔽強風，然後把靴子和帽子排列好充當枕頭，讓自己完全沉入夢鄉；那是自從四月三十日以來睡得最安穩甜美的一次。

發現牧羊人

醒來時已經晚上八點鐘，四下一片漆黑，風暴在我頭上肆虐呼嘯，把樹枝吹得嘎吱嘎吱響。我收集一些柴薪生起一堆營火，又喝了些池裡的水，吃了點野草和樹葉，然後坐在營火旁觀賞火燄的翩然舞姿。如果這時有忠實的尤達西陪著我該有多好！我吹起口哨，可是狂舞的風暴掩蓋了所有的聲音；而尤達西是永遠不會回來了。

五月七日凌晨我一睜開眼睛，風暴已經停止，不過空氣裡仍然布滿微細的塵土。我驚覺地想到，最接近我的牧人也許遠在需要幾天行程以外的距離，而我缺少食物，根本不可能活命太久；更何況我所在位置離和闐城還有一百五十哩路程，憑我目前衰弱的體力，至少要走六天才能抵達。

一大清早，約凌晨四點半我就出發；我循著河床的正中央朝南直行，為了安全起見，我將靴子灌了半筒水，然後用鐵鏟柄挑在肩上，那模樣就像牛頸上箍的牛軛。走了一陣子，我靠向河的左岸，因為我看見一個被人遺棄的羊圈和一口井。中午的熱氣令人難以忍受，我只好往樹林裡走，摘些野草、樹葉、蘆葦嫩芽止飢。暮色以驚人的速度降臨大地，我生起火堆，留在原地過了一夜。

隔天，我趕在太陽現身之前上路，整整走了一天。就在天黑之前，我在一個小島的岸邊意外發現令人詫異的東西：在河床硬實的沙地上有相當新的腳印，顯然是兩個打赤腳的人趕著四頭騾子往北走。可是，為什麼我沒有遇到他們？有可能是在夜裡我熟睡時和我擦身而過，現在必然已經走遠了，想折回去趕上他們恐怕也於事無補。

在這同時，隱約聽到從遠方沙地傳來的不尋常聲音，我趕緊停下來豎耳傾聽，然而整片樹林依然靜謐無聲。也許是鳥的鳴叫聲吧！我繼續往前走。

但是，不對！一分鐘後，我確實聽到一個人的聲音和牛的哞叫聲！果真不是幻覺，真的有牧人！

我馬上將靴子裡的水倒掉，穿上濕答答的靴子往樹林裡飛奔；我穿過濃密的樹叢，跳過倒臥的樹幹，這時耳邊又響起綿羊咩咩的叫聲。出現眼前的是一群正在深谷中吃草的羊，當我突然從樹林裡竄出來，一個牧羊人霎時被嚇得愣住了，站在原地好像一塊化石。

我向他打招呼：「主賜平安！」（Salam alekium）他立刻拔腿就跑，一溜煙消失在林木間。過了不久，他帶著一個年紀稍長的牧人回來，他們停在安全距離外，我用簡單幾個字告訴他們我的遭遇。

我說：「我是歐洲人，從葉爾羌河進入沙漠。我的手下和駱駝都渴死了，我的東西也都丟了。我已經八天沒有吃東西，只吃一點野草填填肚子。請給我一塊麵包和一碗奶水，讓我在你們附近休息吧；我快要累死了。以後我會付錢答謝你們的幫助的。」

他們一臉狐疑地看著我，顯然認為我在說謊，不過經過幾番遲疑，他們還是答應要我跟他們一起走；於是我跟隨在後面走到他們居住的草棚。這座草棚搭在一棵白楊樹的陰影下，只有四支細細的柱子撐起樹枝、雜草鋪成的屋頂，地上有一張已經磨破的地毯，我忍不住仆倒在上面。年輕的牧人拿出一個木製容器，遞給我一塊玉米麵包，我向他道謝，並撕下一塊麵包吃，立刻就覺得脹飽了，牧人又遞給我一個木碗，裡面盛滿最鮮美的羊奶。

兩個牧人不發一語，站起來離開草棚，不過有兩隻半野性半馴服的狗仍然留在草棚下狺吠不休。

到晚上，他們偕同第三個牧人回來了。他們剛剛把羊群趕進附近的羊圈裡，正在草棚前生起一大堆營火；當營火燃盡時，我們四個人也都睡著了。

三位牧人的名字分別是玉斯璞（Yusup Baï）、托哥達（Togda Baï）和帕西（Pasi Ahun），他們照顧一百七十隻綿羊和山羊，還有七頭乳牛，這些牲口全屬於和闐一位商人所有。

獲知伊斯嵐的消息

五月九日天亮時，我發現身旁放著一碗奶水和一塊麵包，牧人們則早已經離開。我狼吞虎嚥地吃完早餐，接下來開始探勘周遭的環境；由於草棚剛好坐落在一處多沙的高地上，從那兒可以俯瞰乾涸的和闐河，牧人就在鄰近河岸的地方掘井。

牧人們身上的衣服已磨損破舊，兩腳充其量用羊皮縫起來簡單裹住；腰帶裡只攜帶夠喝的茶葉。棚屋裡的用具僅是兩個粗糙的木製容器，容器和玉米放在草棚頂上，旁邊還有一把原始的三弦吉他。牧人也有斧頭，用來行走林地間時開路前進，另外就是一枝鐵製的撥火棒，這棒子倒是很少用到，因為火苗轉趨微弱時，他們只須把灰燼底下的煤炭再吹旺就可以了。

那天下午發生一件很奇怪的事。當時牧人帶著羊群在樹林裡吃草，我坐在地上遙望河床，忽然看見一隊百頭騾子組成的商隊從南往北走，騾子背上馱負袋子，看樣子他們是要從和闐到阿克蘇（Aksu）。我猶豫是否要趕過去求見領隊，繼而想到這樣做不妥，也毫無用處，因為我口袋裡連一個銅板也沒有！照眼前情形看來，我勢必得留下來和這些牧人待一段時間，在他們的地方好好休息兩天，然後步行到和闐去。想著想著，我又躺在草棚屋頂下睡著了。

突然，我被喧鬧的人聲和馬蹄聲給吵醒。我坐了起來，看見三個頭纏白色布巾的商人騎馬走到草棚外頭，他們下馬走到我前面，謙卑地對我鞠躬；原來是收容我的兩個牧人引他們前來，現在正站在一旁抓著馬轡。

商人席地而坐，告訴我昨天他們在從阿克蘇到和闐的路上，騎馬行經河床，當他們經過河床左岸的林地小丘時，看見一個已經奄奄一息的男子倒在丘地下坡，旁邊有一頭白色的駱駝正在樹林裡吃草。

好心的商人便停下來，問他需要什麼幫助，那個人低語呢喃：「水，水。」於是商人派遣僕人到最近的水池邊汲了一罐水給他——很可能就是救了我一命的那個水池。之後，他們又餵了這名男子一些麵包和乾果。

我一聽就知道那個垂死的男子正是伊斯嵐，他把我們旅行的故事向商人描述，雖然他認為我肯定早就一命嗚呼了，但還是要求商人協助尋找我的下落。帶頭的商人表示願意讓出一匹馬給我，希望我和他們一起前往和闐休養。

可是我一點也不想那麼做！他們為我帶來的消息使情況整個改觀，原本意志消沉的我再度振作起來。也許我們可以回到死亡營地去，尋找那些被留下的人是否還活著；也許我們可以找回行李，重新集結一支新的旅隊，幸運的話，我遺失的錢說不定也可以找回來。我感覺前途倏忽又變得明亮起來。

那三個商人與我道別，繼續他們的旅程，行前他們借給我十八個小銀幣，大約值八先令，此外還送我一袋白麵包。

牧人明白我先前所說的都是實情後，個個顯得十分困窘。

睽違了！夥伴們

五月十日我睡了一整天，覺得自己好像是剛生完一場大病、正在休養的病人。天方破曉之際，我聽到一陣駱駝的嘶鳴聲，走出棚外一看，是一位牧人牽著一頭白駱駝，搖搖晃晃跟在後面的正是伊斯嵐和卡辛！

伊斯嵐整個人撲到我腳邊，激動地哭泣，他以為我們永遠不可能再相見了。

當我們圍坐在營火旁享用羊奶和麵包時，伊斯嵐開始描述他的驚險遭遇。五月一日晚上，他休息了幾個小時之後，就帶著僅剩的四頭駱駝追循我們留在沙地上的足跡往下走；五月三日晚上他見到了我們的營火，心裡受到莫大的鼓舞，他奮力走到三棵白楊樹下，靠著敲打樹幹吸吮樹的汁液維持生命。由於有兩頭駱駝已經垂垂死矣，他便在白楊樹下解開牠們馱載的物品。五月五日，小狗尤達西因為口渴失去了性命；兩天之後，兩頭垂死的駱駝頹然倒地，其中一隻一路上都馱著我們的測高儀器和其他重要物品。剩下的兩頭駱駝有一頭掙脫韁繩，逕自跑進樹林裡吃草，伊斯嵐則領著「雪白」走向河邊。他是在五月八日早晨抵達和闐河，沒想到河床竟然是乾的，伊斯嵐絕望地倒在那裡等死。過了幾個小時，先前的三位商人正好路過，餵他喝了水，後來他們也

獵人梅爾艮

發現了卡辛；現在兩個人都安全來到了這裡。

我在「雪白」馱運的背包裡發現我的日記本和地圖，還有中國銀子、兩把步槍，以及少量的菸草；這下子，我搖身一變又成了相當富有的人，只是測高儀器和許多不可或缺的東西都不見了。

我們向帕西買了一隻羊，那天晚上，大家圍坐在營火旁興致十分高昂。我的脈搏現在已經跳升到六十下，而在接下來的幾天，我的身體狀況已經慢慢恢復正常。

第二天，牧人把營地遷移到更好的牧場；伊斯嵐和卡辛則利用原來的地方為我建了一座很好的涼亭，位置就在兩棵白楊樹中間。我的床是破損的氈墊，我把中國銀子藏在一隻袋子裡充當枕頭。白色的駱駝在樹林裡吃草，牠是我們那群矯健的駱駝中唯一倖存者，牧人每天三餐都會給我們羊奶和麵包，確實沒有什麼好抱怨的，只是我的思緒有時候會轉到漂流荒島的魯賓遜身上。

五月十二日，我們看見一支從阿克蘇來的商隊，他們走在河床上朝南走，商隊的主人是押隊的四個商人。伊斯嵐把他們帶到涼亭來，經過一番交易之後，我們的情況有了更好的轉變；我們買了三匹馬，代價是七百五十坦吉（一坦吉等於五便士），另外買了三個馱鞍、一個座鞍、馬勒啣、一袋玉米、一袋麵粉、茶葉、水壺、碗，還為在沙漠裡丟失靴子的伊斯嵐買了雙新靴子。現在我們是萬事俱備，想上哪兒隨時都可以動身。

兩個年輕的獵鹿人前來拜訪我們，他們獵鹿是為了取得鹿角，也就是中國人拿來作藥材的鹿茸。他們送給我一隻剛宰殺的鹿；第二天，他們的父親梅爾艮（Ahmed Mergen）也來到我們的營地，我安排由伊斯嵐、卡辛和這三名獵人一起合作，目標是尋找馱載儀器的駱駝，找回丟棄在白楊樹下的東西，可能的話，希望能回到死亡營地去看看。

他們帶著白駱駝和三匹馬上路，我又是獨自一人和牧人相處。

對西藏魂牽夢縈

接下來這段期間正考驗著我的耐心。我在尋回的日記本上寫下最近的冒險歷程，其他時間則躺在涼亭裡閱讀；原先的物品中只有一本書被保留下來，不過它是可以一讀再讀的書，那就是《聖經》。牧人現在已經變成我的朋友，他們非常關心我的生活是否過得舒適，因此天氣雖然燠熱，我卻享受到良好的遮蔭；尤其微風輕輕吹拂過白楊木，更加涼爽宜人。有一天，幾位路過的商人賣給我一大袋葡萄乾；還有一次當我正陶醉夢鄉時，一隻黃色的大蠍子爬過氈墊，硬是驚醒了我的好夢。我魂牽夢縈的盡是西藏。只要等到伊斯嵐他們帶著儀器回來，我們就可以馬上動身，取道和闐前往西藏。我的體力已完全恢復，並且在樹林裡修養生息，獨處的這段日子也過得相當愉快。

營救小隊在五月二十一日回來，伊斯嵐遺落在三株白楊樹下的東西都找到了，但駱駝的屍體已經腐爛散發著令人難以忍受的惡臭。至於馱載沸點溫度計、三支晴雨氣壓計和一把瑞典陸軍手槍等物品的駱駝「單峰」，卻消失不知蹤影。

缺少測量高度的儀器，要去西藏簡直難如登天。新的裝備必須從歐洲採購送來，因此我不得不返回喀什。我們付出一筆優渥的報酬答謝牧人的照顧，然後向他們揮手告別。我們騎馬到達阿克蘇，抵達時間是六月二十一日；我派遣一名信差騎士到離俄國邊界最近的電報站去，得知新裝備必須花三、四個月才能抵達喀什。這麼長的等待時間，我可以做什麼呢？當然是再一次前往帕米爾高原探險了！我從裴卓夫斯基領事和麥卡尼先生那兒借到必要的儀器用品。

有一天，我去拜訪道台，想與他聚餐敘敘舊。我一走進他的衙門（yamen），他指指桌上一支左輪手槍問我：「你認得它嗎？」

那不正是我的瑞典陸軍手槍嗎，本來是和測高儀器放在同一個包裹裡的！

我驚訝地問他：「你從哪裡弄來的？」

他說：「在和闐河南邊一個叫塔維克凱爾（Tavek-kel）的村子，一個農人把它配在身上。」

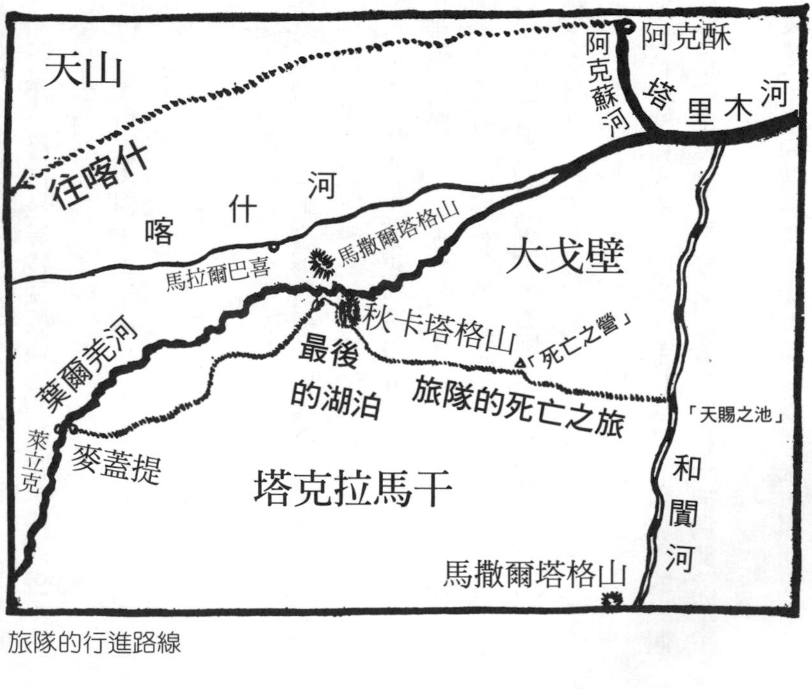

旅隊的行進路線

「那麼，那頭駱駝所馱運的其他東西又到哪裡去了？」

「沒有發現。不過我已經派人在整條和闐河沿線仔細搜尋，閣下不必擔心。」

顯然這樁事件上有小偷也有叛徒參與。這些科學儀器能夠帶給質樸的百姓什麼樣的滿足？事實上，這些東西對他們而言根本毫無用處，對我卻是意義重大！我情願送十頭駱駝來交換他們手裡的儀器。

關於左輪手槍的發現過程又是另一個故事，但我必須留待後面章節才能詳述。

眼前，命運之神正將我帶回帕米爾高原！

第二十三章　二度挑戰帕米爾高原

我忠實的僕人卡辛被俄國領事館任命為守衛，因此一八九五年六月十日我離開喀什時，只帶了伊斯嵐和另兩名手下隨行，還有六匹馬。

出發後第二天，我們來到一個相當大的村落烏帕爾（Upal），它就處在一個深邃的峽谷中，鬆軟的土壤受到嚴重沖蝕。那天下午唏哩嘩啦下了一場大雨，雨勢之大前所未見；日落前一個小時，我們聽到一聲天崩地裂般的巨響，空洞卻擁有令人震懾的力道，而且巨響逐漸逼近我們。不過幾分鐘光景，河床已經變成一道洶湧的激流，迅速氾濫沖上堤岸，淹沒了村落裡的大片土地。聲勢驚人的河水所到之處挾帶強大的破壞力，泡沫滾滾、沸沸湯湯的泥漿捲走任何阻擋的東西。在泥水壓境的重量下，大地為之震動，漩渦四濺宛如褐色水波上的霧氣。轉眼間，渡橋被洪水整個沖走，好似它的橋墩和橋板是乾草紮成的；而漂浮在水面上的東西有連根拔起的樹木、推車、家居用品；田裡的乾草堆隨著起伏的波濤狂舞。眼看著洪水沖毀脆弱的泥土屋舍，驚惶的村民尖叫著四處逃竄；做母親的背起嬰兒涉過及腰的水流逃難，其他的人則設法搶救棚屋內被湧進的泥水浸濕的家具。成列的楊柳和白楊樹無不折彎了腰，而在一個毫無遮擋物可當屏障的地方，共有十五間房屋被洪水沖走。眼看一處種甜瓜的田圃很快就要遭水淹沒，村民趕緊抱起就要成熟的甜瓜，搬到安全的地方。至於我自己的處境也是千鈞一髮，因為旅隊差一點被水吞沒，幸好洪水暴發時我們離河岸還有一段距離。隨著昏黃的天色逐漸降臨，肆虐的洪水也迅速消退，到第二天早晨，河床又變得空盪盪的了。

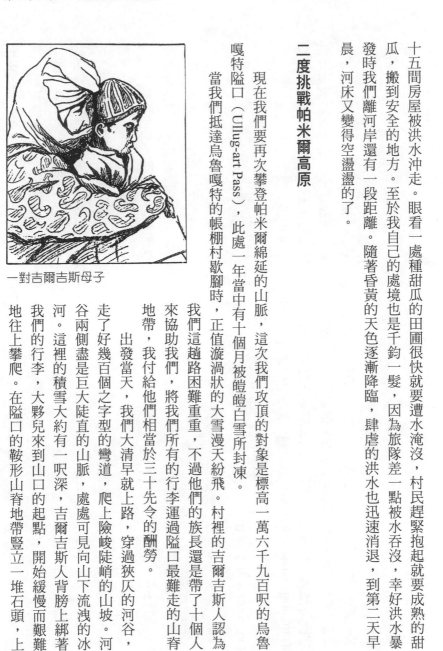

二度挑戰帕米爾高原

現在我們要再次攀登帕米爾綿延的山脈，這次我們攻頂的對象是標高一萬六千九百呎的烏魯嘎特隘口（Ullug-art Pass），此處一年當中有十個月被皚皚白雪所封凍。

一對吉爾吉斯母子

當我們抵達烏魯嘎特的帳棚村歇腳時，正值漩渦狀的大雪漫天紛飛。村裡的吉爾吉斯人認為我們這趟路困難重重，不過他們的族長還是帶了十個人來協助我們，將我們所有的行李運過隘口最難走的山脊地帶，我付給他們相當於三十先令的酬勞。

出發當天，我們大清早就上路，穿過狹仄的河谷，走了好幾百個之字型的彎道，爬上險峻陡峭的山坡。河谷兩側盡是巨大陡直的山脈，處處可見向山下流洩的冰河。這裡的積雪大約有一呎深，吉爾吉斯人背膀上綁著我們的行李，大夥兒來到山口的起點，開始緩慢而艱難地往上攀爬。在隘口的鞍形山脊地帶豎立一堆石頭，上面插了棍子和布條，吉爾吉斯人匍匐在石頭前禱告。

假如說上坡的路陡峭難行，那麼下坡路更是驚險萬狀；被積雪覆蓋的隘道狀似螺旋錐（corkscrew），有些地方向下幾乎是呈垂直角度，兩邊則是突出的岩石。我們用冰斧鑿進山脊的結冰表層，然後用繩索慢慢把行李箱往下放；每匹馬由兩個人協助牽引，不幸的是，我在和闐的牧人營地買來的其中一匹馬卻失足跌下陡坡，當場斃命。為求安全起見，我們自己都是手腳並用滑下山脊。

大夥跨越熟悉的區域向南前進，上溯杭塞拉巴河（Hunserab River），抵達興都庫什山脈，從那裡穿過四個峭險隘口——我終於站在這裡親眼眺望康居山（Kanjut）[1]；我曾經要求英國當局准許我前往，但是得到的答覆是：「這條路不對旅客開放。」

我們繼續前往瓦克吉爾隘口（Vakjir Pass），這裡的河水流向三個不同的方向，分別匯入阿姆河和鹹海的龐吉河（Panj River）[2]、葉爾羌河和羅布泊的塔格敦巴什河（Taghdumbash-daria）[3]，還有這處隘口南麓發源的一些河流，最後注入印度河[4]和印度洋。

到了察克馬卡丹湖（Chakmakden-kul），我得知英俄邊界委員會（Anglo-Russian Boundary Commission）目前正在東北方離此地需要一天行程的美曼優里區（Mehman-yoli），他們的工作在於劃定北邊俄國領土和南邊英國領土間的疆界，亦即釐清從維多利亞湖（Victoria Lake）[5]到中屬帕米爾之間領土的歸屬權問題。我決定造訪委員會的營地，於是事先派遣一位吉爾吉斯人送信給英國的杰拉德將軍（General Gerard）和俄國的帕伐洛許維科夫斯基將軍，一天之後，我收到雙方熱忱邀訪的回函。

嚴守中立態度

八月十九日，我騎馬帶領一支小形的旅隊，想在英、俄兩國營地間的中立地帶紮營，既然同時身為兩方的客人，就必須嚴守中立的分際。不過我認為應該先去拜訪帕伐洛許維科夫斯基將軍，因為他曾經在馬其蘭奉我為上賓，然而在抵達他的吉爾吉斯大帳棚前，我得先經過英國軍官的帳棚；突然，老友麥卡尼先生從一頂帳棚裡跑了出來，手裡拿著杰拉德將軍邀請我當天晚上赴宴的請帖，搞得我站在兩方陣營之間，不曉得該怎樣維持中立的態度。所幸我和帕伐洛許維科夫斯基將軍相當熟識，便懇請他容許我第二天拜訪杰拉德將軍；在這段拜會的期間，我每天輪流造訪英、俄兩方的營地。

英國軍隊中的阿富汗軍官

在荒涼的帕米爾高原上，我們的營地得天獨厚，盤據景觀最為詩情畫意的地點；野生的綿羊從積雪的山頭上俯瞰河谷裡各種族刻板無聊的生活，牠們對政治疆界一點興趣都沒有。英方擁有六十頂印度式陸軍帳棚；俄方則搭建十二座吉爾吉斯人的大型毛氈帳棚，有些帳棚覆蓋白色毛毯和色彩繽紛的彩帶，十分耀眼醒目。駐紮此地的種族包括哥薩克人、廓爾喀人、艾弗瑞迪人（Afridis）[6]、印度人、康居人等，每逢用餐時間，樂隊便演奏出自英國與俄國作曲家的音樂。

在英國代表的陣營中有許多傑出人物，第一個正是該營首領杰拉德將軍，他是印度最勇猛的獵虎英雄，曾經親手射殺兩百一十六頭老虎，打破所有的紀錄。第二位出色人物是上校霍迪奇勳爵（Sir Thomas Holdich），他是當代研究亞洲地理的權威之一；還有一位是麥席威尼上尉（Captain McSwiney），他給了我永誌難忘的友誼，幾年之後我們有緣相逢，當時他在印度烏姆巴拉（Umballa）服役，不久便與世長辭了。至於俄國陣營方面，地形測量員班德斯基（Bendersky）也相當傑出，他曾出使阿富汗，在喀布爾（Kabul）覲見過酋長錫爾阿里汗（Shir Ali Khan）[7]。阿富汗現任酋長阿布督拉曼汗（Abdurrahman Khan）也派遣代表參與邊界委員會，這位名為古蘭（Gulam Moheddin Khan）的代表沉默寡言，是個儀表威嚴的阿富汗老者。

至於我自己嘛，經過沙漠的一番跋涉之後，美曼優里區的所有歡宴與聚會全都讓我有重新活過來的感覺，畢竟在這夥熱情好客的軍官營地裡，絕對不用擔心會渴死。我們聚集在俄軍營區的大型賭場中，帳棚外站著手持石油火把的哥薩克士兵守衛；而當我們到英軍營地做客吃飯時，席間樂隊演奏悠揚的音樂，寂靜的群山和著旋律發出悅耳的共鳴。

官兵娛樂的方法還包括在營帳前舉辦田徑活動，譬如哥薩克人和艾弗瑞迪人比賽拔河，雙方各派八個人，結果哥薩克人贏了；在賽馬項目上，哥薩克人超前印度人兩分鐘，又是贏家；可是在砍樹比賽和馬上刺術的比賽項目上，印度人則報了一箭之仇。其中有一個項目十分逗趣，不管是歐洲人或亞洲人，全都看得笑翻了；那是由不同國籍組成團隊的競走比賽，參賽者雙腳套在一只布袋裡，布袋綁在腰間，不但要比賽誰跑得快，中途還要跨過一條帶子。至於駱駝和犛牛的競賽就更滑稽了。不過，最刺激也是壓軸好戲的是：由兩隊吉爾吉斯騎兵面對面站在兩側，每隊各有二十人，兩隊距離兩百二十碼。一聲令下，只見兩隊英勇騎兵全速狂奔向前，他們在中點線全部混撞成一團，許多人直接一頭栽到地上，有的撞得鼻青臉腫，被馬兒拖在地上跑，只有少數幾個人在這樣的衝鋒陷陣裡全身而退。

就在這同時，邊界線也達成了協議，劃好的疆界上沿線豎立標記用的角錐，委員會終於大功告成。最後一個晚上，英方舉辦一場盛大的餞別酒宴，印度士兵圍繞著旺盛的營火跳起他們的民族舞蹈「劍舞」，散場後賓客由四方各自散去，頓時這個區域又回到原來的靜謐。在所有的人都離開之後，一場暴風雪隨即侵襲整個河谷。

湍流中渡河，險象環生

我和旅隊返回喀什，沿途必須翻越四座高山，不過最驚險的部分就屬在通村（Tong）橫渡葉爾羌河這段，河谷狹窄深邃，河流氣勢雄渾壯闊；洶湧翻滾的河水在陡峭的崖壁間以驚人的聲勢往下流洩。通村的哈珊長老（Hassan Bek）準備護送我們渡河，他派遣六位打赤膊的塔吉克人（他們是伊朗後裔）來幫忙，他們把充了氣的羊皮綁在胸口上。渡河的皮筏是一個擔架固定在十二隻充氣羊皮上所做成；他們跳進河裡，用這艘皮筏接駁我們綁成四串的行李。接著他們把馬匹套上頸軛，繫在皮筏上，然後由水裡的一個人伸出手臂攬住馬脖子，引導馬兒渡河。可是在渡河的過程中，激流把皮筏沖到一哩以外的下游，他們費了九牛二虎之力才搶在強勢的湍流之前，把皮筏送到對岸去，否則皮筏就會被湍流摔在突出的岩石上而四分五裂。

我坐在皮筏中央的箱子裡渡河，這種奇怪的發明在激流裡瘋狂地搖晃，迅速飛過眼簾的對岸懸崖，像是在與湍急的河流賽跑。皮筏上下顛簸，左右衝撞，我被這瘋狂的舞動弄得頭暈目眩；激流的怒吼與力量不斷增強，皮筏被緊緊吸住，毫無抵抗力地衝向滾滾泡沫中，下一刻，我們可能就會被狠狠摜在懸崖上粉身碎骨。還好擅長游泳的塔吉克人經驗老到，他們對於渡河信心十足，在一個眼看已經逃不過的危險地點，他們硬是把皮筏推進一塊突出的岩石底部的逆流中，我們才得以安全抵達彼岸，而且毫髮無傷。

【注釋】

1 喀喇崑崙山脈中的一座山，位於今巴基斯坦所控制的喀什米爾區域。

2 亦作Panja或Penjdeh，位於阿富汗與塔吉克間的界河，長度約六百四十五公里，是阿姆河的上游。

3 原意為「世界屋脊之河」。

4 喜瑪拉雅山冰川消融後，從西藏西北流入喀什米爾和印度的河流，經由巴基斯坦注入阿拉伯海，全長兩千七百三十六公里。

5 為英國人的稱呼，又作Zokul Lake，是阿富汗名字，位於今阿富汗東北與塔吉克邊境地帶的帕米爾高原上，標高四千〇八十四呎。

6 分布在印度與巴基斯坦一支驍勇善戰的民族。

7 一八二五—一八七九，曾試圖在英、俄強權間保持中立，但是英國人認為他屈服於俄國勢力，因而引發第二次阿富汗戰爭，英軍乘隙入侵阿富汗，在逃亡土耳其斯坦的途中去世。

第二十四章　兩千年的沙漠古城

由於一場高燒，迫使我在喀什停留很長一段時間，這期間，新的儀器裝備從歐洲運到。一八九五年十二月十四日，我們這支小規模旅隊再度出發，成員包括伊斯嵐和另外三名手下，加上九匹馬。從喀什到和闐有三百六十哩的路程，對於這段路程我們已經是經驗十足，相信這一次什麼樣的困難都阻止不了我們。我們將途經東土耳其斯坦（即現在的新疆）最大的城市葉爾羌，該城市擁有十五萬人口，其中百分之七十五的居民都長了一種奇怪的腫瘤，叫作「博噶克」（boghak），腫瘤長在脖子上，經常增生到如頭部大小。

我在葉城（Kargalik）[1]歡度耶誕夜，過了這個城鎮，地表變得十分貧瘠，不過古代的商旅路線至今仍然標示清晰，沿線有低矮的泥台引路。有幾個晚上，我們在大型商旅客棧過夜，這些客棧的飲用水全是由深井裡打來，其中一口井深達一百二十六呎。

沿途有個景點叫「吾王之沙漠皇宮」（Kum-rabat-padshahim），成千上萬隻聖鴿在這裡展翅飛翔，空中充斥著牠們咕咕的鳴叫和揮動翅膀的噗嗤聲。每一個旅人都必須帶玉米餵食鴿子，我們帶來了一整袋玉米，目的就是為了讓鴿子飽餐一頓；我站在地上餵食美麗的藍灰色鴿，一大群爭食的鴿子把我團團圍住，牠們停在我的肩上、帽子上與手臂上，一點也不怕生。象徵奉獻的竿子上高掛著布條，用意是嚇走試圖獵食鴿子的猛禽，不過在目睹聚集現場的虔誠民眾之後，我相信任何想要獵捕鴿子的鷲鷹恐怕會因此賠上性命。

我們在一月五日抵達和闐，中國人幾千年前就對這地方耳熟能詳，古代梵語稱它為「庫斯塔那」（Kustana），歐洲人則是經由馬可孛羅的遊記而對它有所認識。西元四〇〇年，中國晉朝時的名僧法顯曾形容和闐是個瑰麗不凡的城市，也是佛教信仰的重鎮。

沙漠下的神秘古國

有一則源自西元六百三十二年的傳說，述說沙漠裡有一座被掩埋的古城。據傳說和闐西邊一個叫琵瑪（Pima）的村子曾經有釋迦牟尼顯靈，神蹟顯靈的地方是一塊二十呎高、閃爍著光芒的檀香木。之前，這塊檀香木原屬於北方的另一個城鎮，有一天，城裡來了一位智者向釋迦牟尼像膜拜，城裡的居民卻對他十分粗暴。他們把智者抓起來，將他整個人埋進土裡，只剩一顆頭露在外面，有個虔誠的佛教徒偷偷拿食物給他吃，最後將他救了起來。智者在倉皇逃走之前對他的救命恩人說：「七天之內，這個城會被天上落下來的沙子所掩埋，屆時唯有你一人能夠得救。」這位虔誠的信徒連忙跑去警告城裡的居民，可是人人都笑他癡人說夢，他只好自己找一個山洞躲起來。到了第七天，天上果然下起一陣沙雨，將整座城市深埋在底下，所有的人都窒息而死。那位虔誠的佛教徒爬出山洞後，直接來到琵瑪村，他前腳剛到琵瑪村，神聖的釋迦牟尼像便從空中翩然而降，選擇琵瑪村為新的聖地，取代先前被沙子掩埋的城鎮。

同一時期——唐朝時代——有個中國旅人也曾經描寫過和闐北部的沙漠地區：「那裡無水無草，只有焚風不時颳起，人、馬和走獸都為之窒息，有時還因此生病。旅人行經此地都會聽見尖拔的哨音或狂囂怒吼，循聲追蹤卻又一無所獲，使得旅人湧起莫名的恐懼。此地惡靈出沒，旅人迷失迭有所聞。再行四百里路即到達古國吐谷渾（Tu-ho-lo）；很久以前這個國家就已經變成了沙漠，所有城鎮皆化為廢墟，到處被叢生的野草所盤踞。」

儘管去年春天我在沙漠裡有過悲慘的經歷，卻依然受到這個沙粒下神秘古國的深深吸引，無法自拔！和闐城周圍的綠洲居民也對我述說過那些被埋沒的城鎮，有兩個人甚至自告奮勇要帶我前往某個古城，條件是我必須付給他們優厚的酬勞。

我在和闐以及古老村落博拉珊（Borasan）向當地居民買了一些骨董遺物，如赤陶做成的小東西，造型有：雙峰駱駝、彈吉他的猴子、印度的獅身鷲頭像，還有希臘揉合印度風格的裝飾性瓶罐和碗皿、釋迦牟尼像，以及其他的東西。我的蒐藏品高達五百二十三件，這還不包括一些古老手稿和一大堆錢幣。此外，我也買到一些基督教金幣、一支十字架。還有一個描繪「聖安卓亞愛弗林」（St. Andrea Avelin）在十字架前禱告的勳章，反面是聖艾林（St. Irene）[2]頭上戴著光環的肖像。馬可孛羅的遊記提到，一二七五年，同屬基督教的景教（Nestorian）和雅各教派（Jacobite）在和闐城都有自己的教堂。

和闐的地方官是劉大人，他是個慈祥和藹的中國長者，對於我所有的計畫和採購無不鼎力協助，也沒有阻止我去參觀一處舊河道——即發現軟玉（nephrite）的地方。中國人在那裡找到美麗的玉石，是他們最鍾愛的寶石；這種玉石的形狀像腎臟，多半混在河床的圓石當中，顏色絕大多數為綠色，如果是黃玉或瑩白中帶棕點的玉石，將會被視為最稀有的珍寶。

一月十四日，我再度整隊準備出發。這次旅隊的規模比以前更袖珍，我只帶四個手下，三匹駱駝和兩隻驢子；規畫的旅程相當短，只是去尋訪我聽說的沙下城鎮，因此只攜帶幾星期份量的糧食，而把沉重的行李、大部分的錢、中國護照、帳棚等東西全部留在和闐一位商人家裡。儘管夜裡氣溫可能會降到攝氏零下二十一度，我和我的手下還是想睡在露天的星空下。

事實上，情況並未如我們的預期，等我們再回到和闐已經是四個半月以後的事了，而且有部分行程竟變成名副其實的「魯賓遜漂流記」。當我向劉大人告辭時，他覺得我的旅隊規模實在太小了，便想送我兩頭駱駝，不過被我婉拒了。

與我同行的四個手下是伊斯嵐、堅恩、獵人梅爾艮和他的兒子柯信（Kasim Ahun）；去年，我們在沙漠遇難獲救之後，梅爾艮和他的兩名兒子曾經幫助伊斯嵐找回我們失落的東西。除了他們以外，還有兩個答應帶領我們找到古城的男子也一起同行。

我們沿著和闐河上游東方的支流玉龍喀什河（Yurun-kash）[3]前進，抵達塔維克凱爾村，也就是我那支瑞典陸軍左輪手槍被發現的地點。我們試圖搜尋先前遺失的其他裝備，卻沒有任何收穫；實際上，除了照相機，我已經把所有遺失的裝備都補充齊全，因此我們並沒有特別積極去找尋失落的東西。

一月十九日我們離開河岸，又一次緩緩推進噬人的沙漠中，不過這時是冬天，裝在四隻充氣羊皮裡的飲水都已結成冰塊。在紮營的地方，往下挖掘五到七呎就可以找到水源；如果我們繼續往東，就能碰到流向朝北、與和闐河平行的克里雅河（Keriya-daria）[4]。

這裡的沙丘較為平緩，不像去年我們走過的沙漠地帶那麼高聳，丘頂的稜線大約只有三十五到四十呎高。

第四天，我們選在一處凹地紮營，附近乾枯的樹林提供不虞匱乏的燃料。翌日，我們前往古城遺址，帶隊的嚮導稱這古城為「塔克拉瑪干城」，或是「丹登尤里克」（Dandan-uilik），意思是「象牙屋」。古城的大部分屋宇被埋在沙裡，偶爾可在沙丘上見到破沙而出的柱子和木牆；在一堵約有三呎高的木牆上，我們發現好幾個用石膏塑成頗富藝術性的人物像，包括釋迦牟尼和佛教諸神，這些人物或站立，或盤坐蓮花座上，全著上寬鬆的袈裟，頭頂環繞著焰火光環。我將這些發現和其他遺物小心翼翼包裹起來，裝進我的箱子裡，而關於古城的地點、被沙子淹沒的運河、乾枯的白楊樹大道，以及荒涼的杏樹果園，我都不憚其煩，詳盡地記錄在日記裡。由於我所帶的配備不足以將所有東西裝載運走，況且我也不是考古學家，還是把科學研究留給專家吧；幾年之後，他們也會來到此地，用鏟子在鬆軟的沙地上探索遺蹟。能有這次重要的發現，以及在沙漠核心為考古學開創一處新領域，對我來說於願足矣。在去年追尋消逝文明的努力化為泡影之後，現在我終於覺得辛苦有了代價，信心大受激勵。有關於中國古代地理的撰述，和至今仍在沙漠邊緣住民之間口耳相傳的故事，如今都得到了證實。根據這次的探索成果，數年後我們又有類似的後續發現。而我個人對這項破天荒的發現，歡欣之情自不待言；當時我把這份雀躍的心情記錄在我的筆記上：

> 未曾有探險家探悉這座古城的存在，現在我就像個被施咒禁錮的王子，在此城市沉睡了一千年之後，悠然醒來面對新的生命。

我利用接連發生幾次的沙暴期間，測量沙丘移動的速度，再根據測量數據和暴風行進的路線為指標，估算出沙漠花了兩千年的時間，才從當年古城所在的位置延伸到目前沙漠南方的邊界；往後的發現證明我的推測正確，顯示古城的歷史約為兩千年。

兩位嚮導收下他們應得的報酬，便依循我們來時的足跡回家了。隔天早晨，我們繼續深入這片亙古不衰的沙漠。

如迷宮的沙海

空氣裡布滿極細微的塵埃，在塵霧最濃密的時候，我們甚至連太陽的方位都搞不清楚。沙丘的高度漸次提升，我們攀上一座高一百二十呎的沙浪（sand-wave）頂端，懷疑我們是否又要重蹈去年的慘況，碰上殺人如麻的迷宮。由於塵霧的阻擋，我們根本辨識不出東方的任何東西，眼前好似拉起窗簾一般，感覺正一步一步朝向未知的深淵。儘管如此，我們仍然奮力往前走，一路上平安無事。沙丘隨著前進的步伐愈來愈低矮，最後終於與平坦的沙地融合為一。當天晚上，我們在克里雅河畔的樹林裡紮營，寬一百〇五呎的河面，現在被厚厚的冰層覆蓋住；駱駝盡情地吃草和喝水，補充沙漠之旅所消耗的體力。四下杳無人煙，唯有一頂被牧人遺棄的草棚。我們撿拾木材生起旺盛的營火，徹夜火焰熾烈，冬天的寒意傷害不了我們，再沒有任何事比躺在穹天之下睡覺更令人快意滿足了。

以前從來沒有歐洲人沿著克里雅河走到沙漠的盡頭，因此，也沒有人知道河水掙扎地流經無垠的沙丘之後，最後一滴水究竟消失在何處，因而我決定順著克里雅河往下游走，直到河流的盡頭為止。由於有河流的引導，我們可以不需要其他幫手。沿途完全看不到牧人的蹤跡，我們只好宰殺最後一隻綿羊，還好荒地上有許多野兔、獐子和紅鹿，所以不用擔心會挨餓。有時候，我們會驚擾到河岸上成群的野豬，牠們嚎叫著飛奔逃進濃密的草叢和蘆葦裡；有時候，我們的腳步也會驚動狐狸，受驚的狐狸像箭一般竄起，靈活的身形矯捷地鑽進林木茂密的深谷。

年紀較長的獵人梅爾艮有一次跑進樹林裡走動，回來時帶了一個牧人，這個牧人告訴梅爾艮他原以為我們是強盜，料想自己的小命即將不保。那天我們在他用蘆葦搭建的草棚邊紮營，我在日記裡一字不漏地記下他和他妻子提供給我的訊息。

「你叫什麼名字？」我問他。

「哈三和胡珊，」他回答。

「怎麼？你有兩個名字嗎？」

「對，不過哈三其實是我孿生兄弟的名字，他住在克里雅。」

我們穿越河邊的樹林往北走，沿途不時遇到牧人，為了蒐集不同林區和牧人姓名的資料，我們總是會帶一、兩個牧人同行。就這樣我們一天比一天更深入北方，結冰的河流伸入沙漠的距離遠超過我們的預期；我丈量河面的寬度，發現居然超過三百呎。越往下游走，克里雅河豁然開展，流經蓊鬱的林木時浩浩蕩蕩。每天早上我們都會面臨嶄新的激動與興奮，到底還要走多少路，河流才會與周遭的沙子合而為一？事實上，有些地方沙子已經逼近河水了。此時在我心中已經醞釀出穿越沙漠、直上塔里木河的危險計畫，因為我想，如果塔里木河流洩得夠遠，那麼它肯定是沙漠的北方界限。

不知有「魏晉」的老人！

靠近通庫茲巴斯泰（Tonkuz-basste，原意為「吊野豬」）時，有個牧人告訴我，往沙漠的西北邊走很快就能發現古城喀喇墩（Kara-dung，原意為「黑色山丘」）。

於是二月二、三日兩天，我們全埋首於尋找喀喇墩古城的熱潮裡。我們也在這兒發現到掩埋在沙裡的屋舍，最大的房屋長兩百八十呎、寬兩百五十呎；此外，還有許多手工雕琢的建築結構遺跡，時間可追溯到釋迦牟尼的教義風行於亞洲內陸的時期。我仔細記下這個城鎮的地點所在，以確保未來考古學家可以找得到。

我們的行程持續前進，穿過樹林和蘆葦叢，河流到這兒有分歧成好幾條支流的趨勢，因此形成一些內陸三角洲。二月五日，我們遇到四個牧人，他們負責看管八百隻綿羊和六頭乳牛。過了兩天，住在林地的一個老人巴邑（Mohammed Baï）告訴我們，克里雅河的終點距離此地只有一天半的行程。老人住的地方遺世獨立，因此他根本不清楚現在統治東土耳其斯坦的究竟是阿古柏還是中國皇帝。他並且告訴我，過去三年來都沒有見到老虎的蹤跡，他最後一次見到是老虎正以爪子攻擊他的一頭乳牛，之後老虎朝北方跑走，後來又轉了回來；這隻老虎最後應該是橫越沙漠往東方去了。

我問他：「從河流的終點算起，沙漠還要往北延伸到多遠？」

老人回答：「直到世界的盡頭。要到那裡得花上三個月的時間。」

【注釋】

1 又作Karghalik，漢文名字葉城，位於新疆西南的城鎮，在喀什東南方。

2 七五二—八〇三，東羅馬帝國的攝政王。

3 漢文為「白玉川」。

4 位於新疆西南方，起源自藏北高原，向北流入塔克拉瑪干沙漠。

第二十五章 野駱駝的樂園

二月八日，在我們紮營的地點河流寬度僅剩下不到五十呎，截至下一個營區，冰凍的河面更是縮減到十五呎寬。這裡的樹林仍然十分茂盛，蘆葦叢也濃密得難以穿越，因此我們只好繞路而行，或是用斧頭劈出一條小徑來；有些野豬穿梭在糾結的蘆葦叢裡竟然形成了垂直的隧道。

我永遠忘不了看見薄冰層像箭鏃般在沙丘下戛然而止所感受到的震撼！

我們穿過一座真正的莽林，又走了一天之後，再次清楚地看到河床；我們在凹陷最深的地方往下挖，果然成功找到了水源。放眼四方，周遭盡是拔地而起的黃色沙丘。

珍奇動物野駱駝

我曾在二月一日聽牧人說過野駱駝的事，牠們主要生長在河流三角洲的沙地上；想到可以一睹這種奇妙的動物，我的興奮之情實在難以壓抑，因為從來沒有歐洲人知道，在大沙漠的一隅竟然存在如此奇妙動物。一八七七年，俄國軍人兼探險家普哲瓦爾斯基帶了一張野駱駝的毛皮回到聖彼得堡，向世人證實這種高貴的動物來自羅布沙漠，也就是我們目前位置的極東方。後來，皮耶弗佐夫將軍（General Pievtsoff）和麾下軍官，以及李陀戴爾先生（Mr. Littledale）都曾經射獵到幾隻野駱駝，同樣也把牠們帶回家。根據牧人的描述，野駱駝都是小群體活動，牠們往往避開樹林和地上的矮樹叢，只徜徉於寬廣的原野上；野駱駝在冬天從不喝水，唯有當夏季水位高漲、漫流到北方的沙漠深處時，牠們才會喝水。野駱駝常遭到獵鹿人射殺，這種說法從很多方面可以獲得證實，例如，好些牧人的腳上都穿著野駱駝皮製成的鞋子，而且是直接取下牠們的足部——鞋子上清晰可見角質趾甲、腳底肉趾和一切特徵。

還有一位牧人告訴我們，上帝曾派遣一個神仙假扮成托缽僧來到人間，吩咐他去向亞伯拉罕族長（the Patriarch Abraham）索討一群家畜，亞伯拉罕慷慨應允托缽僧的要求，但他自己卻因此變成窮人。上帝於是命令托缽僧把所有的家畜還給亞伯拉罕，但是亞伯拉罕拒絕收回他剛送出去的動物，這一來激怒了上帝，祂斥令這群家畜在大地上流浪，永遠無家可歸，任何人都可以隨意宰殺這些動物。此後，綿羊、山羊、犛牛、馬匹都變成野生動物，連駱駝也一樣淪落野生的命運。

山中老人巴邑有一把只有一百五十呎射程的槍，一年內射倒了三頭野駱駝。他說野駱駝特別害怕營火冒出來的煙霧，因此只要聞到木頭燃燒的氣味，牠們馬上就往沙漠裡逃竄。

我不是個獵人，一輩子都不是，這並非出自佛教禁止殺生的戒律。明知道無法重新點燃一息火苗，我絕對不會去吹熄它，尤其是像野駱駝如此尊貴的動物，我又如何忍心痛下殺手，更何況牠們才是這片沙漠的主人，我充其量不過是個入侵者。另一方面，我在旅途中經常帶獵人同行，不只是為了確保糧食無虞，同時也為了替科學作標本收集。伊斯嵐使用博爾登（Berdan）步槍相當熟練，至於梅爾艮和他兒子柯信，更是技藝出眾的獵人。我的四個手下都沒有見過野駱駝，對我而言，親眼目睹矯健的野駱駝氣勢雄渾地奔跑在沙漠上，一直是我長久以來的夢想。

大家的情緒越來越緊繃，二月十一日，我們穿越逐漸升高的沙丘向北方前進時，發現河床越來越不明顯，白楊樹也偶爾才見得到，而且大部分已枯死，樹幹萎縮，像玻璃一樣脆弱易碎。沙漠延伸到塔里木河的直線距離長達一百五十哩，比起去年我們旅隊從四月二十三日到五月十五日之間走過的距離還遠，而此刻，我們所能攜帶的飲水只有四隻充氣羊皮的量！這的確是大膽的冒險，不過冬天的寒冷氣候對我們有利。我們能成功嗎？前面等著我們的會是一場災難嗎？當眼前的沙丘愈形高聳，植物反而漸次消失，而瀰漫在我們之間的緊張氣氛令人窒息，那不是很詭異嗎？

慘遭獵殺的厄運

二月九日，我們看到一撮淺紅棕色駝毛卡在一枝檉柳的針葉上，那是我們首次發現到野駱駝的蹤跡。第二天我們見到許多新印上的駱駝足跡，朝四面八方分散；二月十一日，我們嚴密偵查可能的線索，獵人柯信扛著他的古老燧發槍（flint-lock）一馬當先。

突然，柯信像被雷電擊中似的停在原地，他比劃手勢要我們也停下腳步，然後他蹲下來在草叢間爬行，動作恰似一隻豹子。我迅速趕上他，眼前正是一小群野駱駝，有人開了一槍，受到驚嚇的駱駝瞪視我們所在的方向，旋即轉身向右方逃逸，不過，牠們的首領（一頭十二歲的公駱駝）只跑了幾步就仆一聲倒在地上。

我們就在駱駝倒地的地點紮營，摔倒的沙漠之王堪稱美麗的標本，牠身長十呎又十吋，腹圍七呎。這天剩下來的時間，我們都忙著為那頭駱駝剝皮，之後我們用加熱的沙子覆蓋皮毛內層，藉此減輕重量。

我們在一處凹地掘井，可是掘到十．五呎的深度仍然一無所獲，因此我們決定第二天留在原地不動，避免過於深入沙漠而危及回返的行程。

井越挖越深，挖到比十三．五呎深一點的地方，才看見細微的水滲流出來，我們用水桶一滴一滴地接，好不容易接滿了一桶，趕快吊到地面上。我們先讓駱駝和驢子喝飽肚子，再將充氣山羊皮灌滿水。

我們碰到的第一批野駱駝

第二天我們朝一片不知名的沙漠前進。野駱駝的皮由一隻驢子馱著，沿途河床依舊清晰可見，但是到了晚上，河床消失在移位的沙丘底下。現在沙丘的高度大約是二十五呎。

正當我們離開時，看見一群為數六頭的野駱駝，一頭是年老的公駱駝，另外兩頭年輕的公駱駝，還有三頭母駱駝。伊斯嵐開槍射死那隻老駱駝，我們將駝峰裡的脂肪和一些肉割取下來，又把駝毛剪下來編成繩索；後來又碰到只有五頭成員的野駱駝群，我還來不及阻止，伊斯嵐已經開槍射殺一頭母駱駝，牠中槍倒地的姿勢好像正在休息一般，我們趕到牠身邊，我趁牠還活著儘速畫了幾張素描。母駱駝的眼睛不看我們，而是絕望地凝視這片即將永別的沙漠；臨死之前，母駱駝張開嘴咬緊地上的沙子。我下令從此禁絕任何殺戮。

我驚訝地發現野駱駝竟然十分缺乏戒心。當我們站在逆風方向時，甚至可以靠近牠們到兩百呎的近距離，牠們瞪視著我們所在的方向，如果正躺在地上反芻，就會即刻站起身來。先前提到的第二群野駱駝即大約跑了五十步後停住，繼而謹慎地觀望我們的動作，而且重複兩次這樣的舉動，似乎對我們充滿好奇心，連該逃命都忘記了。正因為如此，獵人才能在射程內不費吹灰之力射殺野駱駝。

旅隊中三頭馴養的駱駝一看見這些野生的近親，馬上變得相當狂野躁動。現在正值牠們的發情季節，只見牠們低吟嘶鳴，用尾巴拍打背部，磨蹭著牙齒，嘴裡還流出片狀的白色涎沫。當牠們看見那頭垂死的母駱駝時顯得十分激動，必須用繩子才拴得住。牠們滾動眼珠子，熱情地嘶吼，夜裡我們必須將牠們牢牢拴住，否則牠們肯定全部追隨沙漠裡的親族去了。

接下來的幾天，我們又看到好幾群野駱駝，也見到行單影隻的駱駝；最後因為已經習慣了這些野獸，也就不再特別注意牠們。我喜歡用望遠鏡追尋牠們的一舉一動，不管看幾遍也不感到厭倦。騎在高高的馴養駱駝上，我能盡情飽覽四方的景致，觀賞野駱駝在沙地上悠閒奔馳，時而踢踏漫步，時而恣意狂奔；牠們的駝峰比馴養的駱駝小而堅挺，馴養的駱駝因為經年馱載背包和物品導致向側面垂倒。

深入游移莫測的沙漠

每往前走一步，我們就越深入廣袤難測的沙漠，也越遠離克里雅河最末端的三角洲，直到二月十四日，還可見得到這條河流的老河床。我們很幸運，每天晚上掘五、六呎深的凹洞，總能夠輕易找到水。第二天，沿路的沙丘升高到一百呎以上，隨著地勢攀升枯死的樹林也越來越常見。再往下走一天，我們意外地發現一處綠洲，而且凹地裡長著七十株欣欣向榮的白楊樹；我們並且看見一隻豹子的足印，還有許多乾燥的駱駝糞。天氣冷得刺骨，燃料倒是不缺乏，因為我們盡量選在枯樹林附近紮營；我趴伏在沙地上，藉著營火的微光寫日記，手下們則忙著準備晚餐、照料牲口、挖掘水井，或是蒐集燃料。對於我所觀察到的一切事物，我覺得自己像是個至高無上的君王，過去未曾有白人涉足過地球上的這一片土地，我可謂古往今來第一人，每踏出一步都是人類知識的新斬獲。

二月十七日，盛水的充氣羊皮又空了，幸好我們在六呎深的地方找到水源，水滴滲出的速度極為緩慢，接到的水只夠人飲用，所以另外再裝滿一隻充氣羊皮。次日，沙丘直有一百三十呎高，眺望北方，只見到貧瘠的高聳沙地，手下們都感到無比沮喪，因為我們已經喝光最後一隻充氣山羊皮裡的水，而整晚的挖掘工作也徒勞無功。墊在一個馱鞍裡的乾草被迫拆下來餵食駱駝；驀地我們發現一隻狐狸向北竄跑的足跡，我們的希望再度點燃。也許，塔里木河畔的樹林離我們不遠了。

等到二月十九日拔營時，連最後一滴水也沒有了，我們決定萬一當晚再挖不到水，就要折返上次找到水源的地方。

我們繼續跋涉，不久，雜沓的駱駝足跡又出現了，同時沙丘漸呈低緩，沙丘之間的凹地經常可以找到被風吹落的樹葉。我們暫時停在一片蘆葦叢生的原野，好讓駱駝吃個飽；一邊挖掘沙地直挖到五呎深度，才找到水源，可惜水是鹹的，連駱駝都不肯喝。

豐富之旅

儘管如此，我們依舊堅持朝北方行進，沒有走多久，沙丘的高度又慢慢降到平坦如席；從最後一座沙丘頂上，我們看見遠方塔里木森林呈現出的深色線條。一條曾經是塔里木河支流的溪水，現在成了結冰的池塘。當時我們應該就在那裡紮營，可是我們認為河水必然就在附近，不如繼續走下去。行行復行行，我們穿過了蘆葦叢和樹林，卻一直沒有見到塔里木河的蹤影。暮色包圍著我們，夜晚跟著降臨，一叢濃密得讓人無法穿越的莽林硬是擋在我們面前，這是我們缺水的第二個晚上。

天亮了，我們在莽林中披荊斬棘，開出一條可行的路。行進中，我們發現一個結了冰的池塘，於是停下來紮營，不論是人或牲口，無不肆意地暢飲。第二天，我們渡過結冰的塔里木河，河寬達五百二十呎。就在這裡我讓梅爾艮和他兒子柯信離隊，返回和闐的家，除了奉上金錢作為酬勞，我還把驢子送給他們，另外他們也帶走獵得的野駱駝毛皮。

當我們抵達沙雅（Shah-yar）小鎮，距離出發的日子足足有四十一天了，途中不但跨越廣大的沙漠，也繪圖記錄了當時仍是處女地的河流較低處的部分。此外還發現兩座古城，以及難以接近的野駱駝樂園。

我不想沿著已經知道的路返回總部和闐，於是決定繞遠路轉到東方的羅布泊，然後沿著南方的道路騎馬回和闐；這條路即是馬可孛羅曾經探勘過的路線。按照我的計畫，這趟行程將有一千兩百哩長，現下糧食已經告罄，可是這難不倒我們，大不了和當地土著吃一樣的食物。我沒有帶任何關於東部區域的地圖，那也不打緊，我已經準備好自己畫一張新的地圖；我的中國護照留在和闐，不過或許用不著。由於日記本和素描簿都已經用完，因此我在沙雅買了一些中國紙張；我的菸草也已經抽完，順便也買了一隻中國水菸和當地生產的酸菸草，滿足一下自己。

沙雅的泰米爾長老（Temir Bek）要求查看我的中國護照，然而我無法出示，他因此宣布不准我們走這條通往東邊的道路，偏偏我們棋高一著，暗中溜進塔里木河邊的濃密叢林裡，可謂神不知鬼不覺。

第二十六章　撤退一千二百哩

由於篇幅有限，我必須盡速說明長途跋涉返回和闐的經過，而且我已迫不及待想要這麼做，因為我將在後面一章敘述最精彩的部分，也就是羅布沙漠和會移動的羅布泊。

有兩週的時間，我們沿著塔里木河沿岸在樹林中行進，一路上都有好心的牧人指點迷津。此時已經到了野雁開始飛翔的季節，我對牠們情有獨鍾，每天高興地欣賞牠們成群在空中翱翔的美姿；白天雁群飛得很高，入夜後則改為低空飛翔。晚上，我們總會聽到牠們在隱形的航道上聒噪的鳥語，顯然，所有的野雁都是循著完全相同的路線飛翔。

我們在三月十日抵達小鎮庫爾勒，受到來自西土耳其斯坦的商人庫爾（Kul Mohammed of Margelan）的熱忱款待。庫爾綽號「白鬍子」（aksakal），他陪我騎馬到鄰近的城市焉耆——

焉耆的城門

就科學的觀點而言，這是一趟收穫豐碩的郊遊——我在那裡冒險拜見中國總督樊大人，我到他的衙門去，開門見山坦承我沒有護照。「護照！」這位彬彬有禮的紳士臉上堆滿愉快的笑容說道：「你不需要護照，你是我們的朋友和貴賓。你本身就是一本護照了！」

樊大人的善意不僅於此，他還給了我一份文件，讓我可以在他的管轄區裡旅遊自如。

為伊斯嵐討回公道

等我回到庫爾勒，伊斯嵐哽咽著聲音告訴我，在我出門期間他遭遇到的不愉快。有一天，他非常悠閒地坐在市集裡，和一位西土耳其斯坦商人聊天，當時有一名中國軍官帶領四位士兵騎馬經過，他們手持象徵皇帝威權的令旗，市集裡每個人都站起身，藉以表達對那只令旗的尊敬，唯有身為俄國子民的伊斯嵐文風不動坐著。中國士兵見狀躍下馬，抓住伊斯嵐並扯開他的衣領加以鞭打，直到他血流如注才罷手。

受到汙辱的伊斯嵐對於欺負他的人盛怒難消，要求報復他們以洩心頭之恨。我因此寫了封信給軍隊統領李達洛，詢問他哪一條法律規定中國士兵可以毆打俄國百姓，我並且強硬要求他懲處這些軍人。李達洛立刻前來見我，一再賠不是，不過表示很遺憾不知道是哪些手下幹的；我要求他安排整支軍隊列隊遊行，由伊斯嵐自己指認。

當毆打伊斯嵐的帶頭軍官走過我們面前，伊斯嵐大叫：「就是他！」現在輪到這名軍官受鞭笞了；正義得到伸張之後，伊斯嵐表示他滿意了，於是李達洛領著他的軍隊邁步離去。

我們在庫爾勒買了一隻有火燄般毛色的小狗，屬於亞洲種的猛犬，我們還是管牠叫尤達西，牠很快就集眾家寵愛於一身。我在三月底離開庫爾勒，同行的有伊斯嵐、堅恩和兩個識途老馬的當地人，牲口則是原有的三頭駱駝和四匹馬。這次，我們沿著塔里木河下游最大的支流孔雀河左岸朝東南方前進，尤達西因為還太小，無法自己跑步跟上隊伍，我們只好將牠放在一頭駱駝背上的籃子裡，可是駱駝不斷前後搖晃，但見尤達西被震得七葷八素的。尤達西長大之後變成我最好的朋友，跟著我走遍西藏和中國，從北京到蒙古，從西伯利亞到聖彼得堡，若非俄國是狂犬病疫區，使得我無法帶牠入境瑞典，我肯定會帶牠回斯德哥爾摩。既然無法如願，我便將牠寄放在巴克倫教授（Professor Backlund）那兒；巴克倫教授也是瑞典人，在聖彼得堡南方的蒲爾高瓦觀測站（Pulkova Observatory）擔任站長，我打算等檢疫措施取消後再帶牠回國。然而尤達西畢竟是一頭亞洲猛犬，牠已經習慣保護我們旅隊，任何風吹草動都會挑起牠的攻擊，牠完全缺乏寄養在蒲爾高瓦高級宅邸所需要的文明教養；一開始，牠就咬死了方圓半哩內所有能捕捉到手的貓隻，牠甚至酷愛撕裂觀測站訪客的長褲，弄得作主人的賠了不少錢。尤達西還咬傷一位老婦人的腿，基於此，巴克倫認為將牠寄養在遠離蒲爾高瓦的農村會是較明智的做法，從此我就失去這個忠實旅伴的音訊，也不知道牠最後的命運如何。回歸到眼前的故事，年輕的尤達西首次加入旅行的行列，仆臥在駱駝背上搖搖晃晃的籃子裡，正朝孔雀河的河岸邁進。

勘查羅布泊的位置

這趟旅行的目的地是塔里木河的內陸三角洲和羅布泊。馬可孛羅是第一位描寫羅布泊沙漠和與它同名的大城市的歐洲人，當時，這位名聞遐邇的威尼斯商人並不知道還有羅布泊這個「湖泊」，但是幾百年來，中國人早已知曉羅布泊的存在，也清楚它的地理位置，這從中國在諸多不同時期所繪製的地圖上，羅布泊都已標示出來足以證明。而首位深入羅布泊湖畔的歐洲人是偉大的俄羅斯將軍普哲瓦爾斯基，他於一八七六到七七年間旅遊此地，發現這座湖的位置比中國地圖上所標示的整整向南偏移了一度，這項發現啟發了遊歷中國的著名探險家李希霍芬男爵，因而發展出一項理論：他認為塔里木河三角洲經過多年的變動，致使羅布泊的位置向南移動了一度。

繼普哲瓦爾斯基之後，又有四支探險隊造訪羅布泊，（分別是凱瑞〔Carey〕與道格利緒〔Dalgleish〕、邦伐洛特〔Bonvalot〕與奧爾良的亨利王子〔Prince Henry of Orleans〕、李陀戴爾、皮耶弗佐夫），他們忠實地按照普哲瓦爾斯基將軍所敘述的路線行進，卻沒有一個人想到去確認一件重要的事，就是：更往東方去是否還有其他水系？現在我決定進行這項查勘，這是解決羅布泊問題的第一步，孰料後來竟引發激烈的爭議。

前往塔里木河三角洲的路上，我已經聽說東方有一條水路，主要水源來自孔雀河，位處前輩探險家所走路線的東方，這條水路構成一整串的湖泊，位置和中國地圖上的羅布泊緯度正好相同。我循著所有湖泊的東岸行進，湖面幾乎都被蘆葦所盤踞。一八九三年，俄國的柯茲洛夫上尉（Captain Kozloff）發現一條乾涸已久的支流，那兒一度是孔雀河的河床，似乎是依著湖泊群北方繼續向東流，當地人稱它作「沙河」或「乾河」。在後續的探險行程中，我有機會將這條水路的完整路線畫出來，並且發現它的重要性。

獨木舟之旅

我們依傍這群湖泊折往南方，路上到處有沙丘和樹林橫阻，有些老樹林已經枯死，另外一些年輕的樹林仍舊欣欣向榮；還有寬闊濃密的蘆葦叢，使得我們每一步都走得好艱辛。我們一行人來到名為鐵干里克（Tikkenlik）的小村落。當我們帶領駱駝渡過孔雀河時，碰到很大的麻煩，因為河水過於冰冷，駱駝不肯涉水游到對岸，於是我們把幾艘當地土著所用的狹長獨木舟綁在一起，上面墊著木板和蘆葦，然後試圖帶領第一頭駱駝渡河，接著兩頭駱駝陸續過河。不過，這些可憐的牲畜嚇壞了，牠們抵死不從，最後只好把牠們牢牢綁在這種怪異的木板上過河。

天氣變暖和了，白天溫度達到攝氏三十三．一度，到晚上往往被蚊蚋叮咬得體無完膚，我在臉上、手上塗抹菸草油防蟲，有一次甚至放火燒了整片濃密的乾蘆葦叢，藉以趕跑嗜血的昆蟲。當火燄燃燒蘆葦稈時，草稈爆開的聲音彷彿步槍發射子彈，整個晚上，我們就在持續不斷的劈里啪啦聲中躺著休息。火勢延燒相當大片的區域，將大地照得明亮如白晝。

我和伊斯嵐在堪姆切喀（Kum-chekkeh）——一個很理想的釣魚地方——分道揚鑣，他繼續沿著主要道路前往馬路和三角洲的交會點，我們說好在那裡會合。我自己則雇了一艘長二十呎、寬一呎半的獨木舟走水路；獨木舟是用白楊樹幹刨空做成，前後兩端各配備一位划手，他們搖著槳穿過湖泊、支流，送我到與伊斯嵐會合的地點。這段路程相當愉快，我坐在獨木舟中央的一張便椅上，手裡拿著羅盤，膝上放著錶和地圖，畫出沿途行經的路線。尤達西趴在我腳邊，顯然認為這種旅行遠勝過駱駝背上的顛簸。划手站得挺直，扁平的槳幾乎以垂直角度划進水裡；獨木舟在水上快速滑行，使得船尾捲起一圈圈漩渦，河岸飛也似的向後溜過去，當船撥開雜亂叢生的蘆葦前進時，會發出唰唰和喀啦喀啦的聲響。其中一位划手老庫爾班（Kurban）在這個地區打獵已有五十年的經驗，他記得該地一片乾旱的景象，也記得二十年前射殺一頭野駱駝並把皮毛賣給普哲瓦爾斯基的事，這位買主正是第一個涉足此地的歐洲人。

有一天颳起了一場最強的黑色風暴，狂野的威力橫掃大地，連巨大的白楊老樹也在強風襲擊下柔順地屈身折腰；我們根本不可能划獨木舟出去，只能靜靜地躺在蘆葦草棚裡等待風暴停息。當地居民熱情地迎接我們，並拿出剛捕捉到的鮮魚、野鴨、雁蛋、蘆葦嫩芽款待我們，整趟行程，我們都以土著的食物果腹，外加鹽巴、麵包和熱茶，倒也相當豐富。

幾天之後，我們抵達小村莊阿不旦（Abdal），村民居住的蘆葦草棚是塔里木河沿岸最原始的樣式，阿不旦剛好位在塔里木河注入羅布泊匯流點上方，村裡的首長是高齡八十的康切勘長老（Kunchekkan-Bek，原意為「朝陽首領」），他曾經和普哲瓦爾斯基以朋友相稱，現在更是用最摯忱的禮數招待我們。長老向我們陳述他奇妙的一生，並為我們講解當地的河流、湖泊、沙漠和野獸，同時邀請我一起乘坐狹長獨木舟出遊，向東穿過蘆葦叢與淡水湖交雜的地帶。這種地理型態堪稱奇特。

康切勘長老

夜遊情調不遜威尼斯

塔里木河從阿不旦以下分岔成好幾條支流，我們的獨木舟順著其中一條支流划行，不久就看到前方擋著一大叢蘆葦，阻絕了我們的去路，可是划手知道如何應付，他們把獨木舟划進隱藏在蘆葦之間的走廊入口，這條廊道十分狹窄，使我們完全看不見船底下的水，也看不到頭頂上的天空。這些隱匿於蘆葦叢中狹仄的運河可供永久使用，因為居民們將走廊裡的蘆葦連根拔掉，並抑制新生的蘆葦繼續成長。當地人將植物纖維編織成小網張設起來，排成並行的長列，他們利用這種方式捕捉新鮮的魚類，而漁穫正是羅布人每餐不可少的主食。

我量了一下最高的蘆葦，從根部到頂上開花的部位有二十五呎高，從水平面的高度，將拇指和中指圈起來，只能勉強圈住一株蘆葦的莖。通行其間，處處可見蘆葦被風暴蹂躪的殘敗痕跡，

黑暗、狹窄的蘆葦叢走廊

尤其水上傾倒的蘆葦層層疊疊，甚至可以讓我們在上面行來走去。野雁喜歡在這種地方下蛋，有兩回我們經過這種蘆葦傾倒的地方時，一位嚮導像貓一樣躡手躡腳跳了上去，過了一會兒，就瞧見他雙手捧滿美味的野雁蛋回來。

傍晚時分，我們划出狹隘的蘆葦走廊，抵達寬闊的水域，看見成群飛落的野雁、野鴨、天鵝，以及其他種類的水鳥悠游在水面上。我們選了北岸一處空曠的地方紮營；第二天，我們繼續划著獨木舟到達湖的盡頭，夜幕低垂，大夥兒沐浴在皎潔的月光下回到阿不旦。這段夜遊亞洲心臟地帶的旅程，竟洋溢著水都威尼斯的情調。

改乘馬匹完成旅程

從阿不旦到和闐的路程綿延六百二十哩，我希望盡快完成這趟旅程，而能夠如願以償的就是騎馬。因此，我在小城婼羌忍痛賣掉三頭陪伴我好長一段時間的駱駝，對於這次在地理和考古上都有新的發現，牠們確是大功臣。我最捨不得的是那頭背著我穿越沙漠和樹林的好駱駝，每天早上，牠總是用鼻子將我推醒，然後提醒我別忘了餵牠吃兩塊玉米餅。雖然心有不捨，傷心道別的時刻終歸還是到了，買下三頭駱駝的商人自己來把牠們帶走，我恨死他了！眼看著駱駝走出空盪盪的前院，身影逐漸消失時，我的眼眶中忍不住盈滿淚水；那幾頭富有耐心、冷靜沉著的駱駝真的走了，走得昂然闊步，然而橫在牠們面前的卻是新的苦役和冒險。

我們的心思很快就被其他的事給轉移了，婼羌的民政官員李大人差了一個使者到我住的地方，要求查看我的護照，我對他說護照被我留在和闐，李大人因而下令禁止我走那朝西通往和闐

我們的道路被蘆葦堵住了

的路，不過他允許我可以循原路折返和闐！他還明確宣告，如果我意圖違反禁令，取道且末和克里雅（現稱于闐）抄近路返回和闐，他將會逮捕我！

我佇立在那兒凝望眼前已經走過的道路，等著我們的是穿越樹林和沙漠的旅程，而且又是令人窒悶難耐的酷暑。這叫我怎麼走！那天晚上，統領席大人前來拜訪，他是個和藹可親又通情達理的人，他向我打聽我的整個旅程狀況。

他問我：「你就是那個去年在塔克拉瑪干沙漠損失旅隊，自己還差點兒渴死的人嗎？」

我證實了他的迷惑，他顯得十分開心，詳細探詢我探險過程的細節。他專注聆聽，就像孩子聆聽奇妙的故事一般聚精會神。到最後我向他抱怨李大人的刁難，他告訴我毋需煩惱。

第二天，我到席大人府上回拜。

「我的逮捕令怎樣了？」我問他。

席大人放聲大笑，說道：「李大人簡直瘋了，我是這裡的統領，沒有我的許可，他不敢叫士兵逮捕你，你只管走最近的路回和闐，其他事情讓我來處理。」

我非常感激他的仁慈。我隨即買了四匹新馬，再次向我忠實的駱駝們告別，然後上路出發。我騎馬穿越車爾臣河（Cherchen-daria）畔的樹林，行經以淘金聞名的珂帕（Kopa）河床，最後路過克里雅回到和闐——我們三個風塵僕僕的騎士抵達和闐時已是五月二十七日。

第二十七章　亞洲核心的偵探故事

一回到和闐，我的首要工作是去拜訪總督劉大人。接下來，我們那次沙漠蒙難記便開始像連續劇的情節有了後續發展，整件事情和偵探故事一樣懸疑刺激；去年被我們視為救難天使的一些人，出乎意料地竟都變成流氓和小偷的角色。

因為拿水給伊斯嵐喝而救了伊斯嵐一命的三個商人當中，為首的尤賽普曾經拜訪年長的西土耳其斯坦商人薩伊德（Said Akhram Baï），當時尤賽普送給薩伊德一把左輪手槍，一來希望他保持緘默，不要聲張，二來表示善意。誰知薩伊德事前已經接獲裴卓夫斯基的警告，於是便主動供出尤賽普；隨後尤賽普遭到官方的尖銳盤問，他只好從實招認左輪手槍原是塔維克凱爾村的村長陀各達長老（Togda Bek）所有。薩伊德立刻把手槍交給劉大人，劉大人則轉交給喀什的道台，這就是後來我從道台手中拿回的那一把瑞典陸軍左輪手槍。

精彩刺激的間諜戰

尤賽普發現大勢不妙，趕緊潛逃到烏魯木齊[1]。這廂薩伊德則派出一個狡猾的間諜來到塔維克凱爾村，在陀各達長老家裡謀了一個差事，為長老照料羊群；有一天，這個間諜到陀各達長老家索討工錢，卻被擋在門口，儘管如此，他還是看見長老和其他三個人盤腿坐著，擺在他們中間的是一些布滿塵土的舊箱子，裡頭的東西散置在旁邊的泥地上。而這三個人正是我們的旅隊遇難之後，陪伴伊斯嵐返回沙漠找尋失物的獵人梅爾艮和他的兩個兒子柯信、托格達，其中梅爾艮和柯信甚至伴隨我尋訪古城遺跡和野駱駝的棲息地，當時我一點都不知道四名手下裡，居然有兩個是小偷，甚至曾經掠奪過我的財物。

再回頭看看間諜這邊的進展。他窺探到的景象已經足夠交差，於是躡手躡腳走回牧羊的地方，一等到確定已在陀各達長老屋宇所及的視線之外，他立刻躍上所遇到的第一匹馬，策馬儘速趕回和闐。間諜消失後不久，陀各達長老察覺情況有些不對勁，便派出一組人員騎馬隨後追趕，不過為時已晚，間諜已經遙遙離他們很遠了。

間諜抵達和闐之後，向薩伊德說明整個經過，薩伊德跟著稟報劉大人，劉大人即刻派遣兩名中國軍官帶領一些士兵前往塔維克凱爾村。

在這同時，陀各達長老明白他已經脫不了干係，必須施點手腕方能化險為夷；他心想寧可犧牲這些不義之財，也不能讓目前的地位和職務有所動搖，因此他把偷來的東西裝回箱子裡，然後運送到和闐。陀各達長老在運送的途中和劉大人的人馬不期而遇，他捏造了一個故事，表示有人發現這些失蹤的東西，幾天前才送到他家去，而他現在正準備把東西送到中國衙門。於是整支隊伍回返和闐，陀各達長老和其他小偷都被安置在一家商隊客棧裡；沒想到薩伊德也在客棧裡安排了幾位間諜，他們竊聽到陀各達長老和三個獵人討論如何串供，以應付官府的訊問。

掌握了充分的資訊後，薩伊德便對嫌犯進行審問，三名獵人的供詞是：那個冬天，他們為了追蹤一隻狐狸的足跡而深入沙漠西方，結果來到一座散落著麵粉的沙丘；可能是因為我們先前丟棄過的一些食物，狐狸被食物氣味所吸引，而一再流連於死亡營地。

獵人發現狐狸的腳印並沒有再往西走，他們因此推斷出一個正確的結論，這座沙丘一定是我們捨棄帳棚和箱子的地點；經過一番挖掘，終於發現被沙子掩埋的帳棚，這些帳棚也許在被夏日沙暴淹沒之前，早已經被風掀翻了。既然找到帳棚，要把我們遺留在帳棚裡的箱子掘出來，自是輕而易舉的工作了。這些獵人根本不知道還有兩名旅隊的隊員，當時很可能已經死在帳棚外了。獵人把箱子裝上驢背，他們自己則扛著裝水的充氣山羊皮。

不知是透過什麼管道，塔維克凱爾村的陀各達長老聽到風聲，他把這三位生性忠厚老實的獵人找去，說服他們把箱子帶到他的家裡，並且藏身在長老家裡一段時日。後來我正好要去探訪古城遺跡，雇用了梅爾艮和柯信加入旅行隊伍，所以實際上，他們對旅程中發生的整件事瞭若指掌，卻一句話也沒有提起。等他們帶著野駱駝皮毛回到和闐時，已經知道事情經過的劉大人即下令逮捕他們，獵人們除了挨一頓鞭子，還鋃鐺入獄。

我回到和闐後，劉大人把我遺失的東西全部歸還，由於我已經從歐洲添購全新的裝備，這些東西已不再是那麼重要了，何況所有已曝光、未曝光的底片都被拆下來，連照相機裡的玻璃板也成了塔維克凱爾村住屋的窗玻璃，這時再留著笨重的照相機和腳架又有什麼意義！

劉大人打算進一步刑求犯人，要他們多供出一些實情，可是被我阻止了。在最後的一次審訊，陀各達長老和三位獵人爭相怪罪對方，劉大人以所羅門王式風格裁決他們必須償還我的損失；根據我保守的估計，這些東西價值一百英鎊。不過我表示不要他們的賠償，況且已經造成的損失是無法用金錢彌補的。然而劉大人為了殺雞儆猴，堅持不能對他們善罷甘休，所以最後的結論是，他們必須賠償相當於三匹馱馬的金錢，也就是大約二十英鎊。顯然陀各達長老是那個必須掏腰包的人，因為獵人們根本一無所有。我確實替他們感到難過。

是夢想，也具地理探勘意義

要是有讀者提出下面這個問題，我一點也不會感到驚訝：「你這樣冒著自己、手下，還有駱駝的生命危險，以及有可能損失一切的裝備，不顧一切在乾旱的沙漠裡長途旅行，究竟所為何來？」

我的回答是：儘管保存最詳盡的亞洲內陸地圖上指出，東土耳其斯坦的沙漠是否真的存在還有待證明，因為從來沒有歐洲人到那裡旅行，有鑑於此，實地堪查這塊位處地球一方的真相，就變成地理研究上一個尚待完成的任務。此外，根據傳說，此地留有古文明的遺跡，如今完全埋沒在飄忽不定的滾滾黃沙中，這種說法也應該存疑。還有，我們都看到的，如同前文已經敘述過，我懷抱的探險夢想終究一一實現；截至目前，我的探險隊的確發現了兩座古城的遺跡。

我也提到過，這些古城遺跡未來將成為考古專家挖掘與研究的對象，關於這一點我也沒有失望，只不過要到十二年後才真正實現。至於將這項願望付諸實現的正是我的朋友史坦因爵士

（Sir M. Aurel Stein）[2]。史坦因爵士出生於匈牙利，是英國著名的考古學家，他在印度政府的支助下接受這項艱難卻正合他意的任務。放眼當今世上，能夠勝任挖掘我所發現的兩座古城當真非他莫屬，因為他對該地和亞洲其他地方的研究成果豐碩。後來在我的推薦下，瑞典地理學會（Swedish Geographical Society）特地頒給他「瑞茨歐斯[3]金獎章」（Retzius Gold Medal）。

一九〇八年二月開始，史坦因爵士大膽循著我走過的路線，沿著克里雅河、穿越沙漠；他根據我所繪製的地圖為指標，只是行進方向跟我相反，他是從北到南穿過沙漠。在史坦因爵士所著《中國沙漠遺跡》（*Ruins of Desert Cathay*）第二冊裡有如下的描述：

> 假如我在庫車[4]時就明白到了沙雅不一定找得到嚮導，那麼我在直搗沙漠和克里雅河之前也許會猶豫一下，因為缺少嚮導，我片刻都無法躲避這項任務的極端艱難和潛在風險。當年赫定從南向北走時，在克里雅河終點轉向下一個大目標，他很確定假如繼續往北方走下去，塔里木河必定會在某一地點和他的路線交會。但對於從北向南行進的我們而言，情況完全不同。我們想在合理時間內找到水源的希望，全仰賴能否在高聳的沙丘間行進一百五十哩路，絲毫無差地抵達一個特定點——克里雅河的終點，這條河並沒有與我們的路線交叉，而是呈完全相同的方向流淌。當然還得加上一個假設：赫定見過的克里雅河最好依然流水淙淙。
>
> 現在我從經驗已經完全了解，單憑羅盤冀望在無任何地標指引的茫茫沙海中朝正確方向行進，是一件多麼困難的事！無論我多麼信賴赫定細心描繪的地圖，都不能忽視一項事實：在這樣的地形中，純粹靠前人走過的路線來推測經度，必然會衍生相當大的歧異，而現在我

們的情況又必須絕對依賴這些假設為正確的經度。多年前，河、沙作殊死抗爭，因而留下乾涸的河床，萬一我們無法找到河流盡頭的三角洲，處境之危險可想而知。屆時將沒有任何指標可以告訴我們河流到底在東邊還是西邊，而我們卻渴望能在那兒找到河床，至少可以掘井找尋地下水。假如我們繼續朝南前進，在飲水完全喝完的情況下，牲口還來不及走到崑崙山腳的水井線和綠洲，恐怕早已渴死，也許連人也無法倖免；這絕對是凶險萬分的處境。

史坦因爵士把他個人的生命，及其手下、牲口的生死全押在我繪製的地圖上，一旦我的地圖稍有疏失，將我在沙漠裡找到克里雅河終點的位置畫偏差了，史坦因爵士將可能因此被誤導，行至無人地帶而致喪失奧援的機會。因此我擔負極重大的責任，即使到今天，我仍然為史坦因爵士對我的地圖具有十足信心而感到欣慰。人命關天，他絕不可能拿自己和別人的生命下沒有把握的賭注，此外，史坦因爵士比我多占一項優勢，就是他從我的經驗中曉得駱駝和驢子可以跨越沙丘。我自己可沒這麼幸運，當我從河流終點深入沙漠探險時，對此事其實毫無把握。史坦因爵士的探險隊平安完成任務，等到所有險惡都已事過境遷，他寫下這段話：

我……悠然見到一處遼闊如河谷般的狹長地帶，上面有枯死的樹林和生機盎然的檉柳；這片狹長土地朝西南西方迤邐延伸。我們剛才見到的黃沙高地和這片綿延的枯樹林都和赫定的描述不謀而合，當他從南方往北行進時，就是在這裡失去乾涸河床的蹤跡。事實上，我幾乎可以肯定已經找到赫定地圖上所顯示的第二十四號營地，可見赫定地圖的正確性已經獲得了證實，而我們自己的方向也掌控得相當成功。

兩次冒險，一樣的情懷

幾個月之後，史坦因爵士的行程轉向北方，沿著和闐河往下游前進，這時距離我的沙漠之旅已有十三年之久；聽他述說如何找到那個救了我一命的水池，也就是我用靴子汲水給卡辛喝的池塘，不禁激起我高昂的興致。以下是我直接從他書裡摘出的一段（第二冊，四二〇頁）：

四月二十日，我從馬撒爾塔格山出發，沿著和闐河乾枯的河床向下游走，目的地是阿克蘇。我們以迅捷的速度旅行了八天，已經來到和闐河與塔里木河的匯流處，在這段路程中，我們忍受越來越熾熱的沙漠氣溫，以及一連串的沙暴，這些經歷使我完全體會赫定於一八九六年（確實年代是一八九五年）五月首次橫渡塔克拉瑪干沙漠的艱困。當年在牧人營地與赫定重逢的卡辛帶我去看那個淡水湖，地點在河右岸二十哩外；這座水塘的確是旅人的救星，當旅人掙扎著跋涉過「沙海」而幾乎死於乾渴時，水塘適時發揮的救命功能不言可喻。我們在和闐河的右岸發現一些類似的水池，彼此相隔頗長的距離，池水保持穩定的高度，加上水質甘美清新，在在證明這些池塘底下必然蘊藏水量穩定的水源，這條地下伏流大概也是沿著和闐河床向下游流淌，即使在最乾燥的季節，涵蓋範圍也達一哩以上。

當年吸引我冒險一探塔克拉瑪干沙漠的地理問題，同樣挑逗著史坦因爵士；十八年後，他循著與我相同的路線穿越塔克拉瑪干沙漠。他和我想法一致，咸認為馬撒爾塔格山是一條橫貫整個沙漠的山脈，走勢起自西北止於東南，唯一不同的是，史坦因選了一個更合適的季節出發。他於一九一三年十月二十九日展開旅程，而我則於四月二十三日出發，換言之，等在史坦因前面的是寒冷的冬天。他選擇的起點也和我一樣，就是我發現的那座長條型湖泊的南端。當年，我走了十六哩路之後，發現山脈並沒有繼續往沙漠裡延伸，因而改變行程轉由東方筆直前進，打算穿過整個沙漠。至於史坦因則走了二十五哩路程後，也察覺到這條路線風險太高，於是中途放棄並折返湖泊。他實在比我這個凡夫俗子高明多了！史坦因對這段旅程有這樣的描述（《地理雜誌》〔Geographical Journal〕，一九二六年八月號）：

鄰近山丘有一座湖泊，水源來自葉爾羌河豐沛的河水，但是我們發現在湖泊盡端的水卻是鹹的。一八九六年五月（確實時間為一八九五年四月）赫定就是從這裡出發向東穿越沙漠荒地，結果整支旅隊全軍覆沒，他自己則在千鈞一髮中逃過一劫。我們的路線朝東南方行進，在沙丘之海中舉步維艱地走了三天；沙丘彼此之間離得很近，而且一開始坡度就十分峭陡，現在更是穩定爬升和我們的方向幾乎保持斜線交叉。在第二天的行程中，所有的植物（不管死活）一概被我們拋在身後，眼前僅見無盡延展的高聳沙丘，沙丘之間沒有絲毫平地。沙丘稜線很快就拔高到兩、三百呎，我們驅趕著負荷重物的駱駝，行進速度緩慢得令人難過……這絕對是我在塔克拉瑪干沙漠中遇到最恐怖的地帶。到了第三天晚上，雇來的駱駝……不是完全崩潰了，就是顯露嚴重的衰竭徵兆。隔天早晨我爬上營地附近最高的沙丘，仔細掃描遠方的地平線，除了仍是令人顫慄的沙丘之外，別無他物。這些沙丘好似怒氣沖天的海洋在掀起滔天巨浪時，整個動作瞬間凍結因此成形；這幕景象具有詭異的魅惑力，其中隱含著大自然的死亡張力。雖然沙漠精靈召喚我繼續深入的奇幻魔音難以抗拒，可我還是不得不轉向北方……我的決定下得恰如其時也是明智之舉，因為就在第三天之後，沙漠裡即颳起了狂暴的颶風……

從折返的地點算起，史坦因還要走八十五哩路才能回到和闐河西岸的馬撒爾塔格山，不管是對他自己和同伴而言，能及時回頭無疑是很幸運的事，換是我處在相同的情況，絕對無法做這樣的決定，我一定會義無反顧地繼續橫越沙漠。結果將可能使我自己和手下全數罹難，就像一八九五年那次，失去我所有的一切。儘管如此，探險活動、征服未知地域，和與不可能的逆境搏鬥等，對我都是那麼迷人，而且具有無法抗拒的吸引力。

【注釋】

1 又名迪化，北疆交通工商重鎮，也是新疆自治區的首府。

2 一八六二—一九四三，英國考古學家兼探險家，曾經帶領印度考古探勘隊，也曾率領四支探險隊走訪中國和西方之間的古商旅路線，發現敦煌千佛洞。主要研究對象是鮮為人知的中屬土耳其斯坦（即新疆），著有《喀什米爾君王年譜》、《古和闐》、《中國沙漠遺跡》、《千佛洞》等書。

3 瑞茨歐斯（Anders Adolf Retzius，一七九六—一八六〇），是瑞典解剖專家兼考古學家，為人類頭蓋骨研究的先驅。

4 南疆北部的綠洲城，位於天山南麓，是古絲路的一站。

第二十八章　第一次西藏行

哦，多麼甜美的和闐夏日時光！歷經沙漠與樹海叢林無數次勞頓的騎乘之旅後，在和闐休養生息的日子格外愜意、恬適！

溫柔又傷感的時光

每當憶起在和闐古城度過的那一個月，迄今心裡仍然懷有溫柔的傷感。那段時日，我從早到晚不停地工作，畫好地圖、整理完筆記、寫信、閱讀，同時為探訪西藏北部的旅程作準備。我在和闐獨自居住在一幢相當寬敞的木造堂屋，屋裡只有一個大房間，四面都是鑲著木格櫺的窗戶，白天門戶大多敞開，到晚上才會關閉。這間堂屋建在一塊磚砌台地上，房子則坐落庭園的中央，庭園四周並築有高牆環繞。圍牆上僅有一扇門可以進入庭園，旁邊有間門房小屋，伊斯嵐連同其他僕役住在那裡，另外廚房也在這間小屋裡。堂屋和廚房之間距離相當遠，我即使大聲喊叫，僕人還是聽不見，因此我們在兩棟屋子間架設極為簡陋的鈴聲系統。

庭院裡有十五匹新馬正吃著馬槽裡的穀物。劉大人非常慷慨，每天差人送來馬吃的糧草和人吃的伙食；我請他推薦一位年輕的漢人給我，可以陪伴我去北京，還可以在路上教我一些中國話。有一天，這位新加入的旅伴終於現身，他的名字叫馮喜，是個農人，他自願攬下這份差事，而且對於能夠去北京一事感到極為開心。他馬上開始教我說中國話，我每天勤作筆記，將馮喜佶屈聱牙的母語記錄下來。

天氣炎熱，還好庭院裡處處綠蔭蔽天，樹與樹之間的小河潺潺流淌，因此哪怕溫度高達攝氏三十八度，我們也覺得心涼氣爽。有時候威猛的暴風會侵襲我們這個地區，勁風從樹梢呼嘯而過，可以清晰聽見樹枝傾軋、摩擦的嘎吱聲，或是清脆斷裂的響聲。

有個漆黑的夜晚，暴風再度橫掃和闐，我清醒地躺在床上聆聽屋外狂風的怒吼，感到舒適悠閒。忽然尤達西（此時已經長成一隻很稱職的看門狗）跳了起來，對著遠端一扇窗戶狂吠，窗戶已經拴上，但是尤達西憤怒的狺叫聲不止。我悄悄摸到牆上的鈴，發現繩索已經被剪斷，於是我溜出堂屋跑到外面的磚地上，這時我瞥見兩條黑影，他們顯然被狗的狺吠給嚇阻了，一溜煙消失在庭院的樹叢中。我趕緊喚醒伊斯嵐，兩人朝院子裡隨便開了幾槍；第二天早上，我們發現圍牆內側有支梯子，應是小偷匆忙逃走時留下的。從此，我們便在庭院裡安排一個人守夜，每隔幾分鐘守夜的人就要在鼓上敲三下，以後再也沒有小偷來騷擾過我們。

待新旅程的一切事宜準備就緒後，我前往劉大人府上，向這位好心的老人辭別，我送他一只繫鏈子的金錶作為紀念。我們在庭院裡生起好大一堆營火，舉辦一場盛大的餞別宴，邀請所有幫助過我們的人來參加；席間，客人和我的手下都盡情享受羊肉、白米布丁和熱茶，另有舞蹈和音樂表演助興。第二天早上，我們把行李裝上旅隊牲口的背上，然後往克里雅和尼雅（現稱民豐）

出發，到那裡添購了六頭新駱駝，再到坷帕去；那是個很不起眼的小村落，發現有金礦的山腳下只有幾間石砌小屋。

七月三十日，我們終於置身世界上最巍峨、最壯觀的自然奇景，也就是西藏高原。藉由山中谷地的導引我們向上攀爬至達賴庫干（Dalai-kurgan）地區，此地標高已達一萬一千呎，至今仍住著具有東土耳其斯坦血統的民族「塔格里克人」（Taghliks）[1]，全區只有十八戶人家，以帳棚為屋，豢養六千頭綿羊。等過了達賴庫干區，我們來到一處杳無人跡的地方；我們繼續向東走了兩個月，沿途沒遇上半個人。

更糟糕的是，離開達賴庫干一天後，我們遇到此行最後一片豐美的水草，過了這個地方，草木越來越稀疏，直至成為空空盪盪的一片。我們從達賴庫干啟程的時候，共有二十一匹馬、二十九頭驢子和六頭駱駝，等完成藏北之旅，保住性命的僅剩三匹馬、三頭駱駝和一頭驢子。除此之外，我們還帶了十二隻綿羊、兩隻山羊和三條狗——除了忠實夥伴尤達西（原意即為「旅伴」），其他兩隻則為尤巴斯（意為「老虎」）和布魯（意為「野狼」）。有一隻因奮勇對抗狼群而掛彩，只能靠三隻腳跛行的牧羊犬則是自己加入我們的旅隊。

達賴庫干的山地人

在這趟旅程中，伴我同行的只有八位踏實穩健的僕人：伊斯嵐、馮喜、帕爾皮（Parpi Baï）、阿洪、韓穆丹（Hamdan Baï）、哈美笛（Ahmed

Ahun）、羅斯拉克（Roslak）和庫班。我們在達賴庫干還雇了十七個山地人，他們的酋長自願陪伴我們兩個星期，協助我們通過最艱難的山口。

五十歲的帕爾皮相貌英俊，蓄著一臉濃密的黑鬍子，深棕色的眼睛靈活有神；身穿一件羊皮外套，頭戴毛皮鑲邊的帽子。他曾經跟隨探險家道格利緒探險，後來道格利緒在喀喇崑崙山口遇刺身亡；他也作過杜垂爾迪罕（Jules-Léon Dutreuil de Rhins）[2]的僕人，結果杜垂爾迪罕在西藏東部遭人謀殺；接著他又加入奧爾良亨利王子的旅隊，孰料這位主人也在法屬東印度（French East Indies，今中南半島）魂歸離恨天。他總是利用大夥兒圍坐著營火休息時，滔滔不絕地述說自己似乎說也說不盡的探險經歷；他在亞洲的長途旅行充滿了奇妙的冒險故事。

打從一開始，我們就感覺到塔格里克山地人不太可靠。有一天晚上，先是兩個人私自落跑，後來又有一人不告而別，由於他們事先已經拿了報酬，所以酋長得墊還這些錢。我們若想要到達西藏高原，就必須穿過繁複如迷宮的谷地與山脈，而這非得靠山地人的幫忙不可。

分組依序前進

旅隊分成五組前進，第一組是駱駝和馭手，接著是馬匹，然後是兩組驢子，再由牧人帶領綿羊和山羊殿後。我自己一直落在旅隊最後面，由馮喜和一個熟悉地形的山地人陪伴，因為我得一邊忙著畫路線圖和勾勒四周聳然挺立的高山美景，一邊注意蒐集植物和岩石標本。伊斯嵐負責挑選紮營地點；選擇營地必須考慮水源、牧草和燃料。等到我從後面趕到營地時，往往帳棚已經搭建完成，牲口早在稀疏的草地上吃將起來；熊熊營火緩緩燃升，而遙遙望見遠方營地便常棄我而

一場雪雹交加的風暴襲擊旅隊

去的尤達西，這時也會站在我的帳棚入口處搖著尾巴歡迎我，好像牠才是主人。

山谷彎向東南，變得越來越狹仄，引領我們攀上第一道高地隘口，在山地人協助下，旅隊毫髮無損地順利攀過隘口。現在的位置標高一萬五千六百八十呎，佇立尖峭無比的山脊上，積雪皚皚的綿延山脈一覽無遺，景觀更是壯麗非凡。我們在此地巧遇第一隻野驢，受到驚嚇的牠瞬即消失在山林中，狗兒則在後面猛追不放。那隻僅剩三條腿的瘸足牧羊犬發現自己追不上旅隊的速度，孤寂地站在一塊突出的山岩上，望著旅隊拋下牠繼續往前走時，牠幽怨地嗚嗚長嚎。

塔格里克人命名的最後一個地方叫「不拉卡巴喜」（Bulak-bashi），意思是「春之首」（the Head of the Spring），過了這個地點，往東將是漫漫悠悠的無名地帶，也是歐洲人從未涉足過的區域。塔格里克人稱南邊的山脈為「阿卡—塔格」（Arka-tagh），意為「遠山」（Farther Mountains）；綿延不絕的山脊和峰巒披覆著厚厚的白雪，冰河就從峰頂傾瀉而下。

氣候變化莫測

在高山地帶，冬天的腳步來得特別早。有一天清晨，我們被一場雪暴吵醒，我的帳棚倏地被風掀翻，必須用繩索和箱子固定住；雖然是八月天，氣溫卻驟降至攝氏六、七度，整座山區變成銀白色天地，找尋商旅路徑簡直是雪上加霜。尤其隊員們也開始患起高山病，多數隊員抱怨頭痛和心跳急促，最慘的要算是馮喜了，他的情況一天比一天糟，高燒不退的他根本無法穩穩坐在馬鞍上，我擔心繼續帶他走下去會危及他的性命，於是決定送他回東土耳其斯坦。我讓他留下坐騎，給了他錢和食物，再派一個塔格里克人護送他回去。去北京的願望破滅了，馮喜感到非常難過，有天早晨我們在營火餘燼旁與他揮手道別，他的樣子看起來實在是慘不堪言。

我的忠僕伊斯嵐也病了，病到咳出血來；他請求我讓他帶兩個塔格里克人脫隊，不過幸好我們找到一處勉強長了些水草的河谷，經過幾天的休息，伊斯嵐的病情終於逐漸康癒。在此之前，牲口已經斷了四天的糧草，只能靠我們餵食的玉米果腹；驢子馱運的正是馬和駱駝所吃的玉米，至於驢子比較不挑剔，連野驢和犛牛的排泄物都肯吃。我們攜帶的玉米足夠牲口吃一個月，而人吃的糧食則還能維持兩個半月。每天日落時分，駱駝吃完草便搖搖擺擺地踱回營地，就著一張墊底的帳棚布吃起牠們當天配給到的玉米。

當我們進入西藏北部時，已經成了一隊老弱殘兵。目前標高一萬六千三百呎，晚上溫度降到零下十・五度；山中天天從西方颳來挾帶雪、雹的風暴，席捲整個西藏高原。不管天空多麼清朗，西方常是一片陰沉，鉛灰色的雲朵填滿了被雪遮蔽的山峰，此刻你會開始聽到風蕭颯的怒吼聲，然後暴風旋即以駭人的速度狂捲而至。中午，天色闃暗如夜晚，轟隆隆的雷聲響過，山壁間隨之傳出沉悶的回音，緊接著是一場冰雹乒乒乓乓，彷彿敵軍砲隊發動槍林彈雨，無數小冰球打在我們疲累的軀體上，即使隔著最厚重的羊皮外套還可強烈感受到其力勁。風暴中什麼都看不見，我們把頭縮進衣物裡，夜色籠罩下來，旅隊只好叫停，可憐那些馬匹無辜被冰雹鞭笞了一頓，嚇得瑟縮不前。不過，這類風暴雖然來得猛烈，去得倒也相當快速，而且風暴過後往往會帶來雪雨，大約一小時天空又再度轉為清朗，隨之映現眼簾的是太陽的萬丈光芒沉落於山巔之後。

接下來，我們準備攀登「遠山」。嚮導帶領我們往上穿過一條陡峭的河谷，今天打頭陣領隊的是馬匹，我緊跟在牠們後面，經過好幾個小時的艱苦搏鬥，我們終於抵達隘口，這裡標高一萬七千二百呎。正當我們登上隘口的鞍部，挾帶冰雹的風暴像往常一樣轟然降臨，由於無法辨識路況，不能繼續往下走，因此決定留在該處暫時紮營。帳棚搭建好、固定住，牲口也拴緊了，儘管缺乏水和燃料，也沒有青草，我們唯有從罅隙中收集冰雹，再拆下一只木箱當作柴火。這是個恐怖的紮營地點，雷聲在我們四周震天價響，連大地也隨之顫動，我們全然聽不見驢子或駱駝的斷鳴。到了晚上，烏雲一掃而空，月亮緩緩升起，晃漾著銀色的光輝。

直到第二天，我們發覺塔格里克人帶錯方向了，我們紮營的隘口並非通往「遠山」，而是通向一條較小的山脊，因此我們必須下山，重新找尋正確的隘口，同時尋回迷路的其他隊員。

好不容易找到失散的隊員，每個人都已筋疲力竭，等我們紮好營，馬上就發現一條小溪，旁邊還有一塊勉強可餵食牲口的草地。

塔格里克人失蹤記

我們安排三位塔格里克人先行返回，其他的則留下來陪伴我們，直到遇見其他人為止。留下來的塔格里克人要求我事先支付一半酬勞，以便讓回村的三位族人先把錢帶回去給他們的家人。

夜幕方落，營地慢慢陷入沉寂；我們雇用的塔格里克人習慣把玉米袋和糧食箱圍成一小圈防柵，然後在圈欄中央生起營火，找尋避風的屏障過夜。

八月十九日早晨，我們的旅隊拉起警報：所有的塔格里克人都失蹤了！可能是趁半夜偷偷溜走，我和手下因為疲累都睡得很沉，沒有人注意到有任何異狀。塔格里克人偷走兩匹馬、十頭驢子，以及一些麵包、麵粉、玉米等糧食；從他們的足跡判斷，為了讓我們摸不清楚狀況，他們分組離開營地，而且是朝不同的方向前進。很可能他們事先已經安排好在某個地點會合，然後一起回家。

帕爾皮受託帶了兩名手下和三匹最好的馬前去追趕逃犯，過了一天半，他帶著一臉歉意的逃犯返回營地。帕爾皮向我們述說經過：

塔格里克人馬不停蹄趕了相當於我們三天腳程的路之後，自覺很安全了，便停下來生起火堆歇息，其中有五位圍坐在營火旁邊，其他人則酣然入睡。見到帕爾皮騎馬趕上來，他們撲地驚跳起來，拔腿往不同方向作鳥獸散，帕爾皮對空鳴槍，喊道：「回來，不然我會開槍打死你們！」塔格里克人一聽即刻停住，轉身趴在地上哭著求饒，帕爾皮取回金錢，把他們的手反綁在背後，隔天早上一行人便出發返回我們的營地。晚上十點鐘，這些可憐的傢伙全數返抵營區，也都個個累得半死。

一齣精彩的法庭戲碼就在我的帳棚前上演，營火交織著月光，非常值得觀賞；逃犯被判必須捆綁，並且擔負守夜來彌補帕爾皮和其他兩名隊友的辛勞。塔格里克人倒臥在他們用袋子和箱子築起的防柵後面，帶著一身的疲憊沉入夢鄉；此時，皎潔的月光灑在鋪了一層薄雪的大地上。

山神的歡迎

幾天後，我們徹底勘查過地形，借道一萬八千二百呎高的隘口跨越「遠山」主峰；翻過山脊，我們往下進入一處遼闊的河谷，河谷迤邐延伸，窮極目力也望不見盡頭。於是我們沿著這條河谷走了將近一個月，左手邊是巍峨的「遠山」，雄渾的高峰林立，上有經年不消的雪原和瑩藍的冰河；右手邊則是我們路線的南方，正是蒙古人稱為可可西里山脈（Koko-shili，原意為綠色山丘）的極東端。

這個地區杳無人跡，連游牧民族和牲口也很難在此地生存，因為高度實在太高了，即使在山脈最低矮的地方也都勝過白朗峰頂點。絕大多數時間，我們活動在標高為一萬六千二百呎處（將近五千公尺）。

剛在第一處營地落腳，山神就以雷鳴歡迎我們的到來。黃昏時，河谷裡堆滿了獷美的紫黑色雲靄，像迸發的火山岩漿朝東方飄流而去。四周的天色越來越昏暗，颶風大有吹走整座營地的磅礡氣勢，我們緊緊抓住帳棚，以防狂風捲走營帳；滿天冰雹像鞭子般劈頭落下，整個地區無一處倖免。就在五分鐘之內，暴風過去了，籠天而罩的烏雲往東方移動，看起來像是龐大的艦隊緩緩馳離，取而代之的是濃密的霧氣，瀰漫整個河谷；緊接著，由神秘不可知的黑夜輪番登場。

【注釋】

1 原意為山地人。

2 一八四六—一八九四，法國探險家，曾經遊歷過赤道非洲、中屬土耳其斯坦和西藏（一八九一—一八九四），出版過《中亞》（*L'Asie centrale*, 1889）等作品。

第二十九章　野驢、野犛牛和蒙古人

我們此刻正駐足廣袤的西藏高原峰頂，地球上最龐大、最高聳的山群。這裡的空氣變得非常稀薄，又找不到可以放牧的草地，如此艱苦的情勢給予旅隊的抵抗力極重打擊，我們幾乎每天被迫遺棄馱運重物的牲口，垂垂死矣的牲口頹倒在路上苟延殘喘，成為旅隊過路遺下的痕跡。

然而我們也同時置身於野生動物的寶山。在我們遍尋水草不著的地方，野驢和羚羊卻能覓得稀有的草地，而野生的犛牛則踩著冰河邊緣一路往懸崖上走，找尋賴以維生的糧食，也就是生長在礫石之間的地衣與苔蘚。我們天天可見或形單影隻、或成群結隊的動物，這些擅長在高地求生的好手為荒僻貧瘠的高原增添許多生氣。

我們探險隊的四腿隊友（狗兒）對這些野生動物的興趣，與我們相較毫不遜色。有一回，一隻好奇心特強的野驢在我們旅隊前足足奔馳了兩個鐘頭，牠不時停下腳步，左聞右嗅，然後又繼續在我們前面奔跑；尤巴斯追趕牠，牠反而轉過頭來攻擊這條號稱「老虎」的悍狗，大夥兒眼看尤巴斯夾著尾巴落荒而逃，都忍俊不住哈哈大笑。

我最寵愛的尤達西也製造了另一樁趣事。但見牠像一支飛箭似的衝向前方去追趕一頭野驢，倉皇逃開的野驢越過最靠近的山丘旋即消失了蹤影，這更加誘引小狗緊追不捨，沒想到勇敢的尤達西一去不返，我們只好紮營等待。夜晚降臨了，直至深夜仍然不見牠回來；凌晨三點鐘，我被鑽進帳棚底下扭動著的尤達西吵醒，牠欣喜地哼哼叫，撲上來舔我的臉，顯然牠找不到我們的足印，獨自在荒地裡找了十四個小時，最後大概運氣不錯才找了回來。

有一天，伊斯嵐開槍打中一頭落單的公野驢，子彈擊中牠的一條腿，牠掙扎了一小段路才不支跌臥地上，我在素描簿上畫下牠美好的身影：這頭野驢從嘴唇到尾巴尾端共長七呎半，毛皮是漂亮的暗紅棕色，腹部和腳呈白色，鼻子卻是灰色的，牠的蹄子和馬蹄一樣大，耳朵相當長，鼻孔寬寬大大，尾巴酷似騾子，肺部發育得很強壯。我們剝下牠的皮毛保存下來，至於驢肉則成為大受歡迎的加菜好料。

狂野慓悍的犛牛

伊斯嵐並沒有騷擾美麗而優雅的羚羊，倒是有幾頭犛牛成了他的槍下冤魂。獵中的犛牛裡有一頭母牛，身長八呎，牠的舌頭、腰子、骨髓全祭了我的五臟廟；換換新口味真不賴！至於犛牛肉則由手下自行分食。被伊斯嵐射中的一頭公犛牛，可就不像母牛這麼容易收拾了；那天他得意洋洋地跑回營地，告訴我們他在離營地有一段距離的地方射中一頭壯碩的公犛牛，他一共發了七槍才迫使犛牛在牠熟悉的草地上癱軟倒斃，也就是在我們隔天將經過的道路附近。我決定叫伊斯嵐帶我去那兒，也許可以為公犛牛畫一張素描。

第二天早上伊斯嵐便帶路前往該處，當我們發現地上空空如也，而「被射殺」的公犛牛已經

一頭野犛牛攻擊我們的狗

不知去向時，可以想像我有多麼驚訝！起先，我以為這又是一次常見的獵人吹牛行為，可是不然！地上痕跡清楚顯示犛牛遭受一連串的槍擊，後來傷勢稍有復原，便爬起身走到一處泉水邊，牠在水池邊緣走來走去，以蹄子刨刨地；當牠抬起頭瞧見我們時，忽然爆發出沉積內心的力量和怒氣，氣勢極為懾人。伊斯嵐又對牠開了八槍，但是子彈穿進牠身體時卻只發出沉悶的聲音，冷不防地犛牛低下頭拱起牛角，猛力向我們衝了過來。我們趕快掉轉馬頭，全速逃離現場，犛牛緊追不放，而且逐漸逼近，我們之間的距離愈來愈縮短，眼看著牠就快逼近身子了，霍地停下腳步，以牛角挑起地上的沙子，尾巴重重地騰空鞭打，充血的紅色牛眼狂野地轉來轉去。我們也跟著停下來，伊斯嵐再度發出一槍，這一槍使得犛牛在地上打了好幾滾，全身沾滿泥沙。跟在我們身邊的尤達西開始挑釁，牠激怒了公犛牛，所幸即時躲過犛牛的攻擊而保住一條狗命。第十一發子彈穿透犛牛的心臟部位，老犛牛終於沉重地倒在這塊原本無憂無慮的棲息地上。

這頭公犛牛年齡大約二十歲，身長達十呎半，是個相當好的標本。我測量牛角外部，長度也有兩呎半，牠的身體外側長有又密又厚的黑色毛縫，較兩呎長一點，躺下時正好可以當作柔軟溫暖的靠墊。

由這次經歷可知獵殺犛牛並不容易，除非子彈射中其肩膀後方，否則即使中了彈仍舊不會轟然倒下；當伊斯嵐的子彈射進那龐大的低垂額頭時，牠不過是刨刨土、甩甩頭，不過若是擊中較為致命的部位，便會激起犛牛狂野的獸性而猛烈攻擊獵人。由於已經適應空氣稀薄的高地生活，犛牛縱然受傷也不至於缺乏氧氣，俾使牠很有機會追趕上習慣呼吸較濃密空氣的獵人和坐騎。

牲口相繼死亡

在往東邁進的路程中，我們發現了一長串的湖泊，其中絕大多數都含有或多或少的鹽份，我並沒有以歐洲名字為這些湖泊命名，只是編上羅馬數字。例如第十四號湖（Lake Number XIV）標高一萬六千七百五十呎。一個星期之後，我們沿著一座大湖的湖岸行進，一共走了十七哩路。

沿線地勢依然單調，但是積雪的山頭和冰河每天都呈現嶄新的風貌。其間我們看不到任何人類的足跡，不過，且慢！當我們走到與邦伐洛特（Bonvalot）和奧爾良王子的路線交叉時，竟意外發現到一條毛氈毯，有可能是他們探險隊的馱獸留下來的。我們沿路收集乾燥的犛牛糞，裝在袋子裡用以充當燃料，犛牛糞燒起來會產生紅藍色火燄，熱度相當高；最糟的是牧草越來越稀少，馬匹和驢子相繼倒斃，在那段期間，若有哪天沒有損失任何牲口，我們就覺得那天承蒙幸運之神的眷顧。牲口當中以駱駝最為強韌，可是牠們腳下的肉蹄和沙地摩擦久了也會很疼痛，因此我們必須為牠們做些襪子當護墊。當獵人獵獲成績不是頂豐富時，狗兒只有吃殉難的牲口肉。整支旅隊的氣氛越形緊張，到後來我們甚至開始懷疑，究竟能否在旅隊的最後一頭牲口斷氣前碰到游牧民族的帳棚？萬一真的找不到人煙，我們只好捨棄行李，徒步找到人為止。

事實上，我們已有好長一段時間獵不到東西，所以當旅隊第一頭駱駝不支倒地，手下們將牠身上最好的肉割下來當食物。而載我長達十六個月的忠實坐騎也一命嗚呼了，有天早晨，我們發現牠已經斷氣倒在帳棚外的地上。

九月二十一日，我們選在一座湖泊的西岸紮營，湖的走向剛好成斜角阻隔我們的去路；我們無法走到湖的東南極點，當時也許想像自已正站在一處海灣的岸上。隨後我們花了兩天時間順著岸邊往東北方走；有一天，突然颳起一場規模和強度都屬前所未見的風暴，天空轉眼像漆上一層黑墨，蔚藍的湖水頃刻間也轉為深灰色，原本平靜的湖面掀起白色的滔滔巨浪。山脈消失在密不透光的雲層後面，夾帶冰雹的風暴鞭笞著岩石，由於浪濤阻斷了我們的前進，逼得大夥兒緊急在一個山谷的入口紮營。

現在我們只剩下五頭駱駝、九匹馬和三隻驢子，而牠們也僅剩最後一餐穀糧，不過麵粉倒還夠用一個月，所以倖存的馬匹每天可以分食一小塊圓麵包。

九月二十七日，我們離開擁有多座湖泊的遼闊河谷，轉往東北攀過一條山口。遠處有一群成百的犛牛被我們所驚動，伊斯嵐對牛群開了一槍，受到驚嚇的牛隻登時分成兩群逃竄，其中一群有四十七頭犛牛，筆直對著我和一位陪伴我的塔格里克人衝過來，帶頭的是一隻魁梧的公犛牛，等到離我們約一百步光景，牠們突然從我們倆身旁閃過，這時伊斯嵐又發了第二槍，公犛牛發動攻擊，眼看就要撞上伊斯嵐和馬匹的千鈞一髮之際，坐在馬鞍上的伊斯嵐急轉過身子，對著犛牛的胸口補上致命的一槍。我們在犛牛倒地的附近紮營，牠的肉提供我們好幾天的伙食。

喜見人跡！

現在我們不可能離人煙太遠了。在下一個山口的巔峰上，我們見到一塊石頭地標，顯然是狩獵犛牛的蒙古獵人所豎。我們還看見許多野驢群，為數有兩百頭之多。又有兩匹馬死了，不曉得我們的旅隊還能撐多久？糧食已經所剩無幾，帳棚、活動床、箱子和動物標本的重量絲毫未減輕，甚至比先前更重。

九月的最後一天，我們抵達一處山谷空地，空地上有間非常美麗的「歐玻」（obo），其義為獻給山神的宗教紀念堂，由四十九塊墨綠色的板岩構成，有些長達四呎半，以銳邊向外的方式堆疊而成，看起來像是有三個秣槽的馬廄；岩板上刻滿西藏表意文字（ideographs）。我以前從未見過「歐玻」，它很可能是柴達木蒙古人通往拉薩的朝聖路線，剛好和我們在這裡交叉而過。也許岩板上所刻

由四十九塊板岩搭建成的歐玻紀念堂

的文字敘述著某些重要的歷史訊息吧？這點我無須研究太久即發現箇中端倪，因為這些文字一再重複，順序也都一樣，正是信徒禱告時誦念的咒文：「嗡嘛呢叭彌吽」（Om mani padme hum!），即「讚頌蓮花心之寶石！」的意思。

第二天我們走下花崗岩山壁之間的谷地，途中又發現另一個「歐玻」，還有一些火爐與被遺棄的帳棚營地。山坡上有一群犛牛正在吃草，伊斯嵐遠遠射了一槍，牠們卻動也不動，反而是一名老婦人跑上前來，放聲大喊；她告訴我們這些犛牛是馴養的，其實我們一靠近就看出來了，因為牧人馴養的犛牛較野生種的體型小。一條溪澗順著河谷淙淙流淌，在岸邊我們搭起營帳，離那位「山中老婦」的帳棚相當接近。

交談靠比手畫腳

經過五十五天孤獨的旅程後，我們再次感受到人類有趣的一面。我們沒有一個人聽得懂老婦人所講的蒙古話，帕爾皮只懂得「巴尼」，表示「這兒有」；我曉得五個詞：「烏拉」代表山、「諾爾」代表湖泊、「郭爾」和「慕倫」指河流、「戈壁」是沙漠的意思。可是要靠這些簡單的語詞跟老婦人表達我們很想向她買一隻肥美的綿羊，卻是一件困難的事。我試著學羊咩咩叫，然後拿兩個中國銀幣給她看，就這樣，決定了她豢養的一隻綿羊的命運；當然，羊肉很快就進了我們的煎鍋。

老婦人穿著一身羊皮衣，腰束一條皮帶，腳上是一雙靴子，前額綁了一條手絹，並把頭髮編成兩條麻花辮，而她那八歲大的兒子也作同樣的裝扮，只不過比母親多出一條麻花辮。他們居住的黑色毛氈帳棚用兩根直挺的杆子支撐住，然後以繩索綁緊。帳棚裡一片狼藉，四處散落著鍋碗瓢盆、打獵工具、毛皮、裝滿犛牛肥油的綿羊膀胱，還有從犛牛身上割下來的幾大塊牛肉。帳棚後方有兩尊小小的釋迦牟尼佛像，以及一只木頭箱子，根據我信奉回教的手下表示，這是家庭式佛堂（budkhaneh）。

入夜以後，一家之主才回到家，他的名字叫朵爾切（Dorche），專門獵取犛牛維生，忽然看見自家附近憑空冒出我們這些鄰居，他的詫異可想而知。他就像陷入癱瘓一樣站在那兒瞪視著我們，無法確定我們是真的人還是異象。

也許是老婦人和男孩告訴他我們並非強盜，而是付錢取物的正人君子，更何況我們還送給他們菸草和糖。

於是朵爾切的敵意慢慢軟化下來，等我們帶他到我的帳棚參觀之後，他的態度變得相當親切。後來朵爾切成了我的朋友和親信，當了我們好幾天的嚮導，同時帶我們去拜訪他的族人，也就是柴達木地區的塔吉努兒蒙古人（Tajinoor Mongols）。就在我們認識他的第一天，朵爾切就送給我們三匹小馬和兩隻綿羊。

剛開始我們很難了解彼此的語言，每當見到我們對他所說的話一頭霧水時，他就大嚷大叫，把我們當成聾子。我於是開始向他學習蒙古話，先是把數字寫下來，然後指著額頭、眼睛、鼻子、嘴巴、耳朵、手腳、帳棚、馬鞍、馬匹等，逐一學習它們的名字；碰到動詞可難學多了，我們先從簡單的學起，像是吃、喝、躺、走、坐、騎、抽菸等。有次我想知道「鞭打」的蒙古話怎麼說，便用拳頭敲敲朵爾切的背部，他陡地一臉驚懼地跳起來，以為我生氣了。往後幾天，我們的課程未曾間斷。經過幾天的休養生息，我們騎馬沿著奈齊慕倫河（Naiji-muren）河谷往下走，這期間我一直把朵爾切留在身邊，隨時詢問他河谷和山脈的名字。我想學蒙古話，除了興趣之外，也是基於實際需要驅策我學習；有時候，沒有通譯在身旁對我反而是好事，因為這樣我就會逼著自己去熟悉這種語言。幾個星期過後，我已經可以用簡單的蒙古話和游牧民族溝通了。

十月六日，我在旅隊準備好之前先行上路，同行的只有朵爾切和小狗尤達西，我們向越來越寬敞的河谷下方前進，騎了一哩又一哩，最後的目的地是與海平面等高的低地；低地北方常有柴達木人出沒。一天又過去了，我們在緩緩沉降的暮色中，穿越一處帶狀沙漠，然後步上一條蜿蜒通過檉柳草原的小徑。

朵爾切停下腳步手指我們來時的方向，宣稱如果沒有嚮導，落在後方的旅隊永遠摸不清方向找到我們的營地，因此他必須回去帶領他們前來。臨去前，他指指我準備前往的方向，見我結結巴巴地表示我了解他的意思，他漾著笑臉點點頭，跳上馬鞍，又躍身下馬，然後就消失在黑暗中；我則繼續往下騎。

夜色闃黑，新買來的馬顯然熟識路途，只見牠專心一意地踏著步伐；前面的路似乎沒有止境，最後我終於望見遠方依稀有火光，慢慢地光線愈來愈強，這時北邊傳來狗吠聲，一會兒，引來一大群憤怒的狗衝出來圍攻我們，如果我沒有跳下馬把尤達西抱上馬鞍的話，牠大概早已經被這群狗撕成碎片了。我帶著尤達西和馬兒趕了將近三十哩路，來到名叫崖克左漢果（Yike-tsohan-gol）的帳棚村，我把馬繫好，獨自走進一頂帳棚，裡面有六個蒙古人圍坐在火邊一面喝茶，一面在木碗裡揉捏糌粑。

我向他們打招呼：「阿姆桑班？」（您身體可安康？）

這夥人一語不發地瞪著我瞧，我取過鍋子，喝了大口馬奶，然後十分鎮靜地點起菸斗。蒙古人見狀驚異不已，顯然不知道該拿我怎麼辦，我試著把朵爾切教我的蒙古話秀給他們聽聽，但他們還是噤若寒蟬，我依然得不到他們的一言一語。

我們都坐了下來，一會兒你看我我看你，一會兒又盯著營火，如此捱了兩個小時。突然從棚外響起噠噠的馬蹄聲和吵雜人聲，表示我的旅隊已經到達了。一路上，我們總共損失了兩匹馬和一頭驢子，牠們都是東土耳其斯坦之旅的老夥伴，而我們原先的五十六隻牲口現在僅剩下三頭駱駝、三匹馬和一頭驢子。

等朵爾切向崖克左漢果的蒙古人作過一番解釋後，我和他們很快就變成了朋友。往後五天我們住在這個村子裡，而且重新組織一支旅隊。

私售釋迦牟尼佛像

住在附近的蒙古人得知我們想買馬匹，特地跑來向我們兜售，我們一共買了二十匹馬，擅長製作馬鞍的帕爾皮為牠們做了合適的馱鞍。酋長梭南（Sonum）穿著一襲紅斗篷來看我，還帶來一些木頭容器，裡面是送給我們的鮮奶、酸奶、發酵馬奶。隨後我也到他的帳棚作禮尚往來的拜訪，棚外有一柄長矛插在地上，棚內則布置有一間漂亮的室內佛堂。這個地區完全沒有農業，可是每戶人家都豢養牲口，包括綿羊、駱駝、馬匹、牛隻，有些人甚至因此而變得富有。

蒙古人通常在脖子上佩戴黃銅、紅銅或白銀做成的小匣，匣裡放著泥塑或木雕的釋迦牟尼佛像，還有幾張書寫神聖祈禱文的紙片，他們稱這種匣子為「嘎烏」（gao）。我買了一整套的嘎烏準備收藏，它們的裝飾非常美觀，其中又以銀製匣子最美，大都鑲上土耳其玉和珊瑚，不過蒙古人不敢讓其他族人知道他們把神聖的先人遺物賣給異教徒，所以他們都趁晚上偷偷跑進我的帳棚，在夜色的掩護下，他們將奧秘的釋迦牟尼佛像送進我的手裡。

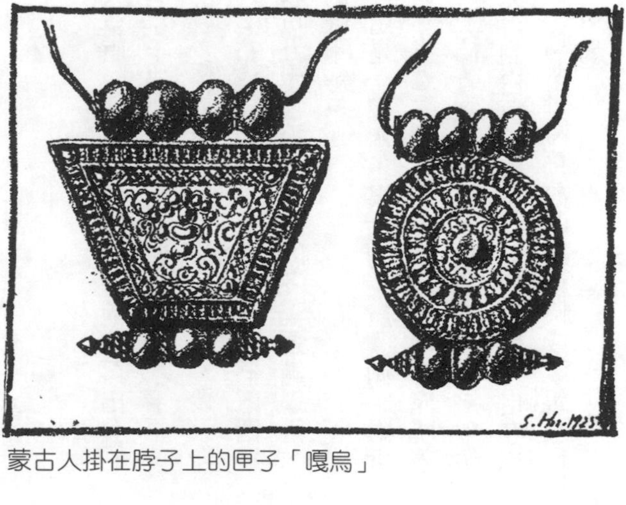

蒙古人掛在脖子上的匣子「嘎烏」

第三十章 唐古特賊窩

我們在十月十二日這天揮別新結交的朋友，往東橫越大草原、沙漠和糾結的鹽地。再出發的這支旅隊可說煥然一新，馬匹都處於非常好的狀況。在我們左手邊的是遼闊無邊的柴達木平原，右手邊則是西藏的層層山脈。晚上我們住宿在蒙古的帳棚村，和當地人吃一樣的食物。幾天之後，朵爾切領了酬賞回家了，取代他的是個兒高大的蒙古人洛布桑（Lobsang）。這時我們離西寧（青海省會）還有一個月路程，與北京的距離更長達一千兩百五十哩遠；酷寒的冬季逐漸逼近，不過我們已經抵達海拔較低的區域，平均標高從九千到一萬呎不等。

接下來的行程轉往北方，來到了托素湖（Tossunnor），這是一個水色湛藍的美麗鹽湖，附近幾乎杳無人煙，不過到了晚上，我們在呼倫河（Holuin-gol）岸邊見到火光。這片土地上充塞著一股美麗而神秘的氛圍，隨處可見景致動人的「歐玻」，其上插著祝禱用的三角旗幟，在風中像幽靈般振翅欲飛。在托素湖近岸凡有淡水源頭的地方，總見得到白色天鵝在蔚藍的湖水上自在悠游。此刻氣溫下降到攝氏零下二十六度，空氣凝窒不動，一輪明月將荒涼的大地染成了銀色世界，月光在湖面上潑灑出一條波紋粼粼的水道。

迎戰唐古特強盜

我們騎馬沿著淡水湖庫里克湖（Kurlyk-nor）的南岸前進，洛布桑沉默而嚴肅地坐在馬上，嘴裡不停喃喃念禱神聖的咒文「嗡嘛呢叭彌吽」，我問他為什麼如此憂鬱，他說我們先前遇到的一群蒙古人告訴他，唐古特（Tangut）[1]強盜幾天前來到庫里克湖一帶，偷走了游牧民族的馬匹，他並且警告我們最好準備好所有的武器。於是我們把三挺步槍和五支左輪手槍分配給大家，夜裡則把馬匹拴在營地附近，同時安排守衛輪流在帳棚周遭巡邏；我們也冀望三隻狗能給予危險的警訊。

十月的最後一天，我們在喀拉湖（Khara-nor）畔紮營，由於在岸邊有很多的熊腳印，我們必須更加提高警覺看管馬匹；若是平常時節熊吃吃野生漿果便能果腹，然而每至晚秋時分，熊就會攻擊任何野放吃草的馬匹。

第二天旅隊繼續朝東騎行，經過一處由低矮山脈所環繞的谷地，熊留下的足印方向和我們的路線不謀而合，尤其到谷地中央的路徑上清晰可見。伊斯嵐和洛布桑騎馬前去追趕，一個小時後他們快馬奔馳回營，如同見了鬼似的，一看到我們就上氣不接下氣地嚷著：「唐古特強盜！」

隨即在他們背後不遠處揚起了滾滾塵煙，約有十來個唐古特強盜正騎馬衝過來，每個人的肩上或手上都持著一挺步槍。他們筆直地朝我們奔馳過來，我們立刻排列成防衛隊形嚴陣以待。我們停隊的地方剛好在一塊六、七呎高的台地上，我和伊斯嵐、帕爾皮、洛布桑選定最佳作戰位置，架起了步槍和左輪手槍準備開槍，其餘的手下帶著旅隊牲口躲在我們後面，突起的台地正好形成一個護衛堡壘。手下們咸認為大限已到，害怕得膝蓋不停顫抖。我們把身上的皮裘脫下來，這樣比較容易承受槍枝的後座力，看來這場戰鬥勝負難卜，我們只有三把步槍，對方卻有十二把；想到此，我點起菸斗，希望自己的冷靜能減低手下的恐慌——儘管我自己也很難保持鎮定。

當強盜看到他們要對付的是一整支旅隊時，霍地在一百五十步外暫停下來，圍攏成一堆召開作戰會議，只見他們一邊嘰哩咕嚕地商量，一邊比手畫腳；他們的步槍在陽光下閃爍著光芒。過了片刻，他們調頭離去。我們也上馬趕路盡快離開那兒，可是唐古特強盜卻跟在我們右方，與旅隊保持在步槍兩倍的射程距離外。他們兵分兩隊，一隊往一道叉開的山谷方向騎，另一隊則沿著山谷右手邊的山麓前進，而且隊員都不落單，似乎在等待我們走進主要谷地的狹窄入口。我們非常清楚危險正埋伏在前方，因此拚命策馬加速前進；洛布桑嚇得魂都快沒了。

他說：「他們會從岩石上開槍打我們，我們最好轉頭走別的路吧。」

但是我仍然催促手下使勁往前衝。唐古特強盜又出現了，這次是在靠近山谷狹隘入口處的岩石上方，我們的處境驚險萬分，因為強盜可能就埋伏在我們頭上的岩石後面，等我們經過隘道時，他們甚至不必現身就能將我們一一撂倒；他們占據了立於不敗之地的天險關卡，相較之下，只有三挺步槍的我們，手中的勝算實在渺茫得可憐。

我用力吸著菸斗，率先騎進狹隘的岩石通道，我心想：「這一刻來臨了！一顆子彈會把我擊倒，然後我那些勇敢的回教徒隊員將會落荒而逃以保性命。」

嚴防盜匪來襲

孰料什麼事情都沒發生！我們安然穿過狹道，直見山谷另一端有大片平原豁然開展，大夥兒全都感到如釋重負。唐古特盜匪消失得無影無蹤，我們繼續馳馬前進，來到一潭結冰的淡水池塘才停下來，池塘位處平原中央，四周環繞青翠草地，我下令旅隊當晚就在此地紮營過夜。

手下們應聲鬆開馬匹，讓牠們徜徉草地上自由吃草，不過，還是小心不讓牠們離開我們的視線，直到天色罩上黑幕才把牠們拴在帳棚之間。這天晚上由伊斯嵐和帕爾皮負責巡夜，我們不必採取任何措施來維持大家的警覺心，因為每個人心裡都有數，晚上唐古特盜匪必然召集更多的人馬來犯。普哲瓦爾斯基有一次曾經遭遇三百名唐古特強盜攻擊，假如唐古特人在喀拉湖東岸的族親膽子再大一些，他們早發大財了。

天色一變暗，我們馬上聽到淒厲的嚎叫聲，像

唐古特強盜趁黑夜在營地四周潛行

是土狼、胡狼、野狼等慣常在夜間發出的悽惻長嚎，聲音從四面八方傳到我們的營地，似乎近在咫尺。洛布桑堅信那是唐古特強盜刻意發出的作戰呼聲，目的是想嚇嚇我們，也藉此試探我們的看門狗有多機警多勇敢。強盜們可能正匍匐著通過草地，利用漆黑的夜色神不知鬼不覺地一步步逼近；我們每一分鐘都感覺即將聽到發動攻擊的第一聲槍響，屆時大家只能在暗夜裡盲目還擊。我們盡可能掌握強盜發出的聲響，每隔一分鐘帕爾皮都會大吼兩次：「卡巴達！」（「守衛醒著嗎？」）由於我們沒有打更用的鼓，負責巡守的兩個人只好拿兩隻鍋子拚命地敲響。

一個小時接一個小時過去了，仍然沒有聽見任何槍響，唐古特強盜顯然也沒有把握，因此盡量拖延攻擊時間。我覺得很睏便躺了下來，臨睡前還聽見帕爾皮不厭其煩地吼著「卡巴達！」

這個晚上還是沒有發生什麼事。當太陽升上山頭之際，唐古特強盜躍上馬匹撤退到射程之外；我們為牲口裝好行囊，開始向東行進。我們一離開營地，那群唐古特強盜馬上就騎馬過去，只見他們下馬又刨又挖的，找尋昨晚帳棚和營火所在的位置。從我們留下來的空火柴盒、殘餘蠟燭和報紙，無疑地讓他們明白這支旅隊是歐洲人所帶領，從此再也沒見到他們追上來。

大家頓時覺得安全了，經過前一晚辛勞的守夜，我讓大夥兒好好休息一整天。此刻他們所發出的鼾聲之大，就我一生所聽見的絕對是空前絕後。

之後，我們經常路過唐古特游牧民族的帳棚，向他們購買綿羊和鮮奶。唐古特人是西藏的一支部落，但在一般西藏人的眼中，唐古特人較為野蠻、凶惡，喜好劫掠勢單力薄的旅隊，只要有機會就偷取別人的馬匹。有一次我帶著洛布桑走進一頂帳棚，兩人都沒有攜帶武器，帳棚裡有兩個婦女正坐著給嬰兒餵奶，我把棚裡所有的東西都寫下來，然後一一詢問各種東西的名字，婦女們不禁莞爾，她們可能心想我一定是瘋了，洛布桑則擔心萬一她們的丈夫在這個時候回來，我們的麻煩就不堪設想了。又有一回，我們足足拜訪了二十五頂帳棚，不管出多高的價錢，就是沒有一個唐古特人願意當我們的嚮導。

隨著旅隊越接近「活佛」居住的都蘭寺，山中谷地變得越來越生氣盎然。夜裡在小湖泊「茶卡湖」（Tsagan-nor，「白湖」的意思）邊紮營時，我們又聽到附近傳來鬼魅般的長嚎，這使得我們懷疑是唐古拉強盜捲土重來，正伺機全力攻擊我們。雖然如此，我還是累得睡著了，第二天早晨醒來，手下告訴我這次的嚎叫是野狼所發出，牠們逼近到我們的帳棚邊，還和狗兒打了一架。

第二天我們遇到一支旅隊，由大約五十名唐古特人組成，他們先到丹噶爾（現稱湟源）採購麵粉與其他冬天用的補給品。他們就在我們附近紮營，夜裡看見他們在我們的帳棚四周鬼鬼祟祟徘徊不去，想必是希望能偷點什麼東西。

接著我們來到一處荒野僻壤，沒有絲毫的人煙或獸跡，可是一到夜晚野狼悽惻嚎叫不休，狗兒狺吠回應，叫得喉嚨都沙啞了。

壯麗的青海湖

渡過半結冰狀態的布哈河（Bukhain-gol）之後，東邊赫然映入眼簾的是一幅壯闊奇麗的景致，正是廣袤無垠的青海湖，湖水的顏色變化萬千，色澤在孔雀羽毛的藍綠色調中間歇轉換。誠如約軻修士（Abbé Huc）[2]在他一八四六年所寫的旅行紀錄中提到的：青海湖雖大，卻沒有大到擁有自己的潮汐。青海湖海拔高一萬呎，每逢冬季唐古特人便在湖岸紮營過冬，夏季遊移高原各地逐水草而居。我們循著青海湖北岸走，沿途清晰可見湖盆南方的連綿山脈。青海湖中間有個岩石小島，島上住著一些貧苦隱士，平時全仰賴信徒和游牧民族自發性的供養維生。信眾們在冬天最寒冷的時候走過結冰的湖面抵達小島，可說是冒著生命危險，因為當他們走到半路時，忽焉而至的大風暴很可能將冰層擊破。儘管如此，供養隱士因為可以得到菩薩的護佑，所以信眾大多甘冒生命危險。

青海湖畔常有一大群羚羊在那兒吃草，我們曾經將六匹趴伏在一處峽谷中等待獵捕羚羊的野狼給嚇跑了。在這裡處處可見帳棚和聚集成群的綿羊。有一回，我們遇到由六十頭犛牛組成的商隊，犛牛背上馱著玉米，是商人準備賣給青海唐古特人的糧食。還有一次，我們發現整個河谷擠滿了人和牲口，那是德松薩薩克（Dsun-Sasak）蒙古人的龐大旅隊，剛從丹噶爾採購冬天補給品回來。這支商隊共有一千匹馬、三百頭駱駝，以及配備一百五十挺步槍的三百名騎士，還有婦孺隨行；當他們路過時，馬匹雜沓紛亂的蹄聲充塞了整座山谷。

唐古特人向洛布桑探聽我們的箱子裡裝了什麼，洛布桑眼睛眨也不眨地回答：大箱子裡裝兩名士兵，小箱子裡只裝一名。我有一個鐵皮做的輕巧型爐子，爐上有根煙囪，是用來放在帳棚裡取暖的，可是洛布桑對唐古特人說那是一挺大砲，唐古特人一聽大為驚訝，他們從來不曉得大砲可以加熱，洛布桑解釋那是讓武器就緒的一般做法，他還說砲彈是從錫管中向敵人發射過去，世界上沒有任何力量可以和天女散花般的砲彈相抗衡。

林哈特夫婦的遭遇

翻越過哈拉庫圖山口（Khara-kottel Pass），我們來到可以經由黃河通達大海的區域。截至這一刻，我已經有三年時間是在與海洋不通氣息的土地跋涉旅行，不過，從此地距離北京還有九百哩遠，我內心十分渴望能到這個中國的首都一遊，但北京卻顯得如此遙不可及。

越向東行，鄉間景色越顯活潑有生氣，途中我們遇見許多駱駝商旅、騎士、行人、推車、成群的牛羊；而一路行經的村莊盡為白楊樹、樺樹、柳樹和落葉松所環繞。我們沿路經過無數大小橋梁、寺廟、祠堂，最後終於進入丹噶爾市的城門。

我聽說城裡有個基督教教會，因此我登門拜訪那戶教士居住的中國屋舍。負責教會的是荷蘭人林哈特（Rijnhart）先生，不巧的是他正好去了北京，他的夫人蘇西博士（Dr. Susie C. Rijnhart）是個博學、親切、多才多藝的美國婦人，她非常熱忱地招待我，還為我和手下張羅住處。這位勇敢又能幹的女士不久之後卻遭遇到最悲慘的命運，我想任何婦女都很難禁得起這樣的打擊：一八九八年，她偕同丈夫與幼子試圖前往拉薩，抵達那曲（Nakchu）[3]時，他們被迫折返，不幸的是，她的孩子卻死在回程途中，西藏人又偷走了他們的馬匹，地點離一八九四年法國探險家杜垂爾迪罕被謀害之處不遠。失去愛子的林哈特夫婦來到札曲河（Tsachu River）邊休息，瞧見對岸有一些西藏人的帳棚，林哈特先生於是嘗試游泳過河，他的夫人見他消失在一塊岩石後面；就像他以往探訪其他鄰近的帳棚，林哈特夫人以為丈夫很快就會回來，沒想到他卻一去不返。林哈特夫人等了一天一夜，卻始終沒見到丈夫出現，沒有人知道他究竟是淹死了或慘遭殺害；林哈特夫人哀痛逾恆，這個打擊幾乎讓她活不下去，最後她設法回到中國境內，後來黯然返回美國。

拜見住持活佛

我離開林哈特的家直接轉往著名的塔爾寺（Kum-bum，藏語，「十萬佛像」之意），放眼所及寺廟林立，廟宇屋頂皆貼著光彩奪目的金箔；我在那裡拜見了住持活佛，他還為我的朋友洛布桑祈福。我也參觀了佛教改革者宗喀巴的巨大塑像，以及約軻修士在遊記中所提到的奇妙大樹。據說每年春天這棵樹萌發新芽時，「嗡嘛呢叭彌吽」的咒文便會自動浮現在葉子上，不過洛布桑在我耳邊低聲說，那些咒文其實是喇嘛趁晚上偷偷印在葉子上的。

十一月二十三日我們很晚才出發，當我們終於抵達西寧城門外時，已是夜深人靜。城牆邊有個守門人踱來踱去，不時敲鼓報更，我們用馬鞭敲打城門，可是沒有任何回應，我們只好喚來守門人，允諾如果他能為我們打開城門，就給他一筆豐渥的賞金。雙方經過好一番爭執，他終於答應遣了個信差到縣官衙門去通報，我們等了一個半小時才得到回音，答案是：天亮時城門自然就會打開！

我們別無選擇，只得就鄰近的村子住宿一宿。第二天，我們去見中國內陸使節教會（China Inland Mission）的三位教士芮德利（Ridley）、杭特（Hunter）和霍爾（Hall）；我在西寧期間即在芮德利教士的家叨擾，受到他和家人非常熱情的款待。

我的生活方式和旅行模式在這裡有了變化，除了伊斯嵐之外，我解散旅隊其他的隊友，為了酬謝他們，我付給他們兩倍於先前約定好的酬勞，只留下兩匹馬，其餘都送給他們。由於這些手下都是中國子民，因此我不費吹灰之力就透過西寧道台為他們索取到通行證，讓他們回到自己的故鄉。

現在我懷裡揣著七百七十兩銀子，離北京還有三個月的行程那麼遙遠！

【注釋】

1 西藏境內的種族名稱。

2 一八一三—一八六〇，為法國天主教遣使會的修士，一八三九年旅行到中國，曾到過蒙古、西藏，是第一個進入拉薩的歐洲人，著有《西藏與中國》（*le Tibet et le Chine*, 1850）。

3 又作Nagqu，位於拉薩東北方怒江邊的城市。

第三十一章　北京之路

這趟長途旅行的最後幾個月簡直就是回歸文明之旅，因此對這段冒險旅程，我將輕描淡寫快速帶過，不再多加著墨。

如同我先前說過的，伊斯嵐是我現在唯一的隨從，他負責照顧所有的行李。我們先駕駛騾車到達平番（Ping-fan）[1]，再改乘土耳其斯坦大型馬車前往涼州府（Liang-chow-fu）[2]。當橫渡西寧河（Shi-ming-ho）時，我們見到第一輛騾車的輪子如刀切豆腐般陷入還不太結實的冰層裡，還好最後平安脫困。但是第二輛就沒這麼幸運了，深陷冰泥中動彈不得，我們必須把車上所有的行李先搬運上岸，然後由一個中國人脫光衣服走進很深的河水裡，把淤積在車輪前方的冰塊鑿開——直到現在一想起他還會忍不住顫抖。這場意外花了我們四個小時才解決。

從涼州府到寧夏

接著又經歷了許多大小意外，最後終於駛入美麗的涼州府城門，一路逕往英國傳教士貝爾徹

（Belcher）一家的住處，在那裡我們受到非常溫暖、友善的招待；相反地，我借住十二個晚上的教堂反而感受不到一絲絲的溫暖，教堂只有星期日才生火加熱，其他日子室溫只有零下十五・五度。我買了一只形似茶壺的銅製手爐，裡面裝有幾塊埋在灰燼裡的煤炭，日夜都燒得暖洋洋地。

我在涼州府停留很長的時間，因為要到寧夏必須準備一些拉車的牲口，只是尋找合適的牲口並不容易。我花了大把時間在城裡城外搜尋，記憶中，以到桑樹莊（Sung-shu-choang）那次最值得回味。有一次，我去桑樹莊拜訪博學而親切的比利時傳教士，看見當地的中國農人把田裡的工作放下，自動到教堂裡作禮拜，走到聖母像前還在胸前畫十字，那景象感覺很怪異。我聽說有許多家庭信奉天主教，而且由父親傳給兒子，代代相傳已歷經七代之久。

我們終於找到一個好心的中國人，願意用九頭駱駝載伊斯嵐、我和所有的行李，報酬是五十兩銀子。從涼州府到寧夏有兩百八十哩路程，途中會經過賀蘭山和烏蘭阿勒蘇沙漠（Ulan-alesu，原意「紅沙」）。我在賀蘭山首府王爺府（Wang-yeh-fu）會見中國皇帝賜封的一位親王，他年長和藹，我們共度了愉快的一個小時。

寧夏的兩位傳教士皮奎斯特夫婦（Mr. And Mrs. Pilquist）不但敞開雙臂歡迎我的到來，給予熱情的招待，更巧的是，他們還是我的瑞典同胞。

從寧夏到北京還有六百七十哩路。亞洲實在是一片廣大無邊際的大陸啊！我騎馬走了幾年復幾個月，至今尚未穿越整個亞洲大陸！我們的下一個目標涵蓋跨越鄂爾多斯（大致在綏遠省境內），是處由大草原和沙漠形成的地形，它的西、北、東三方被黃河河套所包圍，南方則有長城為屏障。駱駝在這裡腳程不快，我們花了十八天才走了三百六十哩，抵達包頭。

寒天裡穿渡黃河

我們選擇黃河冰層較厚的地方渡河，河面寬一千一百二十二呎。一個星期之後，我們策馬穿越荒涼的沙漠地帶，偶然才看得見一些蒙古包。我們在知名的古井邊紮營，它們的深度都很驚人，例如寶亞井（Bao-yah-ching）就達到一百三十四呎深。天氣越來越寒冷，最低溫為攝氏零下三十三度，即連帳棚內溫度有時也會低到零下二十六．七度。

不過，最令人寒凍難捱的還是呼嘯不斷的西北風，這種凜冽的風挾帶塵沙，毫無阻攔地席捲大地，簡直冷得酷似寒冰，我們坐在駱駝雙峰間就快凍成冰棍了。我一直把小手爐放在膝蓋上，絕對不讓炭火熄滅，否則我的雙手早就在這次艱苦的旅程中凍僵了。一月三十一日，我們碰上一陣猛烈的颶風，想在這種天氣裡旅行根本難如登天；無垠的沙漠消失在濃密的漩渦狀塵雲中，我們盤腿坐在小得可憐的帳棚裡，努力使皮襖裡的身軀維持體溫。

我們來到黃河寬度增加到一千二百六十三呎的地點渡河，再次穿渡黃河的過程相當賞心悅目。我們騎馬進入包頭市，在這裡我再度感受到傳教會的寬大包容；像瑞典籍傳教士海勒柏格夫婦（Mr. and Mrs. Helleberg）和基督教聯盟美國傳教社（American Missionary Society of the Christian Alliance），都對我極為照顧，遺憾的是，這些善良而自我犧牲奉獻的好人，卻在一九〇〇年與無數的外國人死於義和團事件中。

我在包頭暫時與旅隊和伊斯嵐分手，他們繼續前往張家口，我自己改走另一條路線，和兩個中國人搭乘一種藍色小車經由桂花莊（Kwei-hwa-chung）去張家口。沿路不時可見美國傳教會，而在這裡服務的瑞典人更多達六十一人，因此我在前往張家口的整條路上都住在瑞典人家裡。到了張家口，我成為傳教士拉爾森（Missionary Larson）家的座上客，當時我可沒有料到二十六年之後，也就是一九二三年十一月，我竟然會和拉爾森傳教士搭乘汽車從張家口旅行到烏蘭巴托（蒙古首都），筆直穿越整個蒙古。

北京逍遙遊

我在張家口雇了一頂馱轎，轎子由兩頭騾子前後頂著，如此花了四天順著南口谷地走到北京，現在這段路程坐火車只需七個小時。三月二日，我們踏進低平的北京西北近郊，我興奮的情緒達到極點，因為眼前所見不正是我三年七個月以來一直夢寐以求想到達的所在嗎？時間走得真慢，騾子的步伐似乎比以前更躑躅，對於兩個車夫的催促吆喝毫不在乎。

我們經過許多村莊和園林，夕陽西下時，我忽然在樹縫間瞥見一抹灰色，那正是北京的城牆！我覺得自己好像正要去赴此生最豪華的盛

騾車陷入河面上的冰泥

我乘坐的馱轎抵達北京

宴，除了兩個和我語言幾乎不能通的中國人之外，此刻只有我獨自一人，頂多再過半個小時，我在亞洲大陸內部的漫漫遊歷即將譜下休止符，此後我將再度擁抱文明的舒適——與不舒適。

我乘坐的馱轎像一艘船似的搖搖晃晃，晃進了城南的一扇拱門。沿著使節路繼續走，我見到左手邊有一處白色入口，外面站著兩個哥薩克衛兵，我大聲對著他們問這棟房子是誰的，他們回答：「俄國公使。」好極了！那個時候，瑞典在「中心王國」（The Middle Kingdom）[3]尚未派駐代表。我跳出搖晃的轎子，穿過一棟中國式豪華的大宅院，突然一堆中國僕役全擠了上來。一名侍從趕緊跑進屋裡通報我的到來，兩分鐘不到，俄國的代理公使帕夫洛夫（M. Pavloff）便出來相迎，他衷心向我道賀歷險成功，並告訴我很早就已收到聖彼得堡外交部的命令，由於正逢外交部長卡西尼伯爵（Count Cassini）回俄國度假，這份命令於是指示把卡西尼伯爵在北京的寓所讓給我住。

這讓我想起遊經克曼沙時商人哈珊慷慨借我使用的皇宮！這次我同樣受到幸運之神的眷顧。初抵北京的我筋疲力竭、阮囊羞澀，連個像樣的行李也沒有；我跋涉過沙漠深處，也借宿過一無所有的蒙古包，現在卻發現自己置身於豪華宅邸，裡面從會客室、餐廳到臥室一應俱全，四處並裝飾有中國地毯、絲線刺繡、骨董與昂貴的銅器，甚至有康熙、乾隆年間製造的瓷器！

過去那段時日由於物質生活極度貧乏，以致於我花了三天才從流浪漢的角色徹底蛻變成紳士，也是一直等過了這個階段，我才出門拜訪各個大使館，並且縱情穿梭於接二連三的晚宴與狂歡聚會中。

與李鴻章的唇槍舌戰

我在北京最值得一提的往事是結識了李鴻章。他是赫赫有名、頗具睿智的老政治家，也是當代最富有的中國人物之一。儘管如此，在北京迷宮似的屋舍與巷道之間，他的生活卻過得非常簡約樸實，一點也不造作。那個時代，北京的街道極為狹窄、髒亂，人們不像現在可以駕駛汽車、馬車，或是等而下之的坐拖板車，即便是人力車在北京都很難有立足之地。由於街上泥濘不堪，而且不管上哪裡距離都長遠，因此想在北京走路是不可能的事，要上街除非騎馬，否則只好乘轎子。

李鴻章笑容可掬地接待帕夫洛夫和我，他殷殷垂詢我的旅程和計畫之後，便邀請我們過幾天與他共進晚餐。

那真是一頓多麼美好的晚餐！在一個普通大小的房間中央擺了一張小圓桌，牆上除了兩幀照片之外別無其他裝飾品。我們一進房間，老先生迫不及待向我們展示這些照片，顯然是他十分得意的東西，其中一幀是李鴻章與俾斯麥（Otto Eduard Leopold von Bismarck）[4]的合照，另一幀則是他與英國首相葛萊史東（William Ewart Gladstone, 1809-1898）合影留念照片。照片裡李鴻章的笑容顯露出他的紆尊降貴，好像這兩位歐洲政治家和他相比只是微不足道的小角色，他們應該感到十分榮幸能夠與他合影留念。

呈上來的菜式屬歐式料理，香檳酒乾了又馬上斟滿。我們透過一位通譯聊天，李鴻章暢談去年（一八九六年）他去莫斯科參加俄皇加冕儀式的旅行，他同時順道訪問好幾個歐洲國家，最後一站到了美國。此外，我們也談到我的橫跨亞洲之旅，對話中數度出現尖銳的爭論；李鴻章從他個人的經驗判斷，所有訪問北京的歐洲人無非是有所求而來，每個人都心懷自私的動機，他相信我也不例外。所以他說得很坦白：

「當然，你是想到天津大學謀個教職吧？」

「不，謝謝你的好意！」我回答：「即使大人給我一官半職，再給我部長的薪給，我也不會接受。」

他談到瑞典國王時用的稱謂是「王」，意思是「封建親王」。

帕夫洛夫解釋瑞典國王是個最獨立、最富權勢的國王，和歐洲其他國家的君王不相上下。接著我問他：

「大人去年既然已經到了歐洲，何不拜訪瑞典？」

「我沒有時間參觀每一個國家。不過你可以說說瑞典是什麼樣子，人民的生活又是如何？」

我說：「瑞典是個泱泱大國，社會安和樂利。冬天不至於太冷，夏天也不會太熱，那裡沒有沙漠或大草原，只有田園、森林和湖泊；我們的國家沒有蠍子，毒蛇猛獸也很罕見；沒有富人，也沒有窮人——」

李鴻章倏地打斷我的話，轉頭對帕夫洛夫說：

「多麼特別的國家！我得奉勸俄國沙皇趕緊攻占瑞典。」

帕夫洛夫一臉尷尬，不知道如何打圓場，他說：

「這是不可能的，大人！瑞典國王和沙皇是世界上最好的朋友，他們對彼此絕無惡意。」

於是李鴻章又把話鋒轉向我：

「你說你旅行過東土耳其斯坦、藏北、柴達木和漠南，為什麼你一定要跨越這些臣屬於我們的國土呢？」

「為了探索還不為世人所知的處女地，並將它們繪製成地圖，同時勘查其地理、地質和植物的分布。最重要的是要了解，是否有些瑞典國王可據以占領的省份！」

李鴻章深諳語中幽默地哈哈大笑，他豎起兩根大拇指說：「有勇氣，有勇氣！」我總算報了一箭之仇！李鴻章倒是沒有針對瑞典要征服中國屬地話題窮追猛打，反而轉了個話題，他問我：

「原來如此！你也研究過地質。既然這樣，假如你騎馬穿過一處平原，望見遠方地平線上突出一座山，你能不能即刻判斷山裡是否蘊藏金礦？」

「不行，完全不可能！我必須先騎馬到山裡去，然後實地仔細檢查各種礦物的岩石屬性。」

「啊，謝謝你！你的做法不需要技術，我自己也做得到；我要說的重點就在於是否可以從遠處判斷有沒有蘊藏金子。」

我不得不承認在這一局我落了下風，繼而想到我的對手是中國近代最偉大的政治家，這場口角之爭倒是雖敗猶榮。一頓飯吃下來，我們的交談一直都是這樣的氣氛，酒席結束之後我向李鴻章告辭，坐上轎子搖搖晃晃回家。

在北京留了十二天，我折返張家口，伊斯嵐也許已經帶著行李抵達該地了。我決定取道蒙古和西伯利亞回家，當時西伯利亞鐵路只修築到葉尼賽河東方的康斯克（Kansk）[5]，所以我必須接著搭乘馬車和雪橇旅行一千八百哩。

覲見沙皇

到達聖彼得堡，我前往沙斯科依賽羅（Tsarskoe Selo），向甫即位數年的沙皇尼古拉二世（Nicholas II）[6]致敬。在未來的歲月中，我有緣經常覲見沙皇陛下。我收到一張由瑞典公使館轉交的邀請卡，上面注明「皇帝陛下著意接見」我的詳細時間，而且宮廷派車來接我的一切細節也都安排妥當。當我抵達火車站時，已有個扈從在那裡等候我，準備護送我到皇宮。從火車站到皇宮的路上，我被哥薩克騎兵攔下來盤查兩次，在確認我是邀請卡上所邀訪的人之後才放行。

沙皇尼古拉二世穿著一襲陸軍上尉的制服，給人的印象平凡無奇，不太像是個位高權重的帝王；他的個性相當直率，不善矯揉作態。沙皇對於我的旅行興趣高昂，並吐露他本人非常精通亞洲內陸的地理，他說著在桌上攤開一張巨大的中亞地圖，讓我在地圖上重新模擬曾經走過的路線。他用紅蠟筆在我重要的停駐地點上畫記號，例如喀什、葉爾羌河、和闐、塔克拉瑪干、羅布泊等等，他甚至詳盡地比較我和普哲瓦爾斯基探險區域的差異。沙皇特別感興趣的是帕米爾的英俄邊界委員會，也就是我曾停留數次英、俄雙方的營區，他毫不掩飾地問我對「世界屋脊」上所畫下的英、俄界域有何看法，我只能據實回答。我表示，最自然、簡單的方法就是以興都庫什山的主要稜線（分水嶺）作為邊界，這麼做遠比分割台地容易，因為在台地上畫疆界必須以人為方式樹立石界，然而該地有許多浪遊四方的游牧民族，屆時一定很容易發生摩擦。

沙皇的眉頭糾結在一起，只見他在地板上踱來踱去，然後十分激動地說：「我早就認為應該這麼做了，可是從來沒有人提出如此清楚而簡單的事實！」

稍後他聽說我有意深入亞洲心臟地帶進行新的探險活動，便要求我下次出發前，務必向他說明詳細的計畫內容，因為，他希望盡可能幫助我完成壯舉；後來證明沙皇的承諾並非只是空言。

期待衣錦榮歸的喝采

幾天之後，亦即一八九七年五月十日，我從芬蘭搭乘汽船回到斯德哥爾摩，我的雙親、姊妹和友人全等候在碼頭邊，親友再度相聚的快樂誠非筆墨可以形容，畢竟我差一點就永遠回不了家！當天我即刻前往覲見這次探險之旅的主要贊助人——瑞典的老國王，並接受皇室的表揚，然而童年時代夢想的衣錦榮歸、光榮遊行的場景，也就是諾登舍爾當年所受到的那種歡迎場面，卻不見任何跡象。原來整個斯德哥爾摩市只關心一件事，那就是即將開幕的大博覽會。

五月十三日，我偕同兩位友人為安德烈（Salomon August Andrée）[7]及他的兩名夥伴舉行一場小型餞別晚宴，他們三人即將出發前往史匹茲卑爾根，然後乘安德烈的熱氣球「老鷹號」（The Eagle）飄越北極，目的地是白令海峽（Bering Strait）[8]。席間安德烈發表一場動人的演說，他首先恭喜我在亞洲歷險數年之後安然返國，而且把旅行的諸多收穫帶回瑞典；爾後他說到自己正站在前途渾沌的起點。我向他表達誠懇的祝福，希望他橫渡海洋與冰原的飛行順利成功，而且此時此刻祝福他旅途愉快的我們，在他凱旋歸來時能有那份榮幸環繞在他周圍，向他致上熱忱的歡迎，那麼今日的憂愁傷感屆時都將轉為狂喜歡樂。

安德烈於五月十五日離開斯德哥爾摩，七月十一日從史匹茲卑爾根島的北岸升空，老鷹號緩緩消失在地平線的彼端。後來安德烈再也沒有回來，直到今天他和同伴的下落依舊不明，可是人們對他的這項壯舉卻是記憶長存；世界上首次大膽嘗試飛越北極的是瑞典人，對於這一點我們都感到無比的光榮。

來自各界的歡迎盛會

餞別晚宴一結束安德烈便離開了，幾個小時之後，國王在皇宮招待八百人共進晚餐，以慶祝博覽會的開幕。在我回家之前兩個星期，駕駛「弗蘭姆號」（Fram）完成橫渡大西洋計畫的楠森（Fridtjof Nansen）[9]才剛接受過國王的接風洗塵，現在輪到我了，與會賓主紛紛向我敬酒。有份記錄當時情景的文件如此寫道：「國王再度發言，他的聲音永遠是那麼迷人，表現出一種特殊的溫暖音質。」身材高挺、銀髮生輝的國王走入眾多賓客之間，為我發表了一段演說。他致詞的部分內容如下：「冒著生命的危險、秉持不屈不撓的毅力，楠森在大西洋的冰原中找尋陸地，而赫定，我們瑞典的子民，也承受同樣的生命威脅，發揮同樣的堅定意志力，他找的是水——而在亞洲內陸的沙漠和大草原上，水源並不充沛。國王背負的責任常是沉重的，不過他們的特權也很寶貴；現在我就要行使一樣特權，我要以瑞典民族之名向諸位政治領袖、社會菁英致詞，我呼籲各位加入我的喝采，在我代表瑞典人民向赫定致意、大聲喊出他的名字時，請各位與我齊聲歡呼。」我年邁的父親也參加了這場盛宴，當國王發表致詞時，他的快樂不比我少，甚至比我自己更開心。

之後，歐洲幾乎所有的地理學會都為我舉辦歡迎會，如果要一一敘述，很快就會塞滿整本書；在為我舉辦的歡迎宴會中，又以巴黎、聖彼得堡、柏林和倫敦地理學會最為盛大。各種獎章和皇家頒贈的殊榮像潮水一樣湧來。我特別感念柏林地理學會的老師李希霍芬、法國共和政府總統佛爾（Felix Faure）[10]、巴黎地理學會的愛德華（Milne Edwards）和邦拿帕（Roland Bonaparte）、聖彼得堡的賽門諾夫（Semenoff）、英國的威爾斯王子（也就是後來的國王愛德華七世），還有我的老友倫敦皇家地理學會會長馬克漢爵士（Sir Clements Markham），以及諸多人士。倫敦皇家地理學會頒給我一面金質大獎章——「創立人獎章」（The Founders' Medal），並推舉我為榮譽會員[11]。在倫敦停留期間，我經常造訪偉大的非洲探險家史坦利，在他府上叨擾，終其一生他都與我保持親密的友誼。當我接到好差事時，史坦利是我最好的導師，例如去美國演講就是其中一項，不過後來並沒有成行，因為我心裡正盤算著直有天壤差異的計畫。

【注釋】

1 現稱永登，位於甘肅省蘭州北方。

2 清朝時府名，現稱武威，位於今甘肅省境內。

3 此地為作者戲稱中國是「中心之國」。

4 一八一五—一八九八，為普魯士宰相，以「鐵血宰相」之名著稱於世。

5 亞俄中南部的城市。

6 第一次世界大戰之前，歐洲極為重要的君主之一，於一九一七年俄國大革命期間被推翻。

7 一八四一—一八九七，瑞典工程師兼探險家。

8 分隔亞洲與北美洲的水域，同時連接與大西洋相鄰的白令海。

9 一八六一—一九三〇，挪威探險家，也是動物學家與政治家，乘船漂游橫越格陵蘭和北極部分冰原，推進到北緯八十六．一四度，是當時人類所接觸緯度最高之地。

10 一八四一—一八九九，法國第三共和政府的第七任總統，任期一八九五—一八九九年。

11（作者注）關於我在倫敦所接受的歡迎，請見《地理雜誌》（一八九八年第十一冊）。

第三十二章　重返沙漠

一八九九年仲夏日（六月二十四日），紫丁香盛開的季節，我第四度出發遠征亞洲的心臟地帶；這次探險的贊助人主要是奧斯卡國王和諾貝爾（Emanuel Nobel）。我所攜帶的儀器、四架照相機、兩千五百張玻璃板、文具和畫圖原料、送給當地居民的禮物、衣服、書籍等等，（總之，是所有的行李）加起來重達一千一百三十公斤，整整裝滿二十三只箱子。這趟探險旅行必須仰賴一件新的交通工具，那便是屬於倫敦的詹姆斯（James）專利的折疊船——帆柱、船帆、船槳、救生筏，一應俱全。

和往常一樣，每次開始一趟新的旅程，最困難的部分就是闊別雙親和兄弟姊妹，至於愉快的部分往往在出發之後才會來到，也就是在旅程的每個階段體驗不斷發掘未知事物的喜悅；我渴望寬闊的天空，也亟欲在踽踽獨行的旅途上展開偉大的冒險。

出發前幾個月，我去覲見沙皇，向他說明我的探險新計畫，沙皇竭盡所能給予我旅程中的協助，包括免費的交通工具、搭乘俄國火車（不論歐、亞）免付關稅。除此之外，沙皇甚至親自調遣一支二十人的哥薩克騎兵護衛隊，我毋需支付一毛錢；我告訴沙皇二十人太多了，我只要四個護衛，沙皇也同意我的看法，因而挑選哥薩克騎兵的任務便交由戰事部長庫洛帕金將軍去負責。

按照計畫，我必須搭乘火車旅行三千一百八十哩路程，抵達俄屬土耳其斯坦的安狄山（Andishan）[1]。我先到達裏海東岸的克拉斯諾佛斯克（Krasnovodsk），在這兒已經為我準備好了一節有臥鋪的特等臥車廂，讓我可以這節車廂為家悠遊於整個亞俄。只要我願意，我可以隨意停留各個城市，時間也不限制，而且只要我指定搭乘哪一列火車，鐵路當局就會把我的車廂加掛到那列火車的最後面，這樣我可以坐在車廂後的平台上，盡情欣賞車外飛奔而過的風景。

揭開亞洲深處的神秘面紗

當抵達安狄山，伊斯嵐已經在那裡等我了。他穿著一件藍色長袍，胸前配掛瑞典國王贈予的金質勳章，我倆為這次重逢，以及能夠再度同甘共苦感到喜悅不已。我叫他先帶著所有行李趕到歐什，並且聯絡將協助我們前往喀什的旅隊車夫，至於我則先留在老友賽茨夫上尉的家裡。

我在七月三十一日這天動身，同行的有七個人、二十六匹馬和兩條幼狗；小狗都只有一個月大，名字分別是尤達西三世和多夫雷。在翻山越嶺到達喀什的兩百七十哩崎嶇的路程中，我們必須穿過鹹海與羅布泊的分水嶺唐布倫隘口（Tong-burun Pass），站在隘口上遠眺，整個亞洲盡納眼底！我覺得自己就像個探索世界的征服者，深邃若迷霧的沙漠和高山頂峰的神秘面紗，都在等待著我去揭開。在接下來三年的探險之旅，我的首要原則是只探訪人跡未曾到達的地方，至於這趟旅程中，我所繪製的一千一百四十九張地圖，絕大部分都是未被勘查過的地域。

再度置身帳棚裡，側耳聆聽樹梢風聲的呢喃，與大型駝隊的清脆銅鈴聲，感覺真是愉快極了！一如昔日，吉爾吉斯人帶著牲口在草地上游牧，而在一處可通行的淺灘上，還多虧他們的幫忙我們才把馬匹帶過湍急險惡的噴赤河。

我在喀什遇到老朋友裴卓夫斯基總領事、麥卡尼爵士和韓瑞克神父，而瑞典籍的胡谷倫牧師如今則帶著家人與助理在喀什創辦基督教會。裴卓夫斯基的熱心不減當年，一樣給予我許多實質上的幫助。我用一萬一千五百盧布買了一百六十一個中國銀錠（Chinese silver yambas），足足有三百公斤重，分裝在好幾口箱子裡，如此可減少被偷或全部遺失的機率。當時每個銀錠值七十一盧布，等我後來需要更多錢時，每個銀錠已增值到九十盧布。我們買了十五頭壯碩的雙峰駱駝，不過截至探險結束，卻只剩下兩頭存活下來。我指派倪艾斯（Nias Haji）和涂厄都（Turdu Baï）擔任旅隊的領隊工作；涂厄都是個鬍子雪白的老漢，他的價值難以衡量，從頭到尾陪伴我們直到探險任務完成。還有法竺拉（Faizullah），是個可以信賴的駱駝馭手；除此之外，我還雇了一位年輕小伙子迦德（Kader），主要是他能書寫當地文字，萬一有需要用到東土耳其斯坦語文時，他就能派上用場。而沙皇調撥給我的哥薩克騎兵之中，西爾金（Sirkin）和徹諾夫（Chernoff）來自七河之鄉，他們約好與我在喀什會合，另外兩人則逕行前往我在羅布泊的據點報到。

行過滾滾長河

九月五日下午，我們在毒熱的豔陽下出發，馱負沉重行李的駱駝搖著頸上的大銅鈴，緩緩走過喀什，穿過村落、園林和田野，四周盡是平坦的黃土，駱駝和馬匹踢踏揚起了一縷縷的黃色塵雲。西北方的山峰上天色逐漸變黑，倏忽颳起一陣強風捲起厚厚的塵土，那意味著風暴即將來

我們正通過喀什外小村莊的一座橋

臨。果不其然，頃刻間，一場狂暴的大雨開始襲擊大地，隆隆的雷聲一聲接著一聲，我們像耳聾似的除了雷聲什麼也聽不見，腳下的大地也隨之撼動，令人不禁以為世界末日就在眼前了。雨還下不到一分鐘，我們已淋得全身濕答答的，腳下的土壤因被雨水浸軟，變得像肥皂一樣滑不溜丟的；駱駝更像喝醉了酒步履踉蹌，不小心滑倒，便把泥漿濺得四處飛起。每次有駱駝跌倒，刺耳的嘶鳴立刻響起，我們得不時停下來為跌倒的駱駝鬆解重物，幫助牠們站起來，然後再重新打包。如果在塔克拉瑪干沙漠遇險那次能夠下一場這樣的暴雨，我們的旅隊也不致於損失那麼慘重！眼下這場雨不但來得並不令人欣喜，還阻撓了我們的前進。天色已黑，我們在一座園林裡紮營過夜。

在大草原和荒原曠野裡徒步行走了六天，我們來到位於葉爾羌河畔的萊立克（Lailik），與這村子隔河對望的正是我們上次沙漠歷險再出發的地點麥蓋提。我們在河的東岸——離萊立克不遠——發現有人要賣一艘舢舨；葉爾羌河上常可見到這種載運旅隊和推車過河的舢舨，我們花了一錠半銀子買了下來。舢舨長三十八呎，寬八呎，即便載滿貨物時，吃水還不滿一呎。據當地人說，葉爾羌河流到馬拉爾巴喜附近岔成好幾條支流，所以我們又造了艘小一點的木舟，只有另一艘舢舨的一半大，希望不論河水情況如何，這兩艘小船都可以把我們帶到羅布泊。

舢舨的船頭部分增建一塊甲板，我的帳棚就搭在上面。舢舨中央有個方形的船艙，外面覆蓋黑色毛毯，準備用來作為處理照片的暗房，艙房裡有嵌入式桌子、櫃子，以及兩個裝清水的盆子，是洗碗盤用的。船艙後面堆放沉重的行李和補給食物，在船尾甲板上則是露天營地，泥土做的火爐邊圍著我的隨從和他們的什物，因此途中我隨時有熱呼呼的茶可以喝。靠左弦這邊有一條通道，船頭船尾就靠這條通道互通聲息。

我的帳棚入口處放著兩只箱子，當作觀測桌，另一只較小的箱子則是我的椅子；坐在這裡我可以全視野地欣賞到河景，也能詳細勾勒河流的走勢圖。帳棚內有一條地毯和我的床，還有我隨時需要的幾只箱子。

岸上的碼頭洋溢著一片朝氣蓬勃的景象：木匠忙著鋸木材和釘釘子，鐵匠用力打鐵，哥薩克護衛正在執行監督的勤務。秋天的腳步已經來臨，河水的水位每天都在下降，看來我們必須儘快行動才行。當一切安排就緒，我們的船終於可以風風光光地下水啟航，未來將近三個月時間我必須以船為家；船順著河流航行了九百哩路，而過去也未曾有人為這條河畫出詳細的地圖。在小船完工那晚，我為造船工人和附近的居民辦了一場聚會，帳棚之間懸掛著亮晃晃的中國燈籠，悠揚的鼓聲、弦樂和我的音樂盒相互呼應；跳舞的女郎打赤腳，身穿白色衣裙，頭髮上編飾著長長的珠串，頭戴尖頂帽，以最美妙的姿勢環繞熊熊營火翩翩起舞，此刻的葉爾羌河畔漾滿了慶典似的歡樂氣氛。

九月十七日我們準備好上路，哥薩克護衛帶領旅隊穿過灌木叢，他們將取道阿克蘇和庫車，預計兩個半月之後在河流的某一點與我會合。

緩緩行進的船屋

伊斯嵐、迦德陪我走水道出發，舢舨上的三名水手分別是帕拉塔（Palta）、納賽（Naser）和阿林（Alim），其中兩人掌舵、一人負責船頭的崗位。他們手持長竿，碰到船靠岸邊太近，便用竿子把船推離岸邊；還有一位水手叫卡辛（Kasim），他負責駕駛另一艘小船。小船好像一座漂流的農場，上面載有咯咯叫的母雞、香甜的西瓜和蔬菜，而我們乘坐的大船上還拴著兩隻綿羊。多夫雷和尤達西兩隻小狗也在大船上躥來躥去，顯然牠們從一開始就有把船當家的自在。

我們開航的河段寬四百四十呎、深達九呎，流速是每秒三呎，流量為每秒三千四百三十立方呎。我下令開船的時間是下午，兩艘船堂堂滑下河道，夾岸盡是蔥林蒼木，河流轉了第一個彎，萊立克小村迅即消失在我們身後。

下一個彎道水很淺，當我們的船靠近岸邊時，有些婦女和小孩已經等在那裡，一瞧見我們的船立刻紛紛跳進水裡，為我們送來牛奶、雞蛋、蔬菜等禮物，我給了一些銀幣當作回報。他們都是船上水手的家人，趁此機會向家人作最後的道別。

我在寫字桌前坐下來，把第一張紙攤開在桌面上，同時備齊羅盤、錶、鉛筆、望遠鏡。放眼欣賞周遭壯觀的河景，河流蜿蜒穿過沙漠，形成許多罕見的彎道。我們如同蝸牛一般帶著屋子行進，永遠都住在「家」裡，風景緩慢無聲地從我們眼前滑過，既不必走路，也無需騎馬，每轉一個彎道，每每悠然呈現簇新的林木岬角、濃密的草叢，以及掀漾起伏似波浪的蘆葦。伊斯嵐特地在我桌上準備一個盛放熱茶和麵包的托盤，船上肅穆寂靜，唯有水花拍擊深陷泥淖的樹枝時激出漣漪，或是水手必須拿長竿將船推離河岸，以及小狗相互追逐、或偶爾站立船頭對著岸上牧人吠叫時，才會打破這樣的寧靜。岸上的牧羊人總是站在樹叢或枝葉架起的帳棚外，像尊雕像般動也不動地凝視我們的船隻經過。我彷彿走入河水的生命線，感覺到河流鼓動的脈搏，每一天，我對河流的習性都有新的體會，這真是我所經歷過最寫意的旅途！至今我對那次寶貴的經歷記憶猶新。

突然船身晃動了一下。糟糕！我們是不是擦撞到什麼東西了？原來是舢舨的船頭被河床上的一截白楊木樹幹緊緊卡住了，船身跟著翻轉了半邊，感覺上好像太陽在天空裡滾動了起來。我利用這個機會測量河流的速度，一旁瞥見帕拉塔連同其他夥伴縱身跳下水中，很快就把舢舨扶正，船隻又開始滑行，直到暮色低垂。我們覓地紮營，這是河流之旅的第一個營地。

我們讓船泊在岸邊，手下們跳上岸去生起營火，準備晚餐。緊接著，兩隻小狗也跟著跑上岸，在樹叢裡互相追逐，可是等到晚上又都回到我睡覺的船上帳棚，手下則睡在營火旁。我當天的筆記還沒整理完，伊斯嵐端來了白米布丁、烤野鴨、黃瓜、酸奶、雞蛋和熱茶，小狗也各自享受了一頓相當豐盛的晚餐。我把帳棚打開，月光在粼粼的河水上曲曲折折，空氣中瀰漫著歡愉的氣息，我貪戀著黝暗的樹林和銀色的河水，捨不得把頭轉開。

愜意的河流之旅

為了節省時間，太陽一升起我們就啟程。船尾的爐火上煮著茶，上路之後我才開始穿衣盥洗。帕拉塔手持長竿坐在我前面，一邊哼著歌曲，歌詞內容是關於傳說中的一位國王四處冒險的故事。當船緩緩滑行過一位牧人所站的河邊時，我們趁機向他打聽一些事情：

「請問樹林裡有些什麼？」

「有紅鹿、獐子、野豬、野狼、狐狸、大山貓、野兔！」

「沒有老虎嗎？」

「沒有，很久沒見過老虎了。」

「河水什麼時候結冰？」

「再過七十天或八十天。」

看來我們得加快速度了。秋天的河水流量迅速下降，才不過兩天時間，每秒流量就已經遽減到二千三百五十立方呎，而風是我們最大的敵人，帳棚和船艙就像船帆一樣，逆風時船速減低，遇到順風船行速度又比我們想像中的要快速。有一天，我們出發沒多久就颳起了一陣颶風，船被迫停靠在岸邊避風，於是我換乘小船，揚起風帆，快如飛箭順流而下，而停泊的舢舨及河岸、樹林全都消失在灰黃色的靄氣中。我享受了好一陣寧靜與孤獨，之後才把桅杆和船帆放下來，乾脆躺在船板上，讓河流帶著我往下游滑行。

風速減緩了，我們繼續河上行程。有時伊斯嵐會自己划小艇上岸，扛著步槍在樹叢裡穿梭冶遊，回來時總見他手拎著雉雞和野鴨，那天晚上大家就會趁機打打牙祭。有一次，伊斯嵐帶著另一名手下一塊上岸，兩人去了整整七個小時之久，我們遠遠望見他們倆四平八穩躺在一片河灘上睡著了，當船悄然無聲地滑行過他們身邊時，兩個人竟都沉睡沒醒，我只好派人划小船去叫醒他們，把他們帶回船上。

野雁已開始躁動不安，而且慢慢集結起來準備長途飛行到印度。我們在萊立克抓到一隻野雁帶在船上，牠的翅膀因為被剪了不能飛翔，所以我們任由牠在大舢舨上自行走動，牠不時會晃進我的帳棚來走動走動，然後在地毯上留下一灘牠到此登門拜訪的「證據」（顏色像菠菜）。當我們上岸紮營時，便讓牠留在河裡游泳取樂，等牠玩盡興了便會自動回來報到。每當聽見牠的表親野雁在空中嘎嘎叫時，牠一定會仰起脖子凝視牠們，也許牠正懷念著恆河畔的芒果樹和棕櫚樹吧。

航向急湍惡水

九月二十三日，我們到達了麥蓋提居民所警告的河流分叉點，葉爾羌河在這兒岔成多條流速湍急的支流，河床寬度驟然縮減。船被驚人的激流帶著走，陷在洶湧的浪濤中，河道霎時變得狹窄難行，轉彎的角度又險又急，想要調頭避開已經為時已晚；大舢舨猛烈朝著河岸撞擊，我的箱子幾乎掉下船去。當大夥兒還驚魂未定時，河水再度將我們沖過兩段急流，不遠處，河流為自己沖出一小段新的河床，流到這裡已經見不到樹林，不過河裡還是生長許多檉柳，漂流在水上的浮木和白楊樹幹堆積起來，和檉柳交錯糾結成一些小島。整條河布滿了漩渦，我們的船速實在太快了，因此當舢舨猛然觸礁時幾乎整個翻了過去；有的時候，船身被浮木纏得很緊，我們費了九牛二虎之力才得安全脫身。由於數條支流分散了水量，使得河水的深度越來越淺，盡頭的河床淺到使整艘船陷進河底的藍色淤泥中。我派遣手下前往附近村落尋求援助，他們帶了三十個人手回來，村民幫我們把所有的行李搬到岸上，然後一吋吋地把擱淺的舢舨拖離河道，一旦過了這處河道，接下來只剩下幾段最陡峻的急流要應付。我獨自留在船上，觀看幫手用長繩索把舢舨固定住，以免舢舨橫向旋轉而翻覆在湍流裡；舢舨乖乖地滑過急流邊緣，然後像蹺蹺板似的跌入水中。下一個急湍位於一段狹窄的水道中，我們一刻也不敢放鬆地提高警覺，以防船隻向前衝撞成碎片。

葉爾羌河畔的小精靈

我們此刻正航行在新形成的河床上，岸上還是光禿禿的一片，野生動物也很稀少，蘆葦稀稀疏疏地，偶爾可見野豬和獐子的腳印；有隻老鷹安坐高處好像在細細觀察我們，幾隻大烏鴉啞啞叫著飛過河流。兩條小狗經常逗我開心，看著牠們船頭船尾跑來竄去地，活脫是一對快樂的小精靈。橫七豎八倒在河裡的白楊樹幹看起來像是伏臥的黑色鱷魚，剛開始，兩隻小狗對著樹幹狂吠不休，很快也就見怪不怪了。一轉眼，牠們又發明了另一種遊戲，那就是趁船行進中跳進河裡，然後游泳上岸，順著河岸玩起跟蹤船隻的把戲。若遇到河道轉彎，舢舨被迫離開河岸邊時，牠們就會又跳進河裡游水，如此沒有實際意義的行動一再重複，直到牠們累了，就回到船上來，趴在甲板上發出長長的嚎鳴。

新河床走到了盡頭，我們再度回到蓊鬱林木夾岸的舊河道，水流變得遲緩，相反地，森林卻越走越廣闊。已是秋天時節，樹葉轉黃，然後轉紅，不過白楊樹梢的枝葉依舊茂密，將太陽光線遠遠隔絕於樹葉形成的屏障之外。我們的船如同在威尼斯的運河上滑行，只不過河岸兩旁矗立的是樹林而非宮殿；水手拄著長竿打盹，彷彿有人暗地裡施展了魔法，樹林隱約散發出一股神秘的氛圍籠罩著我們，這時若出現童話裡的魔笛手潘恩（Pan）吹奏笛子，或是樹叢裡鑽出古靈精怪的小精靈，我也不會覺得驚訝。一陣清風霍地拂過樹林，金黃色的葉子像下雨似的紛紛飄落晶瑩的河面，令人聯想起印度貴族獻給聖潔恆河的黃色花環。

葉爾羌河的轉折真是瘋狂！有個彎道只差四十度就是一個完整的圓圈了，另一處彎道的直線距離雖只有一百八十公尺，我們卻整整走了一千四百五十公尺。更離譜的是，河道轉彎的角度是三百三十度，高水位很快就會切割狹窄的長形地帶，緩緩的水流將再一次遺棄舊彎道。

我們的前進速度非常慢，河流水位日益下降，天氣也變得越來越冷，我懷疑我們能否在河水結冰之前抵達目的地。

【注釋】

1 又作Andizhan，位於烏茲別克東部，蘊藏豐富的石油和天然氣。

第三十三章　河上生活

從九月三十日這天開始，沿途景觀變得與先前迥然不同，樹林不見了，平坦如茵的大草原向四面八方迤邐延伸。馬撒爾塔格山宛如一朵輪廓鮮明的雲，浮升在地平線上端；由於河流走向的關係，這座山有時在我們前面，有時不是跑到船的右弦就是在左弦，可是當河道轉向西南方而非東北方時，它又會出現在我們的背後。

再往前航行一天，我們已經可以看見北邊的天山，廣袤的山脈頂上覆罩皚皚白雪，看似遠方朦朧的背景。隨著距離的拉近，馬撒爾塔格山的輪廓更加清晰了，當暮色籠罩大地時，我們到達山腳下準備紮營。那裡已經有一座搭好的帳棚，親切和善的土著走下河岸來兜售野鴨、野雁和鮮魚，這些都是他們用陷阱和網子捕捉來的。我們請託此地的長老騎馬去商隊路線上最近的村莊，為我們採購毛皮和靴子，另外再買些米、麵粉、蔬菜等，補充我們的糧食存量；我拿足夠的錢給他，僅告訴他去某個地點與我們會合，這麼做其實擔了些風險，因為他有可能拿了錢之後一去不返，畢竟他跟我們任何人都不認識。結果證明長老不敢欺騙我們，他依約來到指定地點，而且不負所託把事情都辦好了。

負責駕馭小船的水手卡辛對捉魚很有一套，他做了一支魚叉，然後站在一處由小支流形成的瀑布底下叉魚。幾天之後，我遠遠望見秋卡塔格山（Choka-tagh Mount），屬於馬撒爾塔格山脈最南端的部分，也是當年我在沙漠遇難動身的地點。我想再次看看那個地方，而且重訪那座無法提供我們足夠飲水的湖泊，由於那座湖泊會在前方與這條河交會，於是我們轉乘英國製小艇繼續這趟旅程。伊斯嵐陪我一起前往，但是他忘記攜帶步槍。萬一我們離開太久沒回來，留守原地的手下會在夜裡生火作為指引的訊號。

回首往事不勝唏噓

我們順著一股強勁的風行進，從河流轉往一段峽道（strait），途中遇到的第一座湖泊長著茂密的蘆葦叢，不過湖泊本身具有寬闊的水域，湖面上十四隻雪白的天鵝正悠哉閑哉地游泳戲水，突地看見一艘小艇滑進，著實吃了一驚，似乎在懷疑我們的白色船帆是不是某種巨鳥的翅膀，一直等到我們靠得很近了，天鵝才聒噪地搧翅飛起，可一會兒又一隻隻降落在不遠的地方。

我們所在的湖泊藉著一條長長峽道和南邊毗鄰的湖泊相連，隔鄰的湖泊叫作丘爾湖（Chol-kol，原意為「沙漠湖泊」），一八九五年四月二十二日我曾經在它的南端紮過營。船抵達後靠了岸，我帶著帕拉塔和兩名土著徒步前往秋卡塔格山，伊斯嵐和其他土著則在船上等候，我們打算稍後轉由秋卡塔格山的南坡返回營地。

走到秋卡塔格山的山腳下，再攀上巔峰花了我們很長一段時間，那時太陽就快貼近地平線了。我在山頂上盤桓了好一會兒，從南向東眺望，眼前景色喚醒了我一種奇妙詭異的回憶，我可以看見沙丘頂上染著一抹紅光，彷彿釋放光熱的火山，高聳的景象像是我那些死去的手下和駱駝的墓碑。唉！老默哈梅得啊！如今他在天堂的棕櫚樹下啜飲仙境甘泉，紓解了喉嚨的乾渴，是否因此原諒我了呢？

我是三位僥倖存活的其中一位。往更遠的地方走去，有處是我們最後一次在沙丘之間紮營的據點；我沒有注意到太陽已經西沉，耳邊隱然響起從沙漠深處傳來的送葬哀歌。天色越來越昏暗了，恍惚間我感到有鬼魅幻影從陰暗的沙丘向我撲過來，後來我被一隻輕盈跳下山坡的野鹿驚醒，還有帕拉塔的聲音：「先生，我們離營地很遠了。」

下坡路走得很吃力，天色昏黑，我們都特別小心；好不容易回到平地，又往北行走二十四哩路，才終於看到指引的營火。走回營火邊的這趟路令人十分迷惑，明明看它近在咫尺，卻走了好幾個小時才抵達，最後我終於在午夜時分回到船上的帳棚。此次探險截至目前，今天可是第一回覺得艱辛，沒想到這樣的苦頭以後還多的是哩！

沉悶的氛圍

我們在十月八日離開那個值得懷念的湖泊，繼續蜿蜒曲折的路程。之後，我們總是找一、兩位熟悉本地狀況的牧人，請他們跟著我們的船同行一段路，隨時可提供相關資訊。我們瞥見正前方有隻美麗的天鵝正游過河，伊斯嵐匆忙抓起他的步槍，可是距離太遠，他又過於激動，結果當然是一槍落空了。受到驚嚇的美麗天鵝立刻跳上岸，一溜煙消失在蘆葦叢中。

入夜後，我們在一處樹木茂密的地方紮營。好幾天以來，一直顯得無精打采、行為怪異的小狗多夫雷突然跑上岸，焦急地鑽進樹叢好像在搜尋著什麼，最後見牠全身痙攣倒地氣絕。我對多夫雷的死感到十分難過！當我們在歐什買下牠時，牠還只是隻楚楚可憐的雛狗，現在已經長成一隻漂亮的大狗，不料卻在這時一命嗚呼。水手裡剛好有位回教教士摩喇（Mollah），他為多夫雷掘了一個墓穴，將小狗包裹在我們最後一頭綿羊的羊皮裡，喃喃念誦一些祈禱文後，便將小狗埋葬在小小的墳墓裡。自從多夫雷離開我們之後，船上顯得寂寞又淒涼。

一群野豬

船行越遠，河水的流速越緩慢。水手們無事可做，除了帕拉塔之外，人人都坐在後甲板聽摩喇說故事，他手捧一本書，大聲朗讀先知穆罕默德的信徒如何為回教征服東土耳其斯坦。河流上空原本綠蔭蔽天，隨著航程的推進濃蔭益形稀薄，林木的樹葉已多數換上或黃或紅的顏色；我們經過一座形似小島的地方，兩旁豎起高高的柱子。伊斯嵐想要娛樂一下大家，便把音樂盒拿出來播放，原本死氣沉沉的氛圍被〈卡門〉（Carmen）、瑞典國歌和瑞典騎兵隊的行軍進行曲給攪散了。一隻野鴨游過來循著河岸與我們同行，有一頭狐狸則躲躲閃閃地盯著野鴨的一舉一動；而蘆葦叢裡出現一群野豬以鼻尖拱著地，年紀較大的野豬顏色呈黑色，較年輕的則是棕色，牠們定定地站著凝視我們，然後調頭鑽進草叢逃走，一路還發出吵雜的哄哄聲。

在昏黃月色下趕路

我每天工作長達十一個小時，像禪定似的穩坐在觀察桌前，因為地圖上不容許出現任何缺口。十月十一日夜裡，氣溫首度降到冰點以下，從那天之後，樹林裡的最後一絲綠意也消失了。起風時，河面上布滿密密麻麻的落葉，我幾乎可以想像自己在紅黃相間的拼花地板上溜行。由於河邊的帶狀樹林非常狹窄，有時可以透過樹葉的罅隙見到塔克拉瑪干沙漠中離我們較近的沙丘。

四位牧人圍坐在河岸邊的營火旁看管綿羊，雖然我們的船靜悄悄地滑過河道，他們還是被嚇一大跳，站起身來掉頭就跑，如飛箭般衝入樹林中。我們上岸放聲大喊，並且四處找尋他們，可是這些牧人就這麼消失無蹤，也許他們誤以為我們的船是要生吞活剝他們的大怪物。

十月十八、十九兩天颳起一場黃風暴（sarik-buran），整條河面上漂滿了馬尾藻，我們被迫靠岸停泊。我徒步穿過樹林走到沙漠的起點，風勢終於轉弱，我們繼續行駛，夜裡就憑藉月光和燈籠的微光趕路。紮營時，我們架起一堆木材生火，四截乾枯的白楊樹幹為我們帶來不少暖意。

第二天，摩喇在船抵達一處彎道的地方宣告，離河岸不遠處的森林裡有一座清真寺，名叫「馬扎合仁」（Mazar Khojam）。除了迦德，我們全都到清真寺去了。寺廟小巧而原始，由樹枝和木板將四周環繞起來，直接搭建在沙地上，綁在柱子上的三角旗幟和布條迎風飄展。摩喇莊嚴肅穆的表情像個大祭司，念起經文來，宏亮的「偉哉真主！偉哉阿拉！」吟誦聲霎時響徹前一刻還沉浸在寧謐氛圍的樹林。我們回到舢舨上，留守的迦德也想去寺廟向先知致敬，便央求我讓他循著我們的腳印單獨前去，可是他很快就回來了，好像有一堆惡鬼在後面追趕他一樣，原來是他踽踽獨行於林中心生不安，因而把每一簇樹叢誤看成野獸，而在風中噗嗤鼓動的旗幟也把他嚇得半死。

濃厚的人情味

卡辛乘小船漂流在我們前面，目的是探測河水的深度，以便預先警告我們哪裡有淺灘。他手持長竿站在船尾，有一次把竿子插進河底時由於用力過猛，一時間竟拔不出來，整個人登時像倒栽蔥似的往後跌到河裡，所有的人見狀全都捧腹大笑，差點笑得岔了氣。

十月二十三日，船上洋溢著一股活潑的氣息。此刻航行的這段河道和商隊路線十分貼近，我們看見一位騎士騎馬走在樹林邊緣，突然之間消失身影，不久，我們又看到一整隊騎馬的人，他們要求我們停下來，於是我們上岸，這些人馬上攤開一張地毯鋪在地上，然後在上面堆滿了甜瓜、葡萄、杏子和新鮮麵包。接著我回請他們當中最出色的幾個上船來，和我們一同旅行，其他騎士則順著河岸護送我們，過了一會兒，又有新的隊伍出現，他們是來自阿瓦特（Avat）的西土耳其斯坦商人。這還不是全部，轉眼間又從樹林裡竄出三十個騎士，這次是阿瓦特長老親自前來向我們致意，我仍然邀請他連同其他幾位商人上船，伊斯嵐為他們奉上熱茶。舢舨輕巧地滑行，岸上聚集越來越多騎馬的人士；我們將船停泊在岸邊，預備在該地多逗留一天。鄰近的居民幾乎全部出籠，爭著來觀看他們眼中怪異的船隻，八位放鷹人和兩位騎士帶著獵鷹邀我們一同去打獵，事後還慷慨把獵到的一頭鹿和四隻野兔送給我。

當我們揮手告別這些熱情好客的居民時，他們在我的地毯上放置裝滿水果的大碗，以及足夠我們吃好幾個星期的食物。我們也在這裡買了一條新狗，我管牠叫哈姆拉（二世），費了好一番工夫才將牠馴服。

塔里木河登場了！

又航行了兩天，周遭景致再度呈現迥異的新風貌。現在我們來到滔滔大河阿克蘇河向南流入葉爾羌河的交匯點，從此地開始，緩慢而蜿蜒的葉爾羌河畫下句點，流量大增的河水轉向東流，改名為塔里木河。壯麗的景色神奇地伸展開來，我們出了葉爾羌河右岸最後的一處岬角，停泊在左岸，然後就地停留一天，為的是想仔細觀察兩河交會處的漩渦與激流。

一天過後，我們又往前趕路，有一次舢舨在漩渦裡打轉，所幸後來船身穩穩落在一股勁流之上。河水是渾濁的灰色調，河面寬闊而且相當淺，彎道也不險急，有很長一段河道幾乎呈筆直伸展，兩岸景物一幕幕往後飛馳，向南去正是和闐河乾涸的出口。幾年前，和闐河曾經救過我一命。

我們第一次在塔里木河畔紮營，有一大群野雁呈人字型飛翔掠過天空，牠們正在飛往印度避冬的途中；還有一群停在很靠近我們船隻的地方，我們並沒有騷擾牠們，因為糧食已經足夠。第二天一早，牠們又開始避冬的旅行，我們豢養的那隻野雁用困惑的眼神凝視牠們；雁群裡有一隻遠遠落在後頭，可能是疲倦了，但牠很快就警覺到孤單，於是奮力追趕，循著同伴無形的雁跡飛翔而去，顯然牠知道雁群下一個停靠站在哪裡，也很確定自己能夠迎頭趕上同伴。我們的旅隊中，來自萊立克的水手不像野雁那麼熟悉路線，加上現在離萊立克越來越遠，他們就更加迷惑了，擔心找不到路回家。不過我向他們保證，到時候一定會幫助他們安全回到家鄉。

這時節，塔里木河的水流量是每秒二千七百六十五立方呎，流速則達到每秒三、四呎。到了晚上，這裡的溫度可以降到接近攝氏零下九度，地面已開始結冰，不過一到白天又迅速融解。夾岸呈垂直的台地不斷滾落整塊的泥沙，撲通掉入河中。有一次，我們的船隻經過時正巧有泥塊掉下來，舢舨的整個右弦被濺起的冷水淋得濕透，船身也起了劇烈晃動。在這次航程中，我們曾經過一處河岸，有個婦人提了一只籃子獨自站在岸邊，籃子裡裝了一些雞蛋，她要求我們買下雞蛋，由於她站的位置離船尾實在很近，所以我們根本不需要停船，只消抄起籃子，然後丟一個銀幣給她即可。

水流很急，到處有水湧出來，形成漏斗型的漩渦；有時候，我們的船似乎眼看就要衝撞上陸地，而每位水手的長竿也奮力往水底戳，卻無濟於事，最後真正幫助我們脫險的反倒是水流，是水流把船隻托離險惡的地方。有兩天的時間，我們幾乎以玩

全速穿越湍急水流

命的速度行經一段剛形成的、筆直的河床，兩邊盡是垂直峭立的高地河岸，大塊泥沙不斷從岸崖掉落河裡，滾落揚起的泥塵彷彿河岸正冒著煙。

每個人都感受到懾人心魄的緊張氣氛，隨時保持高度警覺，乘小船帶頭先走的卡辛忽然驚慌大叫「停船！」原來是一截白楊樹幹卡在水流中央，形成了一個由浮木和草叢堆積起來的小島，我們被水流推著直直衝向這個障礙島，只差幾百呎就要撞上，此時船身四周的水流十分湍急，泡沫、水花四濺，這會兒能救我們的唯有奇蹟了。就在千鈞一髮之際，阿林捉起一條繩索跳進冰冷的河裡，然後使勁游上岸，他終於成功地減緩了船的速度，舢舨因而在控制之下得以慢慢通過障礙。

當天晚上在我們紮營的地點，牢牢拴住的船整晚被水流拋來晃去。

淒涼的冬景

我們終於又回到老河床，河岸再見林木蒼翠。航行中不時會遇到牧人，有些牧人看管的羊群數目高達八千，甚至一萬頭。一些灰棕色的兀鷹零零落落棲息在一個淤泥堆積成的半島上，牠們的身形既臃腫又笨拙，佇立在那兒連頭也不肯轉一下，只用眼睛斜睨著我們的船隻從旁經過。當地土著在岸邊架起一張張的網子，形狀酷似鶺鴒或蝙蝠翅膀，土著將它們沉進河中，然後再收攏支架，如此可把網子連同捕到的魚撈出水面。

我們在下一個營地新買了隻公雞，這隻雞一上船就和我們的老公雞鬥了起來，還把老公雞逼進河裡去，逼得我們只好把這兩名鬥士分開，由每艘船各保管一隻，之後牠們才得以相安無事。

每當其中一隻喔喔啼叫時，另一隻也會立刻應答。我們同時添購一艘獨木舟，讓伊斯嵐和摩喇划在舢舨前面，最後我們還買了一些火把用的燃油，以備不時之需。船上也來了一位新乘客，那是一隻棕色小狗，我們以死去的多夫雷之名為牠命名，只見牠一登船便在舢舨上發號施令。天方破曉，每樣東西都蒙上一層白霜，蕭瑟的樹林難得見到一片葉子，光禿淒涼的景象已經準備迎接冬天的來臨。每天都有成千上萬的野雁成群朝溫暖的低緯度飛去，有的雁群甚為壯觀，為首的野雁飛在人字型的隊伍最前面領航，整個雁隊兩翼間的長度可達好幾百碼。

現在是晚上，溫度降到零下十一．一度，船隻停泊的岸頭縱使隔著屏障也凍結成冰，船柱表面都覆滿冰層；船上每個人均是全副禦寒裝備，穿上冬衣和毛皮外套，一入深夜更需要生起大堆營火來取暖。我懷疑在河水結冰之前我們還能走多遠，因此每天早上大夥兒盡可能早出發，直到夜幕低垂才靠岸休息。

害羞的土著

十一月十三日晚上，所有船隻被冰河凍在岸邊，必須用冰斧和冰鑿撬開，所以此後，我們只選擇水流沖激的地方紮營，這樣河水才不致於結冰。我們的船慢慢漂流過一個地方，岸上有四名男子和四條狗看管著一群馬匹，這些人一看見我們就沒命似的逃跑，而他們的狗卻沿河岸跟著我們跑了好幾個小時，而且對著我們狂吠不休，船上的狗不甘示弱，也大聲回以吠

當地土著眺望我們的舢舨

落入獸夾陷阱的老虎

猖，真是喧囂震天。這裡的土著似乎比上游的居民更害羞，偶爾我們上岸在附近紮營，所有的人會一溜煙地跑得無影無蹤，留下棚屋裡燒得正旺的爐火。有時候希望從他們口中探聽點消息，任憑我們在他們背後如何叫嚷，一樣不予理睬，只有一次好不容易逮到一個小男孩，他卻嚇得一句話也說不出來。

過了幾天，我們終於成功地第一次和當地人搭上話。他住在用樹枝和蘆葦搭建的草棚裡，是個獵虎的獵人，我向他買了一張虎皮，至今仍然是我在斯德哥爾摩書房裡的裝飾品。

這個地區的叢林居民在獵虎方面，並非特別突出和勇敢。當老虎殺了牛馬之後，一定是盡情享受美食，吃飽了就鑽進濃密的叢林深處休息，等第二天再回原處繼續飽餐一頓，因此老虎總是跟隨被牧人或牛群踏平的小徑獵食。這時候，牧人就在通往動物屍體的小徑上挖一個深坑，然後在裡面安裝獸夾陷阱，只要老虎不小心踩到獸夾，沉重而銳利的框架就會狠狠夾住老虎的腳，一旦被夾住，老虎絕不可能逃脫，即使脫逃現場，腳上的獸夾是甩也甩不掉的，假如受傷的老虎又

在獨木舟上透過薄冰層捕魚

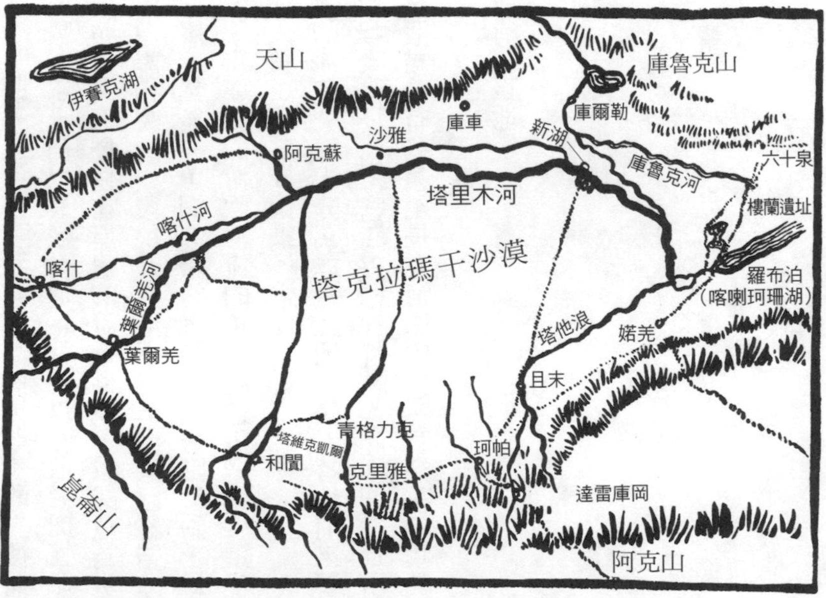

塔克拉瑪干沙漠

無法覓食，將會逐漸消瘦、憂鬱，最後注定餓死。而獵人常要等到過了一個星期才敢去搜捕老虎，由於負傷的老虎足跡很容易辨識，獵人只要騎在馬上補上最後一槍，就可以輕取老虎性命。

當我們和獵虎人交朋友時，碰到了第一批羅布人，他們住在岸邊的蘆葦棚屋，以捕魚為生。有一位羅布人向我們示範怎麼捉魚，他在河岸與泥岸相夾的一段狹長內港下網，內港已經結冰，他划著獨木舟到外緣地帶，用船槳盡可能擊破冰層，然後把魚網向新的邊緣一點一點移動，最後魚被趕進內港中，羅布人敲破最靠近河岸的冰層，將要轉頭游回河流的魚兒趕進魚網中。這項捕魚技術進行得很快、很順暢，捕完魚，我們向漁人買了相當多漁獲。

十一月二十一日，河流轉進新的河床，這裡的流速一樣十分湍急，此地的長老特地前來警告我們，不過他自己膽子也很大，上船來陪我們走了一段。現在岸邊的樹林被光禿禿的沙丘所取代，它們的高度達到五十呎，叢生的白楊樹零星散布，有些甚至長在河床中央。有幾次，我們上岸時發現新的老虎足跡。

就這樣，塔里木河帶著我們越來越深入亞洲的心臟地帶。

第三十四章　與冰奮戰

十一月二十四日，我們經歷了一場有可能導致悲慘後果的驚險事故。這次舢舨一反常態，航行在小船的前頭，河面很狹窄，水流卻十分湍急，當船剛通過一個急轉彎，倏地發現前方不遠處有一株巨大的白楊樹橫倒河中央，樹的根部在河流沖激下騰空拔起，樹幹已經傾倒，像橋梁一樣橫跨三分之一的河面，而此處的水流仍然又急又快。橫躺的樹幹離水面約有四呎，這樣的高度足以讓小船從樹幹與枝葉底下輕易穿過，可是對正以全速衝向這障礙的大舢舨來說，情形就不同了；舢舨上不但有帳棚和家具，還有一間暗房，要是勉強通過必然會被樹幹衝毀，更糟的是，暗房撞上樹產生的阻力將使舢舨整個翻覆，那麼我所有的行李和資料就會全部泡湯，而且是不可能再找回來了。由於情況驚險萬分，每個人一邊叫嚷著，一邊又很有秩序地分工合作，這時長竿根本搆不到河底，河面上處處是漩渦和翻騰的水泡，眼看就要撞船了，我十萬火急地收拾起我的地圖和所有散落在附近的東西。萊立克的水手臨時抓起沉重的木板作槳，拚命逆向划船，但是強勁的急流依舊牢牢吸住舢舨，迅速將我們沖往白楊樹幹，幸運的是，水手的努力不懈終於讓船脫離水流，順勢進入環繞白楊樹枝葉部分的漩渦。阿林再度跳進冰冷的河裡，拉起一條繩索游到河的

舢舨以全速衝向橫倒河中的樹幹

左岸，然後奮力把舢舨拉了過去，結果舢舨除了被白楊樹最外層的枝葉刮了些擦痕外，帳棚和船艙只有輕微損壞。

假如這次事件是發生在晚上，又會是怎樣的情況？我根本不敢想像那後果！

不久，伊斯嵐拿來一些剛煮好的魚、鹽、麵包和熱茶，不料我才一開動，就聽到河上傳來求助的尖叫聲，原來是小船撞上潛伏在水底的白楊樹幹翻覆了，裝著麵粉、水果、麵包、蛋糕的鐵桶，以及木桶、箱子全散列在激流裡載浮載沉，連水手的長竿和船槳也都落入水中，另一邊獨木舟上的羅布人則忙著打撈東西。卡辛設法抓住那根危險的白楊樹幹，然後翻身坐在樹幹上，冰冷的河水淹到腰部，他大聲向同伴求助。小船上的綿羊自己游上岸邊，公雞全身濕淋淋地棲息在翻覆的小船上，可是鏟子、斧頭和其他工具都沉進了水裡。我一聽到卡辛獲救，就放心回頭吃那條擺在眼前已經冷掉的魚。上了岸，我們生起幾堆旺盛的營火，當天晚上停止趕路，讓大夥兒把所有的東西烘乾。

河流與沙漠互相較勁

次日，一位長老指揮兩艘獨木舟前來加入我們的行列，目前我們的船隊規模已經增加到十艘。船隊浩浩蕩蕩朝托庫斯庫倫（Tokus-kum）（或稱「九沙山」，the Nine Sand-Mountains）大沙漠的一處分水嶺漂流過去，在河右岸出現一座兩百呎高的沙丘，上面不見任何植物，沙丘底座則被河流切割，沙子一點一點滑落河裡被水沖刷走了，直流到在較遠處的下游沖積成河岸與沙洲。

一位長老乘著獨木舟前來

我們在沙丘附近逗留了一個小時，而且登上沙丘頂，這麼做並不容易，因為每走一步就陷入沙子裡深一點。站在沙丘頂上眺望遠方的河流和沙漠，景致著實壯觀，河水和沙子相互較勁爭奪主控權；這裡還可見到生命跡象，因為河裡魚群豐富，河邊也有樹林，可是一到南邊，就只剩下一片死寂乾枯的沙漠。

我們的羅布朋友說，從河上開始出現浮冰那天算起，再過十天河流就會結冰了。十一月二十八日，我被船緣一陣奇怪的琮琤聲和嘎嘎聲吵醒，原來第一批多孔的浮冰正舞動著順流而下。

「日出前起錨！在後甲板上生火，在我的帳棚裡放一個燒煤的鐵缽，免得我的手在寫字桌上凍傷了！」我急忙下令。

下午一點鐘浮冰已消失，但是夜間溫度計的指標卻降到攝氏零下十六・一度。早晨我起床時，河面上浮滿了大大小小的冰塊，由於彼此擦撞，看起來像是鑲白邊的圓盤，它們令我聯想到喪禮的白色花環，彷彿在寒冷與死亡將河流完全封凍之前，有一股看不見的力量為河流送來白色的悼念花環；水晶似的冰塊在旭日中閃耀出鑽石般的璀璨光芒，互相推擠時便發出如同瓷器碰撞的清脆琮琤聲，同時磨出細糖一般的冰屑。河的兩岸很快就結起堅實的冰層，面積一天天加寬，在我們紮營的地點，浮冰猛力撞擊舢舨，使得舢舨的骨架為之搖撼。一開始，小狗會對著浮冰和冰塊推擠時發出的聲音吠叫，久而久之也就見怪不怪了，有時甚至跳到船弦邊與船隻一起漂流的浮冰上跑一跑。當舢舨碰到沙灘停下來時，細細端詳小狗坐在浮冰上繼續往下漂流，那感覺很奇怪，也很逗趣。

我們再次沿著巨大沙丘的底部滑行，此地可以見到的鳥類只剩下鷙鷹、雉雞和大烏鴉，野鴨和野雁早就不見蹤影了。夜晚航行時，小船高高掛起中國燈籠和火把為我們照明，直到夜深了才停泊。在我的寫字桌上也點了一盞燈籠，以便在夜間也可以工作。河岸上的沙地戛然終止，代之而起的是茂密的黃色蘆葦叢地。天氣冷得刺骨，迫使我們不得不紮營休息，可是水流太過強勁，我們無法在黑暗中辨識何處適合紮營，於是我指揮一條小船先到前面放火燒蘆葦叢。不久，整個河岸像著了火似的，一片奇妙、蒼野、壯闊的景致陡地開展於眼前，紅黃色的火光使河流完全換了個樣，彷彿一條融化的黃金帶子，幾葉小舟和船夫的墨黑色剪影在火光朦朧的襯托下，線條顯得十分突出。蘆葦在火舌下燒得劈里啪啦響，我們挑了一個不會被火延燒的地方靠岸紮營。

水上之旅即將結束

十二月三日，我們經過一個地點，岸上的騎士點燃火光作為信號引導我們著陸，他們是哥薩克騎兵遣來的使者，通知我們旅隊已經在距離數天行程外的地方紮營。

第二天，河水流速很快，船隻順勢漂浮在浮冰之間，偶爾會擦撞到河岸，擱淺在岸邊冰層的邊緣。到了卡勞爾（Karaul），我看見伊斯嵐和一位蓄著白鬍子的男子站在岸上交談，原來是老朋友帕爾皮，他曾經是我在一八九六年探險隊的一員；這天他穿著一襲深藍色長袍和皮氈帽，我們把船靠岸，請他一起上船。帕爾皮很激動地和我打招呼，而且很快便加入我們的行列，再次成為我忠實的手下。

塔里木河還是以每秒兩千立方呎的流量繼續向下游流洩，不過河岸邊的帶狀冰層越來越寬敞。我們在一處水淺的地方撞上隱藏在水中的白楊樹幹，若非船後有塊龐大的浮冰推著前進，我們的船肯定就卡死在那裡了。浮冰把船頭推離水面，然後又重重跌回河裡，發出一聲轟然巨響。

這天是十二月七日，也是這趟壯麗的水上之旅的最後一天。我們曉得旅隊已經安頓好在新湖（Yangi-kol）等候，而塔里木河從那裡往下游不遠處也已經完全結冰。我們船一抵達新湖，三位長老率同一隊數量驚人的騎士沿著河岸一路跟隨我們，不過我們只邀請新湖的長老上船，他微笑著坐在我的帳棚前面，彷彿這是他一輩子最光彩的一刻。

河水向東南潺潺而流，左岸是一片大草原，其間夾雜稀疏的白楊樹和草叢，右岸則是巨大的沙丘，沙丘之間有淺淺的湖泊。有些地方的河道非常狹窄，因此每當船隻通過擊碎河岸冰層的邊緣，便會發出嘈雜的聲音。

徹諾夫、倪艾斯和法竺拉加入其他騎士的隊伍。在逐漸低垂的暮色中，我們點起燈籠和火把繼續前進，大家決定非抵達旅隊紮營的地點絕不停下來。終於我們看到河的左岸出現一堆偌大的營火，那正是旅隊所在的位置。我們最後一次拋下船錨，趕緊上岸去取暖，因為我們的四肢都快凍僵了。

五臟俱全的小庄院

接下來的半年時間，我以新湖為總部，它占有地利之便，騎馬只需三天就能到達庫爾勒鎮，向西、向南均是大沙漠，鄰近則有相當多的聚落。

隔天，我讓自己徹徹底底休息了一個早上，然後檢查一遍所有的駱駝和馬匹，再把兩艘船移到一個圓形、有天然屏障的內灣；冬天時，灣內的水結凍成冰，船隻就像停放在一塊花崗岩床裡。接下來，我們還有許許多多的事情等著去處理。來自喀什的信差為我帶來一整疊我引頸企盼許久的家書，因此我的第一件工作就是寫信，隨後請信差送回去。然後我們到庫爾勒採購糧食、蠟燭、毛毯、衣服、帆布等。我支付雙倍酬勞給萊立克的水手，並且親自安排他們安全返鄉；倪艾斯因為偷竊被我開除；伊斯嵐則升任旅隊的領隊；涂厄都和法竺拉負責照顧駱駝；帕爾皮除了擅長放鷹之外，還負責看管馬匹。我另外派了十六歲大的柯本（Kurban）替他跑腿；羅布人奧迪克（Ordek）管理飲水、柴火和向鄰居買來的糧秣；哥薩克騎兵負責督導一切事宜；至於會讀會寫的西爾金則在我的教導下學習觀察氣象。

翌日，在新湖的營地儼然變成一座不錯的農場，手下豎起柱子，為八匹馬搭建一個用蘆葦鋪頂的馬廄，原有的兩艘獨木舟剛好充當馬兒的飼料槽。我的帳棚在地上搭了起來，火爐也架好了，不過他們還替我建造另一間蘆葦小屋，裡面有兩個房間，地板上鋪蓋乾草和氈墊，我的箱子全部搬進草屋裡。有了帳棚、隨從的草棚、馬廄、駱駝、柴堆，再加上我的小屋，一座有模有樣的院子於焉誕生，正中央並挺立著一棵白楊樹。隨從在樹下生起一堆持續燃燒的營火，四周鋪上墊子，如此，有客人來訪就可以坐在這裡喝茶，不管什麼時候，我們都可聽到從這裡傳來聊天、說笑和交易的聲音。這裡的狗除了水上之旅全程陪伴我們的尤達西、多夫雷和哈姆拉，以及和旅隊同行的尤巴斯之外，庫爾勒的長老又送給我們兩隻獵狼犬，牠們的美麗與聰慧均屬難得一見，我叫牠們瑪西卡（Mashka）和泰嘉（Taiga）。這兩隻獵狼犬個頭高大，動作敏捷，毛色白中透黃，然而對夜晚的酷寒卻十分敏感，因此我們為這兩隻狗縫製了一些毛氈外套。瑪西卡與泰嘉很快就獲得旅隊眾成員的寵愛。晚上，牠們睡在我的帳棚裡，看著我將毛氈外套塞在牠們身體四周保暖時，牠們都表現出一臉的感激。和其他的狗兒相較之下，這兩隻獵狼犬的體型顯得更加纖細、脆弱，但是牠們在很短的時間就贏得眾家狗兒弟的領導地位，方圓幾里內的狗一概不放在眼裡；牠們天賦的戰鬥力令人嘆為觀止，打起架來，白森森的牙齒又快又準咬住對手的後腿，然後拖著對手兜圈子，兜轉到極速再猛然放開被牠們咬住的對手，這時，被狠狠摔出去的對手只有連滾帶爬哀嚎的份兒了。

輪值守夜的人必須在帳棚和草屋之間來回巡視，並且注意不讓營火熄滅，事實上，這堆營火一直燒到次年五月才熄滅。我們的庄子頓時變得遠近馳名，商家和旅人無不大老遠前來觀賞這項奇蹟，同時和我們做生意。當地的羅布人給我們的營地取了個名字——土拉沙艮屋（Tura-sallganui.），亦即「上帝營造之屋」（the Houses Built by the Lord）。我天真地想像，即使在我離去多年之後，這個名字仍將隨著這個地點一直流傳下去，可是就在我們離開後的那年春天河水氾濫，暴漲的洪水沖走一切東西，連我們遺留下來的草屋也無法倖免，因此這個過渡時期的小站只留在我的回憶裡，即便是回憶也隨時間的消逝而逐漸模糊。

水晶般的藍色冰湖

我渴望一睹西南方沙漠的廬山真面目，也花了很多時間向這個地區的老人請教，有些老人告訴我關於古城和沙下寶藏的妖魔鬼怪故事；回想那些關於塔克拉瑪干沙漠的故事，我至今記憶猶新啊！也有一些老人完全不曉得沙漠有埋藏任何東西，只知道一進沙漠必死無疑，在他們的語言裡，除了「沙地」之外，沒有其他名稱可用來指涉那片神秘的荒地。

在正式帶駱駝出發冒險橫越沙漠之前，我決定先進行一趟實驗性的旅行，時間只要幾天。現在塔里木河的河面已經全部結冰，可是冰層仍然過於單薄，無法承擔駱駝的重量，於是我們只好在兩岸之間開闢一條通道，利用大船載運牲口過河；這次同行的是哥薩克騎兵、幾名當地土著，以及獵狼犬瑪西卡與泰嘉，倒是沒有攜帶帳棚。我們檢查巴什湖（Bash-kol）和新湖已經凍實的湖面，並橫越位於兩座湖泊中間一處三百呎高的廣大沙丘，這些奇怪的支流湖泊形狀非常狹長（巴什湖長達十二哩），而且兩座湖泊均呈東北向西南方向延伸，湖與湖之間被三百呎高的沙丘阻隔，而湖泊本身則經由一些小水道與塔里木河銜接。兩座湖的西南頂端都崛起一條低矮的沙檻，過了沙檻又是另一片像湖泊似的凹地，只是裡面沒有水，我心裡盼望著，也許借道這些凹地，我們橫越沙漠的旅程將不致於太艱困。

湖泊上的冰層恰似水晶清澈明潤，也像窗玻璃一樣閃閃發亮，當我們筆直看進湖水深處時，湖水呈現寶藍的色澤；在清亮湛藍的湖水中，黑背大魚慵懶悠閒地在水藻間游來游去。西爾金用兩把刀為我做了一雙溜冰鞋，我穿上溜冰鞋在深藍色的冰上劃出白色的數字，羅布人看得瞠目結舌，他們從來沒見過有人這樣子做。

我回到「上帝營造之屋」之後有一天，一個當地土著騎快馬奔進我們的庄子，交給我一封信，發信人是著名的法國旅行家柏楠，他此刻正在我們北方六哩外的一個村子紮營，我即刻騎馬前去探望，並將他帶回我們的庄子。我們共度一天一夜的時光，那段快樂的日子令人難以忘懷！柏楠穿著一件紅色長外套和紅袍，看起來像是正要去朝聖的喇嘛；他為人親切又博學，是這趟旅程中我遇到的唯一一位歐洲人；而除了柏楠之外，我是這片位處亞洲最內陸曠野荒地上絕無僅有的歐洲人。

兩個手下站在結冰的湖面上

第三十五章　橫越大沙漠

十二月二十日，我又展開新的沙漠旅程，假如不幸蒙厄運眷顧，那麼結果有可能像上次尋訪和闐河一樣悲慘，因為從我們目前位於塔里木河畔的總部走到南方的車爾臣河（Cherchen-daria）[1]，距離將近一百八十哩遠，況且這片沙漠裡的沙丘遠高於塔克拉瑪干沙漠的沙丘。

這次我只帶四名手下同行：伊斯嵐、涂厄都、奧迪克、柯本。至於牲口，我們帶了七頭駱駝、一匹馬，還有小狗尤達西和多夫雷。在行程的前四天，有一小支隊伍護送我們，成員包括帕爾皮和兩個羅布人，以及他們帶領的四頭駱駝；這四頭駱駝只馱載兩樣東西，就是裝在袋子裡的大冰塊和柴火。由我帶領的七頭駱駝裡，也有三頭載運冰塊與柴火，其他則馱運糧食、被褥、儀器和廚房用具；在這趟沙漠之旅，由於打算整個冬季露天睡在穹蒼下，所以我並未攜帶帳棚。按照估計，我們攜帶的冰塊和糧食可以維持二十天之久，萬一橫越沙漠需要三十天，那麼我們必死無疑，因為在這個地區根本甭想找到一滴水。

我們沿用老辦法用舢舨先帶領駱駝渡過塔里木河，到了河右岸（或西岸）再把物品裝在駱駝背上，然後讓涂厄都帶領他們走到塔那巴格拉第湖（Tana-bagladi）邊，當抵達這座小湖南端時，我們在厚達一呎的冰層上切割洞口，讓駱駝最後一次盡情暢飲湖水。

短暫停留之後，我們開始翻越第一條低矮的沙脊，這條沙脊將湖泊和西南方的第一片凹地阻隔開來；我們稱沙漠裡這種無沙的橢圓形凹地為「巴依兒」（bayir），我們碰到的第一個巴依兒北邊仍然長著蘆葦，所以駱駝不必挨餓。

第二天，我們經過四個巴依兒，底部是柔軟的塵土，每當駱駝走過陷進的腳印足有一呎以上的深度，遇有陣風颳來，旅隊就會被漩渦狀的淺灰色塵雲團團籠罩住。走在旅隊最前面的領隊最吃力，殿後的人就輕鬆多了，因為前面的駱駝已經踩實了塵土，形成的硬實步道正好方便後來的人馬。我騎在馬上慢慢落到隊伍最後面，駱駝頸上的銅鈴在我的耳邊叮叮咚咚響了一整天。

沙漠裡的景觀像月球表面一樣死寂，見不到一片被風吹落的葉子，也見不到任何走獸的足跡，顯然過去人類從未涉足此地。強勁的風從東方席捲而來，我們躲在陡峻如山的沙丘旁，沙丘的這一面彷彿一堵沙牆，角度為三十三度，可是靠巴依兒西方迎風的一面，沙丘坡度卻相當和緩，只是緩緩升起，延伸至下一條沙脊。只要我們盡可能沿著平坦的巴依兒凹地行進，一切都好辦，然而峭斜的沙丘即使駱駝攀越起來疲憊不堪，因此問題來了：這一長串的巴依兒會延伸多遠？每次爬上巴依兒南端的一條新沙脊，我們都會焦慮地找尋下一個巴依兒，因為那是攸關生死的關鍵。

當天晚上，我們在第四個巴依兒的南端紮營。由於燃料必須省著用，所以晚上只能燃燒兩塊木頭，早上用一塊。夜裡毛皮披風底下已經夠冷了，早晨爬出披風時更是酷寒無比，我把盥洗後的水餵給馬喝，為此，我克制自己不去使用肥皂。

在下一個巴依兒，我們發現野駱駝慘白、脆弱、帶有孔隙的骸骨破片，這些遺骸在沙丘移位而袒露在外之前，不知道已經埋在沙底下幾千年了？

在巴依兒之間行進

在耶誕節前一天的早晨，月亮仍然高掛天空俯瞰著我們，空氣清澈幾近無塵；當血紅色的朝陽升起，荒涼的沙丘被日光染紅，猶似流瀉的火山岩漿。駱駝和人在沙地上拉出長長的黑影，我遣回帕爾皮所率領的副隊，致使留下來的七頭駱駝現在負擔更沉重了。

我一馬當先。地面越來越難走，沙子越來越多，而巴依兒凹地的面積則越來越狹小。我從一個巴依兒爬上一處似乎高不見頂的突地，最後終於攀到頂峰，往下眺望，在更多高聳的沙丘間我見到下一個巴依兒，也是我們遇到的第十六個，看起來像是陰黑、齜牙咧嘴的地獄入口，四周還圍著一圈白色鹽巴。我從鬆軟的沙坡上往下滑，在凹地底部等候旅隊前來。手下們意氣都相當消沉，他們認為繼續往沙漠裡走將會碰到更多的困難；我們在原地紮營，耶誕夜並沒有耶誕天使來為我們祝福。現在我們的存水還能支撐十五天，柴火足夠十一天的量，可是大家仍覺得必須更加節省，因此早早就捲起毛皮披風睡覺了。

耶誕節早晨，我們被一場暴風驚醒，四面八方的沙丘掀騰起滾滾黃沙，天地之間只剩下濛濛的灰色，什麼都看不見，飄沙滲入一切的東西；兩年半後的某一天，我為了修訂一些紀錄，便把當時的筆記拿出來查閱，書頁之間仍然落下沙漠來的黃沙，甚至鋼筆在紙張上書寫時也還是沙沙作響。

我們見到一隻野雁的骨骸，牠必然是在飛往印度途中力竭而死。環繞在我們白天所搭建的帳棚四周盡是高如山岳的沙丘，沮喪的氣氛瀰漫整個營地，讓人產生想提早放棄的衝動。

橫亙在巴依兒之間的沙脊越來越高，朝南的沙坡以三十三度角傾向下一處凹地，整支旅隊溜下陡坡的景觀十分怪異。駱駝的腳步天生就很牢靠，牠們滑下沙坡的同時一併把沙層的表面刮下來，落地之際仍然保持四腳穩穩站立的姿勢。

眼下冰塊的存量相當於兩頭半駱駝的負載量，不過柴火已經快使用殆盡，等最後一塊木柴也燒盡時，我們也沒辦法溶解冰塊了。危急情況和以前發生的一模一樣：駱駝的馱鞍率先犧牲，填充的乾草被拆下來當作駱駝的秣料，木頭框架則拿來充當燃料。

我們連一半路途都還沒走到！可是十二月二十七日我們獲得意外的鼓舞，經過無止境的攀爬後，我們來到一條沙丘稜線的頂端，這時我們望見第三十個巴依兒，凹地上依稀還有乾草似的暈黃色彩，那是蘆葦！這意味著沙漠中央有植物！下一個巴依兒也有蘆葦，我們為了駱駝設想在那裡紮營，也為了駱駝犧牲一整載冰塊，希望這些堅忍的牲口能因此胃口大開，畢竟旅隊的一切都得仰賴牠們。我們並且收集乾燥的蘆葦生起營火，這對於節省已經近乎枯竭的燃料不無幫助。

夕陽西沉的景色耀眼極了，和先前一樣，天空的背景是濃郁的深紅色，使得藍紫色的雲朵更形突出，雲彩上緣鑲著一道閃爍的金邊，下半邊則呈現沙漠般的黃色。沙丘彎弧的稜線彷彿海裡的波浪，襯著火紅的夜空，烘托出近乎黑色的剪影。東方極寒之夜的腳步日漸逼近，夜色漆黑，熠熠生輝的星斗慢慢升上沙漠的上空。

冰天雪地

氣溫下降到攝氏零下二十一・一度，我領先走在前面探路，一方面也藉此暖暖身體。昨夜的美景消失得無影無蹤，此刻僅有灰暗、不祥的荒野環伺著我們，同時還颳起了一陣強風。我在一個新的巴依兒裡找到一株枯死的檉柳，便用它生起一簇小火堆。有一頭駱駝疲倦了，柯本領牠走在旅隊後面，可是天黑時只見柯本一個人趕上我們；當晚，伊斯嵐和涂厄都拿了乾草趕到駱駝那兒，然而牠已經死了，嘴巴還張開著，涂厄都忍不住哭了起來，他是個很愛駱駝的人。

我們又發現到一些檉柳，於是大家開始在平坦的巴依兒底部挖掘水井，挖到四呎半深時，果真有水汩出來，水質雖然適合飲用，可是流汩的速度十分緩慢，因此我們繼續往下挖，出水量總算多了一些，每一頭駱駝都喝了六桶水。這地方實在太吸引人了，所以我們又在原地整整多待了一天；這當兒，我們發現狐狸與野兔的腳印，還看見一頭幾乎全黑的野狼，牠躡手躡腳爬上一座沙丘頂端，之後便消失在我們眼前。駱駝的飲水量增加到十一桶，現在牠們可以不必喝水再走上十天之久。

十九世紀的最後一天我們走了十四哩半的路程，這是我們在沙漠裡單日行程最長的紀錄。路雖然難走，但是沒有沙子的巴依兒凹地卻助我們一臂之力。這天我們在第三十八號巴依兒紮營，夕陽在雲彩之間降落，次日清晨朝陽初升時，我在日記上寫下「一九〇〇年一月一日」。

在沙漠重新回復寸草不生的面貌前，我們每天的行程不超過八哩半，夜晚天上飄落雪花，等早晨醒來，沙丘上像是覆蓋了一層輕薄的白色床單。南方呼嘯地颳來一陣強風，到了下午，一場真正的暴風雪降臨，雪花如同垂掛在烏雲下的白色幔帳，我們可能命喪乾渴的危機頓時完全解除。

我們再度找到一株新的檉柳，駱駝也享受了一天的休息；我們必須多禮遇牠們一些，因為牠們真的步步走得辛苦。雪不斷地下著，我的頭上卻沒有帳棚遮蔽；晚上我躺在營火邊讀書，但是得不時把書拿起來抖一抖，否則字都被雪花給遮蓋了。直到翌日清晨，大夥兒幾乎被雪花所淹沒，伊斯嵐用一把蘆葦將我的毛皮和毯子撣了撣。現在的氣溫是攝氏零下三十度，我們坐在火邊盥洗、著裝時，靠近營火的一邊身子是三十度，背部卻是零下三十度。

下一次紮營時，我們用掉最後一塊木頭，大夥兒凍得全身僵硬，心裡懷念著秋天在塔里木河畔所燃生的熊熊營火。早晨的駱駝全身雪白，好像是大理石雕成的塑像，鼻子下方垂掛長長的冰柱，是呼吸時的水氣凝結而成。覆滿雪花的沙丘在清澈的空氣中透著詭異的藍色調。

一月六日，位於西藏極北方的山脈出現了，它清晰而細膩的輪廓出現在南方。我們的營地景況極為悽慘，柴火完全沒有了，放眼看去沒有任何東西可以充當燃料；我的鋼筆墨水結成冰塊，只好用鉛筆寫字。晚上睡覺時，大家緊緊擠在一起取暖，希望藉此盡可能保持體溫。

第二天狀況有了好轉。我們來到一個地方，沙子裡矗立著許多乾枯的白楊樹，我們停下來就地生了一個大火堆，焰火之旺連大象都可以烤熟；空洞的樹幹在火舌舔噬下劈啪價響、扭曲爆裂。夜裡，手下在地上掘洞，然後把燃燒的炭火填進洞裡，再蓋上沙子，我們睡在上面，暖和得像是躺在中國客棧裡的炕床。

一月八日早上，我向手下承諾我們的下一處營火將在車爾臣河畔點燃，他們對我說的話感到懷疑，因為乾枯的樹林已經到達盡頭。沒想到才走沒多遠，我們就發現南方的白色沙丘上出現深色線條，手下們想在第一處樹林紮營，可是我堅持繼續走，等到暮色掩近，我們已經抵達河岸了。這地點的河流寬達三百呎，結冰的河面上披覆白雪，這天晚上星光燦爛，月色皎潔。

我們在二十天之內成功橫越大沙漠，而且只損失一頭駱駝。

再向前行進幾天，我們到達且末，這是一個擁有五百戶人家的小鎮。我借宿在珂帕結識的老友托克塔梅長老的家裡，七十二歲的長老現在是且末這個地方的首領。

休息幾天之後，我出發往西小遊一番，以前我不曾見過此地與沙漠接壤的部分，但皮耶弗佐夫和洛伯羅夫斯基（Roborovski）都曾親歷其境，它是我這趟旅程中唯一沒有搶先探勘的地方，來回共要兩百一十哩。我只帶三名隨從同行，分別是奧迪克、柯本，另有一位叫穆拉（Mollah Shah）的漢子，他曾經在李陀戴爾的探險隊裡當過差；此外我們還帶了七匹馬、尤達西、食物和禦寒衣物，不過仍然沒有攜帶帳棚。

一月十六日出發那天，天氣又乾又冷，有時馬蹄踏在光禿的地面上，有時則踩在積雪上，沿路經常像走廊一般在檉柳之間蜿蜒前進，雜亂糾結的檉柳好似全身倒刺豎起的豪豬，我們不時會停下半個小時，生火烤暖身子。

行進的路線帶我們穿越乾涸的喀拉米蘭河（Kara-muran）[2]河床，跋涉過依附在山腳下的滔滔江河莫立札河（Molja）[3]。我們遇到一位流浪漢，他帶著一條被野狼攻擊導致重殘的狗。一月二十二日，我們醒來時發現身體幾乎被雪完全覆蓋，接著在積雪盈呎的狀況下艱辛地策馬前行。原本奧迪克在我頭上撐起一條毛毯以資保護，可是夜晚雪下太大了，毛毯被壓垮，難怪我醒來時覺得臉上好像有個冷冷的身體壓著。

我們來到一些古老的廢墟，隨即進行測量工作，廢墟當中有一座塔樓，高三十五呎。在安迪爾（Andere）[4]附近，我們開始回頭折返且末，那裡的氣溫已經降到攝氏零下三十一．二度。

返回總部的漫長旅途一開始即沿著車爾臣河前進，有時走在封凍的河面上，有時則改走兩邊儼然廢棄的河床。夜裡野狼在營地外嚎叫，我們必須看好馬匹，由於穆拉的加入，使得小小的旅隊實力大增，整個回程他一直伴隨著旅隊。在這條路上，我們經常可見老虎的足跡。

有一次，一個牧人指給我們看一處詭異的墓穴，那既不是回教，也非佛教信徒的殮葬方式。我們掘出兩具古老棺木，材料是平凡無奇的白楊木板，其中一具是個白髮老翁，臉部乾枯像羊皮紙，身上的衣服幾乎裂成碎片；另一具棺木裡是個女人，頭髮用一條紅色緞帶紮在後面，她穿著連身衣裙，袖子是緊身的式樣，頭上綁著一條圍巾，腳穿紅色長襪。牧人告訴我們，樹林裡有許多這樣的墓穴，可能是一八二〇年代從西伯利亞逃出的俄國舊教異議分子（Raskolniki）埋骨所在。

車爾臣河畔有些白楊樹的圓周達到二十二．五呎，高度為二十呎，它們的枝葉向四面八方扭曲，好似烏賊的觸腳。

離開車爾臣河以後，我們進入塔里木河的舊河道，現在改名叫艾提克塔里木河（Ettek-Tarim），河岸兩旁樹林夾道，再往西去是高達兩百呎的沙丘，過了那一段路，我們找到比較好走的路線，剛好沿著現在塔里木河的河道前進。

在杜拉爾（Dural）村北方的森林地帶，我們巧遇獵駱駝的艾布督爾（Abd-ur Rahim），他來自北邊的辛格爾（Singer），這一趟是與弟弟馬雷克（Malek Ahun）護送妹妹和嫁妝前往杜拉爾，現在妹妹已經與當地長老成婚，兩兄弟正要打道回府；他們住在庫魯克山（Kuruk-tagh，又稱「乾山」），也就是天山山脈面向戈壁沙漠最突出的脈系。整個新疆地區只有兩、三個獵人知道「六十泉」（Altmish-bulak），艾布督爾正是其中一位，幾年前，他曾經伴隨俄國旅行家柯茲洛夫上尉到過那裡。我的下一個計畫是穿越羅布沙漠，希望能解答羅布泊移位的謎題，而穿越羅布沙漠的最佳起點莫過於六十泉了，艾布督爾和弟弟都不反對陪我前去，我也同意雇用他的駱駝進行這項探險。

「上帝營造之屋」

二月二十四日，我們回到自己的庄子「上帝營造之屋」，當隊伍走到離庄子幾哩外的地方，西爾金已經等候在那裡。兩個新來的哥薩克騎兵夏格杜爾（Shagdur）和徹爾東（Cherdon）也在旁邊，他們身穿深藍色制服，肩上掛著彎刀，頭戴高頂黑羊皮帽，足蹬發亮的靴子；他們騎在西伯利亞駿馬上向我行軍禮，同時報告他們的行程。這兩位軍人四個半月前從外貝加爾湖（Transbaikalia）的赤塔（Chita）[5]駐地動身，經由烏魯木齊、焉耆和庫爾勒來到此處。夏格杜爾和徹爾東都是二十四歲，也都信奉喇嘛教，隸屬外貝加爾湖哥薩克陸軍麾下。我向他們致上歡迎之意，希望他們喜歡跟隨我完成探險任務。在此先提一下，這兩位騎兵的舉止極令人讚賞，他們和另外兩位信奉東正教的哥薩克騎兵一樣，都是我最傑出的手下。

稍後我們騎馬進入庄子時，很驚訝地發現院子中央站著一隻活生生的老虎，不過牠一點也不危險，因為幾天前牠中槍之後就一直站在那裡，以同一個姿勢凍成了一尊「冰老虎」，牠的毛皮後來也成了我的蒐藏。

在我離開的這段期間，庄子的規模擴充不少，幾頂新帳棚搭建起來，來自俄屬土耳其斯坦的一位商人還開了一爿店鋪，賣起紡織品、衣服、長袍、帽子、靴子等貨物；庄子裡的回教徒和哥薩克人經常到商人的店裡走動，就像是某種俱樂部，他們喜歡聚在那裡喝茶聊天。還有一些商人來自庫車和庫爾勒，他們賣的是茶葉、糖、茶壺、瓷器，和所有旅隊用得到的東西。鐵匠、木匠、裁縫都來到「上帝營造之屋」開店，我們的庄子儼然發展成一個遠近聞名的交易中心，主要道路甚至岔出一條支線，特地彎進我們的庄子裡來。

我們的小型動物園也添了新成員，就是兩隻新生的雛狗，牠們有毛茸茸的長毛，顏色是黑白花點相間，我為牠們取名為默蘭基（Malenki）和默其克（Malchik），是旅隊所有的狗中最長壽的兩隻。

馬匹和駱駝因為得到充足休養，每隻都變得豐滿、強壯且健康。此時是駱駝的交配季節，所以都瘋瘋癲癲地，必須隨時拴好，否則會踢人和咬人。其中有一頭單峰駱駝特別具危險性，我們為牠戴上口罩，還將牠的四隻腳用鏈子綁在鐵柱上，牠的嘴邊滿是白涎，看起來像是準備要剃鬍鬚的模樣。

我們出遊時，有一匹駱駝甚至引起很大的騷動。有一天晚上，我的手下將駱駝全部趕到草原上吃草，結果這頭駱駝掙脫韁繩逃逸無蹤，兩個守衛和哥薩克騎兵立刻上馬追趕，從駱駝留下的蹄印明顯看出，牠渡過結冰的河流，跑進塔里木河東邊的沙漠，往庫魯克山的方向竄逃。我的手下找來一些人組成一支搜索隊，他們發現駱駝又從沙漠的山脈上跑下來了，像一陣風似的穿過庫車方向的荒地，接著又折返，最後終於進入玉達斯河谷（Yuldus Valley）；搜索隊在那裡失去線索，沒有人知道這頭駱駝究竟發生了什麼事，牠的下落就像傳說中「飄泊的荷蘭人」（Flying Dutchman）[6]，變成永遠無解的謎團。一個有智慧的鄰居老翁告訴我，馴養的駱駝有時候會發瘋，變得和野生駱駝一樣怕生，這時，牠只要看見人類就會跑向沙漠，而且夜以繼日地奔跑，好像被鬼附身般，跑到心臟無法負荷了，最後衰竭倒地而亡。另一種說法是，駱駝在樹林裡見到老虎，因此才發瘋的。

相較之下，被我們馴養的野雁就好多了，牠每天像名警察，在帳棚間來回巡邏，相當自我中心，牠的野雁族群在印度度過四個月之後，很快又成群結隊飛回老家來，我們日夜都可聽到野雁在天上聒噪的叫聲，牠們在回到古老的繁殖地安頓下來之前，彼此熱烈地交談。我不得不相信，這些飛鳥族群對於棲息地疆域所堅持的法則與習慣，和各羅布民族對於捕魚地範疇的態度，肯定是同樣根深柢固。

【注釋】

1 南疆東部的一條河流。

2 南疆河流，呈南北走向。

3 南疆河流，與喀拉米蘭河近乎平行。

4 塔里木盆地南方的城鎮，緊臨安迪爾河。

5 亞俄南方的城市，位於貝加爾湖東方，接近蒙古北方的外興安嶺。

6 傳說中的一艘鬼船，由於荷蘭籍的水手褻瀆誓言，而被詛咒永遠在好望角一帶航行。另一個版本是一位船長和魔鬼擲骰子，輸掉自己的靈魂，因此必須在北海漫無目的地不斷航行下去。

第三十六章　發現古城

三月五日，我們再次整隊準備離開總部。這次與我同行的有：哥薩克騎兵徹諾夫和法竺拉、駱駝馭手奧迪克和荷岱（Khodai Kullu）、兩個羅布人、獵人兄弟艾布督爾和馬雷克；兩兄弟騎著他們自己的駱駝，另外帶來六頭駱駝供我租用。除此之外，我們還帶了六頭自己的駱駝和一些馬匹，馬兒交由馬夫慕撒（Musa）和一名羅布人照料，要是沙漠太難走，我們會把馬匹遣回；陪伴我們的兩條狗是來自歐希的尤達西和獵狼犬瑪西卡。在物品方面，我們攜帶足夠的糧食、兩頂帳棚和七隻盛裝冰塊的充氣羊皮。

旅隊的其他成員留在總部，由魁梧、矯健的帕爾皮和哥薩克人、回教徒一起留守，沒想到這次分別卻是我與帕爾皮的永別，他在我離開庄子十二天後去世，同伴將他埋葬在新湖附近的墓地，傍著荒涼的沙丘和塔里木河。

春天重回大地，白天氣溫上升到攝氏十二．七度，晚上也不會降到零度以下。我們跨過孔雀河上厚實的冰層，在河對岸發現整排成列的石堆與塔樓，顯示此處曾經是連接中國與西方世界的古路線。

我們從單調平坦的大草原轉往庫魯克山的方向，眼前乾枯、貧瘠的山脈呈現棕色、紫羅蘭色、黃灰色、紅色等不同色調，向東方延伸下去，最後消失在遠方的沙漠塵霧中。每走完一段長路，我們就會碰上泉水，其中一潭泉水位於庫爾班其克峽谷（Kurbanchik Gorge）中，深達一百三十呎；另一個叫布延圖泉（Bujentu-bulak）。平常我早上起床，徹諾夫都會幫我生起小火爐的火，可是這天早上在布延圖泉的帳棚裡，強風把帆布吹到火爐的排氣管上，霎時帳棚著了火，我只來得及救出珍貴的文件。這場小火導致帳棚嚴重縮水，不過我們還是盡可能把剩下的部分拼湊起來。

在孔雀河岸附近紮營

我們告別了孔雀河和河岸邊的樹林，接下來的幾天路程仍然看得見南方地平線上，植物所構成的深色帶狀線條，但是不久之後，就被黃灰色的沙漠完全取代了。

這趟探險的目標之一是描繪孔雀河曾經流淌過的古河床，這條河道在一千五百多年前即已乾涸。最早發現這條古河床的是柯茲洛夫，可惜他沒有機會深入探訪，只指出有這麼一條河床存在；我們在以前中國商旅路線上的一個古老驛站營盤（位於庫魯克山南麓，鐵干里克城北方）找到古河床的兩段彎道，那裡仍殘留一些廢墟，我們都加以測量與拍照。還有一座塔樓高二十六呎，圓周達到一百〇二呎，另外有一圈龐大的圓形城牆，上有四個城門，並有很多毀壞的屋舍與牆垣。有一處台地曾經是墓地，裡面的骷顱頭像是在偷窺似的從窄孔中向外窺探。

三月十二日氣溫升到攝氏二十一．一度，馬夫慕撒帶著所有馬匹從這裡折返，唯一留下的是我的灰色坐騎。另外，我們也把大多數冬天的衣服交給慕撒帶回去，後來，很快地我們就後悔了。

在營盤我們仍可發現生機盎然的白楊樹，但再往東走不遠，樹林變得越來越稀疏，僅剩的白楊樹幹好像墓園裡的墓碑。

黑色沙漠風暴

沿著乾河床的岸邊繼續前進，泥土沙漠向我們的四周延伸出去，完全看不到任何植物的蹤影，土壤也被風力刻蝕出奇形怪狀。此時天空十分晴朗，熱度越來越高了。

東方地平線上突地出現棕黑色的線條，寬度迅速增加，看似朝著天外射出枝幹與樹杈。

「黑風暴！黑色的沙漠風暴！快停下來！」

旅隊立刻騷動起來，我們的位置毫無屏障可以躲避，大家盡速尋找比較合適的紮營地點；直撲過來的第一場暴風貼著地面呼嘯而至，看來朝向西南方的地面比較平坦，於是我朝那個方向移動了一些，這時新一波的狂風又捲起了整片沙塵，我迅速轉身以免失去其他人的蹤影，就在這個時候，暴風像子彈一樣凌厲撲來，以無羈的飆勁橫掃乾燥而溫暖的沙漠，我差點為之窒息，登時迷惑不知該轉向何方，繼而想到先前有片刻時間風吹在我的背上，因此我認為應該趕緊轉過來迎著風向；隨風舞動的沙子颳著我的臉，我提起手臂遮住臉龐，試圖看穿把白天變成黑夜的朦朧塵霧，可是我什麼也看不見，也聽不見任何叫聲，除了呼號的風聲以外，任何音響都被聲勢浩大的風暴壓過去，包括我手下可能擊發的步槍響聲在內。我鼓起一切力量與暴風奮戰，同時必須時時停下腳步，轉向背風的方向吸一口氣；如此掙扎了半個小時，我相信自己已經和旅隊擦身而過，而所有的腳印都已被風沙破壞無遺。

我思考著：「如果不趕快找到他們，而風暴又持續不停，那麼我一定會徹底迷失方向。」就在我決定停在原地不動時，徹諾夫純屬巧合地抓住我，將我引導回旅隊的位置。

我的帳棚支柱斷成兩截，因此只能使用縮短成一半的支柱，手下千辛萬苦才在一小處泥土堆的屏障下把帳棚撐起來，我們用繩索和沉重的箱子壓住帳棚邊緣藉以固定。駱駝的負載統統卸下來，牠們伸展四肢，背對風向趴下來，脖子和頭部都平貼在地上；大夥兒將自己牢牢裹在外套裡，整個人全縮在撐不起來的帳棚布底下。地面風速每秒八十六呎，而離地十二呎的空中風速必然兩倍於此。飄揚的沙粒撲打在帳棚布上，細小的顆粒鑽了進來，覆蓋著帳棚布底下所有的東西；我一向把床直接鋪在地上，現在已經整個被沙子掩埋，全部的箱子也布滿黃灰色的沙塵。每樣東西都沾滿沙粒，我們的身體被沙子刮騷著很難受，在這種風勢下根本不可能生火煮飯，我們只好吃麵包充飢。這場風暴持續了一天一夜，次日上午還流連不去，不過最終還是狂暴地向西席捲而去，沙漠裡再度恢復平靜，大夥兒好像熬過了一場大病似的，覺得怪異而惶惶然。

我們緩慢向東前進，乾河床兩岸立著灰色多孔的樹幹，看似樹木的木乃伊，令人奇怪的是，它們多年來竟然沒有因飄沙的侵襲而瓦解。

再遇野駱駝

三月十五日我們離開河床，前往雅爾丹泉（Yardang-bulak），現在野駱駝的腳印越來越多，這是我在亞洲極中心地帶第三度碰到這種高貴的動物。野駱駝是沙漠的君主，在這片最為荒涼難行的土地上，牠們過著幾乎完全不受侵擾的生活。徹諾夫開槍射中一頭年輕的母駱駝，大夥兒得以開心的打打牙祭，因為我們的存糧已經不多，加上預定在雅爾丹泉和我們會合的羅布族老獵人戚爾貴（Kirgui Pavan）很可能在沙暴中迷失方向，當然，他準備帶來的幾隻綿羊也是下落不明。

野駱駝變成大家共同的話題，艾布督爾已經獵了六年野駱駝，期間射殺過十三頭，我們由此得知，野駱駝並沒有那麼容易被捕捉。不過，我們的嚮導對野駱駝習性的了解並不亞於馴養駱駝；夏季野駱駝每八天需要飲水一次，冬季則十四天才需要喝水一次，牠們對泉水的位置瞭若指掌，好像能夠憑藉航海地圖橫渡沙海一般容易，遠在十二哩外出現人跡，野駱駝立刻察覺得到，然後就像一陣風似的逃逸。野駱駝會躲開人類營火的煙跡，只要某處搭建過帳棚，牠們會遠離那個地方很久；馴養的駱駝也是牠們躲避的對象，不過牠們偶爾會接受年幼的馴養駱駝，因為這些年幼的駱駝還沒有被人類驅使過，致使駝峰尚未因負載和馱鞍的壓力而變形。野駱駝只喝泉水，沉滯的死水則不肯碰，牠們活動絕對在蘆葦生長區方圓三天可到的範圍內。交配季節一到，公駱駝便像瘋了一樣拚命打架，贏家可以獨占所有的母駱駝（有時多達八頭），不幸落敗的一方只好忍受孤獨，這樣的愛情打鬥在所有公駱駝身上均留下怵目驚心的疤痕。

離開雅爾丹泉之後，我們攜帶的七隻充氣羊皮全裝滿了冰塊，另外在一頭駱駝背上裝載兩大細蘆葦。目前行進的方向是東南方的庫魯克河（Kuruk-daria，原意是乾涸的河床），艾布督爾騎駱駝走在最前方，忽然間他輕巧地滑下坐騎，打手勢叫我們停住，只見他像隻豹子似的躡手躡腳溜到一處小泥土坡後埋伏，我和徹諾夫隨即跟上前去；原來幾百步外有一頭公駱駝趴在地上反芻食物，離牠不遠的地方則趴著三頭母駱駝，另外還有兩頭駱駝在吃草。公駱駝的頸子向我們這邊伸了伸，張開鼻孔，連嘴巴的咀嚼動作也停了下來，突然牠站起來四下顧盼，看來牠已經嗅到我們了——這一切我都是透過望遠鏡看見的。一顆子彈呼嘯竄出，躺在地上的三頭母駱駝像彈簧似的一躍而起，然後是整群野駱駝疾奔而去，在牠們四周揚起一陣淺色的塵霧，一分鐘之內，這群駱駝的身影縮小成一個小黑點，除了沿路留下的淡淡塵雲之外，什麼也看不見了，艾布督爾斷言，牠們這一跑大概要三天才會停下腳步。

過了一會兒，我們驚嚇到一頭落單的公駱駝，可能因為體力不濟才脫隊，獵人向牠射出第一槍，牠立刻驚跳起來，像變魔術一般轉眼就消失無影。

乾竭的庫魯克河在這處地點均寬達三百呎，深度有二十呎，我們在河岸上發現千百萬個貝殼、土製容器碎片、石斧，偶爾可見依然挺立但已枯萎的白楊樹。有一只土製的大瓶子不但上了釉，還有花紋裝飾；有一些藍色容器的破片上面尚留有小小的圓形把手。在曠古歲月中，當河水仍舊在這河道裡奔流時，人類必定曾經在此處定居過。

現在我們的飲水已經告罄，還好六十泉就在不遠處，我們長途跋涉回到庫魯克山腳下，發現塵霧中有黃色的蘆葦叢和濃密陰暗的檉柳樹林。旅隊在漂有巨大浮冰的泉水邊安頓下來，艾布督爾肩扛步槍輕巧地摸進綠洲的東面邊緣，他看見一群數量與前次相當的野駱駝——一頭深色的公駱駝，加上五頭年輕的同伴。在此之前，我從未嘗試在沙漠裡觀察這種奇妙動物的生活與習性，所以我尾隨其後，不過我倒是同情駱駝多一點，因此默默祈禱艾布督爾的子彈錯過目標。唯當我們需要肉類時，獵殺是可以容許的，更何況艾布督爾原就以捕殺駱駝為業，這是他擅長的工作。我們的位置在下風處，因此正在吃草的駱駝一點也沒有疑心有人埋伏在附近。話雖如此，我們的距離還是太遠，艾布督爾採取迂迴戰術，悄悄掩近射程範圍內；在此同時，我靜靜坐在原地，拿著望遠鏡一邊觀察一邊在心裡記下這些高貴動物的形態與動作。駱駝安靜地吃著草，偶爾會昂起頭來掃視地平線，牠們咀嚼乾草的速度雖然緩慢，但是力道相當大，我們甚至可以聽見牠們用牙齒咬磨蘆葦稈時發出的嘎嘎聲。

艾布督爾的步槍響了，整群駱駝像閃電一般筆直朝我衝了過來，可是牠們很快就急轉彎逆風逃走，中槍的是四歲大的年輕公駱駝，牠跑了一會兒便跌倒在地上，當我們趕到牠身旁時，牠的嘴仍然在咀嚼，雖然掙扎著想要爬起來，最後終究不支而以側面跌臥在地上，艾布督爾見狀動手宰殺，並在前面的駝峰裡發現以前獵人留下的子彈。

現在大家又有肉可以吃了。在我們再度橫越沙漠之前，牲口可以好好地養精蓄銳，眼看牠們滿足地吃著草，夜裡嚼著冰塊解渴，真是令人感到愉快；泉水雖然是鹹的，冰塊卻甘美無比。暮色掩近時，一群約有八頭的野駱駝前來喝水，所幸牠們及時察覺危險，立刻在夜色的掩護下像影子般逃走了。

處處是廢墟

三月二十七日我們出發向南走，所有的充氣羊皮都裝滿冰塊，艾布督爾養的駱駝裡有四頭負責駄載蘆葦，至於他自己則只敢再陪我們兩天，之後將自行返家。走了十八哩路之後，我們腳下踩的變成黃土沙漠，上面布滿一條條的深溝和小峽谷，深度從六呎到九呎不等，是被永不停息的東北風和東風刻蝕而成；這段路大家都走得很沮喪，因為土坡阻擋了兩邊的視線，有時候還會遇上比它們更高的泥土坡脊。

這裡完全不見任何生機，但是第二天我們再度發現枯死的樹林，以及被沙粒吞沒的灰色多孔樹幹，有些泥溝裡露出被風收集來的貝殼，當我們走過，貝殼即像秋天的落葉在我們腳下碎裂。

徹諾夫和奧迪克率先出發，他們要找尋駱駝最容易行走的路線，因為這處罕見的西南、西南西走向的溝塹實在不好走。約莫下午三點鐘，他們突然停下腳步，我懷疑他們是不是又看見野駱駝了，可是這次的發現不一樣，而且更有價值：他們站在一個小土丘上，赫然發現丘頂有幾間木造房子。

領著駱駝行過風蝕的深溝

我下令旅隊暫停，當旅隊成員稍作休息之際，我測量了三棟房子。到底這些基座以此樣貌維持多久了？我無從得知，但房子坐落在八、九呎高的土丘上，顯然它們以前是在平地上，長久以來，厲風逐漸蠶食房屋周遭的土壤，而基座下的土壤則因為房子的保護才沒有流失。

迅速檢視一下現場，我發現好幾枚中國錢幣、幾把鐵斧、一些木雕；木雕所描繪的是一個男子手持三叉戟，另一個男子戴著一個花環，還有兩人手拿著蓮花。我們只有一把鏟子，它不斷地挖掘一刻也沒有停下來。

一座泥土塔樓矗立在東南方相當遠的距離外，我和徹諾夫、艾布督爾趨前探勘，等爬到塔樓頂，又發現到另外三座塔樓，我們無法判斷這些塔樓是為防禦而建，抑或戰爭時用來施放烽火以傳遞訊息，也許它們像印度的窣堵波（Stupas，即舍利塔）[1]一樣，具有宗教上的意義。天色漆黑之後我們才抵達營地，法竺拉為我們架起一枝導引方向的火把，因此我們很容易就找到目的地。

第二天，我很遺憾必須離開這個有意思的地方，我們不能再作逗留，因為溫熱的季節快來了。白天行進途中，充氣羊皮不斷滴水，令我們心生警惕。

我付給艾布督爾一筆豐厚的酬賞，讓他先行離去。接著，我命令僕人荷岱帶著兩頭駱駝、所有的木雕和其他的發現物，直接返回我們的總部。

徹諾夫、法竺拉、奧迪克和我帶著四頭駱駝、一匹馬和兩條狗，繼續向南穿越泥土沙漠，大約走了十二哩路後，我們來到一處凹地，裡面有幾株活的檉柳，由此可見，附近一定有地下水源！我們必須挖一口井！但是鏟子呢？奧迪克馬上承認他將鏟子忘在廢墟處，他自願趕回去把鏟子帶來，我心裡覺得不忍，鏟子對我們而言雖是攸關生死的東西，但他這番前去並非沒有風險，萬一起了風暴就更凶多吉少了。

我叮嚀他：「如果你找不到我們的腳印，就一直往南方或西南方走，這樣你遲早會抵達喀喇珂珊湖（Kara-koshun Lake）。」

奧迪克休息幾個小時之後，在午夜時分啟程，我把自己騎的馬借給他，他和馬都喝足了水才上路。

奧迪克消失在黑暗中兩個小時以後，東方開始颳起風暴，我希望他能立刻折回我們的營地來，可是直到天亮仍然沒有見到他的蹤影。我們出發往西南方走，拜暴風之賜，天氣沒有平常那麼酷熱。

翻越了一連串低矮的沙丘，我們在一塊貧瘠的土地上發現幾塊木頭，大夥兒便在這裡紮營。而出乎大家意料地是，奧迪克安然無恙回來了，不僅人馬安全，連鏟子也帶了回來。他娓娓道來自己的遭遇：

奧迪克在風暴中失去我們的足跡，完全迷失了方向，這時剛好出現一座泥土塔樓，他並且在附近發現廢棄的幾間屋子，那裡有美麗的雕刻木板半埋在沙堆裡；他拾起一些錢幣和兩塊木雕帶在身上。經過長久的搜尋，奧迪克終於找到我們先前的營地和鏟子，他打算把木板放在馬鞍上，但是馬兒尖聲嘶叫，把木板甩在地上，奧迪克只好把木板帶到我們遺下鏟子的地方。那些木板太過沉重，他不可能扛著走，於是他又試了一次，這次馬兒甚至脫韁逃走，奧迪克費了九牛二虎之力才把馬抓回來，最後他不得已捨棄那些戰利品，上馬一直騎回我們的新營地。

這麼看來，廢墟比我所見到的還多！我先派奧迪克回去把木板帶回來，在我們啟程之前，他順利完成了這項任務。這些藝術氣息濃厚的木刻令我目眩神迷，雕琢的漩渦花飾和樹葉無不精美無比；奧迪克表示那裡還有許多，他不過是隨便拿兩塊罷了。我想轉回去，可是這太愚蠢了！我們的存水只夠用兩天，而我所有的旅行計畫也會因此打亂！明年冬天我必須再回沙漠來！奧迪克自願領我去他找到木雕的地點。這把鏟子忘得多麼幸運！如果奧迪克沒有忘記帶走鏟子，我就不可能有機會回到這座古城，完成這趟探險之旅最重要的發現，由於這座古城的發現，後代對亞洲核心古代史的認識才露出新的曙光。

然而此刻我們不能不考慮到自己和牲口的性命，因此我們趕緊向南方走。有時越過泥土地，有時翻越二十呎高的沙丘；我打赤腳走路，太陽雖然把沙地曬得發燙，不過跟著駱駝的腳印卻相當涼快。晚上紮營時，每頭駱駝都分到一桶水，最後一袋乾草也餵給了牠們，過去五天牠們滴水未進；現在我們僅存的水只夠再撐一天，而這些接觸到羊皮的水喝起來還殘留一股臭氣。

戲水取樂

第二天我走在前面，到喀喇玗珊湖應該還有三十八哩路，我攀上一座沙丘，用望遠鏡掃視遠方，眼簾所及，除了低矮的沙丘之外一無所有。不過，東南方那片發亮的東西是什麼呢？是水嗎？還是鹽地上的海市蜃樓？

我們快馬加鞭趕了過去，是水！純淨的水！雖然有點臭味，但是絕對可以喝；看到駱駝暢快喝水的模樣真叫人開心！接下來我們還得為牠們找草料，也必須為我們自己找吃的東西。現在，我們的存糧只剩餘一袋白米和一點茶葉。

大夥兒繼續沿著湖岸前進，四月二日，我們抵達了喀喇玗珊湖（即羅布泊），湖水從東方延伸到西南方，南岸是叢生茂密的蘆葦，湖水非常甘美，野鴨、野雁、天鵝在湖心悠游，可惜離岸太遠，我們的槍打不中。

次日大家全心休息，也讓牲口飽餐一頓蘆葦。清新的東北風颳了起來，我克制不住到湖裡泡泡、洗滌滿身沙土的慾望，可是沒有船怎麼辦？這好辦，我們自己造一艘。所謂有志者事竟成！天無絕人之路！我和徹諾夫、奧迪克向東北方走了很遠的路，可是見不到樹木，湖面上也沒有浮木，不過我們有充氣羊皮，還有馱鞍上一直綁著的木頭梯子。

我們在一條狹長的岬地上停下來，奧迪克對著羊皮吹氣，直到羊皮脹得像皮鼓一樣，再用繩子綁緊木梯當骨架，然後把羊皮紮緊在骨架下方，當東北風穩定地吹拂時，我們也許可以飄到遠遠的營地邊，順道也應該能夠進行一系列的水深測量。太陽熾熱無比，能跳到涼快的水裡多好！徹諾夫一「上船」，筏子差點翻轉過去，我們坐在筏子邊緣，雙腳在水裡悠哉悠哉地划著。

風從我們背後吹來，將筏子推離岸邊，浮滿泡沫的浪頭一波波推進，每一次浪頭打來都浸到我們的腰部，濺起的水花更波及到我們的帽子上。我發現湖水最深不過十二呎，野雁和天鵝聒噪著振翅起飛，野鴨飛得很低，翅膀尖都碰到浪花了。這趟航行花了我們兩個半小時，帳棚逐漸變近、變大，我們被凍得臉色發紫，渴望趕快回到陸地；當奧迪克在營地接到我們時，我們幾個人已全身僵硬，幾乎無法上岸走到營火邊。我冷得半死，身體猛烈顫抖，直到灌了好幾杯熱茶、上床取暖之後，我的體溫才慢慢恢復正常。

夕陽餘暉中，天空、土地和湖面染滿了奇妙的色彩，太陽在沙丘上灑下緋紅色的光芒，但急速向西南方滾動的塵雲底下卻煥發出深色的焰火色澤，這幅景象妙不可言，直令人肅然起敬。湖水變成藍黑色，白色的浪花被夕陽的反光暈染成紫色，不過浪頭像打雷似的猛烈拍擊湖岸，我們不得不把帳棚往內陸移動一些。

【注釋】

1 印度墓塚或墳墩，最初建來放置帝王或佛陀等偉大人物的骨灰，後來專門用作安置佛教僧侶的骨灰與聖物。

第三十七章　塔里木河上的最後時光

我們順著荒涼的湖岸又走了兩天，見不到絲毫人類的足跡，由於此趟旅程所攜帶的補給品均已用盡，大夥兒餓得發昏。第二天晚上，南方出現一團煙雲，平常在陸地上快如蜥蜴、在水中疾如游魚的奧迪克，立刻半泅半走地渡過湖中蘆葦，回來時帶了八名漁夫，還有三隻野雁、四十顆雁蛋、魚、麵粉、白米和麵包，及時讓大家脫離餓死的危機。

我們在堪姆恰克潘（Kum-chapgan）遇到老朋友，康切勘長老已經過世，不過他的兒子托可達（Tokta Ahun）卻成為我們的摯友。我們將四頭駱駝和一匹灰馬交代給這裡的長老努梅特（Numet Bek），請他把牲口帶到米蘭（Miran）的草原，不久，我們會有一支旅隊先行前往西藏，屆時再到米蘭取回牲口。

我和徹諾夫、法竺拉、奧迪克搭乘獨木舟返回總部，趁出發之前的空檔，我乘獨木舟很快地重遊了喀喇珂珊湖，湖面的蘆草（其實更像沼澤）比我四年前造訪時更為濃密，最深的地方勉強只達十七呎。我們輕快地掠過寬闊的湖面，無意中闖入一幕具戲劇性的畫面，令我終生難忘。靠近蘆葦叢邊緣的湖面上躺著一隻已經死亡的母天鵝，牠的配偶一直在附近游動。我們的槳手使勁搖著槳，但覺獨木舟像箭矢似往天鵝的方向迅速滑近，但公天鵝並未飛走，反而搧動翅膀增加游水速度，然後抵達蘆葦叢邊緣，一頭鑽進乾枯的蘆葦稈中，可是一鑽進蘆葦叢，牠的翅膀再也無法開展，一位羅布人見狀跳進湖中，游泳尾追公天鵝，天鵝雖然潛入水中，由於水底蘆葦叢生，牠只好又在同一個地點浮出水面，羅布人猛撲向前捉住牠，同時扭斷牠的頸子。這一切全發生在短短的一分鐘之內。公天鵝不肯捨棄死去的伴侶，我只有自我安慰牠的悲傷終於可結束了，如此我才不會因牠的死去而太過感傷。

塔里木河在下游岔出一條新的支流什爾吉恰克潘（Shirge-chapgan）河，形成了塔里木河下游的北方盆地，我希望精確畫出這條支流的位置，並且記載它的規模，怎奈沒有船隻。我們還有四頭駱駝留在身邊，於是手下將牠們兩兩成對綁在兩艘獨木舟上，就此把船經由陸地拖到新的河道裡。

於是我們搭乘獨木舟向北行駛，穿越新的水路和湖泊。有一天我們在塔里木河上遇見了徹爾東，他正帶領三十五匹馬、六頭騾子、五隻狗，以及糧食與人手往藏北山脈前進；先前我們已約定好，幾支分隊都將在藏北高原的孟達里克河谷（Valley of Mandarlik）會合。

前進藏北

總部的所有東西都整整齊齊地放著，舢舨已經準備就緒，原本搭在前甲板的帳棚已成了一間艙房，是手下用木條和毛毯搭蓋而成。該做的事多如牛毛，如今總部已經發展成羅布地方不折不扣的新首府，當地土著遇有口角會跑來要求我們主持公道，彷彿是當地法庭似的，而我們也著實替他們排解爭端。

現在僅剩的駱駝將啟程到藏北進行新的探險，徹諾夫、伊斯嵐、涂厄都和荷岱騎馬。肚子被一隻野豬嚴重戳傷的小狗尤巴斯，也在其他狗兒的陪伴下同行；尤巴斯雖然傷勢不輕，卻是旅隊橫越沙漠抵達藏北山麓時，唯一存活下來的狗。

旅隊啟程出發時聲勢極為壯觀，在叮噹的銅鈴聲中，隊伍浩浩蕩蕩穿過稀疏的樹林，自此「上天營造之屋」便空無一人，成了荒涼的廢墟。所有的商人和工匠都收拾起貨物離開，空蕩的庭院裡只有幾隻烏鴉聒聒叫著，草棚廚房最後一次生火所留下的餘燼仍然揚升裊裊輕煙。

西爾金、夏格杜爾、哥薩克騎兵和其他忠僕仍然跟隨著我，在他們和四個新加入的羅布人陪伴下，我於五月十九日離開總部，此後再也沒有回去過。這地區的所有居民全聚集在岸邊向我們依依道別，塔里木河睽違半年的勁流推動舢舨，將我們帶往下游。

我們走走停停，目的是測量河右岸的湖泊。有兩座湖中間夾著一座沙丘，我測量沙丘的高度，發現它比河面高出二百九十三呎，鄰近的其他沙丘又比它高出四、五十呎。羅布人經常在連接河、湖的水道上建築水壩，這樣魚就被牽制在湖泊裡面，湖水也會變得帶點鹹味，使魚的滋味更可口。漁人使用長達六十潯（一潯為六呎）的曳網捕魚，魚網兩頭各以一艘獨木舟拖曳著。

幾天之後，我們的老朋友獵人戚爾貴也上船來，他號召一群人和整支獨木舟隊伍協助我們橫越新生成的湖區。這裡蘆葦茂密難行，只好放火燒掉一部分才能通過。

五月二十五日，我們到塔里木河右岸的大湖貝格里克湖（Beglik-kol）探勘。我們有兩艘獨木舟，一艘載著夏格杜爾和兩名船夫，另一艘上面是戚爾貴、另一位船夫和我自己。這天湖泊非常平靜，像一面鏡子靜靜地躺著，沙丘的倒影清晰無比，和真實的沙丘毫無二致。我們向南划了三個小時，進行一些測量工作，熾烈的太陽當空照，大家不時舀起湖水灑在衣服上沖涼。

當天晚上我們抵達西岸中點，休息了一會兒，這時戚爾貴指著湖泊東岸的沙丘稜線，喊出最令人沮喪的字眼：「黑風暴！」

忽然，整片沙丘的上空升起黑暗的線條與紅黃色的雲霧，迅即擴散成一幅帘幕，船夫想要在原地紮營過夜，可是我必須趕回舢舨去為量測儀器上發條。

「再划出去，拚命划！」

如果我們能及時趕到水道入口便能平安無事，可是在抵達入口以前，我們必須先橫越一處向西延伸的寬闊灣口。

湖的上空目前依然平靜，湖面也像玻璃一樣平滑，船夫跪在船底，船槳在他們用力划動下幾乎彎曲成弓形。如果槳不折斷，我們就能幸運逃過狂飆的風暴，否則兩分鐘之內必然浸滿水而沉沒，到時候我們根本不可能游泳上岸。

「噢，阿拉！」戚爾貴悶聲喊叫。

「風暴已經到達沙丘了！」他補充最新情勢。漩渦似的黑色沙雲即將橫掃湖面。

與風暴的拉鋸戰

下一刻，沙丘和整個湖泊東岸都將消失在塵雲之中。

遠方傳來隆隆巨響，風暴來勢洶洶，速度極為駭人，並挾帶震耳欲聾的怒吼；颶風已經掃到湖面，第一波風勢直朝我們撲來。

「快划，快划！」戚爾貴喊著：「吾信真神！」

我們的速度加快了，獨木舟像刀子一樣切過水面，船頭經過之處激起嘶嘶響的泡沫。我們全身緊繃戒備著，離北岸還有一哩遠。可是不到一分鐘，整個北岸和西岸都將會籠罩在暴風範圍內。

浪頭以極高的速度向上衝起，掀湧的波峰冒著細白而狂亂的泡沫，獨木舟被波瀾舉起又拋下，一波又一波的猛浪打在船上；我們彷彿坐在洗澡盆裡，積水在船裡前翻後攪，我們的身體也跟著晃動。戚爾貴試圖把獨木舟導向浪頭，希望利用波浪順勢推動船身，而我只看得到這艘船和周遭的滔滔白浪，湖水已經渾濁到近乎黑色了，其他東西在濃烈的風暴中完全消失不見。四周呈現一片黑暗，氣氛詭異，夜晚正逐漸逼近。我把筆記本和儀器包裹起來，開始脫掉身上的衣服，這會兒，再多幾波風浪打來，我們必沉沒無疑，獨木舟狹長的船緣現在只比水面高出兩吋了。

忽然，奇蹟發生了！風浪變小，船身也不再顛簸，阿哈！右弦附近出現一些深色的東西，原來是北岸突出的一塊岬角，上面生長濃密的檉柳，這正是天然的防波堤！我們得救了！上岸停留了好一會兒，把獨木舟裡的積水倒空，之後，我們繼續穿過水道，但天色已經黑透了，擋路的蘆葦稈鞭打著我們的臉部。經過漫長的摸索，幸虧風暴點燃了一場野火，我們湊著火光才很快找回舢舨。

塔里木河的水流繼續托著我們往下游漂，戚爾貴手持長桿坐在我的工作桌前方，他是個開心果，不時會說些好笑的評語和奇怪的故事。天空裡的惡魔再次偃兵息鼓，大地重回寧靜，這時有艘獨木舟以全速向我們駛來，停在我們船邊，從船上傳出輕快的腳步聲，原來是喀什來的信差慕撒，他來到我的桌前，把一大綑要給我的家書放在桌上，以及一些報紙、書籍。那天晚上，我躺著閱讀到凌晨三點。

接下來的日子，風暴經常延誤我們的行程，好不容易等到風勢稍減，大夥兒又得趁夜晚趕路，這時，手下會擎著火把到最前面的獨木舟為我們照路。

又有一位信差意外來到，他只帶來一封信，發信人是裴卓夫斯基，想必是重要的事！原來是俄國和亞洲邊界發生騷亂，這位塔什干總督因此來信命令西爾金和徹諾夫這兩位哥薩克騎兵回喀什軍營，不巧的是，徹諾夫這時已經到達西藏北邊，只能等他返回營地再說。於是，我請一位信差前往追趕他。

永無止境的旅程

到達漁村七吉里克（Chegelik-ui）時，由於水道過於狹窄，我們不得不捨棄那艘老舢舨。同時，我們另外造了兩艘小一點的船，做法是將一塊平台架在三艘狹長的獨木舟上，然後在平台上豎起支架，表面覆蓋毛毯；我住在其中一艘船上，另一艘則是西爾金和夏格杜爾的住所。趁著造船空檔，我在大舢舨的暗房沖洗過去幾週來拍攝的照片，這艘舢舨在塔里木河上漂流了九百哩，確實是克盡職責。我把舢舨送給當地居民，任憑他們使用。

新船相當容易操控，不過當水流太湍急時，我們必須不斷把積水舀出獨木舟。最後，我們終於順利抵達古老的捕魚村落阿不旦，也就是這趟河流之旅的終點站。

幾天之後，徹諾夫、涂厄都和穆拉帶著四頭駱駝和十四馬前來會合，引領我和行李前往山區裡的新總部。出發之前，牲口必須好好休息。天氣燠熱難耐，連陰影下的溫度也超過攝氏四十度，吸血的牛虻到處飛舞。對駱駝和馬匹而言，牛虻是最可怕的瘟疫，白天如果任由牲口在草原上吃草，牠們身上會叮滿成千上萬的牛虻，牲口失血過多就沒救了，因此只要是白天，人們慣常把牲口關在茅草屋裡，等到日落再將牲口牽到河裡洗澡，晚上就可以放心任由牠們在外面露宿。有一天夜裡，我們的駱駝失蹤了，從牠們留下的腳印很容易就推斷出端倪：牠們為了躲避牛虻而逃回山區，涂厄都只好騎馬去把牠們追回來。牛虻一樣也會騷擾我們，從一間草屋走到另一間草屋的短短距離，就像在槍林彈雨中冒死突圍。所以，我們無不渴望能快點呼吸到新鮮的高地空氣。

六月三十日傍晚五點鐘，我僅剩的行李都裝上四頭駱駝和兩匹馬的背上，而當我們在捆裝東西的同時，每頭駱駝兩邊各站一個人，只為了替駱駝殺死牛虻。一切安裝妥當，旅隊開始出發，夏格杜爾負責照顧隨隊的狗兒，也就是瑪西卡、尤達西和兩隻乳狗默蘭基、默其克；涂厄都受命將旅隊帶到喀喇珂珊湖南岸，找到一條最接近山中泉水的東南向道路。走到岸邊這個據點將耗費整個晚上，我自己情願搭獨木舟前往，因此當旅隊消失在暮色中以後，原地只留下我和西爾金、徹諾夫，以及幾名土著朋友。

我把所有信件交給這兩位哥薩克騎兵，並且慷慨酬贈一筆賞金，感謝他們忠誠、周到的服務。在與他們最後一次握手道別之後，他們躍身上馬，帶著一小支旅隊消失在暮色裡，此去，他們將取道且末與和闐，回到喀什營地。我們的離別充滿哀傷與不捨。此刻我孤零零地站在亞洲的心臟地帶，身邊沒有一個隨從，除了口袋裡的東西，也別無其他行李，因此等哥薩克人一離開，我毫不留戀地動身出發。我向阿不旦居民道別，跨進已在等候的獨木舟，船上有兩位羅布人將載我快速順流而下。月亮一升上來便照得河岸通亮，可是才一會兒月亮又沉落不見，此刻河道逐漸變成長滿蘆葦的沼澤，天空漆黑一片。這些船夫究竟是如何在黑暗裡認路的？我實在很困惑。他們並不交談，只是毫不猶豫地往目標划去。星子在盪漾的水面上閃爍，時間一小時、一小時過去，獨木舟一刻也不停留繼續划行，我偶爾打打瞌睡但無法入眠，這是我在塔里木河上的最後一段旅程，漲滿的興奮之情令我無法入睡。

當船夫靠岸時，天色仍然黑暗，他們說這裡就是集合地點。我們走到岸邊等候，一會兒遠方便傳來喊叫聲，那是夏格杜爾帶著馬匹抵達了。我們生起營火，開始煮茶吃早點。

黎明時分，涂厄都也帶著駱駝相繼出現，他只道了聲：「主賜平安」，便邁開步伐走下去。我們向船夫道別，隨即翻身上馬跟上涂厄都。

太陽緩緩升起，光線、色彩、熱度

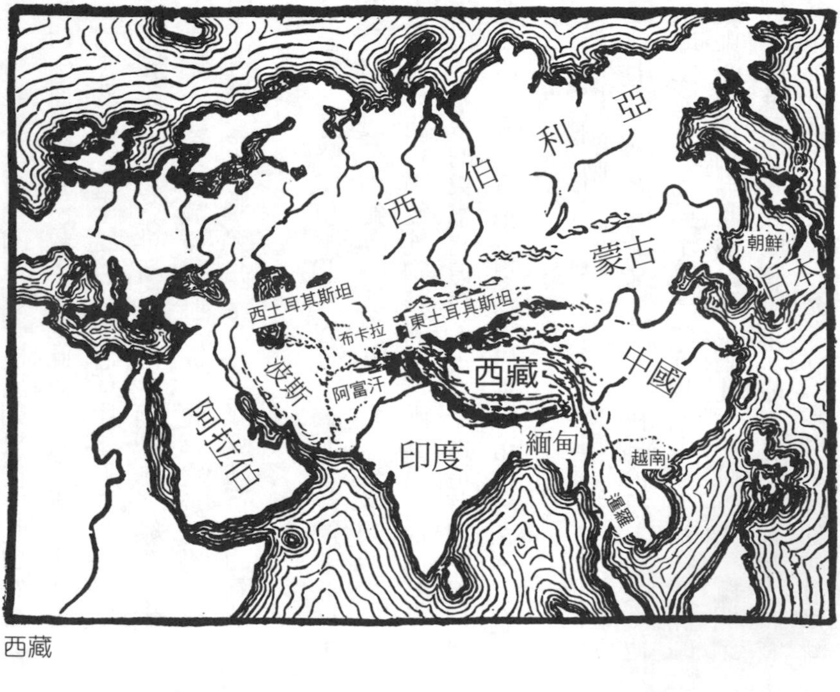

西藏

隨著日升而灑遍曠野大地，紫羅蘭色的薄雲邊緣鑲著融金的光澤，漂浮在地平線上方，西藏最外側的山脈圍繞沙漠的邊界，好似一塊輪廓清晰的舞台布幕呈現在光影中。幾百萬隻牛虻醒來了，牠們像子彈一樣嗡嗡叫著飛過我們身邊，當牠們迎著陽光飛舞時，身體裡透露出偷來的血色，好像是一顆顆鮮紅的紅寶石。

我們在墩里克（Dunglik）紮下第一個營地，這裡的高度已經超出湖面六百五十呎，不見人煙，不過我們發現一口泉水，以及可以放牧馬匹和駱駝的草地。

第三十八章　西藏東部探險

離天亮還有幾個小時，我們開始為這天橫越貧瘠之境冗長勞頓的旅程作準備，待牲口都喝足了水，我們為自己和狗兒的銅罐裝滿飲水。腳下的大地非常堅硬，遍地是碎石頭和粗砂礫，北方的湖泊此刻看起來像是色調黯淡的緞帶，此外，極目皆是黃灰色的土地。山脈的形狀越來越清晰，突出的岩石、河谷的入口、凹陷的罅隙一時變得清楚可見。

經過七個小時艱困的跋涉，我們通過了一堆石頭地標。

「我們已經完成一半路程了。」托可達宣布。

酷熱加上乾渴使得瑪西卡和尤達西委靡衰弱，我們停下來好幾次，餵水給牠們喝，但牠們仍是遠遠落在旅隊後面；這次，大家又停下腳步等候牠們追上來，可是等了許久仍舊看不見小狗的影子。難道牠們自己跑回湖邊了？夏格杜爾帶著一罐水騎馬回去找牠們，他回來時只見尤達西臥在馬鞍上；他說瑪西卡喝完水後就斷氣了，好像是中風致死。尤達西被包裹在毯子裡，牢綁在一頭駱駝的背上，看起來極端無助。兩隻乳狗躺在另一頭駱駝背上的籃子裡，駱駝行走時搖搖晃晃，小狗也被前後拋來甩去。

最後我們終於來到一座河谷入口，那裡有一條潺潺的小溪流，大夥兒停下來休息。我們第一件事就是把三隻狗放掉，牠們幾乎站不起身，可是一聽到汩汩的水流聲，便一溜煙衝上前去暢飲一番，體力馬上恢復許多。狗兒喝了一頓水，停下來咳咳嗽、清清喉嚨，接著又繼續喝水，最後乾脆躺在小溪裡歡暢地打滾。可憐美麗的瑪西卡沒有能夠支撐到這裡。再往河谷上游走一段，到處長滿豐美茂盛的檉柳，當晚我們在塔特里克泉（Tatlik-bulak）水井邊紮營，這裡標高六千三百呎。

第二天，我們翻越這群山脈的前兩座，分到是烏斯登山（Astin-tagh），和阿卡多山（Akato-tagh），在阿卡多山的山口，我們看見位於南方的第三條山脈祁漫山，我們站立的位置和祁漫山之間有一處長條形開闊河谷，谷中有一座小湖，晚上，大夥兒就在小湖邊紮營。

抵達鐵木里克水井時，海拔已經達九千七百呎，在這片荒涼的西藏高原上，我們正攀向越來越高的峰頂。白天在那裡盤桓、讓牲口休息時，一支規模相當大的旅隊攜帶玉米前來，原來是我們先前在羅布泊西南方的小鎮婼羌所訂購東西。

具神秘感的艾厄達特

孟達里克總部也來了信差，他們表示預先建立的總部一切安好，其中一位信差名叫艾厄達特（Aldat），是伊斯嵐所雇用，原因是他對這個區域的了解無人可及。艾厄達特擁有阿富汗血統，通曉波斯語，長了個鷹鉤鼻，短短的落腮鬍，眼神充滿憂鬱。他的職業是獵捕犛牛，一年到頭獨居在山中，平常以生的野犛牛肉為食，渴了則喝雪水，除了身上穿的衣服、一件皮袍、一把步槍和子彈外，可說身無長物；夏天來臨時，艾厄達特的兄弟會帶著驢子上山來收取他宰殺的犛牛毛皮，然後賣到克里雅的市集上。艾厄達特總是獨來獨往，頭仰得高高地，姿態宛如君王般尊貴。

我問他：「如果打獵失敗，你怎麼辦？」

「那就餓到找著下一頭犛牛為止。」

「冬天夜裡那麼冷，你在那兒睡覺？」

「峽谷和山洞裡。」

「你怕野狼嗎？」

「不怕，我有步槍、撥火棒、打火石和火種；晚上都會生火。」

「當暴風雪狂肆時，你難道不會被雪深埋嗎？」

「會，可是我總能設法跑出來。」

「老是孤單一人，你難道不感到難受嗎？」

「不會，除了父親和兄弟外，我沒別的人可想，而他們每年夏天都會上山幾天。」

艾厄達特的神秘感頗具吸引力，他好像神話故事裡隱姓埋名的王子，不管問他什麼問題，他的回答必定是簡短而精確；若不是問他話，他就一個字也不吭。我們從來沒見他微笑或開口大笑，也不曾看過他與旅隊裡其他成員交談，好像要逃出沉重的悲傷，也彷彿是為了對抗野狼和暴風雪，而必須以孤獨、危險、艱困來鍛鍊自己。不過他終究是個凡人，偶爾還是會渴望見見其他的人類，因此當我問他願不願意和我到荒僻的西藏旅行時，他竟然答應了！我派給他的任務是打獵，以及帶我去看翻越山脈的秘密山口。

七月十三日，旅隊所有的小隊在孟達里克的泉水與樹叢間再度集合，我們在那裡建立起第二個大型總部，作為我們未來探險之旅的起點。

探勘藏東高原

七月十八日我們展開第一次探險，我的計畫是繪製藏東高原的局部地圖，這裡過去從來沒有人探勘過。我們攜帶足夠八個人吃兩個半月的糧食，徹爾東擔任我的貼身隨從和伙夫；涂厄都帶領七頭駱駝；穆拉照顧十一匹馬和一頭騾子；另外，能幹的羅布人庫曲克（Kuchuk）擔任船夫，一旦發現任何湖泊，他就能派上用場；我們的十六隻綿羊交給克里雅來的金礦工人尼爾斯（Nias）看管；艾厄達特擔任嚮導和狩獵；托可達則協助照顧馬匹。至於狗兒尤達西、默其克和一隻蒙古犬（為東邊某游牧民族的營區所遺棄）也和我們一起出發。

翻越兩道山口之後，我們在標高一萬三千呎處紮了第一個營地，營地四周有許多鄰居，包括野犛牛、野雁、土撥鼠和松雞。炎炎夏日在幾天前才被我們拋諸腦後，如今冬天已悄悄降臨，氣溫下降到攝氏零下五度。七月二十二日我們在紛飛的大雪中拔營，暴風雪徹夜肆虐，我們騎著馬在雪地辛苦跋涉。

破曉時分我被營地裡激烈的騷動吵醒，徹爾東向我報告：尼爾斯和十二隻綿羊不見了，整個營地只留下四隻綿羊。每個人都趕出去搜尋，連徹爾東自己也騎馬去找尋。大約十點鐘，尼爾斯回來了，他僅帶回一隻綿羊，滿臉悲傷的表情，他說其他羊隻都被野狼咬死了，牠們渾身是血的屍體七零八落地倒在雪地裡，只有一隻綿羊逃過狼口。原來尼爾斯昨晚睡在毛氈下，半夜突然被噠噠的腳步聲和羊叫聲給驚醒，他跳起身來，看見三頭野狼正逆著風勢在偷襲羊群，愚蠢的羊群在驚慌中跑向野地，尼爾斯搶出去追趕，一時忘了要叫醒其他同伴，野狼在半路攔截羊群得逞，並展開大肆殺戮，結果只有一隻綿羊倖免於難。狡猾的野狼利用暴風雪作掩護，由於風雪的呼嘯聲過大，使得營地裡的狗沒有察覺到異狀。

野狼可能會等到我們離開後再回屠殺現場大啖一番，從現在開始，我們必須更依賴艾厄達特的步槍了。隊伍開拔後不久，我們就看見那隻脫隊的綿羊瘋狂而恐懼地跑下一處積雪的山坡，大夥兒對於這隻羊大難不死的欣慰之情，遠勝於哀悼失去的綿羊。

接下來的旅途中，白天我們艱苦長途跋涉，翻越好幾座遍布積雪的山脈，挖金礦的工人和獵犛牛的獵人稱它們作祁漫山、阿喇山（Ara-tagh）、卡爾塔阿拉根山（Kalta-alaghan）；我們攀越的卡爾塔阿拉根山山口標高一萬五千呎，從那裡向南方遠眺，有分屬四支不同山脈、積雪終年不消的山峰，再過去，靠近地平線的是阿克山（「遠山」），是幾年前我歷經千辛萬苦才征服的山脈。

出生一、兩個星期大的野驢

我們在卡爾塔阿拉根山的南坡往下轉進一座地勢開闊的河谷，在那裡沿著河谷地形向西走。目前我們所在位置仍然屬於俄國旅行家、邦伐洛特、李陀戴爾等人探勘過的區域。我們保持在河谷中央行進，途中到處是土撥鼠，牠們在洞穴外探頭探腦、吱吱啾啾，等到狗兒竄出追趕，便立刻一頭鑽進洞穴中。

河谷中有一群為數三十四頭的野驢在吃草，徹爾東和艾厄達特騎馬去追捕，一頭母驢帶著剛滿四天大的小驢留在原地，其餘的野驢全逃逸無蹤，最後做母親的也不得不獨自逃走。艾厄達特將小驢放在馬鞍上帶回來，後來我們又捉到另一頭小驢，並將牠們裹在毛毯裡，安置在一頭駱駝背上，我們打算用麵粉糊餵養牠們，直到牠們可以自己吃草為止。小驢果真舔光了麵粉糊，可是卻顯得有些憔悴，我要手下將牠們釋回原來那片大草原，讓牠們的母親能找回孩子。托可達向我保證，一旦人類的手碰觸過小驢，母驢就會憎惡小驢，假如此話當真，那麼小驢必然會淪為野狼的祭品，所以我們決定殺了牠們。大夥兒意外發現，小驢的肉質相當柔嫩、可口。

包圍這座大河谷的南方山脈在山腳處是界限分明的飄沙地帶，沙質地形依著整個山脈的基座延伸，上面有相當高聳的沙丘。這裡經常可見一種馬蠅，叫作「矣拉」（ila），牠們有個壞習慣，喜歡棲息在草食動物的鼻孔內；我們的馬匹被這些愛折磨人的馬蠅嚇壞了，牠們會突然打噴嚏、甩動頭部，不管身上的負載和騎士，嘆聲氣就倒在地上扭曲翻滾。野犛牛、野驢、羚羊應付馬蠅的辦法是白天爬到沙丘上，那裡很安全，到了晚上才到河谷吃草，這樣馬蠅就無法騷擾牠們了。離日落還有一段時間，我們注意到有三十頭壯碩的犛牛正漫步離開沙地，朝河谷方向姍姍走來，這時牠們看到旅隊，便停在一座高聳的沙丘頂上，立時排成一長列站在沙丘上，鼻子不斷嗅著，頭則高高揚起，毛色漆黑的犛牛襯著背後黃灰色的沙子，搭配永不消融的雪原作背景，構成了一幅美妙壯觀的景致。

我們已經接近普哲瓦爾斯基所發現的小湖巴什勘湖（Bash-kum-kol，意思是「上沙湖」，the Upper Sand Lake）。湖畔有十四頭犛牛正低著頭吃草，徹爾東摸上前去攻擊牛群裡的一隻老公牛，可是老公牛沒有這麼容易被嚇住，牠定定地看著徹爾東，甚至向徹爾東逼近幾步，事實上，轉身逃跑的反倒是我們的獵人。旅隊成員全都站在一旁津津有味地觀看，徹爾東想要挽回顏面，便轉身追趕一頭幼狼，隨後將牠帶回營地；手下在幼狼的脖子綁上韁繩，牠就此成為我們的砧上肉。托可達深信，萬一幼狼受到傷害，牠的母親一定會對我們的最後一隻綿羊進行報復，沒想到狡猾的小狼也不簡單，牠趁夜裡用牙齒啃斷繩索逃跑了。手下期待牠頸子上的繩圈會使牠窒息，我倒是感到懷疑，而且相信母狼一定有辦法為牠的孩子掙脫繩索。

翻山越嶺路迢遙

攀上阿克山峰頂的路程迢遙又艱辛。我們在巨大且錯綜複雜的山脈間行進，天上時而下雨、時而下冰雹，出太陽時卻又相當暖和，這時毛茸茸的大黃蜂便會出動，牠們嗡嗡飛舞著，像在演奏風琴樂曲。走在河谷地，有時會驚嚇到大批羚羊，我很難想出還有什麼比得上這群敏捷、優雅的動物，牠們閃亮的羊角像刺刀似的在陽光下閃爍生輝。

一群「奧朗果」（Orongo）羚羊

艾厄達特對於地形的熟悉僅止於此，因此我遣涂厄都騎馬上阿克山峰頭找尋登山的山口，小狗尤達西跟著他一起去，途中尤達西看見一隻羚羊，迅即穿過一條隘道追了過去，當涂厄都原路折返時，尤達西卻失蹤了。我們繼續前進，心想牠會自己找到我們的旅隊。一場豪雨忽焉而至，我們立刻停隊紮營，可依舊遲了一步，每個人渾身濕透。尤達西還是沒有出現，一條山口和傾盆大雨阻斷了牠與旅隊，涂厄都騎馬翻過羚羊和小狗消失的山脊，終於找到孤零零的尤達西；牠找不到自己的足跡，於是跑到一處我們從未經過的支流河谷尋找我們的蹤影。

我們經由標高一萬七千呎的山口翻越阿克山，下到一座長形的大河谷，四年前，我就是在這谷地中發現二十二座湖泊。現在伸展在我們眼前的南方是未經探勘的處女地，我們即將橫越的路線過去只有兩位探險前輩親歷其境；能夠踏上這片新的處女地，讓我油然興起一股滿足感。除了野犛牛、野驢和羚羊以外，地上沒有任何足跡。艾厄達特獵殺兩頭羚羊，我們因此好幾天有肉可吃，而不必犧牲旅隊中剩餘的綿羊。

夜晚的山林仍然呈現莊嚴的崇峻之美，鑲著亮邊的薄雲飄過月亮，南邊冰河延伸而成的大片積雪在月光中輝映出銀色光芒，霎時四周充滿了壯闊的孤絕與寂寥感。

旅隊的牲口開始感到疲累了。在如此高海拔的山上，牧草少得可憐，每逢夏季便脫毛的駱駝在雪地裡冷得發抖，由於山裡的西風強勁，形成了厚重的雲朵，每天不是下雪就是下雨，而且風雨中挾帶冰雹，所幸氣候嚴寒也促使駱駝提早長出厚厚的長毛。

我們從北到南跨越西藏高原，必須翻過所有東西向的平行山脈，每攀登一座峰頂的山口，我們都可以望見南方新的山脈，以及山脈間宏偉、寬廣、沒有盡頭的河谷。眼前又有一座新的山脈，看起來相當平坦，我一馬當先走在前面，貧瘠的地面濕濕的，像玉米糊一樣軟，我下馬牽著馬匹前進，馬兒每走一步腳就陷進一呎深，駱駝也搖搖擺擺地慢慢跟進，蹄子走過之處陷下極深的凹洞，不過馬上又被水填滿了。我們實在不能繼續在這危險的爛泥巴裡走下去，在好不容易登上標高一萬七千二百呎之後，大夥兒頹然往回走。來到一處長著稀疏青草的河谷，我們讓牲口休息兩天，夜裡用毛毯蓋住駱駝以防牠們被風雪凍僵。徹爾東的馬兒死了，這個哥薩克好漢悲傷不已。他教會這匹馬好多把戲，馬兒會聽話躺下；徹爾東叫牠時會乖順地跑向他；當徹爾東用兩手頂著馬鞍倒立時，馬兒還會又優雅又謹慎地走步。

八月十二日，我們試圖走另一條路越過那片討厭的爛泥地，地面和上次一樣濕滑危險，駱駝和馬匹一走過，泥巴花躂躂、稀哩哩猛響，每個人的腳都浸濕了，一顆心也懸在半空中，好似隨時會爆炸，最後終於攻抵一萬六千八百呎高的峰頂。

峰頂上有一頭孤獨的野狼正伺機守候獵物。就在我們攀上山峰之際，冰雹正好挾著雷鳴呼嘯而來，大地為之撼動，聽起來好像戰艦的砲彈齊鳴，或是一群巨人在玩擊柱遊戲[1]（skittle）。我們的位置非常高，因此有一部分雲朵事實上落在我們下方的河谷裡，現在我們正好在風暴的中心點，冰雹打得人發疼，能見度是零，沒有人知道要從哪個方向往下脫離這個可怕的山脊。我們別無選擇，只好在風雨中紮營，駱駝被聚攏排成半圓形，身上覆蓋毛毯；每樣東西盡是濕答答地，帳棚、毛毯、行李全滴著水。旅隊中有一頭駱駝在攻頂時倒斃，其他駱駝正好大啖牠遺留在馱鞍裡的填充乾草。

我們又把一座山脈拋在身後，崇峻山嶺開展成巨大的高原，這裡的土壤很適合旅行。在遠處的南方出現一座鹹水湖，我們走到那裡紮營在西北岸邊。有一天深夜，手下聽到遠方傳來奇怪的聲音，他們感到很不安，因為那聽起來像是人類的叫喊聲，艾厄達特則認為是狼群，之前他射傷一頭羚羊，最後還是被牠逃脫了。後來艾厄達特發現羚羊被野狼啃得精光，只剩下一把骨頭。我們的確需要肉類，不過至少還有足夠的白米和麵包。

享受難得的平靜

八月二十二日，庫曲克和我划船渡過湖面，目的地是湖泊南岸的一處山坡，晚上旅隊將到山坡上和我們會合，並生火引路。天氣好極了，湖水很淺，因此有好幾個小時庫曲克只需拿槳在湖底推，就能使船前進。湖底有一層硬實的鹽層，再深入一些，可見這座湖最深的地方，深度只有七呎半，看來這座湖是淺淺的盆地上所積聚的一灘極薄的水。今天的天氣晴朗，湖面平靜無波，日光下湖水的色彩奇妙無比，靠近小船的湖水為淺綠色，較遠一點則呈海藍色，不論是天空、湖水、雲朵或山脈，都在天上灑下來的光暈裡煥發出變幻莫測的深淺色調。天氣相當暖和，我們一身的濕氣全都乾了。湖水的鹹度很高，沾上什麼東西都會變成白色的，從各方面來看，它都像是死海（Dead Sea）[2]，只不過我們位在海拔一萬五千六百呎的高度。在水上划行的前幾個小時，我們可以見到旅隊在湖的左岸移動，但是後來距離太遠就看不見了。

白天退去，暮色逼近，我們依然在湖上，既沒有火光，也不見駱駝或馬匹。登岸之後，我們站在山坡上東張西望，地上有一塊野驢的頭顱骨，還有一隻熊剛印上的足印。庫曲克和我大聲吼叫，卻得不到一點回應，心想旅隊肯定出事了，否則至少該有一、兩位手下先騎馬帶些糧食、溫暖衣物和被褥過來接應我們。

趁著天色尚未全黑，我們收集了一些燃料，唯一可用的是犛牛和野驢的乾糞便。晚上九點鐘，我們生起一堆火，坐著聊了一小時，然後準備睡覺，庫曲克用船帆將我裹起來，再拿一隻救生筏當枕頭；可折疊的船身翻過來，一半覆在我身上，如同一口鐘，而我像是躺在棺木裡的屍體。庫曲克並且用雙手捧起沙子堆在我的身體四周，藉此擋住冷風，他的動作不禁令我想起掘墓人為墳墓覆土的樣子。庫曲克自己則蜷縮在另外半隻船下，一場大雨打在繃緊的帆布船底上，聲音十分吵人；也許那是為我們送葬的鼓聲。無論如何，我還是很快就在這個「墓」穴裡入睡了，一直到太陽升上地平線才又復活過來。

東方吹來新鮮的微風使我們的精神馬上為之一振。我們沿著湖泊的南岸急切地向西前進，想知道我們的人馬到底發生了什麼事。庫曲克和我把折成兩半的船重新組合起來，架起帆柱、撐起船帆，之後三個小時的鹹水湖之旅，令人心曠神怡。船身嚴重顛簸，庫曲克暈船，終於我們看見岸上的帳棚了。徹爾東和艾厄達特踩進淺水裡把我們拉上岸，飢餓的我們渴望吃一頓早餐，幸好艾厄達特獵到一頭野驢，所以我們又有肉可吃了。

原來旅隊被一條注入鹹水湖的河流阻擋了去路，河水寬一百九十呎、深十呎。我們一起回到那河岸，這次我們利用繩索渡河，經過十四次的接駁，終於把所有的行李接到對岸。馬匹可自行游泳渡河，但駱駝就麻煩了，最後我們想出用船來牽引牠們的辦法，駱駝到了水中便像死了一樣趴著不動，直到雙腳踩到堅硬的地面才又游起水來。

過了河之後我們繼續向南走，幾天以後來到另一座鹹水湖邊，其源頭是南邊兩座景色優美的淡水湖。這裡風景極為迷人，我很樂意地騰出一個星期來，讓駱駝和馬匹在湖岸上盡情吃草，我自己則利用這段時間朝不同方向橫渡幾個湖泊，測量湖水深度、描繪湖岸線條，更在垂直聳立的懸崖下捕捉魚鮮；庫曲克和我曾在風暴裡經歷過多次狂野的冒險，但是後來都平安脫險。

九月二日我朝南騎了十七哩路，經過之處有許多野犛牛、野驢、羚羊、野兔、田鼠、土撥鼠、野雁、野狼和狐狸，有些山坡上，犛牛甚至多到密密麻麻的地步。

當我們回到營地集合時，艾厄達特又獵到一頭小犛牛和四頭羚羊，這一來足足有兩個星期不用愁沒肉吃了。不過我們已經離開孟達里克總部有一個半月之久，剩下的糧食僅夠一個月，因此我們拿一部分麵粉餵食旅隊的牲口，自己以肉類為主食。目前一切都還順利，可是我們必須繞一條更偏西的路徑回去，那裡也是未曾被人探勘過的領域。我的計畫並未包括深入西藏，因為我想在今年冬天結束之前，再次拜訪羅布沙漠的古城。

【注釋】

1 類似保齡球，但只有九個球瓶。

2 位於以色列和約旦之間的鹹水湖，面積約一萬零四十平方公里，水平面比海拔低三百九十五公尺，是地球上最低的水面。

第三十九章 在死亡陰影中撤退

我命令涂厄都帶領旅隊順著巨大冰川的北側朝西走，我自己則在徹爾東與艾厄達特陪同下繞行著冰川南側；我們三人所攜帶的糧食足夠維持三個星期。

在我們的第二處營地附近，有一頭孤獨的犛牛在山坡上吃草，艾厄達特像貓似的潛過峽谷與凹地，逼近離犛牛只有三十步的距離，我以望遠鏡追蹤這場獵捕行動。只見艾厄達特冷靜地把步槍架在一枝帶有缺口的木棍上，然後扣扳機發射子彈。犛牛蹦跳起來，走動幾步，停下來，跌倒，又站起來前後搖晃幾次，再次跌倒，之後就一直維持臥倒的姿勢；艾厄達特握著步槍一動也不動，我和徹爾東手拿刀子走近犛牛，確定犛牛已經斷了氣，才加入剝皮、割肉的行列。我們割的犛牛肉都是最好的部分，包括通常由我獨享的舌頭、牛腰和牛心。

第二天早上，艾厄達特回到犛牛倒斃的地方多割了一些肉。我們眼下的位置是海拔一萬六千八百七十呎，西風極為強勁，而西邊的一條山口已經隱約可見，我們必須翻過這條山口才能和涂厄都所帶領的旅隊會合。艾厄達特一去不返，徹爾東出發前去尋找，發現艾厄達特病厭厭地趟在他自己的獵物旁，徹爾東扶著他回到營地。年輕的艾厄達特患有嚴重的頭痛，鼻血流不停，徹爾東和我為馬匹裝載好，將艾厄達特裹在他自己的毛皮外套裡，然後幫助他坐上馬鞍。

地上的土壤在馬匹的重壓下深深凹陷，馬兒步履艱辛地攀登那座高達一萬七千八百呎的山口。艾厄達特病得很厲害，他在馬鞍上前後搖晃得十分劇烈，我們只好用繩子將他綁在馬鞍上。

又過了一天，我們和前來搜尋我們下落的涂厄都及庫曲克不期而遇，他們引導我們抵達他們搭建好的營地，之後，我們再次合為一支旅隊向西前進。艾厄達特躺在駱駝背上；我們用背袋和毛毯為他做了一張駝背上的床，平常沉默寡言的他此刻卻躺著唱起波斯曲兒哩。有一陣子，一頭像煤炭一般黑、毛縫很長的老犛牛一直走在旅隊前面，看起來像是披掛著喪服的戰馬。

我們又朝西北方走了七天，天氣對待我們極端殘酷，每天風雪不斷，積雪已有一呎深。土撥鼠的洞穴像陷阱似的埋在雪裡，馬兒經常因誤踩這些洞穴絆倒。夜裡紮營的地方，牲口努力找尋埋在雪地裡的稀疏荒草，卻總是徒勞無功。

艾厄達特的病情更形嚴重了，他的雙腳變黑，我為他按摩雙腳幾個小時以促進血液循環，並且拿溫水浸泡他的腳部，如此可以減緩痛楚。我們理當為他多停留一會兒，可是糧食已經快吃完，而唯一能供應我們新鮮肉類的又只有獵人艾厄達特；徹爾東的槍法雖然很準，可惜他帶的彈匣太少，最後一發子彈射倒一頭年輕的犛牛，讓我們又多了幾天肉可吃。

九月十七日上午我被營地裡的嘶叫和吵雜聲驚醒，我即刻衝出去，看見一頭熊，牠被狗兒追逐著，正在帳棚之間鑽來鑽去。

兩天後，我們回到那片討厭的泥濘山脈，也就是不久前，我們在東邊費盡力氣好不容易越過的同一座山脈。一頭駱駝因深陷爛泥巴而跌倒，我們必須將牠背上馱載的東西卸下來，然後用力將牠的腳一隻一隻挖出來，再覆上毛毯保暖，假如不這麼做，這頭駱駝必死無疑。利用帳棚支柱和繩索，我們終於將駱駝挖了出來，牠站在地上，看起來像是泥塑的模型，大夥得用刀子將牠身上的深灰色泥巴刮下來。

兩個月來，我們沒見過一絲人煙，現在離鐵木里克還有兩百四十哩，我們的主要旅隊受命在那裡等候我們前去會合；每個人都渴望能盡速到達那裡，脫離這片可惡又邪惡的殺人高原。

在一處營地上，艾厄達特病情惡化，因此我們多滯留了一天。徹爾東用艾厄達特的步槍射殺一頭犛牛，後來又在營地附近殺了一頭羚羊。這時隊上的回教徒用新的療法為艾厄達特治病，他們剝掉羚羊的皮，把病人脫得精光，然後將仍然溫暖的羊皮裹緊艾厄達特的身體。

小狗尤達西封死一隻土撥鼠回洞穴的路徑，一名手下馬上抓住這隻小傢伙，然後將牠綁在帳棚之間的一枝棍子上；我們原想馴養這隻土撥鼠，希望多一隻可以逗弄的新寵物。但這隻土撥鼠一直沒被馴服，如果把一根棍子或帳棚支柱伸到牠面前，牠會張口用鋒利的門牙把棍子咬掉一大塊，每到一處營地牠就開始挖新的地洞好逃走，但是每每洞穴還挖不到一呎深，我們又出發找尋新的營地了。

晚上艾厄達特更加虛弱，他的呼吸急促，脈搏微弱到難以察覺，體溫也降得極低，第二天早上我們準備離開時，大夥兒盡可能將他舒適地安頓在駱駝上，正當駱駝作勢站起來的那刻，艾厄達特被曬傷的臉上掠過一片奇怪的灰白色澤，他睜開眼睛，就這樣嚥下最後一口氣。我們默默、哀傷地站在他旁邊，他僵直而驕傲地躺在那兒，未瞑目的眼神直勾勾地瞪著西藏的天空。

雖然隨從們都希望趕快讓他入土，可是我實在無法驅使自己立刻埋葬艾厄達特，他的身體仍有餘溫；旅隊的部分人馬已經動身上路，我也讓艾厄達特的駱駝起身追隨旅隊的足跡，這趟旅程瀰漫著哀傷與悽惻，沒有人開口說話或哼歌，只有銅鈴聲噹噹作響，彷彿教堂舉行葬禮時所敲的喪鐘。兩隻大烏鴉在我們頭上盤旋，犛牛、野驢、羚羊凝視著我們，牠們比平常靠得更接近，似乎了解荒野的狩獵家已經辭世。

我們停在一座鹹水湖附近的小河谷紮營，這裡的湖岸未曾有歐洲人涉足過。墓穴掘好了，艾厄達特的身體被放入墓穴，底下墊著他的外套，身上蓋著他的毛皮毯子，然後我們將土填進墓穴，沉重的西藏土壤落在艾厄達特的胸膛上，他的臉被轉向麥加的方向。我們也將他射殺的最後一頭犛牛尾巴綁在墳上作標記的柱子頂端，柱子上釘了一塊小墓牌，我寫下艾厄達特的名字、去世的日期，以及他為探險隊犧牲生命的事實。

九月二十四日，每個人都迫不及待地想離開這個被死亡陰影籠罩的幽谷，等駱駝的裝載就緒、一切準備妥當後，我們走到艾厄達特的墳墓前，每位回教徒全跪下來祈禱，然後我們便離開這處傷心地。攀上鄰近的山脊時，我從馬鞍上回首眺望，犛牛尾巴迎風撲打，艾厄達特在卓絕的寧謐與孤獨中永眠；我掉轉馬頭繼續前進，艾厄達特的墳墓就此消失在身後。

沒有草！沒有野生動物！一匹馬氣絕倒地，其他的馬匹也都憔悴不堪；駱駝半睜著眼睛走路，彷彿在夢遊。我們剩下的玉米只夠吃兩天，而且還得犧牲一

西藏荒地上的艾厄達特之墳

份米糧分給牲口。這天紮營地點標高一萬六千八百呎，夜裡我熄滅蠟燭後，帳棚突然猛地裂開來，頃刻間，一陣新的暴風雪挾帶漩渦狀的雪雲捲進帳棚裡來。

我們一一攀越來時的山脈，只不過上次是從東邊，這次改在西側。有一座山脈拔高聳立在我們的路線上，我們緩緩攀上山口，高度超過一萬七千呎，可是北方的坡度非常陡峭，從山脊上望下去，堅實的地面似乎已經到了盡頭，無垠的太空填滿我們的眼前和腳下。河谷裡一場暴風雪正在肆虐，雪花沿著山側翻滾，好像巫婆熬毒藥的鍋鼎，馬兒坐在雪地上直溜下山去，可是駱駝需要小心帶領。

在最後一處營地，我們宰殺了最後一隻綿羊，感覺上像是謀殺旅隊的隊友一樣。我們繼續向北前進，尤達西追上一頭年輕的羚羊，並殺了牠，因此我們又有口福吃肉了。眼前又得攀越另一個山口，兩匹馬在半路上倒地身亡，另外兩匹在我們到達山頂前也不支氣絕；其中一匹是我穿越沙漠到且末、穿越羅布沙漠和古城到六十泉時所騎的小灰馬。第二天早上，又有一匹馬倒斃在兩頂帳棚間。

我們又回到了熟悉的地區。十月八日氣溫降到攝氏零下十八．三度，隊上糧食只剩下六塊麵包和四天份的白米。我們穿越被花崗岩懸崖包圍的河谷，谷地中散列金礦工人留下的物件，大夥兒均徒步前進。第二天晚上又死了一頭駱駝，牠勇敢撐到最後一刻，臨死仍然很有尊嚴而聽天由命，現在牠放棄找到水草的希望，除了一死別無選擇。其他的駱駝分食牠所遺留下來的馱鞍。

一線生機

河谷向下沉降，我們來到比較低的區域，在標高一萬三千三百呎的位置紮營。我在一塊岩石的表層發現到雕刻的痕跡，描繪的是手拿弓箭在追逐羚羊；此地還有一座蒙古人用石頭搭建的「歐玻」。徹爾東用艾厄達特的步槍獵殺一頭野驢，我們再度得救。然而最值得喝采的事發生在次日早上，穆拉在營地看管吃草的牲口時，見到兩位騎著馬來自東土耳其斯坦的獵人，便趕緊向他們打招呼，並把他們帶到我的帳棚；八十四天了，我們沒有見過其他人類，大夥兒全為這樁巧遇興奮不已。我劈頭就買了他們的兩匹坐騎和一小袋麵粉，接著我委託其中一位獵人騎馬去鐵木里克，親自帶我的口信給伊斯嵐，命令他速速帶糧食和十五匹馬前來奧援。我交給這個獵人兩個空罐頭作為信物，這位名叫拓格達信（Togdasin）的獵人說不定會把我已經買下的坐騎偷走，然後消失無蹤，可是我信任他，後來證明他也信守承諾，完成我的託付。

十月十四日，我們滿懷希望拔營向東走，因為伊斯嵐的救援隊伍今天就會與我們碰面了。旅隊走了一整天，天色漸漸由灰轉黑，但是我們仍然沒有停歇。

「遠處有火光！」忽然有人大叫。

我們加快速度，因為每個人都餓了；奈何火光卻消逝，大夥兒拚命吼叫，還以手槍發射出幾顆子彈，可是沒有回應。冷颼颼的夜晚寒凍入骨，我們停留半個小時生火取暖，接著又繼續往東走了一小時又一小時，穿越鐵木里克和總部所在的同一座谷地。

火光再度出現，我們持續走了一會兒，當火光又消失時大家已筋疲力竭，牲口也疲累不堪，牠們都只剩下皮包骨了；我猜想也許我們見到的只是鬼火，罐子裡還殘留一些茶水，我就著茶水吃了一塊烤野驢肉充當晚餐。

這裡水草和燃料都很充裕，於是我們在這裡停留一天，並在附近發現一口水井，由此可見，昨天夜裡的火光是想要避開我們的獵人所起。或許拓格達信真的背叛我們了。

稍晚，徹爾東來到我的帳棚，他說好像看到一隊騎士正從西邊朝我們接近。我帶著望遠鏡衝趕出去，我見到的是野驢嗎？還是巫婆在這座被施了魔咒的河谷跳舞？不管是什麼，谷地中閃爍的空氣讓我覺得自己所見是某種離地漂浮的東西，群聚著晃動起伏。但是他們越來越接近，形影越來越大，我看見他們揚起的塵雲，果不其然，他們真是一隊騎士！確是伊斯嵐率隊抵達營地，他向我報告總部一切安好，除了十五匹馬之外，他還帶來一頓豐盛的晚餐，已經挨餓許久的我們很快便狼吞虎嚥地吃將起來。昨天夜裡，我們取暖的火熄滅之後，他們和我們擦身而過，繼續往西走，直到發現我們的駱駝腳印，才修正路線回來找尋我們。

伊斯嵐隊伍中的卡得爾（Kader Ahun）是艾厄達特的哥哥，他說有一天晚上，他作夢夢到自己在一片荒野，遇到了我們的旅隊，可是旅隊裡獨獨缺少弟弟的蹤影，他醒過來之後就明白，艾厄達特已經死了，他把這個夢告訴伊斯嵐和其他人，我們推算日子，發現他作夢那天正與艾厄達特去世同一天。我們把艾厄達特的步槍還給卡得爾，也把該給艾厄達特的酬勞交給他，另外再加上艾厄達特的衣服和獵得的犛牛皮所值的錢。

兩天之後我們抵達鐵木里克，當初出發時所帶的十二匹馬現在只剩下兩匹，七頭駱駝僅存四頭，而艾厄達特也一去不返了。

在鐵木里克休息的這段期間，我利用一個山洞把拍到的照片沖洗出來。十一月十一日，我又

西藏的野生綿羊

展開為期一個月的探險，目標是一座名為阿牙克庫木湖[1]的大鹽湖，這次我的隨從包括徹爾東、伊斯嵐、涂厄都、托可達、獵人郭台（Khodai Verdi）、拓格達信，至於牲口則有十三匹馬、四頭騾子和兩條狗。

我為這片不為人知的新土地描繪地圖，新的山口跨越了這些亙古屹立的山脈。徹爾東和拓格達信又去獵捕野生綿羊了，他們瞥見附近有一群野綿羊，立刻把馬拴了，徒步在下傾坡道上追趕那群羊，可還是給羊群逃脫了。忽然，拓格達信砰一聲摔倒在地，他抱怨胸口好痛、頭也疼。當天晚上他們兩人徹夜留在野地，到了第二天早上才近乎衰竭地返回營地，從那時起拓格達信就病了，等我們回到鐵木里克總部後，我遣人將他送到婼羌就醫，不幸的是他還是失去雙腳，我給了他一些銀子作為補償，然而這與他的遭遇相比，所能彌補者實不及萬一。拓格達信雖然失去雙腳仍然樂天知足，很感謝我的贈與。

拓格達信和我在寬廣的阿牙克庫木湖上進行幾次長途旅行，以便測量湖水深度，我們發現最深的地方為七十五呎。隨後我們走另一條新路返回鐵木里克河谷的總部。

拉薩之旅暫緩

在我們離營期間，來自焉耆地區一支龐大的蒙古朝聖隊伍抵達鐵木里克，並在那裡盤桓數日，隊中有七十三位喇嘛和兩個尼姑，隨隊並帶著一百二十頭駱駝和四十匹馬，另外還有七匹特別美麗的駿馬，是準備送給拉薩達賴喇嘛的禮物。這些旅人和通曉蒙古語的夏格杜爾聊了很久，他們對我們的總部顯露出高度的興趣。在準備送給達賴喇嘛的禮物中，還包括一百二十個銀錠（約值一千一百英鎊）；這筆錢就像以前教徒奉獻天主教教宗的稅金一樣（Peter's Pence），虔誠的教徒必須致贈錢財給喇嘛教地位最崇高的領袖，藉此有幸親睹達賴喇嘛聖顏、握到達賴喇嘛的聖手，並獲得他的祝福。這批朝聖隊伍攜帶的糧食有肉乾、酥烤麵粉和茶葉，他們要翻越高山、跨過唐古拉山（Tang-la），然後順著那曲河而下，他們準備在那裡捨棄駱駝，改騎雇來的馬匹繼續前往拉薩。根據夏格杜爾的轉述，那曲總督要求每個朝聖者必須備妥自己的護照，並且在當地實施最嚴格的管制，以防歐洲人矇混其中滲透到拉薩。這支朝聖旅隊對我們造成的傷害相當大，我雖然沒有對任何隨從透露，但早已暗地計畫第二年要喬裝混進聖城拉薩，現在這批朝聖客搶在我們前頭，到了拉薩之後必然會向當局報告見過我們，如此通往那曲的所有道路勢必管制得更為嚴密。有一會兒，我心裡盤算著要帶一支輕裝馬隊，從更靠西邊的路線搶先朝聖客抵達拉薩，可經過一番仔細思量，我決定選擇沙漠古城，放棄拉薩。一六六一年，兩名耶穌教會教士古魯博（Grueber）和多維爾（D'Orville）曾經造訪過拉薩；十八世紀中葉，嘉布遣會（Capuchins）[2]在拉薩建立傳教站，還維持了數十年之久，其中最有名的修士要算裴納（Orazio della Penna）和貝里嘉提（Cassiano Beligatti）。此外，耶穌會教士戴西德利（Ippolito Desideri）和弗瑞耶（Manuel Freyre）於一七一五年到過拉薩；二十年後，荷蘭人普特（Van de Putte）同樣來到這裡；一八四七年，兩位拉紮爾修會（Lazarists）[3]約軻修士與嘉別（Gabet）修士拜訪拉薩，並撰文留下紀錄。一些英國學者和俄國布里亞人（Buriats）也陸續帶著儀器和照相機來到拉薩，因此我們可說相當了解拉薩這個地方。

可是一九〇〇年三月我在沙漠裡發現的古城，卻是打從開天闢地以來，歐洲人從未涉足過的地方，比較起來，明知有危險還硬要喬裝前往拉薩，就變成相當任性的行為，是賭博色彩強烈、錦上添花的冒險。相形之下，有系統的探勘沙漠古城對於科學的重要性更是難以估計，因此我決定利用下一個冬天察勘沙漠，探尋沙漠的神秘遺跡，至於拉薩之旅可以延到明年夏天。在後文的章節中，我會解釋這隊蒙古朝聖客如何成功地阻礙我的計畫。

【注釋】

1 維吾爾語，字意為「下面的沙湖」，位於鐵木里克西南方，祁漫山西北麓。

2 天主教方濟會之下的一支修會。

3 天主教修會，又稱遣使會。

第四十章　穿越戈壁沙漠

在我的指令下，徹爾東、伊斯嵐、涂厄都和幾名手下將我們的總部遷移到小鎮婼羌，並在那裡等候我第二年春天前往會合。

眼前伴隨我的是哥薩克騎兵夏格杜爾、回教徒法竺拉、托可達、穆拉、庫曲克、荷岱、郭台、阿海默得（Ahmed），還有另一位與托可達同名同姓的男子，他是個通曉中國話的獵人，為了不和托可達混淆，我們叫他李羅爺（Li Loye）。在牲口方面，我們帶了十一頭駱駝、十一匹馬，還有小狗尤達西、默蘭基和默其克，在出發前，所有的牲口得到充分休息，體能維持在最佳狀態。我的計畫是走兩百四十哩路，越過烏斯登山與安南壩（Anambaruin-ula，東方的山群）之間平行的山脈，然後向北穿過戈壁沙漠，轉西走到六十泉，最後由西南取道羅布泊到婼羌的路線，抵達古城。

我們於十二月十二日啟程，剛開始幾天有些麻煩，因為阿卡多山的狹仄谷地盡是柔軟的板岩土壤（slate-clay），過去從未有人足登此地，我們希望借道連當地土著都不曉得的狹谷攀上登山山口。山脈的側邊坡度幾乎呈垂直，高度有好幾百碼，河谷底部乾燥得像是火絨，地上連一株草也沒有。走在黃色的步道上，駱駝頸上叮噹的銅鈴激盪出美妙的回音，有好些地方發生土石坍方，不過落石並未阻止旅隊的前進，話雖如此，我們仍然有被新發生的坍方所掩埋的危險。谷地越來越窄，最後駱駝背上的包袱甚至刮擦到兩旁的峽壁，駱駝努力擠過去，揚起陣陣的土塵。我趕到前面去勘查路況，發現谷地下沉了兩呎，到末端僅餘一條垂直的裂縫，連貓都不可能擠過去。

除了撤退折回，我們一點辦法也沒有，同時還得暗暗祈禱千萬別在這節骨眼上發生坍方，否則我們很可能就要葬身此處了。

經過完整的地形偵查之後，我們終於克服這群山脈，接著往東方和東北方穿過路況良好的台地。

除夕夜，也就是這個世紀的最後一夜，天氣寒冷卻晴朗，月光皎潔如弧光燈（arc-light），我朗誦了一段瑞典每一所教會在除夕夜都會宣讀的文字。我獨自一人在帳棚裡，等待新世紀的降臨。這裡除了駝鈴之外，聽不到其他的鐘聲；除了持續的風暴怒吼之外，也沒有任何管風琴音樂可聽。

一九〇一年元旦，我們在安南壩河谷紮營，我決定繞行這整群山脈一圈，幅員廣達一百八十六哩。途中，我們驚動了十二隻正在攀爬近乎垂直的峭壁的野綿羊，牠們敏捷的動作和猴子不相上下。當夏格杜爾設法潛伏到野綿羊的下方時，牠們凝視著我們，獵人開了一槍，一頭相貌高貴的公羊應聲從二百呎高的絕壁上摔下來，羊角之間已呈扭曲的頭顱在著地時撞擊到地面，瞬間結束了性命。

深入戈壁沙漠

一星期之後，我們來到布倫艮湖（Bulungir-gol），拜訪周邊大草原上一些蒙古薩當（Sartang）族人的帳棚村。我們選擇經由北方山群回到安南壩，這裡的深谷延伸至戈壁沙漠，谷地裡散布無數的泉水和冰原，水草也相當豐饒，因此我們選在老柳樹下紮營，由於燃料充沛，一點也不在乎天寒地凍；氣溫現在已經降到攝氏零下三十二·七度。谷地中尚有許多松雞，我的晚餐因而多了些美味的佳餚。路上我們向兩個蒙古老人問路，後來他們還賣了些駱駝和馬匹的糧秣給我們；最後我們又來到先前紮營的安南壩湖，再次在此搭起帳棚。

我派遣托可達和李羅爺返回婼羌總部，並將六匹疲累的馬和我收集到的一些標本帶回去，此外，我也寫了一封信請他們帶回去給伊斯嵐，命令他派一支補給隊到羅布泊北岸，在那裡建立一處補給基地，同時從三月十三日起，每天早晚生起營火，因為我們大約會在那個時候從古城出發穿越沙漠。

其餘的人則攜帶六只裝滿冰塊的袋子，啟程向北進入荒涼的戈壁沙漠。我們走過廣袤高聳的沙丘地，穿越飽經風霜的花崗岩小山，路經泥土沙漠和大草原，最後踏上一條古味十足的道路，唯有靠久經時間錘煉仍然靜坐路旁的石頭堆，我們才得以辨識出古道的存在。此地偶爾會出現野駱駝、羚羊和野狼。在一片求之不得的凹地上，我們挖掘一口井，這口井的出水量相當充足，沒多久，所有的容器均已注滿了水，駱駝和馬匹也解了渴。

有了足夠人馬維持十天的存冰，我們開始向北方出發，準備穿越一座不為人知的沙漠，這裡可見到越來越多野駱駝的腳印，沙漠平坦得像是湖泊。過了一會兒，一座台地向上拔高，我們翻過一些遭風霜磨蝕的低矮山脊，此處看不見一滴水，即使挖掘也徒勞無功。於是旅隊轉往西南方和西方，憑藉羅盤的指引朝六十泉前進。

接下來的一星期，我們走了很長一段路。記得去年帶領我們前往六十泉的老友艾布督爾曾經提過，在六十泉的東邊有三個鹹水泉；現在駱駝已經十天沒有喝水，這期間，牠們只克難地湊著一個罅隙吃了幾口雪。二月十七日，我們的處境開始變得岌岌可危，大家迫切地想尋找艾布督爾所說的鹹水泉，這一天和接下來的一整天，我們辛苦搜尋水源卻毫無所獲，連台地也開始與我們作對，腳下的泥土沙漠被風刻蝕成深二十呎、寬三十五呎的深溝，兩旁盡是漫長而近乎垂直的泥土坡脊；這些深溝從北向南延伸，在我們跨越這些障礙之前，必須漫無止境地走著。紮營時，由於找不到任何一根柴火，我們只好犧牲帳棚支柱了。

二月十九日，駱駝已經十二天沒有喝水，再找不到水，牠們恐怕是性命堪虞。我率先動身，馬兒跟在我身後像條小狗似的，尤達西陪我一起走。眼前出現的一條低矮山脊迫使我繞到西南方向，我走到乾枯的山腳下，發現沙質的底部有將近三十頭野駱駝的新腳印，尤其右邊地形開展成一條小峽谷，所有的駱駝腳印都在那裡呈輻射狀散開，彷彿一面展開的扇子，那裡一定有口井！我往峽谷裡走，很快就在地上找到一大塊冰，約有四十呎長，厚度為三吋，駱駝終於得救了！駱駝進入谷地之後，我們把冰塊敲成小碎塊餵給牲口，牠們咬嚼冰塊的樣子和吃糖沒有兩樣。

接下來幾天，我們又發現其他兩口井，井邊並環繞著蘆葦地，最後一口井附近有十頭野駱駝正在吃草，夏格杜爾悄悄接近牠們，可惜射程太遠，駱駝聽到槍響即像風一樣，一溜煙消失得無影無蹤。

追尋歷史遺跡

我們預計在二月二十四日抵達六十泉，目前距離還有二十八公里。這個小綠洲應該在西南方六十度之處，因此第二天早上我很有自信地向手下保證，天黑以前，我們將可在檉柳與蘆葦密生的六十泉紮營。

強勁的東北風適時助我們一臂之力，不過強風捲起的塵霧卻遮天蔽地。如果我們錯過了小綠洲怎麼辦？我朝著沙漠裡的某個定點前進，可是塵雲卻阻礙了我的視線。

現在我們已經走了二十八公里，我開始擔心綠洲已經和我們擦身而過，這時我隱約看見一些東西，有個乾草黃的東西在我正前方發光，那是蘆葦！還有十四頭駱駝！我停下腳步，夏格杜爾則悄然掩近野駱駝，他成功撂倒了一頭年輕的母駱駝，當我們走過去時，牠仍然倔傲地站立著。夏格杜爾並且擊中一頭較老的公駱駝，我們利用幾天時間處理牠的骨骼，這套完整的野駱駝骨骼至今仍陳放在斯德哥爾摩高中（Stockholm High School）的動物博物館（Zoological Museum）裡。

根據我的估算，我們距離六十泉為二十八公里，可是後來證明應該是三十一公里，這項誤差（每一千四百五十公里誤差三公里，也就百分之〇．二）並不算太離譜。

在這段艱苦的跋涉之後，我們放縱自己好好休息了一番，爾後，我留下一個隨從、所有馬匹和幾頭疲憊的駱駝，讓他們在草區多停留一會兒，至於旅隊其他成員和我自己則繼續朝南方走；我們帶走了所有的行李和九只裝滿冰塊的袋子。

三月三日，我們在一座泥土塔樓的基部紮營，這座塔樓高度為二十九呎。我們把冰塊放在一條土坡的陰影下，然後調遣一名手下帶著所有的駱駝回六十泉，預計六天之內，牠們將裝載更多冰塊返抵我們現在的地點，我們允諾在第六天生火充當引路的指標。

現下我們可說與整個世界完全隔絕了，我覺得自己宛如睥睨天下的帝王君臨首都一般，地球上再無他人知道這個地方了。不過我得好好把握這段時間，首先必須為這地方作天文定位，然後描畫營地附近十九間屋舍的平面圖，我提供十分吸引人的懸賞金額：第一個發現人類筆跡（形式不拘）的隨從可以獲得賞金。我的手下們只找到毛毯破片、幾塊紅布、棕色的人髮、靴子底部、家畜的碎骨頭、幾節繩子、一個耳環、中國錢幣、陶製器皿的碎片，以及一些零零碎碎的東西。

所有的屋舍幾乎都是木製的，牆壁則是用一束束的柳枝糊上泥巴構築而成，有三處地方的門框依然挺立不倒，還有一扇門是敞開的。一千五百多年前，古城裡的最後一位居民推開門扉離去，自此之後，這扇門想必就保持這樣的姿態至今。

樓蘭一間屋舍的遺址

樓蘭一座古寺廟的木板雕飾

夏格杜爾成功找到去年奧迪克所發現的地方，也就是奧迪克為了找回鏟子意外發現的遺址。我們還找到一間佛寺遺跡，當年它一定是棟美麗的建築。這座古城原本位於舊羅布泊湖畔，後來由於庫魯克河改道，羅布泊便向南遷移；無疑地，佛寺佇立在一座園林中，而園林南方正是羅布泊延伸過來的寬闊水域，那時到處都看得到屋舍、塔樓、牆垣、花園、道路、商旅和行人，如今整座古城裡則只有死亡與沉寂。

我們的挖掘頗具成果，發現的遺物包括一尊三呎半高的佛祖立像外框、刻有佛祖盤坐姿勢的水平壁飾、雕琢極富藝術色彩的佛祖立像的木柱、木刻蓮花與其他種類的花朵飾品。此外，我們也找到一些不完整的半身像，全部是木雕，而且保存得很好。夏格杜爾終於拔得頭籌，找到一小塊鐫刻有印度佉盧文的木板，贏得賞金；我答應接下來若有類似發現也能領賞，因而手下全都賣力挖掘，直到荒野上的最後一絲日光隱沒為止。

幾天過去了，每天黎明我們即開始工作，在每一間屋子裡進行挖掘，最後只剩下一間被太陽烤乾的泥巴屋，形狀像馬廄，裡面有三道秣槽向外開展。穆拉在最右邊的秣槽裡發現一張紙，上面寫有中國表意文字，因此獲得了賞金；這張紙埋在兩呎深的沙塵下。我們往更深的地方挖掘，用手指把沙子和塵土過濾掉，結果一張又一張類似的紙片接連出土，總共三十六張，每一張上面都有文字；另外我們找到一百二十一根小木棍，棍子上鐫滿篆刻的銘文。除了這些古老文件之外，我們只找到一些破布、魚骨頭、少許麥子和米粒，以及一小張卍字型設計的地毯，色澤還相當鮮明，我推測，它很可能是世界上最古老的地毯。我們所找到的東西看起來像垃圾堆，可是我有個直覺，它們對於世界歷史的釐清必定具有若干程度的貢獻。其他兩個秣槽並沒有埋藏任何遺物，截至我們所定最後期限三月九日這天，我繪製完成屋舍的平面圖和測量工作，也詳細勘查一座仍相當堅固

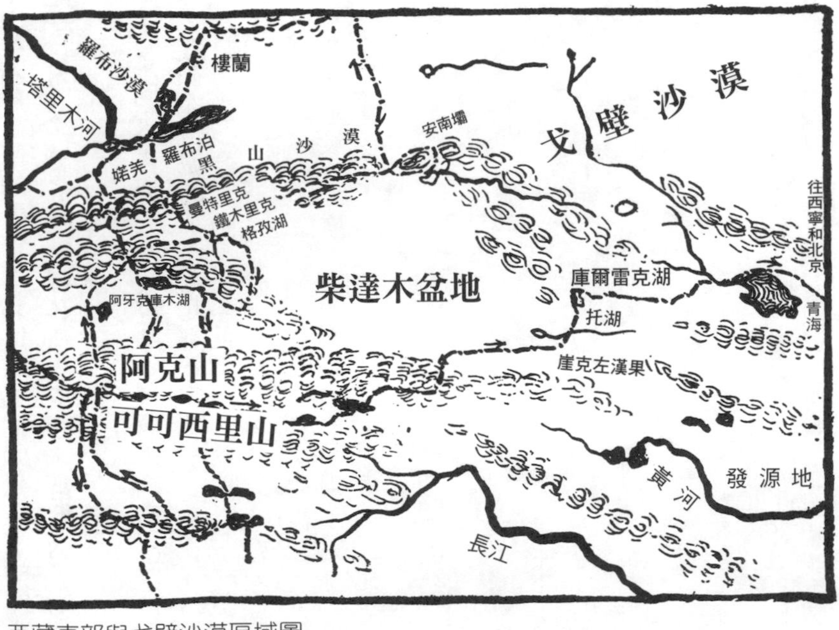

西藏東部與戈壁沙漠區域圖

的泥土塔樓。發現物當中有兩枝筆酷似今天中國人寫字用的毛筆。其他還包括一只完整的陶土罐，高度二又三分之一呎；另一只小一點的罐子，以及大量的錢幣與各種小東西。當地仍然屹立的一間屋舍，其柱子丈量所得的高度是十四．一呎。

黃昏時分，兩名手下帶著所有的駱駝從六十泉回來，他們同時帶回十個袋子和六只充氣羊皮，裡面罐滿了飲水。太陽在西方沉入地平線，我們在古城的工作至此劃下句點。

第四十一章　沉睡之城樓蘭

若要詳盡描寫樓蘭和我僥倖在樓蘭遺址的發現，恐怕得用上一整本書的篇幅，可是在此僅能挪出幾頁來敘述這座沙漠裡的古城。

回到瑞典的家中，我把發現的所有手稿和遺物交給德國中部威斯巴登（Wiesbaden）市的辛穆利先生（Mr. Karl Himly），他發表了首篇關於這些歷史遺物的報告，指出這座古城叫作樓蘭，西元第三世紀時相當繁榮富庶。辛穆利去世後，這些遺物轉交到萊比錫（Leipzig）的康拉德教授（Professor A. Conrady）手中，他不僅將所有文件翻譯出來，最近更出版了一本專書討論這些發現。[1]

手稿中最古老的是史書《戰國策》的部分書頁，年代為東漢（西元二五—二二〇年）。中國人是在西元一〇五年發明紙張，由此推算這部分手稿的年份應該是在西元一五〇—二〇〇年，可謂現存最古老的紙張和最古老的紙張手稿，這比歐洲最老的紙張手稿至少早了七百年。

至於其他紙張和木簡上的文字，則是西元二七〇年以後才完成，其中有許多押有日期，因此可以確知文件的完成年代；這些文件是當時中國通用的公文體裁和書信體裁，內容包括行政、商業、報告、產品、農業、軍事組織、政治和歷史事件、戰爭等主題，清楚呈現出一千六百五十年前樓蘭人生活的樣貌。

寫在紙上的信件折疊起來，上下各用一片木片夾住，再以繩子繫緊木片，外面寫上寄信人某某緘的字樣。

木簡上的文件包括書信、報告和兵部、倉場（糧食局）、郵遞單位所寫的告示與收據，這類木簡同時用以象徵官府的權威。從發現的兩枝毛筆可證明，中國人早在西元二世紀就開始使用這種文具了。

為了讓讀者明瞭一千六百五十年前的人們寫些什麼，我在此抄寫兩段康拉德教授的譯文。

在私人信簡上寫著：

「超濟白超等在遠弟妹及兒女在家不能自偕乃有衣食之乏今啟家詣南州彼典計王黑許取五百斛穀給足食用願約勅黑使時付與伏想篤恤垂念當不須多白超濟白」

「陰姑素無患苦何悟奄至禍難遠承凶諱益以感切念追惟剝截不可為懷奈何」

由一小片木簡上的文字，可知羅布泊和流入該湖的河流：

「史順留……為大涿池深大又來水少許月末左右已達樓蘭」

沉睡之城——樓蘭

我們在樓蘭挖掘到的小東西包括許多錢幣，這項發現彌補了過去闕漏的魏晉錢幣制度，其中一枚錢幣的鑄造年代是西元七年，另一枚為西元十四年，也就是耶穌基督在世的時候。

出土物還包括：獵箭、戰箭和火箭。所謂火箭（fire-arrows），指的是「可以點火」的箭鏃；魚網用的鉛錘和石錘；錢貝（cowry shells）；耳墜；項鍊；一只雕有希臘神話中赫耳墨斯像的骨董寶石；產自敘利亞或羅馬的玻璃；銅製湯匙、鑷子、髮簪；一條鐵鍊；木製湯匙和其他木製品；幾塊各式色澤的絲綢；一條床罩；一張羊毛地毯；麻布；鞋子等。

從書簡和物件本身看來，樓蘭官府擁有自己的倉庫，當地還有一間客棧、一家醫院、一棟主管郵遞事務的建築、一間寺廟、私人住宅，以及窮人住的草棚；和羅布地區的現代蘆葦草棚一樣，這些不經久的古代草棚必然早已化為煙塵。遺物中不乏進口品，特別是當地人民使用的中國絲綢，更證明樓蘭的人口眾多。在較為講究的屋

在樓蘭出土的紙張和二片木簡

子裡，堅硬的陶土地板上鋪著蘆葦草蓆，上面再墊一層珍貴的羊毛地毯。大型陶罐立在院子裡，用來盛裝家居用水；當地人們使用的碗盤上雕飾印度和波斯風格的獅子頭像；至於玻璃則來自敘利亞，它是當時世界上最接近樓蘭的玻璃生產國。

樓蘭受教育的階級擁有著名的文學作品。根據康拉德教授的說法，樓蘭盛行的文化揉合了野蠻、中國、國際等三種特色，現代感十足。樓蘭城因地處前線要塞，是古代亞洲心臟地帶的門戶，也是防禦堡壘，屹立於偉大的絲路上，向東通到中國，向西可達波斯、印度、敘利亞和羅馬。遠近旅人競相前來。農人收割完農作物便裝上牲口和馬車，運到樓蘭讓官府照價收購。這裡官兵領的軍餉都是穀物，他們也會到當地市集採購毛氈裁製冬衣。有時樓蘭城裡人聲鼎盛，所有的客棧都住滿了客人。

文件裡並提到：逃稅者及其懲罰、郵遞信差、御史大夫馬大人帶著扈從出巡的情景、游牧民族如何為患的敵對狀態、買賣絲綢的商旅（他們頭上飄揚著官旗，用吃苦耐勞的西藏驢子馱運商品）、征戰的細節（騎兵隊、持矛、弓箭手、戰車、攻城與防守的器械）、軍隊補給隊伍、各式各樣的武器、軍營統領、將軍、將軍參謀、檢查戰車的督察、檢查軍品補給的督察、軍醫和其他官員等等。由於樓蘭的地理位置特殊，中國政府在這裡屯駐重兵。其中也述及文官制度，包括丞相、州太守、書記、縣令、都水使、治粟都尉、驛站總辦和四個特派員（the director of posts and his four deputies）、掌管不同倉房與驛站的官吏、各級御史等。其他見諸文件的尚有法令執行、刑事法則、稅捐、居留權、徵募、通行令、以穀物交換絲綢（雖然當時已有固定的錢幣制度）等，以及許多林林總總的事物。

康拉德教授指出，樓蘭的社會組織和行政機制極為精確而有效率，顯示在西元三世紀之前，已經有長達數百年，不，應該是數千年的進化過程。

但從樓蘭出土的書簡也可以很清楚看出，城裡城外瀰漫一股動盪不安的氣氛，嚴重的動亂和戰爭顯現在文件裡。當時中國政府在此地的統治結構已經鬆動，且瀕臨瓦解，樓蘭的緊張情勢一觸即發。在一封書信上甚且指出戰事將近，漢人因為內部的黨亂導致勢力削弱，外蠻趁勢坐大，中國終至四分五裂，因而被外來征服者統治了數百年之久。

樓蘭沒落的時間為西元四世紀初，象徵了中國本身的衰敗。正如康拉德所言，這處小小的遺址見證了一場意義非凡的悲劇，像是一座紀念碑。而我所發現的書信中，作者用他們的一筆一畫，為這些歷史事件留下豐富的紀錄。

然而，樓蘭的官吏並未逃避自己對國家的職責，即使整座樓蘭城籠罩在陰霾之中，每個人仍舊恪守本分。當城牆外的戰鼓擂起，塔樓上烽火沖天之際，他們依然堅守崗位，處變不驚地寫完他們的報告；他們循禮寄發賀年書簡、悼唁信件給友人，不容許迫在眉睫的危險干擾到正常作息。當我們閱讀這些書信時，不禁對這些中國人盡忠職守的毅力和勇氣肅然起敬，也深刻了解到，何以亞洲一直掌握在這個了不起的民族手中。

這樣的評語絕非來自幻想或神話，而是赤裸裸的事實。這些在泥沙中沉睡了一千六百五十年的書簡還傳達了一項訊息：當年寫下這些文字的人曾經有過的煩惱、悲傷、歡樂，都將長存於人世。

發現樓蘭意義非凡

樓蘭與龐貝古城（Pompeii）[2]呈現出相同的實體論（realism），這從我們發現出自兒童手跡的算術演練可以證明，如「2×8=16，9×9=81」之類簡單的筆算乘法表，即是其中一個例子。

康拉德稱樓蘭書簡的故事為一幅田園風景，可視為抗衡世界歷史蠻強、黑暗背景的類型圖像（genre picture）。

我在描述發現前兩座沙漠古城時曾經指出，我個人不是考古學家，因此能把這些出土文物交到康拉德教授這樣的專家手中，著實值得慶幸，他的詮釋百分之百證明了發現樓蘭的重要性。在我一九〇〇年初訪和一九〇一年重訪樓蘭之後，陸續有人前往樓蘭挖掘，更足以確認其事實。例如：一九〇五年的美國地理學家杭廷頓（Ellsworth Huntington）、一九〇六年的史坦因爵士，以及一九一〇年的日本橘瑞超博士（Dr. Tachibana）；後來史坦因又分別在一九一四和一九一五年兩度造訪樓蘭。這些學者當中尤以史坦因爵士最為重要，他的三次樓蘭之旅使我的發現得以發揚光大；由於得到我所繪製的地圖相助，旅行者仍可在沙漠中央找到樓蘭遺址。因此史坦因在他的鉅作《西域》（*Serindia*，第一冊）裡有這麼一段描述：

> 我也感謝赫定博士繪製的卓越地圖，雖然與我們的路線有若干出入，而且完全缺乏指引地標，但這些地圖使我們準時抵達遺址，一天也未延誤。後來我們也針對這些地區進行平板儀測量，經由天文觀測與三角測量驗證地圖方位，遠達且末西南方的山脈。在經過完成比對

之後，我極為感激，因為我發現赫定博士對此處（樓蘭）的地理定位與我們的測量結果相去極微，只在經度上差距一．五哩，至於緯度更是完全符合。

《地理雜誌》（一九一二年，第三十九期，頁四七二）上有位評論家稱我的樓蘭之旅為：「地理科學上真正的勝利」。

至此讀者應可理解，我何以認為完整的樓蘭（我的夢中之城）探勘比前往拉薩重要，直到今天，我仍喜歡幻想樓蘭在西元二六七年左右的耀眼風光；同一時期的歐洲，正是蠻族哥德人（Goths）攻擊雅典，卻被歷史學家戴克西帕斯（Publius Herennius Dexippos）[3]擊退的年代，也是羅馬皇帝華利瑞恩（Publius Licinius Valerian）[4]成為波斯大帝沙普爾（Sapor，又作 Shapur II）階下囚的時候。

我還記得，當我發現現存瑞典刻有北歐古文字的石頭（rune-stones）中，沒有任何一顆年代比我在樓蘭發現的脆弱木簡或紙片更古老時，那驚異之情莫可名狀。當馬可孛羅於一二七四年穿越亞洲，完成著名的中國之旅時，這座城市已經在沙漠裡沉睡了一千年，被人們所遺忘。一轉眼，馬可孛羅的偉大旅行已經過去六百五十年，可是樓蘭的幽靈卻在此時重見天日，古老的文件和書簡為逝去的歲月與人類神秘的命運點燃新的曙光。

【注釋】

1　原書注：《赫定於樓蘭發現的中國手稿與各式碎片》（Die chineschen Handschriften und sonstigen kleinfunde

Sven Hedins in Lou-lan），全書一九一頁，五十三張全頁的中國手稿，其中有些是彩色插圖，出版者為斯德哥爾摩的瑞典陸軍參謀部印刷所（Lithographic Institute of the General Staff of the Swedish Army）。

2 義大利西南部坎帕尼亞那不勒斯省一座已毀的古城，位於維蘇威火山南山腳下，那不勒斯東南二十公里。西元六十三年被一次強烈地震所毀。西元七十九年維蘇威火山的強烈噴發，使得整個城市覆蓋上一層六至七公尺的火山和浮石。從十八世紀開始進行考古挖掘，已顯現一座橢圓形的城市。

3 約西元二一〇—二七〇年，希臘將軍兼歷史學家，西元二六七年成功擊退蠻族入侵希臘，曾撰寫羅馬與哥德人的戰爭史。

4 西元二五三—二六〇年期間的羅馬皇帝，與波斯交戰時被俘，後死於獄中。

第四十二章　重返西藏高原

三月十日，我將旅隊分成兩組，自己帶著夏格杜爾、庫曲克、荷岱、郭台，和四頭駱駝上路，其中一頭載運所有行李和八日份的糧食，另外三頭則馱載冰塊和蘆葦；另外一組由法竺拉率領，帶著旅隊的其他成員，以及駱駝、馬匹、所有沉重的行李，連同在樓蘭挖掘到的所有文物，準備從西南方穿過沙漠，抵達羅布泊沼澤，最後與我們在阿不旦會合。

我打算帶一支準尺和望遠鏡去測量沙漠，將北方的凹地準確描繪在地圖上。我和三名隨從徒步出發進行測量，郭台則領著四頭駱駝跟隨我們，到黃昏紮營時他們剛好可以與我們碰面。可是，當天我們完成工作後，郭台卻失蹤了，夏格杜爾走回去找他。晚上，我們生起一大堆營火作指引，不久郭台出現在營地，原來他迷失方向，後來又被法竺拉的營火誤導，走到西邊去了。第二天早上颳起一陣兇猛的沙暴，這會兒輪到夏格杜爾不見了，不過到中午他奇蹟似地順利返回營地。

接下來幾天，我繼續進行水平測量的工作，只是經常被沙暴阻撓。儘管風力形成許多深溝，沙漠幾乎還是平坦一片。到三月十五日，我們測量了九哩距離，高度往下降了一呎，位置上已經接近羅布泊；我們先前與托可達約定，他自三月十三日起在羅布泊北岸保持營火燃燒不斷，可是我們到現在仍然找不到。三月十七日，我們平安抵達湖岸紮營，在這段八十一．五公里的距離中，沙漠的地勢沉降了二．二七二公尺，換算成英制則是在五十哩內下降七．五呎。在沙漠的北部區域，我確實證明了這裡曾經存在過一座湖泊，在這處凹陷的地區仍然可見蘆葦殘株和貝殼，過去樓蘭就是位在這座湖泊的北岸，如此看來，中國的古代地圖，以及李希霍芬男爵根據這些古地圖所提出的理論都是正確無疑。

我們的下一項任務是找到托可達和他的救援隊。因為我們的糧食補給已經快告罄，庫曲克只好在湖邊釣魚，可惜運氣不佳，所幸夏格杜爾每天都射到野鴨，救了大夥兒的性命。營地一安頓好，我立刻派遣荷岱沿著湖岸朝西南方去尋找托可達的隊伍。這天晚上颳起一場激烈的風暴，而且持續了兩天三夜，這期間我們依舊癡癡地等待，直到三月二十日才決定拔營向西南方前進。

沒走多遠，我們就在一大片水澤前停下腳步，這裡曾經是寸草不生的沙漠，現在卻必須繞路才能經過新形成的湖面。我們兩度看到荷岱的腳印，他還在一處地方游泳渡過湖水歧出的支流。

三月二十三日，我派夏格杜爾出去搜索，過了一會兒，我們看見他現身在遠處，並招呼我們快過去，等我們趕到時，他指向西南邊，嘴裡喊著：「騎士！騎士！」我們隱約可見兩個騎馬的人隱在一團塵霧中，正快馬加鞭地奔馳而來。

患難夥伴回歸旅隊

我們停在原地等候，來人讓我驚喜萬分，原來是去年夏天曾伴隨我探險的哥薩克摯友徹諾夫，由於亞、俄邊界的騷亂，他與同袍西爾金奉塔什干總督的命令返回喀什，他的意外出現其實已經解釋了一切：四位哥薩克騎兵是沙皇親自調派給我的，塔什干總督無權調回任何一位。當時，我寫了封信向沙皇抗議，徹諾夫和西爾金回喀什之前，我把這封信託他們帶回去，不久沙皇收到我的信，便發電報給裴卓夫斯基總領事，要求他立即將西爾金和徹諾夫遣回我的營地。徹諾夫告訴我，那個星期六下午，他們一接到命令心中無比喜悅，這下子，他們可以重返亞洲心臟地區回歸我的旅隊。他們兩人要求星期日再出發，可總領事說沙皇的命令不容延誤，因此兩人立刻套上鞍韉，帶著給我的信件、照相機、玻璃照相板和二十七個銀錠出發；在他們到達婼羌時，托可達已經在那裡了，伊斯嵐於是組織救援隊，由徹諾夫與托可達領隊前來羅布泊北岸找尋我的下落。

徹諾夫與托可達攜帶大批物資，浩浩蕩蕩順著湖岸前進，直到被新形成的水體擋住去路為止，他們在那裡搭建草棚和補給站，還養起綿羊和家禽，建造獨木舟和捕魚網，儼然一座生氣蓬勃的農場在孤寂的湖岸於焉誕生。每天晚上，他們固定在一個山坡上生起巨大營火，可是氤氳的靄氣太重了，我們一直沒有見到火光。有一天，荷岱突然出現在他們營地裡，他整整五天沒有吃東西，人已經餓得半死，於是他們要他帶路，立刻前來尋找我們。

現在他們總算找到了。再次看到徹諾夫令我欣喜若狂。他們的袋子裡裝滿所有的好東西，連我的家書也在其中；當時我們雖置身在中國的一個省境，可是已經發生一年的義和團事件，卻是透過來自斯德哥爾摩的信件才知曉。

我們集體前往阿不旦，踩過了法竺拉的足印，發現一頭死馬，從留下的跡象判斷，已經斷糧的法竺拉和同伴必定曾取食馬肉解飢，而從阿不旦到營地總部婼羌只有三天路程。

接下來的時間主要是工作與準備，我們租下一間宜人的商旅客棧，我的毛氈帳棚就搭在客棧花園裡的桑樹和李樹下，婼羌總督詹大鑼（Jan Daloy）贈送我一隻馴養的鹿，平日在花園裡走來走去。馬廄的秣槽邊站滿了一排排的馬匹和騾子，我們原本已經有十八頭駱駝，這次又新購二十一頭，不過有三頭是小駱駝。其中最小的一頭出生只有幾天，連站都站不太穩，牠很快就變成大家的寵物，後來不幸葬身西藏，而另外兩頭小駱駝早已捐軀許久了。

我們採購的補給可以維持十個月——白米、麵粉、酥烤麵粉是主要糧食，一袋袋食物安裝在輕巧的馱梯（pack-ladders）上，如此即可輕而易舉固定在駱駝的馱鞍上。我們攜帶了充足的毛皮取暖，也為牲口帶足禦寒的氈墊。

我沖洗出很多相片，也寫了許多信件，最長的一封是寫給父母親的家書，洋洋灑灑長達兩百六十頁。我同時寫信給瑞典國王、俄國沙皇、諾登舍爾（他在過世前幾天收到這封信），以及當時的印度總督寇仁勳爵（Lord George Nathaniel Curzon）[1]。所有蒐集來的標本都打包裝箱，包括樓蘭尋得的文物、骨骼、礦物、植物等等，整整裝滿八載駱駝，我命伊斯嵐和法竺拉負責押送到喀什；五月五日，他們在呼嘯的沙暴籠罩下出發。

幾天之後，旅隊大部分人馬在徹諾夫和涂厄都的帶領下離去，他們帶了大約二十五名手下，隨後在阿不旦添購五十隻綿羊，再取道最好走的路線前往阿牙克庫木湖西岸。這支旅隊是我探險以來規模最大的一支，當隊伍從婼羌出發，看起來極為壯觀，叮噹的鈴聲不絕於耳。但這支旅隊只有五分之一牲口活著抵達拉達克（Ladak）[2]，到達最後一站喀什時，更是一隻牲口也不剩。

我們向布卡拉來的商旅領隊朵弗雷（Dovlet）雇用七十頭騾子，用牠們來馱載旅隊牲口吃的玉米，這些騾子將跟隨涂厄都的小隊，然後在兩個月內折返，因為那個時候玉米也該吃完了。朵弗雷則和另外十個人抄近路前往山區。

為了安排一切事宜，我在休息期間反而忙碌不堪；訪客不斷上門來，其中兜售牲口和糧食的商人不在少數。有位小紳士經常到我的毛氈帳棚來串門子，他是詹大鑼六歲大的兒子，一個很討人喜歡的孩子，彬彬有禮、舉止合宜，很合乎中國禮教的標準；他送我一些蜜餞，還為我的坐騎帶來苜蓿草。有一天夜裡，我得知他染上天花死了，內心感到悲痛與遺憾，他那哀傷的父親從遠地趕回來，沒想到兒子卻在他回家前一天嚥了氣。

龐大的旅隊已經啟程，留下來陪伴我的只有西爾金、李羅爺、穆拉等人，院子裡的馬也只剩下十二匹。八條狗跟著旅隊，只有尤達西跟著我，不久前還喧嚷有生氣的院子，如今空寂蕭條，彷彿被人遺棄了一般。

籌備拉薩之旅

在抵達婼羌後不久，我交付夏格杜爾、徹爾東和兩位具蒙古血統布里亞地區的哥薩克騎兵一項重任，要他們騎馬到焉耆去買幾套蒙古人的裝束，從衣服、毛皮、帽子、靴子，到行李箱、烹飪用具、罐子等，一樣也不能缺，而且所有的東西都必須是如假包換的蒙古貨，還要足夠四個人穿用。採購這些東西全是為了我的旅行計畫——我準備喬裝蒙古人混進拉薩。另外，他們還要設法雇用一位通曉西藏語言的喇嘛，以便充當我們的通譯；我期待他們能在一個月內完成任務歸來。

結果，他們的表現遠超乎我的預期，夏格杜爾回來時荷包還剩下一半的錢，因為不需要這麼多。五月十四日，他們帶著所有的蒙古裝備回來，同行的尚有從烏蘭巴托來的喇嘛薛瑞伯（Shereb Lama），他二十七歲，身穿紅袈裟，肩搭一條黃帶子，頭上戴著一頂中國小帽。我們倆一見如故，立刻結為朋友，因而馬上開始蒙古話的課程，可是我時時忘記剛學到的字句。喇嘛向夏格杜爾描述拉薩的奇聞趣事，他曾經在拉薩念過書，很渴望舊地重遊。

夏格杜爾還帶回我們的好朋友奧迪克，他央求我帶他一起去西藏，至於徹爾東很快就加入龐大的旅隊行列。

五月十七日，一切準備就緒。前天，有一團從塔爾巴戛台山（Tarbagatai Mountains）[3]來的蒙古朝聖客抵達婼羌，一行共有十人，他們的目的地是拉薩，在得知我們也正要去西藏高原時，每個人皆臉露狐疑；這些人和去年的朝聖客一樣，注定要破壞我們的大事。正當我和西爾金、夏格杜爾、穆拉、李羅爺、薛瑞伯喇嘛，連同一名嚮導帶著十二匹馬和十頭馱運玉米的騾子準備上路那天，這群蒙古朝聖客恰好路過，一雙雙眼睛緊盯著我們不放。

我們往婼羌河谷的上游前進（我從來沒有走過這條路線），將東土耳其斯坦的酷暑遠遠拋在身後，翻過一條難走的山口，很快又回到西藏高原，在那裡迎接我們的是膽怯的野驢、蓊鬱的森林，以及從天空飄降的白雪。我們在一處谷地裡遇到十八個牧羊人，便向他們購買十二隻綿羊，順道雇了新的嚮導。

有一天，大夥兒在休息之際，我向薛瑞伯喇嘛透露我要前去拉薩的計畫，他非常吃驚，因為帶歐洲人去拉薩的喇嘛是要砍頭的，如果夏格杜爾在焉耆時向他說明白，他絕對不會加入我們的旅隊。我告訴他夏格杜爾是奉命不得洩露計畫，一切行程都必須保密。接下來，我們整整花了一天的時間在商量這件事，最後薛瑞伯喇嘛同意和我們一起走到阿牙克庫木湖，如果他願意，可以從那裡返回焉耆，不過屆時他必須告訴我他的決定是什麼，而且不論發生任何事情，他都是完全自由的。

六月一日我們抵達阿牙克庫木湖左岸，在那裡停留幾天等候我們的龐大旅隊，由於他們走的路線比我們遠得多，至今音訊杳然。六月四日，薛瑞伯喇嘛瞥見一大隊人馬，共分六支小隊，現在已經來到東北邊的山腳下；沒錯，遠處深色的線條逐漸擴大，兩位哥薩克騎兵一馬當先，他們向我報告旅隊一切平安，緊接著是騾隊姍姍步入營地，而不遠處駱駝頸上晃動的銅鈴聲也越來越清晰。接連抵達的是布卡拉的朵弗雷和七十頭馱載玉米的騾子。途中有一頭野驢插進他們的隊伍，幸好朵弗雷及時發現不對勁，使得野驢像驚弓之鳥似的一溜煙逃進沙漠。馬匹和五十隻綿羊也逐漸走近，在這一大群牲口當中，第二年隨我進入喀什的只有一隻來自庫車的繫鈴閹羊，我管牠叫凡卡，其他的綿羊都以凡卡馬首是瞻；就一隻綿羊而言，牠所展現的權威和自信是很罕見的。

我們的營地氣勢壯觀，尤其晚上營火照耀整個湖岸時更加美麗。我將多餘的人手遣回，因為人馬越少，消耗的糧食就越少，時間相對地可以撐久一點，雖然如此，留下來的人數已足夠為營地生活帶來豐富的色彩與多元性。隨從當中以回教徒占大多數，與他們混在一起的則有布里亞哥薩克騎兵（信奉喇嘛教）和信奉東正教的哥薩克騎兵，還有一位則是著鮮紅色袈裟的薛瑞伯喇嘛。至於所有的牲口裡，最受矚目的是三頭小駱駝和綿羊凡卡；那隻馴養的鹿已經死亡，我們尚留著牠的骨骸。先前在婼羌我們曾經買一頭俊美的大駱駝，一八九六年沿克里雅河旅行的那一次，牠就已經加入旅隊，是我特別偏愛的一員老兵。

屋漏偏逢連夜雨

一旦集合起來往南前進，我們的旅隊看似一小支準備發動侵襲的軍隊，人人均負有個別的任務，哥薩克騎兵則負責維持旅隊的嚴整紀律。營地分配圖已經作好規畫，每天旅隊就根據這份紮營計畫執行，好似當年希臘史學家色諾芬隨軍出征的情況。營地裡休息的駱駝排成眾多長形列隊，涂厄都和他手下的帳棚就搭建在牠們旁邊；不遠處是廚房，徹爾東在那裡為我準備餐點；西爾金、夏格杜爾、薛瑞伯喇嘛三人共用一頂小毛氈帳棚。薛瑞伯是個神學博士，他唯一的任務就是當我的老師，但只要有需要，他總是多盡一份力。徹諾夫和徹爾東所住的小帳棚緊臨我的營帳；我自己的帳棚位居整個營地的最側邊，由小狗尤達西和尤巴斯擔任警戒工作。薛瑞伯喇嘛在阿牙克庫木湖畔下定決心，他聲稱願意跟隨我到天涯海角。

我們再次來到阿克山，跨越那片濕滑的泥巴地，把所有的牲口累得半死；有兩頭駱駝走得筋疲力竭，還有一頭遠遠落在隊伍後面，硬是留在一片草地上，不肯再走一步。也許朵弗雷正暗自盤算著，當他和騾子打道回府時，如果這頭駱駝還活著，他就可以據為己有；不過他的如意算盤勝算不大，因為有一天九頭騾子相繼暴斃，還有一天甚至死了十三頭。

一天晚上，我們紮營在一座河谷入口處，地上結了厚厚一層冰，當營地安頓好了，徹諾夫指著冰層的方向說：「有一頭熊正朝營地走來。」

我們隨即把所有的狗拴緊；果然，一頭熊蹣跚走過冰層，看起來又老又疲憊，中途停頓了好幾次，然後走到冰層邊緣，一步步筆直地走向死神。哥薩克騎兵早已埋伏好，三聲槍響之後，老熊倉皇竄逃，迅速跑過帳棚爬上一處山坡，這時又傳來兩聲槍響，這次老熊直接滾到山腳下。這隻熊的牙齒有著很大的蛀洞，生前想必牙痛得厲害。顯然牠剛吃下一隻土撥鼠，因為牠的胃裡躺著一隻連皮帶肉的土撥鼠，土撥鼠的毛皮朝內捲成球狀，看來老熊一口就把這隻獵物吞進肚裡了。我們和過去一樣，保留了熊的骨骼。

接下來幾天路況更糟，我們不斷派人先到前面探勘；沿途水草少得可憐，冰雹夾帶雪花打在我們頭上，從西方呼嘯而至的風暴更是席捲整片西藏高原。旅隊中有一頭駱駝本性堪稱樂天知足，卻有個拒攀陡坡的頑固習慣，我們稱牠「山口世仇」（Pass-hater），即使眾人合力將牠推上坡，牠仍死硬不動如山，因而嚴重耽誤到旅隊的進度，後來我們不得不拋下牠不管。

我告訴布卡拉的朵弗雷，現在他可以帶著倖存的騾子回去，為了減輕留下牲口的負擔，我送給他相當多糧秣。

在攀登阿卡山標高一萬七千呎以上的山口之前，我們來到山口下毗連的谷地，截至目前已經有五頭駱駝脫隊，等到我們往山口攀爬時，一陣空前狂烈的暴風雨開始襲擊我們，首先是吵雜的冰雹，接著是遮天蔽地的紛飛大雪，讓我們伸手不見五指，除了眼前搖搖擺擺的駱駝之外，我什麼也看不見。隔一陣子就聽到一聲驚叫：「又一頭駱駝累倒了！」然後大家只有眼睜睜看著這頭駱駝和牠的馭手落在隊伍後面，在漫天旋轉的雪花中，隱然似一幢幽靈。

我和薛瑞伯喇嘛先騎到山口頂，負擔沉重的大隊才緩緩躑躅而來，我們等到整批隊伍通過，發現三十四頭駱駝中只有三十頭順利登上峰頂，其他的不是力竭而死，便是被我的手下殺死以助其解脫痛苦。

由於駱駝的傷亡，使得存活的牲口負擔加重，於是我們任由牠們吃玉米，甚至拿白麵包餵食兩頭小駱駝；旅隊的成員也不斷有人生病，我拿奎寧讓他們服下，藥到立刻病除，因此藥箱是每次紮營時必須的用品。在西藏高原旅行千萬難，畢竟，我們走的可不是野花斑斕的小徑。

嚴禁獵殺行為

六月二十六日，我們紮營的湖畔正好是一年前的營地位置，去年殘留的炭火痕跡依然明顯，結冰的湖水至今未消融；不過氣溫很快就會升到攝氏二十度，屆時可人的夏日微風將拂過被冰封凍的湖面。

我們攀上海拔一萬七千五百呎的山口，這裡的地質是經過風化的磚紅色砂岩；我們好不容易攻上山頂，所有的人都氣喘如牛，紛紛倒地休息。這裡每樣東西盡是紅色的——山脈、土堆、河谷，身穿紅色袈裟的薛瑞伯喇嘛和這裡的背景十分搭調。尤達西在一個水塘邊追上一頭母羚羊和她的仔羊，牠把仔羊咬死，我因此要求西爾金把母羊也殺了，希望能結束母羚羊的喪子之痛，沒想到母羚羊卻脫逃了。我嚴令旅隊成員只有在缺肉吃時才可行獵，更何況現在哥薩克騎兵僅剩下一百四十二個彈匣，必須節省使用。晚上大霧瀰漫整個高原，滿月的黃色光輝映照在黑色的雲朵上。

穿越這段河谷，再朝東走就是艾厄達特長眠之地。接下來我們翻過一座高山山口，然後有幾天時間我們無需翻山越嶺，走的是開闊的緩坡。每天晚上，我會到西爾金的帳棚檢查氣象測量讀數，並試穿薛瑞伯喇嘛和夏格杜爾為我裁製的蒙古衣裝。薛瑞伯喇嘛畫了一張拉薩的平面圖，並標示出許多寺廟的位置；而各小組的領隊也會到這個帳棚來，聽取關於次日行程的指令。由於牲口都已相當疲乏，因此每天我們能走的路程鮮少超過十二哩。

身經克里雅河之旅倖存的老駱駝也顯露疲態，牠流下兩行眼淚，這是個明顯的徵兆：牠已經來日無多了；當我最後一次為老駱駝拍照時，牠用顫抖的腿站立著，像個哲學家似的，對著即將永眠於斯的土地投以漠然的一瞥。

六月八日這天支撐到營地的駱駝只剩二十七頭，我從中挑出體力最虛弱的十一頭駱駝和六匹馬，請徹諾夫和五位回教隊員負責帶領牠們，緩慢小心地走在旅隊後面。我和旅隊的其他成員繼續朝南走，一路上有許多野生的韭菜，所有牲口都吃得心滿意足，尤其以駱駝最為開心。雨季來臨了，每天固定會下一場大雨，牲口、行李、帳棚全被水浸濕而變得沉甸笨重，同時也使地面變得濕軟滑溜。有一處營地旁的水是鹹的，夏格杜爾拿了一個水罐出去找水，不料卻被一頭野狼攻擊，夏格杜爾將水罐往野狼猛砸過去，並趕緊衝回營地，只見他十分抑鬱地抓起步槍跑出去，豈料野狼已經消失無蹤。

在一條寬闊的峽谷中，我們意外捕獲一頭壯碩的老犛牛；狗兒率先撲上去攻擊牠，犛牛高舉著尾巴，把犄角抵著地上，時而靠近這條狗，時而逼近

緩緩走向營地的熊

另一條狗。我禁止哥薩克騎兵開槍打牠，可是涂厄都宣告了牠的死刑令，因為我們需要肉食，最後六隻羊必須留下來。還有一次，尤達西驚擾到一隻野兔，野兔立刻跳進洞裡避難，可惜地洞不夠深，夏格杜爾輕易就把那可憐的東西給硬拉出洞來。

「抓住尤達西，把野兔放掉。」我叫嚷著。被釋放的野兔立刻像飛箭一樣逃竄而去，可是還跑不到一百碼，天上一隻鷲鷹霍地俯衝下來，我們搶上前去援救卻晚了一步，野兔的眼睛已經被鷲鷹挖了出來，躺在地上的身體呈現臨死前的抽動。

死亡之境——流沙

七月十六日，我們在一條小溪旁紮營，一頭黃灰色的野狼為牠的膽大妄為付出了死亡的代價；此外，一頭涉水靠近我們營地的熊也遭到哥薩克騎兵的追趕，一小時之後騎兵回來了，熊安然逃脫，哥薩克騎兵卻撞進一個西藏人的營區，那兒有三個帶著馬匹與步槍，專門獵犛牛的獵人；哥薩克騎兵回來接薛瑞伯喇嘛，因為他是我們當中唯一通曉西藏話的人。我派薛瑞伯喇嘛和夏格杜爾前往那處營地，可是西藏人已經先行離開，這麼一來，關於我們的謠言勢將口耳相傳下去，一直傳到三百三十哩外的拉薩；游牧民族和獵人都曉得，無論誰搶先向官府通報歐洲人接近的消息，就可以領取一筆賞金。我們放棄追趕這三名西藏人的想法，即使趕上也於事無補，更何況我們的牲口都累了。薛瑞伯喇嘛如今意識到：探險與發現一樣，都很可能帶來焦慮。

第二天，我們把一頭羸弱的駱駝留在水草豐美的原野，我在一根帳棚支柱上懸掛一個空罐頭，然後寫一張搜尋駱駝的命令，萬一後面跟來的手下沒看見駱駝，看到這張字條就知道該怎麼做了。後來發生的情況是，徹諾夫和殿後的小隊繞道而行，他們既沒有看見駱駝，也沒有見到罐頭，因此我們始終不曉得這頭被遺棄的駱駝命運究竟如何。

七月二十日，我們橫越一座積雪的雄偉山脈，在一處冰河邊緣有三百頭犛牛在那裡晃來盪去，因而山坡上零星散布著牠們的身影。冰河另一邊的山谷也有七頭犛牛，狗兒對著牠們狂吠，除了其中一頭之外，其餘則四散逃竄，於是狗兒們集中火力攻擊留下來的那頭犛牛；犛牛好整以暇地把身子埋進河谷的溪流，溪水在牠身邊潺潺流動，不知所措的小狗只能站在岸邊對牠狂吠。

在我們打算紮營的地上草木稀疏，一隻松雞動也不動地躺在草叢中，一位哥薩克騎兵開槍打牠，牠驚跳起來，但隨即落地喪命，在牠翅膀下取暖的三隻雛雞毫髮未傷地跑來跑去找尋母親；破壞這種平凡

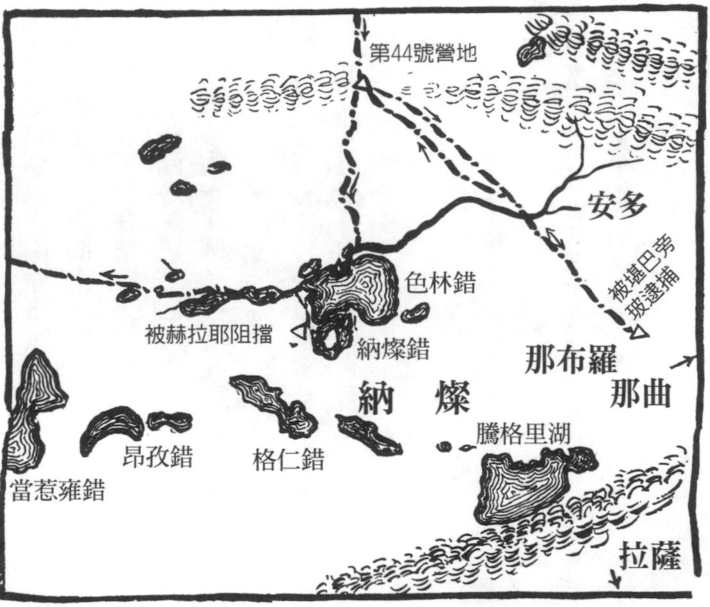

前進拉薩

的幸福簡直是種謀殺，我為這件事難過許久，假如我能把母雞的命還給這個不幸的松雞家庭，我情願不吃松雞大餐！因此我只好自我安慰：幸好自己不是獵人。

傾盆大雨、沼澤濕地、流沙！可恨至極！我們再度和爛泥巴山脈奮戰。這次有兩頭疲憊的駱駝落在隊伍後面，前進拉薩在馭手的領導下，其中一頭最後終於抵達營地，另一頭則在山口頂上深陷泥巴，大夥兒費盡力氣拉牠出來，均告失敗；幾個手下只好留下來陪伴牠過夜，希望等泥地結冰後可以救牠出來，可是那天晚上牠越沉越深，早晨降臨時，已經回天乏術。流沙是西藏北部最難克服的險境，不過這也是我的駱駝絕無僅有陷進流沙的一次例子。這次穿越藏北之行確實艱苦難行，是不折不扣的痛苦之旅。

在七月二十四日的行程中，我們望見遠處的河谷，那裡有一片多日來罕見的豐美水草。我們朝那片水草前進，並在草地上紮營，這是我和旅隊共處的最後一次。接下來有相當長一段時間，我必須和他們分道揚鑣。

【注釋】

1 西元一八九五—一九二五，英國政治家，曾在亞洲多處旅行，擔任過英國國會議員，內政次臣和印度總督。

2 又作Ladakh，喜馬拉雅山和喀喇崑崙山南麓的山脈區，現在仍屬於中、印未定的疆界區。

3 是新疆西北與俄國的界山，位於塔城北方。

第四十三章　喬裝朝聖客探訪拉薩

我們的新總部位於海拔一萬六千八百呎高的位置，命名為「第四十四號」（Number 44），我們將從這兒出發進行大膽的拉薩之旅。我原本計畫在這個營地休息一星期，讓牲口好好養精蓄銳，可是西爾金在不遠處發現有一個人與一匹馬的新腳印，於是我改變計畫，指示馬上離營。難道我們已經受到監視？我決定只帶薛瑞伯喇嘛和夏格杜爾隨行，這決定使徹爾東感到難受，畢竟他也是喇嘛教的虔誠信徒，然而我們的總部需要盡可能備妥防衛力量，以防西藏人的武力侵犯。

喬裝前往拉薩

我們妝扮成三個布里亞來的朝聖客，目標是拉薩，並且旅隊必須盡量輕裝簡從，機動性越高越好，所以我們只帶五頭騾子和四匹馬，為了這趟行程全都配上新蹄鐵；糧食方面，我們準備了白米、麵粉、烤酥麵粉、肉乾和中國茶磚。我穿的蒙古袍子顏色像牛血一樣豔紅，裡面縫製暗袋，裝著無液晴雨計（aneroid）、羅盤、懷錶、筆記本，還有我在上面繪製路線圖的一本書；我的左腳靴子裡有個裝溫度計的袋子；另外，我也帶了刮鬍子的器具、一盞燈籠、一些蠟燭和火柴、一把斧頭、蒙古鍋盆，以及十個銀錠，大部分東西都放在兩只蒙古皮箱裡。我頭上戴一頂附耳罩的中國無邊帽，頸子上戴一串念珠，計有一百〇八顆，另有一條項鍊繫著裝有釋迦牟尼佛像的小銅盒；腰間懸掛一把匕首、筷子、撥火棒等物。我們還有蒙古人親手做的毛皮和毛毯，不帶床褥，隨身帳棚則挑最小頂的，只夠遮風避雨。

出發前的最後一天晚上，我交代手下事情，西爾金受命指揮總部，並保管開啟裝銀錠箱子的鑰匙，假如我們在兩個半月之內沒有回來，他就帶著整支旅隊返回婼羌和喀什。大約二十隻大烏鴉在我們帳棚頂上盤旋，夜幕低垂，大夥兒都各自睡覺去了。

七月二十七日朝陽初升時，夏格杜爾將我喚醒，我永遠忘不了這一天——前進拉薩！不論成功與否，這趟歷險必然是無與倫比的經驗。若僥倖成功，我們將可見到聖城。歐洲人最後一次踏進拉薩已是五十四年前的事，那一次是一八四七年，法國修士約軻與嘉別在拉薩逗留了二個月。萬一失敗了，那麼我們幾個人的命運將完全任由西藏人宰割，不但會成為階下囚，恐怕連刑期何時終了都無從得知。儘管如此，當夏格杜爾叫醒我，我還是充滿渴切之情躍身而起，迎向這次偉大的探險；不到一刻鐘，我已經搖身一變，成了一個徹頭徹尾的蒙古人。

到最後一刻，我才臨時決定讓奧迪克與我們同行一、兩天，以便在營地看管牲口，如此我們在開始通宵守夜之前可以睡個好覺。我騎的是自己的白馬，夏格杜爾則騎他的黃馬，薛瑞伯喇嘛騎一頭體型迷你的騾子，奧迪克在其他馬匹中挑選一匹當坐騎。小狗默蘭基、尤巴斯和我們一同前往；尤巴斯曾經被一頭野豬戳傷過，牠是狗群中個頭最大、性格最粗野的一隻。

當一切就緒，我們都已端坐在馬鞍上那刻，我問薛瑞伯喇嘛是否希望留在總部。

「不要，絕對不要！」他堅決回答。

接著我們向旅隊同伴道別，留下來的隊友都認為他們再也見不到我們了；西爾金把頭轉開流淚，這雖然是很嚴肅的一刻，可是我堅信神會保佑我，因此內心仍然平靜鎮定。

我們迅速走下河谷，看得出來最近溪畔有獵人紮過營，一頭犛牛的骨架尚留在地上，還有一頭熊四處翻找食物的痕跡。我們向東南方繼續前進，當天晚上在一處露天的泉水旁搭棚，牲口也都被放開吃草，由奧迪克在一旁看管。我們很感激明月照亮了寂靜的荒野，不過每個人早早就縮進了狹小的帳棚睡覺。

第二天我們騎行二十四哩路，走過相當平坦的地表，直來到兩座小湖邊才歇息。這兩座湖一個是鹹水湖，另一個是淡水湖，我們的帳棚就搭在兩座湖之間一條狹窄的空地上。夜色很美，大夥兒坐在露天的營火前。我欣然享受夏格杜爾和薛瑞伯喇嘛的服務，夏格杜爾為我剃光頭髮和鬍鬚，那時，我的頭看起來就像一顆彈珠（billiard-ball）般光滑；薛瑞伯喇嘛用混合油脂、煤灰、褐色染料的膏油塗抹在我身上，當我對著唯一的鏡子——擦亮的懷錶殼端詳自己的模樣時，差點沒被嚇得魂飛魄散。我們的士氣非常高昂，個個像男學生一樣開懷大笑和瞎扯淡。

大家在營火邊吃完飯喝過茶，各自回帳棚就寢，牲口在兩百步外的地方吃草，奧迪克在一旁看守。夜裡颳起一場風暴，約莫半夜時分，奧迪克把頭伸進帳棚來說：「有人來了。」

我們拿起所有的武器（兩把步槍和一把左輪手槍）衝出去，風雨呼嘯，月亮在黯淡的浮雲間灑下蒼白的光芒，我們看見西南方的小山坡上有兩個策馬狂奔的騎士，正驅趕著前面兩匹未上轡轡的馬兒，夏格杜爾向他們開了幾槍，但見他們慢慢消失在漆黑的夜色中。

現在該怎麼辦？我們先點數牲口，數量只剩下七頭，我的白馬和夏格杜爾的黃馬都失蹤了。

強盜來襲偷走了我們最好的兩匹馬

從腳印判斷，應是其中一個偷馬賊先摸上最外側的馬匹，受到驚嚇的馬匹急往湖岸跑下來，正好被守候在那裡的兩個西藏騎士攔住；這些人像野狼一樣埋伏在我們附近，適時而至的暴風雨又助了他們一臂之力。我對他們偷偷摸摸的突擊十分憤怒，直接反應是不計日夜追蹤他們。可是我們能留下營地和其餘的牲口不顧嗎？也許現在正有一整批強盜包圍著我們也說不定。大夥兒生起火堆，點燃菸斗，坐下來商討直到翌日黎明，如今和平寧靜的氣氛已經消失，我們的手都放在匕首上隨時保持警覺。太陽升起，我們發現奧迪克在流眼淚，因為他今天要獨自返回總部。我從筆記本上撕下一頁，在紙上命令西爾金務必加強戒備。

後來我們才知道，奧迪克抵達總

部時幾乎已呈垂死狀態，他一路上如同貓兒似的緊貼著低地和河床潛行，每個陰影都像強盜，碰到兩頭野驢也以為是有敵意的騎士，當他好不容易抵達營地，還差點被守衛開槍擊中。留營的其他成員聽說我們才上路兩天就遭強盜襲擊，內心的恐懼隨之升高，他們一致相信我們絕對無法活著回去。

輪班守夜

我們繼續向東南方行進，孤單的奧迪克幫我們裝載好行李之後便消失了。在一片平原上，我們遇到一大群犛牛，這是馴養的犛牛嗎？不是，牠們全逃走了。我們在空曠的台地上搭起帳棚，我撿了一些犛牛糞充當燃料。從這一刻起，我們不可以再說任何俄語，只能以蒙古話交談；我命令夏格杜爾扮演首領的角色，我則擔任他的僕人，只要有西藏人在場，他對待我的態度必須像主人吆喝僕從一般。

我睡到晚上八點鐘才醒來。夏格杜爾和薛瑞伯喇嘛把七頭牲口趕到帳棚邊，兩人神情顯得格外嚴肅，因為他們發現三個把風的西藏人，便立刻將牲口牽過來，拴在帳棚下風處，並且敞開帳棚的入口以便監督。尤巴斯綁在牲口旁邊，默蘭基則拴在營帳的上風處。夜裡大夥兒分三班守夜，我守第一班九點到十二點，夏格杜爾守第二班午夜到凌晨三點，三點過後則由薛瑞伯看守到早晨六點鐘。

我醒來讓兩名同伴去休息睡覺，我站在外面守夜，巡邏範圍從尤巴斯到默蘭基，我在兩隻狗中間走來走去，有時停下來和牠們玩一玩，有時撫摸累壞了的馬匹和騾子。九點半鐘，猛烈的風暴大作，天上烏雲黑得像煤炭，雷電交加，頃刻間大雨劈里啪啦落下；我躲在帳棚的入口處，大雨打在帆布上，細細的雨絲穿透帆布落入帳內。我點燃菸斗和燈籠裡的蠟燭，拿出揣在懷裡的筆記本，同時每隔十分鐘便起身到兩隻狗之間巡邏一番。大雨單調地拍打著大地，從牲口的鬃毛、尾巴和馱鞍上成串落下的水柱，也從我的皮外套上滴答淌落，中國式無邊帽彷彿膠水一般黏在我的光頭上。

我聽到遠處傳來一聲哀鳴，趕緊衝了出去，我心想：「噢，不過是尤巴斯罷了，牠一定在抗議大雨下個不停。」我的眼皮越來越沉重，一記轟隆雷聲頓時驚醒了我，狗兒正在咆哮，我又走了出去，腳下的泥濘發出啪啦和滋滋的聲響，這幾個小時好像永遠過不完似的，我的輪值任務何時休止？好不容易午夜

在傾盆大雨中騎馬前進

總算到了，正當我要去叫醒夏格杜爾之際，兩隻狗突然憤怒地狂吠起來，薛瑞伯喇嘛驚醒衝出帳棚，我們三個人即刻抓起武器溜到下風處，此時隱約可聽見噠噠的馬蹄聲，顯然附近有騎馬的人，我們朝著他們的方向趕過去，可是他們已消失，一切再度恢復平靜。大雨仍劈里啪啦擊打著地面，我和著一身濕衣服躺下，有一會兒，還聽見夏格杜爾踩著水走路的腳步聲，接著便沉入夢鄉。

天亮時我們拔營離去，翻越一條山口的頂峰，進入被人馬踩平的路徑，這裡留有許多營地的舊痕跡，然而不見任何人。這天，我們在兩座小湖間的狹地上紮營，帳棚一搭建好，另外兩個人立刻倒頭大睡。晚上我們用老方法拴住牲口，九點一到又輪到我守夜，無情的雨下了一整夜；一頭騾子掙脫開繩子，小碎步跑向草地，我跟上前去，至少牠能讓我保持清醒。牠多次試圖脫逃無效後，我終於拉住了牠的韁繩，將牠牽回營地拴牢。

七月三十一日，我們在滂沱大雨中出發，雨水使我們和牲口濕得徹底，我們身上的水珠滴落地上，與其他雨水匯集成一條條小河。我們跟著一大隊犛牛旅隊的腳印翻過五個小山口，犛牛旅隊在路旁紮營，薛瑞伯喇嘛上前與他們攀談，得知這批旅人是從青海塔爾寺來的唐古特人，正要前往拉薩，他們也向薛瑞伯喇嘛打聽我們的身分和目標。在此同時，我們的狗已開始和他們的狗打起架來了；我真同情那些和尤巴斯扭打成一團的狗。

薛瑞伯喇嘛

再往前走一點，我們在一座峽谷裡搭建營地，地點很靠近一頂西藏帳棚，住在裡面的是一個年輕人和兩名婦女。不久，主人回來了，我們邀請他到我們的帳棚，他抱來滿滿一落犛牛糞，還有一只盛裝奶水的木頭容器；他的名字叫贊珀（Sampo Singi），而這地方則叫貢吉瑪（Gomjima）。贊珀又黑又髒，留著長長的頭髮，沒有戴帽子，也沒有穿長褲，一到我們營地就一屁股坐在帳棚外的濕地上；他吸著薛瑞伯遞上的鼻菸，打了近百次的噴嚏，他問我們難道習慣在鼻菸裡放胡椒粉？贊珀覺得我們很不錯，不辭路遠前去拉薩朝聖。這時，我們離拉薩還有八天路程。

忽然間，夏格杜爾對我咆哮，叫我去把牲口騎過來，我立刻遵命照辦。太陽西沉，月亮悄悄地露臉，不過到晚上又開始下起大雨。我覺得混在游牧民族間讓我感覺相當安全。

第二天，贊珀和一位女眷送來羊脂、酸奶、鮮奶、乳酪粉、鮮奶油和一隻綿羊，他不肯收錢，我們於是送給他一塊藍色的中國絲綢，那名女眷見到這塊絲綢簡直樂歪了。贊珀用手掐死綿羊，然後在羊的鼻子上纏繞一塊布，把大拇指和食指插進綿羊的鼻孔，接著才下手宰割，我們讓他保留羊皮。之後，我們向這些友善的游牧民族辭行，躍身上馬繼續旅程。

一上路天就開始下雨，雨水像瀑布似的從天而降，我們好像騎馬穿過密密麻麻的玻璃板，在雲霧繚繞之間，隱約可見一片廣大的水體，一開始大家都認為是一座湖泊，等騎到岸邊，才發現那是一條巨大的河流，顏色灰黃的河水夾雜泥土更顯渾濁。翻騰的河水發出空洞而窒悶的怒吼，向西南方滔滔奔流而去，我恍然大悟這是邦伐洛特和羅克希爾（William Woodville Rockhill）[1]曾經穿渡的扎加藏布江（Sachu-tsangpo）。我們佇立河右岸遙遙望不到對岸，通往拉薩的路將我們帶到河的右岸，但是渡河的灘頭在哪兒？我還來不及說什麼，薛瑞伯喇嘛已經率先走進河水，他領著馱運行李的騾子過河，夏格杜爾和我尾隨在後。

在滂沱的雨勢中橫渡大河

走到河中央，我們在一片沙岸上停留了一分鐘，這裡的水大約一呎深，我們站在原地左顧右盼，此時此刻河流兩岸都看不見了。滾滾河水在我們周遭嘶嘶價響，水流量很大，由於最近雨勢不斷，河水上升飛快，如果我們停留過久，可能會發生進退不得的危險。薛瑞伯喇嘛直往前走，當水位升到小騾子的尾巴根時，情勢開始看起來有點不妙，這時有一頭馱載行李的騾子不慎滑倒，兩口綁在牠背上的蒙古皮箱適時發揮木塞靠墊的作用，讓騾子浮在水面上，激流急速沖刷這頭騾子，我心想牠大概沒命了，洶湧的河水裡只看得見牠的頭部和箱子邊緣；然而騾子竟游起泳來，過了一會兒牠又碰到地面，將自己的姿勢矯正過來，並且蹣跚地爬上河左岸。

薛瑞伯喇嘛獨自騎馬過河，河水越來越深，我們沒命地叫喊他，可是薛瑞伯喇嘛仍舊毫無懼色，勇敢地向對岸前進。雨水劈里

載運茶葉的龐大旅隊

啪啦打在河面上，眼簾所及都是水，我騎馬最後一個涉水，並且遠遠落在隊伍後面。我瞥見另外兩個人和騾子在河水中載浮載沉，沒多久，即看到同伴們陸續安全登上左岸，我用腳跟踢著馬肚腹，可是巧的是我們涉水的地點在灘頭下方一點，現在越沉越深，當河水湧進靴子裡時，我開始覺得頭暈目眩，水快速漫過我的膝蓋和馬鞍，我鬆開腰帶、扯下皮外套，薛瑞伯喇嘛和夏格杜爾站在岸上大吼大叫，並指指點點，可是河水的怒吼聲實在太吵了，我什麼也聽不見。現在河水淹到我的腰際，除了馬頭和馬頸之外，別的東西全淹沒在水中，我準備從馬鞍上跳下來，讓馬兒自行求生，就在千鈞一髮之際馬兒開始游泳了，我被迫抓住牠的鬃毛，馬兒被激流帶著走，差點被水嗆住，幸好馬兒及時踩到地面，載著我慢慢爬上岸去。我從來沒有在亞洲碰過比這次更危險的渡河經驗，我們沒有淹死真是奇蹟，因為夏格杜爾和薛瑞伯喇嘛都是旱鴨子。

走在滂沱大雨中，我們這支小旅隊看起來既可笑又可悲，一直在前面領隊的薛瑞伯喇嘛全然無視於河流的存在，繼續往前邁進；我拔下靴子倒出積水，然後將它們掛在馬鞍後面晾乾。雨勢仍然很大，每樣東西都濕透了，兩只皮箱甚至滲出小河似的水。

我們那可敬可佩的喇嘛終於停下腳步，原來是一處有犛牛糞的平地。我們把牛糞最濕的外層刮除之後，費了好大的勁終於點燃火苗，等火燒旺了，我顧不得雨絲滋滋地打在火燄上，便開始逐一脫掉身上的蒙古衣服，想把水擰乾。這時候，如果有任何的西藏人路過，肯定會對我白皙的身體目瞪口呆。

夜色低垂，雨聲和夜晚特有的神秘聲音交織著；腳步聲、馬蹄聲、講話聲、喊叫聲和步槍發射的聲音，聲聲入耳。半夜十二點整，我叫醒夏格杜爾值

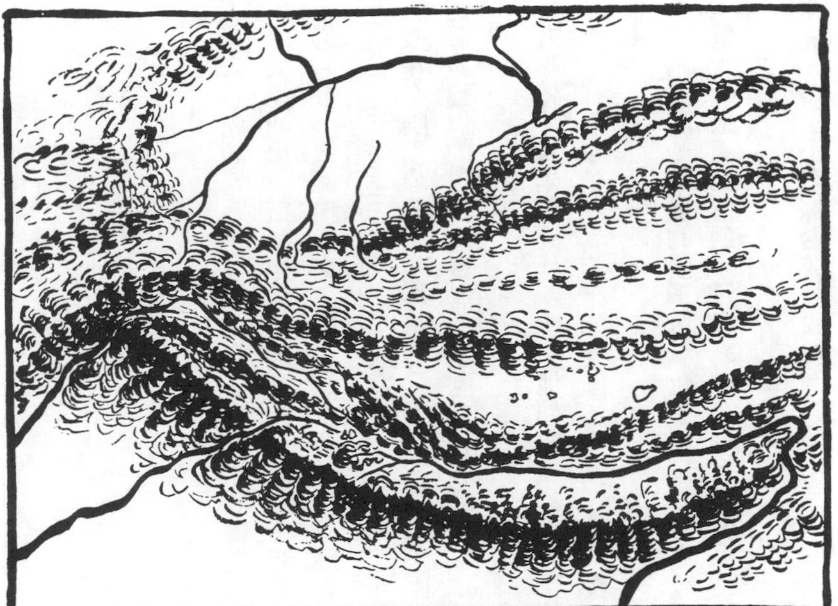

西藏山脈系統示意圖

勤守夜，自己則溜進帳棚，和著仍然潮濕的衣服倒頭呼呼大睡。我已累到極點，累到迫切希望被人逮捕，這樣就能永眠不起了。

雨過天晴

八月二日，天終於放晴了。我們開始進入有人居住的地區，經過兩處游牧民族的帳棚，看得見豢養的綿羊和犛牛，還遇見一支三百頭犛牛的大型商旅，這些犛牛馱載茶磚正要前往知名的札什倫布寺，馭手們將營火生在路旁，當我們路過時許多人圍攏上來，問了好多問題；有個老人指著我說：「白人」。我們所在的地區叫安多默珠（Amdo-mochu）。

我們一直走到一處有泉水的原野，將衣服攤在夕陽下晾乾，孰料忽然又下起冰雹和疾雨，我們趕緊把所有東西收進帳棚；隆隆的雷聲中透著鈴鐺似的聲音，詭異的氛圍令我思念起教堂的鐘聲。

第二天早上，我徹底地休息一番，到早上九點鐘才被兩位同伴叫醒，他們要我看看運茶的商隊，那情景實在很逗趣：所有的人徒步走路，肩上扛著步槍，看起來如同強盜一樣，人人黝黑得像是犛牛；他們吹口哨、喊叫、唱歌，花樣百出。

我們在原地逗留了一天，好讓東西晾乾，我用溫暖、乾燥的沙子填滿靴子，藉此除去靴子裡的濕氣。大夥兒趁牲口吃草的當兒輪流睡覺。這天晚上天氣清朗，月兒高掛空中，星辰也閃爍著光芒。

八月四日，我們踏上前往拉薩的主要道路，一路上不時經過游牧民族的帳棚和牲口，遇到許多大型的商旅。我們也經過神聖的石堆標記「嘛呢堆」（mani，聖牆的意思）。我們停隊過夜，有一個年輕的西藏人特地跑過來看我們。

八月五日我們騎了二十．五哩路，經過帳棚與牲口成群的錯鄂（Tso-nek，亦為「黑湖」），最後來到一片已搭建十二頂帳棚的平原，我們在此地建立第五十三號營地，從旅隊總部到這裡的距離一共是一百六十二哩。

【注釋】

1 西元一八五四—一九一四，美國外交官，出使過北京，兩度前往蒙古和西藏探險。

第四十四章　淪為階下囚

黃昏時分，三個西藏人朝我們的帳棚走來，薛瑞伯喇嘛和夏格杜爾出去迎接他們，雙方談了很久的時間，等我的兩位同伴回來時，天色已經完全漆黑。其中有位西藏人用很權威的口吻告訴他們，三天前從北方來了個獵犛牛的獵人，他特地前往通風報信，說他看見一支陣容龐大無比的旅隊正往拉薩行來。

「你和他們一夥兒的嗎？」這個人問薛瑞伯：「說實話，別忘了你是個喇嘛。」

薛瑞伯喇嘛一聽不禁打起寒顫，他實話實說，但沒有提到我；不過夏格杜爾卻堅稱那個官僚十足的西藏人講了好幾次「瑞典白人」，也許是鐵木里克或婼羌來的朝聖客打聽到了我的國籍。可是我相信他們對瑞典一無所知，如同一般人對於中國、英國、印度、俄國一樣，只有模糊的概念。夏格杜爾認為薛瑞伯喇嘛背叛了我們，相反的，我並沒有這樣的疑心，即使那是真的，此刻我也已經遺忘而且原諒他了。那位西藏人最後還說：「你們在這裡待到明天。」

當天夜裡我們陷入長時間思考，不知道自己的命運將如何演變；在這同時，西藏人在我們帳棚四周不遠處點燃守望的營火，徹夜未熄。

淪為階下囚

天亮後不久，三個西藏人來到我們的帳棚，我一直都戴著藍色的蒙古眼鏡，新來的人要求看我的眼珠子，當他們發現我的眼珠子顏色和他們一樣深時，感到非常驚訝；他們又要求看我們的武器，我們也很大方讓他們檢查，隨後就走回他們的馬匹站立的地方。

過了一會兒，一個白髮喇嘛和另外三個人前來拜訪，白髮喇嘛詢問幾個關於我們總部的問題，並告訴我們信差已經奉命去稟報那曲總督堪巴旁玻（Kamba Bombo），在總督下達指示以前，我們將成為階下囚。

接下來的發展，都不在我們可預期的範圍內。五十三名騎士聚集在離我們幾百碼外的一處營地，他們穿著紅色、黑色或灰色的長袍，頭戴白色的高帽子或纏著紅色布巾，配備長矛、戟、劍和毛瑟槍等武器，另有一些裝飾用的帶子迎風飄揚。他們翻身下馬，全然不顧大雨便在營火邊開會商量事情，接著躍上馬鞍，其中七人騎馬往東走，他們走的是那條通到那曲的道路。另外兩個走南邊的主要道路，這是往拉薩的路線；至於其他人則策馬，筆直朝我們的帳棚急馳而來，同時嘴裡喊著戰爭時殺伐的嘶吼聲，手上的長劍與毛瑟槍高舉過頭。薛瑞伯喇嘛相信我們的末

西藏騎士朝我們直衝過來

日已到。我們站在帳棚前面，手指頭扣在扳機上。這群西藏騎士以大雪崩塌般的氣勢衝過來，馬蹄在潮濕的地面濺起水花，已經逼近到最前面的馬匹踢濺的水花可以噴上我們三個人的身體，忽然他們分成兩支小隊，然後沿著兩道圓滑的大弧線調頭退回起點。

他們重複兩次這種戰術演練，隨即翻身下馬開槍射擊某個目標，他們這麼做分明是要讓我們心生畏懼。最後他們策馬往西北方遠去，我開始懷疑他們是否大膽到會去攻擊我們的總部。

這一整天新來的訪客絡繹不絕，他們送給我們一些小禮物，像是油脂、鮮奶、酸奶等，我們要付錢，卻遭到客人拒絕。有一陣子，外面嘩啦啦下起雨來，正好我們的帳棚裡來了四個訪客，大家坐在帳棚裡面擠得像沙丁魚似的，很快地，雨水匯集成一條水流竄進帳棚來，我把他們請出去，然後在帳棚四周挖掘一條溝渠。夜裡數了一下，發現我們周遭共有三十七處營火，火光透過雨絲忽隱忽現。

第二天又來了新間諜，其中一位送給我們一堆犛牛糞和一個風箱，他告訴我們到拉薩的路程要走五天，不過快馬信差可以在一天內抵達；我們所在的這個區域稱為雅洛克（Yallok）。也許是怕我們逃跑，這些人把我們的七頭牲口全都帶走了。不論朝哪一個方向看，都可以看見騎馬的漢子，有些獨自成行，有些則編成小隊。有時整個營區會擠滿武裝的騎士，彷彿在動員人力似的；相對於這支精銳武力，我方只有勢單力薄的三個人，而且還在偉大的探險途中淪為階下囚。

八月八日早晨，有五個人送來一隻綿羊，同時有消息傳來，總督堪巴旁玻要親自來看我們，現在人已經在路上。薛瑞伯喇嘛很害怕總督會認出他的身分。過去曾有一個喇嘛因為怠忽職守，而被懲罰以匍匐之姿從烏蘭巴托爬行到拉薩，換句話說，他必須用自己的身長丈量兩地之間的距離，這項懲罰整整花了他六年的時間。薛瑞伯喇嘛認定他也會遭到類似的處罰。我們被軟禁在這處帳棚牢營裡，一旦走出五十步範圍，就會有間諜走上前來監視，其中一個叫班努爾蘇（Ben Nursu）的似乎是間諜首領，他的帳棚離我們很近，經常和我們一坐就是幾個小時，連飯也和我們一起吃。

下午，七個西藏人和我們一起圍坐在露天的營火前，東方忽然有一支馬隊朝我們急馳而來，原來是堪巴旁玻的通譯，不過蒙古話卻講得比我還差，除了這點，倒不失為一個正人君子。他詳細地盤問我們，最有興趣的話題竟是我們的總部，顯然，他們是誤以為俄國人發動數千名哥薩克騎兵前來侵略西藏。這名通譯並且告訴我們，達賴喇嘛每天都收到關於我們的報告。我嚴厲地質問他，為何如此大膽，竟敢拘留俄國沙皇轄下布里亞省來的虔誠朝聖客？我說：「你們的子民晚上偷走我們的馬匹，又對於完全無害的我們，視同強盜來對待。」通譯看來若有所思，但仍然回答：通往拉薩的路對任何人一律封閉，必須擁有恰當的護照才准放行。

情勢有了轉折

到了第九天的早上，情況開始峰迴路轉，整個平原上擠滿了騎士與馱獸，不遠處甚至憑空冒出幾座帳棚村。難道如此大費周章只為了我們三個窘迫的朝聖客！有一頂大帳棚是白色綴飾藍帶子，唯有首領級人物才有資格住這種帳棚。

通譯在一小隊騎士的陪伴下來到我們的帳棚，他表示堪巴旁玻已經抵達，正在恭迎我們前往赴宴。一切事情全安排妥妥當當的，我們每個人都收到一條白色的薄紗「哈達」（haddik）[1]，這是表達歡迎的象徵。此外，他們還饋贈一些食品，包括一整隻綿羊。

我態度強硬地回絕：「懂禮節的人在邀請客人前去之前，總會先行登門拜訪他的客人。假如堪巴旁玻對我們有所求，請他先大駕光臨。我們沒有什麼好隱瞞的，只想知道往拉薩的路是否能對我們開放，如果不能，堪巴旁玻必須自己承擔後果。」

通譯苦惱極了，整整兩個小時，他就坐在那裡懇求我們去參加宴席。

「如果你不去，我一定會被開除。」他苦苦哀求。

即便人已經上了馬鞍，通譯仍然不死心地想說服我們，最後還是悵然馳馬離去。

又過了兩個小時，總數六十七名的騎士從新建的帳棚村策馬衝出來，他們身穿深藍色和暗紅色的衣服，劍鞘上鑲著白銀、珊瑚、土耳其玉，頸上掛著的佛祖像小盒、念珠，以及琮琤作響的銀飾品都甩到了身側；這一切構成了一幅相當壯觀的景致。堪巴旁玻騎在隊伍中央一頭乳白色牝騾上，他的個子矮小，膚色蒼白，年齡約莫四十歲，一雙眼睛不時惡作劇似的眨動；他穿著一襲紅長袍，裡面是鼬鼠皮袖子的黃色絲袍，上面罩了件紅短襖，足蹬綠

由六十七名騎士陪伴的堪巴旁玻

絲絨靴子，頭戴藍色的中國無邊帽。

堪巴旁玻在我的帳棚前躍下騾子，接著僕役在地上攤開一張地毯，並在毯子上放了幾個坐墊，堪巴旁玻和另一個高級官員南瑣喇嘛（Nanso Lama）雙雙坐在坐墊上。

我邀請這兩位紳士進入我的帳棚，裡面已經備好兩個以麵粉袋墊高的位子。

儘管我們試圖欺瞞他，也不理會人落在他手上，仍無禮地回拒他的邀宴，堪巴旁玻仍舊很客氣而且仁慈；他重新審問這幾天來我多次被詢問的事情，在旁書記則一字不漏記下我回答的內容。我要求他准許我繼續前進，讓我看看聖城，看過聖城我就會返回總部，堪巴旁玻把手伸向脖子，作殺頭狀的動作說：

「不行，你們不許再往拉薩靠近一步，否則你們的人頭——和我自己的頭都會被砍掉，我只是盡我的職責罷了，達賴喇嘛每天都對我下命令。」

他毫不退讓，絲毫沒有轉圜的餘地，不過他的脾氣也完全沒有失控，才一轉眼又恢復莊重、愉快的模樣。我們提到兩匹馬被偷走的事，他笑笑說：「我另外送兩匹給你們，當你們回總部時，我的手下會護送你們到我的轄地邊境，到時候也會有人奉上糧食、綿羊和你需要的一切東西。你只管開口就是了，可是絕對不許往南方再走一步。」

在那個年代，歐洲人根本不可能旅行到拉薩，連普哲瓦爾斯基、邦伐洛特、杜垂爾迪罕、羅克希爾、李陀戴爾等人都遭到相同阻力，終至徒勞而返。兩年之後，寇仁勳爵派遣他的印英聯軍前往拉薩，以武力打開通往聖城的南方道路，造成四千名西藏人在此役中喪生，這是一場所謂的戰爭；然而西藏人唯一的要求不過是和平獨立、與世無爭。當堪巴旁玻的手下以計謀將我們困住，他們採用的強硬手段也不涉及暴力；西藏人不必讓雙手染血就能有效達成他們的願望，甚至非常周到地對待我們。對我而言，能夠盡可能走到探險目標的極限，直到非不得已才停止，這已經讓我很滿意了。最後堪巴旁玻騎馬回到自己的帳棚，我告訴他我計畫翌日便出發返回總部。

第二天早晨，我獨自騎馬拜訪堪巴旁玻，這引起夏格杜爾和薛瑞伯喇嘛一陣驚慌，只是還沒騎到一半路程，突地湧出二十名騎士騎馬把我包圍住，要求我下馬。等了一會兒，堪巴旁玻和扈從出現了，地毯和坐墊如常鋪設妥當，我們坐下來談一些不算敏感的事情。我開玩笑問他，如果只有他和我兩個人一起騎馬到拉薩會怎樣？他笑著搖搖頭說，假如達賴喇嘛允許，那麼伴隨我前去拉薩將是件賞心樂事。

「這樣吧，我們派遣一個信差去見達賴喇嘛，我願意再等兩天。」

「不行，」他很堅決地回答：「我應該一開始就拒絕回答這樣的問題。」

堪巴旁玻的眼睛瞇成一條細縫，指著我說：「薩希布」（Sahib）[2]！

我反問他，如果我是印度來的英國人怎麼可能從北邊來，而且是由俄國人和布里亞區的哥薩克騎兵隨侍？我還向他解釋瑞典的位置在哪裡。

此時有人牽來兩匹馬補償我們失竊的馬匹，這兩匹馬看來委靡不振；我說我不要，於是他們又牽來兩匹完美無瑕的駿馬，這次我表示十分滿意。

接著我問堪巴旁玻為什麼要如此慎重其事，帶領多達六十七個騎士，畢竟我們只有三個人，錯了，現在我是獨自一人，難不成他怕我嗎？

堪巴旁玻說：「不是，絕非如此，那是因為我得到拉薩的指示，命令我必須以國賓之禮款待你。」

我們再度坐上坐騎，堪巴旁玻和他的隨從陪伴我走到我的帳棚前。西藏人檢查我們的武器，並介紹即將伴隨我們出境的護衛，這支護衛隊包括兩名士官和十四個士兵，還有六人負責打理西藏官兵的行李；他們自己帶了十隻綿羊，堪巴旁玻額外送給我們六隻綿羊，還有油脂、麵粉、奶水等物。我們就此互道珍重，這時我們已經成了好朋友[3]。

被「押解」回總部

我們的隊伍看起來像是在移交囚犯，夏格杜爾、薛瑞伯喇嘛和我三人的兩側、前後，都被騎馬的西藏人團團包圍，即使晚上紮營，他們也在我們的帳棚兩側各搭起一座極靠近的帳棚，並且維持警戒，因此我們整夜都睡得很好，全然無需擔心牲口的安危。西藏人很害怕尤巴斯，因此我們一直拴住牠；護送隊伍裡有兩個喇嘛，他們不時轉動祈禱法輪，嘴裡喃喃念著「唵嘛呢叭彌吽！」

一頭熊正在刨掘土撥鼠的洞穴

白天的行程分成兩個階段，中間停下來喝茶。西藏人用配劍從地上砍下三塊泥塊，架起一個三角形支架，剛好可將鍋子放在上面生火烹煮；他們的午餐包括烤羊肉、糌粑和熱茶。西藏騎士外表相當英俊，頭上纏著辮子和紅色頭巾，他們的右臂和右肩赤裸，毛皮外套准許搭在肩上並半垂在背後；所有的馬匹一律佩戴鈴鐺頸環，一走動即發出清

騰格里湖
昂孜錯
當惹雍錯
外喜馬拉雅山區
帕布拉巴脊
西拉山口
林迦貢巴寺
彌曲河
喜 馬 拉 雅 山
拉薩
雅魯藏布江
卡嘎村
檀納村
羊卓雍湖
日喀則
彭錯林
朗瑪村
札什倫布寺
江孜
聖母峰
29,000呎
錫金
馬 拉 雅 山
不 丹
大吉嶺
尼泊爾
往加爾各答
印 度
恆河
布拉瑪普特拉河

拉薩與通往印度的路線

脆的叮噹聲，使得整座山谷洋溢著歡樂氣氛。

扎加藏布江現在的水位已經大幅下降，我們騎馬涉過河水，護衛隊在此向我們道別，我們又恢復獨行。護衛隊離開之後，我們忽然覺得孤單，夜裡又開始輪流守衛。有一回，默蘭基站在路旁的小土坡上狺吠，我騎馬過去查看究竟，發現一頭熊正在挖掘一個土撥鼠的洞穴，牠很專心地埋頭刨土，直到我相當接近了才察覺；牠盡速離開洞穴想偷偷溜走，兩隻小狗立刻追了上去，這頭熊並不退縮，兩方像玩樂似的纏鬥一番，直到雙方都累了才罷休。

八月二十日，我們只差幾哩便可抵達總部，自峽谷中傳來幾響步槍的聲音，那是西爾金和涂厄都出來為旅隊獵捕獸肉，一見到我們無不興奮地流下眼淚。

我們騎馬回到營地，一切平安無事，徹諾夫已經帶領押後隊伍抵達，結果我們總共只損失了兩頭駱駝與兩匹馬。對我而言，好像又回到了文明社會；我用旅隊的水桶洗了個熱水澡，由於我已經二十五天沒有洗過澡，所以換了好幾次水才總算是洗乾淨了。接著我穿上一身乾淨的衣服躺在自己潔淨舒適的床上；帳棚外手下彈奏起三弦琴、長笛、廟鐘、我的音樂盒和兩隻臨時湊成的鼓，儼然一場音樂會已經開始。雖然我們沒有真的抵達拉薩，可是卻品嚐到偉大探險令人陶醉的況味，這是以前從來沒有經歷過的。

【注釋】

1 又作khata，絲絹做成的長布條，是藏人與蒙古人用來表達歡迎的見面禮。

2 北印度語，意指主人，是殖民地時代印度人對英國人或其他歐洲人的敬稱。

3 原書注：英印聯軍攻打拉薩時，擔任路透社特派記者的甘德樂（Edmund Candler）在其著作《揭開拉薩的面紗》（*The Unveiling of Lhasa*）裡提及，一九〇四年五月初，一小支英國軍隊遭到西藏人突擊，率領這一千名西藏官兵的指揮官正是三年前在那曲附近攔截我的堪巴旁玻。經過十分鐘的激烈槍戰之後，西藏人被迫撤退，這次戰役造成一百四十名西藏人喪命，英軍則損失五人。我的朋友堪巴旁玻很可能就在這次戰役中犧牲了。誠如我們相見的那種場合，他也是在為國家盡他的職責罷了。一九〇一年的那次際遇，我並沒有生他的氣，後來一九〇四年發生的事件，更讓我尊敬與懷念這位君子。

第四十五章　被武裝軍隊攔阻

現在我的計畫是設法穿越西藏，抵達印度，因此我決定帶領整支旅隊向南方推進，唯有遭遇無法抵抗的障礙，才會調頭轉往西邊，朝拉達克山脈前進；中途取道喀什米爾和喜馬拉雅山，最後抵達恆河畔較溫暖的區域。

這是一趟極為艱辛的旅程，必須翻越許多高海拔的山口，通過未曾經歷、危險萬分的流沙地帶。途中，有好幾匹馬相繼不支倒斃；從克里雅來的隊員卡爾培特（Kalpet）也病倒了，必須騎馬跟著隊伍走。這個地區獵物相當豐富，哥薩克騎兵因此能為我們提供源源不絕的肉類。有一次，他們射殺一頭野山羊和一頭羚羊，並讓牠們在寒冷的野地上凍成石頭似的冰塊，結冰的兩頭羊依然保持奔逃的姿勢，看起來栩栩如生。還有一次，七隻狗聯手追趕一隻可憐的野兔，最後被尤達西捉住，豈料半路闖出了尤巴斯，一口就把野兔吃掉了。

我們知道旅隊遲早會被攔阻下來，只是它發生得太快了。九月一日，亦即我們才上路一個星期就遇到了游牧民族；當時我們攀上一處山口，往南方的平原俯瞰，可以見到馬匹星星點點散布著，還有好幾千頭綿羊在吃草。夏格杜爾和薛瑞伯喇嘛騎馬到一頂帳棚去買鮮奶和油脂，可是住在那裡的西藏人卻表明禁止賣給我們任何東西，夏格杜爾勃然大怒，把西藏人嚇壞了，只好悉數賣給我們所需要的東西。隨後夏格杜爾帶了三個西藏人到旅隊營地來，大夥兒拿出熱茶和麵包款待客人，等到我們讓他們離去時，只見他們匆匆忙忙回到馬鞍上，好像有惡鬼在後面追趕似的策馬急奔。

全面性攔截

九月三日，六名武裝騎士突然出現在旅隊左手邊，另有七名騎到我們右手邊，並且都保持相當的距離；這些騎士清一色戴著一頂白色的高帽子。沿路有很多帳棚，我們從路上往帳棚裡探看，瞧見這裡的婦女把頭髮紮成小辮子，垂在背上的辮尾均綁著紅色絲帶和珊瑚、土耳其玉、銀幣等飾物。

我們再度來到扎加藏布江，只是離上次渡河地點更臨近下游，這裡的河水匯聚成一條很深的渠道，西藏人坐在岸邊，打算看一場免費表演，當我們把折疊船組合起來並推下水時，每個人全都面無表情呆呆凝視著。待紮營完畢，一位首領帶領手下趨前表示：

「我們奉命阻止你們繼續南行。」

一群「果亞」（Goa）瞪羚

「好啊，你阻止吧。」

「我們已經派遣信差到拉薩了，如果你繼續往拉薩走，我們都要被砍頭的。」

「你們活該。」

「所有的游牧民族都奉命禁止出售任何東西給你們。」

「我們只拿自己所需的東西，而且我們有武器。」

我帶著奧迪克乘船往下游航行了兩天，抵達扎加藏布江匯入色林錯（Selling-tso）[1]的地點，西藏人在岸上跟著我們走，偶爾發出狂野的吼叫聲。我們在河口附近和旅隊會合開始紮營，哥薩克騎兵逼迫一些人賣給我們四隻綿羊。

我們繼續沿著湖岸前進，九月七日，共有六十三名騎士亦步亦趨地跟著我們。接下來幾天，我們轉由色林錯西岸挺進，愈走愈接近一座淡水湖北岸。緊跟著我們的西藏人越聚越多，看來一些部落又開始總動員了，每天總有一位首領會前來央求我們調頭改走拉達克方向，或是靜候拉薩下達命令，但是我們不容許自己心有旁騖，我亟欲把這兩座湖的地圖畫出來，心裡必須平靜地評估整個情勢。

這座淡水湖叫納燦錯（Naktsong-tso），景色優美，沿岸有陡峭的岩石，還有湖灣與小島，湖水湛藍，清澈如水晶。

卡爾培特的病情更加惡化了，可憐的他倚在駱駝背上搖晃前進，我們不時得停下來照料他。有一次，大家在湖東岸的一處帳棚村附近停下來時，他要求喝一杯水，再一次旅隊停歇時，他已嚥下最後一口氣。那天晚上我們將他的屍體放在一頂帳棚內，回教徒為他徹夜守靈。第二天，大夥兒為卡爾培特舉行葬禮，穆拉在墳前講述死者的行誼與忠誠，其他的人則不斷為死者祝禱；我們在他墳上豎立一個刻有銘文的黑色十字，他的帳棚、衣物、靴子全部燒掉。葬禮中，西藏人隔著一段距離觀察我們，對於我們竟然為一個死人費那麼大的工夫，讓他們感到不可思議，他們說：「把屍體丟給野狼吃豈不省事多了。」

我們又恢復正常的作息，以及得面對新日子的不確定感。隨著我們往南的步伐，西藏人的數量日益龐大，現在我們前方又出現新的隊伍，他們在一些黑帳棚與兩頂藍白相間的帳棚前集合；一支騎兵隊將我們包圍起來，要求我們停止前往，納燦地方的兩位總督也隨隊現身，顯然，他們接到拉薩政府的重要指示。我決定在離他們帳棚一百五十步外紮營，其中最大的一頂帳棚裝飾著和闐來的地毯，於是用它來招待客人。

過了一會兒，兩位總督駕到，他們身穿富麗堂皇的紅袍，上面綴飾中國式鈕子。我走出棚外迎接他們，兩位總督下馬，很友善有禮地與我寒暄，然後走進帳棚；兩人中以赫拉耶大人（Hlaje Tsering）身分較崇高，他是個無鬚老者，留著一條辮子，另一個是楊度克大人（Yunduk Tsering）。我們開始一場持續三個小時的協商。赫拉耶先開口：

「你上次走東邊的路去拉薩只帶了兩位隨從，後來被那曲的堪巴旁玻攔阻並護送過邊界，現在你來到納燦，但絕不能再往前走一步。」

「你們阻止不了我。」我回答。

「可以，我們有百萬大軍可以阻擋你們。」

「那有什麼意義？我也能向你們動武。」

「這樣一來，你我都得人頭落地。如果讓你們通過，我們都會被砍頭，既然如此，我們不如現在先分出勝負。」

「你們不必擔心我和我手下的人頭，你永遠也動不了我們的人頭，我們有更高的勢力當後盾，而且有可怕的武器。不論怎樣，我們還是堅持繼續往南走。」

「睜大你的眼睛，好好瞧瞧明天我們怎樣阻擋你們的旅隊。」他們激怒地嚷著。

我鎮定地給予反駁：「我才要請你們自己睜大眼睛哩！明天我們一定要向南走。不過別忘了把毛瑟槍準備好，因為火熱的槍恐怕會燙了你們的耳朵，你們還來不及裝新子彈，我們就會撂倒你們，打中你們每一個人的鼻子。」

「別這樣，別這樣，我們不談殺人。」他們又開始展開說服：「如果你們現在走原路回去，我們自會奉上嚮導、糧食、牲口和你們需要的一切東西。」

「聽著，赫拉耶大人──你真的以為我會瘋狂到走回北方的不毛之地嗎？我已經在那裡損失半數的牲口了，我們哪裡都可以去，但是絕對不回那裡！」

「既然這樣，」他說：「我們不會向你們開火，可是我們會讓你們走不下去。」

「怎麼可能？」

「我將派遣士兵，你們的每一位騎士和每一頭駱駝都會被二十個士兵牢牢牽制住，直到你們的牲口全部死亡為止。我們有拉薩傳下來的特別指示。」

「你拿給我看，」我嘴巴這樣說，不過打開始心裡就明白我們不可能再向前進一步。

「樂意之至，」他們回答，同時掏出一張紙，上面的日期是「鐵牛年六月二十一日」，公文裡並提到蒙古朝聖客，指的是我們的龐大旅隊，結論是：

「速傳此件至那布羅（Namru）與納燦，諭令全民，自那曲以至吾（達賴喇嘛）土全境，均禁止歐洲人行旅至南方。此令送達眾酋長，戍守納燦邊境，務使全國監督嚴密。歐洲人萬無親至聖典之土勘探之必要，亦與二君掌理之地毫無干係，即使歐洲人號稱必須如是，二君即告知彼等不可南行，若歐洲人執意南行，汝將受劊刑（斷頭）。務使彼等撤回來時路。」

脫隊遊湖的小插曲

這時候他們轉而對可憐的薛瑞伯喇嘛說重話，指責他「為我們引路」，薛瑞伯氣忿地反詰他們憑什麼斥責他這個身為中國子民的喇嘛，這場口角爭執越演越烈，我拿出大音樂盒放在爭吵兩方的中間，被打斷的西藏人有很長一段時間靜默不語。

那天晚上我到總督的大帳棚回拜，與他們共進茶點；帳棚裡裝飾著地毯、坐墊、矮桌，另有一座室內神壇，上面供奉神像、油燈和供物。這次我們談得相當愉快，聊天到半夜方盡興而歸。

庫曲克和我乘船在納燦錯湖上遨遊了兩天，度過非常愜意的時光。這座湖形狀渾圓，水中突起的陡峭懸崖，景色優美得像是童話故事。我們划船到狹窄的湖灣，景致如詩如畫，不時可見金鵰（golden eagles）在懸崖上凌空竄起。游牧民族在沿岸的原野上放牧牲口，看見我們靜靜地從湖面上接近，全都目瞪口呆，他們以前從來沒有見過船，嚇得趕緊把牲口驅離湖岸。到了西北岸，我們又發現走陸路的旅隊，於是改成騎馬走到另一座美麗的湖泊楚克錯（Chargut-tso）的東岸，這座湖倚著高山與矮坡，湖裡躺著小島和峽灣。在卡爾培特生前曾經被他騎乘過的駱駝，在前往楚克錯的途中不幸去世，迷信的回教徒咸認為這是理所當然的事。

我們的營地非常壯觀，我們自己有五頂帳棚，西藏人有二十五頂之多，他們的軍隊已經增加到五百人以上，因而湖岸上擠滿了騎士、步兵、馬匹、犛牛和綿羊，士兵的毛瑟槍上繫著的紅色飾帶迎風飛舞。他們為了表達對我的尊崇，特地表演一些軍事操練和野性十足的馬術，陽光在他們五顏六色的制服上和閃亮的武器上耀動時，蔚為一幅生動迷人的畫面。赫拉耶大人送給我兩匹馬，並讓我隨意取用四十頭犛牛，如此在往拉達克的漫漫長路上，犛牛的供應將源源不絕。我回送給兩位總督懷錶、左輪手槍、匕首和其他物品，我們也變成了好朋友。

九月二十日我搭乘小船出發，郭台擔任槳手，就在我們划離湖岸相當遠之後，忽然颳起一陣西向風暴，激揚的浪頭越來越高，我們輕巧的帆船震盪劇烈，並且往後面的營地逼近，當巨浪托起船身之際，營地的帳棚清晰可見，可是當浪頭落下時，卻連湖岸都看不見。小船迅速接近湖岸，波浪發出陣陣咆哮，再過不久我們就會撞上岸邊，屆時小船勢將被風浪擊碎。在晦暗的天光裡，西藏人群聚岸上等著目擊我們船毀人亡，可另一旁的哥薩克騎兵已經嚴陣以待，紛紛脫掉衣服跳入水中，郭台也跳下水，他們強壯的手臂拉住我和船身，越過翻滾的巨浪，將船拖到乾燥的陸地上，旁觀的西藏人全都驚愕不已。

夜裡風平浪靜，我藉著燈籠的亮光順利地在湖面上測量水深，完成後回到岸邊，從湖面上看岸上營火點點的營地，彷彿是座燈火通明的城市。月光灑遍整座營地，各個帳棚間傳來不絕於耳的談笑喧譁和優美的絲竹樂聲。

第二天，我又和庫曲克到湖上冶遊，旅隊和西藏人將從陸路走到楚克錯盡頭，也就是湖面延伸向西的終點。湖中央有一座岩石形成的島嶼，我們將船頭朝著這個島嶼划去；從湖心望過去，湖泊北岸框成黑色的長線條，那是我們的同伴和西藏士兵西行的隊伍。

起風了，風勢逐漸增強，我們把槳收離水面，船順勢抵達湖心的島嶼；費了好大一番力氣，我們終於抵達小島東岸的背風處，庫曲克和我把船拉上岸，開始登上島嶼探險。

「怎麼樣，」我問庫曲克：「我們的船綁好了沒有？」

「我想應該有吧。」他很驚奇地回答。

「假如船飄走了呢？我們的食物可以撐三天，可是之後怎麼辦？如果船進水必然會沉沒，其他人可沒辦法過來接我們。缺水倒是好解決，我們有一整座湖的水可以喝，可是沒有步槍就不能射水鳥。」

「到時候，我們就得試試看抓魚吃。」庫曲克建議道。

「沒錯，可是等湖水結冰還要等上三個月。」

「燃料倒是十分充足，顯然犛牛冬天來過這裡吃草。」

「我們應該造一間石屋，並且在秋天來臨前掘一條壕溝防衛。」

「我們可以爬到懸崖上點燃信號煙火，如此旅隊同伴展開搜索時才能發現我們。」

「噢，別瞎扯了，庫曲克，我們還是回去看看船還在不在吧。」

船還在。

在小島的西岸，暴風掀浪翻攪湖水，浪花衝擊巨大的崖石，碎成細濛濛的水霧。我們走到船邊的營地，生起營火煮茶、吃晚餐。之後，我們躺下來傾聽強風在懸崖間打轉的呼嘯聲，暮色沉降，黑夜接踵而至，月亮也緩緩升上夜空。

「等暴風減弱後，我們稍晚划船去西邊吧。」

然而強風持續狂烈地吹襲，迫使我們只好早早就寢。次日陽光普照，可是風暴卻沒有減弱的跡象，我們在島上漫步，撿拾燃料；我在島的西岸靜坐了好幾個小時，對著波濤玄思冥想。日落時分，我站在懸崖上向太陽道別，然後偕同庫曲克再次枯坐在營火前等待。

夜裡風暴突然減弱，我們立刻把船推下水向西划行，目標是另一個岩石小島。天空烏黑一片，我們點亮燈籠，讓小船乘著波浪而行，最後終於觸及小島的岸邊，我們倆把船拖上岸，然後倒頭就睡。

第二天早晨又是個強風呼嘯的天氣，我們的行程又耽擱了，不久天氣轉好，我們趕緊上路。可是才划一小段路，一場新的風暴再度颳起，強勁風力將我們推回岸上。下午風似乎平息了，我們又一次嘗試行進，眼前仍然有一片寬廣的水域，測量水深的鉛錘顯示湖水最深處達一百五十七呎。太陽躲到薄雲之間，西南方一條山脊上的天空轉為黑色，庫曲克和我一人搖著一枝槳，新的風暴吹襲過來，我們就像是奴隸船上的槳手拚著命逆風划槳。波浪越衝越高，船艙裡進了許多水，此時西南方突見高聳的山壁，我們渴望趕到山壁的背風處避風，眼下船身已經有一半進水了。

「準備好你的救生圈，庫曲克，我已經備妥我的了。」

我們渾身被水霧打濕，這時附近水面上出現一塊陸地，我們使出吃奶的力氣及時把船划過去，筋疲力竭的我們趴臥在岸上，我的雙手起了好大的水泡；兩人生起一小堆火吃飯，然後酣然沉入夢鄉。

早上吃完最後一塊麵包，我們開始划過湖泊最西邊的水域，由於看不見旅隊的任何人馬，只好繼續穿過一條窄仄的峽道，直達一座新湖泊安南錯（Annan-tso）。剛在晶瑩的湖水上划了一小段路，一場新起的風暴又將我們推上湖岸，大量的水湧進船艙，我們在浪頭中翻覆。庫曲克和我全身濕透，只好在岸上脫光衣服，迎風吹乾，當我正要出發走向鄰近一頂游牧民族的帳棚時，庫曲克突然大喊：「你看，徹爾東和奧迪克騎馬過來了！」

才幾分鐘光景，兩人已經來到了我們身邊；他們一直騎馬沿著楚克錯和安南錯找尋我們的下落，可是沒有一絲一毫的線索，因此極為擔心我們已經淹死了。在搜索的過程中，他們遇到好幾支西藏人的巡邏隊和八處哨站營，戍守著通往拉薩的主要道路。稍後，我得知兩位總督懷疑我們要詭計，擔心我們在岸邊暗中備好馬匹，藉此逃過他們的監視，然後騎馬趕去拉薩了。我們離營期間另一頭駱駝又告死亡，而西藏士兵中也有一人去世，在返回營地途中，我們看見這個西藏人的屍體被拋棄在野地，而且已經被猛禽啄食得面目全非。

赫拉耶大人和楊度克大人欣然見到我回營，熱情地為我舉辦盛宴。

第二天早晨我們分道揚鑣，一支護衛隊銜命護送我向西行，而兩位總督則分別返回他們轄區的首府；當我目睹他們龐大的隊伍離去時，做夢也沒想到在我後來的亞洲探險中，赫拉耶大人竟然扮演著極為重要的角色。

【注釋】

1 又稱奇林湖，「錯」是藏語湖泊的意思。

第四十六章　西藏來回印度行

九月二十五日，我們開始穿越西藏內地，走一趟耗時三個月的旅程。護送我們的第一支隊伍有二十二個人，指揮官叫作亞姆度大人（Yamdu Tsering），官方甚且提供我們充足的犛牛，隨著我們前進的腳步，衛隊人員和牲口不斷換新。衛隊的任務就是阻止我們向南進入「聖典之土」，可是我違反這項禁令好幾次，主要目的是避開印度學者喃辛（Nain Sing）、英國探險家鮑爾（Bower）、李陀戴爾等人走過的路線，希望為這個地區的地圖增添一些新內容。

雖然現在大部分裝備由隨我們支配的犛牛馱運，可是幾乎沒有一天不折損駱駝、騾子或馬匹。駱駝馭手默哈梅得托卡達（Mohammed Tokta）年紀較大，我們讓他騎坐所剩無幾的馬匹中的一匹，負責押趕一隊病號。默哈梅得托卡達每天都開開心心地，生性樂天的他從來不抱怨。他通常是最後一個抵達營地的人。有一次，他的坐騎獨自趕抵營地，卻不見他的蹤影，我派遣兩個人帶著一隻騾子去找他，他們發現他躺在路旁的一個洞裡睡覺。默哈梅得托卡達表示他因為睏極了，不小心跌下坐騎，之後就一直躺在落地的位置。搜尋的人將他帶回營地，但見他又在醫療帳棚裡陷入沉睡，沒想到這一睡就永遠沒有醒過來。次日，我們竭盡所能按照回教儀式將他埋葬。

十月二十日，我們來到已經乾涸的鹹水湖喇廓爾錯（Lakor-tso），此地離拉達克還有四百八十哩，如果不是西藏人幫忙，我們絕對不可能到達那裡。四十五匹的騾子和馬，只剩十一匹還活著，而三十九頭駱駝也僅倖存二十頭。寒冷的冬季來臨了，溫度降到攝氏零下十八．九度，所幸食物倒是隨處可得：我們向游牧民族購買綿羊，哥薩克騎兵負責打獵，羅布人則在波倉藏布江撒網捕魚；我們已經沿著這條河走了好幾天了。在沛蘆澤錯（Perutse-tso），我們遇到進入西藏以來的第一處樹叢，於是在那裡停留四天，讓牲口享受一下水草，並且生起熊熊營火。

在羅多克（Rudok）地區邊境，一個魯莽而傲慢的首領要求檢查拉薩政府發給我們的護照。

「我們沒有護照，」我回答：「我認為有西藏人護送我們就足夠了。」

「不行，沒有護照你們就不能向西邊再踏出一步，也不能通過我的轄區。待在這裡，等我派個信差去拉薩報告再說。」

「要等多久才有回音？」我問他。

「兩個半月。」

「好極了，」我狂笑說道：「這正合我意。我們就回到沛蘆澤錯，那裡既有水草又有燃料，我們就在那裡建立一個供應站，等到春天你就會接到拉薩來的白絲繩。你儘管保重，等你人頭落地時可不要怪我。」

他突然變得客客氣氣的，把他的手下從邊界撤回，開放羅多克地區讓我們通行。距離拉薩愈遠，護送我們的西藏人也愈大膽。有一次，新護衛人員遲遲不來，舊班底已經等不及要回去，他們打算棄我們不顧，沒有護衛也沒有犛牛。我們接收了他們的犛牛，將行李裝載好之後繼續前進，這時舊有的護衛隊為了謹慎才跟了過來。

測試冰層厚度

十一月二十日，還有兩百四十哩的路程，溫度計顯示氣溫已經降至攝氏零下二十八．二度。我們的一隻老駱駝死了，牠曾經伴隨我們穿越到且末的大沙漠，也曾兩度與我們去樓蘭探險。每一天，我都得面對與這些幫助過我征服亞洲廣大內陸的老朋友別離，像堪巴旁玻送我的一匹馬在占噶夏河（Tsangarshar River）的冰層上陷入冰洞，我們費盡力氣才將牠救了出來，用火將牠烤乾，還以毛毯覆蓋牠的身體，可是第二天早上這匹馬還是倒斃在營火餘燼旁；還有一天接連死了四匹馬，現在唯一剩下的就是我的坐騎了。

在冰湖上乘雪橇

過了寺廟村諾和（西藏西方臨近喀什米爾的村落）之後，我們來到美麗的淡水湖昂玻錯（藏文原意為「藍色湖泊」），這座長而窄的湖泊望不見盡頭，兩側夾著高聳陡峭的山壁，我們經過時，銅鈴的叮噹聲引發悅耳的回音。昂玻錯由四個湖塘組成，彼此間以短小的地峽相連，第四個湖塘尚未完全結冰，北岸的山壁以極陡峭的角度插入湖中。我們眼前所遭遇的障礙，論險惡兇猛並不亞於西藏地區。

十二月三日，絕大部分湖面結滿薄冰，然而我們要行走的部分較深水處仍未凍結；空氣寒冷，乾淨而平靜。夜裡薄冰延伸到整個湖面，直達湖畔的山腳下，第二天下午冰層已有五公分厚，我決定建造一種雪橇或筏子，材料是駱駝的鞍梯和帳棚支柱，外面披覆毛氈墊，然後利用這種交通工具將駱駝逐一拉過結薄冰的湖面。

首先我們對雪橇進行測試，讓體重加起來相當於一頭駱駝的幾個人一起站到雪橇上，接著兩個人很輕易地拉著雪橇沿著凍凸的湖面走，然而因為冰層太薄，在不堪負荷眾人的體重下，冰層開始起伏波動，雪橇上的人見狀紛紛閃跳，當每一位英雄變成懦夫躍下時，立刻博得眾人的捧腹大笑。冰層閃耀著光芒，透明似玻璃，我們可以看見深水裡魚兒的背鰭，好像在水族館一樣。又過了一晚，冰層厚度增加了兩公分，現在所有的負重可以安全渡湖了；等到冰層結到九公分厚時，連駱駝都可以乘著雪橇橫渡湖面。

昂玻錯最西邊延伸出一條支流，流向更西邊的班公錯——一座山中的鹹水湖，兩側由高聳的岩石山壁環抱，看起來像是龐大的河谷。湖泊邊的每一處半島所延伸出去的地形景致，實非筆墨所能形容，它們絕對是地球上數一數二最壯觀的風景。這裡的山脊和峰頂積雪終年不消，群山厚實的本體像

駱駝隊行過班公錯北岸的巨石

背景布幕似的，峰峰相連，越遠越模糊，直融入西北方的遠山。

我們沿班公錯的北岸前進，湖畔的山麓一般而言相當平坦，但有時候，我們必須跨越低矮但陡峭的山脊，有時山腳下則堆疊巨大的圓石。由於湖水很深，所含的鹽分又高，因此湖水結冰的情況並不理想，我們試圖將最後幾頭駱駝拉過湖面時，經常碰到棘手的難題。

我派遣兩位信差先去拉達克首府列城（Leh）宣告我們即將到來。十二月十二日，我們在西藏與拉達克的邊界欣然遇見一支援助隊伍，由兩位拉達克人安納爾（Annar Joo）和古倫（Gulang Hiraman）領隊，為我們帶來十二匹馬、三十頭犛牛，許許多多的麵粉、白米、玉米、水果、醃漬食物以及活的綿羊，我們付了一些錢給最後一批西藏衛隊，將他們打發回去。接下來展開在我們眼前的是個新局面。

進入印度

當天晚上，我們營地裡充滿了活力與歡樂氣氛，只有尤達西不太高興，那天晚上，牠和平常一樣睡在我的腳邊，可是隔天早上，牠抖了抖身子，用鼻子在地上刨了一會兒，然後飛快地跑向東方，沿著班公錯湖岸消失不見了。尤達西跑回了西藏，因為牠與游牧民族的母狗談戀愛，從此再也沒有回來過；自從我離開歐什之後，這條狗就一直是我的室友。

我們在班公錯的西緣翻過一道低矮山脊，站在山脊上，可以瞭望印度河流域；過去兩年半以來，我們所遊歷的地方完全是內陸，沒有任何可通達大海的河流。

十二月十七日，我離開旅隊策馬急奔列城，迫切地想發送祝福的耶誕電報給家人；我已經有十一個月沒有收到家人的隻字片語了。小鎮上已經有好幾疊信件等著我，另外寇仁勳爵寄給了我一封至為誠懇的邀請函，希望我到加爾各答拜訪他。

這一年的耶誕節，我和仁慈的摩拉維亞傳教會教士一起度過，包括黎巴賀（Ribbach）、海塔西（Hettasch）、修威博士（Dr. Shawe）、貝絲小姐（Miss Bass）等人，見到睽違已久的耶誕蠟燭在基督教會裡閃爍，那感覺有些奇怪。

西爾金和我的九位回教徒助手取道喀喇崑崙山口回家，其他人則留在列城等我回來會合。我只帶了一名隨從前往印度，那就是夏格杜爾。從列城到喀什米爾首府斯利那加（Srinagar）的路程有兩百四十二哩。一九〇二年元旦那天我們離開列城，徒步跨越危險的冰封山口宗吉隘口（Zoji-la），花了十一天的時間抵達；之後，駕駛小型雙輪馬車前往拉瓦平第（Raval Pindi）。

限於篇幅，我無法一一詳述印度的神奇美妙。到了拉合爾（Lahore），一位英國裁縫師將我從頭到腳重新打點過，之後我經由德里、亞格拉（Agra）、勒克瑙（Lucknow）、貝那拉斯（Benares）等城市抵達加爾各答，這些城市都像夢境一般擄走我的心。寇仁勳爵與夫人在加爾各答市政廳熱忱款待我；世界上研究亞洲的學者比他更熟知亞洲的只有極少數幾位，而勳爵夫人則是最美麗、最迷人的美國女性之一。在我停留期間，英國金融家兼慈善家科索爾爵士（Sir Ernest Joseph Cassel）[1]正好在寇仁勳爵府上做客數日。

我那了不起的哥薩克護從夏格杜爾像做夢似的四處遊蕩，他簡直不敢相信自己親眼看見的美好事物——這裡和西伯利亞東部寧謐的森林多麼不一樣啊！不過夏格杜爾卻患了傷寒，我經由特殊安排將他送回喀什米爾。

我自行前往德干高原海德拉巴德（Hyderabad）附近的玻拉嵐（Belarum）拜訪麥席威尼上

校；之後，又成了孟買總督諾斯寇特爵士（Lord O'Henery Stafford Northcote, 1846-1911）的座上客；我還騎大象從哲坡爾（Jeypore）旅行到安伯（Amber）廢城遺址。另外，我在卡浦塔拉（Kapurthala）大君府上叨擾數日，最後再回到喀什米爾首府斯利那加。病體已經好轉的夏格杜爾與我一起返回列城，這時的宗吉山口積雪太厚，山腳下狹窄的深谷另闢了一條冬季道路，道路上方的高山幾乎每天都會崩雪，使得這條路線異常危險；在日出之前經過這條狹路，最是凶險。我們雇用六十三個扛行李的腳夫，一共花了四天時間才翻越宗吉山口和那個地區；我們步行一段路後換乘犛牛，最後再改騎馬匹。

三月二十五日回到列城，夏格杜爾的病情再度惡化，我將他送到教會醫院治療，除非他脫離險境，否則我不能離開。經過三個半月的休息，九頭倖存的駱駝都養得肥胖而豐腴，我將牠們賣給一位從東土耳其斯坦來的商人。四月五日，我帶著旅隊其餘的成員再次穿越西藏。這到底是何道理？為什麼我不直接在孟買搭輪船回家？不行，我不能任由哥薩克騎兵和回教徒助手在異地飄泊，我對他們不也擔負著責任嗎？唯一留下來的是夏格杜爾，因為他需要休息兩個月；我留給他一筆充足的旅費和通行證明，當我向他道別、致謝，並祈求上帝保佑他時，他轉過頭去哭了起來。過了許久，我得知他經由歐什平安回到家裡。

首途返回家園

五月十三日，我與老友裴卓夫斯基、麥卡尼、韓瑞克神父在喀什重逢。公羊凡卡與我們一起抵達喀什，牠對我們的忠誠並不亞於一條狗，我將牠與所有忠實的回教隨從都留在喀什，至於小狗默蘭基和默其克則留在歐什。稍後我和好朋友徹諾夫告別，他即將返回威諾宜（Vernoye）[2]。當我抵達裏海岸邊的培特羅夫斯克（Petrovsk）時，適逢與徹爾東、薛瑞伯喇嘛揮手道別，他們二人先一起到窩瓦河口的阿斯特拉罕，然後徹爾東要回外貝加爾湖區的赤塔，薛瑞伯喇嘛則打算到卡爾梅克人（Kalmucks）[3]居住的地方，找一間喇嘛廟棲身。與夥伴、牲口一次又一次的離別，令我極為感傷。

最後，我又是孤獨一人，穿越俄國抵達聖彼得堡，謁見了沙皇。沙皇聽到我讚美哥薩克騎兵非常欣慰，決定授予聖安娜勳章以表揚這些騎兵，並送每人兩百五十盧布的獎金。這天，沙皇也下令頒發皇家勳章給西伯利亞所有的陸軍哨站，藉此彰顯四位

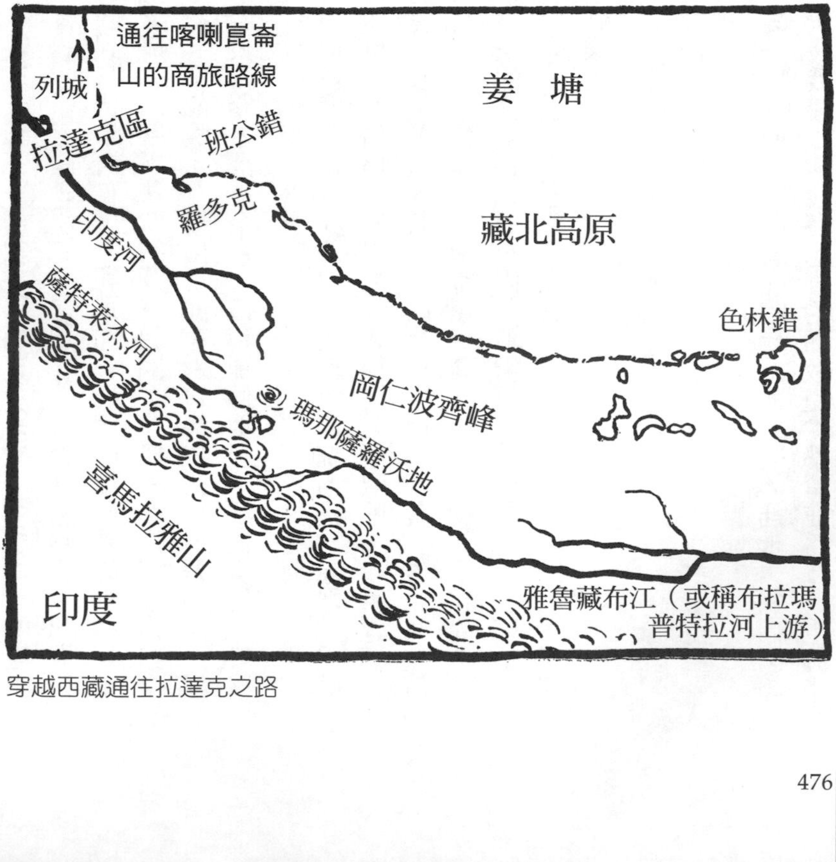

穿越西藏通往拉達克之路

哥薩克騎兵在這次漫長而危險的探險旅程中，為他們自己與國家爭取崇高的光榮。後來，瑞典的奧斯卡國王也頒發金質勳章給這四名哥薩克騎兵。

六月二十七日是我一生中最快樂的一天：我終於在這天返抵家園！

【注釋】

1 一八五三—一九二一，英國金融家兼慈善家，曾經資助瑞典、墨西哥、美國興建鐵路，貸款給墨西哥與中國政府等。

2 或Vernoyi，即今之阿拉木圖（Alma Ata），靠近新疆與吉爾吉斯邊界。

3 又作Kalmyks，蒙古人的一支，信奉喇嘛教。

第四十七章　對抗四國政府

接下來，我在斯德哥爾摩的家中閉門三年，絕大部分時間都在撰寫上次旅行的完整報告，最後集結成六冊文稿，書名是《中亞之旅的科學成果》（*Scientific Results of a Journey in Central Asia*），另有兩冊全部是地圖。

構思新旅程

在埋首整理這部書的過程，我的腦袋裡充滿狂野的計畫，想再進行新的旅程，探訪未曾被人探勘過的亞洲內陸。沙漠的風暴在我耳邊誘惑地呼號：「回來吧！」然而這次特別吸引我的卻是西藏！地圖上仍然有三大塊空白的地區，分布在這處世界最高、最廣山脈的北方、中央和南方；其中，最重要的是雅魯藏布江的北方疆域。廣袤的雅魯藏布江谷地位於喜馬拉雅山北方，並與喜馬拉雅山脈平行；過去曾有兩支探險隊伍穿過此區，分別是一八六五年印度學者喃辛的隊伍，以及一九〇四年英國人賴德（Ryder）、羅林（Rawling）、伍德（Wood）、貝利（Bailey）的探險隊。不過，這兩支探險隊和其他隊伍都沒有穿越雅魯藏布江北方的遼闊土地，這裡在地圖上猶是一片空白。幾乎可以確定的是，這個地區矗立著巨大無比的山系，因為少數幾個探勘過藏西與藏東的旅行家都必須征服高聳入雲的山口，因此，位於東西兩翼之間的寬廣地帶必然也是高峻雄渾的山脊。在賴德所繪製的路線圖上，甚至用三角形標示了幾座高峰，但是沒有人到過那裡；皇家地理學會的會長馬克漢爵士說得對，雅魯藏布江以北的山脈「從騰格里湖到瑪那山口（Mariam-la Pass）之間，就我們所知……從來沒有人跨越過那裡……在亞洲所有的地理探險中，沒有任何一項比探勘這群山脈還要重要。」（《地理雜誌》第七冊，頁四八二）

我所計畫的新旅程，主要目標就是探索這片不為人知的疆域，順便追溯印度河的發源地。最新的西藏地圖刊登於一九〇六年皇家地理學會出版的《地理雜誌》，在雅魯藏布江以北的一大塊空白上只寫著「尚未探勘」，我的野心就是要把這幾個字從西藏地圖上刪除，改填上正確的山脈、湖泊、河流名稱，並且從不同的方向橫越這塊空白地區。

關於這項計畫，我手裡握有一張王牌，那就是印度總督寇仁勳爵的高度興趣，他在一九〇五年七月六日從西姆拉（Simla）回覆我一封信：

得知閣下接受我的建議，在完全停止一生精彩的旅行之前，準備採取行動再次進行偉大的中亞之旅，這使我相當高興。趁我仍在印度之便，如有任何能協助閣下之處，我將十分榮幸為閣下出力，唯一遺憾的是閣下在結束此番偉大的探險之前，我將早已離開印度，因為我計畫於一九〇六年四月離開此地。談到閣下的計畫，我猜測明年春天閣下才會抵達印度，屆時吾等或許仍可相見，我將安排一位優秀的本地探測員伴隨閣下，同時尋找一名嫻熟天文觀察及氣象記錄的人員供閣下差遣……我難以預料閣下抵達印度時西藏政府將持何種態度，假如西藏政府如同目前一樣友善，吾等自當為閣下爭取必要之通行許可與保護。在此我要向閣下保證，能在任何方面襄助閣下之計畫，將是我莫大的榮幸。寇仁　謹誌。

情況不可能比這更順遂了。在英國人控制印度之鑰的一百五十年裡，喜馬拉雅山以北的未知疆域靜臥在神秘的沉寂之中，並未被英國人碰觸過。現在印度的總督竟然慷慨允諾給予我最大的支持與協助，另外，兩位大方的贊助人奧斯卡國王與諾貝爾也已將必要的探險經費撥給我，這次我的儀器將比過去更完備，唯一的陰霾是我必須與摯愛的家人分離。

一九〇五年十月十六日，我悲傷地辭別雙親與家人，再度踏上旅途。我先穿越歐洲抵達君士坦丁堡，然後跨過黑海到巴統，之後經由高加索與裏海直達德黑蘭。然而，巴統和其他幾個地方的革命運動正進行得如火如荼，通往提弗利司的鐵路橋梁被炸毀，我只好改變路線，從小亞細亞海岸線上的翠比松（Trebizond）搭乘馬車出發，波斯大帝阿布都哈米德二世借給我六名騎兵護送我走這條路，我們經由埃爾祖魯姆（Erzerum）和巴亞齊得（Bayazid）到達波斯邊界，然後不帶扈從，獨自取道大不里士（Tabriz）和喀茲文抵達德黑蘭。

波斯的新任大帝慕沙法艾丁熱忱接待我，並協助我穿過他的國土展開漫長旅途。我購買了十六頭壯碩的駱駝，招募隨員，並採購帳棚、行李箱、糧食等。一九〇六年元旦，我坐在駱駝背上開始四個半月的旅行，在這段期間，我兩度穿越危險重重的波斯鹽漠，在西斯坦逗留一個星期，目睹正在當地肆虐的瘟疫。隨後我騎著腳程很快的單峰駱駝橫越整個俾路支（Baluchistan），到達努什基（Nushki），連上印度鐵路。由於篇幅的限制，我無法細述這趟刺激而饒富趣味的旅程。我們必須趕快進入未知的西藏。

陷入困境

我在炙人的酷暑中（五月底的氣溫高達攝氏四十一・七度）穿越印度平原，到達海拔七千呎的西姆拉，我徜徉在高貴的喜馬拉雅山濃鬱的樹林間，新鮮冷涼的山區空氣令人深感暢快。楊赫斯本爵士親自到火車站迎接我，明托勳爵（Lord John Elliot-Murray-Kynynmond Minto, 1845-1914）與夫人更是熱情好客，讓我得以在他們的總督官邸叨擾。融洽的氣氛籠罩著我，人人都樂意幫助我順利完成旅行，三位本地助理已經在德拉敦（Dehra Dun）等候我；印度陸軍總司令吉青納（Horatio Herbert Kitchnerof Khartum, 1850-1916）也提供二十位武裝的廓爾喀士兵任我差遣。從臥室的窗戶，我可以看見喜馬拉雅山稜線上永凍的雪原，山脈的那一頭就是西藏，雲朵堆砌成無法穿透的帷幕逐漸沉降，很快便遮掩住北方的夢想之土。

英國政府走馬換將，新政府首相為坎博班納曼爵士（Sir Henry Campbell-Bannerman, 1836-1908），寇仁勳爵跟著離開了印度，繼任的明托總督盡力完成寇仁勳爵允諾我的事情，不過另一個握有大權的人卻對我構成極大的障礙，他就是主管印度事務的國務大臣摩爾利子爵（Viscount John Morley of Blackburn, 1838-1923）。印度外務大臣丹恩爵士（Sir Louis Dane）通知我摩爾利的決定：倫敦的英政府拒絕讓我經由印度邊界進入西藏！先前給予觀測員、助手、武裝扈從等承諾悉數撤銷。幾個月來，我接連經歷了革命、沙漠和瘟疫，但我並沒有被擊倒，然而在抵達亟待探索之境的前一刻，卻讓我碰上比喜馬拉雅山更棘手的障礙。

我發電報給首相，吃了個閉門羹；明托勳爵也發了好幾封電報給他，一樣遭到拒絕。裴爾西勳爵（Lord Percy）為我在國會裡提出質詢，卻只得到這樣的答覆：「帝國政府已決定隔離西藏與印度」。他引用吉卜林[1]（Joseph Rudyard Kipling）的詩表達自己的想法：

大門由我開啟，
大門任我關閉，
我為舍下樹立規矩，
白雪夫人如是說。

老天！當時我是多麼痛恨摩爾利！只要他說一個字，大門就能夠打開，可是他卻當著我的面砰然將門摔上！英國人居然比西藏人更壞。不過卻因此更激起了我的野心，我心想：「走著瞧吧，看看是你還是我在西藏吃得開。」幾年之後，史普林萊斯爵士（Sir Cecil Spring-Rice）在一次致詞中對我說：「我們關上門不讓你通過，你卻翻過窗戶進去了。」當時我並不明白自己其實應該更加感謝摩爾利勳爵，不過，後來我有機會得以在公開場合向他致謝。

這些談判與徒勞無功的努力都很耗費時間，而我也並非一無所獲，這次經驗讓我贏得一位終身摯友，那就是明托總督的私人秘書鄧洛普史密斯上校（Colonel Sir James Dunlop-Smith），我們兩人往返的書信足以集成一大冊。我與明托勳爵氣質高雅的家人共度難忘的兩個星期，勳爵將他一生的故事告訴我。一百年前，他的祖父也曾是印度總督，由於旅程艱辛，祖父把家人留在英國，等到任期屆滿，祖父搭船返回位於蘇格蘭明托鎮的老家，卻在距離老家只有一站時中風去世。勳爵的祖父在印度任職期間與妻子魚雁往來，他的妻子在書信中曾形容他是個：「可憐的傻子」（Poor fools）。至於勳爵本人年輕時則當過軍官，參與過進攻阿富汗的軍事行動；一八八五年，他與羅伯茨勳爵（Lord Frederick Sleigh Roberts, 1832-1914）同遊聖赫勒納島（St. Helena），兩人與姜森總督（Governor Johnson）漫步在通往囚禁拿破崙的朗伍德宅邸（Longwood）路上時，有兩位老婦人趨前走近，姜森總督低聲對客人說：「仔細看看靠近我們這邊的婦人。」兩位老婦走過之後，客人的評語是：「她的側面看起來和拿破崙好像。」總督回答：「沒錯，她正是拿破崙的女兒。」明托勳爵向來極崇拜拿破崙這個出身科西嘉（Corsica）的大英雄，他還娓娓道來另一樁關於拿破崙的軼事：當拿破崙第一次被放逐到厄爾巴島（Elba）時，羅素勳爵（Lord John Russell, 1792-1878）曾經前去探訪，他譴責戰爭的殘酷不仁，拿破崙面帶微笑聽著，等羅素說完，他才說道：「但它（戰爭）是個美麗的遊戲，一種迷人的職業。」

後來明托官運亨通，在老羅斯福（Theodore Roosevelt, 1858-1919）擔任美國總統時，擢升為加拿大總督。明托告訴我許多關於老羅斯福的為人和習慣，他們兩人不論哪一方面都有天壤之別。美國總統的權力固然比較大，但明托卻是個修養與氣度都難得一見的君子；當寇仁勳爵退休時，明托被任命為新任印度總督，統治三億兩千萬人口。

吉青納勳爵也是個令人難忘的人物，他對於自己的政府不肯在我的事情上讓步感到很憤怒，他與明托總督所舉辦的官宴和舞會，排場之豪華遠勝過歐洲與美國的宴會，席間印度國王穿戴珍珠、寶石飾物，閃閃發光。吉青納勳爵的官邸入口懸掛著一些旗幟，是他征戰蘇丹時從回教領袖與托缽僧手裡奪來的；另外，還有一些戰利品則來自南非。吉青納的屋子裝飾著亞歷山大大帝和凱撒大帝的半身像，以及戈登將軍（Charles George Gordon, 1833-1885）的畫像，更別提大批康熙和乾隆年間出窯的瓷器珍品了。吉青納的參謀長湯森（Charles Vere Ferrers Townshend, 1861-1924）也是我的朋友，他於一九一六年領軍征戰美索不達米亞，後來我在巴格達見到他時，他因庫特阿瑪拉（Kut-el-Amara）城被攻陷而淪為土耳其人的俘虜；關於這件事我還有很多的後續可說，但是現在我們還是快到西藏去吧。

一切的嘗試都徒勞無功！我決定走一條摩爾利管不到的路徑去西藏，那就是北方的中國領土。我告別西姆拉的朋友，前往喀什米爾的斯利那加；表面上，我的目的地是東土耳其斯坦。喀什米爾大君非常親切地接待我，而他的一位心腹達雅（Daya Kishen Kaul）則親自協助我組織旅隊。我們向潘趣（Poonch）首長購買了四十頭騾子，另外採購現代化步槍、彈藥、帳棚、鞍件、工具、糧食等物，由於朋友安排的扈從無法實現，因此我又雇了兩位印度剎帝利階級武士——干帕（Ganpat Sing）和畢孔（Bikom Sing），與兩位住在印度北部的阿富汗人——霸斯（Bas Ghul）和海魯拉（Khairullah Khan）。我請了歐亞混血的羅伯（Alexander Robert）擔任我的秘書；從馬德拉斯（Madras）來的印度天主教徒馬紐耶（Manuel）擔任伙夫。我帶了九千金盧比和兩萬兩千銀盧比，銀盧比上鑄著維多利亞女皇（Queen Victoria, 1819-1901）的肖像，西藏人不接受國王肖像的盧比，原因是女皇戴著皇冠與珍珠項鍊的肖像看來像尊佛，而國王肖像只是個頭像，連頂皇冠都沒有。

我從倫敦買來一條折疊船，還有一口非常美麗的銀色鋁箱，裡面裝了成千上百粒效用不同的藥錠，那是倫敦布羅斯維爾康製藥公司（Burroughs Wellcome）贈送的禮物；不論是船或藥箱，預計到了西藏都會扮演頂吃重的角色。

柳暗花明

我一抵達斯利那加便收到駐紮官皮爾斯上校（Colonel Pears）的親筆函。他信上說：「印度政府建議阻止閣下通過喀什米爾與西藏間的邊界，倘若閣下擁有中國護照，可改道東土耳其斯坦，否則宜打消此念。」又來了新的布達！我當然沒有進入東土耳其斯坦的中國護照，因為我本來打算從印度進入西藏。我發電報要求倫敦的瑞典公使藍格爾伯爵（Count Wrangel）出面交涉，向中國使節索取一份前往東土耳其斯坦的護照，結果此舉奏效，中國使節很快就批准並立即寄發這份護照；我在抵達列城時收到護照，便把護照拿給當地的英國官署看，當地官員隨即發送電報給印度政府。情勢變成：我人在列城，手持通往東土耳其斯坦的護照，因此我可以經由喀喇崑崙山口進入東土耳其斯坦，問題是我並不打算前去東土耳其斯坦，所以這份護照並非必要；一旦出了英印官方的勢力範圍，我就打算離開攀登喀喇崑崙山口的商旅路線，向東轉往西藏內地。這樣的如意算盤英國官方也預料到了，我離開列城一個多星期之後，西姆拉傳來對聯合政府的指示，表明總督收到倫敦來的命令，必須阻止我前進，如果我堅持往西藏前進，必要時可動用武力。這封信沒有及時抵達列城，是出於我的一位友人的「疏忽」，他將電報擱置了好幾天，等到我安全通過邊界之後才將電報發出。這位友人已經辭世，在此姑且隱其名，但是我永遠感謝與懷念他。印英聯合政府對這封電報的回應是：「此人早已消失在山間，找尋他無異大海撈針。」我當時大可將通行東土耳其斯坦的中國護照燒毀了事，後來萬分慶幸我並沒有那麼做。

列城旅途的點滴

現在我再花些許篇幅講述我到列城的旅程。

我於七月十六日離開斯利那加，第一個營地設在甘德保（Ganderbal），夜裡在營火照耀下，我們也許會被誤認為正在召開一場東方會議，因為我的隨從來自馬德拉斯、拉合爾、喀布爾、拉齋甫坦那（Rajputana）、潘趣和喀什米爾。我們在斯利那加街頭撿了三隻奄奄一息的乳狗，給牠們起了很簡單的名字，分別叫小白、小黃以及馬紐耶之友（Manuel's Friend）。我們分成幾組越過松南瑪格（Sonamarg），其中一組由一長列雇自喀什米爾的馬匹所組成；我們經由宗吉山口前往卡基爾（Kargil），當旅隊抵達該地時，我已經掂出幾個手下的斤兩：兩個阿富汗人老是惹麻煩，而潘趣與喀什米爾來的人則是烏合之眾，一點紀律也沒有，我將他們全數開除，整支東方聯軍僅留下羅伯、馬紐耶和兩個印度剎帝利階級的武士。

我大幅改變計畫，重新組織旅隊，這次一共找來七十七匹馬和一組新人手。我們的新旅隊熱熱鬧鬧地進入拉馬玉如寺（Lamayooroo），那裡的僧人以驅魔舞和音樂招待我們。

到了列城，英國、德國籍傳教士和當地居民全都熱忱歡迎我們。我們在這裡採購前往禁地西藏的裝備。楊赫斯本建議我務必雇用艾沙（Mohammed Isa），因為他曾伴隨許多知名的歐洲旅行家深入亞洲內陸，例如凱瑞、道格利緒、杜垂爾迪罕、葛瑞納（Grenard）等探險家，也與楊赫斯本到過拉薩，並隨同賴德到過嘎托（Gartok，現名噶爾）。艾沙通曉土耳其語、印度斯坦語和藏語，個子高大健壯，當他出現時大夥兒都忍不住微微發抖。艾沙還是個紀律十分嚴謹的人，不過他在個性上其實也是活潑、愛說笑的。

艾沙見到我時招呼道：「您好，大人！」

「你好！你想來領導旅隊嗎？路程很艱苦的哦。」

「當然想，可是您要上哪兒去？」

「我暫時保密。」

「可是我得知道要準備多少糧食。」

「為隊員和牲口準備三個月份的糧食，不管需要多少馬匹，盡量去買，雇人的時候記得要挑有經驗的。」

艾沙開始動手打點一切，他的手腳很快，並且得到當地大君，尤其是大君之子古南拉索（Gulam Razul）的鼎力幫助，一下子就雇好二十五個人手（其中九名回教徒，十六名喇嘛教徒）。艾沙自己是回教徒，可是他的親兄弟澤仁（Tsering）卻是喇嘛教徒；此外，旅隊中還有兩個印度教徒、一個羅馬天主教徒，以及兩個基督教新教徒（羅伯與我）。我把整支隊伍集合在我住處的庭院裡，並請拉達克地區的聯合專員（Joint Commissioner）派特森上尉（Captain Patterson）向他們發表行前演說。這些手下每個月可得到十五盧比薪資，事先給付半年，等到旅途結束，每人再加發五十盧比，前提是他們的工作成績必須令我滿意。隊裡最資深的元老是六十二歲的古法儒（Guffaru），三十三年前，他曾經隨福賽斯（Forsyth）的探險隊前往喀什，並親眼見過阿古柏本人。這次他帶著兒子和壽衣一起加入我的旅隊，萬一不幸在旅途中身亡，至少可以辦一場風光的葬禮。還有一位蘇卡．阿里（Shukur Ali）是我一八九〇年在楊赫斯本的帳棚裡就見過的；至於其他團員，我將在後文中隨故事的發展陸續介紹。

我那勇猛的領隊艾沙還買了五十八匹馬，其中三十三匹來自拉達克，十七匹來自東土耳其斯坦，四匹是喀什米爾產的，最後四匹是桑斯卡（Sanskar）來的。我們為所有的馬匹編號，在未來的旅程中，馬匹若有死傷均必須列入紀錄；後來牠們全數死於西藏。我們旅隊出發時，總共納編三十六頭騾子、五十八匹馬、三十四匹借來的馬，以及十頭借來的犛牛。

等到糧食採購齊備，帳棚、鞍件和其他物品都準備妥當之後，我命令宋南（Sonam Tsering）帶領大部分旅隊先行前往穆格立（Muglib）。

【注釋】

1 一八六五—一九三八，英國小說家與詩人，生於印度。

第四十八章　狂風暴雨下的水路航程

在離開列城之前不久，我拜訪了思托克大君（Rajah of Stogh），他是個中年人，仁慈而富理想色彩，若非一八四一年被喀什米爾征服，他今天應該是拉達克的國王。歷任大君居住的堅實城堡聳立在小鎮上空，大老遠就瞧得見。八月十四日，當我們朝印度河方向前進時，城堡的高聳外牆消失在充滿野性的懸崖峭壁後面，不久，我們離開這條滔滔不絕的大河，我心裡默默祈禱：有一天，我一定要到從未有歐洲人涉足的印度河發源地紮營。

我們的營地看來壯觀非凡，人馬雜沓、騾獸成群，真像個巡迴各地的小社區。我哀傷地看著這些健壯、豐腴、正值青春年華的馱獸，現在牠們輕鬆地站在那裡，從糧袋裡翻出草秣盡情咀嚼，可是我心裡很清楚，過不了多久牠們將因體力衰竭而陸續倒斃。每天晚上旅隊會宰殺一隻綿羊，我的團隊成群圍坐在火堆前用餐，等到人和牲口都睡著了，四下只聽得見守夜人哼唱小曲的聲音。

進入西藏地區

長長的隊伍緩慢爬上標高一萬七千六百呎的昌喇山口（Chang-la），這是我第三次跨越這山口，山的另一邊就是以前去過的小村莊德魯古布（Drugub）和譚克西（Tanksi）。我們在譚克西製作一頂西藏風格的大帳棚，並且仔細檢查所有馱鞍，確定它們不會使牲口瘀傷。當天晚上還舉辦一場宴會，有音樂和女性舞者助興。離開譚克西之後，我們接連六個月沒有見過樹木。

過了班公錯，我們來到最後一處有人居住的地方——波卜仁（Pobrang），我們在此採購三十隻綿羊、十隻山羊和兩條狗。每天晚上營地生起九堆營火，根據我們的組織規畫，大隊長宋南負責照顧騾子，古法儒照料馬匹，艾沙的弟弟澤仁是小隊長，負責照管我的帳棚和炊事。小船由一頭借來的犛牛馱載。我們帶了很多糧食，穀物與玉米足夠支持六十八天，麵粉有八十天份，白米也可以吃上四、五個月。第一場雪引起小狗的憤慨，牠們對著雪花吠叫，還張口去咬落下來的雪；印度人跟小狗一般吃驚，因為他們這輩子從沒見過從天空飄下的雪花。

馬爾西米克山口（Marsimik-la）附近積雪達一呎深，旅隊走在刺眼的雪白大地上，好似黑色的長絲帶蜿蜒。還未走到山脊（一萬八千三百呎），第一匹馬就衰竭而死；下了山頭，我們再度走進荒野的山谷，兩側是雄渾的山脈，山頂覆滿皚皚白雪。我們在昌辰末（Chang-chenmo）河谷搭建的營地相當令人心曠神怡，遍生的矮樹叢提供我們絕佳的燃料。目前的確沒有人限制我的行動，可是我在西姆拉時曾經口頭榮譽保證過，絕不沿著這條河谷前往行程五日外的拉那克山口（Lanek-la），而這條路卻是通往藏西的理想道路，假如我從來沒有保證不走拉那克山口的話，不但牲口不必費那麼多精力，我也可以節省可觀的時間與金錢；事已至此，我被迫繞遠路穿越藏北，忍受它惡劣的氣候與廣漠無邊的無人地帶。

我們在昌辰末河谷對轉眼即逝的夏天說再見，開始攀爬高山、面對冬季。到了昌隆亞瑪山口（Chang-lung-yogma Pass）腳下的一座河谷，我們動手紮營，這裡沒有名字，我們便取「第一營地」為名；這趟旅程，我總共編了五百號營地。艾沙在通往河谷的入口處立了一個石頭人，目的是指引列城來的信差，讓他知道我們的去向，可是這個信差永遠也沒找到我們。

我們轉了幾百個彎，呈之字型攀上陡峭山坡，每一匹馬上坡都需要好幾個人在下面推著，警告與催促的吶喊聲在山谷間此起彼落。我騎馬超前旅隊，來到山口的鞍部地帶，這裡的高度一萬八千九百五十呎，令人咋舌；為了找一個不受阻擋的觀景點，我又向上騎了好幾百呎。

這番辛苦很有代價，因為呈現在眼前的無疑是舉世數一數二的壯觀景色。起伏的山群像大海一樣包圍著我，而這些山脈是地球上最高聳的；而在南方與西南方，則是凌空聳立的喜馬拉雅山，白雪罩頂的山頭閃耀著刺眼的光芒，冰河的表面好似綠玻璃一般，在巨大的雪罩下透出亮光。天空清朗而明亮，間或有一兩朵小小白雲航過天際。我們腳下正是喀喇崑崙山的主峰，向西北方和東南方延伸，所有從這裡流往南方的水系都匯集到印度河，然後流進溫暖的大海。我再度跨上馬鞍向北騎，將印度世界拋在身後，不管大權在握的官方怎樣禁止，未來的兩年零一個月，我鐵定是要待在西藏了。

現在我們置身在粗獷荒涼的西藏高原，水文完全不通外海；我們跨越一處寸草不生的地區，旅隊的腳印踏在柔軟潮濕的土壤中，看起來好像一條高速公路。往東南方望去，一堆藍黑色像鉛塊般沉重的雲朵下隱約可見喀喇崑崙山的山脊，偶爾雲朵會因為劈出閃電而大放光明，雷聲隨之在山脈間咆哮起來。天開始下雪，我們很快就會被籠罩在遮天蔽地的濃密雪花中。我騎在騾子後面，放眼只見得到最靠近的幾頭騾子，其他的牲口則只剩下朦朧的身影，走在旅隊最前面的根本就看不見了。風勢猛烈，將雪勢吹成與地面平行。那天晚上，我們的營地寂靜無聲，一切冷颼颼的；有一頭騾子在夜裡死了。

第二天我們見著了第一頭羚羊，天氣已經轉好，我們通過阿克賽欽平原尋找水源。走了十八哩路後，來到一處含有化石的砂岩腳下，我們發現相當豐美的水草，艾沙又在岩石上豎起一堆指引石標。我們在這裡挖到了水；這處營地編號第八號，當時我沒有想到日後會再到這裡來紮營。

我們繼續向東走到阿克賽欽湖，並且在湖岸上紮營，這個地方曾經有幾個白人到訪過，美國人克羅斯比（Crosby）便是其中一位。向東去是平坦而開闊的疆域，一座縱谷的北方被巨大的崑崙山系所阻斷，圓拱狀的山脈峰頂終年積雪不消。地上是砂質土壤，長著勉強還算豐盛的水草；儘管如此，我們仍然在一天之內折損了三匹馬，一頭野狼乾脆趴在附近等著坐享其成。就像在沙漠一樣，所有的馱鞍裡全塞滿了乾草，一旦牲口不幸夭亡，馱鞍就逐漸變成其他牲口的糧草。

翻越過一條小山脊，我們發現東邊有一座大湖，那是魏爾比上尉（Captain Wellby）於一八九六年發現的，他為這座湖取名叫「萊登湖」（Lighten）；我們在西岸搭起第十五號營地。這時我們的旅隊有了若干變化，我開除了那兩名印度剎帝利武士，艾沙頗有見解地說，這兩人的用處比不上隊裡的小狗：他們受不了寒冷的天氣和稀薄的空氣。由於我們向拉達克人租用的三十四馬當中死去四匹，他們要求趁早回頭，於是我們託他們順便把這兩名印度人帶回去，另外也請他們帶回一大綑書札，其中最重要的是寫給鄧洛普史密斯上校的信。從瑞典來的信件全部送到總督府，我請求派一名可靠的信差將我的信送到當惹雍錯（西藏中部大湖）南岸，按照預定計畫，我們將在十一月底到達那裡。其實這風險相當大，因為我根本不能確定自己能否走那麼遠，那座湖離我們目前的位置還有五百一十哩遠。我在印度的友人深知，儘管有官方禁令，我還是會從北方進入藏南，至於這些信件的下落，我很快就會在後文中交代。

在第十五號營地，我們的旅隊規模大幅縮減，隊裡的馬匹死了七匹，為了減輕行李的負擔，剩下的牲口都饗以充足的玉米和穀物。我們休息的地方安排如下：艾沙、澤仁和我的廚房位在同一頂大帳棚裡，我的二十二口箱子也堆放在裡面；拉達克人的黑色西藏式帳棚搭建在一圈糧袋後方；羅伯住在一頂小帳棚裡，我自己則住另一頂小帳棚。

探測湖泊

下一處營地紮在萊登湖北岸。九月二十一日，艾沙帶領整支旅隊走到湖東岸，並在夜裡生火作為指標。我自己帶著槳手雷興（Rahim Ali）橫渡萊登湖，目標正對著南方。這天天氣相當宜

夜晚航行過一座奇異的湖泊

人、平靜，湖面像鏡子般平滑晶瑩；湖泊南岸矗立著一座高大的山脈，火紅的顏色，上面覆蓋萬古亙存的冰雪。我測量了湖水的深度，量線只有兩百一十三呎長，在湖中心丟下鉛錘時根本碰不到湖底；在我測量過的西藏湖泊中，萊登湖是最深的一座。

「這座湖沒有底，」我那可靠的槳夫抱怨道：「太危險了，我們回去吧！」

「繼續划，很快就到對岸了。」

湖水的顏色和天空一模一樣，紅褐色調的山脈倒映在湖面上，四周景色美不可言。當我們靠岸之時，這一天已經過了大半。我們重新下水出發已是下午三點半以後的事了，這次目標是和旅隊會合的東岸。

我們離岸邊還相當遠，湖面依然平坦如鏡，雷興看起來很擔心。他突然說道：「西邊有暴風雨，來勢洶洶！」

坐在船尾舵邊的我回過頭，看見西方的山口上厚厚的黃色塵雲一路翻捲過來，雲層越來越密，並且向天空中竄升；雲朵彼此糾纏、碰撞，然後結合成一大團氣勢磅礴的雲堆，直朝湖泊的西方奔來。不過此時湖面依舊平靜。

「豎起船桅與船帆，」我大聲喊叫：「如果情況不妙我們就靠岸。」

船帆才剛剛豎起，風暴便開始在我們的耳邊咆哮，下一刻，清澈的湖面彷彿一張玻璃板霎時被擊碎，一陣風襲來，船帆立刻鼓脹起來；一波波浪頭向上躍起，輕盈的小船像隻野鴨般被風吹過湖面。船頭邊湖水翻騰，船身經過之處湧起了千萬個氣泡。

「前面有塊沙地！」

「是淺灘！」

「船如果在那裡觸礁會粉碎，這只是帆布船！」

我把全身的重量壓在船尾，船身被洶湧的浪頭拋起，恰恰與沙地的岬角擦身而過。萬一真的撞船，這艘小船勢必如石頭一樣沉入水裡，因為船上有一塊鋅製的活動船板，所幸我們還有兩個救生圈。

暴風的力道更強了，船桅緊繃得像一把弓，帆腳索切進我的手掌，可是這當兒想繫緊它無異是蠢事一樁。

「前頭又有一處岬地！」

「我們得試試停靠在下風處的岸上！」

現在我們才發現一旦過了這處岬角，後面的湖面更是無邊無際，東方完全看不見湖岸的影子，夕陽正在西沉，焰火般的色彩將它染成了火球，為大地與湖面蒙上一層美麗的光彩，所有的山脈都像紅寶石一樣閃耀生輝，連浪花都暈染成紅色，連小船的帆也透著紫色光芒，而我們正死命地划過這座血紅的湖泊。太陽落下了，山巔上的最後一絲餘暉也消失了，大地重新恢復尋常的昏暗色調。

這會兒，我們接近了第二個岬角。

小船經過拍擊岬角的怒吼波濤，我試圖讓船轉到下風處，可是還來不及搞清楚方位，就被浪頭帶離岬角所在之處；風暴和浪頭將我們吹著跑，船像飛一般急速奔馳，這時若要停下來還真有點可惜。月亮升上夜空，我們的航道上又出現另一個岬角，小船以極速向它靠近，我全神貫注準備好要轉動船舵，以便在下風處的岸邊停靠下來。不過事實證明，想要在這種驚濤駭浪的暴風裡靠岸根本不可行，當我轉舵時已經太遲，新的浪頭又將我們推過了岬角。

我們必須跳進水裡將船拖上岸

西邊原來還帶些微明的天色，此刻已經全部轉黑，而東邊山頭上也籠罩漆黑的夜色，並且延伸到湖面上；一波波浪花在月光下閃著粉筆似的慘白，與山上的雪原不相上下。雷興因為過度恐懼而失去理智，蜷縮在船桅前面顫抖；船被風推著跨過越來越高的浪頭，繼續進行瘋狂的死亡航行。目前眼力所及只有三波浪花的距離，也就是托起船身的一波、在我們身邊滾滾奔馳而過的一波，還有在船後窮追不捨的一波。在這樣的天氣裡，乘著帆布船在夜裡航行可真算得上驚險萬分。

月亮沉落，不眠的黑夜繼續守著我們；星星閃閃發亮，天氣開始變冷了。我鬆開橫放的座位，在船底坐了下來，這樣身體可以得到一些遮蔽；我們與船下翻騰的波浪之間只有薄薄的一層帆布，而帆布底下的湖水深不可測。

時間過得很慢，但湖泊終有止境，小船遲早都會靠岸，假如湖泊東岸是沉降入水的懸崖峭壁，那麼這回我們必然難逃厄運。我向雷興喊叫，要他一發現岸邊的岩石就立刻通知我，但是雷興根本沒有聽見，他已經被恐懼給癱瘓了。

忽然，我透過呼嘯的風聲聽出前方傳來一種沉悶的呼嚕聲，那是波浪打在湖岸上的聲音，我

我們以船作屏障抵擋強風

對雷興大吼，但他仍然一動也不動。黑暗中隱約可見白色泡沫串成的帶狀，船衝上岸邊，下一秒鐘湖水會再將船吸離岸邊，接下來的浪頭將湧進船裡，把船拋起來砸成碎片；我用左手抓緊船桅保持平衡，然後用右手一把抓住雷興的衣領，將他丟下船去。這招果然奏效，波浪像打雷一樣怒吼而來，下一刻船又衝向岸邊，滾滾浪花打進船裡，淹沒了半艘船，我跟著跳進水裡；落水的我與雷興趕緊合力將船拉上岸。

我們把船裡的水倒光，搶救濕透了的東西。身上濕淋淋的衣服已經凝結成冰，硬得像木頭一樣，我們用槳把船身撐起來當作遮蔽風雨的屏障，繞著鉛線框的木頭舵輪碎成斷片，已經不能修理了。所幸放在我胸前口袋裡的火柴還是乾燥的，我們靠舵輪碎片和火柴生起火堆。我脫下衣服解凍，然後把水擰乾，希望至少把內衣烘乾；這時的溫度是攝氏零下十六．一度，我覺得雙腳幾乎凍傷了，便讓雷興為我搓腳取暖。我們兩人活得過今夜嗎？

木頭碎片燒光了，當我正打算犧牲船上一塊座板時，雷興忽然喊道：「北邊有亮光。」

沒錯，真的有火光！那處光亮顯得極為模糊，接著消失了，但是過一會兒再次出現，而且比先前更大。我們聽見馬蹄聲，有三個人騎馬過來了，原來是艾沙、洛布桑（Robsang）和阿杜兒（Adul）；雷興和我跳起來，上馬在漆黑中騎回營地，回到營地時，茶壺正在火堆上快樂地唱著歌哩。

兩天之後，我們翻過另一道山脊，進入一個沒有出水口的新盆地，盆地中央靜靜躺著一座透著土耳其玉色澤的藍綠色鹽湖，湖水閃閃發光，這就是東土耳其斯坦人人皆知的雅西爾湖（意思是綠色湖泊）。我們在這座湖上又冒險航行了一次，同伴的營火指標將再度引導我們順利回營。這次我帶著羅伯與雷興同行；我們穿上足夠衣服，朝東北方划行，然後在湖的北岸停下來用午餐，接著朝南推進，準備前往預定的會合地點。

我們將船推下水，再用槳把船撐離湖岸約一石距離，因為這座湖和其他湖泊大不相同，湖水很淺。我們發現西南方出現黃色的風暴預警，於是趕緊商討對策。回到北岸過夜以避過當頭風暴豈非明智得多？我們才剛剛掉轉船頭回岸，就見到兩頭骯髒的黃色大野狼等在岸邊，牠們就在湖水邊上等候我們靠岸，當我們靠近時，這兩頭野狼一點兒也沒有退讓的意思。雷興認為牠們只是放哨的，後面還有一整群野狼，我們身上沒有攜帶槍彈，現在的問題是：「哪一種情況比較糟？野狼還是風暴？」我們還在討論眼前的處境

在岸上等候的野狼

時，風暴已經撲過來，強風灌滿了船帆，船身也跟著上下顛簸。

「好吧，既然事已至此，我們走！趁天黑之前趕快靠岸。」

船頭再次切進嘶嘶作響的拍岸浪頭，紅黃色的太陽下山了，月光下，扭曲如蛇的岩層變成銀白色，現在船順風而行，兩名同伴也搖著槳，我們盡可能避開波浪，不過有時起伏的浪頭仍然打進船裡，最後船底積聚深及腳踝的水，隨著船身晃動而水花四濺。雖然如此，並沒有什麼災難發生。湖泊南岸出現兩大堆火光；黑夜降臨了，忽然有一支槳觸及地面，我們發現船已划到一處小岬角的下風處，隨後靠了岸。這天夜裡，我們在一塊潮濕的鹽地上度過相當克難的一晚，還好我們帶了兩瓶淡水和食物，總算不至於挨餓。黎明時，雷興收集燃料生了火，不久便看到艾沙帶領馬匹過來了。

牲口折損慘重

曾經在狄西上尉（一八九六—一八九九年）和羅林上尉（一九〇三年）探險隊裡當過差的宋南，為我們指出這些英國人紮營的地方。狄西上尉的牲口死了以後，他在營地上埋了一些箱子，我們將箱子挖掘出來，並沒有發現有價值的東西，我只拿走兩本小說和旅遊書籍。此時，我的心情渴望將這些探險家的路線拋在身後，快些進入藏北大片不為人知的三角地帶，也就是英國地圖上那誘人的「尚未探勘」之地。

在路上又走了兩天，我們來到了淡水湖菩爾錯（Pool-tso）的西岸。這是處賞心悅目的營地，我們的獵人唐德普（Tundup Sonam）獵殺到一頭野犛牛，所以我們好幾天都有肉吃；我分到腰子和髓骨，滋味美極了。入夜後，手下們坐在營火邊吃飯，我則留在帳棚裡工作，外頭陡地吹來一陣暴風——這次是從東邊吹來的，算是換換口味吧；兩頂帳棚被強風掀翻，仍在燃燒的餘燼也被風颳起，看起來像在施放煙火。波浪重擊湖岸，激起的水花下大雨似的把整個營地濺濕了。

第二天是個明媚的好天氣，我們分兩條路線渡湖探測水深，然後在南岸紮營，至於旅隊則在休息一天後抵達湖的東岸。船上的我們又花了一天工夫在湖面上探測，這次順利抵達新營地，沒有受到任何風暴的干擾。我們離西岸的舊營地並不遠，這時候，卻又看見營火和逐漸擴散的煙霧，感到十分驚奇，難以想像為什麼會出現這種情況？八個小時以前旅隊才離開那處營地，營火也早就熄滅了，難道西藏人已經開始追趕我

受到野狼攻擊的馬匹

們，想要阻撓我的探險計畫？還是從列城來的信差？這實在不太可能。我的手下相信那是在湖邊徘徊的鬼魂，他們說那是湖仙點燃的鬼火，我自己則相信那是一堆乾燥的犛牛糞被風點燃所引起。

旅隊規模在一夕之間縮小了，營地上躺著一匹死去的馬。次日，我又騎馬經過三頭垂死的馬匹，由馬夫牽著走，糧食也大幅減少，原本被拉達克人用來擋風的糧食牆現在所剩無幾。晚上，三匹馬在一座小湖附近逃跑了，我派遣洛布桑去追趕，三天之後他帶回來兩匹馬；而第三匹馬的足跡則透露了事情的經過，叫人覺得既傷感又戲劇性十足。原來這匹馬被一群野狼追趕，牠為了保命只好跑進湖裡，後來狼群撤回，馬兒卻回天乏術；牠顯然曾經游泳掙扎著上岸，最後必定因為體力不濟而溺死，因為湖泊彼岸並沒有牠的足印。

西藏的地理特徵與山脈走向

我們的旅隊也被野狼和大烏鴉跟蹤，只要有馬匹死亡，野狼總會出現。至於大烏鴉，幾乎是半馴服的，我們甚至可以認出其中幾隻。

十月六日，氣溫降到攝氏零下二十五度，晚上有些騾子跑到我的帳棚邊，到了早晨，其中一頭騾子倒斃在帳棚入口處。

迄至目前為止，我們的行進方向一直朝著東北東，現在開始轉向東南方，準備跨過歐洲人未曾涉足過的大片三角地帶。我們離當惹雍錯仍然有三百九十六哩的距離，旅隊上的喇嘛教徒每天傍晚都吟誦禱詞，祈求我們能順利抵達札什倫布寺，如果能夠成功，他們允諾向神聖的班禪喇嘛進貢一整個月。兩天後，我們已經損失二十九匹馬和六頭騾子，只剩下二十九匹馬、三十頭騾子及十八隻綿羊。這天唐德普獵到兩隻矯健的公羊；他真是我們的寶貝，每當旅隊缺乏肉食，他總能射到一頭犛牛、一隻野綿羊，或是一頭羚羊什麼的。有一天他走在旅隊前面，驚動了一群正在峽谷中吃草的犛牛，唐德普開槍擊中一頭驚跳起來的犛牛，牠順著山坡滾下，正好跌落到唐德普的腳邊，已經氣絕身亡了。

第四十九章　與死神同行穿越藏北

冬天來了，每個人都穿上羊皮外套，並把宰殺後剝下的綿羊皮曬黑，做成短襖和鞋子。晚上睡覺時，我躺在大張如絲緞般柔軟的白色山羊皮的半邊，再把另一邊折起來蓋在身上，澤仁還用毛皮和毯子塞緊我的身側。此外，我又穿上一件柔軟的羊皮短襖，所以每天晚上我好像躺在野獸的洞穴裡；只要我還醒著，洛布桑會用燒紅的牛糞暖著我的小火盆。甚至小狗也有毛氈做成的睡衣。小黃被穿上緊身外套，牠笨拙地走動了一會兒，便想盡辦法要掙脫外套，當小白也拉動身體想要撕咬身上的外套時，我們全都笑彎了腰；最後小黃蹲趴在地上，忿恨地看著折磨牠的外衣。

譚度（Tundup Galsan）是眾人的主廚兼說故事高手，我的私人廚師澤仁也常常不厭其煩地對一小群人講故事，不過他最逗趣的時候是唱歌，他的歌聲聽起來像一隻豬被門夾住的慘叫聲。

十月十七日，氣溫攝氏零下二十七．八度，旅隊目前剩下二十七匹馬、二十七頭騾子、二十七個人，但過兩天又凍死了一隻綿羊和兩匹馬。我們已經有五十九天沒有見過其他人類的足跡，大夥兒的恐懼感逐漸提升。我們能在遇見游牧民族之前維持足夠的牲口嗎？萬一牲口全死了，我們只好捨棄行李，徒步尋找人煙，這種情況會不會發生？

難耐嚴寒風雪

這裡的地形構成重重障礙，我們陷在迷宮似的曲折山谷間。在四十四號營地時，一場暴風雪來襲，旅隊行進路線的轉折點因此無法辨認。我們派出的斥候建議走東邊的一條山口，次日艾沙跋涉一呎深的積雪前去探勘，等我到達那裡時（海拔一萬八千四百呎）發現，主脊就在山口東南方附近，但是艾沙卻越過山口，下到東北方一座被雪覆蓋的荒僻山谷紮營。這裡既無燃料也無水草，我們靠空箱子維持營火燃燒不滅，沉重的雲堆下降到白色的山頭，天上再度飄起雪花。我們的營地上方就有一條小山脊，高度大概只有四十呎，順著一名手下的方向望過去，山脊上站著兩頭正在觀察我們的野犛牛，牠們和我們一樣吃驚。黑色的犛牛襯著漩渦似從天而降的白雪，著實是一幅奇妙景象。

夜裡馬匹互相嚼著對方的尾巴和馱鞍，其中兩匹在當晚死去。下一個營地仍然籠罩著愁雲慘霧，艾沙出去探路，回來時帶了新消息：他在三個小時的路程外找到一片開闊的地面。旅隊開拔向前走，黃昏時艾沙突興一股衝動，要求大家繼續走，直到抵達那片平坦的草原為止。我走在羅伯、澤仁和雷興後面，其他人馬分成三組，牧羊人和他帶領的綿羊押後，他們像幽靈般消失在黑暗中；酷寒的天氣砭人肌骨，不過沒關係，因為我們都充滿希望，明天早晨的情況必然會好轉。

兩頭可憐的騾子跟著我們這一組，半夜裡其中一頭死了，另一頭到隔天早晨也已經消耗得不成形，我們用刀子幫牠解脫，牠睜著雙眼凝望太陽，像鑽石般閃閃發亮，牠淌下的血液被皚皚白雪襯托得豔紅斑斑，令人毛骨悚然。

我們跟隨其他組人馬的足跡前進，不久遇到唐德普，他說旅隊在黑夜裡迷失方向，幾組小隊也失去了聯繫，另外有四頭騾子喪命。我們在他的帶領下繼續走，途中經過一頭倒斃的騾子和原本綁在牠背上、現在掉落一旁的兩袋白米。艾沙在遠方出現，他帶領兩名手下出來探路，最後我們終於抵達那處水草豐美的平原。大夥兒翻身下馬，早已凍得半死的我們趕緊生火取暖，接著其他小組也逐一抵達會合，我們為這處營地編號為四十七號。宋南第一個出現，他帶領倖存的騾子前來，見到我們時不禁為旅隊的損失哭泣起來，昨夜的折騰使我們折損七頭騾子與兩匹馬。牧羊人和其他隊員完全失去聯繫，他帶領綿羊進入一處峽谷，自己坐在綿羊群中取暖；他們竟然沒有遭野狼跟蹤與攻擊，真是奇蹟一樁。

我們大略清點一下旅隊實力，現在剩下三十二馱的行李、二十一匹馬、二十頭騾子，但是有四頭騾子已經不堪使用。如今只有羅伯與我繼續騎馬，我決定將七馱白米中的五馱拿來餵食牲口，畢竟旅隊的存亡完全依靠牠們。唐德普射殺了三頭羚羊，為我們悽慘的處境帶來一些喜氣；幾名人員出去宰殺獵物、準備餐點時發現，在這空檔有一頭羚羊已經被野狼所吞噬了。

在十月二十四日的跋涉途中，又有兩頭騾子和一匹馬不支倒斃，我們的處境一天比一天凶險，營火前人人沉默不語。這天的營地位在一座小湖邊，我們在湖岸上發現乾枯的野草和一口湧出地面的泉水，晚上十點鐘，一群南飛的野雁從我們頭頂上飛過，清明無比的月光照亮整個大地，今晚相當寧靜平和。從野雁聒噪的叫聲，我們推測出牠們可能想飛下來在泉水邊休息，卻發現泉水被人類占據了，因此野雁首領發出一聲響亮的新口令，雁群再度起飛，目標應是南方下一處泉水。無庸置疑，幾千年來這些候鳥年年循著相同的路線飛越西藏，在秋天與春天往返印度。

陷入昏迷的八十四小時

打從離開列城就一直是我的坐騎的斑點大馬已經顯出疲態，於是我換騎一匹體形嬌小的拉達克白馬，牠是我的好朋友，雖然我碰觸馬鞍時牠會咬人、踢人，但只要我一坐上馬鞍，牠就以自信穩健的步伐向前走。我們在兩個地方看見一種常見的石頭三腳凳，那是獵犛牛的獵人用來煮食的爐灶，經過六十五天與世隔絕的旅程之後，我們終於發現人煙，每個人都開始放眼尋找黑色西藏式帳棚的蹤影。我們越晚與游牧民族接觸，那麼我們正逐漸接近的謠言就越晚抵達拉薩；儘管如此，大夥兒還是渴望快點找到其他人類，因為旅隊中倖存的馬匹和騾子再也撐不下去了。此處水源非常稀少，有時候我們必須將冰塊放在鍋子裡溶解，好讓牲口有水喝。

受傷的野犛牛

我們在嚴寒的暴風雪中走了一段短短的路，便開始搭建第五十一號營地，之前我已累得快坐不住馬鞍，大夥兒兩度停下腳步來點燃牛糞取暖。帳棚一搭好，我立刻爬進去倒在床褥上睡覺，這回我得了很嚴重的瘧疾，頭痛欲裂，而且發燒到將近四十一度半。羅伯將布羅斯維爾康製藥公司贈送的藥箱拿來，真感謝這家公司！過去，他們也送藥品給史坦利、艾明巴夏（Mehmed Emin Pasha）[1]、傑克森（Frederick George Jackson）[2]、史考特（Robert Falcon Scott）

[3]等人。羅伯和澤仁脫掉我的衣服，徹夜守護著我；夢言囈語的我彷彿離開了西藏，就這樣躺了八十四個小時，這期間，羅伯大聲念書給我聽。外面一場暴風整整肆虐六天，粉塵吹進我的帳棚裡，將蠟燭吹得時明時滅；野狼大膽逼近營地，唐德普開槍擊中一頭，還有一隻大烏鴉專愛啄馬匹的鬃毛，也被唐德普給打死了。旅隊裡很多人生病，原本的五十八匹馬現在只剩十六匹還活著。

十一月三日，我可以繼續上路了——密實裹在毛毯裡。我們經常選在前人的舊營地上紮營，利用他們留下來的爐石烹煮。兩天過後，我們發現到金礦和挖掘的痕跡，有條路顯然是人類的腳步踩踏出來的。狹窄的山谷中有群野犛牛在吃草，唐德普上前發動攻擊，槍聲響，除了一頭大如小象的老公牛以外，其餘的犛牛悉數逃入峽谷另一端，留在原地的公犛牛壓低犄角，朝獵人的方向逼近，唐德普來不及撤退到安全地點，迅即精確地射出兩槍撂倒犛牛；我為這頭俊美的動物拍了好幾張照片。

十一月七日，我們有一段不尋常的際遇，當時我專心在收集礦物標本、繪製路線圖、素描和拍照，像往常一樣落在旅隊最後面，陪伴我的是騎馬的羅伯與徒步的雷興；每當我一跨下坐騎，雷興就會在一旁為我牽著馬匹。我們沿著一座湖岸邊前進，右手邊有一堵陡峭的山壁，兩群野綿羊出現在眼前，四下還經常可見探礦人堆砌的引路石標；接著來到一處平原上，正在吃草的五十頭犛牛飛也似的逃走，沒多久，又見到一群二十頭左右的西藏羚羊，當我們靠近時，牠們像雲影般霎時消失無蹤。先我們抵達的旅隊已在前面半哩處搭好第五十六號營地，營火煙霧也已裊裊升起，再過幾分鐘我們就可以到達營地。離營地兩百步左右有一頭黑色的大犛牛在吃草，艾沙走出帳棚外對犛牛開了一槍，受傷的犛牛變得狂暴，牠瞥見正在靠近的我們，認定我們是敵人，便筆

犛牛壓低犄角向我們衝過來

直朝我們三個人衝撞過來，雷興絕望地大聲喊叫，趕緊朝帳棚方向逃命；這時候犛牛改變主意，調頭往回跑，我們的馬匹嘶鳴起來，也開始放蹄狂奔，雷興抓住羅伯坐騎的尾巴，發怒的犛牛已經相當逼近，牠的嘴邊冒出白沫，血紅色的眼珠子滾來滾去，藍紫色的舌頭吐了出來，氣息像水蒸氣從鼻孔裡噴出來，一陣煙塵在牠後方捲起。犛牛低著頭往前衝，我正好騎在最右側，因此牠第一個刺中的必是我的坐騎，接著會把馬兒和我頂起來拋向空中，等我們落地再將我們踩成肉醬，我恍惚已聽到自己的肋骨被犛牛踩斷的喀啦聲。現在犛牛離我們只有五十呎距離，我將短襖拋出去，希望能轉移犛牛的注意力，可是牠視若無睹；我再把腰帶解下來，想趁犛牛更接近時把羊皮外套丟出去矇住牠的眼睛，我覺得自己好像馬上的鬥牛士，正與狂暴的公牛作殊死鬥。生死一線間！我還來不及脫下外套，就已聽見一聲劃破天際的淒厲喊叫，那是發自奔跑中跌倒在地的雷興口中，這一來犛牛的注意力立刻轉移到雷興身上，牠壓低犄角衝到雷興身邊。不曉得是犛牛以為雷興已經死了，或是認為他不具傷害力（因為雷興始終一動也不動），總之，牠只用犄角頂頂雷興，然後就以戰勝之姿跑離平原了。

我立即調頭，下馬跑到雷興身邊，心想他一定沒命了，只見雷興直挺挺地躺著，衣服破破爛爛，全身沾滿塵土。我問他怎樣了，他舉起一隻手做了個滑稽的動作，好像在說：「別理我，我已經死透了。」這時營地的援手也趕了過來，可憐的雷興看起來真的很悽慘，他的一條腿裂開一道長長的傷口，還好並不礙事，同伴將他放在馬上，為他清理傷口，並帶他回帳棚好好照料。從此雷興改為騎馬旅行，但是這次遭遇讓他變得有些古怪，很久以後才恢復正常。

喜見第一批人類

在下一個營地時我們浪費了一天，因為一群野狼將我們的馬匹追得往回跑，使得我們只好重新搜尋自己在北邊留下的腳印。十一月十日，我們看見一個人和一頭馴養犛牛在湖邊留下的新腳印，而唐德普出去找尋獵物時，也遇上一頂孤伶伶的帳棚，裡面住著一個婦人和三個小孩。兩天之後我們又折損了三匹馬，這時馬匹僅剩下十三匹。我們那矯健的獵人忽然帶著兩名騎馬的西藏人回到營地，這是我們八十一天來所見到的第一批人類。

這兩個西藏人大約是五十歲和四十歲，年紀大的叫龐策克（Puntsuk），年紀輕的叫札林（Tsering Dava），他們算是半游牧、半捕獵犛牛的人，自稱為羌巴（changpa）。整個西藏北部都叫作羌塘，意思是北方高原。這兩位藏人叫我「大首領」（Bombo Chimbo）；他們渾身髒兮兮的，披頭散髮，戴的帽子可以保護兩頰和下巴，身上穿著溫暖的羊皮外套和毛氈靴，還配備了原始的長劍、撥火棒和步槍，但卻缺少一樣東西——長褲！

他們願意賣我們一些犛牛和綿羊嗎？答案是：求之不得！他們說第二天早上會再回來，可我們不太信任他們，於是當晚將他們留在艾沙的帳棚裡監視。次日早晨，我的人隨同前往他們的帳棚，不久，他們便帶回五頭健壯的犛牛，每一頭都能馱上兩匹馬所負載的行李。另外，他們還帶了四隻綿羊和八隻山羊回來。我們支付一筆豐厚的報酬，因為這兩位藏人真的救了我們一命。

藏人一五一十敘說他們對這個地區的熟識，也說了一些自己在此間游牧的經驗。他們靠又老又硬的肉乾、奶油、酸奶、茶磚維生，狩獵時躲在泉水旁邊低矮的石牆後面，等候獵物到來；札林信誓旦旦說他年輕時獵過三百頭野犛牛。西藏人用野驢皮製作靴子和皮索，然後將皮索穿過野獸的腳腱；馴養的犛牛和綿羊、山羊都是由他們自己和妻子一同照料，日子過得雖然單調，卻相當健康而靈動。一年復一年，他們就在這令人暈眩的高山上、在刺骨的風寒與霜雪中生活下去；他們豎立獻給山神的石堆，對居住在湖泊、河川、山脈間的鬼神均心存敬畏。最後大限來臨了，親人便將死者的屍體帶到山裡，任由野狼與禿鷹收拾善後。

十一月十四日，我們離開營地繼續前進，龐

我們遇上的第一批游牧民族

策克和札林擔任嚮導，他們沿途解說地名，我和艾沙拿相同的問題分別去問他們，藉此查證兩人的說法是否吻合。據他們說，挖金礦的人一年工作兩、三個月，回家的時候滿載著鹽巴，之後再以鹽巴換取穀物。每天晚上龐策克和札林都會清點我給他們的盧比，並且把玩這些亮晃晃的銀幣。他們的小馬常逗得我哈哈大笑。當我和札林抵達營地時，領先到達的龐策克早已把馬兒放出去吃草，一等到我們接近，他總是上馬急馳過來迎接他的夥伴，兩個人開開心心地說笑，然後彼此摩擦鼻子歡迎對方。西藏人的馬匹對我們的馬兒極感興趣，似乎無法理解我們那些憔悴、虛弱的馬兒其實是牠們的同類。在一旁觀看這些小馬嚼著切成長條的肉乾，實在趣味盎然；在水草如此稀罕的地方，游牧民族不得不將他們的馬匹訓練成肉食動物。

有一天唐德普射死兩頭犛牛，我們盡可能帶走許多肉，其餘的都留給龐策克和札林，不過大概又會被野狼捷足先登。

接下來我們騎馬越過察孔拉山口（Chakchom-la），這裡的標高（一萬七千九百五十呎）和墨西哥的波波卡特佩特火山（Popocatapetl）[4]一樣。沿途有尋金人所留下的足跡，我們停在這條山脈的南方紮營；新交的西藏朋友央求我讓他們回家，因為他們從來沒有到過比此處更偏南方之地，我答應他們，並且慷慨送了一筆小費，看來他們似乎從未想過會有我們這種人存在。

又過了一天，我們從另一山口上瞧見六頂帳棚，周圍環繞著吃草的牲口，這些帳棚住著四十個人，他們擁有一千隻綿羊、六十頭犛牛和四十匹馬，其中一個跛腳老人羅普三（Lobsang Tsering）賣給我們三頭壯碩的犛牛，每頭索價二十三盧比，他的一名同伴也以同樣價格賣給我們兩頭，因此我們現在總共有十頭犛牛，為其他的牲口減輕不少重擔。羅普三穿著紅色的羊皮外套，戴著紅色頭巾，看來相當英俊，他說這個地區蘊藏豐富的金礦和鹽礦，吸引了拉薩人前來開採，他自己和其他游牧民族則是來自西南方改則（Gertse）一帶，他們似乎很熱衷幫助我們，族人間卻彼此害怕，顯然他們還沒有收到任何拉薩來的特別命令。

我們帶著十四頭騾子、十二匹馬、十頭犛牛上路，在十一月二十二日行抵一條高突的道路，顯然它是為了尋金客和他們的犛牛，以及載鹽商旅與他們的綿羊所闢建。每天吹颳的風暴簡直是酷刑，我們全身上下裹得像是北極探險家，騎馬穿越不見天日的塵雲，大夥兒的皮膚都龜裂了，尤其是指甲周圍長出慢性瘡傷，龜裂的情況更嚴重。夜裡風暴挾著隆隆的低吼，好似罩頂的火車站駛進龐大的火車，或是重砲隊全速壓過石子路的聲音。

行蹤暴露

第二天死了四頭騾子，氣溫降到攝氏零下三十三．三度；我們再次紮營，營地附近有一座被石牆環抱的帳棚村，村子裡六頂帳棚都住著納燦人，他們聽命於拉薩政府。艾沙同他們交涉，試圖購買一些犛牛和綿羊，可是有個看似官員的人走進帳棚，禁止這些居民賣任何東西給我們，他知道我們的旅隊裡藏著一個歐洲人，建議我們立刻回去。

我心想：「開始了，現在他們立刻會派遣快馬信差去拉薩通風報信，然後間諜與監督行為就會開始出現在我們周遭，最後他們將動員所有騎馬的民兵。」

離這要命的地方不遠之處，我們遇到一支來自那曲的三十五人朝聖團，他們趕著六百隻綿羊和一百頭犛牛，進行聖山岡仁波齊峰的朝拜之旅，他們旅行的速度極為緩慢，來回一共花了兩年時間。到達下一處營地，我們發現有兩名間諜在監視我們。那天夜裡一頭騾子死了，牠的屍體立刻引來五頭野狼啃食，當我騎馬接近時，這些野狼甚至毫不退避。

我們加快速度趕路，筋疲力竭的牲口盡力賣命。一天晚上我們正在亂石堆裡紮營時，兩名騎士接近我們的帳棚，他們頭上纏著飾紅縫帶的頭巾，外套綴有紅色與綠色的緞帶，劍鞘上鑲著次等寶石，靴子則是用多種顏色的毛氈做成的。這兩人說他們是那支那曲朝聖團的隊員，不過他們以下的說法聽起來比較真實：

「你是五年前帶了兩名隨從抵達那曲的白人，其中一個隨從叫薛瑞伯喇嘛。」

「沒有錯。」

「你的旅隊裡有駱駝和俄國人，整個那曲的百姓都談論著你。」

「好極了，」我心裡想：「現在，地方首長很快就會知道我在半路上，而且肯定會出面阻止我們。」

「你有沒有犛牛可賣？」我問他們。

「有啊，我們明天早上會再過來；不過你絕對不能讓任何人知道我們賣犛牛給你。」

「一言為定，你們過來，我們不會告訴任何人。」

第二天日出以前他們就來了，攜帶了犛牛、奶油、茶磚，還有不丹的菸草。

「如果你們陪我們一起走，我每天給你們每人三個盧比。」我說。

「不，謝了！」他們回答：「已經有話傳到南方要阻擋你，並且強迫你向西走，就和上次一樣。」

這兩個人就這麼走了。現在我們擁有十八頭犛牛，隊伍繼續經由一處山口往南走，我們發現山口的另一邊遍布積雪。當旅隊通過一處平原時，我和羅伯、哈吉（Haji）騎著馬遠遠落在旅隊後面，哈吉忽然指著我們身後的山口說：「三匹快馬！」

「真正的麻煩來了。」我心裡想著。三個騎士筆直朝我們而來，一個體型結實的漢子以官方口吻要求我們說明自己是誰，我們反過來問他們又是誰；他們盤問了一會兒，便向已經紮營的旅隊走去，經過一番嚴密的檢查後，策馬向西方離去。

十二月四日，我們穿過一片數百頭野驢在吃草的帶狀平原，直抵波倉藏布；在前次的旅程我曾經會過這條河，這裡海拔只有一萬五千六百呎，對我們來說真是難得的低。我們分秒必爭，和當地人建立友善關係，他們總算才願意賣食物給我們，這買賣來的真是時候，因為我們的白米、麵粉、酥烤麵粉都吃光了；我每天還有一小塊白麵包可吃，但是手下只剩下肉和茶可食用。

我們還沒有被限制行動自由。眼前這條路正是我在一九〇一年走過的同一條，而波倉藏布的南面正是地圖上一大片空白的起點，換句話說，這裡正是我此次探險的主要目標。不過我們多舛的旅隊再度被烏雲籠罩，第二天，有六名男子騎馬來到營地，其中地位最高的是「噶本」（Gova）[5]，意思是地區首長，他說道：

「我從北方得到關於你的消息，現在我要知道一切內情。上次你帶著駱駝經過這個區域，現在我要派遣一名信差去通報納燦的總督，否則他會殺了我。請大首領您在這裡靜候回音。」

「要等到什麼時候？」

「大約二十天。」

「不了，謝謝你！我沒有時間，明天我們的隊伍還是要前進。」

這位老先生很慈祥、個性很討人喜歡，他和我們一起騎馬到江邊，把自己的帳棚搭在我們的帳棚旁，對於游牧者協助我們一事也不予置評；牧民向我保證，現在所有的納燦人都知道我的行蹤。

十二月十三日，我們從一處山口上瞧見期盼已久的當惹雍錯，先前我命信差到這座湖的南岸與我們會合，如今我們已遲延了半個月，儘管如此，我還是決定先往東走一點到昂孜錯（西藏中部的湖泊）。

營地附近面對一條峽谷的出口，開口處極為狹窄，有些地點甚至張臂可以同時碰觸兩側山壁。我帶了兩名隨從走路到那裡，洛布桑隨後再帶犛牛來接我們，當他來到預定地點和我們會合時，情緒顯得相當低落，原因是，營地來了十二個武裝騎士試圖阻止我們。

我們才在未知之境走了幾天，現在我的路途又像從前一樣被堵住了，整個冬天的受苦受難、所有牲口的犧牲性命，全都白白浪費了。我情緒沉重地騎馬返回帳棚，當澤仁把暖好的火盆帶進帳棚時，我說：

「我先前說我們會被阻止，現在你明白我說對了吧！」

「住嘴！」他叫嚷起來：「沒有人阻止我們啊！」

「可是洛布桑說有十二個騎士到過這裡。」

「他誤會了，那只是謠言罷了。」

「太好了，既然這樣，今晚我們把最瘦的羊宰了，好好慶祝一番！」

【注釋】

1　一八四〇—一八九二，德國探險家，原名Eduard Schnitzer，是德國駐蘇丹的行政官，對於非洲東部的地理、自然史與民族的研究貢獻良多。

2 一八六〇——一九三八，英國探險家，曾到過世界各地探勘，包括澳洲沙漠、北極、非洲等地。

3 一八六八——一九一二，英國探險家，兩度指揮南極探險隊；一九一二年抵達南極點，回程時卻因氣候惡劣、糧食用罄不幸喪命。

4 是座息火山，位處墨西哥城東南七十二公里，為全國第二高峰。

5 藏語，「地方官」的意思。

第五十章　地圖上「尚未探勘」的處女地

晚上又有三個西藏人騎馬來到我們營地，態度倒是非常友善，他們警告我們有一幫那曲強盜轉向北方，而且四處造謠我們是強盜。這三個人表示很高興發現我們是好人；其中一人曾經在五年前見過我，他還記得當年西藏士兵護送我的情形，這幾位仁兄一點兒也不介意賣幾頭犛牛給我們，甚至為我們找了一位嚮導。

我們買下三頭強健的犛牛，這一來我們最後的十匹馬和兩頭騾子就不必再馱載行李了。快要跨入納燦邊境之際，我們遇到一大隊騎馬人士，身邊還帶了大批犛牛，我心想：「他們一定會在邊界阻攔我們。」可是不然，他們只是從波倉藏布來的游牧民族，剛從南方採買貨物回來。又過了幾天，我們在路上碰到一些帳棚住民，他們鹵莽地對艾沙叫喊：「回去，你們無權在此旅行。」艾沙怒不可遏，便請其中態度最惡劣的一人吃了一記馬鞭，這些人登時噤若寒蟬，溫馴如羔羊。

雪地上的耶誕夜

十二月二十四日早晨，我被一陣憂鬱的歌聲吵醒，原來是我的帳棚外坐了個流浪的乞丐和他年邁的妻子，一邊唱歌一邊搖著神杵。我們的嚮導是個小男孩，他帶領我們越過山口，另由一個漢子牽我的斑點馬攀上峰頂，當馬兒爬上山巔時，我拍了拍這匹忠實的牲口，希望牠的體力足以支撐到下一個營地。馬兒沉鬱地嘆息，當我騎上牠繼續前進那刻，牠深深地凝望著我；結果，這匹馬兒永遠也沒見著那處營地。

耶誕前夕的跋涉極為漫長，隨著黃昏的陰影掩過山腳，我們下到一處圓形山谷，谷地中央是結冰而泛著白光的唐博錯（Dumbok-tso），湖心有座岩石小島。我們生起耶誕營火，黃色的火焰照耀湖岸附近；今天工作已告一段落，我想做點什麼來慶祝耶誕節，羅伯存下大約四十根殘燭，我們把它們整齊排列在一只箱子裡，然後點燃。我把所有人員召來，要他們坐在密閉的帳棚前面，然後我和羅伯突如其來地掀起帳棚前帘，大夥兒意外看見一片光明，都感到非常驚奇，他們於是找來了長笛和鍋碗瓢盆，開始嬉鬧、唱歌和跳舞；附近的游牧民族可能認為這些儀式與禱詞是巫術的一部分，不過我們的小嚮導則深信我們都瘋了，要求回到自己的帳棚。隊裡的喇嘛教徒唱了一首歌頌札什倫布寺的歌曲，等到喧囂聲稍歇，我朗讀聖經上幾段應景的文字，也就是耶誕夜時瑞典和其他基督教教堂都會誦讀的經文。

測量大鹽湖「昂孜錯」

第九十七號營地駐紮在昂孜錯的北岸，這是一座淺水的大鹽湖，由印度學者喃辛所發現，我們這裡正巧和他的探險路線交叉。此處水草豐沛，我要牲口和手下都能好好休息，再叫幾個最強壯的隨從和我一起幹活，測量已經結了厚冰層的昂孜錯深度。這麼做其實相當冒險，因為我應該趕緊深入禁區，而不應該在此浪費時間，然而我們的牲口急需休息，同時我也必須測量昂孜錯的深度並繪製地圖。

我們做了一個雪橇，我雙腳交疊坐在上面，身上緊緊裹著羊皮外套，洛布桑和哈吉為我拉橇，其他七人則背著糧食和一頂小帳棚橫越冰層。每隔一段適當的間距，我們就停下來在冰上鑿洞，再將鉛錘丟入洞裡。我們的第一個營地位在昂孜錯南岸，第二趟旅程則往西北走，在一處寬度幾達五呎的罅隙，我們費盡千辛萬苦才渡過這片廣闊水域。十二月三十一日，我們在昂孜錯西岸搭起第一百號營地，那裡有個牧人正在看管五百隻綿羊，他一見我們上岸，立刻全速逃跑，留下綿羊自求多福。

一九〇七年元旦，我們走對角線朝南南東方向越過湖面，一陣強風捲起鹽粉，吹過亮晶晶的深綠色冰層，我們已經可以看到南岸的帳棚、馴養犛牛和野驢，這時忽然颳起狂風，旅隊裡的拉達克人圍坐在露天營火前，在滿天塵埃和朦朧的月色中構成一幅美麗的景致。

一月二日，我們頂著強風朝西南方向渡湖，在一處測量洞口邊，我留在雪橇上沒有下來，忽然颳起一陣暴風，將雪橇像冰艇似的吹過湖面，假如不是冰面上的一條裂縫使雪橇翻覆，我很可能就在強風的帶動下穿過整座湖面；回到營地，我們將雪橇牢牢綁住。我們在畜欄找到一些羊糞，生了火之後，仍花了一個小時才使身體暖和起來。大夥兒的樣子真是狼狽，臉沾滿了鹽粉，白皙得像是麵粉磨坊的工人。

之後我們向東北方走，小白也作伴同行，這次颳來的一陣風倒是幫了我們一個大忙，雪橇滑板所經之處噴起磨碎的冰粉；我們向游牧民族買了些糧食。一月四日，我們看見遠處的冰上有個黑點，來者是伊斯蘭（Islam Ahun），他送來羅伯的一封信；他已經找我們整整兩天了。羅伯信上說一支武裝軍隊將抵達我們的營地，目的是阻止我們再往前推進；他們堅持要和我面對面談。

這麼說來，他們當真是要阻止我們，情況和一九〇一年如出一轍。就在我已經抵達極南點的此刻，通往「聖典之土」的大門再次當著我的面甩上，理由正是：

大門由我開啟，
大門任我關閉，
我為舍下樹立規矩，
白雪夫人如是說。

第二天，我們再沿另一條路線測量湖深，總結多次測量結果，昂孜錯最深的地方只有三十三呎。旅隊又遣來另一位信差，這回帶來的口訊是：「地區首長本人四天內將抵達，我們已被嚴密監視。」不知道這位地區首長是否為上次的赫拉耶大人？當初我怎麼不按照原先的計畫先去當惹雍錯？如此就能避開納燦地區了。

一月六日我們進行最後一條路線的深度探測，正忙著的時候，艾沙獨自一人出現，他告訴我有二十五名西藏人在我們的營地搭起帳棚，而且不時有騎馬的信差來來去去，但是沒有人聽說過有為我送書信的信差；我先前託人央信差於十一月二十五日到當惹雍錯會面，而現在已經一月六日了。話又說回來，鄧洛普史密斯上校明知英國政府想盡辦法阻止我，而我也持中國護照轉而前往東土耳其斯坦，那麼他為何要順從我的要求派信差來當惹雍錯呢？

受阻於赫拉耶大人

一月七日旅隊帶了馬匹來接我們，我們騎馬抵達離昂孜錯東北岸不遠的第一〇七號營地。我坐在艾沙的帳棚裡接見西藏長老，他們對我深深鞠躬，把舌頭伸出來；其中有一位在上次赫拉耶大人攔截我時見過面。

「赫拉耶大人還是納燦的首長嗎？」

「是的，他也知道是您回來了。赫拉耶大人已經把您來的消息送到拉薩，四天之內他就會抵達，您務必在此等候。」

赫拉耶說：「真高興再見到你，赫定大人。」

一月十一日晚上，一支騎兵隊抵達營地，並搭起一頂藍白相間的大帳棚。第二天，首長本人帶著一位年輕的喇嘛前來拜訪；首長頭戴一頂中國無邊帽，帽子上裝飾兩條狐狸尾巴和一顆白色的玻璃鈕釦，身穿一襲寬袖絲質長袍，領口鑲了水獺毛皮，足蹬絲絨靴子，還戴著耳環。他熱情招呼我，事實上，我們幾乎是擁抱著對方，不過赫拉耶對於命令仍是一絲不苟：

「你不能穿越納爍，赫定大人，你必須折回北邊。雖然我們是老朋友，但是我不能讓你給我們添新的麻煩。」

「赫拉耶大人，」我回答：「我這趟旅途出發時有一百三十頭滿載行李的馱獸，現在只剩下八匹馬和一頭騾子，你怎能要我帶這樣的旅隊走回危險萬分的羌塘呢？」

「你想去哪裡都成，就是不能穿越我的轄地。」

「達賴喇嘛已經逃走了，現在西藏政權和我上次來時不一樣。班禪喇嘛正等候我前去呢。」

「我只聽拉薩政府的號令。」

「我正等著印度來的信件，它們會從班禪喇嘛那裡轉來給我。」

「空口無憑，除非你返回北邊的原路，否則我是不會離開這裡的。」

「除非我拿到印度來的書信，否則我也不會離開西藏。」

想來當初我真該先去當惹雍錯，那裡不屬於納爍地區，就不會遇上這樣的麻煩，現在唯一的辦法是退回波倉藏布，再從那裡轉往當惹雍錯。

赫拉耶回到帳棚後，遣人帶來了白米、奶油和其他見面禮，我也回贈他兩樣禮品，外加兩把喀什米爾小刀。之後，我到他美輪美奐的大帳棚作禮尚往來的拜訪，兩人在那裡繼續交涉。赫拉耶並不反對我派遣兩名信差去江孜見歐康納上尉（Captain O,Connor），於是我要魯布（Rub Das）和譚度準備好第二天傍晚出發。他們兩人後來並未成行，因為赫拉耶次日又登門拜訪，說他改變主意。他的話令我極為驚詫：

「我和幾個心腹討論過這件事，我們同意你只有一條路可走，那就是離開此處前往拉布仁區1，我要求你明天即刻啟程。」

到底發生了什麼事？他這麼說用意何在？難道他接到拉薩的命令了嗎？我不敢相信自己的耳朵，但仍然保持鎮定，相當冷靜地說：

「好吧，如果你能替我弄來一些新的馱獸，我就向南部走。」

「你可以向游牧人購買。你的路線是在昂孜錯以東。」

結束這次禮貌性的回拜之後，我們仔細地重新打包行李。赫拉耶對我們的打包工作極感興趣，還索取我們留下來的空箱子，於是我送給他一只紅色的皮箱和一些零碎小東西；赫拉耶絕對值得我送他這些禮物，因為他為我打開了「聖典之土」的大門。

峰迴路轉

一月十四日是值得紀念的一天，這天正午出現日蝕現象，太陽有九成的表面轉為黑暗，我花了三個小時以經緯儀觀察日蝕過程，並且記錄溫度、風向等變化。一開始天空極為晴朗，然後天色變得越來越暗，四下一片岑寂，西藏人全都躲到帳棚裡，拉達克人嘴裡念念有詞禱告著，羊群從牧草地走回來，大烏鴉棲息在枝頭，停止聒噪而且昏昏欲睡，彷彿黑夜已然接近。

一待日蝕現象結束，我立刻跑到赫拉耶的帳棚。

我說：「你看吧，當惹薙錯的神明生氣了，因為你封閉道路不讓我去祂們的湖泊。」

但見赫拉耶露出神氣表情笑笑說：

「那不過是天狗在漫步罷了，有時候是會遮住太陽的。」

就在我們坐著說話的當兒，帳棚的門霍然被衝開，驚惶的洛布桑跑進來大喊：

「信件來了！」

「是誰帶來的？」我十分鎮靜。

「一個從日喀則來的人。」

「怎麼回事？」赫拉耶問我。

我回答：「噢，只不過是班禪喇嘛罷了，他差人把我的信件送來了。」

赫拉耶派遣一位心腹出去證實我所說的話，信差對那名心腹說班禪喇嘛的弟弟康古須克爵爺（Duke Kung Gushuk）命令他冒死前來尋我，他是從游牧人口中打聽到我的下落。

這回輪到赫拉耶吃驚了，他圓睜著雙眼，張大嘴巴，呆呆望著前面，最後好不容易擠出話來：

「好吧，既然我知道神聖的班禪喇嘛親自期待你到訪，我也無話可說，你現在可以通過了。後天我就回香沙宗。」

我回答：「我不是告訴過你班禪喇嘛會替我把信件轉來嗎？」

我向赫拉耶告辭後立刻趕回我的帳棚，接見這位頂呱呱的信差安顧爾布（Ngurbu Tundup），這個寶貝郵袋從加爾各答送到江孜，然後轉交給班禪喇嘛，他受託將這批書信轉送當惹雍錯。還好郵件和我們一樣都耽擱了。

我收到成堆的信件！家裡捎來好消息，還有報紙與書籍！終於再度和外面的世界聯繫上了。我貪婪地閱讀所有信件和報紙，這天晚上，拉達克人特地安排了舞蹈和音樂表演，我出去和他們同樂，用傑格塔突厥語向他們致詞，感謝他們整個冬天的堅忍與忠實，現在我將發放他們的薪資，不久之後，他們就能親眼看到札什倫布寺，以及西藏最崇高的精神領袖。

帳棚內的溫度是攝氏零下二十五度，帳棚外狼群嗚嗚長嚎，我躺著挑燈閱讀書信直到半夜，次日仍是整天花在閱讀上。一月十六日，老好人赫拉耶大人拔營離開，我們再次交換禮物，互道珍重，他登上坐騎離去，和扈從消失在最近的山坡後面。

這真是我的一大勝利！過去從未有歐洲人或印度學者到過的大片空白區域，現在任由我穿越其東部，所有的路障似乎頓時一掃而空。

我們向附近的游牧人買了三匹新馬，開始向昂孜錯的東南岸前進，到了那裡，我們看見地上有一頭被野狼吃剩的野驢遺骸。此地氣溫低到零下三十四・五度。

下一處營地位於一座河谷中，從那裡可以眺望馬札爾錯（Marchar-tso）的優美風景，小白和另一隻波卜仁的黑狗不見了，牠們鐵定還留在先前見到野驢的附近，我調派兩個人去找牠們回來，但是狗兒卻從此消失，永遠沒有再回來。兩天之後，有兩條流浪狗加入我們的旅隊，其中一隻又老又瘸，渾身毛茸茸；手下扔擲石頭想把牠趕走，可是這條狗一直跟隨到下一處營地，又與我們一塊旅行了好幾百哩，牠變成了每個人的寵物。這條狗夜夜盡職看守營地，大家索性喊牠「瘸子」。

我們騎馬穿越蜿蜒的河谷，結冰的水系和深色的山脈形成迷宮似的地形，這是過去從未在地圖中記錄過的區域，也是開天闢地以來從未有歐洲人到過的地方，游牧民族為這裡的主要山脊取名為帕布拉（Pabla）。我們在暴風雪天來到置身的山脊，漫天大雪如往常一樣下著，每一座山口都有插著長幡旗的石堆，幡旗上面毫無例外寫著神聖的六字真言。海拔一萬八千〇六十呎高的西拉山口（位於香沙宗西南方）是整條路線上最高、最重要的山口，它的位置剛好是西藏內陸水系和印度洋水系的分水嶺，山口以南的大小河川全都匯入雅魯藏布江，也就是布拉瑪普特拉河的上游。

下了西山口，我們遇到三個人帶著七匹馬，想必馬是偷來的，因為他們看到我們時特地繞了好大一圈。一天之後，我們遇上七個全副武裝的男子，問我們是否看見偷馬賊了，聽到我們肯定的答覆，他們立刻躍上馬鞍跑向山口。

為了加快行程，我們雇了二十五頭新的犛牛。這裡的地形非常難走，事實很明顯：我們必須翻越帕布拉山脊上的一連串山口，而且每一處山口的高度都和西拉山口不相上下。在眾多山口間往西流的美曲藏布各支流都已結冰，這條河是拉嘎藏布江[2]的支流。這些三線山口當中，第一座叫作西白山口（Shib-la）[3]，這條路線扮演極為重要的交通要道，我們經常遇見各種旅隊，包括犛牛隊、騎士隊、游牧民族、獵人、朝聖客、乞丐等，形形色色。路上到處看得到信徒奉獻的石祭壇和經牆。我們來到一個相當大的宗教中心，這裡的牧民親切友善，因為我們的先導斥候安顧爾布替我們建立了好名聲。

越過徹桑山口（Chesang-la）之後，我留下從羌塘買來的犛牛，將筋疲力竭的牠們留給唐德普和塔喜（Tashi）照顧，我交代他們慢慢跟上我們的腳步；假如我能預卜往後發生的事，我會把整支旅隊都留下來，只帶三、四名手下前往日喀則，可是我們完全沒有心懷戒慎，把一切都看得太容易了。

在這裡每跨出一步都是新發現，每個名字都讓我們多認識地球一些，直到一九〇七年元月，地球表面的這個部分就像月球背面一樣不為人所知，人們對月球可見的一面遠比對地表這個多山之境更為熟悉。

一條陡峭的山路通往標高一萬七千八百呎的塔山口，澤仁和玻魯（Bolu）兩人在山口的石祭壇和長幡旗前五體投地，參拜山神。眺望東南方，景色極為壯觀，峰巒相連的山脈呈現各種顏色，色調深淺不一，山巒像熊掌般向下伸展，觸及雅魯藏布江谷地，這座雄偉河谷的另一邊雄峙著喜馬拉雅山的山脊與峰頂，刺眼的積雪襯著淺藍色的天空，偶有綿絮狀的白雲漂浮其間。我們真的成功了嗎？真的穿越了不為人知的疆域來到偉大的聖河了嗎？

二月五日我們經過一座村子，大約四十個西藏人從蘆葦帳棚裡跑出來迎接我們，他們把舌頭吐到長得不能再長，用左手拿著帽子，用右手搔著頭，這些動作都在同一刻間進行。

第二天，我們來到海拔一萬四千五百六十呎的拉洛克山口的石祭壇，自從離開塔山口之後，我們的高度降低了三千三百呎。遠方的河流看似一條細長的絲帶，我們離喜馬拉雅山更近了，但是世界最高峰聖母峰卻隱沒在雲層後面，使我們無法一睹其風采。

【注釋】

1　拉布仁區（Labrang），即札什倫布寺所在之處。

2　拉嘎藏布江（Raga-tsangpo），位於日喀則以西，為雅魯藏布江上游。

3　西白山口，在西拉山口南方，日喀則以北。

第五十一章 聖河上的朝聖之旅

我們從拉洛克山口循一條陡峭的路徑下到亦雄，河谷在這裡變得開闊起來，現在的高度不超過一萬二千九百五十呎，四周的房舍都是白色的，屋頂上插著長長的幡旗。札西建白寺和吐格丹寺（Tugdan）召喚著我。這裡有通往日喀則、札什倫布寺、拉薩的公路，數百名西藏人圍住我們的帳棚，兜售綿羊、油脂、奶油、鮮奶、蘿蔔、乾草、青稞和青稞酒。信差安顧爾布也在這裡謁見康古須克爵爺，並受到他的歡迎。

我們該在這裡休息一天嗎？不行，我們可以到日喀則再好好休息，所以，繼續向前走！

我們行經村莊與青稞田，路上交通相當繁忙，有一大部分旅客是正要趕往札什倫布寺參加新年傳召大法會的朝聖客。這條路沿著雅魯藏布江的北岸前進，透明的江水靜謐地流淌，這就是聖水了。我們喝了些聖水。在朗瑪村，我們見到了自從離開列城之後的第一批樹木，便決定在這裡停留，用真正的木材生起營火。

二月八日，風景如畫的窄路繼續沿著多山的北岸前進，江面上滿是嘩喳作響的浮冰；位於碎石高地上的大那克村坐擁壯麗的河谷景色。

我們這趟旅程的最後一天是前往著名的喇嘛寺，我命令艾沙帶著旅隊繼續沿著陸路走，羅伯、洛布桑和我則取道雅魯藏布江。我們雇了一艘樣子滑稽的船，這種簡陋的船隻只有在木材稀少的地方才發明得出來，而且此處只有靠人工園林種植少數樹木，在海拔這麼高的地方是沒有野生樹林的。

搭乘犛牛皮紮成的小船遊雅魯藏布江

這艘船呈長方形，船身由四頭犛牛的皮縫在一起，然後紮在輕質樹枝做成的框架上，船槳划水的一頭呈叉狀，上面綁著一塊三角形的獸皮，看起來彷彿鴨蹼。槳手將乘客送到目的地，譬如從大那克送到日喀則河谷的開口之後，便將船扛在背上徒步回大那克；雅魯藏布江的急流每秒鐘流速四、五呎，沒有人能夠逆流而上。

古法儒將會牽著馬匹在公路和河流交會處等候我們。取道雅魯藏布江的水上之旅其實是我的策略，這樣我可以不受到監視而通過這段路，萬一拉薩官方在最後一刻發出攔截令，士兵只能抓到岸上的艾沙和旅隊，想在江上找到我，恐怕是難上加難。

開船了，我的雙眼盡收逼人而來的景色，趁此機會，我描繪起水道、河岸與周圍的地形，這就是雅魯藏布江，也就是布拉瑪普特拉河的上游；「藏布」是藏語「河流」之意。我揉揉眼睛，不敢相信自己已經成功越過禁地。江水清澈而帶點淺綠色，感覺上船是靜止不動的，反而是江岸急速向我們身後飛去；我瞧瞧船邊的水面，江底的圓石和沙岸在船底下快速延展。江的右岸聳立著喜馬拉雅山最遠端的山脈，北面的左岸則是廣大山系的支脈終點，也就是我們不久前才經由西拉山口跨越的無名山系，我稱之為「外喜馬拉雅山」（Trans-Himalaya），它位於喜馬拉雅山（意為「冬之居」）的另一邊，而且已經不屬於喜馬拉雅山系。江上之旅的每一分鐘都展現此片疆域不同的面貌，由於江水常有急遽的彎道，我們可說是朝著各個方向行進，這會兒太陽在我們正前方，下一刻卻又跑到我們的背後；一會兒我們還貼著北邊山麓前進，一會兒又貼到南岸的山腳跟了。江邊棲息著大批灰色野雁，牠們從江岸上觀望我們，當船通過野雁身旁時，牠們全都引頸高吭，不過並沒有騷動；這裡沒有人殺過野雁，所以這些鳥兒非常親近人。

雖然景色十分迷人且壯觀，我卻無法將視線轉開江上的朝聖船隊，長長的隊伍順著聖河滑下，有時我們的船超越朝聖船隊，有時則和某一艘朝聖船並肩同行。偶爾我們會將船划到岸邊，讓新來的船隊通過，他們通常兩、三艘綁在一起，船上不分農人、村民、游牧民族一律帶著妻兒，準備上札什倫布寺去參加即將舉行的新年傳召大法會。朝聖者都穿著過節服裝，色彩非紅即綠，再不然就是深藍色；婦女頭戴高拱帽，像是頂著一輪光環，上面鑲飾有珊瑚和藍玉，頭髮紮成辮子，髮尾上綁著的紅、綠、黃色絲帶直垂到腳跟，髮上還綴滿了珠飾和銀幣；穿紅色袈裟、不戴帽子的喇嘛隨處可見。船上的乘客都是一個樣兒，全忙著嚼舌根、吸菸、喝茶、吃東西，朝聖客把木棍直立固定在船緣，頂上繫著祈禱幡，以安撫河神和保平安。江面上盡是成群結隊的船隻，簡直像五顏六色的小島，但並未搶走夾峙在高山之間的這條孔雀綠江水的美麗風采。

朝聖客正要趕往札什倫布寺參加新年慶典

江岸上偶爾出現用旗竿環繞的石堆，這是意味江水即將有岔道的指標，乘客和牲口可以在這裡搭乘犛牛皮做成的輕巧渡船。西藏的犛牛生時馱載游牧民族翻山越嶺，死後變成人類旅遊聖河的交通工具。

江邊陡峭的黑色花崗岩山脈沉降至水中，我們飛過一處又一處的絕壁。南岸的步道上，有一些漢子正扛著船徒步往上游走，從背後望去，這些扛船的人好像奇形怪狀的碩大甲蟲。江上也有漁夫忙著撒網捕魚，捕捉到的漁獲全賣給漢族的魚販。我買了一些漁夫打算第二天賣到日喀則市場的漁獲。

「還要走多遠？」我問我們的船長。

「噢，還遠著哪，最遠的那一點後面就是通到日喀則的馬路。」

我開始陷入冥想。放眼看去既無間諜也無士兵，江水在狹窄的河道中粼粼生波，但是沒有潛藏漩渦。我的思緒落在塔里木河上的九百哩旅程，可惜這次只能借用一天江水的力量！且慢——，一個念頭在我的腦中盤桓：我們可否順著雅魯藏布江河谷直下，抵達吉曲河（即拉薩河）匯入雅魯藏布江的地點，然後上岸買三匹馬，直接騎到拉薩？

不行！我在一九〇一年渴望喬裝潛入聖城的慾望完全熄滅了，那股不知名的魅力已經消失無蹤，原因是三年前楊赫斯本和麥克唐納將軍（General MacDonald）才率領一整隊軍官和兩千名英國士兵到過那裡，而且探險家賴德、羅林、貝利和伍德也都探訪過拉薩，更別提隨行的大報特派員與喇嘛教專家瓦德爾上校（Colonel Waddell）[1]了。

雅魯藏布江右岸散布著一些村莊，新來的一列列船隊停泊在河岸上，小山似的乾草、牛糞、農作物堆放在岸邊，等待商隊的牲口將它們運往日喀則。在擁擠的西藏人群中，站著我們的隊員古法儒和四匹馬。

我付了船資和一點小費，便上馬往年楚河谷前進，這是通往日喀則的必經之地。太陽下山了，影子越拉越長，雖然沒有嚮導，但是路很好找，因為沿路不斷有朝聖隊伍與商隊為我們指引方向；我們吸引很多人的矚目，不過沒有人前來干涉我們的行動，黃昏與夜色更讓我欣喜，在昏暗之中沒有人會注意我們。右手邊出現一座高聳的白色舍利塔，再往下走一點，一座孤立的山丘上矗立著「日喀則宗」，也就是管轄這個城市的雄壯堡壘，黑暗中隱約可見堡壘兩側的白色屋宇。現下，我們已經站在日喀則的街道上了。

一名男子走過來，竟然是自己人南吉歐（Namgyal）！他帶領我們走到一扇大門前，門後就是康古須克爵爺的園林，艾沙和其他人已經在此等候我們了。這裡也有一些西藏人，都是康古須克的僕人，他們領我進入大門內的一間屋子，屋子已經打理好供我使用，但我寧願住在園林裡的帳棚。手下已經在園內搭起通風的帳棚，營火也已生了起來，我坐下，懷疑自己是不是在做夢。那天深夜，班禪喇嘛的一位俗家官員來到我的帳棚，而且問了我許多問題，也做了一些筆記。吃過晚餐，我便在日喀則市呼呼大睡起來。

次日清晨我四處走動，檢查一下我們的營地。隨我們從列城出發的牲口，只剩下六匹馬和一頭騾子，不料其中的一匹馬竟然倒斃在馬廄裡，被僕人拖走了；我為牠悲劇性的命運深感哀傷，半年來牠在羌塘上出生入死，熬過了多少艱辛，卻在抵達終點後魂歸離恨天，牠所攀越的多座山口幾乎高達一萬九千呎，好不容易到了海拔只有一萬二千七百呎的地方，居然死在裝滿糧草的秣槽之前。我們盡心盡力照料倖存的六頭牲口，為牠們鋪上乾草床，讓牠們能舒舒服服地休息，我們供應充足的青稞、苜蓿、清水，還帶牠們出去走動走動，以免筋骨僵硬。我的拉達克小馬也在倖存的牲口之列，牠載著我經歷許許多多暴風雪，我走進牠的馬廄愛憐地撫摸牠，卻只換來牠的嚙咬和蹬腳。

【注釋】

1 原書注：一九二三年，還有另一位英國人抵達拉薩，他的成就詳載於《地理雜誌》，其後曾在歐洲與美國發表相關演說，並出版一本專書。聖地牙哥一份報紙以這樣的字眼宣傳此人：「演講真實故事，主人翁親述如何前往禁止『異教狗』進入的城市，演說者據稱是唯一到過西藏首都拉薩的白人。」事實上，此人抵達拉薩前不久，貝爾先生（Mr. Bell）才在拉薩住了一年；裴瑞拉將軍（General Edward Pereira）也剛到過那裡；貝利少校拜訪過拉薩；地質學家海登博士（Dr. Henry Hubert Hayden）在達賴喇嘛的布達拉宮住了六個星期；兩位機械師在布達拉宮住了一個半月，為宮殿安裝電話；拉薩電報局雇用兩位英國官員達數年之久，更遑論楊赫斯本征服拉薩的軍旅，以及多年來陸續抵達的天主教傳教士了。

第五十二章　與班禪喇嘛共度新年傳召大法會

我才剛剛巡視完營地，就來了一個笑咪咪、胖嘟嘟的男人，他是當地一百四十名戍邊駐軍的指揮官，我邀請他進帳棚內喝茶、抽菸。這位指揮官姓馬，他弄不明白我打從哪裡來，深信我從天而降，因為我無聲無息突然在日喀則冒出來。

「假如我事先知道你要來日喀則，早就帶領武裝軍隊去攔截你了，因為這裡和拉薩一樣，是不准歐洲人來的。」

我笑了笑，開玩笑地問他：既然我已經平安到達此地，現在該怎麼辦呢？

中國護照派上用場

二月十一日一大早，羅卜桑則林喇嘛（Lobsang Tsering Lama）和漢人段宣（Duan Suen）來拜訪我，他們也和馬指揮官一樣對於我如何來到日喀則一頭霧水，也許他們以為我是從地底下鑽出來的。他們同樣詢問我問題、記下筆記。

我說：「我知道新年傳召大法會今天開始了，我很想去參觀。」

「不可能，歐洲人不能去。」

「我也希望覲見班禪仁波切（即班禪喇嘛）。」

「極少人有幸謁見他本人。」

這時我靈機一動，把我的中國護照掏出來給段宣看，他仔細地看，越看興趣越濃，雙眼也越睜越大，最後他說：

「這本護照太好了！你為什麼不早一點兒拿出來？」

「因為那是東土耳其斯坦所核發，可我來的是西藏。」

「沒有關係，這份文件太重要了。」

他們告辭離去，不久我就收到班禪喇嘛的歡迎禮物，那是一條淺藍色的哈達，這種禮物象徵尊敬、祝福、歡迎之意，更重要的是，札什倫布寺鄭重邀請我去參加新年傳召大法會。此刻我十分感激印度政府堅持要我取得中國護照，否則我絕無機會親訪札什倫布寺。一直到今天，我對於自己能夠不動聲色地出現在日喀則，仍然覺得難以置信，也許部分原因是英國軍隊在一九〇三、〇四年進軍拉薩時，西藏人對歐洲人的武器產生敬畏；另一個可能是許多藏族首領都忙著趕往札什倫布寺參加傳召大法會，當我和旅隊入境時，他們並不在駐地；還有一個原因可能是我最後一天走水路，又在天黑後才抵達。然而，更幸運的是，我抵達後兩天新年傳召大法會才展開，這也讓我有機會目睹喇嘛教每年最盛大的儀式。就眼前來說，札什倫布寺是世界上最重要的喇嘛教中心，因為達賴喇嘛仍然避走烏蘭巴托未歸[1]。

新年傳召大法會在藏語裡稱為「羅撒爾」（Losar），目的是紀念釋迦牟尼佛以神變之法大敗六種外道的功德，是藏傳佛教贏得信眾的一大勝利。此外，這項慶典也代表藏民歡慶春天與光明重回大地，戰勝寒冷與黑暗的象徵，此時種籽再度萌芽，游牧民族的牲口又有鮮嫩的水草可吃。新年傳召大法會一共進行十五天，遠近朝聖者全聚集到札什倫布寺，任何角落都聽得到神聖的六字真言禱詞。

班禪喇嘛的侍臣察則堪（Tsaktserkan）帶來更進一步的歡迎口信，他說羅卜桑則林喇嘛和他本人接獲命令，擔任我停留日喀則期間的導遊。

傳召大法會

我穿上最好的服裝，艾沙也穿上華麗的慶典禮服——大紅色的袍子加上繡金線的頭巾。羅伯、澤仁和另外兩名喇嘛教徒獲准陪伴我同往，我們騎馬到札什倫布寺，大約花了十二分鐘。朝聖的信徒從四面八方湧來，路旁排滿小攤子，為遠道而來的賓客供應蜜餞和其他食品。

我們在寺外的大門前下馬，登上一條陡峭的街道，地上嵌著深色大石板，幾百年來無數朝聖客的足跡踏過，因此石板十分平滑光亮。街道兩旁是高突的僧舍，更高處為美麗的白色大殿，那便是班禪喇嘛的寢宮，窗框是深色，屋頂有紅黑條紋相間的壁緣，還有小小的陽台。我們被帶領穿越迷宮似的暗室和甬道，登上滑不溜丟、幾成垂直狀的木頭階梯，又穿過許多迴廊與廳堂，至此開始有日光穿透進來，一群群身穿紅袈裟的僧眾背對光線，構成了剪影般畫面。最後我們終於走到一條迴廊，迴廊邊緣放置一張椅子，原來是為我所準備。

我坐在椅子上視線極佳，即將舉行傳召大法會的中庭廣場一覽無遺，廣場四周築有迴廊，廊

宗教慶典在法螺聲中揭幕

柱高高低低，形成櫛次鱗比的多層迴廊。迴廊上有露天陽台，譬如我們腳下就有一個這樣的陽台，許多朝聖客就坐在陽台上，聊天、吃零嘴，大家都是不相識的喇嘛教徒，當中不乏來自拉達克、不丹、錫金、尼泊爾和蒙古的信徒。陽台上還有身穿華麗官服、戴著誇張帽式的一群官員，圍坐在一起；另一個陽台上則坐著這些官員的女眷，衣著也是華麗非凡。放眼望去，處處是擁擠的人群，即使寺廟的屋頂也不例外。最下方是一個鋪砌石板的廣場，正中央豎起一根很高的柱子，上面繫紮五顏六色的彩帶；廣場四方有石級通往「紅迴廊」，迴廊隱沒在以黑犛牛毛織成的沉重簾幕後面。

兩位僧人出現在最高的一處屋頂上，吹響低沉的法螺，然後他們低頭喝茶，此時紅迴廊裡面傳出旋律優雅的眾人齊唱，彷彿海浪般起伏有致。班禪喇嘛所在的迴廊位於紅迴廊的上方，廊外懸掛一方寬大的黃色絲綢，邊緣鑲著金穗，這位西藏最崇高的喇嘛便透過一小塊方形開口垂視大典的進行。

僧人吹起大嗩吶，宣布班禪喇嘛已經離開寢宮，等候的人群交頭接耳。接著，典禮隊伍抵達，領頭的是手執班禪徽旗的寺內高僧，之後班禪喇嘛本人現身了，所有的人都站起身來深深鞠躬。班禪喇嘛身穿黃色絲綢袍子，厚重的毛織僧帽類似古羅馬人的頭盔，他盤坐在軟墊上，母親、兄弟（爵爺）和幾位高僧分坐在兩旁，這些顯貴的動作都刻意放慢，以顯出莊嚴氣派。

幾名僧人在我面前擺好一張桌子，桌上放滿了蜜餞、柑橘和

札什倫布寺裡埋葬三位班禪喇嘛的靈塔

熱茶，食物的重量將桌子壓得彎了下去。他們說我是班禪喇嘛的貴客；這時我的眼睛接觸到班禪喇嘛的視線，我站起來鞠了一個躬，他對我友善地點點頭。

班禪喇嘛和官員就坐之後，典禮隨之開始。兩位戴著面具的喇嘛從紅迴廊踩著舞步下階梯，在廣場上轉起神秘的圈子，在他們後面跟著十一位喇嘛，每一位手裡都拿著一面折疊好的旗幟，隨後他們攤開旗幟升上長竿，此舉是對班禪喇嘛致敬；旗幟顏色繽紛多彩，每一面旗幟又垂下三條不同顏色的長條。

奇異的儀式一波接著一波，緊接著出現的是一群身穿白衣的喇嘛，手中各自拿著不同的宗教象徵物件，譬如有些喇嘛搖晃金質的懸吊香爐，藍灰色的輕煙從香爐中裊裊升起；一些喇嘛背著轡轡和其他皮件裝備；還有些則穿著繡金線的絲質坎肩。接下來演奏聖樂，吹奏的樂器是六支銅嗩吶，這種嗩吶長達十呎，黃銅鑲邊，喇叭口放置在見習僧的肩上，嗩吶樂聲在廣場上激盪出莊嚴而響亮的回音，與婉轉的長笛聲、尖銳的鐃鈸聲、鈴聲和低沉的鼓聲交織在一塊兒，喧天樂音直衝雲霄。頭戴黃色僧帽的樂師坐在廣場的一邊。

紅迴廊的階梯走出來一位喇嘛，他的手裡捧著滿滿一碗山羊血，一面跳著不停旋轉的舞步，一面將山羊血灑在階梯上。不知這是否為喇嘛教成立以前，迷信的古代藏人用活人獻祭的象徵？

十二名戴著面具的喇嘛進入廣場，他們假扮妖魔、惡龍和野獸，開始跳起兜圈子的驅邪舞，樂聲不間斷地演奏著，節奏越來越快，舞者的步伐也越來越迅捷，他們身上所穿的法衣巨大無比，質料是五顏六色繡著金線的絲綢，在激烈的舞蹈中鼓起如張開的雨傘。舞者戴著一種方形領，頭從中間的洞伸進去，當他們舞動時，領子從頸項朝水平方向揚起。他們手裡拿著飄動的彩帶與旗幟，隨著樂音逐漸加速，舞蹈動作也變得越來越激烈，足以令觀者眼花撩亂。朝聖者的情緒越來越熾烈，一把又一把的白米和青稞從他們手裡灑向廣場上的舞者，棲息在寺廟裡的鴿子快

戴著面具的喇嘛開始跳起驅邪舞

樂地飛來享受這些穀糧。

廣場上點起一把火，僧人拿著一大張紙靠近火燄，紙上寫著人們去年遭受的災難厄運，希望藉法會來除災解厄。一名喇嘛手持一碗易燃的火藥，趨前吟誦難以理解的咒語，雙手畫著神秘的符號，現在大紙挪近火燄，喇嘛將碗裡的火藥倒進火裡，霎時沖天烈燄吞噬了紙張和去年危害人們的一切災厄，看得眾人均欣喜歡呼。法會的最後儀式是由六十名喇嘛群體起舞。

儀式順利完成，班禪喇嘛起身，如同進場時緩慢而莊嚴地離去，朝聖者也朝四方離開，好像強風下凌空散去的麥麩。

面見班禪喇嘛

我才剛回到住處，園林裡就來了一支騾隊，騾背上載滿了白米、麵粉、青稞、乾果、水果和各式食品，這些都是班禪喇嘛的見面禮；這份禮物事實上相當貴重，因為這麼多食物足夠我的手下和牲口吃上一個月。最後察則堪出現在我面前，他宣布班禪喇嘛將在第二天早晨接見我。

我帶著艾沙當翻譯，在兩個權位頗高的喇嘛陪伴下穿越重重屋宇、廊梯，來到班禪喇嘛的寢宮。札什倫布寺裡一位階層極高的僧侶首先出來接見我，他個子矮胖，禿頂像彈子一樣光滑，他的禪房富麗堂皇，佛壇、書架、桌几、凳子都上了一層光可鑑人的明漆，各式佛像非金即銀，各自收放在金、銀佛龕裡，前面點著永不熄滅的酥油燈。這位高僧送我一尊佛像，我也回贈他一把銀刀鞘匕首。

一個小時之後，一道口信傳下來，我現在可以去位於札什倫布寺最高點的班禪寢宮了。沿途經過的走廊和廳堂各站立著一小群、一小群念念有詞的喇嘛，我們終於來到班禪喇嘛的寢宮，除了艾沙之外，其他人都不許隨我進入。這個房間比先前那名胖喇嘛的禪房大，但擺設樸素得多，房間有一半直接暴露在天空下，另一半高出一階，上方罩著屋頂。右手邊有個凹室，班禪喇嘛盤腿坐在一張固定在牆堵的長几上，凹室有個小方窗，班禪喇嘛便透過這扇小窗眺望日喀則與整個河谷。在他面前有一張桌子，桌上擺置一個茶杯、一副望遠鏡和一些印刷文件。就衣著看來，班禪喇嘛和尋常的喇嘛並無不同，唯一特殊之處是一件黃色繡金線的背心，他的雙臂未著寸縷。

通往班禪寢宮的陡峭樓梯和開放式佛堂

班禪喇嘛將雙手伸給我，這象徵最誠摯的榮寵與歡迎，並示意我坐在他身邊的一張歐式扶手椅上。此刻我終於可以近距離地仔細端詳他了；以歐洲人的標準而言他並不好看，但是我根本就忘了這回事，因為他的眼睛、笑容、極為謙虛的態度，以及輕柔得近乎羞怯的聲音，從頭到尾已深深擄獲我的心神。他為招待簡慢向我致歉，我則極力向他保證，能夠到札什倫布寺、能夠蒙寵貴為他的座上賓，已經讓我覺得三生有幸了。

接下來我們整整聊了三個小時，

若要逐一記錄我們對話的細節不免無趣，總而言之，內容包括我的旅途、歐洲、中國、日本、印度、明托勳爵、吉青納將軍，還有其他成千上百個話題。班禪喇嘛告訴我，他曾於一年前拜訪過明托勳爵，也提到他參拜釋迦牟尼佛生前住過、走過的幾處聖地。兩個侍僕喇嘛直挺挺地站在房間露天的那半邊，班禪喇嘛兩度揮手命他們退下，顯然有不欲人知的話要告訴我，其中一次是要求我莫讓中國政府知道我曾經到此做客，也切勿洩露他對我透露寺內的秘密。班禪喇嘛表示我擁有絕對的自由，可以隨意走動、拍照、繪畫、記錄，他自稱是我的朋友，並說他會指示手下帶我參觀整座札什倫布寺。

班禪喇嘛從六歲坐床（登基），至今已有十九年。西藏人稱班禪喇嘛為「班禪仁波切」，意思是「大師」；稱達賴喇嘛為「甲波仁波切」，意思是「尊王」。兩個頭銜本身已經區分了精神與俗世權力。達賴喇嘛在政治上握有較高的權力，因為他統治整個西藏，唯一例外的就是班禪喇嘛所管轄的日喀則地區；相對而論，班禪喇嘛在宗教神聖性和經文修為上勝於達賴喇嘛。一九〇三年英軍入侵，達賴喇嘛出走，截至我拜訪札什倫布寺時仍流亡未歸，因此目前西藏最有權力的人便是班禪喇嘛，這清楚解釋了何以英國邀請他訪問印度，目的就在爭取班禪喇嘛的支持與信賴，至於班禪本人拜訪印度之後，也對大英帝國的勢力與榮耀留下深刻的印象。

達賴與班禪兩位高僧其實維持互為師徒的關係，當轉世活佛（達賴）被正式指定之後，班禪喇嘛就開始對這個靈童施以教化，指導他關於宗教與經典的知識；同樣地，新任班禪喇嘛也受到達賴的照拂。班禪喇嘛是無量光佛（阿彌陀佛）的化身，轉世到今生，他也是宗教改革家宗喀巴的轉世活佛，因為與帖木兒同時期的宗喀巴正是無量光佛的化身。至於達賴喇嘛則是欣然僧佛的化身，也就是我們熟知的觀世音菩薩，他主管眾生和佛寺的事務，是西藏的精神領袖。

西藏人相信輪迴，當班禪喇嘛圓寂之後，他的靈魂（也就是無量光佛的靈魂）便開始遊蕩，最後選擇一個呱呱墜地的嬰兒投胎，這就是所謂的活佛轉世。

然後整個喇嘛教世界都在探詢活佛轉世的靈童，有關當局要花數年時間確認誰是轉世活佛。申請認為自己的兒子是活佛的父母必須提出說明，譬如他們的兒子出生時伴隨何種奇蹟或徵兆，中請查驗的有好幾百件，這些父母帶著孩子來到札什倫布寺接受調查，初次遴選出最有可能的幾個，接下來再進行複驗，最後只留下來的少數幾個候選人，其中當然會有真正的新任班禪喇嘛。寺方將男嬰的名字寫在紙條上，然後放在一只有蓋的金瓶裡，由一位高僧抽籤，抽中的那個名字就是無量光佛轉世的繼承人。

我與班禪喇嘛的會面終於結束，我囑咐艾沙呈上布羅斯維爾康製藥公司贈送的鋁製醫藥箱，我們已事先將箱子擦得似白銀般雪亮，再用一塊黃絲綢包裹起來。班禪喇嘛很開心，不過後來當我對兩位主管醫事的喇嘛解釋不同病症該如何用藥時，發現很難講清楚，只好以藏文逐一寫下來。至於旅隊自己需要的珍貴藥品，我們也事先保留足夠的份量。

班禪喇嘛與我道別，他的臉上一如先前掛著友善的微笑。他與我都不相信他是神，但是這位高貴而謙沖的凡人一直以眼光跟隨我，直到房門在我身後闔上為止。

自此之後，整個日喀則都議論紛紛，西藏人對於一個陌生人竟能獲得如此榮寵感到不可思議，當遠道而來的朝聖者回到深谷裡的家鄉時，也不忘提起這件事。事後證明這對我後來的旅行極有幫助，甚至比護照還要管用，深山的游牧民族不只一次指著我說：「噢，你就是班禪喇嘛的朋友！」每逢此時，我總會在心裡感念這位仁慈的大喇嘛。

【注釋】

1 一九〇三年英軍據錫金，入西藏，一九〇四年占領拉薩，據城五十天。十三世達賴逃往青海，並輾轉流亡至烏蘭巴托，直至一九〇九年才返回西藏，但旋即被清朝政府廢除權位。

第五十三章　札什倫布寺與日喀則見聞

札什倫布寺是個「貢巴」，也就是藏語「寺院」的意思。這座宏偉繁複的寺院供修道、禮拜之用，本身像座城鎮，至少有一百棟各自獨立的屋舍，石頭砌成的房子外表塗了白灰水，屋簷鑲著紅色和黑色飾邊，眾多房舍組成一座大迷宮，彼此以狹窄的巷弄和階梯相隔。札什倫布寺建在山腳下，最高的建築是班禪喇嘛所居住的拉布仁寢宮，背襯曠野的山脊。拉布仁寢宮的前方和下方屹立一排五座鎏金的中國式寶塔，這些是歷任班禪喇嘛的靈塔。札什倫布寺建於一四四五年，一世班禪喇嘛的靈塔便聳立在舉辦新年傳召大法會的廣場上，靈塔內部非常陰暗，參觀者可以看見金字塔似的舍利塔，高高的舍利塔由金銀珠寶建成，裡面供奉著已逝班禪喇嘛的石棺，班禪喇嘛圓寂後的肉身以坐姿停放，全身埋在鹽裡，因為喇嘛必須像菩薩一樣坐著嚥氣。

我們從這處靈塔走到六世班禪喇嘛的靈塔，無量光佛於一七三八至一七八〇年間化身為六世班禪班丹意西，他曾經和印度總督哈斯丁斯（Warren Hastings）[1]折衝談判，迷信的乾隆皇帝還請他到熱河祝壽，最後客死北京；他的靈塔入口處有一塊匾額，上面用鮮艷的色彩寫著他的名字。

朝聖徒在五世班禪喇嘛的陵墓前祭拜

五世班禪的靈塔是朝聖者出資興建的，靈塔殿對外開放，游牧民族排隊瞻仰，全身俯伏在一列神像前的木質地板上；他們在石棺前的神桌上供奉碗食，並點亮小蠟燭。

每座靈塔前有一個中庭，一座三段式木梯從中庭通往靈塔門口，靈塔的壁堵畫著四位護法天王，其形像面目猙獰的野獸與惡龍，四周環繞火燄與雲彩，手執武器和法器。靈塔的紅漆大門很結實，門上鑲著黃銅飾，推開大門，即可進入墓室。

看守宗喀巴殿的是個愉悅的老人，大殿內有一尊這位宗教改革家的雕像，面帶微笑，色彩豐富，好似從蓮花座裡浮出來，而蓮花正象徵他聖潔的出身。宗喀巴是格魯派（俗稱黃教）的創始人，現在西藏最重要的喇嘛廟和高僧都屬於這個派系；他和弟子在拉薩附近建立了三大寺：甘丹寺、哲蚌寺、色拉寺，並嚴禁僧侶娶妻。宗喀巴圓寂之後葬於甘丹寺，石棺懸吊在空中。僧人在宗喀巴雕像前誦經吟唱，擊鼓搖鈴，兩名喇嘛為我奉茶，並捎來班禪喇嘛的關心問候，他希望我不要累壞了身體。

與各色人等交往

我在札什倫布寺的遊歷有太多值得記述，一一記錄勢將占去過多篇幅。如今回想那段奇妙的時光，我的內心依然充塞著驚奇與喜悅。有一天，班禪喇嘛坐在儀典廳旁的聖座上聆聽一場教義辯論，他本人偶爾也會加入辯論；辯論結束後，僧眾開始享用餐點，班禪喇嘛的茶壺是金質的，其餘的人則使用銀質茶壺，然後他由兩位僧人攙扶著走下紅迴廊的階梯，第三位僧人在他身後打起一把黃色的遮陽傘。

我們走進僧人的禪房，觀察他們如何在樸素的禪房裡生活。我們也走到紅迴廊下面的廚房，裡面有六只巨大的鍋子熬著三千八百名僧人喝的茶，法螺聲吹響表示喝茶時間到了。我悠閒漫步在這座寺廟城裡，有時會見到班禪喇嘛在扈從陪伴下往來於某些神聖儀典。有一次我們進入藏經大殿，殿中有個方池，這裡藏經一百〇八冊，長凳和桌邊有年輕的喇嘛正在接受堪布喇嘛（掌理佛學院的經師）的教誨；寺中共有四位堪布喇嘛，但是只有兩位攝政大臣。小喇嘛和著節奏齊聲吟誦，不時有信徒抓一把白米灑在他們身上，只要供奉幾個盧比，他們就會額外吟唱一段經文來安撫施主的靈魂——我自然沒有錯過這樣的機會，為自己買了一首平安曲。

二月十六日，班禪喇嘛要我進宮與他合影。當我抵達拉布仁寢宮時，班禪喇嘛剛剛為一團朝聖的比丘尼祈福加持完畢，這次我們又聊了三個小時，話題大多環繞在地理上。我告辭時，班禪喇嘛贈送我許多西藏土產食品、中國進口的繡金線布料、美不勝收的紅壁毯（至今仍懸掛在我的屋子裡）、銅製與銀製的茶杯和碗，另外還有一幀鍍金的無量光佛像，包裹在黃色絲緞裡，班禪喇嘛說：「祂會保佑你享有無量長壽。」這項禮物象徵班禪喇嘛祝我長命百歲的祈願。

我天天在札什倫布寺內外閒逛，寫生作畫或以相機獵取景物。寺裡的喇嘛個個和善有禮；每一個角落和屋簷下均懸掛鈴鐺，鈴舌上繫著鷲鷹的羽毛，每當輕風拂過這座寺廟城，琮琤的鈴聲處處可聞。

新年慶典不侷限於宗教儀式，畢竟朝聖的香客也是凡人，他們需要一些娛樂。有一天，群眾聚集到日喀則外的一處場地，七十個衣著鮮艷的騎士在此比賽騎射，他們以全速在跑馬場上競跑，並從狂奔的馬匹上以弓箭射擊極小的目標，賽後我邀請所有參加比賽的騎士到我住的園林一遊。有天晚上，我的朋友馬指揮官在他的駐所慶祝中國新年，不但燃放鞭炮，還有龍、馬造型的紙糊花燈在熱鬧的人群裡穿梭。

班禪喇嘛的弟媳一爵爺夫人

日喀則的房舍一式白牆，頂上紅黑飾邊，平坦的屋頂用欄杆圍繞著，民間的屋頂也和廟宇一樣，以布料紮捆枯枝、斷株做成驅魔的飾品。我們住處的院子裡有一隻巨大看門狗，牠有一對赤紅的眼睛，像野狼一樣兇猛，平常以鐵鍊拴著。就我們所見，日喀則最豪華的宅子當是康古須克爵爺的宅邸，房間內有地毯、坐墊、書架、佛堂和桌子；爵爺夫人相貌俊美，我很榮幸為她畫了一張肖像。

我不在寺廟裡走動時，便忙著為來自各地的人們素描，我們的園子裡來了各式各樣的人——化緣的比丘尼和修行者、跳舞的男孩，還有刺探我們的間諜；有一天，甚至來了一位天葬師，他住在札什倫布寺西南方不遠的村子。當有喇嘛重病垂死時，僧眾會為他念經祈禱，即使喇嘛斷氣了，僧眾仍繼續念經不輟，因為死者的靈魂三天後才會出竅；之後，由一或兩名喇嘛將死者遺體帶到天葬師居住的村子，親自剝除遺體的衣物，隨即速速離開，讓天葬師處理遺體。天葬師將繩子的一頭綁住屍體頸部，另一頭綁在地上的一根樁子上，將屍體拉直、剝皮，這時守候已久的禿鷹一擁而上，不消幾分鐘，地上只剩下一具不見皮肉的骸骨，天葬師接著在臼裡將骨頭磨成粉，再將骨灰和腦髓混合，捏成一塊塊團狀，丟給禿鷹吃；許多寺廟特別豢養聖狗以取代禿鷹的工作。天葬不只用於僧尼，一般俗眾也採用相同的葬禮。這位天葬師對我敘述這些習俗時，一旁的艾沙聽得臉色發白，要求先行退下。

迭經折衝交涉

我在日喀則停留了四十七天，人們原先對我的熱情和好客逐漸趨於冷淡，許多喇嘛對於我經常出入札什倫布寺顯露不悅的臉色，漢人也常對我惡言相向。日喀則最喧囂的地方要算市集廣場，那裡西藏商販擺攤賣東西，婦女穿著紅衣裳席地而坐販售物品，另外漢人、拉達克人、尼泊爾人也有自己的攤位，他們七嘴八舌熱烈討論我的事情。喬裝的間諜天天出現在我的園子和客廳，終日盤桓不去。二月十四日一早，拉薩的一位喇嘛和一名官員前來造訪，他們告訴我當惹雍錯和納燦錯附近有一隊偵查間諜已經搜索我的下落達二十二天，最後追蹤到我們的去處，並在我們抵達日喀則之後三十六小時也來到此地，這意味著我們差一點點就功敗垂成。另一方面，拉薩也派出一支隊伍來攔截我們。

現在兩位拉薩代表坐在我的帳棚裡，他們宣稱根據西藏和英國訂定的條約，西藏只有三座邊塞城市對「歐洲大人」開放，也就是江孜、亞東及嘎托，我的回答是：「首先，我並沒有簽署那項條約；第二，多謝你們的疏失，我人已經到達日喀則了；第三，我是班禪喇嘛的朋友，是不可侵犯的。」

他們垂頭喪氣地離開，不過經常回來刺探，以便隨時掌握我們的動態，好向拉薩政府報告；即使他們自己不出現，也會派間諜來看著我們。我們以其人之道還治其身，派遣我們的拉達克人暗中刺探拉薩政府派來的間諜。

自此我再也沒有班禪喇嘛的消息，為了政治因素他必須謹慎行事，到了最後我在西藏的朋友只剩下一位，那就是江孜的歐康納上尉，他不必擔心政治糾紛，私底下竭盡所能地給予我一切的幫助。他替我將金子換成銀子，送給我一箱箱糧食，為我轉寄往返印度的信件，並且慷慨借給我極為需要的相關書籍與文獻。我們的交往純粹只有書信往來，但我永遠不會忘記自己欠了他多少人情。

想要離去的不耐之心啃噬著我，可是我仍勉強一天又一天地待下來，目的是爭取對我後續行動最有利的條件。有一天，我接到中國派駐江孜代表高大人的簡短來信，他直截了當寄來一份中英條約的數項條款，其中一條規定：「任何外國勢力的代表或代理人均不得進入西藏。」我在回信上大致這麼寫著：「假如閣下想多了解我與我的計畫，最好親自去拜訪歐康納上尉，而非寫這些不恰當的信函。」

高大人又捎來了一封信，表明：「無論如何，閣下不可前往江孜。」

我心想：「當然不可，我會小心絕不到那裡去。」不過我在回信上的答覆卻是：「無論英國和西藏簽定任何條約，皆與吾人無關，既然吾已身在西藏，當即由此算起。」高大人又來信：「我接獲敝國政府命令，假如閣下出現江孜，當立刻遣送閣下穿過印度邊界。若閣下能善意取道原路回去，敝國政府感激不盡。」

如果我去江孜，當然會待在歐康納的家裡，一個中國官員竟敢威脅逮捕英國代表的客人！歐康納的來信對這樣的想法表示譏評之意。

馬指揮官沮喪極了，他被拉薩的西藏辦事大臣連大人痛斥一頓，只因為他沒有及時阻攔我。拉薩當局告誡札什倫布寺的僧眾必須冷淡對待我，現在拉薩、日喀則、札什倫布寺、江孜、北京、加爾各答和倫敦之間開始進行一場公文往返大戰，我被四國政府壓得喘不過氣來，但是最後仍然贏得了勝利。

三月五日，高大人建議我寫信給拉薩的中國督統唐大人和辦事大臣連大人，請求他們特准我前往江孜，這項緩頰之舉顯然是一項謀略，於是我致書唐大人，向他說明我無意違反中國政府禁令前往江孜，只要他們願意提供我犛牛，我願意朝西北方前進。至於給連大人的信，我這麼寫著：「如果閣下有意請我離開，理當促成我的歸途，我絕不前往印度，因為手下人等均來自高山地區，若至印度必死無疑。他們皆為英國子民，我對他們負有責任。」

三月四日，我最後一次拜訪札什倫布寺，僧眾要求我不要再去了。三月十二日之後，各造間出現僵滯的沉默，馬指揮官、察則堪和所有的朋友皆不見蹤影，沒有任何人登門拜訪；我們被孤立了。官方禁止所有人與我們接觸，我覺得自己像是深鎖在自己帳棚內的囚犯，只要我人在西

在朵瑪拉山口的大花崗岩邊朝拜聖山岡仁波齊峰的朝聖客
荻爾普寺
往拉達克的旅隊
凱拉斯山
(岡仁波齊峰)
寸木吐普寺
強盜
哈雷布區
朝聖客
薩特萊杰河
金鵰
巴喀
野兔
游牧民族的帳棚
龐第寺
野驢
行旅中的喇嘛
馴養的犛牛
祁梧寺
藍玻南寺
綿羊
我的船
淫婆神
多克青
拉噶湖
瑪那薩羅沃聖池
營地
聖樹
色若倫寺
朝聖者
郭蘇爾寺
湖神
拉齊多島
印度人
嚴國寺
薩特萊杰河
吐固寺
馱載鹽巴的綿羊旅隊
朝拜湖神的喇嘛
野犛牛
古爾拉曼達塔峰

聖湖和魔鬼湖

藏，英國人便對我視如禁忌，然而只要屹立不屈，就沒有人動得了我。話雖如此，我只要一出門就變成真正的囚犯，因為一支武裝護衛隨時圍繞在身邊。我在此地待得越久，他們就越可能順從我的要求。一個星期過去了，最後，馬指揮官、兩位拉薩官員和幾位日喀則宗的軍官出現了，他們急欲了解我打算走哪一條路回去。我的回答是：「沿拉嘎藏布走到河流的發源地，然後穿過雅魯藏布江北方的疆域。」經過一番會商，他們決定接受我的條件，並且由他們自己承擔同意的責任。

接下來各級官員再三商討，然後我收到唐大人一封措詞客氣的來信，以及連大人同樣語氣和緩的文件；顯見眾人的態度都軟化了。他們經常造訪我的住處，致贈我們一切必需品，最後甚至給我一份通行西藏的新護照，要我指出我打算接觸的地點；關於這點我相當謹慎，並沒有透露確實的計畫。

三月二十五日，我的帳棚忽然增加幾名新住戶：小黃生下四隻小黑狗，我和做母親的小黃爭著寵愛這些乳狗，為新添的旅伴感到欣喜萬分。第二天我向馬指揮官辭別，並送給他三匹劣馬，一來補償他所承受的痛苦，二來報答他沒有阻止我在此地的行動。這一來，我們從列城帶來的一百三十頭牲口只剩下兩匹馬和一頭騾子，雖然在日喀則也買了幾頭騾子和馬匹，但龐大的行李還是交給雇來的犛牛馱載。護送我們的是兩名漢人和兩名藏人，其中一個藏人來自拉布仁寢宮，另一個來自日喀則宗，他們各自備有人手、坐騎和馱獸。

三月二十七日清晨，我派艾沙捎信向班禪喇嘛告辭，班禪喇嘛的回函充滿了誠摯的祝福，並為中國上級阻撓他與我的交誼表達遺憾。

我們拔營離開，一場風暴從西方席捲而來。毫無疑問，此刻班禪喇嘛正坐在他那扇小窗戶前面，手拿望遠鏡觀看我們離城。雅魯藏布江上白浪滔滔，我們費了好大的勁才把馬匹弄上渡河的牛皮筏。

【注釋】

1 一七三二—一八一八年，為英國殖民地長官，曾經任職東印度公司。一七七三年成為首任印度總督，實施多項改革。回英國後遭致政治鬥爭，後以其在印度貪汙與殘暴統治的罪名被彈劾。

第五十四章　奇怪的寺廟——壁龕中的僧人

我和手下很快就和護送人員建立友好關係，我想盡一切辦法削弱四名護衛的監視，譬如送他們香菸、小禮物和銀幣，而收到的第一個成效就是不反對我前往塔定寺；該寺大殿在微弱的光線下美不勝收，四十八根大紅柱子聳立在大石板鋪成的地板上。塔定寺的僧人非常好客，他們屬於「苯教」派系（佛教傳入西藏之前盛行的原始宗教，屬於泛靈信仰，教徒頭裹黑巾，因此俗稱黑教），擁有自己的宗教特色，例如他們旋轉經輪時，方向與藏佛相反；朝聖者繞行寺廟或聖山，也與藏佛反向而行，以逆時鐘方向繞行。根據黃教（格魯派）的看法，這麼做無非離經叛道，不管如何，就寺廟的風景而論，這座以高山和曠野河谷為背景的塔定寺實在是美麗絕倫。

一八三二年，也就是七十五年前，五歲的游牧男童楊敦薩丁（Yundung Sulting）來到塔定寺做見習僧，法名南崗喇嘛（Namgang Lama），他一步步往上爬，終於成為塔定寺的住持，成就知名的南崗仁波切。南崗仁波切在我們抵達該寺的前一夜圓寂，遺體仍然停放在禪房裡。我與兩位手下抵達時，一對老夫婦坐在中庭裡劈柴，準備火化南崗仁波切肉身所用的柴火；南崗仁波切的肉身將在山谷裡火化，骨灰則帶到聖山岡仁波齊峰。我們走進住持喇嘛圓寂的禪房，房裡坐著四名喇嘛，他們必須為死者誦經助念三天三夜。已故的老人坐在床上，身體稍微前傾，額頭圍著一條布巾，頭戴多彩帽冠，遺體前面放置一張几凳，上有佛像及兩盞點亮的酥油燈。

四名喇嘛對於我們突然闖入目瞪口呆，如此褻瀆之事聞所未聞，但是他們未置一辭，只是口中毫不間斷地誦經。我在禪房裡待了許久，對於死亡的莊嚴感觸良深。七十五年來，南崗仁波切聽盡風中的鈴聲、看盡日出月落，在諸多聖山間往來不輟，現在這一刻，他的靈魂從肉身解脫，遊蕩至未知之境，也是在這一刻——他命運中極為重要的時刻，竟然被我們所打擾。

我們轉到根登佛庵（Gandan chöding）參觀，這是一座有十六位比丘尼的尼姑庵，佛殿黑暗而孤寂，擎立六根巨大的紅柱，這幅景觀遠勝於觀看那些又窮又髒的比丘尼；她們的穿著與喇嘛無異，頭髮也剃得短短地。

四個喇嘛為圓寂的住持誦經

塔西吉木北寺

最美麗的風景在札西建白寺。札西建白寺是外喜馬拉雅山區南麓的一座白色小城，寺院的大中庭有一張專為班禪喇嘛所設的聖座，因為班禪喇嘛每年都會拜訪此寺。大殿上充滿珍貴的佛像和金飾，藏經院裡有一百〇八卷《甘珠爾》（*Kanjur*）和兩百三十五部厚重的《丹珠爾》（*Tanjur*），至少要五十頭騾子才馱得完。塔西吉木北寺有個高達十一呎的轉經輪，圓周長四倍於我伸展的雙臂；另一個小型的轉經輪上緣裝著一隻木釘，每轉一圈轉經輪，木釘便撞擊上方的銅鈴，發出清脆的鈴響。年復一年，轉經輪下始終有兩位僧人從日出坐到夜半，不停轉著轉經輪；每天轉經輪要轉上十萬次，為幾百萬個寫在薄紙上的許願香客祈福。這些僧人閉著雙眼，嘴裡喃喃念著禱文，彷彿進入恍惚之境，不時大聲喝叫、仆倒在地，任何話語皆充耳不聞。

根登佛庵的比丘尼

殿柱上方懸著布幕、盔甲、燭台和寺廟的幡旗，柱子上畫著釋迦牟尼佛和其他高僧的行誼，品味甚為高雅。供桌上有數碗供物和長生燈，供桌後是釋迦牟尼佛的塑像，彷彿剛從蓮花座上起身，集世人之夢想，神秘不可測，胸懷對世人的大愛。

我發現自己真捨不得離開這座吸引人的寺廟，一日將盡，夕陽將濃烈的紅光射進大殿的窗子，這是我在西藏所見過的寺廟中，採光最好的一座。廟柱全刷上尋常的紅漆，透進大殿的夕陽將它們染成透明的紅寶石光彩；身著朱紅色袈裟的僧人坐在紅色長椅上，背後拉出黑暗的影子，殿內黃金色的佛像和蓮花座都閃耀生輝。

我們上路繼續朝西走，沿著雅魯藏布江北岸來到卡嘎村，這裡有一座怪異的鐵索橋，跨越大河到達對岸的彭措林寺，橋身已經有些老舊[1]。此地以西便是拉嘎藏布匯入雅魯藏布江之處，至

塔西吉木北寺的巨大轉經輪

巨大的花崗岩佛像

於雅魯藏布江的主流則來自南方，穿過河谷黝黑深邃的入口，繼續向東奔流。我希望在這點測量兩條河流，而旅隊卻必須趕往拉嘎藏布江邊的唐瑪村；我將折疊船組合起來，找了一名西藏人當槳手，乘著江水漂流到兩江交會處，部分人馬則攜帶糧食繼續前進。槳手非常熟練，始終保持警覺，他操控小船越過嘶嘶作響的泡沫，神乎其技地穿過懸崖峭壁間的狹窄河道。護送人員不確定我的意圖，只好騎馬沿著河岸跟隨。幾名手下津津有味地觀看，也忍不住要求我讓他們泛舟遊雅魯藏布江，我爽快應允，接下來大夥兒在河上逗留一整天，一直玩到天黑才返回營地。路上中國馬匹的鈴鐺交織著拉達克人的歌聲，在狹隘的河谷中激盪出旋律誘人的回音。

塔西吉木北寺裡上了金、紅、黃漆的佛像

旅隊往河谷上游走，來到了美曲藏布匯入拉嘎藏布的林谷村，這裡有兩尊巨大的佛像雕嵌在光滑垂直的花崗岩壁上。護送隊伍沒有領我們往拉嘎藏布河谷的上游走，反而朝北走進美曲藏布谷地，此舉讓我大吃一驚，因為這條河從外喜馬拉雅山的主脊開始延伸，正是我想去的地方。地勢越來越高，我們幾乎每天都必須雇一組新的犛牛來馱載行李，沿途不斷經過經牆、石祭壇、幡旗；我們走的是朝聖香客前往一座寺廟朝拜的路線，來往行旅相當頻繁，而所遇到過旅隊、商隊、農人、朝聖者、騎士和乞丐，幾乎都很有禮貌地吐出舌頭向我們致敬。

走過的山路盡是花崗岩與板岩地質，荒野的美曲藏布谷地風光無限，我們終於抵達通村的一座大寺廟，村子裡的屋宇清一色是白色的。從日喀則沿路護送我們的隊伍在這裡由新的守衛接替。到達錫爾中村時，我們的位置已達海拔一萬三千七百呎，村中有個二十歲的已婚婦人叫作朴婷（Putin），她的容貌出奇地美，身段玲瓏；西藏人不容許嫉妒心作祟，因為這裡盛行一妻多夫制，兩、三個丈夫通常是親兄弟，因此藏人對婚姻的忠誠心便沒有那麼看重。

美曲藏布的激流發出滔滔的歡唱旋律，在幽美的河水深處迴盪不已，山壁間常見老鷹沖天飛起，有時也聽見岩鴿的咕咕叫聲，山鷓鴣在碎石地上築巢，野鴨則在河岸上嘎嘎亂叫。每到一處新寺廟，我總是花好幾個小時參觀，其中列倫寺（Lehlung-gompa）的規模算得上相當大；我在這些大大小小的寺廟裡所見所聞真足以寫成一本書。這條路上經常可見風景如畫的橋梁，當河谷縮成狹窄的走廊時，危機四伏的路面懸掛在河谷上方兩百呎處，築路人將鐵樁或木樁敲進陡峻山壁的裂縫中，片岩岩板鬆垮地架在樁上充作路面，這種吊架式的路面有些地方寬僅一呎，底下則是萬丈深淵。我們來時從西拉山口開始翻越重重支流谷地，這些谷地全都切過美曲藏布東邊的山脈。

美曲藏布河谷的美人朴婷

在岩窟中閉黑關的苦行僧

我們停在美曲藏布河谷的一段延伸谷地上紮營，這裡有一座築在沉箱上的橋梁橫跨美曲藏布。群山間有一陡峭的小峽谷，峽谷中坐落一座奇怪的林迦寺（Linga-gompa），由四十間獨立的屋舍所組成，和這地區的其他事物一樣，它過去從來不為歐洲人所知曉。我帶了兩名手下騎馬到該寺，背陽山坡以巨大的石板拼出六字真言。神秘的昏暗光線瀰漫大殿，牆堵和柱子均飾有寺廟的幡旗、燭台、鼓、銅鑼和嗩吶，天花板上一方開口透進來微光，灑在佛像上。寺裡的僧人坐在長椅上吟唱經曲，歌聲如海浪般起伏有致。

在一處平台似的岩脊上，沛蘇寺（Pesu）拔地而起，我們站在屋頂平台和窗口邊往下眺望，只見寺廟三方的無底深淵。從屋頂上飽覽的山中全景，實非筆墨所能形容。寺廟內部也充塞一股神秘的氛圍，我爬上一段陡峭的樓梯，進入一個供奉許多聖像的佛堂，光線從左手邊的窗扉射進來——窗板被風吹得格格

林迦寺佛殿裡誦經的喇嘛

響，落在一整排中型的佛祖塑像上。我的隨從留在入口大廳裡，這裡只有我和這些佛像獨處一室，偶爾從黑暗中跑出一隻耗子偷吃桌上的供品。從窗戶灌進來的冷風吹動佛堂左手邊的手繪幡旗，佛像的形態因而改觀，不經意瞥見蹲坐的佛像對著肆無忌憚的耗子裂齒大笑，不禁讓人毛骨悚然。

林迦寺附近河谷上游的苦行僧洞穴

迷人的林迦寺讓我多逗留了好幾天。有一天，我們攀爬到山壁腳下一處苦行僧的洞窟，那是用大石塊堆起來的簡陋處所，沒有窗子，入口以一道牆堵住，屋頂上有個小煙囪，靠近地面的石壁有個小孔，食物就放在一塊板子上推進洞窟中。

在這個漆黑的洞穴裡，有位喇嘛已經面壁整整三年，與外界完全隔絕！這位無名的喇嘛三年前來到林迦，由於洞穴無人使用，他便立下僧侶最嚴酷的誓言，將自己的餘生閉關在洞穴中。聽說另一位苦行僧才在不久前去世，他在山壁中待了十二年；在他之前，一名僧人在黑暗的洞穴裡修行達四十年之久！事實上，通村也有個類似的洞穴，那裡的僧人告訴我們，有個苦行僧年紀還相當輕就進了洞窟，他在裡面修行六十九年之後，自知死期將近，終於忍不住重見陽光的渴望，於是發信號給外面的僧人，要求重獲自由，怎奈老人已經兩眼全瞎，體力也無法支撐到爬出洞窟，最後像塊破布似氣絕洞中。當年與這位苦行僧同時入洞的那批喇嘛，這時也全都辭世了。

聖僧走向即將度過餘生的洞窟

現在我們就站在林迦寺附近的一個洞窟外，遁世的苦行僧被尊稱為「喇嘛仁波切」（聖僧之意），人們說他的年紀大約四十歲，日日靜思默念，企求悟得涅槃。他自願苦行修道所換得的回報是靈魂完全自輪迴的痛苦中解脫，死後立即獲得永恆的安息——斷滅一切，化於無限。

每天早上，僧人會端一碗糌粑給穴中的苦行僧，有時再加一小團奶油，飲水來自洞窟內湧出的天然泉水。空碗每早由外面的僧人收走並添上新的食物，每六天僧人會奉上一撮茶葉，每個月送上幾根柴火，苦行僧可以用撥火棒引燃。假如每天送食物來的喇嘛透過小孔對他說話，苦行僧將永遠遭致地獄之苦，因此他始終保持沉默；如果苦行僧自己對送飯的僧人說話，那麼他多年孤獨的修行將前功盡棄。送飯的僧人若發現碗內的食物沒有動過，便明白苦行僧不是病了就是死了，這時他會將碗再推回去，鬱鬱寡歡地走開；這種情況若持續到六天，洞窟將被強行破開，因為經過這麼長一段時間，已足以確定苦行僧圓寂歸天了。僧人將死者抬出來焚化，就像對待聖人一樣。

「他聽得見我們的聲音嗎？」我問寺裡的僧人。

「聽不見，牆壁太厚了。」

我感覺自己似乎走不開那個地方，想到有個人在離我數呎之外的洞穴裡，而他所擁有的意志力讓世人望塵莫及，他已經遺棄了這個世界，與死亡無異，他已屬於永恆的境界。戰場上視死如歸的士兵被當作英雄，但那不過是一生經歷一次的命運，然而喇嘛仁波切的精神生活卻是數十年的堅持，他的苦修一直持續到死亡才能獲得解脫，我想他必然對死亡懷有無可遏止的憧憬。我被喇嘛仁波切牢牢吸引了，過了很久，我還經常在夜裡想起他，甚至十七年後的今天，我還常常動念，不知洞窟裡的他是否還活著？即使我有權力和許可，我也絕不會將他釋放出來，使他重回陽光之下。面對這麼偉大的意志力和神聖的情操，我覺得自己像個一文不值的罪人和懦夫。

對日光的最後一瞥

我想像自己看見他出現在我面前——苦行僧此生絕無僅有的一次，他莊嚴地走著，身旁伴隨林迦寺的喇嘛，隊伍沿著我們來時路線向上游河谷走去；每個人都沉默不語，他感覺到太陽的熱度，看到山坡上明亮的原野，也看見落在自己和其他人身後的影子。從今以後，他再也看不見影子的挪動，因為他即將住進死寂的陰影中——直到死亡為止，這是他最後一次仰望天空與浮雲，觀賞山峰與峰頂上閃閃發光的雪原。

苦行僧走到洞穴前面，凝視著打開的門，走了進去，身邊只帶了一條充當床褥的破地氈；僧人開始誦經，門鎖上了，門外築起大石塊疊起的厚牆，從地上一直蓋到洞穴頂。此刻，不知苦行僧是否站在門內，捕捉最後一線日光？當最後一塊大石砌上牆頭，全然的黑暗無情地落在他身上。而伴隨的僧人出於敬愛完成這番勞役之後，沉默而肅穆地走回林迦寺。

閉關在石牆內的苦行僧再也聽不到外界的任何聲音，盈耳的只有他自己誦經祈禱的喃喃聲。長夜漫漫，但是他無從知道太陽何時下山，夜晚又是何時到來，因為對他而言只有無邊的黑暗存在。苦行僧睡著了，過了一會兒清醒過來，不知道外面是否已經破曉。夏日到了尾聲，這點他倒是清楚，因為溫度日益下降，濕氣也越來越重；冬天來了，他感到寒凍噬人，然後春天和夏天又來了，升高的溫度讓他感受到一絲幸福。一年又一年，周而復始，他不斷誦念經文，夢想早日得道，進入至高的涅槃境界。漸漸地，他放鬆了對時間的懸念，不再知覺漫長的日夜循環，因為他總是坐在地氈上，忘我地夢想涅槃，他知道只要有無比的自制力，當可進入天國的大門。

死神

苦行僧日漸老去，但是自己卻渾然不知，對他而言時間是靜止的，和涅槃的永恆境界相比，生命恍如一瞬。除了偶爾爬到他頭上的蜘蛛或蜈蚣以外，他別無訪客，身上的衣服早已襤褸不堪，指甲長而蜷曲，長長的頭髮糾結成團。他並沒有注意到自己的膚色變得極為蒼白，視力變得模糊，直至眼睛完全瞎掉；他渴望得救。有一天他的門會被敲響，唯一可能到洞穴造訪他的朋友來了，那是死神，前來帶領他走出黑暗、進入涅槃的光明之境。

【注釋】

1 此處言及的彭措林寺即今覺囊寺，但此寺與作者提及的怪異鐵索橋乃位於西藏拉孜縣境，而非坐落隸屬昂仁縣的卡嘎村。

第五十五章　艾沙的最後旅途

四月十七日，我們騎馬來到戈沃村，這是最後一個石頭小屋的聚落，過了這裡，寬廣的高山原野再度出現游牧民族的黑色帳棚，以及成群吃草的黑犛牛和白綿羊。

一座山聳立在我們左手邊，上面有個奇怪的垂直洞穴，下方的洞口有兩個化緣的喇嘛和兩個比丘尼，他們是從尼泊爾來到此地，專門服侍住在山腰洞窟裡的兩位苦行僧。眼前出現一座天然的螺旋梯，滑溜而危險，梯子通往上面凹壁的修行洞窟，洞裡住著一位百歲的苦行僧。為了一探究竟，我們必須將洞口薄薄的片岩遮板挪開，不過那些尼泊爾僧尼央求我不要打擾這位聖僧，因此我只透過遮板下的裂縫向內窺探，我看見兩個人形，也聽見老人誦經的喃喃聲。冬天在這上面一定很冷，不過至少他看得見太陽、星辰和飄落的白雪，因為岩穴面向河谷的方向是開展的；不過他可能都不開口說話，甚至也不知道隔壁洞穴竟有另一名苦行僧。

外喜馬拉雅山區的新山口

我們接著來到不遠處的昌喇波拉山口（Chang-la-Pod-la Pass），標高一萬八千二百七十呎，位於西拉山口西方四十三哩處，是外喜馬拉雅山分水嶺上最重要的山口，這是個意義重大的新發現。我們第二度跨越外喜馬拉雅山區和雅魯藏布江北方的大片空白，我的夢想是一步一步填滿這片空白，一直延伸到西方末端。

旅隊朝著西北方前進，我摸不清護衛隊在打什麼算盤，何以一逕領著我們往這個方向走，還好這正中我下懷。護送隊伍裡有一位首領以前在通村當過喇嘛，後來因為愛上一個女子而被逐出佛門。

越過昌喇波拉山口，我們再次進入沒有印度洋出海口的區域，這裡的水系最終都會注入當惹雍錯，我試圖深入這座湖岸邊。在一處插著祈禱幡的石祭壇，我們首度眺望到聖山塔哥崗日山（Holy Mountain of Targo-gangri），印度學者喃辛曾經從北方見到這座山；西藏人來到此處，無不五體投地朝拜聖山。

再一次更換護衛隊時，來了五名老人和一大批守衛，他們想要帶我們回拉嘎藏布，但是我說服他們繼續往西北方前進。他們共有十一頂帳棚，還帶了一百頭左右的犛牛，我經常到他們帳棚裡拜訪，為老人素描。

我們正往聖山接近，巨大的峰頂積滿白雪，還有五道清晰可辨的冰河；西南西方向矗立著一條廣闊、未知的新山脈，山脊上堆著永不消融的白雪。我們在塔哥崗日山山腳的達果藏布

（Targo-tsangpo）畔紮營，營地編號第一百五十號；達果藏布注入當惹雍錯，沿河步行只花兩天就能抵達那座湖泊。截至目前為止，一切進行得很順利，然而此時卻出現二十名武裝軍人，原來是赫拉耶大人派他們來阻止我們前往這座聖湖，隊伍的首領是在納燦錯見過面的楊度克，當時他是赫拉耶的隨員。他們宣稱我們無論如何不許去當惹雍錯，我想到離我們營地不遠處，就在達果藏布谷地右手邊，有一塊突出的紅色岩壁，據說站在那塊岩壁上可以望見當惹雍錯，於是我答應如果他們能讓我爬上紅岩壁，就克制自己不到湖邊上。楊度克他們並不反對，就在我們準備出發的四月二十八日，拉迦（Largäp）區域的首長卻率領六十個騎士出現，騎士身穿紅色或五顏六色的衣服，胯下騎著白色、黑色或栗色的馬，一行人將我們團團圍住，彼此爭吵叫囂，不讓我離開營地一步。我們花了一整天工夫談判，最後他們總算讓步，答應讓我帶兩位隨從騎馬到岩壁邊；遙望北方的當惹雍錯閃耀著藍色光芒，好似鋒利的劍刃發出寒光。

我們從這個地點轉往東南方，以便第三回合穿越外喜馬拉雅山，途中我們發現一座中型湖泊許如錯（Shuru-tso），湖水依然冰凍未消。五月六日，我們再度跨越外喜馬拉雅山，這次走的是安格丁山口，標高一萬八千五百呎，位置在昌喇波拉山口西邊五十二哩外，我又一次成功地在地圖的大片空白處填上一小塊。南北兩方的風景壯麗非凡，在我們身後的北方，塔哥崗日山依然可見，面前的南方出現的是喜馬拉雅山雪白的峰頂。

旅隊現在的目標是拉嘎藏布江。一天晚上手下報告說老古法儒病了，他躺在自己的帳棚裡已經奄奄一息，他要求兒子將他的壽衣準備妥當。老人肚子疼得厲害，我指示手下為他熱敷，他卻叫我回家躺下，艾沙差點笑岔了氣，其他人則圍在老人床前開心地打打鬧鬧。我讓古法儒服用了一些鴉片，第二天早上，他又是生龍活虎一個。

冀望走向扎日南木錯與昂拉仁錯

五月十一日，我們在紛飛的大雪中抵達拉嘎藏布江畔，窩在籃子裡旅行的初生小狗新奇地追咬雪花。我們走的路線是賴德和他的同伴曾經繪圖標記的部分，不過在前往瑪那薩羅沃池（Manasarovar）[1]的八十三天旅途中，除了其中兩天半行程之外，其餘都是不為人知的新路線。

拉嘎札桑（tasam，即驛站）的兩位首領很頑固，他們出示來自拉薩政府的命令，要求我們只能走札桑道，也就是當年賴德探險隊通往拉達克的主要商旅路線。我只得又致書唐大人和連大人，請他們准許我前往扎日南木錯（Teri-nam-tso）[2]和昂拉仁錯（Nganglaring-tso）[3]，最後經由瑪那薩羅沃池抵達印度；我將送信的重任託付給手下唐德普和塔喜，要他們徒步把信件送達日喀則的馬指揮官手中，路程長達兩百哩，之後再與我們會合。

我們不急著趕路，主要是不想超前兩位信差太多，便在原地停留了一個星期。五月十五日，夜裡的氣溫降到攝氏零下二十六．一度，西藏護衛隊大失所望，因為我們選擇經過雄偉的珠穆瓊（Chomouchong）山群，這裡地形粗獷，氣候凜冽徹骨。翻越珠穆瓊山群後，我們在巴桑河谷（Basang Valley）的入口處停留了一天，從那裡到地區首長所在的薩嘎宗（Saka-dsong）只需要一天的路程，可是我並不想走那條路，而希望繞到更南方恰克塔藏布（Chaktak-tsangpo）匯入雅魯藏布江的地點。西藏護衛答應我的要求，條件是由艾沙帶領大部分旅隊走主要道路去薩嘎宗。

我們分手的前一晚，拉達克人圍著營火跳舞，艾沙彈吉他助興。五月二十七日早晨，旅隊分道揚鑣，原地只留下馬匹上的我和艾沙，和往常一樣，我對艾沙下了一些命令，然後我們互道再會。這位優秀的領隊快馬跟上其他隊員時，身體看起來正處在顛峰狀況，沒想到這竟是我最後一次向他下達命令。

我自己也趕上羅伯與澤仁所帶領的支隊。這趟旅程收穫極為豐碩，我們以小船為工具，測量兩條河的水量，工作四天之後，在塔布爾區（Takbur）紮營休息。五月三十一日，我們準備啟程前往薩嘎宗，可是這天清晨卻來了一個野蠻不通人情的首領，他帶著一群雇來的幫手到我們營地，不分青紅皂白鞭打服侍我們的西藏人，而且喝令他們帶著我們向他們租用的馬匹離開，並留置我們當他的囚犯三個月，不給任何糧食。我悄悄派了一名手下趕到薩嘎宗給艾沙捎口信，要他趕緊為我們送五匹馬過來。然後我把這個首領叫到我的帳棚來，他宣稱我無權涉足札桑道以外的任何道路，我警告他不要裝腔作勢，只要我高興，隨時可以請我在拉薩的大官朋友取他的性命，此話一出激得他暴跳如雷，他站起來用長劍刺向我，我仍舊保持坐姿，完全沒有表現任何恐懼，他於是停下比畫的動作拂袖而去。當天晚上，他帶著人手和犛牛回來，宣告我們可以前往薩嘎宗了。

艾沙走了！

六月一日早晨，幾名隊友帶五匹馬前來接應，艾沙也捎來口信，表示營地一切安好。我們拔營前進，這是一條漫漫長路，我和往常一樣專心工作，落在隊伍後面姍姍抵達營地，古法儒和所有隊員都跑來歡迎我。

「艾沙人呢？他一向都不會跑遠的。」我問。

「他在帳棚裡躺著，已經病了一整天了。」

我知道他常犯頭疼的老毛病，所以不以為意直接進帳棚吃晚飯。天黑以後，洛布桑跑來告訴我他們叫艾沙時，艾沙沒有反應，我趕緊跑到他的帳棚，看見他的嘴巴扭曲變形，瞳孔渙散無光，這顯示他中風了。在我追問之下，其他人才說艾沙中午突然摔倒，幾個小時以後就無法說話了。一盞油燈在他頭邊燃著，艾沙的弟弟澤仁坐在一旁低泣。我叫著艾沙的名字，他虛弱地想轉過頭來；我低聲對羅伯說，艾沙活不過明天早上了，羅伯感到十分驚恐。現在我們唯一能做的是在他額前放些冰塊，在腳邊放置熱水瓶，但這些都於事無補，艾沙的大限已到。晚上九點鐘，艾沙開始垂死前的掙扎，他的手腳冰冷，身體不斷冷顫，沉重的呼吸聲越來越微弱，最後完全停止。過了一分鐘，他吐出最後一口氣息，艾沙就這麼與世長辭了。

我被死亡的莊嚴攫住，旅隊的喇嘛教徒用自己的語言為艾沙誦經，回教徒則呼喊「偉哉阿拉！」古法儒將死者的下巴綁起來，以使下顎固定，並在他的臉上蒙上一塊白布。澤仁痛哭流涕，捶打自己的額頭，身體前俯後仰，我試著想安撫他，最後大夥兒將他抬回帳棚，他才慢慢睡著。

回教徒把帳棚改裝成靈堂，其中五人為艾沙守夜，午夜之後我也來到靈堂，看見魁梧正直的艾沙躺在那裡，嘴角還帶著一抹安靜的微笑，他的臉上毫無光澤，在歷經羌塘無數的暴風雪和西藏的豔陽天，皮膚卻仍然透著古銅色。

六月二日是星期日，艾沙的遺體清洗乾淨，裹上古法儒的壽衣和一條灰色的毛毯，放在一頂粗糙的屍架上，八名回教徒將他的遺體抬到薩嘎宗官方撥給我們的一塊墓地。這時候底下的喇嘛教徒仍然在墳墓邊忙著。送葬隊伍很簡單，我走在屍架後面，羅伯和另外幾個隊友走在我的身後，澤仁因為太過悲傷而留在帳棚裡。外面來了一些西藏人圍觀，他們從來沒有見過這樣的儀式；西藏風俗是把死者遺體餵給野獸。扶棺者唱了一支哀悼的喪曲，他們走得很慢，中途停下來休息兩次——他們的負擔確實太沉重了！

墓穴裡鑿了一個邊室，艾沙的遺體便放在邊室裡面，臉朝著麥加的方向，這樣覆土時才不會被泥沙壓到。當墓穴慢慢填上泥土時，我走向前謝謝艾沙始終如一的忠心。

葬禮結束，我們沉默而哀傷地回到帳棚。我在一塊石板上用英文寫下艾沙生前服務過的歐洲人姓名（他來到我的旅隊之前已有三十年經驗），並且注明他於一九〇七年六月一日辭世，享年五十三歲。我並且用阿拉伯文填上艾沙的名字，為了讓西藏人珍視這個墳墓，還加上六字真言，然後把這些字都刻在艾沙的墓碑上，旁邊同時放了一小塊石板，萬一有回教徒經過，可以跪在石板上為死者祈禱。

六月三日，回教徒和其他隊員要求我給他們一隻綿羊，目的是舉辦一場紀念領隊的宴會，這時大家才明白我們失去了多麼寶貴的朋友；每個人都心懷悲痛思念著艾沙[4]。此刻，每個人也都變得思鄉情切，拉達克人圍坐在營火前，熱心地為家裡的妻兒做鞋子，讓一旁觀看的我感動莫名；羅伯也一樣，渴望見到母親、妻子和兄弟。因為渴盼發掘雅魯藏布江北方的未知之境，我真希望能立刻獲准離開，可是卻花上一個星期和西藏人折衝協調我的路線；經過許多「假如……」和「同時……」的考慮之後，他們終於准許我的要求，讓旅隊走北邊路線到尼玉庫區（Nyuku）。

我指派古法儒繼任領隊職務，並告誡手下：若有任何人不能以服從艾沙的心來服從古法儒時，立刻解雇。我們把艾沙的東西封在兩口箱子裡，打算未來送到他的遺孀手中；我們發現他的財產只有十個盧比，證明他是誠實保管我們的經費。

我們在六月七日離開營地，我騎馬到艾沙墳前致上最後一次敬意。旅隊開拔之後，土坡很快就遮住艾沙的墳墓，只留下永恆的孤寂伴隨著他。

【注釋】

1 瑪那薩羅沃池，即瑪旁雍錯，喜馬拉雅山區裡的湖泊，位於西藏西南方、岡仁波齊峰南方，是印度教徒的朝聖勝地。

2 扎日南木錯，是西藏中部的湖泊，位於當惹雍錯西方。

3 昂拉仁錯，位於扎日南木錯西方的湖泊。

4 原書注：在第一次世界大戰中捐軀的羅林上尉，曾在一九〇九年的《地理雜誌》第四四二頁，發表過一篇悼念艾沙的墓誌銘。

第五十六章　發現布拉瑪普特拉河發源地

路徑引領我們走過塔迦林寺（Targyaling-gompa），寺裡傲慢的僧侶威脅說，假如我們膽敢踏上他們的聖殿，將賞我們子彈吃。我捎信請他們無需擔憂，我們連札什倫布寺都看過了，又何必費事去看他們的破廟。

尼玉庫的首長是個明快果決的「噶本」，他爽快允諾我們攀登海拔一萬七千四百呎的吉倫山口，這是由外喜馬拉雅山群分出來的一支山脈，從山口上我們可以眺望冷布崗日山（又稱羅波峰）的幾處積雪高峰，這正是賴德探險隊從雅魯藏布江谷地出發所走過的三角地帶。我很想繼續攀登主脊，不過我答應過「噶本」不會越過山口，儘管心癢難耐，終究還是放棄探勘這大片未知之境的機會。

再度遭官方拒絕

六月十七日，我們在丹巴絨（Dambak-rong）谷地紮營，聽見外面路上傳來鈴鐺聲，一名騎士策馬奔馳直達我的帳棚外，翻身下馬遞給我一封信。我揣著狂跳的心閱讀封印上的英文字：「大清帝國使節團，西藏」，這封信即是對我的判決，所有的手下群集在帳棚前，他們滿心渴望早日回拉達克，希望別再被額外的探險耽擱。發信人是唐大人，信中措詞周到婉轉，不過主要意思卻是：「閣下請逕回拉達克，不可往北方或其他方向旅行！」我向手下傳達這項訊息，他們一言不發逕自走回帳棚，現在回家的路似乎比以前更近了。這些傲慢的大官真是把我給激怒了，我決定設法打敗他們；越往西邊走，我身後那片未知的疆域就拉得越廣，無論如何，我一定要到達彼處。

被派往日喀則的唐德普和塔喜正巧在當天晚上回來，他們一完成送信任務就立即趕路回營。但離開日喀則沒多遠，有一天夜裡竟遭到強盜持槍洗劫，除了身上的衣物之外，他們所有的東西都被搶光，還好運氣不錯，盜匪漏掉了其中一人縫在腰帶背面的三十枚銀幣。只是唐德普和塔喜驚魂未定，在後來的路途中開始杯弓蛇影，看到陰影、石頭都誤以為是強盜。終於回到營地了，兩人疲倦不堪，但心裡很開心；我賞給他們相當優渥的報酬，而關於艾沙死亡的傳言，他們也在路上得知了。

接著，隊中四條乳狗得了一種怪病，眼看牠們就快長大成活潑的帳棚伴侶時，卻在一個星期內相繼死去，我的帳棚裡又只剩下小黃和我了。

到了寺廟村特拉多穆（位於薩嘎以西），我們重新走回札桑道，這裡主事的「噶本」以前是個喇嘛，也是因為男女之事被黃教逐出佛門。這個「噶本」是個大惡棍，雖說如此，有時結交惡棍也會有好處，我答應如果他讓我們瞧一眼尼泊爾北部，就送他一大筆銀子，他的回答是「榮幸之至」，甚至讓我雇用他的幾匹馬。假如我能多一點警覺心，就不難發現他這種不尋常的殷勤可能有許：第一，進入一個禁止歐洲人旅遊的國家風險很大，即使幸運獲准，也必須遵照特定路線，持有適當的護照；第二，一旦進入尼泊爾，我就已經離開西藏領土，當我想重回西藏邊境時，西藏人大可加以阻止。

儘管如此，我還是在六月二十日出發，當晚在雅魯藏布江南岸的林色寺借宿，這間小廟只有一樁事值得一提，那就是寺裡所豢養的聖狗以僧人的排泄物維生，並吃掉他們死後的屍體，而寺中僧人飲用的容器竟是白森森的人頭骷髏。

進入尼泊爾

兩天之後，我們騎馬攀上喜馬拉雅山脈的廓爾拉山口（Kore-la），此地海拔一萬五千二百九十呎，是布拉瑪普特拉河（雅魯藏布江）和恆河這兩條聖河的分水嶺。從布拉瑪普特拉河爬升到山口的坡度幾乎察覺不出來，整個高度變化只有三百一十五呎，因此開鑿一條運河，將布拉瑪普特拉河上游強行變成恆河的支流，是一件可行的方案；如今這兩條河奔流至胡格里（Hugli）[1]三角洲會合。

從山口上眺望，景色美妙極了，南方尼泊爾的山脊與河谷在陽光下閃閃發光，北邊則是橫躺的外喜馬拉雅山，沐浴在暖暖的驕陽下；積雪的喜馬拉雅山峰頂被雲霧籠罩著，使得二萬六千八百三十呎高的道拉吉里峰（Dhaulagiri）[2]完全隱沒。

我們下山進入尼泊爾境內，一路往下走到喀利干達克河（Kali Gandak）[3]谷地，這條河流是聖河恆河的支流，地勢陡峭非凡，使得我們無法騎馬下山。氣溫逐漸暖和，我們比較容易流汗，也看見越來越多在西藏氣候下無法生存的植物。接著，我們來到一處比廓爾拉山口低二千八百呎的地方，旅隊停下來紮營過夜，此地已經靠近納馬希村（Nama-shu）。營地位居一座園林中，主人是號稱「南土之王」的羅嘉浦（Lo Gapu）親王，他管轄尼泊爾邊境的一個邦邑，臣屬於加德滿都（Katmandu）的大君。溫暖的風拂過濃密的樹梢，就像天堂一般。羅嘉浦親王的兩名手下前來邀請我們到親王府做客，那是在下游谷地裡，但是我婉拒了，萬一他把我們收為禁臠，怎麼辦？第二天早上我們上馬回到廓爾拉山口，儘管停留如此短暫，我到尼泊爾拜訪一事卻已傳到大君耳中；一年多之後，我的家人和朋友都極為憂慮我的性命安危，瑞典王儲曾在倫敦會晤過尼泊爾大君，當時大君告訴王儲我曾經造訪過他的屬地，並且暗示無需操心我的安危，但是那個時候我早已回到西藏了。

我將特拉多穆「噶本」的馬匹毫髮無傷地奉還，並如數付給他允諾的酬勞。我們加入古法儒和旅隊，重新朝西方與西北方向行進，路線仍然沿著雅魯藏布江南岸，只是這一大片疆域均是陌生之境。我們在納穆喇寺（Namla-gompa）渡過雅魯藏布江，這裡江面寬達二千九百呎，大小同湖泊；幾天之後我們來到達克桑村，還幫助一位喇嘛過河，這裡的雅魯藏布江流速每秒鐘達到三千二百四十立方呎。來自西藏極東之地康區的五名女子前來我們的營地拜訪，她們遠道而來朝拜聖山岡仁波齊峰，只有背上的包袱加上一根手杖，沿路到別人的帳棚行乞以完成朝聖之旅。

尋找水源頭

現在我已接近最想解決的重要地理問題之一，我一直希望成為首位深入布拉瑪普特拉河發源地的白人，並在地圖上畫出發源地的位置。傑出的印度學者喃辛曾於一八六五年走商旅要道從拉達克抵達拉薩，他知道布拉瑪普特拉河發源自西南方的冰河，可惜的是從未踏足該處；一九〇四年，賴德和他的探險隊也取道相同途徑，然而他所走的路線偏向布拉瑪普特拉河發源地北方三十哩。為了解決這項問題，首先我必須測量雅魯藏布江（布拉瑪普特拉河上游）源頭水系的水流量，這件工作只能挑天氣晴朗的日子進行，而且最好在同一個時間測量各條源流。我發現其中一條源流庫別藏布江（Kubi-tsangpo）的水流量是其他源流總和的三倍半，因此只要找到庫別藏布江的源頭，就相當於找到布拉瑪普特拉河的發源地。

雄偉的庫別岡日山，山頂覆蓋永不消融的積雪與冰河

我先派遣古法儒帶領旅隊沿著主要道路前往托克欽，這個帳棚村距離聖湖瑪那薩羅沃池的東北岸不遠；留下來陪我的只有羅伯、三位拉達克人和三位西藏人。這些西藏人很熟悉這個地區，他們皮膚黝黑，身穿羊皮外套，肩上扛著好大的毛瑟槍，我在日記上稱他們作「三槍客」。

我們沿著庫別藏布江向西南方前進，南方和西南方向聳立著雄偉的黑色山峰，峰頂覆蓋永不消融的雪，堅挺的山峰像是野狼的森森白牙，巨大的冰河則像舌頭般從白牙間垂掛下來。我們的位置越來越高，發現樺樹和其他尼泊爾樹木的薄薄樹皮，它們是被強風吹過喜馬拉雅山而流落至此。三槍客見我用經緯儀測量地形，很緊張地問天空不下雨是不是我的傑作，我向他們保證，我也和他們一樣期盼老天快點下雨，因為雨水能滋潤青草和牲口。

攀爬得越高，我們頭上庫別岡日山（Kubi-gangri）那九座粗獷的雪峰就變得越巨大。一天深夜，急驟的閃電擊中南方某處，藍白色的電光引燃火燄，深黑色山巔襯著淺色背景，彷彿有人拿剪刀在黑紙上剪出山峰的形狀。布拉瑪普特拉河發源地的聖山誕生了[4]！這條河穿越西藏南方的大部分地區，切過喜馬拉雅山，灌溉阿薩姆（Assam）農夫的田地，驚人的水量和胡格里三角洲的恆河水系交織在一起。

七月十三日，我們騎馬爬上一塊巨大無比的老冰磧石，從那裡飽覽令人驚奇的巍峨山色，粗獷的黑色岩石、圓錐峰頂、高聳山口、萬年雪原的盆地、壯闊的冰河，山脈表面有深色帶狀的冰磧石，冰裡則有藍綠色的神仙洞窟。我們腳下是一條冰河的底部，它正是庫別藏布江所有源頭的主要水源，也是布拉瑪普特拉河的發源地，標高一萬五千九百五十呎。

三槍客的任務完成，我發給他們酬勞之後便讓他們離去，整趟旅程只花了七英鎊！能夠發現世界上名氣響叮噹的河流發源地，代價又如此低廉，何樂而不為？可是三名嚮導覺得我瘋了，不過才騎幾天馬就給他們這麼多銀子！至於發現布拉瑪普特拉河發源地的榮耀，我很榮幸能與喃辛和賴德兩人分享，即使他們並沒有抵達發源地，但是他們確實在這個地區留下了足跡。

接下來幾天我們繼續朝西行，越過塔木倫拉山口（Tamlung-la Pass），也就是布拉瑪普特拉河與聖湖的分水嶺。我們左手邊的山脈是薩特萊杰河（Satlej）真正源頭所在的光倫岡日山（Ganglung-gangri），以及高聳的弧狀山峰古爾拉曼達塔峰（Gurla-mandata）；朗欽藏布江下游變成象泉河，是薩特萊杰河上游的支流，也是注入聖湖的最大水源。我們在象泉河畔停留短暫時間，這裡有個被人們視為奇蹟的泉水，它和法國南部城市盧爾德（Lourdes）[5]一樣，擁有治病、驅邪的神力，據說甚至可以抵禦饑荒、乾旱、盜匪；北方是聖山岡仁波齊峰，也就是印度人所稱的凱拉斯山（Kailas），據說山頂有濕婆（Siva，印度教三大神之一）的仙境，也是西藏人心目中最神聖的山脈。最後，我們可以瞥見岡仁波齊山麓的聖湖瑪那薩羅沃池一角。

旅隊於托克欽全員到齊，我進行重大的調整，其中十三人在古法儒率領下直接返回拉達克的家鄉，同時請他們把我多餘的行李和多達三百頁的信件帶走。這些分寄親友的信件之中，最重要的是寄給鄧洛普史密斯上校的信，我要求他將我的信件、六千盧比、左輪手槍、糧食補給等物送到嘎托，我預計在一個半月之後抵達該處。至於留下來的十二個人繼續跟隨我，領隊職務由澤仁擔當。七月二十六日，我們兩支隊伍分道揚鑣，古法儒帶領十三頭犛牛和小隊首途返鄉，大夥兒分別之際都流下不少依依不捨的眼淚；旅隊的西藏人以為這次分手和以往一樣，隔個幾天就會再聚首。

我和其他人轉向西南方，當晚在瑪那薩羅沃池畔紮營，位置靠近聖湖邊的色瓦龍寺。瑪那薩羅沃池邊的朝聖要道上有八座名寺，色瓦龍寺是其中第一座，它們散布在道路沿線上，彷彿一條神聖的手鐲上鑲著八顆璀璨的寶石。

【注釋】

1 在印度東北方，瀕臨孟加拉灣。

2 尼泊爾西部山峰，屬於喜馬拉雅山群。

3 尼泊爾與印度北部河流。

4 布拉瑪普特拉河印度文的意思是「梵天之子」，梵天是印度教創造之神的化身。

5 羅馬天主教的重要朝聖地，有聖母顯靈的泉水。

第五十七章　聖湖瑪那薩羅沃地

西藏人稱這座聖湖為「瑪旁雍錯」或「仁波齊錯」，印度人稱它「瑪那薩羅沃池」，意為梵天的靈魂，不論是哪個名字，只有一個詞可以形容，那就是神聖、神聖、神聖！湖岸上鑲著一圈高山，北邊岡仁波齊峰和南方古爾拉曼達塔峰的永凍雪原下，金鵰從巢裡起飛，翱翔在群山之間，俯瞰瑪那薩羅沃池青藍如玉的湖水；虔誠的印度朝聖客在湖上看見過濕婆神顯靈，祂化身為一隻白天鵝，緩緩從聖山上的仙境盤旋而下，棲息在湖水上。幾千年來，古老的宗教讚美詩即有讚頌這座湖泊的詩句，例如《塞犍陀往世書》（*Skandha Purana*）[1]裡有篇〈瑪那薩堪達〉（Manasa-Khanda），內容描述：

當瑪那薩羅沃池的泥土沾上任何人的身體，或當任何人在瑪那薩羅沃池裡沐浴，他就能前往梵天仙境；喝下瑪那薩羅沃池的水，他便能前往濕婆神的仙境，免去百次輪迴的罪孽；即使是瑪那薩羅沃的野獸，也能進入梵天仙境。這座湖的水像是珍珠。喜馬拉雅山無與倫比，因為凱拉斯山和瑪那薩羅沃池都藏在其中；當露珠在朝陽裡昇華，人類的罪孽在見到喜馬拉雅山的那一刻也消失了。

我在瑪那薩羅沃池畔紮營，但心中並無瞻仰之意，只是想測量這座湖的地形，調查其水位與薩特萊杰河之間的關係（這是地理學上懸而未決的老問題）；測量其深度（從來沒有人做過這件事），並且以行動讚美其藍綠色的波浪。瑪那薩羅沃池的湖面高度海拔一萬五千二百呎，形狀呈橢圓形，湖泊北方向外突出，直徑約為十五哩長。

橫渡聖湖

現在我們即將到聖湖上探險。七月二十六、二十七日兩天我們在等待中度過，風力實在太強勁了，旅隊裡的西藏人警告我們，冒險前進必然會被捲進湖裡滅頂。到了七月二十七日晚上，風速減弱，我決定當夜橫渡聖湖；我以羅盤測量對岸（西岸）的方位，將路線畫向西南方五十九度。許庫爾（Shukur Ali）和雷興擔任槳手，我們還帶了一條鉛線、測速儀、燈籠，以及兩天份的糧食。推船下水出發時，營火的煙垂直升向星空，隊上的西藏人說：「他們永遠也到不了對岸，湖神會把他們拉進湖底。」澤仁也和西藏人一樣憂慮。時間是晚上九點鐘，風勢減緩下，已呈強弩之末的波浪輕輕拍擊湖岸，發出柔和的旋律；才經過二十分鐘穩定的划行，岸上營火的光芒已消失，但是遠方浪花拍岸的聲音隱約聽得見，除此之外，打破天地間一片闃寂的，只有船槳濺起水花和槳手哼歌的聲音。

午夜，在南方群山背面放出大片閃電，整個天空都被電光點亮而呈現藍白色，一瞬間，天色通亮如同正午時分，月亮倒映在湖水上的影子，將晶瑩的水面染成銀白色；此處的湖深已達二百一十呎，我的槳手心生畏怯，都不知如何啟口唱歌了。

我就著燈籠的光線讀取測深儀和其他儀器的指數，並且記在筆記本上；我們徜徉在午夜的湖心，四周瀰漫著仙境般的氣氛，對於千千萬萬亞洲人來說，瑪那薩羅沃池的聖潔並不亞於基督教徒心目中的聖湖加利利湖（Sea of Galilee）[2]；更有甚者，比起《聖經》上讚美提比略湖、迦普南（Capernaum）[3]、救世主的記載，東方人對瑪那薩羅沃池的神聖信仰早了好幾千年。

夜晚時光過得很慢，東方逐漸出現淡淡的曉色，新的一天在山峰上方悄悄探出頭來，輕如羽毛的雲朵染上玫瑰紅色彩，倒映在湖水裡的雲彩彷彿輕輕滑過一座玫瑰花園。太陽的金光灑在古爾拉曼達塔峰頂，散放出紫色與金色的亮光，陰影如大氅般披掛在向東的山側，古爾拉曼達塔峰的半山腰圍著一圈雲彩，陽光將雲影投射在山坡上。

喇嘛招呼著印度商人

太陽升上天空，像顆鑽石閃閃發光，為這片舉世無雙的景色添加無限生氣與色彩。多少年來，數以百萬計的朝聖信徒目睹晨曦照耀在聖湖上，但是在我們之前，沒有人是從瑪那薩羅沃池

三個小喇嘛

的湖心瞻仰這項奇景。

野雁、海鷗、海燕聒聒叫著飛過湖水，我的兩位槳手昏昏欲睡，有時候竟趴在船槳上睡得酣甜。早晨已經過去，而我們仍然在湖中央遊蕩，我自己也開始睏乏，我閉上眼睛，想像天空傳來豎琴樂音，還有成群的紅色野驢在湖裡嬉戲追逐的景象。

「不行，這樣下去不行！」我心想。

為了提振槳手的精神，我用雙手撩起水花灑了他們一身。在第二個探測點，我們發現湖水最深的地方是兩百六十八呎。早餐我們吃雁蛋、麵包和牛奶，湖水甘甜似井水。正午時分，我們開始確定小船逐漸靠近西岸，因為岸邊景物變得十分明晰；經過十八個小時的划行，小船終於靠岸了。

我們收集一些燃料，開始煮茶、烤羊肉，一邊抽菸斗聊天，還把小船和船帆改裝成一頂帳棚，然後蒙頭大睡，這時候才七點鐘。第二天早上向北航行，離岸不遠有一座建在高地上的果足寺，這天我們又在西岸過了一夜。離破曉時分還早，西風呼嘯而至，我們四點半鐘就下水出航，才划了幾百嗝，浪頭已變得相當高，在順風的襄助下，我們輕盈地飛回營地，旅隊人員高興而驚訝地迎接我們；自從我們的船帆像個白點消失在遠方，他們就一直在岸邊守候。

八月一日，我們將營地往南邊遷移，旅隊沿著湖泊的東岸前行，我則走水路。聳立在南方的正是光倫岡日山，我就是在這山腳下發現薩特萊杰河的發源地。到了嚴國寺，我們很快瀏覽拜訪了一下，寺裡有一位比丘尼和十位僧人；晚上我們在楚古寺的牆外紮營，寺裡的十三位僧人熱情地款待我們，他們對小船行駛在聖湖上頗感詫異，對於我能順利完成湖上之旅，他們只能找到一個理由，那就是拜班禪喇嘛的友誼所賜。寺廟裡供奉湖神的黝暗大殿有一幅圖畫，描繪湖神踏浪升起的姿態，祂背後則是崇峻的聖山岡仁波齊峰。

一九〇七年八月七日是很特別的一天，在我的一生中值得畫上三顆星星。日出時，一位喇嘛站在楚古寺的屋頂上吹起法螺，一群印度朝聖客在聖湖裡洗澡，他們把水淋在頭上，如同婆羅門教徒在貝那拉斯岸邊崇奉聖河恆河一般。此時的岡仁波齊峰隱蔽在雲霧之中。

湖神發怒

我和許庫爾、唐德普走進船裡，同時攜帶了毛皮、食物、船帆和備用船槳；這次湖水平靜無波，因此無需將船桅豎起來。我們前進的方向是西北方二十七度，划了好幾個鐘頭之後，果足寺遠遠出現在左舷方向，細小如黑點，時間是下午一點鐘，西北岸上捲起了大片漩渦似的黃色塵雲，這是一陣強勁的西北風，山坡上開始下起傾盆大雨，

坐落聖湖岩岸的果足寺

雨勢逐漸延伸到我們頭上，暴雨轉變成冰雹。我從沒見過那麼厲害的冰雹，大小有如榛果，億兆顆冰雹像砲彈一樣對著湖水發射，水花受到衝擊飛濺起來，湖水像是沸騰的滾水嘶嘶作響，水霧旋噴四處，能見度之差只能看見附近的波浪。周圍天色漆黑如墨，但是船裡卻因冰雹而形成白色的小天地。冰雹瞬即又轉成滂沱大雨，瘋狂地傾瀉，我雖然把毛皮拉上膝蓋，但折縫處仍然積水成池。

風雨平靜了片刻，可是下一刻又從東北方颳來新的風暴，遠遠聽來像是重砲隊在打戰；我們想要把船頭轉到西北，朝向羅盤定位好的方向，然而浪頭越來越猛，湧著白沫的波浪急速從右舷扶手上灌進小船，船裡的水位漸漸升高，隨著我們的破浪前進搖晃不止。我們必須順風往西南方走，雖然危險卻成功了。接下來的旅程令我終生難忘。

颶風！我們三個人坐在堅果殼似的小船裡，湖裡波浪滔天，力道不遜於瑞典家鄉暴風天時海上的風浪。當湖水沖濕我的全身、鑽入我的皮背心時，我並沒有注意自己有多寒冷；小船落入凹陷的波底，藍綠色的湖水就在我們眼前，透過清澈如玻璃的浪頭，可以見到太陽在遠遠的南方綻放光芒。下一刻鐘，小船又被推高到波峰，這時周圍盡是滾滾浪花，小船震動了一下，再度被拋入深沉的波底。船底的水逐漸溢上來，我們很懷疑能否撐到靠岸？如果我們出航時就把船帆升起來，那該有多好！這樣就比較容易在強風中保持小船的穩定，現在情況可不是這麼回事，倚在右舷扶手上的船帆幾乎凌風飛去。我使出渾身解數靠在舵柄上，唐德普則拚命壓在船槳上。

「划開，划開！」我大喊。

唐德普的確划開了，可是他的槳在一記巨響中應聲而斷。我心想：完了，現在，我們肯定會翻船。然而唐德普的確非常能幹，他想也不想就拿起備用船槳套進槳圈裡，小船還來不及翻覆，就被他順利划開了。船裡的積水越深，下沉的幅度越大，浪頭也就越容易打進船裡來。

「喔，阿拉！」許庫爾悲叫道。

我們這番生死掙扎持續了一個小時又一刻鐘，等天氣恢復清朗，我們霍地發現果足寺就在正前方的遠處。很快地寺廟變得越來越大，僧人全站在寺裡的陽台上看著我們，小船被拍岸的浪花捲進，隨後又被湖水吸了回去。唐德普突然跳出船外。這傢伙瘋了嗎？水深浸過他的胸膛，但見他穩穩抓著船，將我們拉向岸邊，於是許庫爾和我也在淺水處如法炮製，把我們的迷你船拉回岸上。

經過生死掙扎之後，我們累慘了，三個人話也不說就一頭栽在沙灘上。過了一會兒，幾名僧人和見習喇嘛走到我們身旁。

「你們需要幫忙嗎？今天浪大，看你們被浪頭甩來甩去，真叫人捏一把冷汗。來吧，我們有溫暖的房間可以休息。」

「不必了，謝謝你們！我們待在這裡就好，但是請給我們一點燃料和食物。」

他們不久就帶著甜食、酸奶和糌粑回來，而我們自己帶來的糧食，只剩茶葉還能使用。僧人用樹枝和牛糞生起一堆歡迎的營火，我們脫衣服在火邊烤乾；每次在西藏湖泊裡翻船都要來這麼一下，我們已經再熟練不過了。

第二天早上洛布桑騎馬帶來一些補給品，所有人都以為我們滅頂了。楚古寺的喇嘛還在湖神像前燒香祭拜，懇求祂原諒我們；這些喇嘛真是體貼，希望上帝保佑他們！

我在果足寺停留十二個小時，時而坐在神殿的八根柱子間素描，時而觀察僧人用孔雀羽毛沾著銀碗裡的聖水噴灑神像，嘴裡還一邊喃喃念著「嗡嘛吽」。這座湖神的殿堂也一樣被神秘的微光所籠罩著。

我走到平坦的屋頂上眺望，昨天亟欲取我們性命的聖湖，現在卻平滑得像一面鏡子，空氣中飄著微微的氤氳，我看不出湖的東岸究竟是山峰還是天空，只見湖天共一色。經過一天顛簸的航行，整座寺廟似乎在我腳下搖晃起來，眼前的景物也好像漂浮在水裡，我覺得自己宛如一頭栽進無垠的太空。事實上，聖湖仍然靜臥於寺廟之下，湖岸上不計其數的朝聖者費盡千辛萬苦才來到這裡，希望求得靈魂的平安。瑪那薩羅沃池——巨輪的中心點，生命的象徵！我覺得自己可以在這裡待上幾年，觀看湖水從表層結冰到裡層，欣賞冬季暴風將大片雪花捲過大地與湖面，然後春天的腳步接近，破開湖水上方的冰罩，年年捎來季節訊息的群群野雁準時出現，隨之而來的是溫暖的夏季微風。我應該會喜愛坐在岸邊凝視早晨開啟新的一天，與古往今來的凡人共同瞻仰千變萬化的聖湖、風采迷人的聖湖。

天色漸漸昏暗，夜色轉濃，我站在一群喇嘛之間，攀著屋頂的扶手，嘴裡喊著：

「嗡嘛吽！」

【注釋】

1《塞犍陀往世書》，印度教的一部經典。

2 位於今以色列北方的淡水湖，《聖經》上記載許多關於此湖的事蹟。

3 古巴勒斯坦城鎮，位於加利利湖西北岸。

第五十八章 鬼湖

這天天氣風和日麗，我們划回楚古寺時，受到喇嘛友善而熱烈的歡迎。他們說瑪那薩羅沃池有一株聖樹，根部扎進池底的金沙中，樹冠則突出於湖面上，聖樹有一千條枝椏，每一條枝椏上懸吊著一千個僧人的禪房，河神的城堡就在聖樹下。此外，有四條河流發源自聖湖，分別是卡拿里河（Karnali）[1]、布拉瑪普特拉河、印度河與薩特萊杰河。

我們沿古爾拉山的山坡騎馬，二度經過果足寺，抵達聖湖西北角的吉屋寺，那裡只住著一位僧人；富有同情心但憂鬱的策陵唐度普喇嘛（Tsering Tundup Lama）已經厭倦孤單的生活，要求我讓他跟隨我們到山裡去，但是當我們要離開的時候，他的勇氣卻消失無跡，最後還是沒能拋棄他遁居的寺廟。我又乘船橫渡聖湖兩次，之後再騎馬上龐第寺（Pundi-gompa）。洛布桑和我在附近差點被十二名強盜洗劫，所幸他們寧願搶劫西藏商隊的牲口和貨物。到了朗保那寺，我和十二歲的住持喝茶，他是個相當吸引人而且機警的男孩，對我的素描簿非常感興趣；我們離開時他站在窗子裡揮手道別。迦怡普寺（Charyip-gompa）是瑪那薩羅沃池畔的第八座，也是最後一座寺廟，這裡只住著一位孤零零的喇嘛，敲起大祈禱鐘時並沒有人留意；這口祈禱鐘上鐫刻著六字真言，每當鐘聲響起，音浪就飄過聖湖傳出去。

我們又來到吉屋寺，瑪那薩羅沃池偶爾會從這裡經由一條峽道氾濫出去，流進西邊的另一座湖泊，西藏人稱之為拉昂錯，印度人稱作拉噶湖（Rakas-tal）。平常這座湖的湖床是乾的，而瑪那薩羅沃池的水位必須上漲六呎以上，才有足夠的水氾濫流到拉噶湖。一八四六年探險家史崔奇（Henry Strachey）抵達拉噶湖時，便碰巧遇到這樣的情形；後來，我從拉祖兒的來信裡得知一九○九年也發生過一次。不過我抵達的時候，拉噶湖是乾涸湖泊，而對這項問題進行徹底的調查，也是我此行一項重要的目的。單就這個主題，便值得另出專書探討[2]。西藏人對於我旁若無人的行為氣壞了，鄰近巴噶區的（Parka）「噶本」派人從一個營地追到另一個營地，但是每次他的手下快馬追到我們營地時，所得到的答覆總是：「他到湖上去了，有本事自己去抓他。」等到他們趕到對岸，我早已乘船朝相反方向走了。這些人變得相當困惑，結論是：我只是神話。總之，他們連我的臉都沒見到。

朗保那寺十二歲大的住持

現在，「噶本」把最後通牒送到吉屋寺，聲稱假使我不主動向巴噶官府報到，他的手下將沒收我的東西，用犛牛載到巴噶。我的回答是：「好啊，隨你高興！」後來果真來了一小支軍隊，帶著十五頭犛牛，我們很開心地幫忙他們把東西裝載好，他們列隊離開時，我的一半手下跟著前去，另一半人手則和我前往拉噶湖。根據西藏人的說法，拉噶湖恰好和聖湖瑪那薩羅沃池相反，住的盡是妖魔鬼怪。去年冬天有五個西藏人抄近路渡過結冰的湖面，結果冰層突然破裂，五個人不幸淹沒湖底。拉噶湖形似沙漏，不過南半邊的球形比北邊的大。我們選在狹長瓶頸地帶的東岸紮營，第二天早上開始進行深度測量，儘管風勢強勁，我還是平安抵達對岸，不過後來強風發展成颶風，將我們困在西岸一天一夜，第二天早上才在猛烈的風勢下返回營地。經過這一遭，每件事似乎都和我們作對，強風和暴風日夜吹襲，我們只好把小船收起來，由潘趣來的最後一頭騾子運走，我們自己則騎馬環繞崎嶇、蠻荒但美麗的湖岸。

在野雁島上過夜

有一天晚上，我們在南岸一塊突出的岬地上紮營，湖中有個叫拉齊多（Lache-to）的小島孤立在浪花間，正好與岬地成一直線。五月，野雁在島上平坦高地的沙石上產卵，拉薩政府雇了三個人在此保護野雁不受狐狸和野狼侵犯，這些人趁冬天湖水結冰時到島上，然後在冰層消融以前返回。有一次他們來不及離開，一場春天的暴風便將冰層擊碎，這些人只好在拉齊多島上困守八個月，日日以雁蛋和野草果腹。

我期待前往這個野雁島，由羅伯和伊謝（Ishe）操槳，我們把船從岸上推下水。時間是下午，我們希望趁天黑前回來，到時在營地的人應該已將我的晚餐油炸野雁做好了。由於營地有很高的山壁遮擋，因此我們出發時並沒有注意到風勢其實很強，一直到離岸有一段距離才察覺，不過既然是順風，小船自然輕盈地駛抵拉齊多島，費了一番工夫才安然停靠在一處湖灣。這樣的天氣根本不可能划船回營，於是我們把船拖到岸上，開始深入小島探勘，大概二十五分鐘就走完全島一圈。

野雁的產卵地現在空無一鳥，不過有成千上萬顆鳥蛋埋在沙堆裡，因此我們有足夠食物可以撐到風勢減弱，屆時即可划船回去了。我們敲開一些鳥蛋，卻發現裡面已經腐敗，接著又嘗試多顆，總算發現有八顆蛋保存完好可供食用。伊謝帶了一袋糌粑，我們在野雁建造的背風石壁下生火，將蛋烘熟了當晚餐。我想起幾年前在楚克錯的往事，想到萬一小船被風飄走了，我們的處境勢必危險萬分！

這一夜我們睡在沙地上，第二天東方破曉之前便上路回營，那時我的野雁蛋已經乾掉了，可是我還是吃得津津有味。同一天早上，巴噶來的「噶本」抵達營地，帶來一份措詞更嚴厲的最後通牒；我們以豐盛的宴席款待他，席間我開玩笑說：「冷靜一點，噶本大人，我和你一起去就是了。」接下來，我們在飛沙走石的風暴追趕下，完成了騎馬環湖之旅，穿越薩特萊杰河流出拉噶湖的舊河床，最後在某天晚上到達巴噶。

巴噶區的所有首領此刻必是歡喜在心頭，因為他們終於將我一舉成擒。我們決定回拉達克的最後一段行程走主要道路，經過聖山岡仁波齊峰南方的哈雷布區（Khaleb）。我對他們的頭頭說，我將遵照他們的要求回到拉達克，唯一的要求是讓我們在哈雷布停留三天；他們沒有反對我的請求。

九月二日離開巴噶，陪伴我們的是一位高僧，他不但帶了一批紅衣喇嘛當扈從，還有一支裝備齊全的旅隊。我們在哈雷布平原紮營，舉頭即可見到那座世界上最神聖的山峰。

【注釋】

1 又作 Ghàghara 或 Gogra，印度北邊和尼泊爾境內的河流。

2 原書注：這本書已經寫成，名為《西藏南方》（*Southern Tibet*）。（譯者補注：斯文・赫定所著的《西藏南方》共有十二冊，出版年份從一九一七年到一九二二年。）

第五十九章　從聖山到印度河發源地

第二天早上，我們已準備好捉弄這些呆板的西藏人。由於先前花了一個月時間探訪兩座湖泊，還在瑪那薩羅沃池測量水深，也參觀了八座寺廟，現在我更是不計一切代價想走訪聖山，完成所有朝聖客的願望——更何況這趟旅程未曾有白人涉足過。

九月三日清早，我派遣澤仁、南吉歐和伊謝攜帶三天份糧食，前往岡仁波齊峰所在的河谷，一等他們身影消失，我便與洛布桑騎馬追蹤他們的足跡。我的帳棚依然紮在哈雷布，以便讓「噶本」認定我當天晚上就會回營。

我們來到一座美麗而幽深的河谷，谷地兩側矗立著垂直的山壁，岩石是綠色與淺紫色的砂岩和礫岩。許多支朝聖團正穿越谷地，他們都打赤腳，彼此不說話，嘴裡喃喃念著不朽的六字真言。我們在尼安底寺（Nyandi-gompa）歇息了幾個小時，大殿的佛壇上有兩支象牙，「是從印度騰空飛來的」。從寺廟的屋頂上眺望聖山，山勢雄渾壯觀，側面均為垂直山壁，峰頂籠罩著亙古不變的冰雪，冰帽邊緣的融冰簌簌流淌，宛如白色的新娘面紗。

繞行岡仁波齊峰

往河谷上游直走，兩側山壁轉成花崗岩，感覺上，好像走在巨大堡壘的城牆與塔樓之間。右手邊出現河谷的出口，岡仁波齊峰時隱時現，不管從哪一個方向眺望，聖山看起來都一樣迷人，在它雄壯威嚴的映襯下，我們顯得更加渺小了。

在荻爾普寺（Dirpu-gompa）的屋頂上，我們和其他朝聖客共度第一晚，從他們口中知道，印度河的發源地離這裡只有三天行程！我們該繼續到那裡去嗎？不行，我們必須完成預定的計畫，日後當然不容錯過！

我們繼續和其他朝聖客繞著聖山行走（稱為轉山）。從南邊仰望，聖山看起來像個巨大無比的水晶石，穿越整座樹林的步道邊滿是虔誠的朝聖信徒所奉獻的祈禱石壇；一個老人的遺骸躺在石頭堆之間，他的朝聖之旅已經永遠結束了。我們往一處山口攀爬，上坡路非常陡峻，山丘上有一塊碩大的岩

荻爾普寺旁邊的巨大花崗岩

石，底下一條狹窄的穴道穿過鬆軟的土質地表。西藏人相信沒有罪孽的人可以爬過那條穴道，反之，擔負罪惡的人會卡在中間。伊謝膽量十足，願意捨身接受試煉，他爬進黑暗的洞口，以手肘和雙足慢慢磨蹭到土壤深處；他在穴道裡用力掙扎，還用趾尖使勁蹬著，踢起了一堆塵土。但是這些努力仍舊徒勞無功，因為伊謝還是卡在穴道中間，我們在一旁看得捧腹大笑，洛布桑狂笑，南吉歐也笑到跌坐在地上，澤仁笑得連眼淚都流下來了。我們聽見地底下那個現出原形的罪人悶聲求救，但是我們決定讓他在洞裡多待一會兒——這對他的靈魂有好處。一會兒我們拉著伊謝的腿將他拖出穴道，他看起來像個泥人似的，悶悶不樂的表情更甚以前。

來自西藏各地的朝聖客群集在岡仁波齊峰，山名的意思是「神聖的冰山」或「冰雪珠寶」。這座山是地球的中心，山頂是濕婆所居住的仙境。

據說繞著聖山行走可以減輕靈魂飄泊的痛苦，離涅槃之境將更接近，不但如此，連朝聖者家中六畜也會因而興旺，衣食無缺。我們遇到一位老先生，他已經繞行聖山九次，準備再走四圈，他從早到晚蹣跚前進，再花兩天就能走完全程。有些朝聖客並不以走路為滿足，他們甚至匍匐在地，在步道上留下手印，然後起身來到手印的位置，再次五體投地；這樣的動作一再重複，轉山一圈需要花二十天的時間。

我們終於來到標高一萬八千六百呎的卓瑪拉山口。這裡有塊巨大的花崗石，還有綁著經幡、繩子的竿子，虔誠的信徒會拔下一撮自己的頭髮或一顆牙齒塞進石頭縫裡，從身上的衣服撕下布條，綁在繩子上，然後匍匐繞行這塊花崗岩，藉此對岡仁波齊峰的神明致敬。

從卓瑪拉山口往下走，極為陡峭的步道通向永遠凍結的喀花喇錯（Tso-kavala）。我身邊的四名喇嘛教徒隨從徒步前進，因為只有異教徒才能騎馬通過聖地。我從祖初普寺（Tsumtul-pugompa）騎馬到塔辰拉布仁寺（Tarchen-labrang）——轉山路上的第三座寺廟，我們終於完成了朝聖者繞山的旅程；這就像掄動轉經輪一樣，每走一步就聽見一聲六字真言，第一個字「嗡」和最後一個字「吽」的音調拖得好長，帶著神秘的色彩。阿諾德（Sir Edwin Arnold）[1]曾為此真言下過這樣的注解：

蓮花上的露珠！升起吧，偉大的太陽！
舉起我的葉，將我揉合在浪花裡。
噢，蓮花藏珠寶，旭日東升！
露珠滑進閃耀的大海裡！

我回到哈雷布後特地去拜訪友善的「噶本」，直截了當告訴他我打算去印度河的發源地。經過冗長的談判，他同意了我的要求，條件是半數旅隊成員必須直接前往嘎托等我。

「你這趟旅途必須自負風險，」他說：「我們的官員會出面攔截，也可能有盜匪攻擊掠奪你們。」

尋找印度河的源頭

我帶領五名隨從、六頭馱獸、兩條狗、兩管步槍、一把左輪手槍，還有好幾天份的糧食。我們熟悉旅途的首段路程，也就是從哈雷布到荻爾普寺，到了那裡以後，我們離開朝聖路線，進入外喜馬拉雅山杳無生機的谷地。我們經由策提喇辰山口（Tseti-lachen-la，標高一萬七千九百呎）翻越外喜馬拉雅山脈的主脊；這已經是第四次了。我們在山脊北坡的印度河畔紮營，剛好一些牧羊人也在此紮營，他們趕著五百隻馱運青稞的綿羊要去改則。

其中一位老牧羊人願意和我們一起去找尋印度河源頭，西藏人稱呼源頭為「辛吉卡巴」（Singi-kabab），是「獅口」的意思。老牧羊人索價每天七個盧比，另外我們還租用他的八隻綿羊，買下一部分青稞，份量足夠我們的馬匹吃上一星期。這位名叫裴馬（Pema Tense）的老人對我們而言是無價之寶，他陪我們走了五天，離去時我給他相當於八英鎊的報酬，對他來說是一筆鉅款，但是對我而言，卻是以低價發現印度河的源頭。

我們和裴馬沿著坡度緩升的河谷往上游走，走過一條條印度河的支流後，這條著名河流規模便逐漸縮減。我們在一段支流的延伸處停留了一會兒，抓到三十七條魚，因而為每日單調的食譜添了點花樣。隊伍繼續前進，我們經過一塊陡峻的岩石，看見一群野綿羊正在往上攀爬，這些動作敏捷的綿羊專注地觀察路過的旅隊，沒有察覺到唐德普已悄悄掩近岩石下方，槍聲呼嘯而出，一頭好看的野綿羊應聲跌落河谷。

九月十日晚間，我的帳棚就搭在「獅口」處，也就是印度河的源頭邊！有一塊板岩下湧出一道泉水，分而為四，之後又匯流為一股溪水。泉水旁有三堆高高的石祭壇，還有一座方形的聖牆，彫飾美麗的象徵圖像，以證明這個地點是神聖的。這裡的高度為海拔一萬六千九百四十呎。大約四十年前，一位印度學者探訪過印度河上游，他在距離源頭三十哩處穿渡印度河，卻從來沒有走到這處重要的發源地。在我展開這趟行程的前一年，當時所出版的地圖仍然將印度河的發源地定位在岡仁波齊峰的北坡，也就是外喜馬拉雅山的南側，然而事實上，這個地點應該落在這條龐大山系的北側。

阿利安（Flavius Arrianus Arrian）[2]在其著作《印度誌》（*Indica*，第六冊第一章）裡描寫亞歷山大大帝時，曾經寫下這段令人發噱的話：

> 一開始，他（亞歷山大）看見印度河的鱷魚時以為自己發現了尼羅河的源頭，因為他只有在尼羅河見過鱷魚。他以為尼羅河來自印度某個地方，流過廣闊無垠的沙漠後，印度河一名便被人遺忘了；等到它再度流經有人居住的土地，被衣索匹亞人和埃及人稱為尼羅河，最後注入地中海。他在寫給母親歐琳皮亞斯（Olympias）[3]的信上談到印度，說完其他事情之後，他提起自己發現尼羅河源頭一事。儘管如此，亞歷山大在進一步研究印度河之後，從當地土著口中得知：西達佩斯河（Hydaspes）併入亞塞西涅斯河（Acesines），亞塞西涅斯河又注入印度河，前兩條河的名稱屈從於後者，於是印度河有兩個河口，最後流入大洋（the Great Sea）。這與埃及無關，於是亞歷山大將關於尼羅河的那段話從給母親的信中刪去。

亞歷山大大帝看見滔滔巨河在喜馬拉雅山谷地中奔流，就認定他找到了源頭，至於他何以以為發現了尼羅河發源地，肇因於對印度洋一無所知；他相信印度和非洲大陸相連，而他所目睹的大河起源自喜馬拉雅山，轉彎向南流之後又往北走，最後流入地中海。不過他很快就了解到，這兩個大陸實際上是被一座海洋所隔開，而印度河正是注入這座海洋，因此他在發信給母親之前，還有機會更正先前的錯誤。換句話說，亞歷山大大帝並沒有發現尼羅河源頭，而是發現印度河發源地。不過，這本身又是另一個錯誤，因為亞歷山大並不清楚這條河還有長達數百哩的上游河道。從那時算起，兩千兩百年的光陰倏忽消失，印度河真正的發源地終於在一九〇七年九月十日這一天被發現了。

我有幸成為首位深入布拉瑪普特拉河和印度河源頭的歐洲人，這兩條自古以來便極為出名的河流像蟹螯一樣繞過喜馬拉雅山——世界上最高的山系。

這裡天高皇帝遠，沒有任何官員來騷擾，於是我們繼續朝地圖上大片空白的西部挺進，進入陽巴梅參地區（Yumba-matsen），再向西走到嘎托。我們翻越卓科山口，這裡的高度竄升到一萬九千一百呎，在此我們第五度跨越外喜馬拉雅山區，不過卓科山口並非我的發現，一八六七年的喃辛和一九〇六年的英國人卡爾弗特（Calvert）都曾經走過這山口。然而，不管是白人或印度學者，都未曾跨越安格丁山口和策提喇辰山口之間廣袤未知之境，這段距離長達三百哩，幅員廣及四萬五千平方哩。人們對這個地帶的了解僅止於冷布崗日山的幾座高峰，也就是賴德探險隊完成探勘的三角地帶；由於西藏人和中國人的蓄意阻撓，我被迫放棄身後這一整片疆域，而它卻是我此行的一大目標。

暗中籌畫新的探險之旅

我一定要去那裡！我實在無法想像自己沒有完成計畫、沒有達成目標就打道回府。首先，我必須在嘎托和噶爾庫沙（位於嘎托西北方）等候鄧洛普史密斯上校從印度寄錢和其他東西過來。我試圖說服西藏西端的兩位首長讓我前往那片未知之境，可是他們絲毫不為所動，這意味著我必須花六個月而非一個月的時間，繞道冬天足以致命的羌塘，這也意味著會有更多馬匹和騾子犧牲。

過濾掉擋在面前的一切阻礙之後，我的計畫慢慢發展成形。現在的噶爾庫沙是個重要的貿易城，來自拉薩和拉達克的商人都搭起帳棚賣東西。我在這裡故意散播謠言，指出我已經受夠了西藏，打算取道拉達克、東土耳其斯坦的和闐，抵達北京；由於這正是我的中國護照上載明的路線，因此在印度的朋友無人懷疑我的真正意圖，我甚至寫信給路透社派駐印度的特派記者，也就是我的朋友巴克先生（Mr. Buck），告訴他我準備前往和闐。唯一曉得真相的是列城商人拉祖兒，我託他籌組整支新旅隊，他在噶爾庫沙有二十頭騾子，我全數買下來，另外他還替我弄到十五匹駿馬。在人員方面，我身邊還留有五名舊旅隊的成員；拉祖兒又寫信到列城，代我招募十一位新隨從，並請他們到德魯古布與我會合。最後拉祖兒還採購糧食、毛皮、衣服、帳棚等物，總而言之，就是所有的重裝備，而且還借給我五千銀盧比。他的鼎力協助，後來獲得瑞典古斯塔夫國王（King Gustav V）[4]授頒金質勳章，印度政府也頒發給他「巴哈督爾汗」（Khan Bahadur）的頭銜。

十一月六日，印度方面終於寄來了我等候已久的東西，包括六千盧比和信件；我也在這時得知英國和俄國在同一年（一九〇七年）完成條約簽署，其中有一款條文和我極有關係：

「大英帝國與俄國相互約束，若未獲得事先同意，未來三年將禁絕一切進入西藏的科學探險，兩國並將號召中國採取相同立場。」

在此之前，英國、印度、西藏、中國都和我作對，這一來又添上俄國。我在內心嘲笑那些可敬的外交官，他們在談判桌上訂下法律要我遵守。要解決這個問題只有溜過拉達克，我可以從那裡走主要的商旅路線前往喀喇崑崙山口，就像我一年前所做的一樣，然後向東進入西藏；遇到有人居住的地區，我就喬裝打扮繼續前進。

萬事齊備之後，我們立刻前往譚克西和德魯古布；我遣散了包括羅伯在內的所有舊部屬，因為到西藏以後，萬一有人認出他們曾經追隨過我，那麼整個計畫將全盤泡湯。和老部屬分別往往令我痛苦傷感，可是事出不得已！離別時這些手下都哭了，我只能用豐厚的報酬來安慰他們。我再一次孤零零地站在亞洲內陸，獨自一人對抗聯合起來阻撓我的五國政府。

拉祖兒雇用的十一個新部屬抵達德魯古布，我形單影隻的日子終告結束。這些手下有八名回教徒、三名喇嘛教徒，領隊的名字叫科林姆（Abdul Kerim），其他分別叫庫德斯（Kutus）、辜藍（Gulam）、蘇恩（Suăn）、拉賽克（Rasak）、薩迪克（Sadik）、拉伯森（Lobsang）、孔曲克（Kunchuk）、嘉發爾（Gaffar）、阿布杜拉（Abdullah）和索南（Sonam Kunchuk），除了拉伯森是西藏人之外，其餘都是拉達克人。拉伯森最為傑出，當然其他人也很優秀，我向他們致歡迎詞，希望他們一路平安，直達——和闐！沒有一個人，包含科林姆在內，清楚我真正的計畫，因此科林姆準備不夠牲口吃的青稞不能算是他的錯；我交代他攜帶兩個半月份量的青稞，可是去和闐只需一個月路程，所以他只準備了一個月份的青稞。

我們有三頂帳棚，我的帳棚小到只容得下行軍床和兩口箱子。旅隊共有二十一頭騾子和十九匹馬，我還是騎我的拉達克小馬，也就是上一趟旅途中全程陪伴我的白馬；銀兩和罐頭食品分裝成四馱，烹飪用具裝了兩馱，其他的牲口則背運帳棚、皮毛和手下的行李。隊員中只有科林姆和我騎馬，其他牲口都馱載白米、麵粉和糌粑，以及牲口吃的青稞。我們只有兩隻狗，分別是小黃和新來的大黃。除此之外，我們買了二十五隻綿羊。

旅隊從裡到外都是簇新的，我們的老隊員只剩下小黃、潘趣來的白騾子、我的小馬。我明白這趟即將展開的旅程將會比上一趟更艱難；上次我們出發時是八月，現在已經十二月了，我們將筆直走進凍得人發麻的寒冬，以及足以毀滅一切的強風。這時的氣溫已降到攝氏零下二十三．三度，往後勢必逐漸降到連水銀都結冰的酷寒境界。

【注釋】

1 一八三二—一九〇四，英國詩人與新聞記者，在孟買住過幾年，寫過關於亞洲與釋迦牟尼佛的史詩。

2 西元前九五—一八〇，希臘歷史學家。

3 西元前三七五—三一六，馬其頓王后。

4 一八五八—一九五〇，一九〇七年即位。為奧斯卡二世國王的兒子，在位期間致力社會政策與強化軍備。在兩次世界大戰期間均堅持中立。

第六十章　藏北的酷烈寒冬

十二月四日是旅隊上路的第一天，我們下到薩約克村（Shayok），這段是整個旅程中極為難走的一部分；道路穿過一條窄仄的峽谷，絕大部分谷底都被河流所盤踞，河水部分結冰，部分仍然有洶湧的漩渦。這段路由人背運行李，牲口背上只有馱鞍；扛行李的腳夫有一百人左右，他們邊唱歌邊走下河谷不見了。過了一會兒，有一位隊員騎馬離去。這段路的距離只有六哩，可是足足花了我們八個小時才走完；我們必須一再渡河，有些河岸結了帶狀的厚冰，接下來一段卻戛然而止，於是馬匹必須從冰帶的邊緣跳進滿是漩渦的河流裡，河水深達四呎，我們必須夾緊膝蓋，否則胯下的馬兒可能會把我們甩進河中。有幾次我們赤腳滑過河流右岸的岩石基座，因而免去涉水渡河之苦，可是馬匹仍必須艱苦地走過河床。蘇恩在一處灘頭騎馬涉水，但河水太深了，馬兒失足滑倒，蘇恩只好游水到冰層邊緣，掙扎著站了起來。到了最後一處灘頭，行李都由赤裸的腳夫背運，他們維持平衡越過岩石河床，手裡拿著木棍互相幫忙。我騎在一匹高大的馬匹上過河，雙腳都濕透了。我實在搞不懂，那些在兩岸之間來回穿梭的腳夫怎麼不會凍死？其中一人動也不動地停在河中央，其他同伴趕緊下去救他，上了岸以後，我們生起火堆讓他們好好取暖。

到了薩約克村，我們生火烤乾所有的馱鞍。此地標高為一萬二千四百呎，要再碰到這麼低的海拔，恐怕是很久以後的事了。

最後一夜我們舉辦一場告別晚宴，村子裡的女孩圍著一大圈營火盡情跳舞，一旁還有樂師彈奏助興。

牲口的終結者

十二月六日，一段新的死亡之旅再度展開，這是我在西藏所經歷過最勞頓的旅途。我們雇用一名薩約克牧羊人塔布吉斯（Tubges），照料我們的綿羊幾天；很快地，大家發現塔布吉斯是個神射手，所以便將他留在隊上，至此我們的成員增加到十三名。

我們緩慢而艱辛地爬上薩約克谷地上游，一路上遇到莎車、和闐來的商隊。其中一名商隊成員拿了兩把桃乾給我。

「你不認得我了嗎，大人？」他問我。

「當然認得，穆拉。」

他從一九〇二年春天與我分手之後，至今還沒有回過家裡！現在他央求再度加入我們，可惜

薩約克村的女孩圍著營火起舞

旅隊已經沒有空缺了。這條路上偶爾會見到一綑綑絲布散落地上，那是商隊的牲口死了以後，商人不得已遺棄的。我們繼續向北方走，薩約克河谷是個險惡之地，到處是岩石、冰塊和漩渦。這裡的氣溫降到攝氏零下二十五度，大黃趴在地上悲鳴，像是對這刺骨寒冬表達憤怒之意。除了狗吠聲以外，天地間一片寂寥，砭人寒意似乎從四面八方向我們襲來。突然間，我聽到一聲奇怪的哀鳴從新廚師辜藍的帳棚裡傳出來，原來是小黃又產下四隻黑色乳狗，彷彿又回到當年在日喀則的情景；其中兩隻是母狗，手下把牠們給活活淹死了，留下來的兩隻備受隊員寵愛，孔曲克一路帶著牠們走，還把小狗藏在他的毛皮裡面，貼著自己溫暖的身體。這條由東土耳其斯坦到喀什米爾、印度的商旅路線，無疑是地球上最難走的旅途，而且是地勢最高的。我們在布萊克（Bulak）營地遇到一支莎車的商隊，他們隊上死了二十匹馬。在接下來的路程，我們曾在兩小時之內經過六十三頭倒臥路旁的牲口遺骸。

第二八三號營地附近沒有水草，我檢查了一下糧秣，發現剩下的青稞只夠牲口再吃十天。

「我不是交代你要準備兩個半月的青稞嗎？」我問老領隊科林姆。

「你是交代了，」科林姆嗚咽著，「可是再過兩個星期，我們就能在往和闐途中的賽圖拉買到青稞了。」

我措詞嚴厲地譴責他，不過說起來是我自己的錯，竟然沒有在出發前檢查糧食，現在我們不可能返回拉達克，否則我真正的計畫就會曝光。那晚我在攝氏零下三十五度的氣溫中坐到半夜，不斷研究地圖；我們離去年秋天紮營的第八號營地有九十六哩，那裡有非常豐沛的水草，從那裡再走四百哩就可抵達洞錯；我準備前往洞錯，以探勘湖泊之南那片空白區域。在抵達洞錯之前，我們應該會遇到游牧民族，向他們購買新鮮的牲口。我一定要完成這項計畫，不論得經歷多少痛苦，我都必須向前走，一步也不回頭！

越早脫離往北的喀喇崑崙路線，轉進東方和東南方的西藏內地，情況對我越有利。十二月二十日，我們碰到一座巨大的橫向谷地，大夥兒不禁受誘惑走進去找尋通往東邊的捷徑，經過一整天朝向東方的掙扎，我們發現河谷縮小成一條峽谷，最後甚至僅成一道裂縫，只能勉強容一隻貓鑽過去。我們在此紮營，地表不見任何一株草，馬匹互相啃著尾巴和繩索；夜裡氣溫降到零下三十五度。第二天，我們循原路回到本來的路線，我騎馬殿後，庫德斯徒步走在我前面。先前，艾沙的日喀則白馬倒斃在河谷裡，我們回頭路過時，白馬已經結凍如僵硬的石頭。

旅隊又回到商隊遺下死馬的路線，谷地裡瀰漫著詭異的氣氛，牲口的死屍隨處可見，有些被雪蓋住一半，我們的狗對著牠們狂吠。南方吹來一陣強風，紅色的塵土落在雪原上，一條條鮮紅如血；此處稱為「紅山洞」（Kisil-unkur），果真是名副其實。

我們在這裡紮營，準備休息一晚，第二天早晨（耶誕前夕）往上爬升一千呎，前往達普桑（Dapsang）高地，假使在這裡遭到暴風雪襲擊，很可能會導致要命的後果，因此手下的心情都非常嚴肅。天黑之後，趕綿羊的兩個人才姍姍到來，他們一路上折損了十二隻綿羊，其他倖存者也都凍得半死。我們沒有燃料，手下僅能坐在幾根燃燒的棍子前面，一邊唱著獻給真神阿拉的悲曲；通常他們喜歡唱輕鬆活潑的曲子，我只要聽見這種深沉、嚴肅的調子，就明白他們認定我們的處境已陷入絕望。

轉向東南方

耶誕前夕陽光普照，旅隊攀爬達普桑高地時，我騎馬走在前面。我轉向東方，離開通往和闐的商旅路徑，手下們一頭霧水；他們一路上渴望和闐的葡萄和豐富的肉湯，然而，我卻朝向那片令人恐懼的冰雪國度。

許多積雪的地面足以支撐馬匹的重量，但是這樣的雪層經常破裂，馬匹因此陷入五、六呎深的雪洞裡，好似海豚躍入細如粉末的雪堆；天地間一片慘白，旅隊在雪白的背景襯托下儼然成了黑色影像。耶誕節這天，營地的溫度在早上九點鐘是攝氏零下二十七．二度，到了晚上最低溫可達零下三十五．五度。這晚月光十分皎潔，亮晃晃照耀在這片死寂的大地上。我和往年一樣誦讀《聖經》中的應景章節，冷風吹襲帳棚傳來斷續的啪啪聲；我只關心一件事：萬一暴風雪淹沒了為我們引路的足跡怎麼辦？清晨，我們發現一匹馬氣絕倒地。

我們追隨一條向東的羚羊小徑，仍然沒有水草！現在只剩下兩袋青稞了，一旦青稞吃完，就得餵牲口吃白米和糌粑，幸好這些食物倒是不虞匱乏。每個人都深受頭疼的折磨，當然我又聽到那首詭異的真主阿拉讚美歌；科林姆每天晚上都為大夥兒禱告，希望真主寬宥其他的人。他們是對的，也許我把自己的目標定得太高了！事到如今，我們必須往前走，即使必須赤腳向游牧民族乞討也不停止。

現在我們沿著河谷行進，這裡的雪比較少，霍地在我們左手邊的山坡上有些黃色的東西發出亮光，一瞧竟是野草！我們停下腳步，牲口顧不得卸下重擔便跑過去吃草，蘇恩興奮得跳起滑稽的舞蹈，把大夥兒逗得哈哈大笑。一頭騾子死在草地上，可見附近曾經有犛牛走動過，所以我們又有燃料可用了；就在一處岩石山坡上，我們見到二十二隻野綿羊正爬上坡地。

我把科林姆、辜藍和庫德斯召來我的帳棚，對他們透露我的全盤計畫，我說我想跨越東南方一大片未知的疆域，也告訴他們西藏人緊盯著我不放，因此只要一看到第一批游牧民族，我必須立刻喬裝打扮，屆時科林姆扮成旅隊首領，我則喬裝成他手下最不起眼的僕人。他們三人面面相覷，也許他們心裡正想著怎麼這麼倒楣加入一個瘋子的旅隊，但仍然對我的交代點頭稱是。

我們抵達喀拉喀什河谷地，這是和闐河的兩條上游支流之一，我憶起十三年前的沙漠之旅，那次多虧和闐河救了我一命。旅隊在這裡再度嘗試走捷徑到西藏內地，但是經過兩天人畜俱疲的旅程後，徒勞無功的我們只得又返回原點，這就是一九〇八年元旦的情況。顯然，新的一年有個糟透的開始。

旅隊還是繼續往東走，跨過兩座高峻的

已是奄奄一息的牲口，踩著深雪攀爬山口

山口；一頭野犛牛向我們跑過來，後來察覺到情況不妙才調頭回去，這下子，反而被我們的狗兒追趕。翻過第二座山口之後，飄雪戛然停止，我們從最後一堆積雪中挖了兩袋雪帶走。這天紮營地點選在一處開闊的谷地，這裡有燃料，所有的牲口都被帶到一片草場，那裡有一口結冰的泉水，可以一解牲口的乾渴。這天晚上牲口逃脫出去找尋更好的草場，牠們跑得相當遠，隨從整整花了一天工夫才把牠們找回來。在此同時，我獨坐在帳棚裡，小黃和乳狗貝比陪伴著我；另一隻乳狗已經死了。一股奇怪的孤寂攫住我。只要太陽高掛，雲朵和山峰的岩質、顏色清楚可見，所有的辛苦都可以忍受，可是太陽一下山，漫漫冬夜和蝕人心骨的酷寒便不留情地籠罩下來。

一月八日，一匹馬和一頭騾子相繼死去，第二天我們只走了幾哩路，來到一口出水量很豐盛的泉水；從這處營地（第三百號營地）往東方看，已經可以見到我去年拜訪過的羌塘了。又走了一天，我們停在一片豐美的水草邊，這裡正是我曾經停留過的第八號營地，當年艾沙豎起的一堆石標還屹立在高高的山坡上，恰似一座燈塔。一月十四日，溫度降到攝氏零下三十九．八度！我們根本無法保持溫暖，每天晚上我都要辜藍為我摩擦凍僵的雙腳。塔布吉斯在第三百零六號營地獵殺到一隻野綿羊和一頭羚羊，我們劫後餘生的兩隻綿羊因而免去一死。

轉進東南方，我們發現自己站在高山世界中，無時不受風暴的襲擊；旅隊牲口已經死了四分之一，連潘趣來的最後一頭騾子也倒下了。我們每天頂多只能走六哩路，青稞已經吃完，牲口改吃白米和飯糰，這段日子像一場大災難，每一天都有牲口倒地而死。

狄西與羅林曾經拜訪過的窩爾巴錯剛好橫亙在我們的路線上，湖泊中段非常狹窄；拉伯森擔任探路的職務，他跨過結冰的湖水，冰層清亮如水晶，透著深綠色。冰塊之間的裂縫裡堆積著鬆軟的白雪，剛好作為牲口落腳的位置，否則狂暴的強風早把整支旅隊給捲走了。較遠的岸邊泉水不斷湧出來，迫使我們爬上山坡，在一處內灣，地上長滿茂盛的水草，兩匹馬和一頭騾子被留了下來。我們能夠撐到遇見游牧民族嗎？

暴風雪中，我們強迫自己登上海拔一萬八千三百呎的山口，途中兩匹馬不支倒地，現在科林姆也必須徒步前進，因為我們需要他的坐騎。積雪深達一呎，庫德斯和我遠遠落在其他人後面，我們發現索南和蘇恩倒在雪堆裡；他們感到頭痛和心臟不適，我要他們休息一會兒，然後跟隨我們的足跡趕上來，到了晚上，他們終於拖著疲累的身體抵達營地。科林姆沮喪地來到我的營地，他說假如十天之內得不到游牧民族的協助，我們大家都會死在這裡。「是的，我知道，」我回答他：「你幫其他人打打氣，照顧好牲口，我們會否極泰來的。」

一月三十日更為艱苦，遍地是兩、三呎深的積雪，手持棍棒的兩名嚮導領著奄奄一息的旅隊攀上一座山口。此處高度驚人，深深的積雪奪走了旅隊最好的牲口；大雪和強風像刀子一樣割過我們的皮膚，我們排成一列縱隊踏著嚮導的腳印前進，偶爾馬匹和騾子跌倒了，還必須幫助牠們站起來。一匹棕色的馬跌倒了，幾分鐘之內便氣絕而亡，漫天飛舞的雪花隨即為牠餘溫猶存的屍骨覆上一襲細白的壽衣。進展慢得令人絕望，我們不禁懷疑自己有沒有力氣爬上這座害死人的山口。我坐在馬鞍上，雪花很快便堆滿鞍座，我的四肢已凍得麻木了，可是仍然不敢輕忽手裡的地圖、羅盤和懷錶，拿鉛筆的姿勢更是沉重得好像握著一把榔頭。山口的高度前所未有，我們緩緩下降，不久，深達一碼的積雪就將旅隊困住了；我們以鏟子挖掘積雪，辛苦地搭起帳棚，暴風雪仍然從四面八方吹來，捲起四周細白、乾燥、強勁的雪塊。黑夜來臨了，即使附近有水草，在這樣深的積雪中也不可能找到。我們把牲口拴好，暴風在營地四周呼嘯來去，我依然聽得見手下從帳棚裡隱約傳來的悲歌。到隔天早上，又有一頭驢子死去。

四頭老犛牛沿著山坡踏雪前進

一月的最後一天我們只走了三哩，四頭老犛牛在營地的山坡上踏雪前進。我把所有的行李過濾一遍，不是絕對需要的東西都集中起來燒掉，然後把箱子擊碎，存起來作為往後的燃料，箱子裡的東西都裝進袋子裡，因為袋子不但輕，也比較適合牲口馱載。

大雪下了一整夜，前面經過的山口現在一定都被雪封住了，假使我們困在其中一座，絕對是求生無門，不過至少有件好事——我們不必擔心北方有追兵。至於東南方向是什麼等在我們前方？大夥兒只能猜想了。我們繼續走下一座大而開闊的谷地，雪漸漸小了，天氣晴朗起來，我們來到薛門錯（Shemen-tso），在西岸附近紮營，此處有豐美的水草。暴風不間斷地颳了兩個星期，筋疲力竭的我們在湖邊休息了三天，我好似囚犯般呆坐在帳棚裡；小黃和我都渴望春天趕快來臨。哎呀，還有四個月呢！生在寒冬的貝比一點兒也不知道春天暖風拂人的滋味。

二月四日，太陽從雲隙間探了一下頭。一匹馬和一頭騾子又接連死亡，我們帶領僅剩的十七頭牲口沿著薛門錯北岸前進，山脈像焰火似黯黃，風景美不勝收。湖岸一圈圈階梯式的線條，顯示湖水逐漸乾涸的狀態。

現在我們每天都可見到游牧民族或獵人的腳印，而隊中又有兩頭體力衰竭的牲口不支倒地。這一路上，我一直騎著那匹白色的拉達克小馬，可是現在牠也疲倦了，在平地上絆了一跤，將我重重摔在西藏的土地上，從此以後，小馬也除役了。

我們在一處相當寬敞的峽谷裡紮營，科林姆來到我的帳棚，以嚴肅的語調告訴我北邊來了三個人，我拿著望遠鏡跑出去，由於距離非常遠，氤氳的水氣使他們看起來極為高大，我們凝視許久，他們終於接近了，結果，竟然只是三頭覓草的犛牛。

像去年一樣，兩種情緒折磨著我：一方面迫切期望早日遇到游牧民族，以便向他們購買犛牛和綿羊；另一方面又不想讓任何人看見我們，如此才能保障旅隊的安全。因為一旦和游牧民族接觸，關於旅隊的流言立刻就會在一頂頂帳棚間傳開來，那時阻止我們的力量將會逐日增強。無論如何，我們應該在旅隊的最後一頭牲口倒下之前，趕緊找到當地牧民。

第六十一章 假扮牧羊人

二月八日是另一個值得大書特書的日子。我們在穿越一座廣闊的河谷時，看見上方一百呎處有隻西藏羚羊；牠並沒有跑開，我們立即注意到牠的一隻腳踩進陷阱，可憐的牠使勁掙扎，直至折斷了腿才逃離陷阱。狗兒追趕上去，馬上被我們的兩名隊員趕跑，最後我們宰殺了這隻羚羊，並且在不遠的地方紮營。這個陷阱呈漏斗狀，由有彈性的羚羊肋骨所製成，一頭圈在堅固的植物纖維上，另一頭則集攏呈錐尖。西藏獵人把陷阱安裝在地洞底部，從地表看不出漏斗陷阱所在，根據多年的經驗，他們曉得羚羊在行進中如果碰到一列長好幾百碼的石堆，就會停下腳步，然後以相當近的距離沿著石堆走到盡頭，因此石堆旁邊很快就出現一條羚羊踏出的小徑，獵人於是將陷阱設在小徑下。

顯然旅隊已經離游牧民族的黑帳棚不遠了。我們看見兩個人的腳印，是新近留下的，也許我們已經被人監視，又或

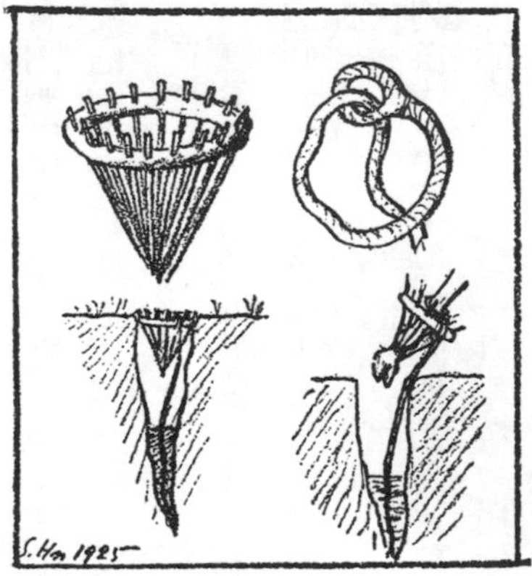

捕捉羚羊的陷阱做法

許我現在喬裝打扮已經太遲了。我將手下喚進帳棚，向他們叮嚀各自應該扮演的角色；我們將扮成十三個拉達克人，主人是富商拉祖兒，商隊的領導人是科林姆，我則是他十二個僕人當中的一個，名叫哈吉巴巴（Haji Baba），此行是拉祖兒吩咐我們前來這些區域，調查值不值得在明年夏季派遣一大支商隊到西藏西部採購羊毛。

終於遇見游牧民族

我們還在說話的當兒，拉伯森跑進帳棚裡來，報告他見到遠處有兩頂帳棚。我派遣科林姆和其他兩人前往，三個小時過後，他們帶回一隻綿羊和鮮奶。那兩頂帳棚裡住了九個人，大人小孩都有，他們擁有一百五十隻綿羊，但主要食物完全依賴用陷阱捕來的羚羊肉。由於我們帶走那隻被陷阱捕獲的羚羊，因此科林姆也付錢給他們。這地方叫黎奧瓊（Riochung），而帳棚裡的住民也是六十四天以來我們所遇見的第一批人類。

此後我們必須有心理準備，因為隨時都可能遇到更多游牧民族；我換上拉達克裝束，出入都和隨從的衣著打扮沒有差別，只不過我的衣服太整齊、太乾淨了，所幸不久營火的煤灰和食物裡的羊脂就把衣服弄得髒兮兮了。

到達第三二九號營地，我的小馬真的不行了，當其他牲口在貧瘠的草地上吃草時，牠還是站在我的帳棚邊，眼瞼下方和鼻孔懸掛著小冰柱，我替牠摘去冰柱，餵牠吃一些飯糰。

二月十五日，旅隊緩緩爬上一座新山口，我一馬當先，在標高一萬五千五百呎的山口頂端停下來等候。西北方的山口背面景色瑰麗無比，彷彿有人擒住一片晃動的海水，波峰上盡是眩人的雪原，構成山體的黏板岩、斑岩、花崗岩，呈現出千變萬化的色澤層次。我等到九頭馱獸爬上山口，其他四頭因過於疲倦，必須由手下分擔部分重物，才能爬上頂端；我們從峰頂往下走進一座布滿石頭的谷地，積雪深厚，我們在火上融化雪塊餵飲牲口。黑幕籠罩，落在後面的手下抵達營地，他們只領著一頭騾子，其他三頭牲口（包括我的拉達克小馬）都在路途中死去。自從我和小馬一起離開列城，至今已有一年半時間，小馬最終選了一個特別的地方歸西：在山口頂端，牠的骨骸將在冬日的風雪和夏季的日光下變得森白。小馬的死在我心中留下極大的空虛感，我們都覺得孤寂難當，再走一座像這樣的山口，恐怕整支旅隊的牲口都將無一倖免。

對於僅剩的十頭牲口而言，要馱負所有的行李太過沉重了，於是我只留下一些內衣，把所有的歐式衣服全燒了；另外，毛氈墊、不需要的廚房用具、我所有的盥洗用具（包括刮鬍刀）也一併丟棄，只留下一塊肥皂；除了一盒奎寧之外，所有的藥品也被淘汰；可以扔掉的書籍都遭到烈火吞噬。我們好像熱氣球上的乘客，拚命丟出壓艙沙袋，好讓氣球繼續漂浮空中。

在往小湖藍瓊錯（Lemchung-tso）途中，羚羊和大批蹬羚為我們即將穿過的大平原添加不少活潑的生氣；這裡臨界廣袤的未知疆域，我們將狄西與羅林的探險路線拋在身後。藍瓊錯上覆滿厚冰，我們在冰上鑿了一個洞，然後把一些金屬物件沉進水裡，包括一些昂貴的備用儀器。

第二天來到大片金礦脈，淺淺的礦層分布在一條築有石水閘的小溪溪床上。我們看見遠處有兩頂游牧民族的帳棚，並沒有加以理會；塔布吉斯射殺五隻野兔，這些兔肉來得正是時候，因為肉品存量已經告罄。在一座美麗而寬廣的河谷中，我們看見至少一千頭野驢，分散成大小群隊，更遠的下游處還有五群野驢，其中一群高達一百三十五頭。野驢在我們奄奄一息的旅隊周圍圍成一圈，好像在嘲笑我們一般，牠們高雅的姿態實在難以形容，令人懷疑是否有隱身的哥薩克人坐

野驢行進的姿態優雅，步伐和諧一致

在牠們背上操練；野驢經過我們身邊時，踢踏的腳步相當和諧一致。

我們在第三四一號營地附近遇見一些游牧民族，他們賣給我們兩隻綿羊、鮮奶和酥油；從那裡走向一處窪地上的兩座湖泊，離湖岸不遠處有兩個牧羊人在看管綿羊，還有一人驅趕著六頭犛牛。我們在湖岸邊紮營，此處標高只有一萬五千二百呎。拉伯森和塔布吉斯走到鄰近的一頂帳棚，一名老漢走出來詢問：

「你們要做什麼？你們往哪裡去？」

「去薩嘎宗。」他們回答。

「說謊！老實說，你們是替一個歐洲人做事的。」

兩名手下垂頭喪氣回來，不過科林姆運氣比較好，他買到一隻綿羊和一些鮮奶。

第二天我們打算繼續前進，可是已經颳了三十天的風暴現在增強為颶風，這時要拔營前進是不可能的事，空氣裡瀰漫著飛舞的塵土，河谷的出口在哪裡？道路中有無山脈阻擋？我們全都看不見。鄰居過來拜訪了，那位傲慢的老人聽說我們願意出三十八個盧比買十二隻綿羊，心腸立時軟化，這筆生意順利成交；至於我則躲在帳棚裡沒有露面。強風憤怒地咆哮著，天氣沁冷，我感覺有一股變得遲鈍、癱瘓的強烈傾向。

待風勢減弱以後我們繼續往前走，現在我們的牲口包括三匹馬、六頭驢子、十二隻綿羊；綿羊也須馱運行李，因為五隻羊的馱運量相當於一頭騾子。當我們走到一片突出的山丘上，忽然有兩隻狗筆直衝過來，我們並未注意到那裡有兩頂帳棚；主人賣給我們一些綿羊，現在我們自己已累積到十七隻羊了，希望過不久那些疲倦的馱獸就可以不必再吃苦。

強風不斷追趕我們，在這種天氣裡騎馬真是種酷刑。勁風在地上刻蝕出一條條深溝，呼呼的風聲好似用高壓水柱澆灌燃燒中的屋子，也像是隆隆的火車駛過，又彷彿是重砲車隊壓過碎石街道。三月六日，我們在一座鹹水湖邊紮營，由於風力又強又猛，搭建帳棚的困難度可說前所未有。我的帳棚終於搭建完成，但是在飛沙走石的轟炸下，帳棚幾乎被強風的力量掀爆。拉達克手下已經沒有力氣搭建自己的大頂帳棚了，我讓其中一些人爬進我的帳棚，其他人則躺在帳棚外面的背風處等待。穿越西藏高原的旅途確實談不上愉快！

第二天我騎在隊伍前面，庫德斯和辜藍陪我一起走，前方出現一條結冰的水道擋住我們的去路，冰塊清澈得像玻璃。我們在河道遠端的小罅隙裡生起火堆，等候其他人到來；當他們跨過那條冰帶時，我們最好的一頭騾子滑倒了，牠扭傷一條後腿，再也站不起來，我們用盡所有辦法幫助牠，但是完全沒有效果，最後只好忍痛結束牠的生命。次日早晨，我們向南方行進，小黃和大黃尚逗留在死去的騾子旁邊，飽餐一頓溫熱的騾肉。

來到未知疆域的北端——洞錯湖畔

這一天我還是和辜藍、庫德斯領頭先走；辜藍走在前面，以便發現帳棚時先行警告。風暴依然狂嘯！忽然，辜藍打了個手勢要我們停步，透過煙靄我們看見幾百步外有處峽谷，峽谷的右手邊隱約可見一棟石屋、兩間草棚和一堵牆，若非調頭已嫌太遲，我們當真會往回走，因為這麼走下去很可能被當地首領逮個正著，進而阻止旅隊繼續向南前進。我們經過這些屋舍時沒有看見任何人或狗。此地有一座突出的懸崖，崖頂上有兩座舍利塔和一堵經牆，我們悄悄掩近懸崖底部的罅隙觀察情況。

在瀰漫空中的塵霧往上騰升的當下，我們發現河谷另一側相當近的地方有一頂黑色的大帳棚。後面的隊伍抵達了，又損失了一匹馬——出發時的四十頭牲口，只剩下兩匹馬和五頭騾子了。科林姆和孔曲克走到那頂大帳棚探究竟，知道裡面只住一位行醫的喇嘛，帳棚內的陳設像是一間小廟，這位喇嘛是鄰近游牧民族的精神導師。我們如今所處的這個地區叫納果榮（Nagrong），首領葛茲（Gertse Pun）隨時可能回家；我們真是幸運，這會兒他剛好出門了！手下們很快就和首領的妹婿建立起良好關係，他賣給我們五隻綿羊、兩隻山羊、兩馱白米、兩馱青稞和一些菸草。

三月十日天亮時，來了兩個兜售綿羊的西藏人，我們相當樂意買下綿羊。我很盡職地扮演僕人角色，將臉塗成棕色，並且和塔布吉斯與其他兩人走在旅隊前面，趕著三十一隻馱載東西的綿羊。西藏人站在一旁觀看，他們一定注意到我完全沒有趕羊的天份，這是我這輩子第一次扮牧羊人，只能有樣學樣的舞著棒子、吹吹口哨，和其他人發出一樣的怪聲，可是綿羊一點都不尊重我，牠們隨心所欲地胡亂走，我在後面追得上氣不接下氣。等到走出帳棚的視線外，我趕緊在一條罅隙裡躺下來等候旅隊，心裡很高興能夠再度騎馬。

我們趕著馱載東西的綿羊群

我們騎經一條帶狀的飄沙堆，頂著當頭的暴風朝著西南方前進，沙粒吹到我的毛皮外套上產生摩擦，使得毛皮上充滿了靜電，只要一碰到馬鬃，立刻激起劈啪的火花。當天晚上，我們在一處羊欄邊紮營。

小黃和大黃始終沒有出現在納果榮。自從他們留在死去的騾子旁之後，就沒有人見過牠們的蹤影。我希望牠們能像以前的多次經驗，循著旅隊的足跡找到我們，也許是強風吹毀了我們的足印，妨礙牠們的嗅覺，總之牠們就這樣消失無蹤了。無數個夜晚我清醒地躺在帳棚裡，以為我的老旅伴小黃正掀起棚帳爬進來，如同以前一樣睡在角落那個老位置，可是每次都發現自己被風戲弄了；我想像自己看見那條垂頭喪氣的狗絕望地日夜奔跑，在我們經過的山谷裡尋找旅隊的足跡，卻一無所獲；我彷

小狗被留在冰寒的西藏荒野

佛看得見小黃的腳受傷了，坐在荒地裡對月悲嚎，牠的一生都在我的旅隊裡度過，現在卻失去了我們。我對小黃的朝思暮想持續很長一段時間，甚且想像不論自己到哪裡，都會有一條狗的鬼魂跟著，我彷彿看見這條可憐、孤獨、被遺棄的狗哀求著幫助。可是小黃的下落一直成謎，牠是否和大黃一起被游牧民族收養了？還是在筋疲力竭之後成為狼群的祭品？我永遠都無法得知。

三月十五日我們在洞錯的西岸紮營，這座小湖為喃辛於一八七三年所發現，標高只有一萬四千八百呎。此刻我們的位置就在未知疆域的最北端，假如能夠順利向南走到雅魯藏布江，便能穿越地圖上大片空白的中央。從現在開始，我們必須謹慎出牌。

科林姆拜訪了兩頂帳棚，和兩名男子有了下面的對話：

「你們有幾個人？」他們問。

「十三個。」

「有幾把步槍？」

「五把。」

「你們來的時候，另一個人騎馬走在前面，你是走路的，騎馬那個人是歐洲人吧。」

「歐洲人不會在冬天旅行，我們是拉達克來的，要買羊毛。」

「拉達克人從不走這條路，至少冬天不可能走這條路。」

「你們叫什麼名字？」科林姆問他們。

「納丘堂度（Nakchu Tundup）和納丘胡倫度（Nakchu Hlundup）。」

「你們有沒有犛牛和綿羊要賣？」

「你們出什麼價錢？」

「你們要多少錢？把牲口帶來看看。」

就這樣，第二天早上我們買了兩頭犛牛和六隻綿羊。我們所在的位置是邦戈巴昌瑪區（Bongba Changma）的北界，離該區首長喀爾瑪（Karma Puntso）的營地還有六天行程。

每天我們都會經過好幾處帳棚，只要一進入他們的視線，而牧羊人必須和游牧民族的羊群擦身而過時，我就必須假裝趕羊，久而久之，我也開始嫻熟一些趕羊的技巧。有一次，塔布吉斯射了七隻山鷓鴣，一個西藏人注意到此事不尋常，因為只有歐洲人吃山鷓鴣，不過塔布吉斯向他保證科林姆也深好此味。

兇猛的看門狗塔卡爾

我們走的路徑經年有人穿梭來往。三月十八日，我們在一座山口下紮營，第二天早上準備拔營時，來了三個西藏人，我忙不迭地走出帳棚，以便和拉伯森、塔布吉斯一起趕羊。我們在路上遇到一個騎白馬的西藏人，他身後跟著一條碩大看門狗，這條黑狗身上有兩塊白斑；後來科林姆和旅隊趕上我們，他花了八十六個盧比買下那匹白馬，兩個盧比買了那條狗，這條狗屬於塔卡爾種（Takkar），所以我們就叫牠「塔卡爾」。塔卡爾兇猛不下於野狼，西藏人幫我們在牠頸上套了一圈繩子，繩子長長的兩頭交給孔曲克和薩迪克抓著，兩人讓大狗走在中間，以防被咬到。

越過山口，我們往下走進一座峽谷，裡面有許多帳棚、牲口和騎士，數量之多足以提醒我們這是另一次軍隊動員。我們在原地紮營；塔卡爾也許覺得自己不過是換了主人的奴隸，但是當牠看見白馬時似乎感到很欣慰。自從失去小黃和大黃以後，我們的確需要一隻看門狗，為了防止塔卡爾誤傷隊員，我們想出一個辦法，在牠頸子上繫了一根木棍，這樣牠就不能把繩子咬斷。只要有人接近，塔卡爾就跳起來對著來人齜牙咧嘴，赤紅著雙眼，一副非咬斷人喉嚨不可的樣子，因此手下扔了一張厚毛毯蓋住牠，然後四個人壓坐在牠身上，其他人趕緊用一條粗繩子將狗頸子綁在木棍上，再將棍子固定在地上，這下子，塔卡爾終於沒轍了。這一場行動結束之後，塔卡爾還想撲上四散逃開的眾人，我心想：「有牠看著營地倒是不錯。」

動用兩個人才能捉得住塔卡爾

現在我們每天都會遇上游牧民族，當四下不見帳棚時我可以騎馬，可是只要一見到有人或帳棚。我就得趕緊下馬趕羊；我們的羊群數量逐漸增加，僅剩的馬匹和騾子的負擔相對地減輕。不過綿羊還有另一個用途，就是充當我們的食物。到了半結冰的康山藏布（Kangsham-tsangpo），我們歷盡艱難才渡過這條起源自夏康山（Shakangsham Mountain）的河流。據游牧民族說，七天之後我們將會抵達宗本札什[1]的營地，他是拉薩來的一個商人，冬天鄰近地區的人都向他購買茶磚。

接下來幾天，我們翻越兩座險惡的山口，有時路過帳棚和成群的牲口，有時只見到山裡的野綿羊和平原上的瞪羚。在通過一處陡峭的山口時，兩頭消瘦的騾子已經走不動了，於是我們予以放生，希望路過的牧民能夠照顧牠們。每到一處，人們嘴裡總是掛著宗本札什的名字，他就住在這片廣大的未知之境深處，我充滿無比的渴望與期待，我能如願以償嗎？每天早上我把手臉塗成褐色，而且從不洗掉，身上穿著骯髒的毛皮外套、羊皮帽和靴子，式樣全都與手下所穿戴的相仿，可是我必須時時警戒，因此老是覺得自己像個賊，這種感覺很討厭。走在前面的辜藍只要把手臂打直，我就知道必須跳下馬開始趕羊，再讓科林姆跳上我的坐騎。當我回到帳棚時，簡直與囚犯無異，塔卡爾總是拴在我的帳棚入口。

這隻新夥伴的脾氣壞透了，沒有人能接近牠，甚至只要有人走出帳棚，牠就會嘶聲狂吠。塔卡爾對孔曲克最凶狠，以前孔曲克只肯讓小黃接近他，現在他主動想和塔卡爾玩耍，偏偏這條大狗一點也不領情。

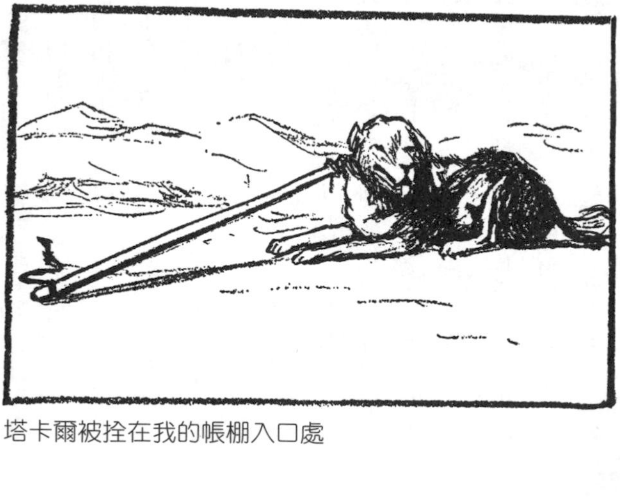

塔卡爾被拴在我的帳棚入口處

行進的路線上聳立著一座又一座山脈，我們必須一一征服。其中一座山脈的南麓有口出水豐盛的泉水，湧出來的水匯聚成透明澄亮、流動緩慢的小溪，兩側豐美的水草夾岸；我們在溪裡捕到一百六十條美味的魚。另外在一潭幽深的水池裡，池水波紋不興，池底事物清晰可見，彷彿池底是乾涸的。小狗貝比一輩子只見過清如水晶的冰塊，以為這座水池的表面也像冰層一樣可以支撐牠的重量，因此一頭跳了下去，沒想到身子卻突然往下沉，貝比大吃一驚，感到非常驚訝、失望與和困惑。

有個牧羊人走過來，告訴我們不到一天就能抵達宗本札什的帳棚，我心想：「這會兒又要舊事重演了。」我們當真要靠奇蹟才能順利躲過他。

【注釋】

1「宗本」為西藏的地方官名，相當於中國內地的縣官。

第六十二章　再度淪為階下囚

三月二十八日是極為重要的一天。我吹著口哨趕羊，科林姆和另外兩名隊員走向據稱是宗本札什的大帳棚，我們認為不入虎穴焉得虎子，偷偷摸摸反而可能壞事。沿路我們經過幾處營地，有些人跑出來問我們是誰，阿布杜拉在其中一個營地以一匹垂死的黑馬換來兩隻綿羊和一隻山羊。據說那裡的一頂大帳棚是該地「噶本」所有，另一頂則住著門董寺（位於當惹雍錯西岸）的住持；除了西藏人之外，包括我在內全世界的人都不曾聽說過這座寺廟。地區首長喀爾瑪也住在附近，所以我們的處境可說是被高官所包圍，隨時都可能被攔截下來成為囚徒，因此保持警戒非常重要，最好看起來像窮兮兮的乞丐；事實上，帶著四匹馬、三頭騾子、兩頭犛牛、和十來隻綿羊的我們確實是衣衫襤褸，絕對沒有人會相信，一個歐洲人竟然有這麼寒傖、衰頹的護衛隊。

我們在宗本札什和寺廟住持的帳棚之間紮營，不過離兩頂帳棚都保持相當遠的距離。科林姆很快就回來了，他買了白米、青稞、酥油和糌粑，全部糧食裝載在科林姆買來的一匹馬上。宗本札什是個老好人，他深信科林姆編造的故事，還警告我們此區南邊常有盜匪出沒；科林姆還答應讓宗本札什用低廉的價格買下我們的一匹馬——正是阿布杜拉已經賣掉的那匹。接下來，我們這位表現可圈可點的領隊走到「噶本」的帳棚，卻被告知「噶本」因為怠忽職守，而被門董寺住持開除職務，現在被軟禁在自己的帳棚裡。我們心想：「好極了，除掉一個心腹大患了。」

第二天早上，宗本札什筆直地走向我們的帳棚，我火速將手臉塗黑，也把所有可疑的東西藏在一只米袋底下。這一回拉薩來的商人態度和先前大不相同，他暴跳如雷：

「你們說好要賣我的那匹馬在哪裡？說謊，你們這群流氓！我要檢查你們的帳棚和東西，把狗綁好！」

我們把狗綁起來，宗本札什走進科林姆的帳棚，這頂帳棚一如平常紮在我的帳棚旁邊，當他走過來檢查我躲藏的帳棚時，簡直像隻被激怒的蜜蜂，幸好辜藍在這個時候放掉塔卡爾，宗本札什一出現在帳棚門口，塔卡爾咻地衝了上去，宗本札什急忙往後逃開。

科林姆吼著：「庫德斯，你帶哈吉巴巴去找那匹走失的馬兒。」

庫德斯趕緊走到我身旁，拉著我跑向最靠近的山區。

「那是誰？」宗本札什問道。

「哈吉巴巴，我的僕人。」科林姆眼睛眨也不眨地回答。

「我要等在這裡，直到哈吉巴巴把馬匹找回來為止。」宗本札什說。

科林姆很有外交手腕地對付這位不速之客。我們從山脊上的藏身處張望，看見宗本札什在塔卡爾再度被綁之後悻悻然走向住持的帳棚，不巧的是住持的帳棚正好在我們回營地必經的路上，庫德斯和我緊盯著地面匆匆走過，佯裝是在尋找馬兒的足跡，我們終於順利通過那頂帳棚，內心真是雀躍。不久旅隊迎了上來，我趕緊走到趕羊的位置。這一路上必須經過二十頂帳棚，愛看熱鬧的群眾一如往常跑出來瞧著旅隊，我們一走出這個黃蜂窩，便選在山谷裡的平原紮營。

第六度跨越外喜馬拉雅山

我如釋重負地嘆了口氣，這裡沒有鄰居，塔卡爾像往常一樣綁在我的營帳前面；我坐在帳棚裡，將今天的事情寫在日記本上，同時繪畫景物。這是個晴朗的夜晚，春風似的微風吹拂過平原，塔卡爾降尊紆貴地陪貝比玩耍，突然間牠跳到我面前，定定地看著我。我問牠：「怎麼啦？你要什麼？」牠把頭歪向一邊，開始用前爪搔我的手臂，我用雙手捧起牠毛茸茸的頭，拍拍牠，現在我們算是彼此了解了。塔卡爾開心地嚎叫與狂吠，又跳到我身上，彷彿在暗示：「來嘛，和我一起玩，別一個人坐在那裡生悶氣。」我把牠頸上的繩結解開，除去自從牠變成俘虜以來就沉壓著牠的臭棍子，可是，塔卡爾一動也不動地站在那裡，最後我為牠抹去眼角結塊的塵土，這一來牠快樂得無以復加，重重甩著身體，把毛上的灰塵抖得四處飛揚，幾次玩耍性質的前撲幾乎將我撂倒在地上。塔卡爾跳著舞著，似乎認為我基於對牠的信心而還牠自由是一件值得光榮與喜悅的事，之後牠箭矢一般衝向平原，我心想：「現在，牠大概要跑回前任主人那裡去了。」可是牠沒有，一分鐘之後又見牠以全速衝了回來，而且推了貝比一下，使得小狗在地上滾了好幾圈，這把戲一再重複，直到貝比頭暈了才停止。我的手下看到塔卡爾這麼快就被馴服，我可以像小狗一樣安全無虞地和牠玩在一起，都感到驚異不已。

在這段自願囚禁的期間，我每天晚上都和這個新朋友——小黃的繼承人——玩耍，不論白天或晚上。塔卡爾是我們的最佳守護者，牠發展出對所有西藏人的暴力仇視心態，絕不容忍任何西藏人靠近帳棚；牠的攻擊快如箭矢，許多和善的游牧人被塔卡爾撕毀衣服、咬出傷口，害我付了好些銀盧比賠償他們的損失。此外，塔卡爾也幫助我掩飾真面目，因為牠不許任何人靠近我的帳棚，所以當我們想對付性好刺探的鄰居時，只消將塔卡爾綁在我的營帳前，就能夠確保我不受騷擾。

後來我能第六度成功攀越外喜馬拉雅山，塔卡爾居功厥偉，因此我在內心對牠的回憶總是溫情滿懷。

接下來幾天的行程意外平靜，我們走上淘金人前往藏西的必經之路，買了一匹馬和更多綿羊，還發現一座湖——春尼錯（Chunit-tso）；沿路不時遇見運鹽的商隊和犛牛旅隊，站在可輕易越過的尼馬倫拉山口（Nima-lung-la）上，欣賞南邊外喜馬拉雅山脈中最重要的一脈。我們走進一座光禿禿的狹窄河谷，一隻山角鴞棲息在我們的帳棚上，喀哩哩地啼叫著，拉伯森說這隻鳥是在警告旅人提防小偷和強盜。

時序進入四月初，我們循著一條以前不認識的河流畢多藏布江往南走，河岸上有很多游牧民族紮營，其中一些人告訴我們，這條河流注入西北邊七日行程外的塔若錯；南南東方有兩座壯麗的雪峰，都屬於冷布崗日山脈。接著我們抵達美麗的圓形谷地，白雪與冰河分布的山脈圍成半圓形，山裡流洩下來的水一律匯入畢多藏布江。

我們用兩頭疲憊的犛牛和善良的游牧民族換九隻綿羊。四月十四日，我們遇見一隊運鹽的商旅，成員包括八個人和三百五十頭犛牛，這些人對我們興趣濃厚，問了許多令人不悅的問題。

第二天我們登上薩木葉山口，標高一萬八千一百三十呎，這是我第六度翻越外喜馬拉雅山的主要山脊，也就是西藏內陸和印度洋水系的分水嶺。在東邊的安格丁山口和西邊的策提喇辰山口之間，我已經成功建立了一條新路線，剛好穿過地圖的大片空白區域；在這番探索之後，我很明白這片與喜馬拉雅山平行、位於喜馬拉雅山北邊的廣大山系，未來應該稱之為外喜馬拉雅山。

正當我坐在薩木葉山口素描，並對這項地理新知感到欣喜若狂時，庫德斯低聲說道：「有犛牛來了。」

下方的山谷裡出現一支犛牛旅隊，像條黑蛇般對著山口蜿蜒走來，我們可以聽見旅隊馭手的口哨聲和尖銳的呼喊聲。於是我們反向走下南側山谷，一想到這條流過碎石的小溪會在某個時間注入印度洋修成正果，我不禁再次感到喜悅滿足。

一整天我們沒有經過任何一頂帳棚，因為這裡的山路地勢太高，只遇到兩名騎士，科林姆和他們周旋許久，總算買到其中一人的坐騎。沒多久，我們又遇上馱運鹽巴的綿羊商隊，他們的目的地是帕薩古克（Pasaguk）。在前往去年路過的恰克塔藏布江途中，我們遇到一些游牧民族，他們警告我們提防一夥強盜，這十八個搶匪個個配備槍枝。我們避過帕薩古克和薩嘎宗，改走一條穿過山區的後路到達拉嘎地區，這條路線盜匪猖獗。晚上，我聽見旅隊裡的回教徒又唱起獻給真主阿拉的悲歌。

四月二十一日，游牧民族的帳棚又多了起來，我再次扮起牧羊人。旅隊很快就來到堪巴（Kamba Tsenam）的大帳棚，這人擁有一千頭犛牛和五千隻綿羊。四月二十二日，我的一名手下走訪一些牧民，問他們願不願意出售馬匹；這天雪下得很密，我即使騎上一大段路也不會引人注意。另外兩名手下前往堪巴的帳棚購買糧食，這個富有的牧人不在家，當夜他的兩名僕人騎馬來到我們營地，賣給我們一頭白色駿馬，索價一百二十七盧比。

四月二十三日我們繼續向東走，來到蓋布克拉山口（Gäbuk-la）。很幸運地，我們發現一位照顧馬匹的老人，他充當嚮導陪我們走了一段；這個老人有點大嘴巴，他告訴我們很多事，其中一件是去年這一帶來了個歐洲人，身邊跟著一個高大、強悍的領隊，可是領隊在途中暴斃，葬在薩嘎宗。

第三百九十號營地建在通往金辰拉山口（Kinchen-la）的河谷出口處。大雪下了整個晚上，我們再度陷入隆冬的氣候中。

大夥兒的焦慮與日俱增，每走一步就離危險線更近一些，再走兩天我們就會遇到主要商隊路線——札桑道，而路上也即將出現警戒的官員。未來情況將會如何演變？我們又該如何克服阻難？這些目前都是謎團。我有好幾項因應計畫，但必須視實際情況才能決定選用哪一項。即使我們再次被西藏人俘虜，我也感到滿足了，因為這次我成功穿過邦戈巴區，也就是外喜馬拉雅山的中心地帶，在此之前，它仍是未被探勘過的疆域。

四月二十四日，旅隊在燦爛的陽光下出發穿過雪域，我心想：今天會怎麼結束？我們為眼前廣闊的珠穆瑯山群讚嘆不已，我像

從營地眺望外喜馬拉雅山

往常一樣停下來勾勒山口的全景，這次是海拔一萬七千八百五十呎的金辰拉山口；站在山口上可以見到東北方雄偉的積雪山脈，西方是冷布崗日山，東南東方則是喜馬拉雅山雪白的山脊。這裡沒有人打擾，我畫完素描後便循著旅隊的足跡趕路。第三九一號營地紮在一處相當狹窄的峽谷中，周圍的草地、燃料、水源綽綽有餘。

告別牧羊人生涯

我們都有預感大事即將發生，因此事先採取一些積極的防範手段。我的歐洲毛毯、皮製儀器匣和所有可能啟人疑竇的東西都埋起來或燒掉；科林姆接收我的帳棚，我則在他的大帳棚裡占了一方狹小的密室，我們兩頂帳棚總是背對著背，如此我能從一頂帳棚溜到另一頂，而不被外面的人看見。在重新安排下，西藏人儘管搜索兩頂帳棚也不會發現我，因為我躲在分離的密室裡。

這天晚上我坐著寫東西，科林姆探頭進來，口氣嚴肅而凝重地說：

「一群人剛剛從山口下來了！」

帳棚較長的兩側布幅上各有一個窺視孔，我從面對山口的那個窺視孔望出去，果然如科林姆所言！來人有八個，還領著九匹馬，其中兩匹馱載物品，這些人不是普通的游牧民族，因為他們穿著紅色和深藍色的皮外套，頭戴紅色頭巾，身上配有步槍和長劍。

我將可疑的東西全部收進平時藏東西的米袋裡，命令辜藍把塔卡爾拴在我的營帳入口，然後在皮膚上加重塗抹褐色顏料，纏上骯髒的拉達克頭巾。三個陌生人把馬牽到離塔卡爾不到三十步的地方，大狗凶狠地咆哮起來；這些人就在那裡卸下物品和馬鞍，收集燃料生起火堆，並拿一把

我走出帳棚向西藏人自首

鍋子取了些水，夜裡就在原地安頓下來。

其他五人連招呼也沒打就走進科林姆的帳棚，其中兩人顯然是位階頗高的官員，他們與科林姆展開活潑但壓低聲音的對話，我聽見他們提到我的名字，科林姆發誓旅隊裡沒有歐洲人，於是他們走出去，圍坐在火堆前喝茶。

我悄悄爬進科林姆的帳棚，旅隊的所有成員都坐在那裡，看起來好像剛剛被宣判死刑。外面那群人的首領對他們說：「剛從北方下來的運鹽商隊向薩嘎宗首長報告，首長懷疑赫定大人躲在你們中間，我奉命來此徹底搜查，因此我將檢查你們所有的行李，把每個袋子翻過來，最後還要檢查你們身體每一寸。假如你們所言不虛，沒有歐洲人藏在旅隊裡面，你們就可以隨便到任何地方。」

手下都覺得眼前的處境毫無希望，庫德斯建議天一轉黑他就和我逃進山區，一直躲到搜查結束為止，辜藍低聲說：「沒有用，他們知道我們有十三個人。」

我也補上一句：「沒有用，現在這麼做無濟於事，我們算是被逮到了，我自己出去向西藏人自首。」

科林姆和其他人開始啜泣，以為我們的末日到了。

我站起來走出帳棚，西藏人一言不發盯著我瞧；我在塔卡爾身旁站了一會兒，拍拍牠，大狗熱情的哼著鼻子。接著我慢慢走向西藏人，大拇指插在腰帶上，他們都站起身來；我比了一個高傲、降尊紆貴的姿勢叫他們坐下來，然後自己坐在兩個最有派頭的人當中。右手邊這位是朋巴（Pemba Tsering），我一見面就想起去年曾經見過他。

「你認得我嗎，朋巴？」我問他。

他沒有回答，只是把頭轉向我，意在言外地看著他的同伴；他們都十分靦腆、不發一語。

「沒錯，」我繼續說道：「我就是赫定大人，你現在要拿我怎麼辦？」

趁他們交頭接耳之際，我交代庫德斯取來一盒埃及香菸，輪流傳給這些西藏人，他們全都抽起香菸來了。這時為首的那人重拾勇氣，只見他掏出一封信，是拉薩政府寫給首長的，信中明令我不得再往東踏出一步。

「明天你跟我們到薩嘎宗。」

「絕不！」我回答：「我們在那裡留下一座墳墓，我絕對不回那裡去。去年我想要去薩嘎宗北邊的山區，被你們阻止了，現在我不是走過被禁的區域嗎？所以你們擋不住我的，我在貴國的力量還勝過你們。現在我要去印度，可是路線由我自己來決定。」

「這點由薩嘎宗首長裁奪，你可願意到雅魯藏布江畔的賽莫庫（Semoku）去見他？」

「求之不得。」

他們立刻派遣一名信差去通報首長。

我們接下來的交談就比較自在了。首領率先發問：

「去年我們強迫你去拉達克，現在你又跑回來。你為什麼要回來呢？」

「因為我喜歡來西藏，我喜歡西藏人。」

「如果閣下也一樣喜歡住在自己的國家，我們會覺得比較妥當。」

我們就這樣坐著聊天、抽菸，直到太陽西下。此刻，我們已經結成好朋友，我的手下對這場意外以和平收場都感到既興奮又驚奇，當科林姆敘述我們假扮成羊毛買主的有趣故事時，西藏人聽得哈哈大笑，不過他們相信我必然擁有某種神奇力量，才能夠安然穿過羌塘，避開強盜襲擊。西藏人的首領叫仁切朵齊（Rinche Dorche），大家只叫他仁朵（Rindor），不論我說什麼他都照單全收，再逐字稟報首長。

從此我們的漫遊展開新的局面，重獲自由的滋味真舒服，我再也不必躲在帳棚裡了。大夥兒把我的帳棚裝飾得盡可能吸引人，把米袋等雜物都搬出去，由於時間不夠，我們一些有用的東西並未完全燒光，這點倒值得慶幸。首先，我好好洗了個溫水澡，一共換了四次水才總算洗乾淨，然後開始修剪鬍子，這時我真想念被丟掉的刮鬍刀和其他盥洗用具；話又說回來，只要有水和肥皂，其他額外的享受都可以省去。

爭取新路線

四月二十五日，我們騎馬前往在兩天路程之外的賽莫庫，我們的隊伍看起來像在押解一班囚犯，前進時，我的左右兩邊各有六名西藏人。首長已經等在會面地點，在場的有多爾伽（Dorche Tsuan）、他的同僚昂班（Ngavang）和他的兒子歐汪（Oang Gya）。多爾伽高高的個子，四十三歲，穿著中國絲綢衣服，頭戴一頂瓜皮帽，腦後蓄了一根長辮子，足蹬絲絨靴子，還戴著耳環、戒指等飾物。多爾伽走進我的帳棚，面帶笑容謙恭地說：

「閣下一路還順當？」

「還好，謝謝你，就是冷了點。」

「去年閣下被逐出敝國，為何又返回此地？」

「因為我很想見識貴國的一些地方。」

「去年閣下到過尼泊爾，去了庫別崗仁峰，拜訪各處湖泊，以及聖山周圍的每間寺廟，最後抵達印度河發源地。我對閣下的路程瞭若指掌，今年這種事不可能再發生，拉薩政府已經頒布新命令，我也通知政府閣下再次來到此地，現在閣下必須朝北方原路折返。」

我剛翻越的薩木葉山口以東和以西仍然是大片空白，充滿待解的地理謎題；再者，我心中升起無可抗拒的渴望，期待完成這項先驅使命，發掘整塊尚未繪入地圖的大地，而把枝微細節留給未來的探險家。我也明白，除非運用巧妙的外交手腕，否則這片疆域的大門是無法為我開啟的。因此我開始嘗試，表達我希望路過江孜返回印度。

「絕不可能！閣下萬不可能獲准走那條路線。」

「我也想寫信給連大人和我的家人。」

「我們不替人轉信。」

就這樣，我無法通知連大人和印度的友人我還活著；我的父母直到九月才得知我下落何方。他們擔心我可能已經魂歸九霄，許多人認為我已命喪黃泉。

多爾伽盡職地堅持我必須走北方回去。

「就算你殺了我，也強迫不了我跨越薩木葉山口。」我回答。

「既然如此，我准許閣下走去年的路線回拉達克。」

「不了，多謝好意！我從來不走自己已經走過的路，那違反我的信仰。」

「閣下的信仰未免太奇怪了！那麼你要走哪一條路？」

「跨過薩木葉山口東邊，然後抵達扎日南木錯和更西邊的地區。」

「這絕對行不通！閣下是否願意隨我們到堪巴的帳棚再作商議？」

「當然願意。」

離開之前我列了一張清單，把沿路所需的衣物和糧食都寫下來，由多爾伽派遣信差到西藏南方邊境城宗嘎的商人處採購，那裡離賽莫庫有兩天行程。多爾伽愛上了我的瑞典左輪手槍，希望我賣給他，我說那是非賣品，不過如果他讓我自己選擇路線，我願意以此槍為謝禮。

我身著西藏裝

「實在很奇怪，」他說：「閣下的穿著比你的僕人都寒傖，但卻擁有這麼多錢！」

我們花一百盧比買來的一匹棕馬被野狼襲擊而且屍骨無存，西藏人對此反應平淡，可是當塔布吉斯開槍射殺野雁時，他們卻瘋狂近乎失措。年輕的歐汪泫然欲泣地跑進我的帳棚，哀傷地說：

「這是謀殺！你們難道不明白，殺了這隻野雁，牠的伴侶會悲傷而死？你們愛殺什麼動物都可以，就是別碰野雁。」

我們接著拔營出發，越過四座山口。當我們在南木臣（Namchen）紮營時，南方的商人帶著我們購買的東西來了。我的手下全部換上新衣，科林姆為我穿上道地的西藏人服飾，厚重的紅袍和普通西藏人所穿的沒有兩樣。我買了一頂滾毛皮邊的中國帽子、一雙優雅的靴子，還在脖子上掛了一串念珠，又買一柄銀鞘長劍，上面鑲著土耳其玉和珊瑚，我將它懸在腰間。在旅隊的補給方面，我們添置白米、青稞、麵粉、糌粑、茶葉、糖、石蠟燭、香菸等，足夠兩、三個月；另外還添購幾匹馬和騾子。當我的帳棚地毯上堆起小山似的銀幣時，西藏人的眼睛都睜得又圓又大。

一切進行得相當順利，只剩下路線爭議而已。我們在多爾伽的帳棚裡會商了幾個小時。

「除了薩木葉山口以外，其他的路都不能通行。」他們說。

「有的，」我回答：「還有桑莫山口（位於薩木葉山口的東北方）。」

護衛隊首領倪瑪

「那條路糟透了，即使有人要走那條路，我們也不租犛牛給他。」一名牧人插嘴道。

「那我就買下犛牛。」

「我們不賣。」

「那個地區有大批盜匪出沒。」首長補充一句。

「既然如此，你就有義務護送我。」

「我手下的士兵屬於薩嘎宗的守軍。」

「不然我們分成兩組，科林姆帶領大部分旅隊穿過薩木葉山口，我另外帶一小支隊伍走東邊的路，然後我們在畢多藏布江更往下游處會合。你派遣十個人護送我，每人每天有兩盧比薪水，這樣你們就可以監視我的行動，確保我不會到別處長途旅行，因為我每天都要付這麼多錢。」

多爾伽沉思半晌，走出去和他的心腹私下商量，等他回來時，我的條件終於被接受了，他只要求我簽下一份文件，保證我為一切後果負起完全的責任。

他們立刻介紹我認識護衛隊首領倪瑪（Nima Tashi），他穿著一襲膨大的皮外套，看起來是個好人；我們的嚮導則是堪巴的哥哥潘丘兒（Panchor），他是個五十五歲的犛牛獵人，滿臉皺紋，一個不折不扣的大壞蛋。

五月四日，大夥兒全都到了堪巴的帳棚，那地方更像是建在山谷裡的

西藏的大片空白顯示直至一九〇六年尚未探勘的疆域。地圖上所標示一至八號，說明我八次穿越外喜馬拉雅山的路線

帳棚村；我們曾經在四月二十二日經過那裡，因此這趟行程剛好繞了珠穆瓊山群一圈。當天晚上堪巴偷偷潛進我的帳棚，他向我透露潘丘兒會帶我和護衛隊去任何我們想去的地方，他自動坦承他和整個地區的強盜關係良好，並且說：「我是所有盜匪之父。」

五月五日是旅隊分手前的最後一天，當晚我們為多爾伽和他的手下舉辦餞別宴會，我和一干首領坐在帳棚門口喝茶，外面生起一大圈營火。我的隨從大跳拉達克舞蹈，盡情享受這一刻，其中有兩人在身上蒙著一條毯子，抓起兩支棍子當作犄角扮演一頭猛獸，他們悄悄靠近火堆，最後被一位埋伏在旁邊的獵人給撂倒。向來富有喜感的蘇恩用一支手杖代替一名女子，開始對著這根手杖表演求愛的舞蹈，觀眾有節奏地擊掌助興；拉達克人唱歌時，西藏人圍成密實的一圈，愉快地放聲吼叫。多爾伽向我保證，他們一輩子沒有這麼開心過。這個時候，天上開始下起濃密的大雪，營火的濃煙和飛舞的雪花也入舞蹈行列，這是個詩情畫意、成果豐碩的夜晚。過了午夜，客人散去，營火也逐漸熄滅。

第六十三章　穿越未知之境

五月六日早上，旅隊分道揚鑣，陪伴我的有辜藍、拉伯森、庫德斯、塔布吉斯和孔曲克，我們全部騎馬；護衛隊的倪瑪和九名士兵也以馬代步。我們購買犛牛馱運行李，沿途也買了一些綿羊。另一方面，科林姆帶著其他六位隊員取道薩木葉山口，我交代他們在塔若錯附近等候我們。由於我希望小隊裝備越輕便越好，結果犯了一個大錯，因為我把大部分的錢都交給科林姆保管，錢數達兩千五百盧比。

我們向北方的未知之境前進，翻越壯闊的康瓊崗日山脈，抵達以前路過的恰克塔藏布上游，來到四周高山環繞的拉普瓊錯（Lapchung-tso）湖畔紮營。外喜馬拉雅山主脊的巨大雪峰聳立在我們眼前；山徑通往更高的位置，對我來說，這些由山脈、河谷、溪流、湖泊組成的複雜迷宮，浮現益加清晰的圖像。這片高原極難攀登，我們走在青苔遍布的岩石上，除了野犛牛外，這條小徑罕有人跡，不過我們還是征服了海拔一萬九千一百呎高的桑莫山口；這是我第七度跨越外喜馬拉雅山系。從山口往下走，又進入內陸水系的區域。

倪瑪和他的手下很害怕強盜，只要一看見遠處有幾名騎士，就以為即將遭到攻擊，這時護衛

一群西藏人

隊就會開始鬧彆扭，吵著要掉頭回去。不過在我提醒他們每晚都可以拿到二十盧比以後，士兵便安分地待了下來。潘丘兒喜歡講盜匪故事來娛樂我們，還說艾沙的墳墓一到了晚上就鬧鬼。

這片土地上孕育豐富的野生動物，包括瞪羚、羚羊、野綿羊、野犛牛和野驢。我們經常路過一些帳棚，有一次紮營時，竟有多達六十個愛管閒事的西藏人把我們團團圍住。

渡過梭馬藏布（Soma-tsangpo）之後，我們來到小型山口帖塔拉（Teta-la），站在山口的起點上，可以遠眺美不勝收的扎日南木錯景色；這座鹽湖的水色青綠有如土耳其玉，四周環繞著光禿禿的山，泛溢出紫羅蘭、黃、紅、粉紅、棕色等各色層次。西北方向矗立著夏康山，東南方有塔哥崗日山，南邊和西南邊則是外喜馬拉雅山——所有的山峰全覆蓋著刺眼的雪原。我在這些令人神魂顛倒的廣闊美景前一坐就是幾個小時，為扎日南木錯全景勾勒彩色的圖畫。印度學者喃辛曾於一八七三年聽說過扎日南木錯，可惜的是無緣親眼目睹；有幸成為第一個親眼看見它、證實它存在的探險者，我內心油然升起滿足感。扎日南木錯的海拔為一萬五千三百六十呎。

前往扎日南木錯

佇立帖塔拉山口，透過望遠鏡清楚看見塔哥崗日山的全景——山峰上的雪原與冰河；我心中一直盼望親睹聖湖當惹雍錯——正位於塔哥崗日山山腳——的那股渴望又回來了。這裡離當惹雍錯只有幾天路程，我在扎日南木錯湖畔的營地上與倪瑪、潘丘兒交涉，允諾付給他們一大筆酬賞，可是他們不敢答應，在擔心我會違抗他們的意願、設法前往當惹雍錯的情況下，他們找上一位去年在聖湖南岸附近嚇阻過我的首領塔格拉（Tagla Tsering）。塔格拉帶領二十位全副武裝的騎士抵達營地，騎士們都配備長矛、長劍、步槍，頭上戴著白色的高帽子。塔格拉自己則身穿豹皮衣和紅袍子，肩上的一條緞帶繫著六個銀色的嘎烏；他是個脾氣溫和、機靈聰穎的人，我們在扎日南木湖邊共度愉快的四天，儘管如此，他仍然固執己見，我無法動搖他的意志。塔格拉的最後通牒是我不得再往東邊踏出一步，也不准去扎日南木錯西邊的門董寺參觀，唯一對我開放的路線是通往塔若錯的路，也就是我將與科林姆等人會合的地點；如此一來，我必須第三度放棄當惹雍錯之旅。幾年之後，傑出的英國地質學家海登爵士（Sir Henry Hubert Hayden）曾親訪這座湖泊，可惜他最近攀登阿爾卑斯山時不幸罹難。就我所知，海登是繼我之後，唯一深入雅魯藏布江北方未知之境的歐洲人，令人遺憾的是，他還未來得及發表該次探險的觀察結果就飲恨離世了。

五月二十四日，我們揮別善良的塔格拉和他的士兵，繼續沿著扎日南木錯（藏文原意是「皇山天池」）南岸向西推進，雖然受到禁止，我們還是抵達門董寺，並在該地紮營；這是一間紅白色彩的小廟，僧人與比丘尼都住在帳棚裡。在噶烏山口西側，我們發現一座奇特的湖泊嘎仁錯

（Karong-tso），湖的四周被糾結的山脊與岩岬所環繞。幾天之後我們再次進入邦戈巴地區，來到畢多藏布邊紮營。六月五日，護衛隊表示他們已經完成任務，隨後與我們道別，在潘丘兒的伴隨下回到薩嘎宗。這一來我們又自由了，加上雇了兩名直率的牧民當嚮導，所以我們想去哪裡都行！然而目前最重要的還是找到科林姆的支隊，可是附近沒有人知道他們的下落，我們只好沿著畢多藏布往西走向塔若錯。

雖然時序已進入六月，然而空前的大雪仍然把這裡妝點成銀色天地，外喜馬拉雅山的峰巒傳來隆隆的雷聲，其中最雄壯的山脊恰好矗立在畢多藏布河谷的西南方。小狗貝比從來沒有聽過雷聲，嚇得夾著尾巴竄進我的帳棚，然後趴在營帳裡對著響亮的雷聲嗥叫、狺吠；至於經驗老到的塔卡爾對雷聲則置若罔聞。

畢多藏布畔的營地景色優美非凡，我真想在這裡多盤桓一段時間，別的不提，光是觀察野雁和黃色的雛鳥在河上戲水的姿態，就足以令我心生快慰。最後我們來到塔若錯南岸紮營，可是到處都找不到科林姆和旅隊的蹤影，反而是本區的兩名首領與一些騎士主動來拜訪。我向他們打聽旅隊下落，他們表示從來沒有聽說過，不過答應為我尋找科林姆等人。這些人宣稱目前只有一條路線為我開放，也就是穿過隆格爾山口（位於塔若錯

塔格拉酋長與他的手下

西南方），抵達賽利普寺（位於塔若錯西方），這條路剛好是我想要走的，因為它恰好穿越地圖上至今「尚未探勘」的最大片空白區。

於是我們在六月九日繼續前往暫時關閉的小廟隆格爾寺，然後攀上標高一萬八千三百呎的隆格爾山口，從山口頂峰可以遠眺塔若錯與景色秀美無比的產鹽湖泊塔比池。

我們在這個地區遇到的游牧民族與部族首領都很友善，樂於助人，來到新發現的湖泊帕龍錯（在塔比池西南方）旁，瑞奇洛瑪（Rigihloma）的「噶本」前來向我們致意，並為我們打點所需的補給品。此處外喜馬拉雅山系的龐大外環山脈由北向南縱走，我們跨越海拔一萬九千一百呎的蘇拉山口，這裡四周盡是巨大無比的拱形或尖形雪峰，藍色冰河閃閃發光。接著我們往下進入裴登藏布（Pedang-tsangpo）河谷，河水在此轉折北流；現在我們的右手邊是蘇拉山脈，山谷前端則是白雪罩頂的山峰。想到自己是第一個踏上這片土地的白人，心中不禁興起一股難以形容的滿足感，覺得自己儼然君臨天下。未來這裡必定會有更多探險活動，畢竟從山嶽誌和地質學的觀點來看，這裡都是地球上最值得一探究竟之處；未來幾個世紀，這些山峰將和阿爾卑斯山一樣名氣響亮。這可是我首位發現的，這個事實將永垂不朽。

科林姆消聲匿跡

科林姆究竟在哪裡？他憑空消失，沒有留下任何蹤跡，難道是遭到強盜攻擊了嗎？我安慰自己，至少從德魯古布出發以來，所有重要的探險成果都保存在我這裡，包括蒐集品、日記和地圖，問題是，我身上只剩下八十盧比了。

裴登藏布領著我們走到仁青什布錯（Shovo-tso）——一座新發現的湖泊，它的湖盆也一樣被群山環繞。東北方的「採金路線」穿過喀拉山口。六月二十三日，我們攀越泰耶帕瓦山口（Tayepparva-la）時，眺望前方的大鹽湖昂拉仁錯閃耀著藍綠色水光，四周圍繞著磚紅色和淡紫色的山脈——這裡的風景令人陶醉，瑰麗的色彩更是神奇。峽谷裡連一棵樹、一叢灌木也沒有，只有偶爾可見的稀疏野草，這幅景致就和西藏高原上其他東西一樣貧瘠、荒蕪。大約四十年前，蒙哥馬利上尉（Captain Montgomery）的一名幕僚曾聽說過這座湖，替它命名為「噶拉林錯」（Ghalaring-tso），但是他本人或其他人卻未曾見過這座湖的真面目。

我們在昂拉仁錯的岸邊安頓下來，之後多次在注入該湖的桑敦藏布（Sundang-tsangpo）岸上紮營。這一帶有很多野狼出沒，我們必須小心看管牲口；有一群野狼甚至在大白天逼近到離我們不遠的地方。拉伯森在桑敦藏布邊抓到一隻兇狠的小狼，我們用繩子將牠綁在營地旁，塔卡爾和小狗貝比都對牠敬而遠之。一天小狼在無人看管時掙脫繩子逃走了，牠跳進江中，想要游泳到對岸，也許塔卡爾覺得這樣的行程太過分了，便發出一聲長嗥，躍入水中，把小狼拖到水底下，直到牠溺死才罷休，然後叼著小狼游回我們這邊，連皮帶骨吃個精光。

賽利普寺的住持

六月二十七日，我們抵達賽利普寺，寺裡的住持嘉木澤（Jamtse Singe）非常熱忱地款待我們。為了減緩我們對科林姆失蹤的擔憂，嘉木澤翻閱他的聖典，很肯定地說我們的隊員都還活著，現在人在南方，我們在二十天之內就會與他們重逢。我的荷包裡僅剩二十盧比，早已經有心理準備，必要時可以出售步槍、左輪槍和懷錶，這一來我們就有足夠的錢抵達托克欽和瑪那薩羅沃池，然後再派遣信差到嘎托向友人求援。

先前我們在修沃錯時曾經遇到一支龐大的犛牛商隊，這會兒他們也來到賽利普寺紮營；這支商隊是當惹雍錯的一位地區首長所有，他正要前往聖山岡仁波齊峰朝聖，手下有一百人，牲口包括四百頭犛牛、六十匹馬和四百隻綿羊。我與這位首長和他的兩個兄弟結為朋友，他們到我的營帳拜訪，隨後與他們共進晚餐。首長的名字是肅納木（Sonam Ngurbu），長相十分引人側目，古銅色的臉孔上有隻寬大的塌鼻子，黑色頭髮像獅鬃般濃密（裡面無疑是藏汙納垢），身穿一襲櫻桃紅袍子；他和兩個兄弟分享兩位妻子——換句話說，每人擁有三分之二個太太，我看看兩位夫人的長相，嫌這數目還太多，因為她們又老又醜又髒。

我試著賣給他們一把精良的瑞典手槍，肅納木出價十個盧比，我說三百銀盧比才肯賣；一隻金錶價值兩百盧比，肅納木顯得十分驚奇，他對於人類做得出如此精緻的小東西感到不可思議，不過反正十二點鐘和六點鐘對他來說都一樣，太陽就是他免費的計時器，所以肅納木忍住沒有出價。他又出價六十盧比想買我們最後一把瑞典陸軍左輪手槍。

「不行，真的不行！」我回答：「我可不是乞丐，六十盧比對我來說根本不算什麼。」事實上，我當然在說謊，因為我已經窮得跟乞丐沒有兩樣，情況恍如二十二年前在克曼沙時那樣囊空如洗、走投無路。不過肅納木送給我們白米、糌粑和糖，讓我們可以繼續走到托克欽，所以我把金錶送給他作為回報。

賽利普的「噶本」十分滑稽，他帶了一夥游手好閒的人來到我的帳棚，以當官的口吻盤查我是個什麼東西。他聽說有個歐洲人來到此地，等到發現五個貨真價實的流浪漢圍著一個身穿西藏衣服的陌生人，著實大吃一驚；這個棘手問題超出他的智力範圍，我也不打算為他解圍，他只得帶著謎團離去。

最後行程

我們在六月三十日離開，當晚在拉則平原上紮營，從這裡可以遠眺外喜馬拉雅山鋸齒狀的積雪山脊，景色壯闊無比。日落時拉伯森來到我的帳棚，表示有四個人和四頭騾子正往我們的方向靠近，我拿望遠鏡跑出去瞭望，好傢伙！那是科林姆帶著兩名隊員和一名嚮導，其他的人晚幾天才到。我幾乎忍不住要怒責我們的領隊，不過後來只稍微責怪他一下，部分原因是銀兩原封未動，部分原因是他們真的遭到匪徒攻擊，科林姆帶一匹馬、一頭騾子安然逃逸；最後一個原因是他們碰上敵意甚深的地區首長，硬是強迫科林姆等人走塔若錯北邊艱難的路線。

現在只要再一次跨越未知疆域，我的旅程便算大功告成了。最後一趟行程獲得許多重大的發現，但受限於篇幅無法在此細述。我們翻越標高一萬九千三百呎的丁格山口（位於岡仁波齊峰東北方），也是此趟西藏之旅最崇峻的山隘；接著越過海拔一萬七千三百呎的蘇爾格山口（也是內陸分水嶺），然後於七月十四日抵達托克欽。

我一共攀越外喜馬拉雅山八次，每一次都穿過不同的山口，截至當時，唯有卓科山口是外界所知曉的。從最西邊的卓科山口到最東邊的喀蘭巴山口（Khalamba-la），總長度為五百七十哩，過去從未有歐洲人涉足其間，而最新出版的英國地圖上，這個區域也只標明「尚未探勘」。這片廣袤山系的東邊與西邊雖然早已為人熟知，但我有幸填補了東西間的大片空缺，心裡著實歡喜不已；抵達托克欽之後，這次探險總算克竟全功。

世界上最高的山脈全攏聚在這片地球上最龐大的高地上，其中西藏盤踞最廣的面積。這些山脈包括喜馬拉雅山、外喜馬拉雅山（西端與喀喇崑崙山融合為一）、崑崙山（包含阿克山）等，至於我才探勘完成的外喜馬拉雅山，粗略來說，山口平均比喜馬拉雅山的山口要高五百公尺，但是峰頂則低於喜馬拉雅山一千五百公尺。落在喜馬拉雅山上的雨水最後都流入印度洋，而外喜馬拉雅山則是印度洋水系與內陸水系的分水嶺。只有印度河的發源地位於外喜馬拉雅山的北坡，切過此山系，也切過喜馬拉雅山。

我返回家鄉後，若干英國地理學家反對我為雅魯藏布江北邊的山系命名為「外喜馬拉雅山」，理由是一八五〇年代康寧漢爵士（Sir Alexander Cunningham）已經用過這個名字，當時他命名的對象是喜馬拉雅山西北方的一座山脈。印度方面則提議將這座山系依我的名字命名，我婉拒了這項美意。對亞洲地理最博學的寇仁勳爵撰文敘述我在邦戈巴的發現，曾經寫下一段話，在此請恕我原文引用：

> 在這項行經數百哩才獲得的偉大發現之外，（赫定）確認了這圈雄偉山脈，或稱山系，在山嶽誌上明確的存在地位，依我所見，他為此山系命名為外喜馬拉雅山實屬恰當。多年來，世人早已揣測這群長度完整的山脈確實存在，李陀戴爾與當地觀測員也曾越過其東西極點，然而真正造訪全區、在地圖上畫下這群山脈完整地貌的，則是赫定博士的功勞……他的發現對人類知識貢獻良多，使吾等明白世界上存在如此龐大之山群。至於赫定博士命名的外

喜馬拉雅山，之所以亟欲為此項嶄新、重要的地理發現冠上此名，我僅提出如下看法：（一）可能的話，重要地理的發現者有權為他的發現命名；（二）所命之名不應難以發音、難以書寫、過分深奧或模糊；（三）可能的話，所命之名最好具有某些描述性價值；（四）所命之名不應違反任何已知的地理命名法則。外喜馬拉雅山之名綜合上述所有優點，這種命名方式過去也有前例，即中亞外阿力山（Trans-Alai）與阿力山（Alai Mountains，位於吉爾吉斯境內，屬於天山山系的一部分）的模式，同理，外喜馬拉雅山與喜馬拉雅山也可沿用此一模式。有人士指出此名業已為其他山脈所用，這點我難以苟同，因為將該山脈冠以此名稱實屬不當，注定無法長久保有此一名稱。以我之見，試圖以其他名稱替代目前提出的妥切名字，終將以失敗收場。

——《地理雜誌》，一九〇九年四月號

【注釋】

1 原書注：關於外喜馬拉雅山的細節，以及在我探險之前世人對此山系的了解，請參考拙作《西藏南方》第三冊與第七冊（斯德哥爾摩，一九一七及一九二二年）。

第六十四章　前進印度

由於托克欽地區首長的冥頑不靈，讓我們在此地多耽擱了九天。事實上，這批官員都很和善、有禮，可是因為去年我擅自在此遊蕩為他們惹來麻煩，所以這次他們不肯再為我背黑鍋。我沒有護照，他們不肯讓我走任何路線離開，除了原路之外——而那條路線上的大小官員都得為我的通行負責。托克欽官方不准我租用犛牛，也不能買補給糧食，不過只要我願意走原路回賽利普，他們十分願意提供一切援助。

西藏人實在很奇怪！去年我運用各種手段想進入雅魯藏布江以北的未知境地，但終告失敗，最後被迫犧牲一年的時間，以及四十頭牲口，數千盧比，才總算完成我的目標。現在當我多次穿梭往來這片未知之境以後，心裡只渴望直接回到印度，他們反而意圖強迫我回頭走到雅魯藏布江以北！

我的耐心在最後都被磨盡了，於是在沒有援手的情況下，我帶了十二名手下和十匹馬離開托克欽。我們順著瑪那薩羅沃池的北岸前進，還拜訪我們的老友——朗保那寺的年輕住持和吉屋寺孤獨的策陵唐度普喇嘛。到了提爾塔普利寺（Tirtapuri Monastery），我將旅隊分成兩組，留下拉伯森、庫德斯、辜藍、蘇恩、塔布吉斯和孔曲克隨我前往印度，其餘人員則在科林姆的帶領下直接回拉達克。

沿著薩特萊杰河前進，並渡過其深邃支流的旅行，是我在亞洲最有趣的行程之一，因為我們橫切過喜馬拉雅山。言語無法描述我們眼前景觀的偉大，只消看上一眼，就會對薩特萊杰河谷四周崇峻的山峰、眩人的雪原、陡峭的岩壁，留下一生一世的回憶，甚至還能在回憶中聽見滔滔河水的雄壯呼喊。

驚險刺激的兩件事

從提爾塔普利到西姆拉一共花了一個半月時間。關於這條穿過世界最高山脈的公路，在此我只記述兩件事情。

在奇雲倫寺（Kyunglung Monastery）旁，薩特萊杰河上架著一座搖晃不定的木橋，結構是兩條橫梁上架著木板，橋面寬四呎、橋長四十二呎，兩邊並無扶手或欄柵。橋面幾呎下的薩特萊杰河以令人暈眩的速度擠過狹窄的懸崖，滔滔奔流的河水冒著滾水似的泡沫，河面在下游幾百步外變寬了，水流

受到驚嚇的馬從橋上跳進洶湧的河水

聲音也轉成空洞、沉悶的巨響。薩特萊杰河尖銳的岩石河床非常深邃，過橋的人難免膽顫心驚；我的手下扛起行李輕鬆過橋，但是兩匹馬卻給我們帶來很大的麻煩，我向堪巴買來的白馬坐騎陪我走了四百八十哩路，現在輪到最後一個過河。我翻身下馬，解下牠的鞍轡，白馬被洶湧的河水嚇壞了，牠這輩子從來沒見過一座橋，全身顫抖不止；我們在牠的鼻子周圍綁了一條繩子，然後由兩個手下拉牠過橋，其他人拿著馬鞭催促牠邁開步子，一切似乎進行得十分順利，四肢不斷顫抖的白馬慢慢走到橋中央，不料牠從橋面上看見底下翻滾著白沫，突然驚慌起來，只見牠停下腳步在橋上橫轉，頭部對著河流上游。白馬的耳朵直豎、兩眼目光熾烈、鼻翼擴張、鼻息忽忽，之後便不顧性命往河裡筆直跳了下去。

我的第一個反應是：「完了，牠會被岩石撞得稀爛。」一想：「真幸運我沒有騎馬過橋！」令人驚異的是，白馬居然浮出木橋下方的寬大河面，輕快地游到對岸，才一會兒工夫，白馬已站起身來吃草，彷彿剛才這一幕都沒有發生過！

從西藏西部來的男孩

我們必須渡過薩特萊杰河的所有支流，它們都極為深邃，好像美國的科羅拉多峽谷，只不過規模小得多。儘管如此，渡河的人萬萬不能掉以輕心，例如在昂里藏布（Ngari-tsangpo）峽谷邊緣過河時，巨大的河流便在峽谷正下方，我們徒步爬下幾百個險峻的之字形彎道，來到二千七百二十呎下的河邊，過河之後再往上攀爬到對岸同樣險峻的高度。走個幾哩路總得花上大半天。

在什普奇山口（薩特萊杰河畔的山口）附近，我們跨越了西藏和印度的邊界，這也是我們最後一次站在海拔一萬六千三百呎以上的高度。我對西藏投以幽長的凝視，這片不友善的疆域留有我的勝利，也有我的哀傷。人為因素和大自然因素都為旅人帶來重重障礙，從那令人頭暈目眩的高原上，旅人儘管遭遇艱辛困頓，卻也帶回來整整一個世界難以遺忘的珍貴回憶。

從河邊攀上山口，短短幾哩路高度就爬升了五千六百二十呎。我們已經從高地上寒冷、多風的氣候，下降到溫暖宜人的夏季和風中，微風拂過杏樹，飄來陣陣香氣。我們在薩特萊杰河左岸；印度國境內的第一個村落——浦村（Poo）坐落在右岸的山坡上，四周盡是茂盛的植物。浦村裡有個成立多年的摩拉維亞傳教會，至今仍由德國傳教士主持。

利用鋼索橫越深淵到對岸

現在我們該怎麼渡過這條大河？因為在這一點上，河面縮窄成垂直山岩間的狹隘河道，整條河潛伏著滾滾泡沫的漩渦。河岸上見不到一絲生物跡象，對岸的浦村顯得朦朦朧朧，聯繫兩岸的只有一條大拇指粗細的鋼索，下面一百呎處就是怒吼的深淵。以前那裡有座橋，後來毀壞了，只留下兩頭的石墩和曾經是橋頭的斷梁。我們最後的一位嚮導盧爾普（Ngurup）曉得該怎麼做，他用一條繩子在鋼索上纏了好幾圈，然後打一個活套把自己縛住，接著抓緊鋼索把自己拉到對岸。到岸後，他立刻跑去浦村，一會兒帶了兩位傳教士和幾名土著回來，他們帶來一只木頭軛，將軛上的卡榫對上鋼索，用繩索環繞其上，其他繩子的作用是順著鋼索前後拉動軛；接下來我們開始渡河，騾、馬、狗、箱子和人，都以這種方式逐一拉到對岸。輪到我的時候，我把雙腳穿進繩圈裡，緊緊抓住軛，再把另一條繩索繞過腰部，對岸的人開始將我拉過深淵；這實在是驚險萬狀的過程，兩腳懸空的我在天地之間擺盪，到鋼索中央的距離只有一百五十呎，可是感覺上好像永無止境。我溜過河右岸的橋頭，確定自己安全了，才鬆了一口氣。

這天是一九〇八年八月二十八日，前來迎接我的馬克士先生（Mr. Marx）等傳教士，是我自一九〇六年八月十四日以來第一次遇見的歐洲人。我在浦村和他們相處數日，星期天也參加他們為初生的土著嬰兒所舉辦的彌撒。

我們從浦村往下走到海拔更低的地方，氣溫一天比一天溫暖，塔卡爾濃密的黑毛讓牠熱得受不了，舌頭垂在外面滴口水，從這處陰影跑到那處陰影，只要碰到小溪，牠馬上趴在水裡納涼。記得半年前塔卡爾加入我們旅隊時，西藏風暴捲起的雪花正飛舞在我們的棚帳四周，牠最後一次呼吸家鄉的鮮冷空氣、最後一次見到犛牛是在邊界的什普奇山口，而現在我們卻把牠帶到一塊酷熱的土地上。塔卡爾沉思默想，意識到自己是個被鬆綁的奴隸：先前我們將牠強行從游牧民族手中買下來，如今又引誘牠來到暑氣難當的低地，塔卡爾在我們之間越來越覺得像個陌生人，經常整天不見蹤影，要到涼爽的晚上才又出現在我們的營地。牠感覺孤單、被人拋棄，也注意到我們將鐵石心腸地離牠而去。有一天晚上，塔卡爾沒有在營地出現，從此我們就再也沒有見過牠，毫無疑問地，牠是回到西藏去了——回到窮困的游牧民族身邊和蝕人心骨的暴風雪裡。

第五百號營地

九月九日，在皋拉（Gaura）收到信件，九月十四日到達法固（Fagu）紮營；幾天前，我領著整支旅隊先走。九月十五日，我抵達西姆拉，在日記上寫下「第五百號營地」。

第二天，我參加了明托勳爵府上豪華的正式派對——不久前，我還像個乞丐四處流浪，甚至當了牧羊人！我從總督官邸的臥室窗口往外看，喜馬拉雅山赫然在望，在那些雪峰的背面，靜靜臥著我的夢土西藏，現在通往那片禁地的大門又關上了。

我從西藏返回西姆拉的路線，正是當年摩爾利和英國政府禁絕我通行的道路，只是方向正好相反。如今西姆拉的英國人待我如同征服者，熱忱的情意從四面八方湧來，我到英國政府貴賓室演講，敘述我這次克竟全功的旅行，在座聽眾包括明托夫人、吉青納勳爵、政府官員、幕僚長、數位印度大君，還有西姆拉的外交使節團。

與旅隊最後六名成員和最後一隻牲口小狗貝比分別，是令我最感痛苦的一刻，我不僅感謝他們，也感念先行回家或已捐軀的夥伴，如果不是他們和所有犧牲的騾馬，以及全能上帝的保佑，我又怎能順利完成此行？現在，我的最後一支旅隊即將返回列城的家鄉，除了給他們豐厚的報酬和新衣服以外，我將旅隊僅剩的牲口也送給他們，另外還把他們在旅途中的支出四倍奉還。明托勳爵對他們致詞，感謝他們堪為表率的忠心表現；後來瑞典的古斯塔夫國王也頒發勳章，已先行離去的隊員也有份。當我的隊員穿過總督官邸的園林離去時，每個人都哭得很傷心。但是最傷痛的淚水是我揮別小狗貝比時所流下的；打從牠出生就和我一起生活在帳棚裡，貝比在喀喇崑崙山的冰河下來到這個世界，如今辜藍答應好好照顧牠，也很高興能保留這次探險之後一項活生生的紀念品。在永遠割斷我們之間的關係前，我坐著拍撫這隻忠實的小狗，久久才停手，然後眼睜睜看著牠跑開，消失在園林的樹木之間。

明托勳爵和夫人前往山區旅行，吉青納要我搬去斯諾登（Snowdon），也就是這位大元帥在西姆拉的華宅。我在那裡度過難忘的一週。我不是吹牛，這幾天，我與吉青納非常親近，我們兩人都未婚，住在這座豪華宮殿裡完全不受打擾，用餐時也只有兩位副官同桌。吉青納曾經以武力征服非洲，而亞洲則被我收伏；對於亞洲廣大內陸的事情，他不厭其煩地追問各種細節，礙於政治因素，目前他本人無法涉足那片土地。假如我記錄下吉青納所敘述的生平故事，光是用他自己的言語，就可以寫成一本書。他告訴我他之前的經歷——在翠比松與薩瓦金的日子、在巴勒斯坦的地形偵測、營救英國將領哥登的經過、對抗回教救世主及托缽僧的戰役、在恩圖曼的戰役與在南非的戰爭等，最後到印度著手整頓印度陸軍。後來我們靠飛越四塊大陸的書信往來，從他的親筆函上，我還能為他的生平添加精彩的故事。每天傍晚，我們沿著馬路散步很長一段距離，話題總會轉到西藏，這時便可見他真情地吐露一些事情。

吉青納一向保持硬漢風格，但偶爾也會流露出少見的體貼。我剛搬到他的官邸時，他親自帶領我到房間；房間裝飾高雅，花瓶裡插滿鮮花，副官告訴我，這些花是吉青納親自從花園裡摘來的，我問副官為什麼，他的回答是吉青納要花色協調。我臥房裡的桌上堆滿了關於西藏的書籍，因為主人希望藉此讓我有賓至如歸的感覺。吉青納很注重某些小節，這在大部分將軍眼裡恐怕是不值一提的，例如每次舉辦大型晚宴時，他會親自監督僕人擺設餐桌，並且像在準備作戰似的吹毛求疵。他會在長桌的另一頭坐下來，傾身向前，瞇起一隻眼睛，確定所有的酒杯、湯匙、刀叉都擺對地方，而且全部排成一條直線。如果稍嫌不對，他會一直移動餐具，直到每樣東西完美無瑕才罷休。

他喜歡偶爾做些改變，因此他搬進官邸之後，斯諾登徹底整修了一番。據說他在印度發現一處衛兵戍守的哨站，由於地勢太低，便下令在那裡填堆一座小山。斯諾登坐落在一處突起的高地上，吉青納派人把一座小山剷平以建造網球場。他隨時有新點子，而且自己畫藍圖，不只是建築和屋舍如此，連藝術裝潢也不假他人之手。

三天過去，他問我：

「呃，你還滿意嗎？有沒有任何能為你效勞之處？」

「一切都很好，」我回答：「只缺一樣東西。」

「是什麼？」他驚愕的詢問。

「女人！自從我來到斯諾登之後，還沒有見過一個女人。」

「好吧，明天我們就辦個晚宴，但是客人由你來挑，記住——只請女人！」

先前我在西姆拉已經見過許多迷人的淑女，因此很快就把邀請名單擬好。斯諾登以前從來沒有這樣的場面，那次的宴會是我參加過最愉快、最狂歡的晚宴之一。吉青納幽默絕倫，但是，那天他講述的一些故事應該更適合男士專屬的晚宴。

有一天晚上，我強邀他一起去戲院，我相信以前他從未涉足此處，全場觀眾見到他都十分驚訝。

光陰似箭，十月十一日，吉青納開車送我到火車站，我與他和摯友郢洛普史密斯互道珍重。

第六十五章　終曲

此刻我在亞洲曠野的旅程將告一個段落了，接下來的只是簡單記錄一下近幾年來生命中的重大階段。

踏上歸鄉之路

我停留印度期間，就收到來自東京的地理學會一封極為客氣的邀請函，希望我去日本發表以西藏為題的演說，於是我從孟買搭上「德里號」汽船，經由可倫坡（Colombo）、檳榔嶼（Penang）、新加坡、香港抵達上海。在知名的亞洲探險家布魯斯上尉（Captain Bruce）主持的演說會上，為群集在上海劇院的聽眾演講。然後，我搭乘日本籍客輪「天祐號」抵達神戶，一支日本學者代表團在碼頭迎接我，並陪我前往橫濱，一場更盛大的歡迎會已經在等著我，地理學會會長菊地男爵（Baron Kikuchi）向我表達歡迎之意，接下來是一連串華麗的宴會與榮譽表揚儀式。我在瑞典公使瓦倫貝格（Wallenberg）府上叨擾，受到他熱忱的款待；我也受邀到英國大使麥克唐納爵士（Sir Claude Macdonald）府上對外交使節團演說。在特地為我舉辦的宴會中，最令我印象深刻的是十二位日本將軍作東的晚宴，賓客只有我和瑞典公使團，這些主人是在日俄戰爭中揚名世界的將軍。年高德劭的奧（Oku）將軍以悅耳的日語向我致詞，再由一位通譯譯成英語，而海軍上將十河、陸軍上將山形、野木將軍等人都令我難忘。在日本友人當中，高津小谷伯爵邀我到他京都的府上停留數日，另外還有德川子爵和其兄長王子，以及小川教授、山崎教授、堀教授、井上教授、大森教授等多人。其中大森教授是日本最著名的地震學家，一九二三年十月初我在很特殊的情況下與他重逢，那次我同樣搭乘「天祐號」從舊金山前往橫濱，到了檀香山，上船的旅客中赫然有大森教授，原來九月一日的大地震將他從澳洲召了回來。大森病得厲害，躺在頭等艙沒辦法起床，到了橫濱，人們用擔架將他抬上岸，等到抵達慘遭地震蹂躪的東京之後，大森不幸病逝。

而我此行見到的最偉大的日本人就是，勇敢打破舊有偏見、開放國家以因應新時代的明治天皇。天皇的個子比他的子民高出一個頭，非常謙沖、友善，而且興趣廣泛，他在東京的皇宮中接見我，在表達對敝國國王身體健康和我的行程等客套地問候之後，鉅細靡遺地詢問西藏的狀況。他最後的一段話特別深入我心坎：

「閣下數度穿越西藏已然成功，不妨就此打住吧，因為閣下若是再度返回那片高山地區，也許無法再像此次順利。」

我在漢城待了四天，伊藤親王邀請我在他府上做客，他以令人驚訝的坦白態度直言對日本政治前途的看法，只是他所說的話不宜在此重述，而且世局也已改變！伊藤親王也邀請我參觀旅順港，我在專家的引導下，享有難得的機會研究旅順之圍的過程[1]。在漢城期間，我結識指揮官大島將軍，以及日本駐斯德哥爾摩第一公使日下部，拜訪日下部先生當天是耶誕節，他的家中裝飾了一棵瑞典聖誕樹。

在瀋陽郊外，我參觀了中國皇陵和著名的戰場；火車在哈爾濱暫停兩個小時，等候海參崴來的接駁火車。一群俄國軍官為我帶路，我們來到候車室，桌子被沉重的香檳酒瓶壓得吱吱響，大夥兒開心玩樂，還有人發表堂皇的演說。我問一位高個子、神情愉悅的將軍，現在趕到城裡買一頂皮帽還來得及嗎？因為到西伯利亞也許用得上這麼一頂保暖的皮帽，他向我保證所有商店都關了，說著便把他自己頭上的一頂大皮帽戴在我頭上。我戴著這頂帽子一路到聖彼得堡，可是這位將軍忘了把他那藍底銀十字的將軍徽章取下，後來這段路上，每到一處西伯利亞車站，我肩上披著一襲俄國毛皮外套，頭戴這頂妙極了的將軍帽出現在月台上，所有官兵都轉身向我敬禮，我也對他們還以軍禮。沒被逮到真是幸運！

到了莫斯科，兩位瑞典友人來車站接我，這次我又有緣在克里姆林宮與特列季亞科夫藝廊（Tretyakoff Gallery）漫步。抵達聖彼得堡時，瑞典公使卜仁斯妥姆將軍（General Brandstrom）特地設宴為我接風，宴席來賓包括瑞典大公、數位地理學家、普爾科臥觀測站的巴克倫教授、諾貝爾博士等。這次我舊地重遊，到沙斯科依賽羅謁見沙皇，利用大幅地圖向沙皇詳述我的探險路線。

幾天之後，我於一九〇九年一月十七日回到斯德哥爾摩，欣喜若狂地與親愛的家人團圓。

一連串的演說

從那時候開始，我的生活和在西藏旅行時一樣耗費力氣，只是型態不同而已。歐洲所有大規模的地理學會競相邀請我去演講，我在柏林對皇帝與皇后陛下演說；在維也納與老皇帝約瑟夫（Francis Joseph）重逢；在巴黎，一群傑出的地理學家與其他領域學者聚集一堂，聆聽我在索爾本（Sorbonne）大學的大演講廳發表演說；倫敦的皇家地理學會邀我於女皇廳（Queen,s Hall）演說，聽眾包括勇敢的探險家史考特爵士，不幸數年後他在南極探險的回程中罹難。皇家地理學會有個規矩，聽眾中要推舉一人向演說者致謝，而這次竟然是主管印度事務的國務大臣摩爾利！阻止我從印度前往西藏，並且對明托勳爵的一切陳情均冷淡回應的，正是這位尊貴、高尚的大臣；而現在我為這次探險發表演說之後，居然是他來表達謝意。摩爾利所說的這段話，至今仍然是我對皇家地理學會最珍貴的回憶。[2]

唯有君子能有如此真知灼見，真正的爵士深知如何分辨認真的科學研究和政治上氣量狹小的排擠。也許是出於摩爾利的建議，英國的愛德華國王封我為爵士。秋天時，愛德華國王希望我到倫敦接受他親自授勳，可是我無法從命，因為當時我正在德國、奧地利和匈牙利演講，因此英國駐斯德哥爾摩公使史普林萊斯代我接受勳章。史普林萊斯後來出使華盛頓，擔任駐美國大使，他是我見過最善體人意、最有才華的人士之一。

一九一〇年二月，我到羅馬的義大利地理學會發表演說，當主席準備致贈金質勳章給我時，他轉呈義大利國王請他為我授勳，國王又把勳章交給皇后，因此我是從皇后迷人的手中接受這項殊榮。我並非天主教徒，無意打擾上了年紀的教宗庇護十世，不過這時發生了一件不尋常的事，教宗對古時天主教傳教會在西藏的活動相當熟悉——尤其是奧多利科．德波登諾涅（Odorico de Pordenone）修士的傳教任務——表達希望我前去拜訪他。見面之後，我發現教宗是位和藹的長者，我們愉快地聊了一個小時。

同年五月，美國總統老羅斯福來到斯德哥爾摩，我與他有數面之緣。我們在威爾罕王子（Prince Wilhelm）的住處首次碰面，那次的經驗相當有趣。當時我與幾位教授和諾登舍爾製造的「維加號」船長帕蘭德上將站成一個半圓形，王子向羅斯福介紹我們，輪到我時，王子說：「這是赫定博士」，我的頭銜並沒有引起這位總統的任何注意，可是當王子叫出我的受洗名字（即Sven）時，羅斯福挺直身子，握緊拳頭伸到我的面前，張牙露齒地一個字一個字高喊：「你該不是說，這就是那位赫定吧！我太高興見到你了，我拜讀過你的作品，晚飯後我們要好好長談。」

之後我們的確長談一番，而且不只這次，後來又有好幾次這樣的長談機會，我心目中對老羅斯福總統充滿景仰，他是那種堅毅強悍、不屈不撓的人。他積極說服我同年秋天去美國公開演說。

他說：「我幫你安排一切。」

我開玩笑地回答：「噢，假如有羅斯福總統擔任經紀人，一定會很叫座。」

「你只要在抵達前三個月發電報給我，一切就交給我來辦。你放心，一定很成功！」

可是那一年我並沒有到美國。

從西藏回家之後的前幾年，我動筆寫下旅行故事，發表之後被翻譯成十二種語言；此外，我也開始動手撰寫《西藏南方》，這部科學性質的書一直到一九二二年十二月才全部完稿。

一九一一年五月我在倫敦，正值英國加冕熱潮的高峰[3]，我與許多來自印度的友人重逢，其中最早敘舊的是擔任皇家地理學會會長的寇仁勳爵。我與妹妹艾瑪（Alma）在賽西爾飯店（Hotel Cecil）舉辦一場小型餐宴，排場當然比不上當時那些豪華宴會；我們一共有十三個人，其中有七位已經仙逝。這些賓客包括瑞典王儲、明托勳爵、吉青納勳爵、瑞典公使藍格爾伯爵、巴登鮑威爾爵士（Sir Robert Baden-Powell）、鄧洛普史密斯爵士、楊赫斯本爵士，以及從西藏返回的羅林上尉。我自己繪製邀請卡，並針對每位客人的專長讚譽一番，這天晚上的餐敘氣氛好極了。

同年七月，科索爾爵士在前往北角（North Cape）[4]途中路過斯德哥爾摩，他邀請我與其他兩位紳士加入他的行列。我們乘船穿過遠北（Far North）那些富含金屬的山脈幽深的罅隙，看見午夜的太陽，並且從那維克（Narvik）橫渡黑暗的極地海浪，抵達歐洲最北方的角落，然後再沿著挪威海岸線回家。

在那段期間，瑞典不時可聽聞俄國間諜。一九一二年一月，我出版一份名為《警語》（*Ett Varningsord*）的小冊子，抨擊俄國這種惡意行為，這本小冊子印行了一百萬冊；我很清楚，如此一來，我和俄國將永遠一刀兩斷，也會引起沙皇的不悅，他一向對我極為仁慈，因此我親自前往聖彼得堡的沙斯科依賽羅謁見沙皇，與他進行一次長談，我坦白陳述自己的憂慮，並告知我提出的警告將在一星期內出版。沙皇專注聽我發言，現在透露他當時的反應已經無所謂了，畢竟他已故去，而且老王朝也已消逝。沙皇當天是這麼說的：

「瑞典完全不必害怕俄國。」

「不，陛下，也許不是直接的害怕，但是貴國將海軍擴充至如此規模，已足以令敝國感受到加強國防的需要。」

「我們的造船計畫不是針對瑞典，這點我向你保證。」

「沒錯，可是戰爭一旦爆發，沒有人知道情勢將如何演變。」

「我向你透露，只有爆發全面戰爭，瑞典的情勢才會危急；在若干情況下，我國也許會不顧自由意志，必須對貴國採取不友善的態度。無論是哪一種情況，瑞典應該將海岸線防衛好，這才是明智之舉。」

那是我最後一次見到沙皇。小冊子出刊的當天我回到斯德哥爾摩，而其中的警語就像是雪崩一樣迅速擴散到全國，沙皇閱讀這本冊子以後，對瑞典公使卜仁斯妥姆將軍表示他很遺憾見到這本冊子出刊。在俄國，這件事對我造成最直接的影響是被俄國皇家地理學會除名。直到一九二三年十二月再度抵達聖彼得堡時，我才又受邀在該學會演說，當然，這個學會已經根據新情勢重新改組過，而我也受到極為熱忱的歡迎，真是此一時也，彼一時也。

一九一二年和一九一三年相對而言平靜多了，我繼續撰寫《西藏南方》以及繪製該書的地圖。一九一三年，我乘汽車在瑞典旅行了三千哩，終於有機會好好看看我土生土長的國家。那年秋天，防衛運動的聲勢逐漸增強，整個國家陷入一股新氣氛；一九一四年二月六日，三萬個農民手持自己家鄉的旗幟，徒步走到皇家城堡，對國王宣示願意為國防效力，我自己對這次防衛運動的貢獻是發表好幾回演說。

大戰爆發

一九一四年夏天，我與父母、姊妹在斯德哥爾摩附近的島嶼上度假，天氣極為炎熱，奧國王儲在塞拉耶佛被刺身亡的消息傳來，當天的天空瞬即變色。七月二十五日，法國共和總統在一支艦隊護送下，迅速通過我們的堤岸附近，正要前往斯德哥爾摩；他剛剛在聖彼得堡見過俄國沙皇，當晚瑞典國王與王后在皇宮舉辦一場慶祝晚宴，法國總統在席間問了我一些關於西藏的問題，想來這個話題在當天是不可能吸引他的興趣。晚宴在十點鐘結束，法國總統匆匆趕回巴黎，接下來便是黑色星期，大戰緊接著爆發。

我們不難理解，未來幾十年的整個政治與經濟發展，完全繫於這次世界大戰的結局，因此我難以抗拒想要在火線下觀察戰爭的慾望。研究戰場上的現代戰爭是一次很有價值的經驗，至少我們可以學習到憎惡戰爭，也學習到正確評斷各國領袖不負責任的瞞天大謊。

除了德意志皇帝之外，沒有人能批准外國人參觀德方前線。德國駐斯德哥爾摩公使萊切諾（von Reichenau）轉達了我的要求，結果皇帝的答覆是肯定的，因此我從九月中旬便在西線（Western Front）戰場上，一直停留到十一月中旬才離開，回家之後我寫了一本觀察此次戰爭的書。

一九一五年，我抵達興登堡（Hindenburg）和魯登朵夫（Ludendorff）戰線訪問，親眼目睹德軍對抗俄軍的重要戰役；此外我也走訪奧匈陸軍，隨同軍隊穿過波蘭，走到烽火連天的布勒斯特（Brest-Litovsk）。針對那次戰役，我又寫了一本書。

一九一六年戰火延燒到亞洲。這一年我有七個月時間在亞洲訪問，經由小亞細亞、美索不達米亞、敘利亞、巴勒斯坦和西奈沙漠（Sinai Desert），不過大部分時間，我都在觀察這些著名國家和它們的人民、文物，而對戰爭行動不太注意。寇德威教授（Professor Koldewey）為我解說巴比倫遺址，我在那裡花了好幾天時間，這是我此行印象最深刻的地點之一。有兩個星期，我拜訪了耶路撒冷，在美國殖民區域中找到安全的棲身之所，許多瑞典僑民都住在這個地區。回到家裡，我寫了一本關於巴格達和巴比倫的書，還有一本關於耶路撒冷和聖地的書。和從前多次經驗一樣，仍然由我年邁的父親抄寫文稿，母親為我校對，可是這次父親太虛弱了，並沒有完成這兩本書；他於一九一七年辭世，留下我們無限的追思。

一九一七年秋天，我觀察了對抗義大利的戰役，同時也拜訪波羅的海的城鎮庫爾蘭（Courland）和里加（Riga），主要是搜索一批瑞典古文件，以便了解三百多年前加入波斯軍隊的瑞典旅行家烏克森謝納男爵（Baron Bengt Oxenstierna），他在東方世界有過非常出色的旅行。

接下來的幾年間，我完成了《西藏南方》這部書，一共是九冊文字、三冊地圖。在一九二二年秋末之前，這部書占據了我所有的時間，也消磨了我大半精力，同時讓我養成久坐的習慣。為了抖掉書籍、地圖、手稿裡的灰塵，同時在烏煙瘴氣的歐洲之外呼吸新鮮空氣，我於一九二三年二月一日，搭行駛於德國漢堡與美國之間的輪船「漢莎號」（Hansa），前往美國。未來有機會我會詳述對美國的印象——如果我有足夠的閒暇和衝動的話。從美國回家的路上，我取道太平洋、日本、中國、蒙古、西伯利亞、俄國和芬蘭，之前我從來沒有環繞過全世界，現在終於明白地球真的是圓的了。

此刻我正坐在避暑別墅裡，位置和一九一四年大戰爆發前夕的座位一模一樣，我心裡納悶這個世界是不是比從前更和平、更有容忍精神；經過這樣的十年，一個凡人也會變成某種型態的哲學家吧！在此我便結束這本《我的探險生涯》，至於未來餘生將如何發展，且看全能的上帝擺布了。

【注釋】

1　一八九八年，中國將旅順港租借給俄國，一九〇五年爆發日俄戰爭，日軍包圍旅順港長達八個月後攻占該港。

2 作者注：摩爾利的講詞印於一九〇九年四月號《地理雜誌》；另外，摩爾利子爵在他的《回憶錄》（*Recollections*）第二冊第二九五頁裡寫下這段話：「上週一我與赫定和解，至為欣慰。赫定演說前，我們在晚宴上聊得頗愉快，到場聆聽的觀眾極多，我提議向他致謝，以讚譽彌補我拒絕他自印度出發旅遊之憾，並推崇他在我的阻撓下仍然勇往西藏。這位勇者對此相當快慰，他在數百位地理學家面前握住我的手，公開宣誓自此展開恆久友誼。斯堪地那維亞人如此完美的性格總是令我吃驚，另一個例子是楠森（Nansen）。」

3 英皇喬治五世於一九一〇年登基。

4 位於挪威北方的大西洋上，是歐洲的最北端。

探險與旅行經典文庫 014 ML017

我的探險生涯：西域探險家斯文．赫定回憶錄
My life as an Explorer

作者 斯文．赫定 Sven Hedin
譯者 李宛蓉
封面設計 許晉維
排版 張彩梅
校對 魏秋綢
策劃選書 詹宏志
總編輯 郭寶秀
編輯協力 曾淑芳、林麗菲
行銷企劃 許弼善

發行人 凃玉雲
出版 馬可孛羅文化
104台北市民生東路二段141號5樓
電話：886-2-25007696
發行 英屬蓋曼群島商家庭傳媒股份有限公司城邦分公司
104台北市中山區民生東路二段141號11樓
客服服務專線：（886）2-25007718；25007719
24小時傳真專線：（886）2-25001990；25001991
讀者服務信箱：service@readingclub.com.tw
劃撥帳號：19863813 戶名：書虫股份有限公司
香港發行所 城邦（香港）出版集團有限公司
香港灣仔駱克道193號東超商業中心1樓
E-mail：hkcite@biznetvigator.com
馬新發行所 城邦（馬新）出版集團
Cite (M) Sdn.Bhd.(458372U)
11 , Jalan Radin Anum, Bandar Baru Seri Petaling ,
57000 Kuala Lumpur , Malaysia
輸出印刷 中原造像股份有限公司
三版一刷 2023年10月
定　　價 820元（紙書）
定　　價 574元（電子書）

ISBN：978-626-7356-13-5（平裝）
ISBN：9786267356159（EPUB）
城邦讀書花園
www.cite.com.tw

國家圖書館出版品預行編目（CIP）資料

我的探險生涯：西域探險家斯文．赫定回憶錄／斯文．赫定（Sven Hedin）作；李宛蓉譯. -- 三版. -- 臺北市：馬可孛羅文化出版：英屬蓋曼群島商家庭傳媒股份有限公司城邦分公司發行, 2023.10
面；　公分--（探險與旅行經典文庫；14）
譯自：My life as an explorer.
ISBN 978-626-7356-13-5（平裝）
1. CST：赫定（Hedin, Sven Anders, 1865-1952）
2. CST：遊記　3. CST：亞洲
730.9　　112015168